北京公园生态与文化研究（六）

北京市公园管理中心　主编

中国建筑工业出版社

图书在版编目（CIP）数据

北京公园生态与文化研究. 六 / 北京市公园管理中心主编. —北京：中国建筑工业出版社，2020.12
ISBN 978-7-112-25775-1

Ⅰ. ①北… Ⅱ. ①北… Ⅲ. ①公园－管理－北京－文集 Ⅳ. ①G246-53

中国版本图书馆CIP数据核字（2020）第266250号

责任编辑：杜　洁　兰丽婷
责任校对：张　颖

北京公园生态与文化研究（六）
北京市公园管理中心　主编
*
中国建筑工业出版社出版、发行（北京海淀三里河路9号）
各地新华书店、建筑书店经销
北京鸿文瀚海文化传媒有限公司制版
北京建筑工业印刷厂印刷
*
开本：880毫米×1230毫米　1/16　印张：23　字数：826千字
2020年12月第一版　2020年12月第一次印刷
定价：98.00元
ISBN 978-7-112-25775-1
（37042）

版权所有　翻印必究
如有印装质量问题，可寄本社图书出版中心退换
（邮政编码　100037）

《北京公园生态与文化研究（六）》编辑委员会

顾　　　问：张树林

主 任 委 员：张　勇

副主任委员：李　高　张亚红　耿刘同　李延明　赵世伟　宋利培

委　　　员：（按姓氏笔画排序）
马继红　牛建忠　王　鑫　丛一蓬　丛日晨　任春燕
任桂芳　刘景起　刘耀忠　吕高强　吴西蒙　宋　恺
张成林　杜红霞　陈进勇　於哲生　高　捷　魏　钰

编　　　辑：宋利培　孟雪松

前 言
PREFACE

　　2018年、2019年两年是加快实施"十三五"规划、深入贯彻党的十九大和十九届二中全会、三中全会精神的关键之年。为贯彻落实习近平总书记视察北京的重要讲话精神和北京市委市政府的决策部署，全面推动首都园林绿化事业高质量发展，北京市公园管理中心紧密围绕首都生态文明和四个中心建设，始终把科技创新作为推动公园事业发展的不竭动力，大力推进国际海棠登录中心、"三室一中心"等高水平科研平台建设，成立"京津冀古树名木保护研究中心"，科技创新平台建设上取得新突破。同时集聚科研优势，充分整合中心优质的科技资源，中心在城市生态环境保护关键技术、园林植物引选育与应用示范、古树名木保护、园林历史文化传承与遗产保护、动植物保护、公园管理等领域持续开展课题研究，通过战略合作、集成示范展示和成果推广宣传，解决园林绿化行业和公园发展中急需解决的热点和难点问题，不断扩大中心科技成果贡献率和影响力。

　　《北京公园生态与文化研究（六）》是北京市公园管理中心成立以来第六册以获奖科研课题为内容的论文集，全书收集了2018年、2019年两年中心科技进步奖评选中获奖的科技成果，共52篇。我们希望通过《北京公园生态与文化研究》的持续编写，为广大园林科技工作者、管理人员提供一个相互学习、广泛交流、深入研讨、促进合作的平台，同时也希望通过学习和交流，提高公园生态与文化科学研究水平，切实为北京园林绿化行业高质量发展和历史名园保护发挥科技支撑作用。

编　者

目 录
CONTENTS

北京地区22个观赏海棠种质资源干腐病抗性评价 …………………… 邹红竹　刘淳洋　王　雁　郭　翎　001
重引入丹顶鹤野放初期活动范围及变化规律………………… 崔多英　滑　荣　刘　佳　杜　洋　张成林　008
月季品种整理、比对及正名数据库的建立…………………… 冯　慧　卜燕华　王　莹　吉乃喆　赵世伟　013
一串红'奥运圣火'系列新株型育种研究进展………………… 崔荣峰　董爱香　辛海波　赵正楠　李子敬　020
10种园林植物的耐阴性比较研究 ………………………………………… 温韦华　陈　燕　刘东焕　郭　翎　026
促进毛白杨伤口愈合植物生长调节剂组合的研究 ……………… 李　广　王建红　车少臣　任桂芳　034
The Gastrointestinal Tract Microbiota of Northern White-checked Gibbons (*Nomascus leucogenys*)
Varies with Age and Captive Condition … TingJia　Sufen Zhao　Xiaoguang Li　Yan Liu　Ying Li　Minghai Yang
　　　　　Yanping Lu　Chenglin Zhang　Katrina Knott　Yuefei Chen　Junyi Wu　041
基于层次分析法的114种野生花卉资源评价………………… 刘东焕　张蒙蒙　李雯琪　赵世伟　王雪芹　057
单纯形法在圈养野生动物饲料配方优化设计中的应用 ……………………………………… 刘　赫　王　冰　064
为害北京丁香的新害虫——丁香瘿蚊 ……………………… 付怀军　周达康　李菁博　孟　昕　樊金龙　068
绿地按需实时灌溉系统构建研究——以陶然亭公园为例 ……… 戴子云　李新宇　许　蕊　刘秀萍　074
颐和园"虎皮石"园墙历史及工艺研究 ……………………… 秦　雷　荣　华　张　颖　朱　颐　孙　震　081
3个月季品种的花香测定与转录组分析 ………………………………………………… 崔娇鹏　赵世伟　089
城市绿地生态系统定位监测指标体系构建——以北京市园林科学研究院城市绿地生态系统定位监测研究站为例
　　　　　…………………………………………………………………………… 戴子云　李新宇　许　蕊　096
苔草叶色突变株系快繁技术初探 ……………………………………………… 梁　芳　崔荣峰　李子敬　102
曹雪芹生活时代的香山 ………………………………………………………………………… 樊志斌　108
清代南京随园复原研究 ……………………………………………… 赵丹苹　马欣薏　夏　卫　李　明　113
中华裸角天牛生物学特性及其对不同波长杀虫灯趋性的研究 ……………………………………… 李　洁　121
颐和园湿地生态系统健康评价研究 ………………………………………… 胡振园　丛一蓬　闫宝兴　126
圈养条件下三种金丝猴的繁殖激素对比研究 ……………… 赵　娟　卢雁平　刘学锋　王　伟　普天春　133
京津冀地区的皇家园林 ………………………………………………………………… 陈进勇　吕　洁　143
中山公园的纪念特征 …………………………………………………………………………… 陈进勇　149
不同温度对5种锦鸡儿属植物种子萌发的影响 …………… 桑　敏　刘东焕　吴超然　陈进勇　157

小线角木蠹蛾的生物学特性及发生规律研究	李红云 朱庆玲 李 高	161
银杏疏果剂 BRN 应用技术的研究	李 广 王建红 周江鸿 车少臣 刘 倩	167
不同光照水平对'冰酒'玉簪生长情况和观赏品质的影响	施文彬 刘东焕 樊金龙	173

An Estimation of the Current Population Size of the Green Peafowl (*pavo muticus imperator*) in China
　　　　　LI Shuhong　CUI Duoying　HUA Rong　ZHANG Jing　LIU Jia　PU Tianchun　ZHANG Chenglin
　　　　　　　LI Xiaoguang　CORDER John　HUANG Song　GUO Guang　LUO Aidong　CHANG Jiang　177

尘埃影响下的不同园林植物叶片光谱特征变化研究	段敏杰 李新宇 赵松婷 许 蕊 谢军飞	181
北京市公园绿地负离子浓度变化特征及生态保健效应分析	王月容 段敏杰 李延明 郭 佳 刘 晶	188
几种耐寒蔷薇在现代月季育种中的应用	邓 莲 朱 莹 宋 华 西景营	197
光肩星天牛成虫产卵以及卵孵化条件的研究	仲 丽 仇兰芬 邵金丽 车少臣 王建红	203
花绒寄甲成虫保存与复壮技术研究	仇兰芬 仲 丽 邵金丽 车少臣	210
杭州中山公园的园林意蕴	陈进勇	216
明清北京天坛外坛植物风貌及复原整治研究	吴晶巍 高 飞 车建勇	221
高空间分辨率大区域续贯遥感制图系统的建立研究	谢军飞 许 蕊 李 薇	228
锦葵科草本观赏植物引种栽培试验研究	宋利娜 蔺 艳 崔荣峰 张华丽 孙丽萍	235
大熊猫行为与环境因子的关系	刘 赫 张轶卓 何绍纯	240
天坛公园科普传媒资源库的构建与实践	刘育俭 姜天垚 金 衡 张皓楠	247
黄栌根际土壤中大丽轮枝菌的荧光定量 PCR 检测	周江鸿 夏 菲 车少臣 周肖红 葛雨萱	252
基于景观梳理的大型乔木整形修剪在颐和园的应用	赵京城 杜劲松 李 健 张 京 李 杰	257
北京动物园野生鸟类多样性调查	崔多英 刘 燕 张成林	264
景山公园生态示范区建设对昆虫多样性的影响研究初探	宋 恺 周明洁 刘仲赫 李 晶 邓 硕 王久龙 芮乃思 袁 昕	271
玉渊潭公园樱属观赏植物引种研究	胡 娜 鲁 勇 张国新	282
北京社稷坛（中山公园）整体保护策略的研究	盖建中 李 羽 刘 婕	291
基于 I-Trees ECO 模型的北京公园绿地生态系统服务功能评估	王 茜	296
圈养环尾狐猴种群发展分析	由玉岩 刘学锋 赵素芬 张轶卓 戴春阔	303
静宜园历史道路、桥梁、水系、垣墙调查及保护规划研究	牛宏雷 林 毅 宋立洲 袁长平 熊 炜	312
黔金丝猴的行为谱及 PAE 编码系统	崔多英 刘 佳 滑 荣 李淑红 张媛媛 张成林 石 磊 牛克锋 鲁文俊 Chia L Tan	325

石菖蒲文化发展史	李 鹏 康晓静 王苗苗	342
北京城区花粉致敏植物种类、物候特征与传播特性研究	虞 雯 池 淼 董知洋 汪葆珂	347
古人敬天文化中神厨、宰牲亭的作用与功能研究	范佳明 李 高 刘 星 王 蕾 孙 健 吕玉欣	353
《一座中国木建筑》传统建筑营造绘本	高苏岚 钱 勃	359

北京地区 22 个观赏海棠种质资源干腐病抗性评价

中国林业科学院 / 邹红竹　王　雁
北京植物园 / 刘洴洋　郭　翎

摘　要：用海棠干腐病病菌ZWY0501（登录号：MG554650）在实验室和立地条件下分别人工接种枝条的方法，对22份引进的观赏海棠种质资源进行了海棠干腐病综合抗性评价，并根据抗性鉴定结果对其进行抗病类型分类和评价。结果表明：不同海棠种质资源抗病性表现存在差异，但未发现免疫种质。通过人工接种，22份海棠种质资源抗病类型可分为：高抗（3个，'草原之火'、'宝石'、'印第安魔力'）；中抗（10个，'红丽'、'撒氏'、'斯教授'、'火焰'、'阿达克'、'雷蒙'、'罗宾逊'、'丽丝'、'艾丽'、'钻石'）；中感（7个，'高峰'、'金蜂'、'哨兵'、'耐维尔'、'霍巴'、'红裂'、'马卡'）；易感（2个，'伊索'、'小胖'）；超感（无）。实验室测试结果与立地条件下测试结果基本一致，得到表现一致性较好的高抗种质3份：'草原之火'、'宝石'和'印第安魔力'。

关键词：观赏海棠；干腐病；抗病性评价；种质资源

海棠干腐病（crabapple valsa canker）也称为烂皮病或溃疡病，是海棠的主要枝干病害，引起海棠枝干皮层腐烂坏死，并且坏死皮层上部枝干全部枯死，导致树形不完整，发病严重时会导致整株枯死，且传染性强，严重影响了海棠的观赏价值[1]。海棠干腐病在我国发病严重，主要分布在东北、华北、西北地区以及华东、华中及华南的部分省区，在华北地区尤其严重[2]。

海棠是蔷薇科（Rosaceae）苹果属（Malus）的植物，不仅是苹果的优良砧木，而且是优良的园林绿化树种。海棠在我国栽培历史悠久，在 18 世纪传入北美及欧洲后，受到当地园艺工作者的重视，选育出大量观赏性极强的观赏海棠品种[2]，春花色彩丰富且艳丽，秋果或红或黄或紫，已经广泛应用于公园、城市、庭院、绿地的绿化中。

已有的对海棠的抗病性测试报告多集中在原种水平上的测试，抗性较好的种质有：楸子、三叶海棠、东北山定子、东北黄海棠、雅江变叶海棠、林芝海棠、泰山海棠、德钦海棠、卢氏海棠和平邑甜茶等[3-5]。观赏海棠品种引入后，其在我国驯化后的抗性与原产地是否一致尚未有人测试过。所以本文对部分引进的观赏海棠种质在北京地区的抗病性进行测试，筛选出一部分值得推广的优秀的抗病品种。虽然目前来看，海棠干腐病的防治没有完全解决的办法，发病的条件又跟地域有着密切的关系，但对于抗干腐病品种的测试对干腐病的防治仍有不可替代的意义，在同等不利于植物生长的环境条件下，抗性好的品种能够有效控制

① 北京市科委课题（Z141100002714001）。北京市公园管理中心 2018 年科技进步一等奖。

发病率和扩散速度，为人工防治干腐病争取一定的时间。因此，对北京地区观赏海棠的抗病品种的筛选是干腐病防治的有效方法。

目前对海棠干腐病的抗性评价并没有统一的方法，采取最多的为人工接种鉴定的方法，不同的鉴定方法、不同的抗病性评价体系间会存在一定的差异，从而导致抗病性评价结果符合度不高。本研究对 22 份海棠种质资源进行人工接种抗干腐评价，研究海棠种质资源对海棠干腐病的抗性，明确不同品种间的抗病性差异，以期筛选出抗海棠干腐病的优良资源，在推广过程中减少干腐病的发病，也为海棠的抗病育种提供科学依据。

1 材料与方法

1.1 材料

供试植物：在北京植物园海棠栒子园中选取树龄为 13～15 年生的立地条件一致、长势较好、少有病疤的观赏海棠 22 个品种，每种 3 株共 66 株作为供试材料。试验时间分别为 2016 年 8～9 月和 2017 年 3～4 月，试验枝条均为二年生（表1）。

供试菌株：供试菌株为分离自北京植物园海棠栒子园的干腐病株 ZWY0501，经形态学和 ITS 序列的系统发育分析，鉴定为 *Valsa mali*，致病性较强，GenBank 登录号为：MG554650[6]。将该菌株接种在 PDA 平板上，在 28℃恒温培养箱中培养 3d 后，用 7mm 打孔器打成菌饼备用。

2 试验方法

2.1 枝条预处理

室外接种枝条的预处理：每个观赏海棠选取 3 株树，选择粗度相近的枝条，用浸了 75% 酒精的脱脂棉球擦拭选中接种处，后用浸了无菌水的脱脂棉球清洗 3 次。

实验室内接种枝条的预处理：每个海棠品种选取 3 株树，选择粗度相近的枝条，选取中间 30cm 的枝段，在枝段生理学下端用记号笔标注枝段名称，用自来水冲洗掉尘土，摘去残叶，然后用 75% 的酒精集中喷洒以瞬间灭菌，最后用无菌水漂洗 3 次，放置于超净工作台上，枝段生理学上端缠绕保鲜膜防止枝段过度失水死亡。

2.2 枝条接种

采用 T 字形接种方法对观赏海棠进行接种，每根枝条接种 3 个菌饼，从距离底端 5cm 处开始处理，每个伤口间隔 5～7cm，用接种刀 T 字形划开韧皮部，露出木质部，将菌饼正面朝向伤口，用在无菌水中浸湿的脱脂棉覆盖保湿，用封口膜缠绕伤口。

室外枝条不做其余处理，实验室内接种的枝条，按种质插于不同培养瓶中，瓶中倒入无菌水，略没过枝条下端切口即可，置于 24℃恒温培养箱中 12h 光照 /12h 黑暗培养，保持湿度为 60%。室外接种枝条 7d 后观察，10d 后观察扩展情况，实验室内接种枝条 4d 后观察，6d 后观察扩展情况。

2.3 试验测定指标

枝段培养后用游标卡尺测量记录不同品种的海棠枝条的病斑扩展情况及扩增面积。并在试验结束后计算出每个伤口的发病面积和扩展速率（注：接种处理后无论发病与否均称为伤口，接种处理后发病的伤口称为病斑）。

发病率 = 病斑数 / 总伤口数 ×100%

初始发病面积 = （∑病斑横向数值 × 病斑纵长）/ 病斑数

后期扩展面积 = （∑扩展后病斑横向数值 × 扩展后病斑纵长）/ 病斑数

扩展速率 = （后期扩展面积 − 初始发病面积）/ 扩展天数

试验分为两部分：秋天发病季田间试验和春天发病季实验室检验试验，由于实验室内海棠已切枝培养，温度、湿度恒定，较适宜病菌生长，与最终田间品种应用环境有一定的差异，所以对海棠抗病性的评价以秋季田间的测

供试品种名称　　　　　　　　表1

中文名	拉丁文学名	花色
'宝石'	*Malus.* 'Jewelberry'	白色系
'斯教授'	*M.* 'Professor Sprenger'	白色系
'撒氏'	*M.* 'Sargentii'	白色系
'哨兵'	*M.* 'Red Sentinel'	白色系
'火焰'	*M.* 'Flame'	白色系
'高峰'	*M.* 'Evereste'	白色系
'金蜂'	*M.* 'Golden Hornet'	白色系
'红丽'	*M.* 'Red Splendor'	粉色系
'阿达克'	*M.* 'Adirondack'	粉色系
'印第安魔力'	*M.* 'Indian Magic'	粉色系
'伊索'	*M.* 'Van Esseltine'	粉色系
'耐维尔'	*M.* 'Neville Copeman'	粉色系
'小胖'	*M.* 'Butterball'	粉色系
'草原之火'	*M.* 'Prairifire'	红色系
'雷蒙'	*M.* 'Lemonei'	红色系
'罗宾逊'	*M.* 'Robinson'	红色系
'丽丝'	*M.* 'Liset'	紫红色系
'艾丽'	*M.* 'Eleyi'	紫红色系
'钻石'	*M.* 'Sparkler'	紫红色系
'霍巴'	*M.* 'Hope'	紫红色系
'红裂'	*M.* 'Coralburst'	紫红色系
'马卡'	*M.* 'Makamik'	紫红色系

定结果为主要参照，占比重的60%，春季实验室内测定结果为辅要参照，占比重的40%。参照条件根据在抗干腐病评价中的重要性依次为发病率占40%、扩展速度占35%和发病面积占25%。所以对感病性的综合评价按照以下公式进行折算，数值越大，感病性越高；数值越小，抗病性越好：

田间感病性 = 田间发病率 ×0.4+ 田间扩展速率 ×0.35+ 田间发病面积 ×0.25

实验室感病性 = 实验室发病率 ×0.4+ 实验室扩展速率 ×0.35+ 实验室发病面积 ×0.25

综合感病性 = 田间感病性 ×0.6+ 实验室感病性 ×0.4

感病指数评价标准为：0 ~ 0.5（含0.5）为高抗品种，0.5 ~ 1（含1）为中抗品种，1 ~ 1.5（含1.5）为中感品种，1.5 ~ 2（含2）为易感品种，2（不含2）以上为超感品种。

2.4 枝条回收

在室外接种的枝条，沿枝条基部剪下，如有腐烂流脓的枝条，感病枝条和脓水污染的枝条一并向下寻找至无污染的部位，而后沿无污染的枝条基部剪下，用密封袋装好，带回实验室。枝条剪小段置于锅中，水没过枝条，加热煮沸，沸腾20min后捞出，废弃。实验室内枝条直接置于锅中，煮沸20min后捞出，废弃。

3 结果与分析

3.1 发病率的差异

3.1.1 室外发病率的差异

从图1可看出，枝条在室外接种后7d进行观测，最为感病的品种为'伊索'海棠和'小胖'海棠，感病率高达100%，其次为'高峰'海棠和'霍巴'海棠，感病率达到78%，其次为'红裂'海棠、'火焰'海棠、'金蜂'海棠、'马卡'海棠、'耐维尔'海棠和'哨兵'海棠，感病率为67%，再次为'阿达克'海棠、'艾丽'海棠、'雷蒙'海棠、'丽丝'海棠、'罗宾逊'海棠、'撒氏'海棠、'印第安魔力'海棠和'钻石'海棠，感病率为44%，抗病性较好的品种为'红丽'海棠和'斯教授'海棠，感病率为33%，抗病性最好的为'宝石'海棠和'草原之火'海棠，感病率仅为11%。

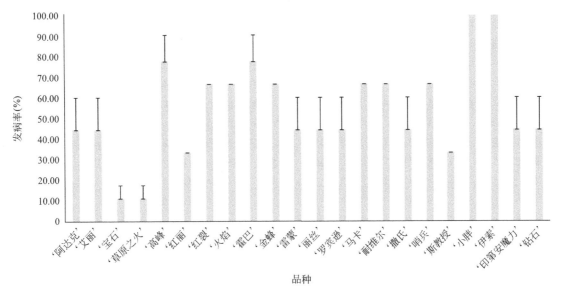

图1 室外不同种质资源发病率

3.1.2 实验室发病率的差异

从图2可看出，枝条在实验室接种4d后，相比于户外接种，品种发病率整体有所升高，'雷蒙'海棠、'高峰'海棠、'耐维尔'海棠、'哨兵'海棠、'伊索'海棠和'小胖'海棠，感病率均高达100%，其次为'红裂'海棠、'马卡'海棠、'钻石'海棠和'霍巴'海棠,感病率达到89%，'丽丝'海棠的感病率为76%，再次为'阿达克'海棠、'罗宾逊'海棠、'撒氏'海棠和'金蜂'海棠，感病率为67%，之后为'火焰'海棠、'红丽'海棠和'斯教授'海棠，感病率为56%，抗病性较好的品种为'艾丽'海棠和'印第安魔力'海棠，感病率为44%，'宝石'海棠的感病率为33%，抗病性最好的为'草原之火'海棠，实验室内未发病。

3.1.3 发病率差异分析

通过分析上述发病率可以看出，实验室内接种的海棠枝条的发病率远高于室外接种的海棠枝条，除了草原之火海棠表现优异，未感病之外，其余海棠品种的发病率均有所增加，这可能与实验室内提供的环境有利于病原菌生长有关。综合来看，感病稳定低于60%的品种有：'草原之火'海棠、'宝石'海棠、'红丽'海棠、'斯教授'海棠、'艾丽'海棠和'印第安魔力'海棠。

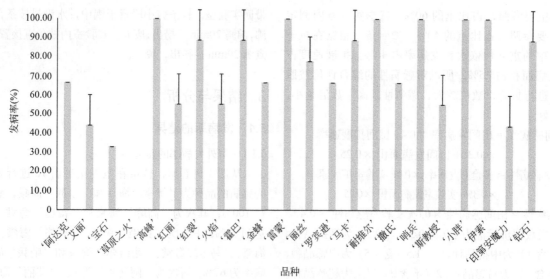

图2 实验室不同种质资源发病率

3.2 发病面积的差异

3.2.1 室外发病面积的差异

在室外接种7d后进行发病面积的测量（图3）。

感病面积未超过$1cm^2$的品种为：'草原之火'海棠（$0.35cm^2$）、'宝石'海棠（$0.5cm^2$）、'红丽'海棠（$0.55cm^2$）、'火焰'海棠（$0.71cm^2$）。

感病面积在$1～2cm^2$的品种为：'艾丽'海棠（$1.01cm^2$）、'撒氏'海棠（$1.08cm^2$）、'丽丝'海棠（$1.24cm^2$）、'耐维尔'海棠（$1.26cm^2$）、'高峰'海棠（$1.30cm^2$）、'红裂'海棠（$1.49cm^2$）、'印第安魔力'海棠（$1.62cm^2$）、'雷蒙'海棠（$1.64cm^2$）、'斯教授'海棠（$1.68cm^2$）、'罗宾逊'海棠（$1.71cm^2$）、'阿达克'海棠（$1.98cm^2$）。

感病面积在$2～3cm^2$的品种为：'钻石'海棠（$2.11cm^2$）、'马卡'海棠（$2.39cm^2$）。

感病面积超过$3cm^2$的品种为：'哨兵'海棠（$3.26cm^2$）、'霍巴'海棠（$3.51cm^2$）、'金蜂'海棠（$3.79cm^2$）、'小胖'海棠（$4.84cm^2$）、'伊索'海棠（$5.22cm^2$）。

3.2.2 实验室发病面积的差异

在实验室内接种4d后进行发病面积的测量（图4）。

感病面积未超过$1cm^2$的品种为：'草原之火'海棠（未发病）、'印第安魔力'海棠（$0.34cm^2$）。

感病面积在$1～2cm^2$的品种为：'宝石'海棠（$1.25cm^2$）、'撒氏'海棠（$1.41cm^2$）、'丽丝'海棠（$1.60cm^2$）、'艾丽'

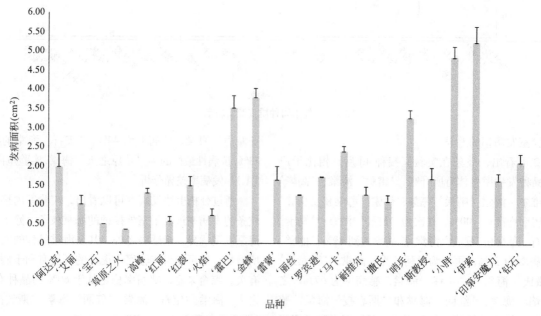

图3 室外不同种质资源发病面积

海棠（1.84cm²）、'雷蒙'海棠（2.00cm²）。

感病面积在 2~3cm² 的品种为：'斯教授'海棠（2.07cm²）、'阿达克'海棠（2.10cm²）、'红裂'海棠（2.11cm²）、'红丽'海棠（2.14cm²）、'哨兵'海棠（2.25cm²）、'霍巴'海棠（2.40cm²）、'钻石'海棠（2.53cm²）、'马卡'海棠（2.57cm²）、'伊索'海棠（2.73cm²）、'金蜂'海棠（2.97cm²）。

感病面积超过3cm²以上的品种为：'火焰'海棠（3.05cm²）、'罗宾逊'海棠（3.22cm²）、'耐维尔'海棠（3.75cm²）、'高峰'海棠（4.36cm²）、'小胖'海棠（4.60cm²）。

3.2.3 发病面积差异分析

通过对室外发病面积和室内发病面积的对比，可以发现，实验室内接种的枝条感病面积较室外接种的感病面积大，这可与跟海棠已切枝培养，整体抵抗力下降有关。综合实验室内和室外接种的结果，发病面积均在2cm²之下的品种为：'草原之火'海棠、'印第安魔力'海棠、'宝石'海棠、'撒氏'海棠、'丽丝'海棠、'艾丽'海棠、'雷蒙'海棠。

3.3 病斑扩展的差异

3.3.1 室外病斑扩展的差异

在室外接种10d后进行扩展速度的计算（图5）。

未扩展的海棠品种为：'宝石'海棠、'草原之火'海棠、

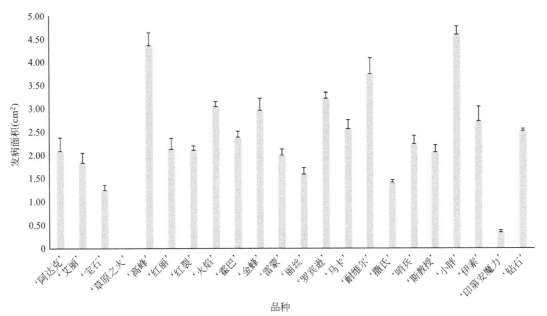

图4 实验室不同种质资源发病面积

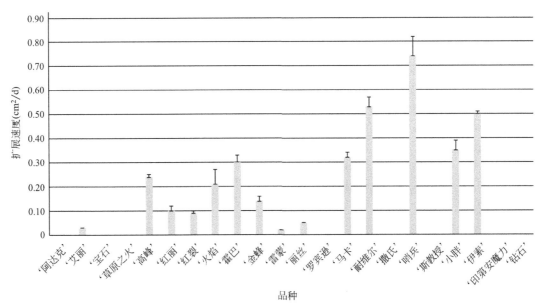

图5 室外不同种质资源病斑扩展速度

'撒氏'海棠和'印第安魔力'海棠、'钻石'海棠、'阿达克'海棠、'斯教授'海棠、'罗宾逊'海棠。

扩展速度在 0.25cm²/d 以下的海棠品种为：'雷蒙'海棠（0.02cm²/d）、'艾丽'海棠（0.03cm²/d）、'丽丝'海棠（0.05cm²/d）、'红裂'海棠（0.09cm²/d）、'红丽'海棠（0.10cm²/d）、'金蜂'海棠（0.14cm²/d）。

扩展速度在 0.25 ~ 0.5cm²/d 的海棠品种为：'火焰'海棠（0.21cm²/d）、'高峰'海棠（0.24cm²/d）、'霍巴'海棠（0.30cm²/d）、'马卡'海棠（0.32cm²/d）。

扩展速度超过 0.5cm²/d 的海棠品种为：'小胖'海棠（1.04cm²/d）、'伊索'海棠（1.49cm²/d）、'耐维尔'海棠（1.58cm²/d）、'哨兵'海棠（2.23cm²/d）。

3.3.2 实验室病斑扩展的差异

在实验室内接种 6d 后进行扩展速度的计算（图6）。

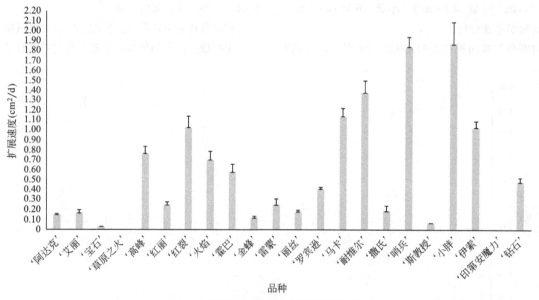

图6 实验室不同种质资源病斑扩展速度

未扩展的海棠品种为：'草原之火'海棠、'印第安魔力'海棠。

扩展速度在 0.25cm²/d 以下的海棠品种为：'宝石'海棠（0.03cm²/d）、'斯教授'海棠（0.07cm²/d）、'金蜂'海棠（0.12cm²/d）、'阿达克'海棠（0.15cm²/d）、'艾丽'海棠（0.17cm²/d）、'丽丝'海棠（0.18cm²/d）、'撒氏'海棠（0.19cm²/d）、'红丽'海棠（0.25cm²）、'雷蒙'海棠（0.25cm²）。

扩展速度在 0.25 ~ 0.5cm²/d 的海棠品种为：'罗宾逊'海棠（0.41cm²/d）、'钻石'海棠（0.48cm²/d）。

扩展速度超过 0.5cm²/d 的海棠品种为：'霍巴'海棠（0.58cm²/d）、'火焰'海棠（0.70cm²/d）、'高峰'海棠（0.77cm²/d）、'哨兵'海棠（1.03cm²/d）、'伊索'海棠（1.03cm²/d）、'马卡'海棠（1.14cm²/d）、'耐维尔'海棠（1.38cm²/d）、'红裂'海棠（1.84cm²/d）、'小胖'海棠（1.87cm²/d）。

3.3.3 病斑扩展差异分析

通过对实验室内接种和室外接种的综合结果来看，实验室内未扩展的海棠品种较室外的少，发病率和发病面积的总体情况也稍差，这可能是由于实验室内温度24℃恒温，湿度60%，较适合真菌生长，加之海棠已经切枝培养，抗病力较立地培养的海棠弱，所以发病情况较室外严重。通过对春季和秋季发病情况分析，还可以得出发病后扩增与否、扩增面积大小与发病率并无直接联系。未扩展的海棠品种有：'草原之火'海棠、'宝石'海棠、'撒氏'海棠、'钻石'海棠、'阿达克'海棠、'斯教授'海棠、'罗宾逊'海棠和'印第安魔力'海棠。有一部分品种，扩展面积并不大，但伤口流脓现象严重，比如'哨兵'海棠、'霍巴'海棠和'红裂'海棠，污染面积远大于感病面积，推广使用时应注意对树势的关注，一旦发病要及时处理。

3.4 抗病性筛选结果

对海棠综合抗指数进行计算后，得出结果如表2所示。

海棠综合感病指数				表2
种质名称	实验室感病指数	室外感病指数	综合感病指数	抗级
'宝石'	0.46	0.17	0.29	高抗
'斯教授'	0.76	0.55	0.63	中抗
'撒氏'	0.69	0.45	0.55	中抗
'哨兵'	1.32	1.34	1.33	感

续表

种质名称	实验室感病指数	室外感病指数	综合感病指数	抗级
'火焰'	1.23	0.52	0.80	中抗
'高峰'	1.76	0.72	1.14	感
'金蜂'	1.05	1.26	1.18	感
'红丽'	0.84	0.31	0.52	中抗
'阿达克'	0.84	0.67	0.74	中抗
'印第安魔力'	0.26	0.58	0.45	高抗
'伊索'	1.44	1.88	1.70	易感
'耐维尔'	1.82	0.77	1.19	感
'小胖	2.20	1.73	1.92	易感
'草原之火'	0.00	0.13	0.08	高抗
'雷蒙'	0.99	0.60	0.76	中抗
'罗宾逊'	1.22	0.60	0.85	中抗
'丽丝'	0.77	0.50	0.61	中抗
'艾丽'	0.70	0.44	0.54	中抗
'钻石'	1.15	0.70	0.88	中抗
'霍巴'	1.16	1.29	1.24	感
'红裂'	1.53	0.67	1.01	感
'马卡'	1.40	0.98	1.15	感

4 结论与讨论

4.1 结论

通过对表1进行整理,得出结论:

高抗海棠品种有:'草原之火'海棠、'宝石'海棠、'印第安魔力'海棠。

中抗海棠品种有:'红丽'海棠、'撒氏'海棠、'斯教授'海棠、'火焰'海棠、'阿达克'海棠、'雷蒙'海棠、'罗宾逊'海棠、'丽丝'海棠、'艾丽'海棠、'钻石'海棠。

感病品种有:'高峰'海棠、'金蜂'海棠、'哨兵'海棠、'耐维尔'海棠、'霍巴'海棠、'红裂'海棠、'马卡'海棠。

易感品种有:'伊索'海棠、'小胖'海棠。

超感品种:无。

4.2 讨论

根据综合抗病性和观赏性状,建议推广的海棠品种有:'草原之火'海棠、'宝石'海棠、'印第安魔力'海棠、'红丽'海棠、'撒氏'海棠、'斯教授'海棠、'火焰'海棠、'阿达克'海棠、'雷蒙'海棠、'罗宾逊'海棠、'丽丝'海棠、'艾丽'海棠和'钻石'海棠。综合发病面积、后期扩展情况以及是否流脓,建议种植后应密切关注树势的品种有:'伊索'海棠、'小胖'海棠、'哨兵'海棠、'霍巴'海棠和'红裂'海棠。

虽然在实验室和室外栽培对22个观赏种质进行抗病性测试,但苹果属植物对于干腐病的抗性与树势有关,能引起树势变弱的因素,如树龄老化、结果量过多、土壤水分亏缺等都会导致干腐病的发生。所以即使是较为抗病的品种,也可能因为管理不善而导致干腐病大面积发生而毁园。但对于抗干腐病品种的测试对干腐病的防治仍有不可替代的意义,在同等不利于植物生长的环境条件下,抗性好的品种能够有效地控制发病率和发病面积,为人工防治干腐病争取一定的时间。由于干腐病的发生与地域有关,在北京抗病的品种在别处种植时抗病性可能会发生变化,如要大面积引种,还需对地域之间的物候差异进行调查。虽然目前来看,海棠干腐病的防治没有完全解决的办法,发病的条件又跟地域有着密切的关系,但对于抗干腐病品种的测试对干腐病的防治仍有不可替代的意义,在同等不利于植物生长的环境条件下,抗性好的品种能够有效地控制发病率和发病面积,为人工防治干腐病争取一定的时间。因此,对北京地区观赏海棠的抗病品种的筛选是干腐病防治的有效方法。

参考文献

[1] 魏景超. 真菌鉴定手册 [M]. 上海:上海科学技术出版社,1979.

[2] 郭翎. 观赏苹果引种与苹果属(Malus)植物DNA指纹分析 [D]. 泰安:山东农业大学,2009.

[3] 刘捍中,任庆棉,刘立军. 苹果属主要种质资源抗苹果腐烂病性状鉴定 [J]. 山西果树,1990(2):5-8.

[4] Abe K, Kotoda N, Kato H, Soejima J. Resistance sources to Valsa canker (Valsa ceratosperma) in a germplasm collection of diverse Malus species[J]. Plant Breeding, 2007 (126):449-453.

[5] 杨克钦,马智勇,康艳玲. 日本苹果砧木抗病育种概况 [J]. 河北果树,1997(1):50.

[6] 邹红竹,王璇,刘淳洋,等. 观赏海棠干腐病病原菌鉴定 [J]. 西北林学院学报,2019,034(003):132-138.

重引入丹顶鹤野放初期活动范围及变化规律[①]

北京动物园圈养野生动物技术北京市重点实验室 / 崔多英 滑 荣 刘 佳 杜 洋 张成林

摘 要：动物园是野生动物迁地保护的重要基地，可以为濒危物种重引入项目提供动物来源。2013年11月、12月和2015年1月、3月，在江苏盐城湿地珍禽国家级自然保护区（14只）和黑龙江林甸自然保护区（2只）共释放16只圈养丹顶鹤。利用卫星定位信号发射器（platform transmitter terminals, PTT）和野外直接观察法进行跟踪监测研究。结果显示，释放后1年内丹顶鹤在野外的存活率在50.00%与68.75%之间；其中9只丹顶鹤放飞后PTT监测时间超过60d，放飞后的移动距离为8.95±8.00km，活动范围118.14±311.11km^2；4只丹顶鹤的PTT监测时间超过240d，1只监测时间118d，这5只个体放飞后的移动距离为16.69±21.82km，活动范围418.67±888.74km^2。丹顶鹤野放初期移动距离和活动范围逐渐增大，放飞后第4个月总体移动距离和活动范围达到最大，野外释放半年以后移动距离和活动范围逐渐减小，趋于稳定。放归年龄小于1年的幼鹤移动距离和活动范围较大，而年龄大于2年的个体移动距离和活动范围相对较小，且年龄组间差异极显著（$P<0.01$）。亲鸟哺育的幼鹤释放后活动能力较大，人工育幼的丹顶鹤则相反，但是差异并不显著（$P>0.05$）。软释放和硬释放对放飞后活动能力影响不大（$P>0.05$）。从2015年至2019年，共有3只上述野放丹顶鹤个体在黑龙江林甸、江苏盐城野外配对成功，并且成功筑巢、产卵，共孵化出至少4只幼鹤。

关键词：丹顶鹤；重引入；移动距离；活动范围

丹顶鹤（*Grus japonensis*）属鹤形目（Gruiformes）、鹤科（Gruidae）、鹤属（*Grus*），国家 I 级重点保护动物，IUCN 濒危物种（EN），CITES 将其列入附录 I。野外种群数量仅存2600只左右，其中约1000只丹顶鹤的非迁徙种群分布在日本北海道，其他约1600只丹顶鹤的迁徙种群分布于俄罗斯、朝鲜、韩国及中国[1]。

丹顶鹤野外种群濒危状况日益严峻，但是国内迁地保护丹顶鹤饲养管理技术在不断完善。早在1963年，合肥逍遥津公园（现合肥野生动物园）首次圈养繁育丹顶鹤获得成功；之后，北京动物园（1964）、齐齐哈尔龙沙公园（1967）、哈尔滨动物园（1973）、天津动物园（1978）、广州动物园（1979）、上海动物园、沈阳动物园、西安动物园（1980）、杭州动物园（1987）也先后繁育成功。其中，沈阳动物园于1991年首次采用人工授精技术繁殖丹顶鹤并获得成功[2]。

目前，中国圈养丹顶鹤种群数量1248只，分布在中

[①] 国家自然科学基金面上项目（31470460）。北京市公园管理中心2018年科技进步一等奖。

国动物园协会所属62家会员单位。动物园是野生动物迁地保护的重要基地[3-7]，国内圈养丹顶鹤种群的规模数量，已经足以支撑丹顶鹤野化放归项目，为重引入丹顶鹤试验提供动物来源。2013年11～12月和2015年1月、3月，我们在江苏盐城湿地珍禽国家级自然保护区和黑龙江林甸自然保护区共野化放飞16只丹顶鹤，并对其进行了放飞后的跟踪监测。

1 研究地区自然概况与方法

1.1 研究地点

江苏盐城湿地珍禽自然保护区位于江苏省盐城市境内（图1），海岸线长度377.885 km，总面积2472.60km²，其中核心区面积225.96km²，缓冲区面积567.42km²，实验区面积1679.22km²。保护区范围在北纬32°48′47″～34°29′28″，东经119°53′45″～121°18′12″。保护区的植被具有明显的滨海植被特征，由海边向陆地方向，其植被景观依次为：无植被的光滩、互花米草（Spartina alterniflora）沼泽、碱蓬大米草过渡带、盐蒿草甸、獐茅碱蓬过渡带和茅草草甸。在滩涂的低洼地带和河口区等水分充足的滩涂，有大片的芦苇（Phragmiteo australis）群落[8]。保护区拥有独特的淤泥质海岸带及丰富多样的滩涂湿地生态系统，是丹顶鹤和其他湿地鸟类的重要栖息地[9]。重引入丹顶鹤的释放地点选择在保护区的核心区。

1.2 目标动物

2013年11～12月和2015年1月、3月，在江苏盐城湿地珍禽国家级自然保护区和黑龙江林甸自然保护区共野化放飞16只丹顶鹤（表1）。其中放归在黑龙江林甸保护区的15号和16号个体先后死亡和失联，并未获得更多GPS位点数据和野外直接观察数据。15号个体放飞后第16天，因接触高压线而触电死亡；16号个体放飞后，追踪器故障即失去踪迹。因此主要数据来源为放归在江苏盐城湿地珍禽国家级自然保护区核心区的14只丹顶鹤。

放归野外的丹顶鹤均为圈养繁育个体，其中来自合肥野生动物园4只，石家庄动物园2只，北京动物园6只，沈阳动物园2只，吉林向海国家级自然保护区2只。重引入丹顶鹤中有10只为小于1年的幼鹤，其余6只丹顶鹤年龄均大于2年，年龄最大的1只16.6年。育幼方式不同，除石家庄动物园的2只鹤为亲鸟哺育外，其余14只均为人工育幼。2013年放归的7只丹顶鹤采用软释放方式，2015年放归的9只丹顶鹤采用硬释放方式。

野化放飞丹顶鹤个体信息   表1

编号	追踪器编号	环志号	红色旗标号	性别	年龄	动物来源	放飞时间	放飞地点	存活状况
1	121037	Q02-1114	YH201314	UNK	0.6	Ⅰ	2013/11/30	a	存活
2	121035	Q02-1113	YH201307	UNK	0.5	Ⅱ	2013/11/30	a	存活
3	无	Q02-1121	YH201321	UNK	0.5	Ⅲ	2013/12/06	a	死亡
4	121039	Q02-1122	YH201322	UNK	0.5	Ⅲ	2013/12/06	a	回收
5	脱落	Q02-1112	YH201312	UNK	0.6	Ⅰ	2013/12/06	a	存活
6	121036	Q02-1116	YH201316	UNK	0.6	Ⅰ	2013/12/06	a	存活
7	121038	Q02-1111	YH201311	UNK	0.6	Ⅰ	2013/12/06	a	存活
8	BJZ001	Q00-3920	Q0021	♀	2.6	Ⅲ	2015/01/09	a	存活
9	BJZ005	Q00-3998	Q1701	UNK	0.7	Ⅱ	2015/01/09	a	死亡
10	BJZ008	Q00-3949	Q0022	♀	2.6	Ⅲ	2015/01/10	a	存活
11	BJZ003	Q02-1135	Q0023	♀	2.6	Ⅲ	2015/01/10	a	UNK
12	BJZ009	Q00-3965	Q0024	♂	16.6	Ⅲ	2015/01/10	a	死亡
13	BJZ006	Q00-3911	Q0006	UNK	0.7	Ⅳ	2015/01/18	a	存活
14	BJZ007	Q00-3926	Q0017	UNK	0.7	Ⅳ	2015/01/18	a	UNK
15	BJZ0013	未环志	Q0013	♀	4.8	Ⅴ	2015/03/25	b	死亡
16	BJZ0014	未环志	Q0014	♀	4.8	Ⅴ	2015/03/25	b	UNK

注：UNK 未知；Ⅰ合肥野生动物园，Ⅱ石家庄动物园，Ⅲ北京动物园，Ⅳ沈阳动物园，Ⅴ吉林向海国家级自然保护区；a 江苏盐城湿地珍禽国家级自然保护区，b 黑龙江林甸自然保护区。

1.3 试验方法

重引入丹顶鹤在放飞地点采取软释放和硬释放两种释放策略。软释放:为了帮助目标动物适应新环境,释放之前先把动物转移至放飞地点的笼舍里生活一段时间;放飞后,视情况提供食物补充及防御天敌的保护措施。硬释放:动物运输到放飞地点后立即释放至野外,没有在放飞地笼舍的圈养适应过程,放飞后也不提供食物及天敌防御等人工支持。

重引入丹顶鹤放飞后监测采用卫星定位信号发射器(platform transmitter terminals,PTT)跟踪监测的GPS位点结合野外直接观察法。使用ArcGIS 10.3(ESRI,USA)计算重引入丹顶鹤野化放飞后单位时间内的移动距离和活动范围。利用非参数估计中的2个独立样本的Mann-Whitney U检验对不同年龄组、育幼方式、释放方式进行差异性检验。数据统计分析在Excel 2007和SPSS18.0上进行。

16只重引入丹顶鹤中,有9只鹤的GPS位点信息超过60d,有4只鹤的GPS位点信息超过240d。使用ArcGIS 10.3(ESRI,USA)计算9只重引入丹顶鹤野化放飞后60d内每10d的移动距离和活动范围,计算4只丹顶鹤放飞后240d内每30d的移动距离和活动范围。移动距离为单位时间内全部GPS位点中任意2点间距离的最大值,活动范围为单位时间内全部位点形成的最小凸多边形的面积。

2 结果

2.1 重引入丹顶鹤在野外的存活状况

通过PTT跟踪监测和野外直接观察得到的结果,该项目放归到野外的16只丹顶鹤之中,有8只(1、2、5、6、7、8、10、13号)个体在野外存活达到1年以上;1只(4号)因被野狗咬伤腿部回收救治继续笼养;4只(3、9、12、15号)个体因衰竭、撞击风机、高压电线击穿等不同原因死亡;3只(11、14、16号)因PTT脱落、损坏而失去跟踪线索。所以本项研究的野化放归个体释放后1年内在野外的存活率应该在50%~68.75%。从2015~2019年,共有3只上述野放丹顶鹤个体在黑龙江林甸、江苏盐城野外配对成功,并且成功筑巢、产卵,共孵化出至少4只幼鹤。

2015年3月在黑龙江林甸湿地野化放飞的丹顶鹤雌鸟(环志号:BJZ0014),于当年春季在放飞地与野生丹顶鹤配对并成功繁殖1只雏鸟。2015年1月在江苏盐城湿地珍禽国家级自然保护区野化放飞的2只丹顶鹤雌鸟(环志号:BJZ001、BJZ008),于2017年春季在盐城湿地分别配对成功,并且各繁殖成功1只雏鸟。2017年4月,根据GPS追踪器监测活动规律,发现其坐巢行为。2017年4月28日,借助无人机发现雌性丹顶鹤BJZ001家庭在芦苇荡成功孵化出壳1只雏鸟。2017年5月6日,借助无人机发现并拍摄到雌性丹顶鹤BJZ008家庭也在芦苇荡成功孵化出壳1只雏鸟;11月下旬,在盐城芦苇荡里再次目击丹顶鹤BJZ008家庭幼鸟随亲鸟活动,至此,该幼鹤野外出生并存活超过180d。2018年春季,发现BJZ001号鹤家庭又成功繁育1只后代。

2.2 重引入丹顶鹤的移动距离和活动范围

编号为1、2、4、7、8、9、10、11、13的9只丹顶鹤放飞后PTT监测时间超过60d。9只个体放飞后每10d的移动距离为8.95±8.00km,活动范围118.14±311.11km²。由图1和图2可见,丹顶鹤在野外释放后的前30d,移动距离和活动范围较小且比较稳定,30~60d移动距离和活动范围逐渐增大。来自石家庄动物园由亲鸟哺育的9号和2号个体放飞后60d内的移动距离最大,分别是23.71km和16.98km;活动范围也是最大,分别是946.87km²和35.51km²(表2)。

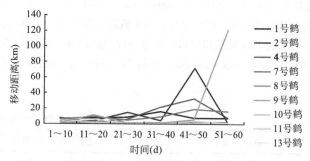

图1 重引入丹顶鹤9只个体放飞后60d内的移动距离(km)

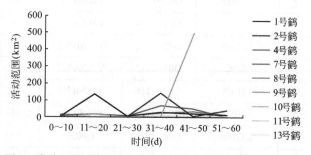

图2 重引入丹顶鹤9只个体放飞后60d内的活动范围(km²)

编号为2、8、10、13等4只丹顶鹤的PTT监测时间超过240d,9号个体监测时间118d。上述5只个体放飞后每30d的移动距离为16.69±21.82km,活动范围418.67±888.74km²。由图3和图4可见,丹顶鹤在野外释放的60d以后移动距离和活动范围进一步增加,放飞后的第4个月总体移动距离和活动范围达到最大;野外释放半年以后,移动距离和活动范围逐渐减小,趋于稳定。亲鸟哺育的9号鹤的移动距离和活动范围仍然最大,分别是55.00km和2008.28km²(表2)。

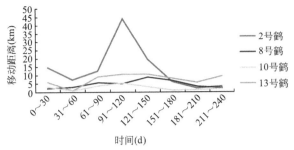

图3 重引入丹顶鹤4只个体放飞后240d内的移动距离（km）

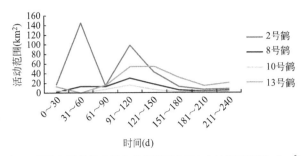

图4 重引入丹顶鹤4只个体放飞后240d内的活动范围（km²）

重引入丹顶鹤放飞后移动距离和活动范围　　　　　　表2

个体编号	年龄组	育雏方式	释放方式	放飞后60d 移动距离（km）	放飞后60d 活动范围（km²）	放飞后240d 移动距离（km）	放飞后240d 活动范围（km²）
1	<1年	H	SR	8.93±3.42	35.42±49.39		
2	<1年	P	SR	16.98±27.29	35.51±53.52	13.73±13.57	43.53±51.28
4	<1年	H	SR	13.23±11.49	22.93±28.06		
7	<1年	H	SR	10.71±5.51	17.68±9.48		
8	>2年	H	HR	1.80±0.48	1.05±0.40	4.66±2.33	11.26±9.53
9	<1年	P	HR	23.71±47.90	946.87±2078.76	55.00±72.00	2008.28±3752.72
10	>2年	H	HR	1.28±1.00	0.62±0.75	2.56±1.50	4.78±4.81
11	>2年	H	HR	2.02±1.71	1.43±1.84		
13	<1年	H	HR	1.91±2.02	1.75±2.79	7.50±3.27	25.50±19.61

注：H 人工育幼，P 双亲育幼，SR 软释放，HR 硬释放；数值为平均值±标准差。

2.3 不同年龄组、育幼方式、释放方式之间移动距离和活动范围的差异性

放飞时年龄小于1年的幼鹤在野外释放后的移动距离和活动范围较大，年龄大于2年的个体释放后的移动距离和活动范围相对较小（表2）；统计结果显示，年龄组间差异极显著（表3）。亲鸟育幼的放归个体移动距离和活动范围较大，人工育幼的丹顶鹤放飞后移动距离和活动范围较小（表2）；但是不同育雏方式之间的差异并不显著（表3）。软释放个体仅在放飞后60d内的移动距离比硬释放个体稍大（表2），且差异性显著（表3），而放飞后60d的活动范围和放飞后240d的移动距离、活动范围等参数差异性均不显著（表3）。

3 讨论

来自圈养环境的丹顶鹤被释放到野外栖息地，要经历觅食、饮水、隐蔽、同类识别、天敌、人类活动干扰等诸多方面的适应和调整。野放初期动物对野外生境的适应成为重引入项目能否成功的关键，动物能够在释放后的最初几个月存活下来，将为后续融入野生种群、成功配

重引入丹顶鹤不同年龄组、育幼方式、释放方式之间移动距离和活动范围的差异性　　　　　　表3

组间差异性检验	P			
	放飞后60d		放飞后240d	
	移动距离	活动范围	移动距离	活动范围
年龄组	0.004**	0.004**	0.003**	0.009**
育雏方式	0.522	0.522	0.115	0.248
释放方式	0.037*	0.337	0.600	0.753

注：*P<0.05，差异显著；**P<0.01，差异极显著。

对、参与繁殖从而壮大丹顶鹤野生种群奠定基础。本项试验研究的野化放归个体释放后1年内在野外的存活率在50%~68.75%。4号个体在释放到野外后因被野狗追咬而受伤，回收救治，笼养至今；11、14、16号个体因PTT脱落、损坏而失联；9号个体撞击风力发电机死亡；13号个体撞击高压电线被电击死亡；3号和12号个体因衰竭和腿部受伤死亡。对释放动物存活、失联及死亡原因的分析，将为今后丹顶鹤及相似物种的重引入项目提供重要参考。

通过对重引入初期丹顶鹤移动距离和活动范围的研究发现，来自圈养环境的丹顶鹤被释放到野外原始栖息地以后，在释放后初期的60 d内移动距离和活动范围逐渐增大；野外释放60 d以后移动距离和活动范围进一步增加，放飞后的第4个月总体移动距离和活动范围达到最大；野外释放半年以后，移动距离和活动范围逐渐减小，趋于稳定。圈养丹顶鹤野外释放后移动距离和活动范围的变化规律，体现了动物对新环境的探寻行为和适应过程，符合该物种的生物学特征和生态学习性。

放归时年龄小于1年的幼鹤在野外释放后的移动距离和活动范围较大，年龄大于2年的个体释放后的移动距离和活动范围相对较小（表2），且年龄组间差异极显著（表3）。这可能是由于年龄较大的丹顶鹤对圈养环境的适应，降低了这些个体放飞后对野外环境的探寻和适应能力；而年龄小于1年的幼鹤则受到对圈养环境适应的影响较小，放归野外后表达了对新环境的探寻能力和飞行行为适应。另外，亲鸟育幼的放归个体移动距离和活动范围较大，人工育幼的丹顶鹤放飞后移动距离和活动范围较小（表2），体现了亲鸟哺育的幼鹤放归野外后与当地野生丹顶鹤个体间交流能力、躲避天敌和人类活动干扰能力及野外探寻能力较大，而人工育幼丹顶鹤则相反。

研究结果显示重引入丹顶鹤在野外的存活状况较好，有50%以上的个体在野外存活时间达到1年以上，野外观察到野化放飞的丹顶鹤已经繁殖至少4只后代。野化放飞丹顶鹤在野外顺利存活并成功繁殖后代，标志该项目取得重大成功。江苏盐城湿地珍禽国家级自然保护区是丹顶鹤的重要越冬地，放归丹顶鹤应对从圈养环境到野外环境的变化不仅在觅食、饮水、隐蔽、躲避天敌等基本生存方面需要时间来逐渐适应，属于这一物种特征的繁殖行为和迁徙本能也需要随着身体发育成熟和当地野生丹顶鹤的引导，在一个适当的时间和空间被唤醒。

致谢

中国动物园协会谢钟副会长、刘农林总工程师为丹顶鹤重引入项目动物来源给予协调帮助；合肥野生动物园、石家庄动物园、沈阳动物园、吉林向海国家级自然保护区和北京动物园等单位，为该项目提供野化放飞实验动物；北京动物园饲养队张海波、赵思棋参加了野外工作；清华大学环境学院刘雪华研究组刘兰妹、刘澄、柏瑞乔、林楚佩参与跟踪设备GPS数据整理分析；北京师范大学生命科学学院张正旺教授和张雁云教授为项目实施提供科学建议；项目野外工作得到江苏盐城湿地珍禽国家级自然保护区管理局的大力支持。在此一并向以上单位和个人致以衷心感谢。

参考文献

[1] 吕士成. 盐城沿海丹顶鹤种群动态与湿地环境变迁的关系[J]. 南京师大学报（自然科学版），2009，32（4）：89-93.

[2] 田秀华，石全华，余溢. 中国鹤类迁地保护现状[J]. 野生动物杂志，2006，27（2）：50-52.

[3] 马建章，邹红菲，贾竞波. 野生动物管理学（第二版）[M]. 哈尔滨：东北林业大学出版社，2004：313-323.

[4] 蒋志刚，马克平，韩兴国. 保护生物学[M]. 杭州：浙江科学技术出版社，1997：160-162.

[5] 崔多英，王小明，丁由中，王正寰. 扬子鳄野外放归项目又获新突破[J]. 野生动物，2004，25（6）：45-46.

[6] 崔多英，王小明. 大熊猫放归计划框架与操作程序初探[J]. 野生动物，2005，26（4）：53-56.

[7] 崔多英，杜洋，曹亚妮，等. 人工孵化及育雏技术在北京地区鸳鸯（*Aix galericulata*）重引入项目中的应用[J]. 野生动物学报，2014，35（4）：420-425.

[8] 左平，吴其江，王会，陈浩. 江苏盐城滨海湿地生态系统与管理——以江苏盐城国家级珍禽自然保护区为例[M]. 北京：中国环境出版社，2014：31-34.

[9] 董科，吕士成，Terry Healy. 江苏盐城国家级珍禽自然保护区丹顶鹤的承载力[J]. 生态学报，2005，25（10）：2608-2615.

月季品种整理、比对及正名数据库的建立

北京市园林科学研究院 / 冯　慧　卜燕华　王　莹　吉乃喆　赵世伟

月季花在中国的历史悠久，古人对月季花的命名也十分讲究。比如'紫燕飞舞'、'香粉莲'、'赤龙含珠'、'金瓯泛绿'、'国色天香'等古老月季品种，无不流露出浓郁的文化气息。不仅古人注重月季花的命名，当代国内月季培育者们更是注重对自己产品的命名。实际上，不论国外还是国内，任何一个新诞生的月季品种面世，都像一个呱呱落地的婴儿，培育者都会精心为它们起一个恰当的名字。应该说每一棵月季名称的后面都有一个美丽的故事。

1955年国际园艺学会正式授权美国月季协会为"国际月季品种登录权威机构"（International Registration Authority of Rose，IRAR）。据2012年美国月季协会最新出版的 Modern Roses XII 所记载的全世界月季品种已超过3万种，涵盖了当今世界上的流行品种和20世纪以来重要历史品种，该书为月季工作者和爱好者提供了准确的品种资料，成为具有权威性的月季品种手册。"Help me find rose"网站也是国外最常用的月季查询权威网站。

为达到规范我国月季品种的名称，为生产者、消费者及科研工作者提供参考和依据，推动我国月季产业良性发展的目的，本课题组对北京、河南、山东、上海等地栽培月季资源进行实地调查，记录约1200个栽培月季品种的名称、花部和株型的生物学性状，拍摄照片2万余张。在此基础上，采用图片比对和形态性状比对结合的方法，对每一个品种查找其外文原名，根据外文原名在 Modern Rose 12 和 Help me find rose 上查找照片和性状描述信息，与实地拍摄照片和记录调查表格内容进行比对。根据比对结果，生成月季品种整理名录。最后建成公开的月季正名网络数据库，将整理好的名录发布到网络，供生产和消费者查询。本文详细介绍了课题组进行月季图片和性状整理、比对的过程以及月季正名数据库的建立过程。

1 比对方法

1.1 图片比对

对每一个品种查找其外文原名，根据外文原名在 Modern Rose 12 和 Help me find rose 上进行查找照片，与实地拍摄照片进行比对。

1.2 形态性状比对

在对品种进行图片比对的基础上，在 Modern Rose 12 和 Help me find rose 上查找形态描述资料，与实地收集数据资料进行比对。

2 月季品种的比对过程

2.1 '光谱'的比对

查找资料，'光谱'外文名称'Spectra'，在网站进行图片比对（图1～图3）。从图中可知，实地拍摄照片与网站检索结果在花色、花型、株型方面基本一致，'光谱'

---

① 北京市公园管理中心课题（ZX2013024）。北京市公园管理中心2018年科技进步一等奖。

图1 南阳拍摄'光谱'照片

图2 园科院拍摄'光谱'

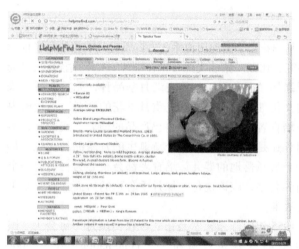

图3 Help me find rose 网站比对图片和文字描述

这一名称是正确的。

在图片比对的基础上，在网站进行数据比对。

网站英文描述：

Climber, Large-Flowered Climber.

Yellow, red blending. None to mild fragrance. Average diameter 4.25". Very full (41+ petals), borne mostly solitary, cluster-flowered, in small clusters bloom form. Blooms in flushes throughout the season.

Arching, climbing, thornless (or almost), well-branched. Large, glossy, dark green, leathery foliage.

Height of 18'(550cm).

中文翻译：藤本，大花藤本。

黄红混色，无或者中度芳香，花径4.25英寸（10.79cm），重瓣（41瓣以上），单独开放或者呈小的花束开放，连续开花。

有一定蔓性，藤本，无刺或接近无刺，发枝能力强，叶片大，光滑，深绿，革质。

高度可达550cm。

测量数据与网站数据比对，结果基本一致，认定'光谱'这一品种是正确的，同时'光谱'是英文'Spectra'的意译，比较准确和形象地描述了这一品种变色的过程，因此本课题组认为名称'光谱'是准确的，将其列为推荐用名。

2.2 '怜悯'和'同情'的比对

《中国月季》中记载'怜悯'和'同情'是一个品种，外文原名'Compassion'。在Help me find rose 网站和 Modern rose 12 网站查找'Compassion'，比对结果与拍摄照片一致，'怜悯'原名'Compassion'，大花藤本，杏粉色，植株强健。北京绿化中广泛使用的另一月季品种，红色，重瓣大花藤本，俗名'同情'，名称是否正确呢？后在查询英文时检索到'同情'的英文除了'Compassion'，还有'Sympathy'，在 help me find rose 和 Modern rose 12 网站查找'Sympathy'，未检索到任何品种。后改变检索方法，前面选择'Contain'（类似中文模糊查询），减少查询字母为'Sympath'，查询到'Sympathie'，性状和图片比对结果一致，北京绿化中广泛使用的红色藤本月季品种'同情'和'怜悯'并非一个品种，'同情'外文名'Sympathie'，'同情'这一词不再作为'怜悯'的曾用名，而作为'Sympathie'的推荐用名（图4~图11）。

图4 《中国月季》中'怜悯'的图片及描述

图5 园科院拍摄月季品种'怜悯'

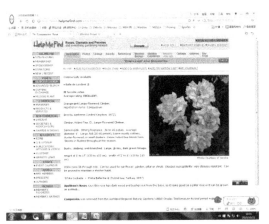

图6 Help me find rose 网站比对'Compassion'

图7 Modern rose 12 网站比对'Compassion'

图8 园科院拍摄月季品种'同情'

图9 园科院拍摄月季品种'同情'

图10　Help me find rose 比对 'Sympathie'

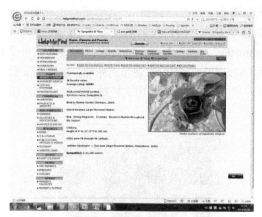

图11　Help me find rose 比对 'Sympathie'

2.3 '小太阳'的比对

2013年5月在南阳采集照片和数据时,名称为'金太阳'的黄色微型月季,花量大,群体效果非常好。根据其对应英文'Gold Sun'在 help me find rose 网站搜索,未搜到任何品种。后有专家告知'金太阳'也叫'小太阳',推测其英文应该是'Little Sun'、'Baby Sun'、'Sun Baby',在网站上多次检索,结果见图12～图19。'Sun Baby'与拍摄照片比对成功,根据其英文,推荐用名为'小太阳',而'金太阳'作为曾用名。

图12　北京拍摄'小太阳'

图13　南阳拍摄'小太阳'

图14　Help me find rose 查找 'Gold Sun'

图15　Help me find rose 查找 'Little Sun'

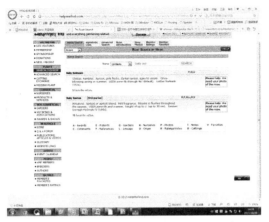

图 16　Help me find rose 查找‘Baby Sun’

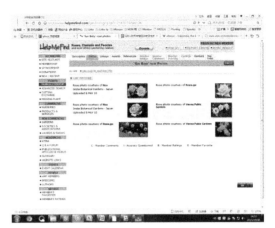

图 17　Help me find rose 查找‘Sun Baby’

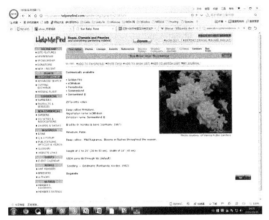

图 18　Help me find rose 查找‘Sun Baby’

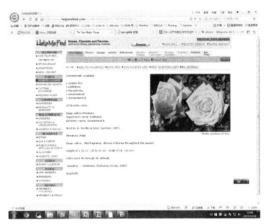

图 19　Help me find rose 查找‘Sun Baby’

3　编制月季品种名录

按照上述比对程序对采集的所有数据和图片进行性状比对与名录整理，最终比对成功 749 个月季品种，整理成的表格包括原名、中文名、曾用名、系统、颜色类型、颜色描述、花径大小、花型、香味、重瓣性、叶片大小、株高、植株宽度、单朵花期、花量、茎刺、应用、倍性、评价、杂交亲本、培育人、培育年代、获奖情况和参考链接，共 24 条信息，同时整理比对成功照片 6000 余张。最终根据比对结果，生成月季品种名录（图 20）。

	A	B	C	D	E	F	G	H	I	J	K	L	M	N	O	P	Q	R	S
1	原名	中文名	曾用名	系统	颜色类型	颜色描述	花径大小（cm）	花型	香味	重瓣性	叶片	株高(cm)	植株宽度（	朵花期（天	花量	茎刺	应用	倍性	评价
2	Aqua	阿Q	阿瓜	大花月季	粉色	粉色	11-13	翘角杯状型		重瓣	大	70-120			多	少	切花、庭院		优秀
3	Abhisarika	阿比莎林卡		大花月季	混色	复色，柠	7.6.5-	卷边盘状	中香	重瓣，	7.27	80-150			多	中		四倍体	
4	Adriana	阿德里亚娜		大花月季	橙色	橙黄色	9-11	卷边杯状		重瓣17-25	大	60-90			多	中	庭院、切花		
5	Alpine Sunset	阿尔卑斯山日落	日落西山	大花月季	粉色	花外缘粉色	11-13	高心盘状	浓香	重瓣40	大	80-120	60-90		多	中	庭院		优秀
6	Altesse75	阿尔蒂斯75	金枝玉叶	大花月季	混色	复色，白	12-14	卷边杯状		半重瓣，									优秀
7	Alfred Sisley	阿尔佛雷德·西斯利		丰花月季	混色	橘红带黄色	9-11	平瓣盘状		半重瓣	大	60-80			多	少	庭院		优秀
8	Akito	阿克多	尤美	大花月季	白色	白色	11	翘角杯状型		重瓣	大	50-70			多	中	庭院		
9	Alinka	阿林卡		大花月季	混色	复色，黄	10	卷边杯状		重瓣		120			少	中	庭院		
10	Aloha	阿罗哈		藤本月季	粉色	粉色	12.5	卷边杯状	浓香	重瓣	大	245-305	120-245		多	中	庭院、景观、灌木		
11	Sharifa Asma	阿诗玛		灌丛月季	淡粉色	淡粉色	7-9	平瓣盘状	中香	重瓣	大	90-150	75-120		多	中	庭院		好
12	Elfe	埃尔弗		藤本月季	黄色	浅黄色	10	卷边杯状	果香	重瓣	中	大于300			多	多	切花、庭院		
13	Eckart Witzigmann	埃卡特维茨格曼		灌丛月季	粉色	粉色	7-9	牡丹芍药型		重瓣	中	90-200			多	多	庭院		
14	Avon	埃文		大花月季	红色	红色	10	平瓣盘状		重瓣	中	80-100			多	多	庭院		
15	Ivory	艾佛莉		大花月季	白色	白色	10--13	卷边杯状		重瓣	中				少	无	切花、庭院		
16	Ivor's Rose	艾弗的玫瑰		灌丛月季	深粉色	深粉色	5	牡丹芍药型	浓香	千重瓣	中	200	350-400		多	少	庭院		优秀

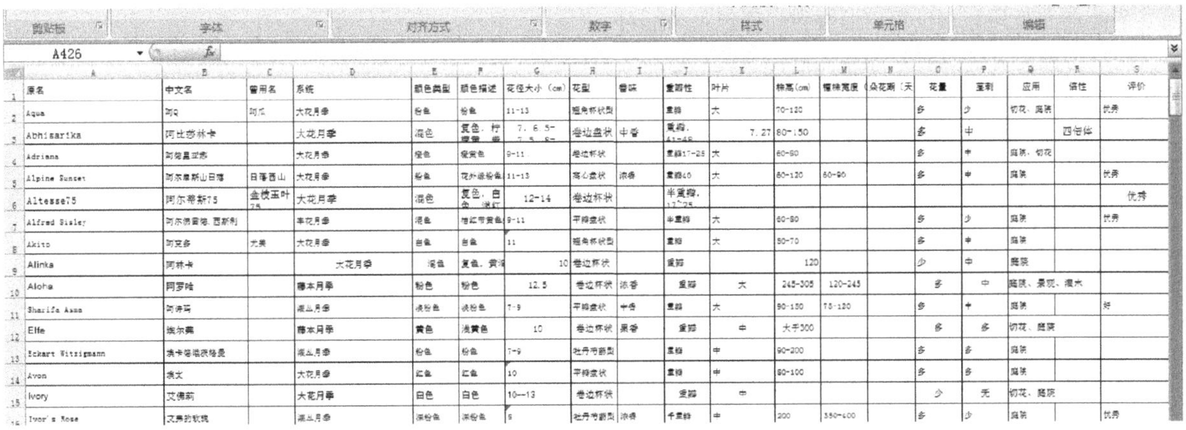

图 20　月季品种名录

4 月季正名数据库的建立

4.1 开发环境与技术

月季正名数据库系统采用 B/S 架构，用 Firework 8 和 Photoshop 完成美工设计，Dreamweaver 8 完成程序编写，采用 Access 2000 数据库开发；以 Windows Server 2008 操作系统、Internet Information Server、ASP 脚本解释引擎、Access 数据库驱动为系统运行环境。

4.2 发布方式

本数据库通过北京市园林科学研究院官方网站发布于互联网，为更多专家和爱好者提供浏览和交流平台（图 21）。

图 21 月季正名数据库主页

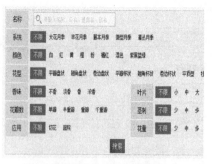

图 22 月季正名数据库条件检索

4.3 界面设计

做到页面友好、简洁清晰，突显学术风格，考虑到用户的思维方式和操作习惯，达到便于访问查询、互动交流的效果。

4.4 功能设计

对于已经知道月季名称的品种，本数据库可以通过准确输入月季品种名称，包括原名、中文译名、通用名、别名查询该品种详细信息，也可以通过点击月季品种的中文名称汉语拼音首字母进行查询。对于不知道名称的月季品种，可以进行分类查询和条件查询，在数据库首页左侧提供按最常用的分类即按园艺学、花色、花型、用途进行分类查询；条件查询板块是帮助用户最快找到理想月季品种的通道，用户可同时并列选择已知属性进行筛选，包括名称或名称中的一部分、系统、颜色、花型、香味、花瓣数、应用、叶片、茎刺、花量（图 22）。

4.5 品种详情显示

一种月季品种的详细数据包括：原名、中文推荐名、曾用名、系统、颜色类型、颜色描述、花径大小、花型、香味、重瓣性、叶片、株高、植株宽度、单朵花期、花量、茎刺、应用、倍性、评价、交配亲本、培育人、培育年代、获奖情况、参考链接、备注及照片（图 23）。

图 23 月季正名数据库品种详情页

4.6 互动交流

本数据库通过两种形式提供管理员与用户之间进行互动交流：一是在一种月季品种详细介绍下方，用户不仅可对其进行评价选择（优秀、优良、良好、一般）而且可以对此品种进行文字评价和提问，并可见所有的回复及评论信息（图 24）；二是在导航中设置了"互动交流"栏目，用户可就月季相关的所有话题进行提问和留言，同时借鉴国外网站的经验，设计了一个上传照片的按钮，月季从业者和爱好者可以上传自己拍摄的照片，经网站管理员确认以后在本网站发布。

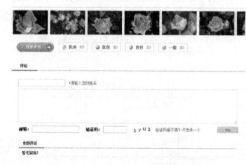

图 24 月季正名数据库品种详情页面

5 结语

目前我国园林绿化中广泛使用的月季品种多为现代月季，简称月季。我国从 20 世纪 40 年代起陆续从国外引进现代月季新品种，1966 年我国拥有的现代月季品种达 470

种以上，1970年代后我国更是迎来了月季发展的新时期，新的品种不断涌入。据粗略统计，目前我国现代月季品种约有2000种，其中约90%以上引自国外。然而令人遗憾的是目前国内很多引进月季品种的名称比较混乱。现代月季品种混乱的现象严重阻碍了月季产业在我国的发展。一方面消费者根据名称不能购买到自己需要的月季品种；另一方面，由于对现有品种没有进行有效的整理，盲目引种、重复引种现象非常严重，造成大量资金流失。随着越来越多的新优现代月季品种被引入中国，规范我国引进月季品种的中文名称，对已经引进的品种进行梳理，建立数据库，记载其原名、中文名、图片以及形态特征，不但能够为生产者、消费者以及科研工作者提供参考和依据，还可达到规范我国的月季品种的名称，推动我国月季产业良性发展的目的。

一串红'奥运圣火'系列新株型育种研究进展

北京市园林科学研究院，绿化植物育种北京市重点实验室 / 崔荣峰　董爱香　辛海波　赵正楠　李子敬

摘　要：在多年育种实践中收集和筛选的大量具有不同分枝类型的一串红亲本材料基础上，通过杂交育种和优株选育等手段，培育出不同株型的'奥运圣火'新品种（系）。研究结果表明：选育出的一串红9-19系表现出分枝众多、株型自然成球形、花序众多、花型大等特点。而一串红2-1系主要特点是自封顶、植株矮、无需人工打顶、更适合大规模盆栽生产。

关键词：一串红；'奥运圣火'；株型；杂交育种

一串红（$Salvia\ splendens$），又名鼠尾草、西洋红、爆竹红、撒尔维亚等，在系统分类上属于唇形科（Labiatae）鼠尾草属（$Salvia$）植物。一串红原产于南美洲热带地区，主要起源于巴西，目前广泛分布于温带及亚热带地区，世界各地广为栽培。为盆栽和切花生产的优良品种。一串红目前在国内常作一年生栽培，它具有生长周期短、植株矮壮、适应性强、花色艳丽等特点，广泛用来布置城市广场、花坛、花境、道路、庭院等，且其花萼、花冠的红艳色泽为其他花草所不及，宜与浅色花卉配合布置，是中国节日装点环境、烘托喜庆气氛最为常用的中国红红色草花[1]。一串红已经成为我国城市园林中最普遍栽培的草本花卉，对其深入开展基础理论及育种技术研究具有重要的意义。

近几十年来科研工作者通过对模式植物与多种作物的株型突变体进行深入研究，对植物分枝的调控机制有了更深的认识[2]。随着不同植物中更多调控植物分枝的基因被发现和克隆，植物分枝生长发育调控机制逐渐明确，这有助于利用分子手段对植物的株型进行改良。分枝发育突变可以改变植物株型，进而改变植物的观赏特性，是培育理想株型花卉育种的重要途径之一。但是由于园林植物遗传背景复杂，株型突变体出现频率相对较低，因此在园林植物中此类研究还极为薄弱。近些年对株型相关的育种和株型调控的研究目前在一串红上开始起步，例如对一串红'彩铃红'天然突变体的研究就是很好的开端[3]。

本试验在多年育种实践中收集和筛选的大量具有不同分枝类型的一串红亲本材料基础上，通过杂交育种和优株选育等手段，目标是培育出不同株型的'奥运圣火'新品种（系），为一串红在园林绿化中的应用提供更丰富的植物材料。

---

① 北京市公园管理中心课题（ZX2014023）。北京市公园管理中心2018年科技进步一等奖。

1 材料与方法

1.1 试验材料

所用材料均为育种实践中群体筛选和收集的一串红新种质材料,包括自封顶材料2份,多分枝材料1份。与之进行杂交的其他一串红亲本'奥运圣火'、'奇迹'、'世纪红'等均是自育并保存的自交系。所有试验材料均种植于北京市园林科学研究院温室和苗圃示范地中。

1.2 试验方法

1.2.1 亲本选育和杂交试验

一串红自封顶材料和多分枝材料,经繁殖和单株优选后确定为杂交用母本,父本为一串红品'奥运圣火'、'奇迹'、'世纪红'、'奥运圣火紫'、'奥运圣火腥红'和'奥运圣火鲑红'等自育并保存的自交系。地栽后一串红除自封顶材料外均打顶一次,自封顶一串红一直不打顶。于6月初盛花期进行性状观测。观测指标包括:分枝数、株高、冠幅、穗长、花间距、花冠长、花萼长、叶片长与宽等。于8月至9月初杂交,每个杂交组合平均授粉50朵花以上。种子成熟后统计各杂交组合结实情况、子代表型稳定遗传及分离情况等。

杂交方法:开花前一天撕开花萼的下半部,将包在花蕾中的2雄蕊去掉,并给雌蕊授予当天开花的成熟花粉,第2天再授粉一次。授粉时间最好为每天的9点到14点。受精的胚珠20～25天发育为成熟种子。一般一个花穗上最多授粉的花朵数不超过20个。另外,一串红一朵花最多只能结4粒种子,因此,一串红的杂交授粉工作比较困难,必须进行大量的杂交,才可能得到杂交种子。将不同杂交组合所结的种子播种、定植,并于盛花期进行性状观测。

1.2.2 植物内源激素测定

一串红自封顶材料和多分枝材料取不同时期、不同部位的新鲜样品,分别准确称量约1g,于液氮中研磨至粉碎;向粉末中加入10mL异丙醇/盐酸提取缓冲液,4℃震荡30min;加入20mL二氯甲烷,4℃震荡30min;4℃,13000rpm离心5min,取下层有机相;避光,以氮气吹干有机相,以200μL甲醇(0.1%甲酸)溶解;过0.22μm滤膜,然后利用植物激素液质联用检测方法进行检测。试验所用吲哚乙酸(IAA)标准样品、反式玉米素核苷(ZR)标准品和赤霉素3(GA_3)标准品购自Sigma公司,色谱级甲醇购自Tedia公司,其他试剂均为国产分析纯。

2 结果与分析

2.1 一串红自封顶亲本性状比较

一串红自封顶亲本性状表现为:花色大红色,主枝顶端退化,4个侧枝同时生长,不需打顶;春季播种到开花约90天;6月初盛花期时株高为10.9cm,冠幅为22.8cm,平均花穗数6个,花穗长10.8cm(图1)。

一串红自封顶亲本与'奥运圣火'、'奇迹'、'展望红'一串红进行分枝数、株高、冠幅、穗长等性状对比,结果如表1所示。从表1可知,一串红自封顶亲本分枝数最少,平均为6.2个,自育的'奥运圣火'和'奇迹'分枝能力较好,分枝数为9～10个,国外的'展望红'品种分枝

图1 一串红自封顶亲本性状表现

一串红自封顶和国内外几个一串红品种性状对比　　表1

品种	分枝数(个)	株高(cm)	冠幅(cm)	穗长(cm)	花间距(cm)	花冠长/宽(cm)	花萼长/宽(cm)
'自封顶'	6.2	10.9	22.8	10.8	5.16	4.2/0.7	1.98/0.9
'奥运圣火'	9.4	19.2	28.8	13.1	5.2	4.2/0.96	2.02/1.08
'奇迹'	9.6	18.5	24.9	12.6	5.4	4.12/0.82	2.16/0.94
'展望红'	8.6	18.8	16.3	14.6	5.1	4.16/0.94	2/1

数略低。

一串红自封顶亲本与几个其他品种的株高相比，明显低于其他几个品种，仅为10.9cm，'奥运圣火'一串红植株最高，为19.2cm。自封顶亲本虽然植株最矮，但冠幅大于国外的'展望红'，表明自封顶具有矮壮的特性。从花穗长和花间距的测定数据看，一串红自封顶亲本花穗最短，花间距最小，表明一串红自封顶亲本花穗短但着花密集，为短粗型花穗。

分析几个一串红花冠和花萼特性，可知一串红自封顶亲本花冠长较大，但花冠宽明显小，花冠为长窄型。分析几个品种花萼特性，可知一串红自封顶亲本花萼长和宽均为最小，花萼为短窄型。一串红自封顶亲本主要特点是植株矮、无需人工打顶，更适合大规模盆栽生产。

2.2 一串红多分枝材料亲本性状表现

一串红多分枝材料通过详细的表型分析，发现其表型独特并且稳定，排除了芽变的可能，并且确定由实生苗得来。随后发现一串红多分枝材料主要表现为分支数目明显增多、生长旺盛、植株自然成球状等变异表型（图2）。

图2　一串红多分枝材料性状表现

2.3 一串红亲本内源激素含量测定结果

针对一串红自封顶亲本和多分枝亲本的多分株表型检测其和对照株系的内源激素含量是否发生改变。经测定发现，一串红自封顶亲本的内源激素中吲哚乙酸（IAA）含量高于对照株系，而反式玉米素核苷（ZR）和赤霉素3（GA3）的含量则出现了不同程度的降低，显示其自封顶表型是由于体内不同激素水平发生改变的结果（表2）。

一串红自封顶亲本内源激素含量测定结果　　表2

品种（系）	IAA含量	ZR含量	GA3含量
自封顶亲本	10.32	0.36	0.23
对照株系	7.64	0.56	0.29

一串红多分枝亲本的内源激素中吲哚乙酸（IAA）和赤霉素3（GA3）含量高于对照株系，而反式玉米素核苷（ZR）的含量则出现了不同程度的降低，显示其分枝众多表型是由于体内不同激素水平发生改变的结果（表3）。内源激素水平的改变可能是由于调节激素信号途径的上游基因表达发生改变引起的间接结果。试验中观察到IAA含量较高，说明一串红多分枝亲本的表型发生变化可能与IAA含量的增加有关。后续的试验也证实了上述结果[4]。

一串红多分枝亲本内源激素的含量测定结果　　表3

品种（系）	IAA含量	ZR含量	GA3含量
多分枝亲本	2.67	4.86	0.19
对照株系	1.96	5.00	0.14

2.4 一串红杂交F_1代表型稳定性分析结果

2.4.1 一串红多分枝亲本杂交F_1代表型稳定性分析

为进一步将一串红多分枝亲本的独特表型在育种上加以利用并且改善其过强的表型，将筛选获得的表型稳定的一串红多分枝亲本与自育的骨干一串红品种'奥运圣火'、'奇迹'、'世纪红'等于6～10月进行杂交，每个杂交组合平均授粉80朵花以上。结果显示，一串红多分枝亲本杂交F_1代表型与亲本一致，并且在苗期很早的时期即表现出多分枝的表型，进入开花期同样表现出花序变短、花器官融合、花对称性改变的典型表型（图3）。同时结果表明该多分枝亲本表型是显性遗传，可能是由单基因的突变导致的一因多效的表型特征。

2.4.2 一串红自封顶杂交F_1代表型稳定性分析

一串红自封顶亲本与不同花色一串红杂交均具有较好的结实性，不存在杂交结实困难的问题。其杂交F1子代在苗初期即表现出表型（图4），统计分析显示其子代中90%以上可以保持很好的自封顶表型。一串红自封顶作母本分别与'奥运圣火紫'、'奥运圣火腥红'、'奥运圣火鲑红'、'奥

图3 一串红多分枝杂交 F_1 代表型

图4 一串红自封顶杂交 F_1 代表型

运圣火玫红'、'奥运圣火夕阳红'、'奥运圣火晨光'、'奥运圣火淡紫'7个父本杂交的 F_1 代植株性状表现见表4。

自封顶2-1母本与7个不同花色一串红父本杂交 F_1 代性状分析　　　　表4

杂交 F_1 性状	杂交 F_1 代						
	Z1-43	Z1-84	Z1-62	Z1-1	Z1-3	Z1-66	Z1-56
花色	紫色	酒红色	大红色	猩红色	大红色	酒红色	紫色
株高（cm）	32.8	26.6	38.6	38.5	37.0	35.9	33.6
冠幅（cm）	37.8	36.6	39.0	42.2	41.6	34.2	36.7
花穗长（cm）	18.6	17.2	18.3	19.7	18.8	18.4	17.6
花穗数（个）	23.8	24.2	20.1	30.2	31.2	27.1	23.4
叶片长/宽（cm）	8.84/7.0	7.88/5.3	6.83/6.54	7.3/6.22	7.7/5.56	8.81/5.62	7.9/6.78
花冠长/宽（cm）	4.16/0.65	4.08/0.88	3.96/0.87	3.88/0.92	3.9/0.94	4.23/0.82	4.53/0.63
花萼长/宽（cm）	2.15/1.24	1.78/1.12	1.85/1.16	1.99/1.21	1.86/1.18	1.88/1.36	2.19/1.3

分析表明，一串红自封顶亲本与7个杂交F_1代植株株高、冠幅、分枝数、穗长全都明显多于母本，没有表现出自封顶的症状。表明，母本2-1植株低矮、自封顶、花穗较短的特性为隐性性状，在F_1代中没有表现，在F_2代分离群体中才能显现出来。

2.5 一串红杂交F_2代目标单株的纯化选育

通过种植大群体的F_2代选育出花色丰富、植株低矮、自封顶或多分枝特性的单株，经过多代单株优选纯化，获得多种花色的自封顶株系，试验优选出花色亮丽、植株紧凑、具有多分枝特性、花穗粗密的4个不同花色单株，性状表现如图5所示。测定结果为：单株1：花色紫红色，自封顶，株高15.6cm，冠幅24.2cm，分枝数15个，穗长12.8cm；单株2：花色紫色，自封顶，株高13.8cm，冠幅25.4cm，分枝数17个，穗长11.0cm；单株3：花色酒红色，自封顶，株高16.6cm，冠幅23.1cm，分枝数16个，穗长13.2cm；单株4：花色猩红色，自封顶，株高18.4cm，冠幅25.7cm，分枝数18个，穗长14.1cm。

图5　一串红自封顶优选单株性状表现

2.6 一串红新株型品系推广试种效果

近几年将选育出的一串红新株型品系，特别是自封顶一串红2-1系进行了推广应用，连续多年在园科院展示地、大兴盆花基地、延庆世园会基地、顺义鲜花港和石家庄植物园等处种植，表现良好。尤其是一串红自封顶2-1新品系具有开花早、无需打顶、植株低矮、生长开花整齐一致等特点，得到用户的普遍认可（图6）。

图6　一串红自封顶2-1在北京推广试种效果

3 结论与讨论

经过多年杂交选育，选育出的一串红自封顶2-1系主要特点是植株低矮、自然分枝不需打顶、花穗短粗密集、花色红色，并且通过杂交选育，已将这一性状引入多种花色的'奥运圣火'系列新品种中，表现为高度的整齐一致性。通过在北京多处进行的推广试种表现出开花早、不打顶、植株低矮等特点，深受用户喜爱，更适合大规模盆栽生产[5]。

选育出的一串红多分枝9-19系的表现出分枝众多、株型自然成球形、花序众多、花型大等特点。后续的深入研究发现造成该亲本多分枝变异可能来源于一个基因位点，结合包括IAA在内的多种内源激素水平的测定和比较结果，判定该基因位点在一串红多分枝9-19系的IAA生物合成中扮演重要角色[4]。9-19系的多分枝表型表现为显性遗传，并且可能是由单基因的突变导致的一因多效的表型特征。一串红多分枝部分个体表型差异和少量个体可以回复突变显示，在不同遗传背景和环境诱因下该突变表型可能增强或减弱，这为接下来开发利用该材料提供了可能性[3]。

随着不同植物中植物分枝的调控途径被揭示，将助于利用分子手段对一串红等花卉的株型进行改良。在农作物相关分子研究中已经验证了相关基因突变可以改变植物株型，进而改变植物的观赏特性，这是花卉理想株型育种的重要途径之一，在园林植物中亟须加强对株型的调控和育种的研究。

参考文献

[1] 赵梁军，曾丽，于玉彪．一串红采种技术的研究 [J]．种子工程与农业发展，北京：中国农业出版社，1997，706-710．

[2] 姜凤英，栾绍武，张惠华，等．观赏植物杂种优势的研究进展 [J]．辽宁农业科学，2005，(5)：38-39．

[3] 杨建玉，陈洪伟，刘克峰，等．一串红株型突变体 AFLP 分析 [J]．北京农学院学报，2010，25（2）：1-4．

[4] Aixiang Dong, Jingjing Wang, Hualizhang, et al. Comparative transcriptomic analysis provides insights into the development of a Salvia splendens Ker-Gawler mutant, SX919M. PLoS ONE 14 (3)：e0213446.

[5] 赵梁军，曾丽．一串红商品化种子生产的基础理论与技术研究初报 [J]．北京园林，1997，1：8-14．

[6] 董爱香，王涛，徐进，等．用 SRAP 分子标记分析一串红品种资源亲缘关系 [J]．北京林业大学学报，2012，34（5）：134-138．

10种园林植物的耐阴性比较研究[①]

北京市植物园 / 北京市花卉园艺工程技术研究中心 / 城乡生态环境北京实验室 / 温韦华　陈　燕　刘东焕　郭　翎

摘　要：本文以10种园林植物为材料，对其在不同光照下的株高、冠幅、叶面积、比叶重、叶绿素含量、净光合速率、最大光化学效率等耐阴性指标进行了比较研究。综合各指标和观赏效果，采用打分法对10种园林植物的耐阴性进行了综合评价，依照耐阴性将它们分为3组：①强耐阴植物：白玉簪、小叶扶芳藤；②耐半阴植物：蓝叶忍冬、木本香薷、'黄果'靰鞡忍冬、'花叶'锦带；③稍耐阴植物：荆芥、'林伍德'连翘、'金焰'绣线菊、'金叶'连翘。根据试验结果，对10种植物在园林中的应用进行了探讨，以期给园林实践提供科学的指导意见。

关键词：园林植物；耐阴性；比叶重；净光合速率；最大光化学效率

　　随着城市化进程的发展，城市建筑密度不断增加，出现了建筑物北侧、立交桥下面、架空层等大量荫蔽环境。此外在其他园林绿地中，光照不足的林下空间也很常见。荫蔽环境对园林绿化提出了新的要求。为了开发荫蔽空间的绿化，丰富园林绿地的植物层次，耐阴植物的开发显得尤为重要。目前，园林绿化中可应用的耐阴园林植物种类单调、缺乏，人们对于植物耐阴性的认识多局限于经验[1]，因此，了解园林植物材料的生理生化特点和所需要的环境成为新的课题。

　　刘东焕等[2]研究了不同遮荫水平对玉簪光合特性和生长状况的影响，得出'金色欲滴'玉簪、白玉簪生长的适宜光强是全光照的30%，适合栽植于阔叶林下或建筑物背面；东北玉簪对光强的要求不严格，既喜阴也耐强光。刘嘉君等[3]比较了4种彩叶树种的光合特性及叶绿素特征，得出4种彩叶树种的光合作用能力强弱顺序为：紫叶李＞紫叶矮樱＞金叶女贞＞'金叶'连翘。樊超等[4]通过对叶绿素含量、可溶性糖含量以及光合特性的量化测定，将'金焰'绣线菊的耐阴性与'金山'绣线菊进行了对比，指出'金焰'绣线菊具有一定的耐阴性。任萌等[5]研究结果表明，遮荫后蓝叶忍冬光合色素质量分数在6月末至8月中旬不断上升，但是变化不显著，遮荫处理对花色素苷质量分数影响显著，蓝叶忍冬可以在85%遮荫条件下正常生长。吴永华等[6]研究了小叶扶芳藤的耐阴性，指出其是强耐阴植物。未见有关'花叶'锦带、'黄果'靰鞡忍冬、木本香薷、'林伍德'连翘、荆芥的耐阴性研究。

　　植物的耐阴性是指植物为了适应弱光照条件，通过生理特性、外部形态上的一系列改变去适应环境，以便机体的光能利用效率保持最大化，从而进行正常生长发育的一

[①] 北京市科委课题（D151100005415003）。北京市公园管理中心2018年科技进步一等奖。

种生活能力[7]。了解植物的耐阴性有助于避免不恰当的植物配置。本研究筛选了10种观赏价值高、繁殖方便、管理粗放的园林植物进行耐阴性测试和比较，旨在了解其需光性能，从而为荫蔽空间中园林绿化植物的选择配置提供科学依据。

1 材料与方法

1.1 试验材料

试验选用北京植物园引种的10种园林植物：'花叶'锦带（*Weigela florida* 'Variegata'）、'林伍德'连翘（*Forsythia × intermedia* 'Lynwood'）、蓝叶忍冬（*Lonicera korolkowi*）、荆芥（*Nepeta cataria*）、木本香薷（*Elsholtzia stauntoni*）、'金焰'绣线菊（*Spiraea × bunmalba* 'Goldflame'）、'黄果'鞑靼忍冬（*Lonicera tatarica* 'Lutea'）、'金叶'连翘（*Forsythia koreanna* 'SauonGold'）、白玉簪（*Hosta plantaginea*）、小叶扶芳藤（*Euonymus fortunei var. radicans*），选择岀龄、生长状态较一致的植株进行试验，种植于北京植物园小井沟苗圃内，地理位置为116°11′51″E、39°59′52″N，海拔95m，给予相同的栽培养护条件。

1.2 试验方法

于2015年6～8月，采用不同密度的遮荫网对试验材料进行遮荫处理，每种处理选取5株植物。设置4种处理：全日照（对照）、50%遮光率的遮荫网处理（50%遮荫）、75%遮光率的遮荫网处理（75%遮荫）和90%遮光率的遮荫网处理（90%遮荫），每种处理间都进行相同的养护管理。处理8周后测定各项指标。数据处理采用SPSS19.0软件进行。

1.3 测定项目与方法

1.3.1 形态指标测量及记录

遮荫处理后每2周进行植物形态观察，并记录植株生长情况。遮荫处理后第8周进行株高、冠幅的测定，并记录数据。

1.3.2 叶面积的测定

对4个遮荫处理下的植株新生长的成熟叶片进行叶面积测定，每种植株采集10个叶片，用扫描仪（MRS-600A3LED，上海中晶）扫描图片样本、用Image J软件计算叶面积。

1.3.3 比叶重的测定

选用4个遮荫处理下的植株新生长的成熟叶片进行比叶重的测定，每种植株采集10个叶片，用打孔机打成圆片后置于电热鼓风干燥箱（BPG 907OA，一恒仪器）中烘干。烘干条件设置为105℃杀青10min后80℃烘至恒重，从而得到干重（G）。计算叶片圆片的面积（S）后，用G/S公式计算出比叶重。

1.3.4 叶绿素含量的测定

遮荫处理8周后，选用与光合数据测定部位相似的同龄成熟叶片进行叶绿素含量的测定。采用80%的丙酮提取法提取叶绿素，采用紫外可见分光光度计（UV-2802S，UNIC）测定在663、646、470nm波长下的吸光值，然后计算叶绿素含量和叶绿素a/b比值。

1.3.5 叶绿素荧光数据测定

选择遮荫处理8周后的阴天进行叶绿素荧光数据测定。选取新生长的成熟叶片进行测定，不同遮荫处理下每种植物叶片选取10个。用暗适应夹对测定叶片进行30min的暗适应后，使用便携式植物效率分析仪（Handy PEA Hansatech，UK）测定叶片的荧光数据。

1.3.6 光合数据测定

选择遮荫处理8周后的晴朗天气进行光合数据测定。设定便携式光合作用仪（CIRAS-2，PP system，UK）叶室中的光量子通量密度$P_{P.F.D}$为800μmol/（m²·s）。测定对象为功能叶，部位以向阳健康枝条为佳。

1.4 数据分析

数据分析采用SPSS19软件进行，数据整理及绘图采用Microsoft Excel 2003软件进行。

2 结果与分析

2.1 不同光照强度处理下10种园林植物的株高、冠幅比较

随生长环境中光照强度的降低，植物地上部分会朝着能够捕获更多光能的方向生长，常表现为增大植株冠幅、减少分枝数量、增加叶片面积、减少叶片总数等[8]。不同光照强度处理对10种植物的株高、冠幅具有不同影响（图1、图2）。随着遮荫程度的加强，白玉簪、木本香薷的株高呈现越来越高的趋势；'花叶'锦带、'林伍德'连翘、小叶扶芳藤、'金焰'绣线菊的株高呈现先降后升的趋势；'黄果'鞑靼忍冬、'金叶'连翘、荆芥、蓝叶忍冬的株高呈现先升后降的趋势。随着遮荫程度的加强，白玉簪、'花叶'锦带、'林伍德'连翘、木本香薷的冠幅越来越大；'黄果'鞑靼忍冬、荆芥、小叶扶芳藤、绣线菊的冠幅呈现先增加后下降的趋势，在75%遮荫条件下最大；'金叶'连翘、蓝叶忍冬的冠幅呈现先增加后下降的趋势，在50%遮荫条件下最大。

2.2 不同光照强度处理下10种园林植物的叶面积比较

由表1可知，随遮荫程度的加强，'花叶'锦带、'林伍德'

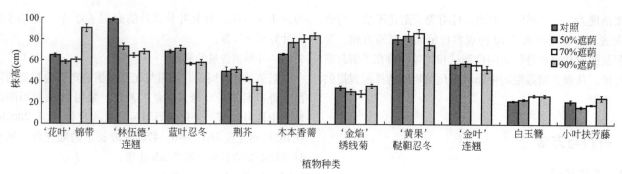

图1 不同光照强度处理下植物的株高

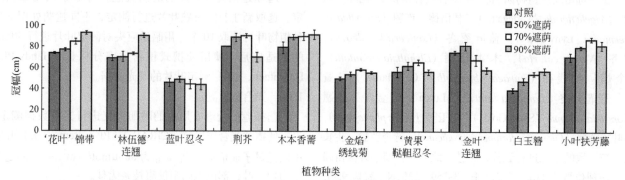

图2 不同光照强度处理下植物的冠幅

表1 不同光照强度处理下10种园林植物的叶面积

植物种类	叶面积（cm²）			
	对照	50%遮荫	75%遮荫	90%遮荫
'花叶'锦带	17.888±1.043c	20.626±1.426ab	24.145±2.509a	24.899±2.291a
'林伍德'连翘	16.698±2.432b	14.535±0.769b	14.992±0.359b	23.083±2.351a
蓝叶忍冬	5.526±0.483b	14.897±1.282a	4.224±0.197b	5.031±0.413b
荆芥	4.462±0.207c	5.933±0.183b	5.936±0.250b	8.916±0.482a
木本香薷	13.441±0.754c	15.126±0.944bc	17.194±1.196b	23.050±0.650a
'金焰'绣线菊	1.877±0.121c	3.456±0.239b	4.874±0.372a	5.222±0.489a
'黄果'靰鞡忍冬	9.036±0.870c	13.750±2.105a	13.410±0.795a	
'金叶'连翘	9.230±1.020a	9.571±0.668a	10.307±0.795a	10.323±0.888a
白玉簪	82.682±6.309c	139.422±7.469b		
小叶扶芳藤	3.898±0.087a	3.962±0.227a	4.043±0.070a	3.567±0.184a

连翘、荆芥、木本香薷、'金焰'绣线菊、白玉簪的叶面积基本呈现越来越大的趋势；蓝叶忍冬、'黄果'靰鞡忍冬的叶面积先增大，然后下降，这说明植物对一定程度的遮荫产生适应，通过增大叶面积去争取更多的光能，随着遮荫程度的进一步加强，植物的生长受到抑制，叶面积反而变小。

不同遮荫处理下叶面积的变化在不同植物间存在差异。遮荫处理对小叶扶芳藤、'金叶'连翘的叶面积无显著影响；白玉簪、'花叶'锦带、'黄果'靰鞡忍冬在对照下的叶面积显著低于其他处理；荆芥、'林伍德'连翘、木本香薷的叶面积以90%遮荫处理时最大，显著大于其他处理；蓝叶忍冬的叶面积以50%遮荫处理时最大，显著大于其他处理；'金焰'绣线菊的叶面积以75%和90%遮荫处理时最大，显著大于其他两个处理。

2.3 不同光照强度处理下 10 种园林植物的比叶重比较

一般来说，植物的比叶重会随遮荫程度的加强不断降低。如表 2 所示，'金叶'连翘的比叶重随遮荫程度的加强逐渐降低，表明'金叶'连翘具有较差的耐阴性。'黄果'靼鞑忍冬、蓝叶忍冬在 75% 和 90% 遮荫处理条件下的比叶重与对照具有显著差异，在 50% 遮荫处理条件下的比叶重与对照不具有显著差异，表明'黄果'靼鞑忍冬、蓝叶忍冬耐半阴。白玉簪、荆芥在 50%、75% 遮荫处理下的比叶重与对照无显著差异，而与 90% 遮荫处理具有显著差异，说明白玉簪、荆芥具有较强的耐阴性。

不同光照强度处理下 10 种园林植物的比叶重   表 2

植物种类	比叶重（g/m²）			
	对照	50% 遮荫	75% 遮荫	90% 遮荫
'花叶'锦带	7.188±0.186a	5.727±0.437b	5.438±0.722b	5.044±0.154b
'林伍德'连翘	4.975±0.085b	7.073±0.457a	4.450±0.061b	3.365±0.069c
蓝叶忍冬	4.507±0.107a	4.229±0.114a	3.534±0.188b	2.718±0.151c
荆芥	2.588±0.428a	2.116±0.041ab	1.896±0.083ab	1.473±0.053b
木本香薷	4.463±0.388b	5.386±0.226a	3.490±0.143c	2.455±0.043d
'金焰'绣线菊	3.742±0.213a	3.384±0.152ab	2.823±0.087bc	2.328±0.215c
'黄果'靼鞑忍冬	4.965±0.064a	4.895±0.121a	3.051±0.158b	2.635±0.030c
'金叶'连翘	3.358±0.147a	2.811±0.037b	2.487±0.049c	2.016±0.017d
白玉簪	5.157±0.370a	5.324±0.345a	5.451±0.067a	4.049±0.051b
小叶扶芳藤	9.524±0.380a	7.629±0.680b	3.680±0.032c	3.632±0.220c

2.4 不同光照强度处理下 10 种园林植物的叶绿素含量比较

园林植物叶片呈现出的颜色与叶片中叶绿素含量相关，不同种类的叶绿素吸收不同颜色的太阳光。一般情况下，叶绿素含量高、叶绿素 a/b 比值小的植物具有较强的耐阴性[9]。如图 3 所示，'花叶'锦带、荆芥、木本香薷、'金叶'连翘的叶绿素含量随着遮荫程度的加大越来越高；蓝叶忍冬、'林伍德'连翘在 50% 遮荫处理下的叶绿素含量最高；'金焰'绣线菊、'黄果'靼鞑忍冬、白玉簪、小叶扶芳藤在 70% 遮荫处理下的叶绿素含量最高。

一般情况下，阴生植物的叶绿素 a/b 值较小，适合生

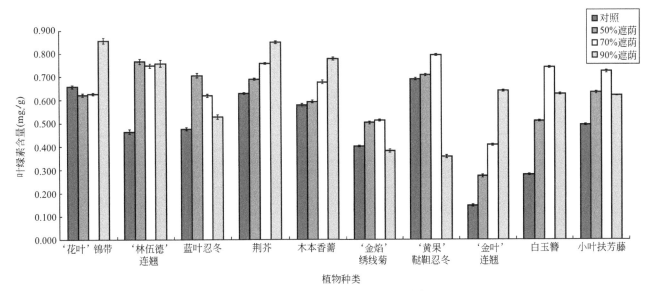

图 3　不同光照强度处理下植物的叶绿素含量

长在遮荫处，这是植物界适应生态环境的完善形式。如图4所示，除'金叶'连翘外，其他9种植物的叶绿素a/b值均不超过20，说明这9种植物具有一定的耐阴能力。

2.5 不同光照强度处理下植株的净光合速率比较

光照是影响植物生长发育最重要的环境因素之一，其最直接的影响是光合作用。而净光合速率能反映出植物对同化物的积累能力，是反映光合作用的主要指标[10]。如表3所示，随遮荫程度的加大，植物叶片在800μmol/(m²·s)光强下的净光合速率发生变化。不同种植物的净光合速率变化趋势不同。'林伍德'连翘、木本香薷、'金叶'连翘在50%遮荫条件下净光合速率最高，与对照无显著差异，而显著高于在75%、90%遮荫条件下的净光合速率，说明这些植物较耐阴；蓝叶忍冬、荆芥、'黄果'靰鞡忍冬的净光合速率在对照条件下显著高于其他处理，并随着遮荫程度的加大越来越低，表明这几种植物具有较差的耐阴性；而'花叶'锦带在对照条件下净光合速率为最低，显著低于其他光照条件，且随光强的降低净光合速率逐渐升高，说明'花叶'锦带耐强阴。'花叶'锦带叶片呈黄绿相间，遮荫程度加强时，叶片逐渐变成全绿色，黄叶纹路消失。绿色叶片更有助于捕获光能，是适应环境变暗的结果。

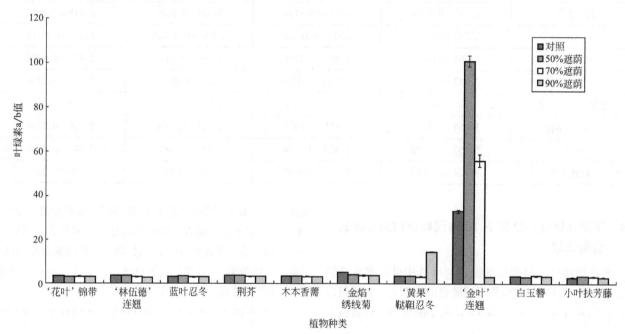

图4 不同光照强度处理下植物的叶绿素a/b值

不同光照强度处理下植物的净光合速率　　表3

植物种类	净光合速率[μmol/(m²·s)]			
	对照	50%遮荫	75%遮荫	90%遮荫
'花叶'锦带	7.138±1.692c	9.338±1.506b	10.625±2.548ab	12.025±0.563a
'林伍德'连翘	12.550±2.405a	13.325±3.019a	8.813±0.844b	8.350±1.602b
蓝叶忍冬	13.363±2.658a	11.150±1.503b	10.650±0.857b	10.575±0.684b
荆芥	22.450±0.558a	20.400±2.182b	18.475±0.941c	14.838±0.756d
木本香薷	19.650±1.579a	21.113±0.797a	13.838±2.246b	12.388±2.622b
'黄果'靰鞡忍冬	15.638±2.612a	10.850±1.366b	9.900±1.078b	5.850±1.160c
'金叶'连翘	8.588±1.482a	9.738±0.784a	6.525±2.779b	4.913±0.546b

2.6 不同光照强度处理下植株的叶绿素荧光数据比较

F_v/F_m值反映了植株叶片光合系统PS Ⅱ原初光化学效率，它是反应植物光抑制程度的可靠指标[11]。

小叶扶芳藤在对照下的F_v/F_m值均低于0.8，说明其不耐强光照。在各光照处理条件下，'花叶'锦带、'黄果'鞑靼忍冬、荆芥、蓝叶忍冬、'林伍德'连翘的F_v/F_m值均大于0.8，说明它们具有较强的耐光性。'金叶'连翘在对照下F_v/F_m值低于0.8，在遮荫条件下，F_v/F_m值高出0.8，说明其耐光性居中。白玉簪在90%遮光条件下的F_v/F_m值高于0.8，说明其不耐强光，与观测结果一致。木本香薷在对照条件下的F_v/F_m值不低于0.8，其他光照条件下均低于0.8，说明其不耐强光。'金焰'绣线菊在对照和50%遮荫条件下的F_v/F_m值高于0.8，在其他光照条件下低于0.8，说明其具有一定的耐光性。

在不同光照条件下，10种园林植物的最大光化学效率F_v/F_m变化趋势不一。'花叶'锦带、荆芥的F_v/F_m值随遮光程度的增加先升后降，在50%遮荫条件下最高。'黄果'鞑靼忍冬、'金叶'连翘在对照处理下的F_v/F_m显著低于其他处理，其他3个处理间无显著差别，说明强光照对它们产生了光抑制，PS Ⅱ原初光能转换效率受到抑制。随遮荫强度的增加，白玉簪的F_v/F_m值反而显著增加，在90%遮荫时达到最高，说明白玉簪耐阴能力极强。'林伍德'连翘、蓝叶忍冬的F_v/F_m值在各光照条件下无显著变化。木本香薷在50%遮荫、75%遮荫处理下的F_v/F_m值与对照无显著差异，在90%遮荫处理下的F_v/F_m值显著低于其他处理，说明其较耐阴。小叶扶芳藤、'金焰'绣线菊在对照和50%遮荫处理下的F_v/F_m值显著高于其他处理，说明其有一定的耐阴性。

不同光照强度处理下10种园林植物的F_v/F_m 表4

植物种类	F_v/F_m			
	对照	50%遮荫	75%遮荫	90%遮荫
'花叶'锦带	0.829±0.006b	0.838±0.006a	0.816±0.007c	0.815±0.010c
'林伍德'连翘	0.818±0.007a	0.815±0.012a	0.814±0.010a	0.809±0.015a
蓝叶忍冬	0.813±0.005a	0.811±0.017a	0.804±0.011a	0.803±0.007a
荆芥	0.822±0.009bc	0.830±0.012a	0.816±0.012c	0.816±0.008c
木本香薷	0.800±0.012a	0.797±0.024a	0.798±0.009a	0.777±0.014b
'金焰'绣线菊	0.833±0.007a	0.845±0.008a	0.781±0.013b	0.776±0.042b
'黄果'鞑靼忍冬	0.807±0.008b	0.815±0.007a	0.819±0.004a	0.819±0.006a
'金叶'连翘	0.772±0.025b	0.830±0.008a	0.837±0.005a	0.843±0.004a
白玉簪	0.761±0.023c	0.799±0.020b	0.794±0.012b	0.824±0.009a
小叶扶芳藤	0.797±0.005a	0.792±0.009a	0.773±0.026b	0.772±0.009b

2.7 不同光照强度处理下10种园林植物观赏效果的比较

对不同光照强度处理下的10种园林植物进行生长发育观察和记录，得出以下结论：

白玉簪在强光下叶片卷曲、叶边缘枯黄，长势弱，没有花芽分化；遮荫处理下长势旺盛，花量增加，但是90%遮荫处理对其花期具有一定的延迟。

'花叶'锦带在强光下会出现焦叶的现象，生长势差，新生枝条少；遮荫处理下新生叶片与枝条量显著增加，但是90%遮荫条件下花色会变成全绿色，影响观赏特性。

'黄果'鞑靼忍冬、蓝叶忍冬表现出一定的喜光性，在对照条件下生长强健，新生枝条多，花量大；在50%和75%的遮荫条件下也生长良好；90%处理下新生叶少而枝条伏地。

'金叶'连翘在对照条件下会出现叶片变白、纸质化的病理现象，在75%和90%遮荫条件下叶色变绿，影响本身的观赏特性，在实际园林栽植中应配置在半荫条件下。

荆芥在对照和50%遮荫条件下均能生长良好，花量以对照下最多；但是在75%和90%遮荫下会出现花量减少、丛生枝条伏地、基部叶片腐烂现象。

'林伍德'连翘在对照条件下，叶片小，容易发生萎蔫，观赏效果不佳。在遮荫条件下，甚至是90%遮荫处理下仍能新生枝条，但是枝条无力、徒长，生长不佳。

木本香薷在对照条件下植株紧凑，遮荫条件下株丛茂密，强阴环境中，丛生枝条容易发生倒伏，不利于株型的保持，花量叶量明显减少。

小叶扶芳藤无论在对照还是遮荫条件下均能生长良好。遮荫环境下，新生枝条数量增加，有助于增加绿化覆盖率。

'金焰'绣线菊在对照条件下，叶片减少，有碍观赏性，以在50%遮荫条件下的生长势和观赏性最佳。

3 10种园林植物耐阴性的综合评价

植物对弱光的适应是一种复合性状，植物为了获得更多的光能会增加叶面积、提高叶绿素含量[12]。本文在对不同遮光处理下的植株株高、冠幅、叶面积、比叶重、叶绿素含量、净光合速率、光化学效率进行测量的同时，还观测了10种植物的生长表现。本文采用打分法[13]进行耐阴性综合评价，根据本试验测得的指标，对10种园林植物进行单一因素分析，由1至10得出各种植物的耐阴排序值，各排序值相加后得出平均值即为综合得分（表5），得分越大耐阴性越强。

通过耐阴性及生长效果综合评价，10种园林植物依据耐阴性强弱分为3组：①强耐阴植物：白玉簪、小叶扶芳藤；②耐半阴植物：蓝叶忍冬、木本香薷、'黄果'靴靶忍冬、'花叶'锦带；③稍耐阴植物：荆芥、'林伍德'连翘、'金焰'绣线菊、'金叶'连翘。在对耐阴性排序时，各指标与观测结果较一致，但存在一定程度的偏差，可能与测定时的环境有关。

10种园林植物耐阴性的综合评价得分　　表5

序号	植物种类	株高	冠幅	叶面积	比叶重	叶绿素含量	净光合速率	最大光化学效率	生长效果	综合得分
1	白玉簪	9	9	9	10	6	—	9	9	8.714
2	小叶扶芳藤	—	—	2	4	10	—	10	10	7.200
3	蓝叶忍冬	6	2	7	8	8	3	5	8	5.875
4	木本香薷	8	7	4	3	7	6	8	4	5.875
5	'黄果'靴靶忍冬	7	5	8	7	4	1	4	7	5.375
6	'花叶'锦带	3	8	10	6	5	7	1	2	5.250
7	荆芥	5	4	5	9	3	2	3	6	4.625
8	'林伍德'连翘	1	6	3	5	9	5	2	5	4.500
9	'金焰'绣线菊	2	3	6	2	1	8	6	1	3.000
10	'金叶'连翘	4	1	1	1	2	4	7	3	2.875

4 10种园林植物的园林应用探讨

在进行园林景观植物配置时要做到因地制宜，选择合适的植物种类来营造园林景观，既要考虑到景观效果的呈现，又要考虑到空间能够满足植物生长的需要。在很多人的经验里，白玉簪是强耐阴植物，在本试验中，白玉簪在90%遮荫环境下出现株高下降、冠幅大幅增大、花期延后、花量减少的现象，强阴环境影响到白玉簪的正常生长和观赏效果。在实践中，要摒弃原有经验判断为主导的思维模式，学会用科学数据指导实践。耐阴性强的园林植物可应用于林下、郁闭度较高的环境中，丰富景观层次，形成错落有致的园林景观。耐半阴和稍耐阴的园林植物可配置于疏林和林缘，形成景观良好的复层植物群落。

在本试验中，对10种园林植物的综合评价与测量的各指标结果一致，可将10种园林植物分为3组。强耐阴植物：白玉簪、小叶扶芳藤；耐半阴植物：蓝叶忍冬、木本香薷、'黄果'靴靶忍冬、'花叶'锦带；稍耐阴植物：荆芥、'林伍德'连翘、'金焰'绣线菊、'金叶'连翘。可根据植物的特性分别进行配置。

强耐阴植物：白玉簪、小叶扶芳藤。此类植物能充分利用弱光进行光合作用，即使在90%遮荫条件下也能正常生长，属于耐阴适应性佳的植物类型。可以配置于高架桥下、建筑物北侧、林下等光照强度较弱的环境中。

耐半阴植物：蓝叶忍冬、木本香薷、'黄果'靴靶忍冬、'花叶'锦带。这4种植物在各种光照条件下生长的综合适应性最好，在全光照、50%遮荫和75%遮荫条件下生长良好。可栽植于植物群落的上层、中层、下层或者是群落的外围使用，如公园绿地、道路隔离带、宅间绿地、疏林下等。

稍耐阴植物：荆芥、'林伍德'连翘、'金焰'绣线菊、'金叶'连翘。此类植物最适宜生长在50%遮荫环境下，既不耐强阴也不耐强光，属于适应性范围较窄的园林植物类型。可以配置于周围有遮挡的街边绿化、宅间绿化或者疏林下的绿化中。

此外，在对园林植物进行配置时，除了考虑植物的适应性，还要考虑植物的观赏特性。只有达到两方面的要求，才能充分表现出植物的观赏价值[14]。蓝叶忍冬、'黄果'鞑靼忍冬是优良的观花、观果植物。蓝叶忍冬花色艳丽，花量大，于早春开花，夏季结果，是少有的夏季观果植物。蓝叶忍冬比连翘、迎春的耐阴性更强，可栽植于疏林下，粉紫色花可丰富春季灌木层的景致。'黄果'鞑靼忍冬果期长，花量、果量大，黄色果实尤为引人注目。独特的果实颜色和较强的环境适应性使其具有较大的推广价值。'金叶'连翘、'花叶'锦带、'金焰'绣线菊作为彩叶植物，耐阴性较弱，即使在遮荫环境中能正常生长但也丧失了彩叶的观赏特性，因此在园林景观的营造中要注意将其栽植于光线较充足的环境中。白玉簪、小叶扶芳藤在遮荫环境中适应性强，可应用于林下，解决树下地面的覆盖问题，能提高生态效益，是很好的林下观赏地被植物。木本香薷、荆芥对光照条件的适应性佳，是具有管理粗放、适应性强、观赏性佳等优良特性的乡土植物，可作为节约型林下地被植物之用，具有较好的园林推广前景。

参考文献

[1] 王雁，苏雪痕，彭镇华. 植物耐荫性研究进展 [J]. 林业科学研究，2002，15（3）：349-355.

[2] 刘东焕，赵世伟，郭翎. 不同遮荫水平对玉簪光合特性和生长状况的影响 [J]. 园艺学报. 2009, 36（增刊）：2057.

[3] 刘嘉君，王志刚，刘炳响，等. 四种彩叶树种光合特性研究 [J]. 安徽农业科学. 2011, 39（8）：4967-4970.

[4] 樊超，冯楠楠，张超，等. 金山、金焰绣线菊耐阴性的研究 [J]. 安徽农学通报. 2007, 13（15）：71-72.

[5] 任萌，刘晓东，何淼. 遮荫对蓝叶忍冬色素质量分数的影响 [J]. 东北林业大学学报. 2008, 36（11）：71-72.

[6] 吴永华，许宏刚，廖伟彪，等. 10种地被植物的耐阴性比较研究 [J]. 甘肃林业科技. 2010, 035（003）：45-50, 57.

[7] 白伟岚，任建武，苏雪痕. 八种植物耐荫性比较研究 [J]. 北京林业大学学报，1999, 21（3）：46-52.

[8] FENG Y L, WANG J F, SANG W G. Biomass allocation, morphology and photosynthesis of invasive and noninvasive exotic species grown at four irradiance levels[J]. Acta Oecologica, 2007, 31（1）：40-47.

[9] 赵平，张志权. 欧洲3种常见乔木幼苗在两种光环境下叶片的气体交换、叶绿素含量和氮素含量 [J]. 热带亚热带植物学报，1999, 7（2）：133-139.

[10] 沈允钢，许大全. 光合结构对环境的响应与适应. 植物生理及分子生物学 [M]. 北京：科学出版社，1992, 225-235.

[11] 张斌斌，姜卫兵，翁忙玲，等. 遮荫对园艺园林树种光合特性的影响 [J]. 经济林研究，2009, 27（3）：115-119.

[12] 安锋，林位夫. 植物耐阴性研究的意义与现状 [J]. 热带农业科学，2005, 25（2）：68-72.

[13] 张庆费，夏檑，钱又宇. 城市绿化植物耐荫性的诊断指标体系及其应用 [J]. 中国园林，2000, 16（6）：93-95.

[14] 赵爱华，李冬梅，胡海燕，等. 园林植物与园林空间景观的营造 [J]. 西北林学院学报，2004, 19（3）：1.

促进毛白杨伤口愈合植物生长调节剂组合的研究

北京市园林科学研究院 / 李 广 王建红 车少臣 任桂芳

摘 要：树干注射法防治杨柳飞絮每年都会给杨柳树干造成一定数量的伤口，这些伤口是否能快速愈合严重影响着杨柳飞絮治理工作的进一步开展，但杨柳飞絮治理工作又关乎人民群众的切身利益，因而有必要研究促进杨柳树伤口快速愈合的涂抹剂。本文通过植物组织培养的方法筛选了促进毛白杨树皮愈伤组织形成和生长的植物生长调节剂组合。研究结果显示，1.5mg/L 4-IPOAA可显著促进毛白杨树皮愈伤组织形成和生长；1.0～2.5mg/L 2, 4-D在0～20d时可显著促进毛白杨树皮愈伤组织形成和生长，但不利于21～40d时的毛白杨愈伤组织的生长；1.5～2.0mg/L NAA处理下的愈伤组织生长速度虽然在0～20d时较慢，但在21～40d时极显著地高于2, 4-D。ZT处理的愈伤组织生长速度在0～40d时均极显著地高于同剂量下的KT-30、tZ、2-ip、KT、DPU和TDZ，且在剂量为0.1～0.3mg/L时生长量最大。最终筛选出适合毛白杨树皮愈伤组织形成和生长的植物生长调节剂组合为细胞分裂素0.1～0.3mg/L ZT及生长素1.0mg/L 4-IPOAA和 1.5mg/L NAA。研究结果为杨树专用伤口涂抹剂的开发提供了技术支撑。

关键词：伤口涂抹剂；生长素；细胞分裂素；愈伤组织形成；愈伤组织生长

因修剪、冻害、日灼或其他机械损伤造成的树皮伤口，是病原真菌、细菌等有害生物侵入的主要位点。有害生物一旦侵入，会造成伤口部位腐烂进而形成空洞，严重削弱树体的生活力。近年来，杨柳飞絮成为社会关注的热点和焦点问题，关乎人民群众的切身利益，治理杨柳飞絮是建设生态文明、增进民生福祉的重要举措 [全绿字（2015）1号]。而采用现行打孔注射"抑花一号"治理杨柳飞絮的方法，势必会对杨柳树造成大量伤口。但应用现有的伤口涂抹剂，如1.8%辛菌胺醋酸盐（西安嘉科农化有限公司）、糊涂（四川国光农化股份有限公司）、1.6%好愉快（噻霉酮）（山西西大华特科技实业有限公司）、3.315%甲硫萘乙酸（高碑店市田星生物工程有限公司）和843康复剂（山西省阳泉市双泉化工厂）处理杨柳树注射伤口，发现其均具保水性强和封闭性好的特点，但均无促进伤口愈合的作用，因而促进伤口愈合涂抹剂的研发对于保护树木正常生长具有重要的意义。

众多研究表明，植物生长调节剂在促进植物形成愈伤组织（Skoog and Miller, 1857；Nordstrom et al., 2004；Thorpe, 2007；Carra et al., 2016），进而促进伤口愈合（Mitchell and van Staden, 1983；Crane andRoss, 1986；

---

① 北京市公园管理中心课题（ZX2016027）。北京市公园管理中心2018年科技进步一等奖。

Koornneef and Pieterse，2008；Nanda and Melnyk，2018）中起着至关重要的作用。但以毛白杨叶片、叶柄和茎段为外植体诱导其产生愈伤组织的相关文献报道，多以通过愈伤组织再生为目的（Son and Hall，1990；沈效东等，1996；李静等，2006，2007；Tsvetkov et al.，2007），以促进外植体尽快产生愈伤组织、促进愈伤组织尽快生长，进而促进伤口愈合方面的报道很少（Vick，1993；李鸿雁，2012）。

因此，本文研究了各种植物生长调节剂组合下毛白杨树皮愈伤组织的形成率和生长量，以期筛选出能够最快促进毛白杨伤口愈合的植物生长调节剂组合，为开发杨柳树伤口专用涂抹剂提供支撑。

1 材料与方法

1.1 材料

1.1.1 植物生长调节剂

生长素：α-萘乙酸 NAA（Energy chemical）、2,4-二氯苯氧乙酸 2,4-D（Energy chemical）、吲哚乙酸 IBA（Energy chemical）、萘氧乙酸 NOA（TCI）。

细胞分裂素：双苯基脲 DPU（Energy chemical）、激动素 KT（Energy chemical）、6-苄氨基嘌呤 6-BA（TCI）、氯吡脲 KT-30（TCI）、异戊烯腺嘌呤 2-ip（TCI）、反式玉米素 tZ（TCI）、对碘苯氧乙酸 4-IPOAA（TCI）、噻二唑苯基脲 TDZ（Sigma）。

1.1.2 植物材料、培养基及其他试剂

ϕ2cm 毛白杨带皮新鲜枝条、MS 培养基、蔗糖、琼脂、脱脂棉、10% 次氯酸钠溶液、70% 乙醇、无菌水。

1.1.3 仪器

高压蒸汽灭菌器（TomySX-500）、超净工作台（北京亚泰科隆 YSP-1200）、人工气候箱（上海一恒 MGC-450HP）。

2.2 方法

2.2.1 灭菌方法

高枝剪剪取 ϕ2cm 毛白杨新鲜枝条，室内用脱脂棉蘸 70% 乙醇擦拭 3 次，无菌水冲洗 3 次后用无菌手术剪剪成 3cm 长的小段，备用。然后，①在超净工作台中剥取带形成层的毛白杨树皮，将用 ϕ5mm 打孔钳打取树皮块按表 1 方法灭菌后，无菌水冲洗 5 次，接种于灭菌后的含 0.5mg/L 6-BA 和 1.0mg/L 2,4-D 的 MS 培养基（30g/L 蔗糖，11g/L 琼脂，pH6.5～7.0）上培养，每皿接 3 个树皮块，重复 10 次，最后置于人工气候箱中［（25±0.5）℃、（70±5）% RH、6000lx、14L：10D］培养，10d 后统计试验结果。②按表 1 方法灭菌，无菌水冲洗 5 次后，在超净工作台中用无菌手术剪和枪形镊剥取带形成层的毛白杨树皮，去除两端各 0.5cm 后，剪成约 0.3cm×0.3cm 大小的树皮块，接种于灭菌后的含 0.5mg/L 6-BA 和 1.0mg/L 2,4-D 的 MS 培养基（30g/L 蔗糖，11g/L 琼脂，pH6.5～7.0）上，每皿接 3 个树皮块，重复 10 次，最后置于人工气候箱中［（25±0.5）℃、（70±5）% RH、6000lx、14L：10D］培养，20d 后统计试验结果。

外植体灭菌处理方法　　表 1

灭菌处理	70% 乙醇（S）	5% 次氯酸钠（min）				
时间	30	10	20	30	40	50
	60	10	20	30	40	50
	90	10	20	30	40	50

2.2.2 生长素筛选

按表 1 筛选出的灭菌方法获取无菌毛白杨树皮块，接种于含不同种类生长素及其剂量的 MS 培养基上（30g/L 蔗糖，11g/L 琼脂，pH6.5～7.0）（表 2），每皿接种 3 个

毛白杨树皮愈伤形成生长素筛选试验表　　表 2

植物生长调节剂组合	细胞分裂素		生长素					
	种类	剂量（mg/L）	种类	剂量（mg/L）				
				1	2	3	4	5
组合 1	6-BA	0.5	NAA	1.0	1.5	2.0	2.5	3.0
组合 2	6-BA	0.5	2,4-D	1.0	1.5	2.0	2.5	3.0
组合 3	6-BA	0.5	IBA	2.0	2.5	3.0	3.5	4.0
组合 4	6-BA	0.5	4-IPOAA	1.0	1.5	2.0	2.5	3.0
组合 5	6-BA	0.5	NOA	1.0	1.5	2.0	2.5	3.0
CK1	6-BA	0.5	无	—	—	—	—	—
CK2	无	—	无	—	—	—	—	—

树皮块,重复10次;对照接种于不含任何植物生长调节剂的 MS 培养基(30g/L 蔗糖,11g/L 琼脂,pH6.5～7.0)上。然后置于人工气候箱中[(25±0.5)℃、(70±5)% RH、6000lx、14L:10D]培养,5d 后记录各处理愈伤组织产生时间,20d 和 40d 后分别统计试验结果。

2.2.3 细胞分裂素筛选

除 MS 培养基上含有不同种类细胞分裂素及其剂量外(表3),其他同 2.2.2。

2.3 结果与分析

2.3.1 灭菌方法

由表4和表5可见,采用打孔钳处理灭菌的方法,虽接种效率高,但用 70% 乙醇灭菌时间短时,细菌污染较严重,5% 次氯酸钠灭菌时间短时,真菌污染较严重;二者中一个或均灭菌时间较长时,毛白杨树皮块的形成层被杀死,无法形成愈伤组织。而采用先灭菌毛白杨枝条后剪取树皮块的方法,虽然接种效率低,但在 70% 乙醇灭菌 60s 后再用 5% 次氯酸钠灭菌 30min 时,已基本无细菌和真菌

毛白杨树皮愈伤形成细胞分裂素筛选试验表 表3

植物生长调节剂组合	生长素	细胞分裂素					
		种类	剂量(mg/L)				
			1	2	3	4	5
组合1	NAA1.5mg/L+ 4-IPOAA1.0mg/L	ZT	0.1	0.3	0.5	0.7	0.9
组合2		KT	0.1	0.3	0.5	0.7	0.9
组合3		TDZ	0.1	0.3	0.5	0.7	0.9
组合4		KT-30	0.1	0.3	0.5	0.7	0.9
组合5		tZ	0.1	0.3	0.5	0.7	0.9
组合6		2-ip	0.1	0.3	0.5	0.7	0.9
组合7		DPU	0.1	0.3	0.5	0.7	0.9
CK1	NAA1.5mg/L+ 4-IPOAA1.0mg/L	无	—	—	—	—	—
CK2	无	—	无				

打孔钳处理毛白杨树皮块真菌细菌污染率及其对树皮块愈伤组织生长的影响 表4

污染物	70%乙醇(s)	5%次氯酸钠(min)					愈伤组织形成	接种效率
		10	20	30	40	50		
细菌	30	23.3±5.1	30±7.7	26.7±6.7	20±7.4	0	均无愈伤组织形成	除去灭菌时间,平均每皿接种时间小于20s
	60	3.3±3.3	0	0	0	0		
	90	0	0	0	3.3±3.3	0		
真菌	30	96.7±3.3	36.7±9.2	0	0	3.3±3.3		
	60	100±0.0	23.3±5.1	3.3±3.3	0	0		
	90	96.7±3.3	16.7±7.5	0	0	0		

毛白杨枝条段灭菌处理真菌细菌污染率及其处理对树皮块愈伤组织生长的影响 表5

污染物	70%乙醇(s)	5%次氯酸钠(min)					愈伤组织形成	接种效率
		10	20	30	40	50		
细菌	30	13.3±5.4	16.7±5.6	6.7±4.4	10.0±5.1	3.3±3.3	除被污染外植体外,80%以上外植体上形成愈伤组织	除去灭菌时间,平均每皿接种时间约2.4 min
	60	0	0	0	0	0		
	90	0	0	0	0	0		
真菌	30	100±0.0	33.3±7.0	0	0	0		
	60	100±0.0	26.7±4.4	0	0	3.3±3.3		
	90	100±0.0	23.5±5.1	0	0	0		

污染。故筛选为毛白杨树皮块的灭菌方法。

2.3.2 生长素筛选

毛白杨树皮愈伤组织产生初始时间分别为 2,4-D 8 DAT、NAA 9 DAT、IBA 28 DAT、NOA 12 DAT、4-IPOAA 10 DAT。

由图 1 可见，当细胞分裂素为 6-BA 0.5mg/L 时，毛白杨树皮块的愈伤组织分化率在接种 20 d 后 4-IPOAA 显著高于 2,4-D (p=0.031)；2,4-D 极显著地高于 NAA ($p < 0.001$)；NAA 极显著地高于 NOA ($p < 0.001$)；NOA 极显著地高于 IBA 和 CK2（无生长素和细胞分裂素）($p < 0.001$)；IBA 和 CK2 间无显著差异 (p=0.979)，二者又极显著高于 CK1（仅含细胞分裂素）（均 $p < 0.001$）。40d 后 NAA、4-IPOAA 和 2,4-D 间无显著差异（NAA vs 4-IPOAA：p=0.981；4-IPOAA vs 2,4-D：p=0.999；NAA vs 2,4-D：p=0.593），三者极显著地高于 NOA（均 $p < 0.001$）；NOA 极显著地高于 IBA ($p < 0.001$)；IBA 极显著地高于 CK2 ($p < 0.001$)；CK2 又极显著地高于 CK1 ($p < 0.001$)。同时，接种 20d 和 40d 后的愈伤组织分化率基本随 5 种生长素剂量的增高而升高。且当 4-IPOAA、NAA 和 2,4-D 剂量达 1.5mg/L 以上时，接种 40d 后的愈伤组织分化率均近或达 100%，三者剂量达 2.0mg/L 以上时，接种 20d 后的愈伤组织分化率均近或达 100%。

毛白杨树皮块的愈伤组织生长量在接种 20d 后 4-IPOAA 极显著高于 2,4-D 和 NOA（均 $p < 0.001$）；2,4-D 与 NOA 间无显著差异 (p=0.979)，二者极显著高于 NAA (2,4-D vs NAA：$p < 0.001$；NOA vs NAA：p=0.002)；NAA 又极显著高于 IBA ($p < 0.001$)；IBA 与 CK2 间无显著差异 (p=0.527)，二者又显著高于 CK1（仅含细胞分裂素）（均 $p < 0.001$）。40d 后 4-IPOAA ($p < 0.001$)；NAA 极显著地高于 NOA ($p < 0.001$)；NOA 极显著地高于 2,4-D ($p < 0.001$)；2,4-D 极显著地高于 IBA ($p < 0.001$)；IBA 极显著地高于 CK2 ($p < 0.001$)；CK2 又极显著地高于 CK1 ($p < 0.001$)。接种 20d 后和 40d 后，生长量随 4-IPOAA、NAA 剂量的增高而先升高后降低，4-IPOAA 在剂量为 1.5mg/L 时最高，NAA 在剂量为 2.0mg/L 时达最高；接种 20d 后，生长量随 2,4-D 剂量的升高先升高后降低，但接种 40d 后生长量随 2,4-D 剂量的升高而降低；生长量随 NOA 和 IBA 剂量的增高而升高。

由图 1 还可见，接种 20d 后，当 4-IPOAA 剂量为 1.0～2.0mg/L 时，其愈伤组织生长量极显著高于 4-IPOAA 其他剂量以及其他生长素的 5 种剂量；2,4-D 剂量为 1.0～2.5mg/L 时，愈伤组织生长量极显著高于 NAA 的 5

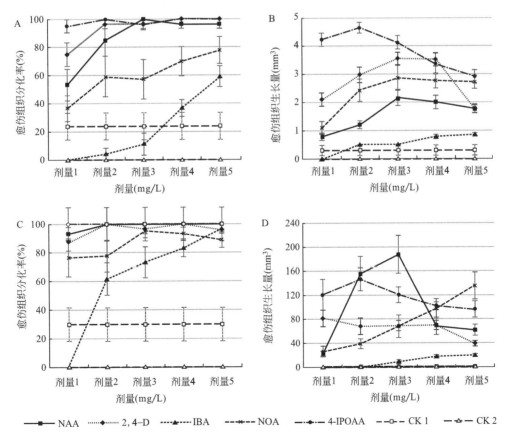

图 1 毛白杨树皮在不同生长素及其剂量下愈伤分化率和生长量（A：20d 后的愈伤组织分化率；B：20d 后的愈伤组织生长量；C：40d 后的愈伤组织分化率；D：40d 后的愈伤组织生长量）

种剂量。接种40d后，当NAA剂量为2.0mg/L时，其愈伤组织生长显著高于NAA的其他剂量和其他生长素的5种剂量。故4-IPOAA和2,4-D适合愈伤组织前20d的形成和生长，但2,4-D不利于20～40d时愈伤组织后期生长；NAA虽20d前愈伤组织生长量较低，但20～40d时生长较快。为此，筛选1.0mg/L 4-IPOAA及1.5 mg/L NAA为适合毛白杨愈伤形成和生长的生长素及剂量。

2.3.3 细胞分裂素筛选

由图2可见，当生长素为1.0mg/L 4-IPOAA和1.5 mg/L NAA时，杨树树皮块愈伤组织分化率在接种20d后，KT-30、tZ、2-ip和ZT在剂量为0.1～0.7mg/L、KT为0.1mg/L、DPU为0.3～0.9mg/L和TDZ为0.9mg/L时近或达100%。接种40d时，除0.1～0.7mg/L KT和0.1～0.9mg/L TDZ外，其余分化率均近或达100%。且分化率均随KT剂量的增高而显著降低，随TDZ剂量的增高而升高。

接种20 d后，2-ip、ZT、tZ和KT-30的愈伤组织分化率之间除2-ip和KT-30 ($p=0.040$) 外无显著差异 (2-ipvstZ：$p=0.926$、tZ vsZT：$p=0.599$、ZTvs KT-30：$p=0.999$、2-ipvs ZT：$p=0.131$和tZvsKT-30：$p=0.265$)，四者极显著地高于DPU (均$p<0.001$)；DPU极显著地高于TDZ和CK1 (仅含生长素) ($p=0.005$；$p=0.008$)；TDZ与CK1间无显著差异 ($p=0.545$)，但极显著高于CH2 (无生长素和细胞分裂素) (均$p<0.001$)。接种40天后，ZT、2-ip、DPU和KT-30愈伤组织分化率均为100%，与tZ分化率99.05%间无显著差异 ($p=0.527$)，五者极显著地高于KT和TDZ (均$p<0.001$)，显著或极显著地高于CK1 (ZT、2-ip、DPU和KT-30：$p=0.005$；tZ：$p=0.012$)；TDZ、KT和CK1间无显著差异 (TDZ vs KT：$p=0.076$；KT vsCK1：$p=0.321$；TDZ vs CK1：$p=0.996$)，但极显著高于CH2 (均$p<0.001$)。因而0.1～0.7mg/L的KT-30、tZ、2-ip、ZT和0.3～0.9mg/L的DPU、低剂量的KT和高剂量的TDZ适合杨树树皮产生愈伤组织。

接种20d后，ZT的愈伤组织生长量极显著地高于tZ、2-ip、DPU、KT、KT-30和TDZ (均$p<0.001$)；2-ip、DPU和KT间无显著差异 (2-ip vs DPU：$p=0.999$；DPU vs tZ：$p=0.506$；2-ip vs tZ：$p=0.329$)；DPU和2-ip又极显著地高于KT30 (均$p<0.001$)；tZ与KT-30间无显著差异 ($p=0.529$)，但极显著地高于TDZ ($p<0.001$)，显著高于CK1 ($p=0.023$)；KT-30、TDZ、KT和CK1间无显著差异 (KT-30vs TDZ：$p=0.231$；TDZ vs KT：$p=0.999$；KT vs CK1：$p=0.894$；KT-30vs KT：$p=0.187$；TDZ vs CK1：$p=0.868$；KT-30 vs CK1：$p=0.169$)，但极显著高于CH2 (均$p<0.001$)。接种40d后，ZT的愈伤组织生长量极显著地高于2-ip ($p<0.001$)；2-ip极显著地高于DPU

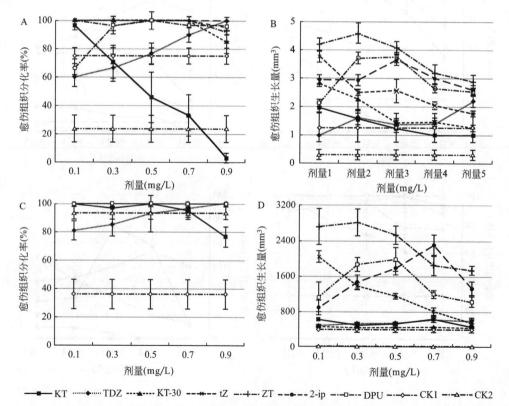

图2 毛白杨树皮在不同细胞分裂素及其剂量下愈伤分化率和生长量（A：20d后的愈伤组织分化率；B：20d后的愈伤组织生长量；C：40 d后的愈伤组织分化率；D：40d后的愈伤组织生长量）

（$p<0.001$）；DPU 极显著地高于 tZ（$p<0.001$）；tZ 极显著地高于 TDZ 和 KT（均 $p<0.001$），TDZ 与 KT 间无显著差异（$p=0.076$）；KT 极显著地高于 KT-30（$p<0.001$）；KT-30 极显著地高于 CK1（$p<0.001$）；CK1 又极显著地高于 CK2（$p<0.001$）。生长量均随 tZ 剂量的增高而降低；随 ZT、2-ip 和 DPU 剂量的增高而先升高后降低，且 ZT 在 0.3mg/L、DPU 在 0.5mg/L 和 2-ip 在 0.7mg/L 时生长量为峰值。因而 ZT 有利于杨树树皮愈伤组织的生长。

为此，结合愈伤组织分化率和生长量，筛选 0.1～0.3mg/LZT 和小于 0.1mg/L tZ 为适合毛白杨愈伤形成和生长的细胞分裂素及剂量。

3 讨论

多数研究结果表明，较高的细胞生长素和细胞分裂素比例有利于植物外植体产生愈伤组织（Skoog，1971；Thorpe，2007），但植物不同对细胞生长素和细胞分裂素种类的敏感程度不同（Sko čajić et al.，2017；Gaspar et al.，1996；Siwach et al.，2011）。有研究表明 2.0/1.0mg/L 2,4-D 和 1.0mg/L NAA 有利于毛白杨外植体诱导愈伤组织产生（沈效东等，1996；李静等，2007），本研究结果表明高于 1.5～3.0mg/L 的 2,4-D 有利于毛白杨树皮块早期愈伤组织的分化，但不利于后期愈伤组织的生长，2.0mg/L NAA 有利于愈伤组织的分化，尽管前期其愈伤组织生长速度相对于 2,4-D 较慢，但后期生长速度显著高于 2,4-D，同时本研究表明 4-IPOAA 在 0～20d 时比 NAA 和 2,4-D 更有利于促进毛白杨外植体愈伤组织的产生和生长。0.5mg/L 6-BA 有利于毛白杨外植体产生愈伤组织（沈效东等，1996；李静等，2007），但本研究发现当细胞分裂素为 0.1～0.3mg/L ZT 和 0.1mg/L tZ 时，毛白杨外植体的愈伤组织分化率在 20d 后均近 100%，其愈伤组织生长量显著高于 0.5mg/L 6-BA。

温带树木形成层活动存在明显的周期性，当绽放的芽合成内源激素后，以 1cm/hr 的速度向基部运输到达形成层（Webber et al.，1979），形成层得到生长必需的细胞生长素（Leitch et al.，1995）后，开始活动，并随夏季运输到形成层激素量的增加，逐步达到旺盛活动期。因而试验时间的差异会导致毛白杨树皮中内源激素含量之间存在一定的差异，从而影响试验结果。试验中细胞分裂素的筛选试验晚于生长素的筛选 45d，而细胞分裂素筛选试验中的平均愈伤组织分化率和生长量显著高于生长素筛选试验的结果是否受试验时间的影响，有待于进一步研究。

试验筛选出 1.5mg/L NAA、1.0 mg/L 4-IPOAA 和 0.1～0.3mg/L ZT 的 PGR 组合有利于毛白杨树皮愈伤组织的形成和生长，上述 3 种 PGR 的剂量组合是否为最适剂量组合有待于进一步研究。试验还发现 1.5mg/L NAA、1.0mg/L 4-IPOAA 和 0.1mg/L tZPGR 组合的愈伤组织分化率和生长量极显著高于两种生长素与 0.3～0.9mg/L tZ PGR 组合，因而低于 0.1mg/L tZ 是否比 0.1～0.3mg/L ZT 更有利于毛白杨树皮愈伤组织分化和生长有待于进一步研究。

参考文献

[1] 全绿字〔2015〕1 号, 2015. 全国绿化委员会, 国家林业局关于做好杨柳飞絮治理工作的通知. http://www.forestry.gov.cn/portal/main/govfile/13/govfile_2141.htm.

[2] Carra A, Bambina M, Pasta S, et al. In-vitro regeneration of Calendula maritime Guss. (Asteraceae), a threatened plant endemic to western Sicily. Pak. J. Bot., 2016, 48 (2): 589-593.

[3] Crane KE, Ross CW. Effects of wounding on cytokinin activity in cucumber cotyledons. Plant Physiol, 1986, 82 (4): 1151-1152.

[4] Gaspar T, Kevers C, Greppin H, et al. Plant growth regulators in plant tissue culture. In Vitro Cell. Dev.Biol. Plant, 1996, 32 (4): 272-289.

[5] Koornneef A, Pieterse CM. Cross talk in defense signaling. Plant Physiol, 2008, 146 (3): 839-844.

[6] Leitch MA, Savidge RA.Evidence for auxin regulation of bordered-pit positioning during tracheid differentiation in Larix laricina. IAWA J., 1995, 16 (3): 289-297.

[7] 李鸿雁, 蒋炳伸, 宋丽, 等. PND 愈合剂对美国杏李树干腐病伤口的愈合效果. 江苏农业科学, 2012, 40 (5): 119-121.

[8] 李静, 李志兰, 梁海永, 等. 三倍体毛白杨叶片再生体系建立研究. 河北农业大学学报, 2006, 29 (4): 48-52.

[9] 李静, 张景臣, 郭伟, 等. 毛白杨叶片愈伤组织的诱导、芽的分化及不定根的再生. 山东林业科技, 2007, 1: 52-53.

[10] Mitchell JJ, van Staden J.Cytokinins and the wounding response in potato tissue. Z Pflanzenphysiol, 1983, 109 (1): 1-5.

[11] Nanda AK, Melnyk CW.The role of plant hormones during grafting. J. Plant Res., 2018, 131: 49-58.

[12] Nordström A, Tarkowski P, Tarkowska D, et al. Auxin regulation of cytokinin biosynthesis in Arabidopsis thaliana: A factor of potential importance for auxin-cytokinin-regulated development.Proc. Natl. Acad. Sci. USA, 2004, 101 (21): 8039-8044.

[13] 沈效东, 张新宁, 袁世杰, 等. 生长调节剂对毛白杨叶愈伤组织诱导和植株再生的影响. 宁夏农林科技, 1996, 6: 18-20.

[14] Siwach P, Grover K, Gill AR. The influence of plant growth regulators, explant nature and sucrose concentration on in vitro callusgrowth of *Thevetia peruviana Schum*. *Asian J.Biotechnol.*, 2011, 3：280-292.

[15] Sko čajić DM, Nešić MM, Nonić MŽ. In vitro callus induction from adult tissues of Japanese flowering cherry trees and two cherry rootstocks. *Not. Bot.Horti.Agrobo.*, 2017, 45 (2)：392-399.

[16] Skoog F. Aspects of growth factors interactions in morphogenesis of tobacco tissue culture. In：Les Cultures de Tissue des Plants, Coll Internal CNRS, Paris, 1971, 115-135.

[17] Skoog F, Miller CO. Chemical regulation of growth and organ formation in plant tissues cultured in vitro.*Symp Soc Exp Biol*, 1957, 11 (1)：118-130.

[18] Son SH, Hall RB. Plant regeneration capacity of callus derived from leaf, stem, and root segments of *Populus alba* L. × *P. grandidantata* Michx. *Plant Cell Rep*, 1990, 9 (6)：344-347.

[19] Thorpe TA. History of plant tissue culture. *Mol. Biotechnol*, 2007, 37 (2)：169-180.

[20] Tsvetkov I, Hausman JF, Jouve L. Thidiazuron-induced regeneration in root segments of white poplar (*P. alba* L.). *Bulg. J. Agric. Sci.*, 2007, 13：623-626.

[21] Vick BA. Oxygenated fatty acids of the lipoxygenase pathway. In：Moore TSJ, ed.Lipid metabolism in plants. Boca Raton, Florida：CRC Press Inc., 1993, 167-191.

[22] Webber JE, Laver ML, Zaerr JB, *et al*. Seasonal variation of abscisic acid in the dormant shoots of Douglas-fir. *Can. J. Bot.*, 1979, 57 (5)：534–538.

The Gastrointestinal Tract Microbiota of Northern White cheeked Gibbons (*Nomascus leucogenys*) Varies with Age and Captive Condition

Beijing Key Laboratory of Captive Wildlife Technologies, Beijing Zoo/ TingJia Sufen Zhao Xiaoguang Li Yan Liu Ying Li Minghai Yang Yanping Lu Chenglin Zhang
Conservation and Research Department, Memphis Zoo/ Katrina Knott
Nanning Zoo/ Yuefei Chen Junyi Wu

Abstract: Nutrition and health of northern white-cheeked gibbons (*Nomascus leucogenys*) are considered to be primarily influenced by the diversity of their gastrointestinal tract (GIT) microbiota. However, the precise composition, structure, and role of the gibbon GIT microbiota remain unclear. Microbial communities from the GITs of gibbons from Nanning (NN, $n=36$) and Beijing (BJ, $n=20$) Zoos were examined through 16S rRNA sequencing. Gibbon's GITs microbiomes contained bacteria from 30 phyla, dominated by human-associated microbial signatures: Firmicutes, Bacteroidetes, and Proteobacteria. Microbial species richness was markedly different between adult gibbons (>8 years) under distinct captive conditions. The relative abundance of 14 phyla varied significantly in samples of adults in BJ versus NN. Among the age groupse xamined in NN, microbiota of adult gibbons had greater species variation and richer community diversity than microbiota of nursing young (<6 months) and juveniles (2-5 years). Age-dependent increases in the relative abundances of Firmicutes and Fibrobacteres were detected, along with simultaneous increases in dietary fiber intake. A few differences were detected between sex cohorts in NN, suggesting a very weak correlation between sex and GIT microbiota. This study is the first to taxonomically identify gibbon's GITs microbiota confirming that microbiota composition varies with age and captive condition.

Keywords: northern white-cheeked gibbons (*Nomascus leucogenys*); GIT microbiota; age; captive condition

1 Introduction

The gastrointestinal tract (GIT) microbiome in animals and humans includes a complex consortia of microbes[1-4], and has even been considered an endocrine organ[5, 6]. The GIT microbiome significantly contributes to host nutrition, health, growth, development, reproduction and immunity through relationships that range from commensal and mutualistic to pathogenic[7-9]. Therefore, identification of GIT microbial communities has improved our understanding of host nutrition adaptation and immune dynamics. As close living relatives to humans, the study of GIT bacterial communities in nonhuman

① 北京市科委课题（Z141106004414051）。北京市公园管理中心 2019 年科技进步一等奖。

primates (NHPs) has attracted much attention. The GIT microbiome of many NHPs has been taxonomically identified, including red-shanked doucs, mantled howler monkeys, black howler monkeys, gorillas, African apes, chimpanzees and eastern chimpanzees[1, 8-10]. These studies have reported that the microflora in the GIT varied by species and was modified by habitat, diet, age, sex, and disease[1, 11-16]. For example, changes in environment and diet not only affected the host gut microbiome and digestive efficiency, but also immune and stress responses[9]. Although the GIT microbiome differed among individuals in distant populations, the bacterial composition was similar among closely related individuals and primates of the same species[17-19]. A recent report has described that captivity can humanize the primate microbiome such that captive NHPs lose substantial portions of their natal microbiota as it becomes colonized by human-associated gut bacterial genera *Bacteroides* and *Prevotella*[10].

Northern white-cheeked gibbons (*Nomascus leucogenys*) are small arboreal apes within the genus *Nomascus* and family Hylobatidae that, in addition to humans within the genus *Homo* (tribe Hominini and family Hominidae) and great apes (family Hominidae), belong to the Hominoidea superfamily[20-22]. Northern white-cheeked gibbons inhabit the tropical and semi-deciduous forests of Southeast Asia and a portion of South and East Asia[23, 24]. Northern white-cheeked gibbons in China are mainly distributed in south Yunnan, including Mengla, Lvchun and Jiangcheng[25], where they are threatened by poaching and fragmentation of their habitat by logging and anthropogenic developments[25]. As a result, northern white-cheeked gibbons are listed as one of the rarest and most endangered primates worldwide with only 50 individuals estimated to remain in China's wild population[23, 25-27]. For ex-situ conservation and displaying, 239 northern white-cheeked gibbons have been maintained in captivity in China (Chinese Association of Zoological Gardens Hylobatidae Studbook). The Nanning Zoo (NN group) is China's top northern white-cheeked gibbon breeding base with 61 northern white-cheeked gibbons, followed by the Beijing Zoo (BJ group) with a group of 23 and the Nanjing Hongshan Forest Zoo, which holds 20 individuals. The remaining 27 breeding bases maintain only between one to sixteen individuals at each institution.

Gibbons, classified as frugivores, are not known to possess few morphological adaptations to aid in digestion of their low-quality foods[28]. Rather, they rely on modifying their diet behaviorally, and select the most nutritionally valuable resource available. Thus, free-ranging gibbons in some regions have been described as frugivorous specialists relying on energy rich fruits when available[29]. Changes in habitat with increased global warming and more variable weather patterns are anticipated to threaten the survival of many frugivores including wild gibbons[30]. It has been hypothesized that gibbons possess GIT adaptations and use microbial digestion to aid in fiber degradation for improved digestive efficiency[29] by breaking down resistant fibers and starches, modulating nutrient absorption, and producing short chain fatty acids (SCFAs, e.g., acetate, propionate, and butyrate), an important source for host energy[9, 31, 32].

Reintroduction programs for northern white-cheeked gibbons have become a priority in conservation strategies to protect the species from extinction in the wild, as one of their reasons for the unsuccessful reintroduction was that the animals did not adapt to the natural environment[9]. As the critical host-microbe interactions are responsive to environmental and dietary changes[9], characterizing the composition, structure, and role of the GIT microbiota of northern white-cheeked gibbons in captivity will improve our understanding of their nutritional adaptations, and will also support the health of captive populations when animals are reintroduced into the wild[9]. Therefore, in the present study, we used high-throughput Illumina MiSeq sequencing targeting the V3-V4 region of the bacterial 16S rRNA geneto taxonomically identify the microorganisms in the GIT of northern white-cheeked gibbons. We investigated community diversity (Shannon's diversity index), richness (observed species and ACE and Chaoindices), composition, and abundances of the microbiota in fecal samples collected from nursing young, juvenile, and adult captive gibbons from the NN group, adult captive gibbons from the BJ group, as well as female and male captive gibbons from the NN group.

2 Results

2.1 Composition of the GIT microbiota in northern white-cheeked gibbons

We characterized GIT microbiotas by sequencing the bacterial 16S V3-V4 hypervariable region in fecal samples collected from 56 northern white-cheeked gibbons held in two Chinese captive facilities (NN and BJ). After eliminating the low-quality reads and chimeras, 2,433,823 high quality tags remained with an average of 43,461 tags per sample (range: 25,087 to 81,415). These high-quality tags, with an average length of 440 base pairs, were assigned to 2,275 operational taxonomic units (OTUs) based on 97% similarity, with 1,455 and 2,042 OTUs in the NN and BJ groups, respectively. Furthermore, the average Good's coverage of the 56 samples was 99.2800% ±0.0033% (mean ±SD, range=98.3796%-99.7572%, Table S1).

The taxonomic summary of microbial components from all samples yielded a total of 30 bacterial phyla, 42 classes, 74 orders, 134 families, and 280 genera (Figure 1a-c). The dominant bacterial phyla in both groups were Firmicutes, Bacteroidetes, and Proteobacteria (Figure 1a).

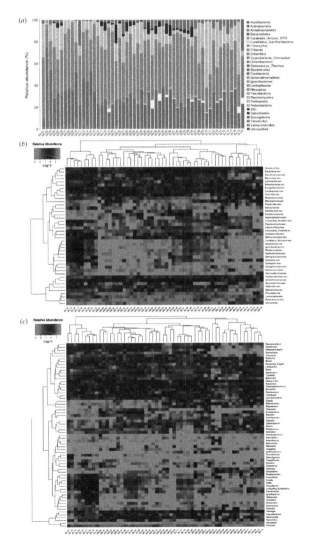

Figure 1 Overall taxonomical composition of GIT microbiota in fecal samples collected from northern white-cheeked gibbons from the NN and BJ groups. (a) taxonomic distribution at the phylum level; heat map at the family level (b) and genus level (c), and green is to show the higher relative abundance.

Approximately 70% of sequences were classified at the family level, with Succinivibrionaceae (Proteobacteria), Ruminococcaceae (Firmicutes), Lachnospiraceae (Firmicutes), and Prevotellaceae (Bacteroidetes) being the most dominant. Moreover, 50% of sequences were classified at the genus level: *Succinivibrio* (Proteobacteria), *Prevotella* (Bacteroidetes), *Bacteroides* (Bacteroidetes), *Ruminococcus* (Firmicutes), *Lactobacillus* (Firmicutes), and *Faecalibacterium* (Firmicutes) were the dominant bacterial genera.

2.2 Comparison of the GIT microbiotas of adult gibbons between the NN and BJ groups

Microbial species richness was markedly different between adult gibbons under distinct captive conditions (20 adults in BJ, 21 adults in NN). The mean of observed microbial species, and ACE and Chao indices of adult BJ gibbons were two times higher than those in the NN group ($p < 0.01$; Figure 2a-c). The mean GIT microbiota diversity estimate using Shannon's diversity index did not differ significantly between the BJ and the NN groups ($p > 0.05$), but the BJ samples were more variable than the NN (Figure 2d).

Consistent with these results, the unweighted UniFrac cluster tree indicated that animals held at the same zoo clustered closely, and samples collected from adult BJ gibbons were located on different branches, compared with those collected from adult NN gibbons (Figure 2e). We observed similar clustering patterns on the principal coordinate analyses (PCoA) plot, where each symbol represents one gut microbiota. Consistent with the cluster tree, the gut microbiotas of adult BJ gibbons clustered more closely than those of the adult NN gibbons (Figure 2f). A permutation-based extension of multivariate analysis of variance to a matrix of pair wise distances (PERMANOVA) test of the weighted UniFrac β diversity proved that the differences between the gut microbiotas of the adult BJ and NN gibbons had significant differences ($p = 0.003$).

An OTU distribution at the phylum level detected 27 bacterial phyla common to both the NN and the BJ groups. In addition, the BJ group included 3 unique phyla (Parcubacteria, Deferribacteres, and Poribacteria). The relative abundances of 14 bacterial phyla were significantly different between adult BJ gibbons and adult NN gibbons ($p < 0.05$). Of these 14 phyla, the relative abundance of 12 phyla showed highly significant differences ($p < 0.01$) between groups. It

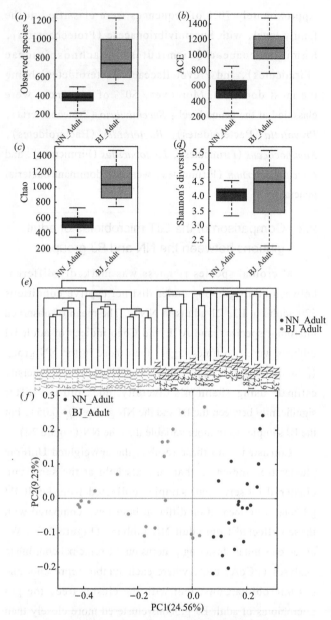

Figure 2　Diversity of GIT microbiota in fecal samples collected from adult northern white-cheeked gibbons at the Nanning (NN) and Beijing (BJ) Zoos. (a) observed species; (b) ACE and (c) Chao indices; (d) Shannon's diversity index; (e) unweighted UniFrac cluster tree; (f) Principal coordinate analysis (PCoA) plot using unweighted UniFrac distance.

is noteworthy the higher relative abundance of Spirochaete in adult NN gibbons in comparison to adult gibbons in the BJ group ($p=0.0010$; Figure 3a). Further, the relative abundance of 85 genera was significantly different, including the following five high relative abundance genera: *Prevotella*, *Lactobacillus*, *Eubacterium* (Firmicutes), *Faecalibacterium*, and *Treponema* ($p<0.05$; Figure 3b). We also used linear discriminant analysis effect size (LEfSe)[33, 34] to identify OTUs differentially represented between adult BJ gibbons and adult NN gibbons. The cladograms confirmed the lower microbial diversity in the NN group. In addition, the non-strict version (at least one class differential) of LEfSe detected 150 microbial biomarkers with differential abundances. When analyzing biomarkers, Spirochaete, the phylum with higher relative abundance, was again found in adult NN gibbons with differences for all classes (Figure 3c). Phylogenetic Investigation of Communities by Reconstruction of Unobserved States (PICRUSt) was used to identify differentially present KEGG pathways (Level 3) between adult BJ gibbons and adult NN gibbons. 118 KEGG categories showed significant differences under the different captive conditions ($p<0.05$), and nine of them associated with carbohydrate metabolism, including amino sugar and nucleotide sugar metabolism, ascorbate and aldarate metabolism, butanoate metabolism, fructose and mannose metabolism, galactose metabolism, inositol phosphate metabolism, pentose and glucuronate interconversions, propanoate metabolism, starch and sucrose metabolism. Interestingly, the relative abundances of genes in starch and sucrose metabolism was significantly higher in NN than that in BJ ($p=0.0007$).

2.3　Changes of gibbon's GIT microbiota with age

Within the NN group, GIT microbial species richness and diversity also differed significantly among nursing young, juveniles, and adults ($p<0.05$; Figure 4a-d). An unweighted UniFrac cluster tree of nursing, juvenile, and adult gibbons showed that the nursing young gibbons were located on a different sub-branch compared with eight of the juveniles and all 21 adults. The remaining four juveniles were distributed among the adult branches (Figure 4e). At the same time, similar clustering orders were tested on the PCoA plot (Figure 4f). When PERMANOVA tests of the weighted UniFrac β diversity were conducted, significant differences were found among the three groups ($p=0.001$).

Consistent with the bacterial community diversity, the greatest number of phyla, families, and genera were detected in adults followed by juvenile and nursing young (18, 24, and 27 phyla; 48, 88, and 109 families; and 73, 145, and 183 genera in nursing, juvenile, and adult gibbons, respectively).

Although 6 more phyla were detected in juvenile gibbons than in nursing young, the relative abundance of the GIT microbiotas did not differ significantly between these

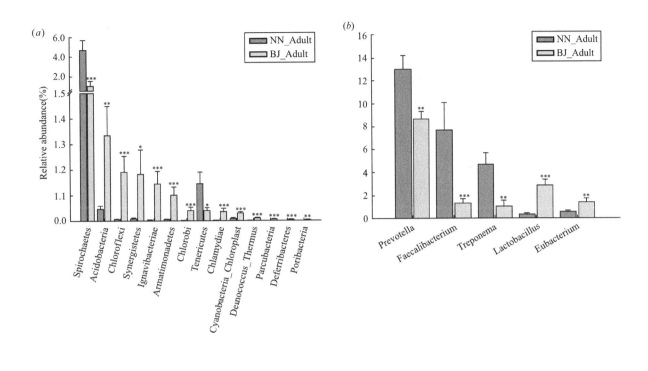

Figure 3　Taxonomic composition of GIT microbiota in fecal samples collected from adult northern white-cheeked gibbons at the Nanning (NN) and Beijing (BJ) Zoos. (a) significantly altered bacterial phyla between the two groups; (b) significantly altered high relative abundances of genera between the two groups; (c) cladograms of linear discriminant analysis effect size (LEfSe), and each circle's diameter is proportional to the taxon's abundance, the green/red circles and the shading denote the NN/BJ with higher median.

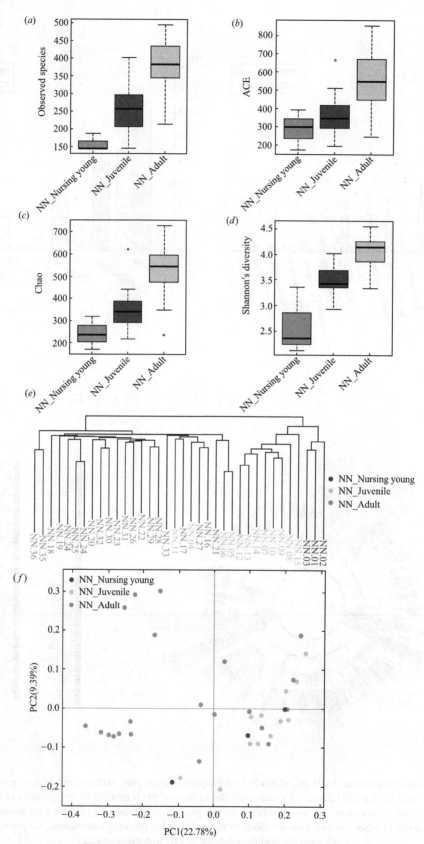

Figure 4 Diversity of GIT microbiota in fecal samples collected from nursing young, juvenile, and adult northern white-cheeked gibbons at the NN Zoo. (a) observed species; (b) ACE and (c) Chao indices; (d) Shannon's diversity index; (e) unweighted UniFrac cluster tree; (f) PCoA plot.

groups (Table S4). However, the relative abundances of 10 bacterial phyla, namely Fibrobacteres, Nitrospirae, Chloroflexi, Verrucomicrobia, Candidatus Saccharibacteria, Actinobacteria, Euryarchaeota, Planctomycetes, Spirochaetes, and Synergistetes, differed significantly between the juvenile and the adult gibbons (Figure 5a). In addition, Synergistetes, candidate division WPS, and Deinococcus Thermus were only detected in adult gibbons (Table S4 and S5). GIT microbiotas in nursing gibbons were dominated by Bacteroidetes, Firmicutes, and Proteobacteria, but juvenile and adult gibbons were dominated by Firmicutes, Bacteroidetes, and Proteobacteria. The relative abundances of Firmicutes increased with age, whereas that of Bacteroidetes decreased (Figure 5b). The Firmicutes : Bacteroidetes ratio, therefore, increased with age (ratios of nursing young, juveniles, and adults were 0.74, 1.47, and 1.81, respectively). Notably, no Fibrobacteres were detected in nursing young, and the relative abundance of Fibrobacteres in adults was significantly higher than that in juveniles ($p<0.05$; Figure 5b).

Prevotella, *Faecalibacterium*, and *Succinivibrio* were the most dominant bacterial genera in juveniles and adults; however, the relative abundance of *Prevotella* was significantly greater in juveniles than in adults ($p= 0.001$; Figure 5c). Simultaneously, 38 genera showed significant differences between juvenile and adult gibbons, by including six high relative abundant genera, *Bifidobacterium* (Actinobacteria), *Megasphaera* (Firmicutes), *Sarcina* (Firmicutes), *Treponema* (Spirochaetes), *Ruminococcus*, and *Oscillibacter* (Firmicutes) ($p<0.05$; Figure 5c). *Bacteroides*, *Escherichia Shigella* (Proteobacteria), and *Streptococcus* (Firmicutes) were the most dominant bacterial genera in nursing young, and *Prevotella* only ranked fourth in nursing young. Significant differences were explored between nursing young and juvenile gibbons in 16 genera, which contained five high relative abundance genera, namely *Succinivibrio*, *Dialister* (Firmicutes), *Megasphaera*, *Alloprevotella* (Bacteroidetes), and *Blautia* (Firmicutes) ($p<0.05$; Figure 5d).

The cladograms of LEfSe among the nursing young, juvenile, and adult gibbons showed age-dependent changes in the GIT microbiotas of gibbons in NN. The non-strict version of LEfSe detected 89 microbial biomarkers with differential abundances. In addition, we observed specific microbial clades ubiquitous within, and characteristic to, each of these three ages, such as Lactobacillales in nursing young, Bifidobacteriales in juvenile, and Fibrobacters and Spirochaetes in adult gibbons (Figure 5e).

The PICRUSt results showed that the relative abundances of 34 KEGG categories (Level 3) had significant differences between nursing young and juveniles, and 99 between juveniles and adults ($p<0.05$). Consistent with Taxonomy and LEfSe, the relative abundances of genes in galactose metabolism were significantly higher in nursing young than in juveniles ($p = 0.0200$).

2.4 Variations of gibbon's GIT microbiota with sex

Within the NN group, no significant differences were found in the GIT microbial species richness and diversity between female ($n=19$) and male ($n=17$) gibbons ($p>0.05$; Figure 6a-d). Moreover, the branching and clustering order were not observed in the unweighted UniFrac cluster tree and PCoA plot of female and male gibbons (Figure 6e and f). The PERMANOVA test confirmed that the weighted UniFrac β diversity of gut microbiotas was not significantly different between female and male gibbons ($p = 0.670$).

The results of the OTUs distribution showed that 28 and 24 phyla, 110 and 96 families and 184 and 156 genera were detected in female and male gibbons, respectively. Firmicutes, Bacteroidetes and Proteobacteria were the most dominant bacterial phyla in both female and male gibbons, and their relative abundances showed no significant differences ($p>0.05$). Four ultra-low relative abundance phyla, namely Chlamydiae, candidate division WPS, Deinococcus Thermus and Deferribacteres, were only detected in female gibbons; the relative abundance of six bacterial phyla, Acidobacteria, Cyanobacteria Chloroplast, Chloroflexi, Armatimonadetes, Nitrospirae and Gemmatimonadetes, showed significant differences between two sexes ($p<0.05$; Figure 6g).

Prevotella, *Faecalibacterium* and *Succinivibrio* were the most dominant bacterial genera in both female and male gibbons, and no significant differences were found in the relative abundances of the three genera ($p>0.05$); furthermore, the relative abundances of 19 bacterial genera had significant differences, while only one high relative abundance genus, *Streptococcus*, exhibited significant differences ($p<0.05$; Figure 6h).

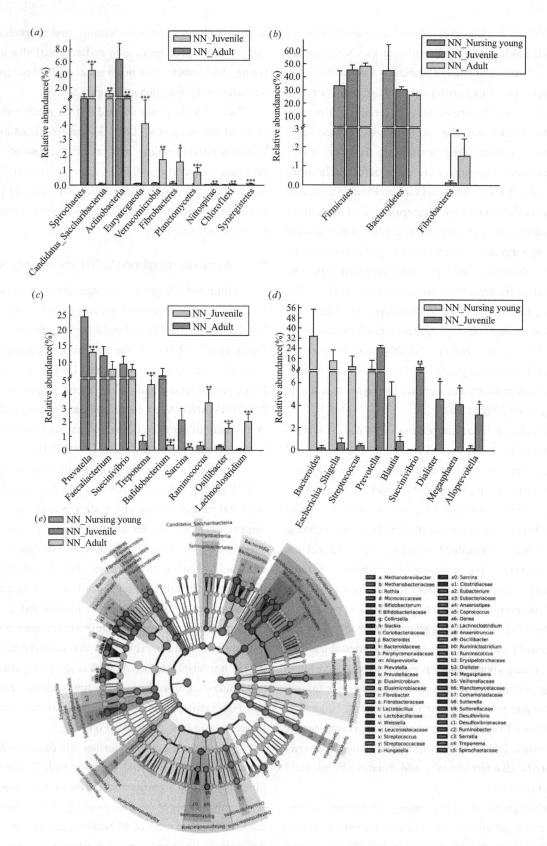

Figure 5 Taxonomic composition of GIT microbiota in fecal samples collected from nursing young, juvenile, and adult northern white-cheeked gibbons at the NN Zoo. (a) significantly altered bacterial phyla between juveniles and adults; (b) age-dependent changes of the relative abundance of Firmicutes, Bacteroidetes, and Fibrobacteres; (c) significantly altered most dominant and high-relative abundant genera between juveniles and adults; (d) significantly altered most dominant and high-relative abundant genera between nursing young and juveniles; (e) cladograms of LEfSe.

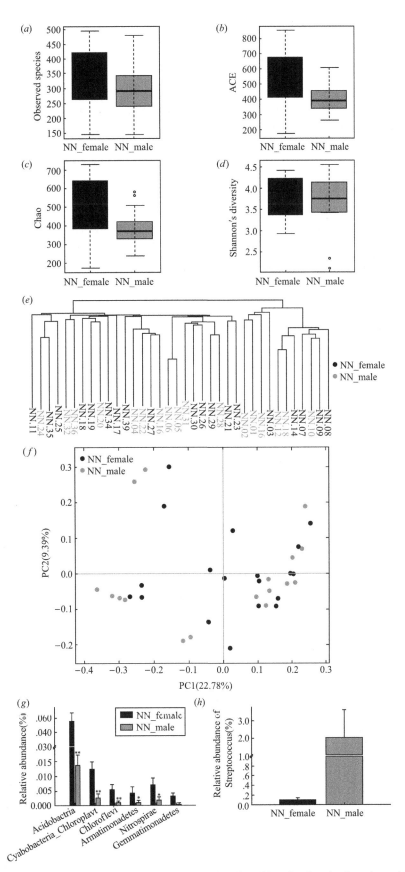

Figure 6 Diversity and taxonomic composition of GIT microbiota in fecal samples collected from female and male northern white-cheeked gibbons at the NN Zoo.(a) observed species; (b) ACE and (c) Chao indices;(d) Shannon's diversity index;(e) unweighted UniFrac cluster tree; (f) PCoA plot; (g) significantly altered bacterial phyla between females and males; (h) significantly altered high-relative abundant genera between females and males.

3 Discussion

Our analysis of the northern white-cheeked gibbon GIT microbiota showed that the dominant bacterial phyla in fecal samples included Firmicutes, Bacteroidetes, and Proteobacteria, a similar composition to that reported for humans (Firmicutes, Bacteroidetes, Actinobacteria, Verrucomicrobia, and Proteobacteria) [35]. Specifically, gibbon's microbiotas in captivity were colonized by human-associated gut bacterial genera *Bacteroides* and *Prevotella*. Similar results were found in the investigation of the red-shanked douc and the mantled howler monkey[10]. These findings indicated that captivity may also humanize the northern white-cheeked gibbon microbiome. Notably, recent investigations have pointed out that modern humans have lost asubstantial portion of their natural microbial diversity, and the massive loss of gut microbiome diversity in captive primates may be related to the development of human diseases linked to diet and the microbiome[10, 36-38]. In view of the relevance of GIT microbiota to host nutrition adaptation and immune dynamics[39-42], investigating the GIT microbiota composition and its contributing variation factors may be usefulfor us to offer valuable insight into health and nutrition within captive northern white-cheeked gibbon populations, and also to inform conservational decisions, such as improvement of the relatively depauperated gut microbial communities of the captive animals before reintroductions[9].

Furthermore, our results showed that the GIT community richness and diversity in adult gibbons in the BJ group was significantly higher than that in the NN group, and that adult individuals in different captive conditions clustered on separate branches according to β diversity measurements. Moreover, the BJ group showed three more additional phyla than the NN group, with significantly varied relative abundances of 14 phyla. Variations in the composition and abundance of the GIT microbiota of adult gibbons between NN and BJ likely reflected differences in diet, habitat substrates, geographic location, temperature, rainfall, management and other factors inherent to their captive conditions.Environmental factors such as diet are of particular interest as a cost-effective means for therapeutic alteration of gut microbiota[15, 43-46]. When we analyzed gibbon diet information during the study period between NN and BJ, a correlation between diet and microbiome composition was revealed. According to breeding records, 9 types of food were fed in NN versus 17 in BJ, with less diverse diets leading to less diverse gut microbiotas. Similar results were reported in an investigation by Amato et al (2013) [8]. In addition, many bacteria within the phyla Bacteroidetes have been described to degrade starches and proteins[35], which are found in high quantities in diets of captive gibbons. As a consequence, gibbons are expected to be able to ferment non-soluble carbohydrates.Further, PICRUSt metagenomic analyses showed a higher starch and sucrose metabolismin NN versus BJ, which may explain the role and digestive efficiency of GIT microbiota in metabolizing the above two carbohydrates between the two groups.As we report here for gibbons, the human gut consists of three relatively dominant microbial groups : *Prevotella*, *Ruminococcus* and *Bactericides*[5]. Of these, Bacteroidetes *Prevotella* has been described to ferment xylans and other plant fibers[35]. The higher abundance of *Prevotella* in NN versus BJ, therefore, may indirectly reflect greater fiber content in the diet of animals in NN.The extent to which changes in the GIT microbiota improve digestion of fiber in gibbons is still unknown. Further study is needed to determine how the composition of the GIT microbiota changes in response to specific changes in the diet, and how the data collected here from gibbons in captivity compares to similar data from gibbons living in the wild.

Our results indicated greater GIT microbial community diversity and species richness in the BJ group, which might result in more efficient microbiota, higher resistance to disturbance, and less susceptibility to pathogenic invasion. It is well known that the GIT microbiota plays a crucial role in host metabolism and maintenance of host health[47]. The microbiome also takes part in nutritional supplementation, tolerance to environmental perturbations, as well as in the maintenance and development of the immune system[48]. For example, reductions of bifidobacteria in the large bowel have been associated with increased disease risk in elderly people[47]. Decreases in GIT microbiome diversity have also been related to a reduction in microbial functional groups that make the microbiota less efficient, less resistant to disturbance, and more susceptible to pathogenic invasion[49, 50]. Hosts with low GIT microbiome diversity have been reported to exhibit an increased stress response (higher glucocorticoid levels) and reduced immune function (with fewer cells that secrete local, strain-specific immunoglobulin A) [42, 51-53]. Further studies are warranted to examine the beneficial effects of GIT microbiota diversity on nutrition and immune health in northern white-cheeked gibbons.

Previous studies have verified the age-dependent changes

in the GIT microbiome composition in humans[54, 55]. Those studies described that the human intestinal microbiota undergoes maturation from birth to adulthood, with the infant colonic microflora generally viewed as being adult-like after two years of age[47], and is further altered with aging[56]. During the aging process, gut physiology and function are altered, accompanied by an increased incidence of gastrointestinal infections[47, 57]. In the present study, we found age-dependent increases in the number of observed bacterial species and bacterial community diversities of GIT microbiota in the northern white-cheeked gibbon. Similarly to our findings, GIT microbiomes are continually seeded from external sources from birth; they can drastically change over the lifetime of an individual[1, 55, 56, 58]. Furthermore, the relative abundances of 10 bacterial phyla significantly differed between juveniles and adults in NN. Our results are in accordance with previous studies in humans, in which total bacterial counts were lower in infants than in adults and elders[56]. Bacterial communities in humans were also observed to differ between young, middle-aged, and older subjects[59-63]. In those studies, greater community diversity of GIT microbiota was associated with improvement of digestive function[56]. Moreover, gut microbiome variation is also important in the etiology of gastrointestinal diseases[64-66]. As one of the most important probiotics, bifidobacteria affects immune system reactivity and has a multiplicity of other physiological functions, while low numbers in the elderly may lead to metabolic and health consequences for the host[47, 67]. The present study indicated that the relative abundance of *Bifidobacterium* in adult gibbons was significantly lower than that in nursing young ($p < 0.05$) and juvenile ($p < 0.001$) gibbons. So we infer, by comparing to the human studies, that there could be or will be a scarcity of bifidobacteria in adult gibbons. Previous studies have indicated that treatment with probiotics or prebiotics may be beneficial to low bifidobacterial individuals[68-70]. We therefore suggest that the studies on the improvement of diet and addition of probiotics should be designed with the aim of enhancing gibbons' immunity and disease resistance.

Our study reported a change in the Firmicutes : Bacteroidetes balance with the same ratio that has been considered of significant relevance in human GIT microbiota composition[11]. Bacteroidetes can degrade dietary polysaccharides and metabolize protein and fat putatively provided by the intestinal epithelium[15, 71, 72]. However, most Firmicutes require dietary fiber[71]. Our results showed that gibbons' Firmicutes :

Bacteroidetes ratio increased with age as a result of decrease in the relative abundance of Bacteroidetes and an increase of Firmicutes and Fibrobacteres. Age-dependent changes in Firmicutes and Bacteroidetes are likely related to the digestive physiology of gibbons within different age groups. The three young gibbons in our study (<6 months of age) were fed artificially with fortified milk. Lactobacillales and galactose metabolism likely play important roles in digesting the dairy products. As the gibbons grow, dietary transitions to fruit, vegetable and grain occurred slowly after six months of age, and animals were provided adult diets after one year of age. The increase in dietary fiber with age, therefore, likely explains the relative greater abundance of Firmicutes and Fibrobacteres in adults over younger age groups.

Increased evidence indicates that sex steroid hormone levels are associated with the human gut microbiome[64, 73]. Further, Bolnick et al. (2014) reported the presence of sex-specific gut microbiota related to diet in humans, in the three-spined stickleback and the Eurasian perch; however, a counter-example to sex-specific diet-microbiota was given in the same research work, and laboratory male and female mice exhibited generally similar diet effects under highly simplified diet manipulations[43, 74]. Other reports showed there were no differences by sex or small differences by sex in other vertebrates[15, 43, 75-77]. In the present study, we investigated the variations with sex of gibbon's GIT microbiota by comparing their richness, α and β diversities, microbial composition and differences. Our data suggested that the correlation of variations in GIT microbiota with sex was no significant in NN northern white-cheeked gibbons. Specifically, although four ultra-low relative abundance phyla were only detected in females, and the relative abundances of six low abundant bacterial phyla showed significant differences between females and males, no significant differences were detected in the richness, and α and β diversities of GIT microbiota. This may be the result of the highly simplified diets as well as the highly artificial environments where northern white-cheeked gibbons have been maintained for many generations. Edwards et al., (2017) reported that the prenatal period, marked by unique inflammatory and immune changes, altered maternal gut function and bacterial composition as the pregnancy advances. Furthermore, estrogen and progesterone had an impact on gut function, especially during the prenatal period[78]. Our samples were collected in July 2014 when the gibbons were in a non-breeding period, which may be one of the reasons for no significant correlation between gut microbiota and sex. This reminds us that further research on the characteristics of GIT microbiota in breeding period is needed.

4 Methods

4.1 Ethics statement

This study was approved by the Beijing Municipal Committee of Animal Management before sample collection.

All experiments were performed in accordance with the approved guidelines and regulations.

4.2 Sample collection

Fresh fecal samples were collected from northern white-cheeked gibbons held at the Nanning Zoo (NN：Nanning, Guangxi Province, China, N22°50′22.91″, E108°15′55.46″, n=36) and Beijing Zoo (BJ：Beijing, China, N39°56′24.85″, E116°19′47.22″, n=20) in July 2014. Animals of eight years of age and older were considered to be adult based on the age of sexual maturity. Adults in both groups ranged 8 to 15 in age. All samples in the BJ group were collected from adult gibbons, and fecal samples at NN were collected from three nursing young (age <6 months), 12 juveniles (ages 2-5 years) and 21 adults (age > 8 years). In addition, the above 36 samples at NN were also separated into female (n=19) and male (n=17) groups. There were no obvious signs of disease within the two populations, and there were no signs of worms in the faeces. Fresh fecal samples without runny or unpleasant odor were immediately frozen in liquid nitrogen before transfer to the laboratory and storage at −80℃.

During the sampling period, three nursing young gibbons at the NNZoo had been abandoned by their mothers, and were fed artificially with goat's milk and yogurt. Juvenile and adult gibbons in NN were provided apple, banana, pawpaw, tomato, carrot, peanut, quail egg and rice ball every day, and yellow mealworm every week. Gibbons in BJ were provided apple, peach, banana, pineapple, water melon, tomato, cucumber, onion, swamp cabbage, celery, Chinese cabbage, lettuce, egg, cooked sweet potato and steamed corn-bread every day, cooked beef twice weekly, and corn every week. Water was provided ad libitum in captivity.

4.3 DNA extraction and Illumina MiSeq sequencing

DNA was extracted from the inner part of the fecal samples (0.5 g) by using the EZNA Soil DNA Kit (D5625-01；OmegaBio-Tek, Inc., Norcross, USA) according to manufacturer's instructions. Subsequently, DNA was amplified using the V3–V4 hypervariable regions of the bacterial16S rRNA gene barcoded (unique 7nt) primers fusion 341F primer：CCTACACGACGCTCTTCCGATCTN (barcode) CCTACGGGNGGCWGCAGand fusion 805R primer：GACTGGAGTTCCTTGGCACCCGAGAATTCCAGACTACHVGGGTATCTAATCC). The polymerase chain reaction (PCR) reaction mixture (50μL) contained 5μL 10×buffer, 0.5μL dNTPs (10mM each), 10ng genomic DNA, 0.5μL Bar-PCR primer F (50μM), 0.5μL Primer R (50μM), 0.5μL Plantium Taq (5U/μL), and 43μL molecular biology grade water. PCR cycles included 94 ℃ for 3min；5cycles of 94℃ for 30s, 45℃ for 20s, and 65℃ for 30s；20cycles of 94 ℃ for 20s, 55 ℃ for 20s, and 72 ℃ for 30s；and a final extension at 72℃ for 5 min. The amplicons were subsequently purified using a DNA gel extraction kit (SK8131, Sangon Biotech Co. Ltd., Shanghai, China), and the purified amplicons were paired-end (PE) sequenced (2×300) by using the Illumina MiSeq platform at Sangon Biotech Co. Ltd (Shanghai, China).

4.4 16S rRNA gene sequencing

Raw sequences were filtered to eliminate the adapter pollution and low quality reads；subsequently, PE reads with overlap were merged to tags. Merged tags were clustered to OTUson the basis of a 97% similarity cut off by using Usearch v7.0.1090 (http：//drive5.com/uparse/) .Chimeric sequences were discarded using UCHIMEv4.2.40, and the results were analyzed using the Vegan package within the R statistical package for assessing α and β diversities and microbial composition. OTU representative sequences (from phylum to genus) were taxonomically classified using Ribosomal Database Project Classifier v.2.2 trained on the Greengenes database by using 0.8 confidence values as the cut-off.

4.5 Statistical analyses

Alpha diversities, namely community diversity (Shannon's diversity index[79]) and richness (observed species and ACE and Chao indices), were determined using Mothur (v1.31.2) [80], the rarefaction curves (observed species and ACE and Chao indices) at an OTU definition of 97% identity were plotted using R software (v3.1.1) .

Considering β diversities, the unweighted pair group method with arithmetic mean (UPGMA) was used to evaluate the similarity in species composition among samples by using QIIME (v1.80). The unweighted UniFrac cluster tree and PCoA results were obtained using software R (v3.1.1), and short distances between samples represented high similarity. Further, the weighted UniFrac β diversities were tested using PERMANOVA (a permutation-based extension of multivariate analysis of variance to a matrix of pair wise distances) by vegan package in R (v3.1.1)[81].

The tag numbers of each taxonomic rank (phylum, class, order, family, and genus) in different samples were summarized in a profiling table or histogram, and histograms showing the taxonomic distribution were plotted by using software R (v3.1.1). Linear discriminant analysis effect size (LEfSe), which takes into account both statistical significance and biological relevance, was conducted to test phylum/family/genus enrichment on each age group or captive condition[33, 34].

Metagenomes were predicted from the 16S rRNA data using Phylogenetic Investigation of Communities by Reconstruction of Unobserved States (PICRUSt) (http://picrust.github.com) to identify differentially present KEGG pathways (Level 3)[82].

The Wilcoxon rank sum test was used to determine the differences in α diversities (Shannon's diversity index andrichness) between the captive adult gibbons held in BJ and NN, and the differences between age cohorts (nursing young, juvenile, and adult) and sex cohorts (female and male) in NN. A $p<0.05$ was considered to bestatistically significant.

4.6 Accession numbers

The raw sequences of this study have been deposited in the Sequence Read Archive (accession number SRX2782467).

Acknowledgements

The authors wish to thank Prof. Xun Suo in China Agricultural University for his expert technical assistance, feeder Haibo Zhang, veterinarian Jinpeng Liu in Beijing Zoo and feeder Jiajiang Deng in Nanning Zoo for their assistance with sample collection, veterinarian Yuzhao Yang (Studbook keeper of *Nomascus leucogenys* in China) in Kunming Zoo for his assistance collecting information of the *Nomascus leucogenys* population, and Xiaoyan Li in Beijing Anzhen Hospital for her assistance with data analysis.

This work was funded by the Beijing Municipal Science and Technology Commission (Z141106004414051).

References

[1] Degnan, P. H.et al. Factors associated with the diversification of the gutmicrobial communities within chimpanzees from Gombe National Park. PNAS 109, 13034-13039, 2012.

[2] Savage, D. C. Microbial ecology of the gastrointestinal tract. Annu Rev Microbiol 31, 107–133.1977.

[3] Mackie, R. I., Sghir, A. &Gaskins, H. R. Developmental microbial ecology of the neonatal gastrointestinal tract.Am J Clin Nutr 69, 1035S–1045S, 1999.

[4] Turnbaugh, P.J. et al. The human microbiome project.Nature 449, 804–810, 2007.

[5] Wang, W. L. et al.Application of metagenomics in the human gut microbiome. World JGastroentero 21, 803–81, 2015.

[6] Wang, W. et al.Comparative analysis of the gastrointestinal microbial communities of bar-headed goose (*Anserindicus*) in different breeding patterns by high-throughput sequencing. Microbiol Res 182, 59–67, 2016.

[7] Martens, E. C., Kelly, A. G., Tauzin, A. S. &Brumer, H. The devil lies in the details: how variations in polysaccharide fine-structure impact the physiology and evolution of gut microbes. J MolBiol 426, 3851–3865, 2014.

[8] Amato, K. R. et al.Habitat degradation impacts black howler monkey (*Alouattapigra*) gastrointestinal microbiomes.The ISME Journal 7, 1344–1353, 2013.

[9] Stumpf, R.M. et al. Microbiomes, metagenomics, and primate conservation: New strategies, tools, and applications. Biol Conserv 199, 56–66, 2016.

[10] Clayton, J. B. et al Captivity humanizes the primate microbiome. PNAS 113, 10376–10381, 2016.

[11] Ley, R. E., Turnbaugh, P. J., Klein, S. &Gordon, J. I. Microbial ecology: human gut microbes associated with obesity. Nature 444, 1022–1023, 2006.

[12] Ley, R. E. et al.2008. Evolution of mammals and their gut microbes. Science 320, 1647–1651, 2008.

[13] Louis, P., Scott, K. P., Duncan, S. H. &Flint, H. J. Understanding the effects of diet on bacterial metabolism in the large intestine. J ApplMicrobiol 102, 1197–1208, 2006.

[14] Turnbaugh, P. J. et al. The effect of diet on the human gut microbiome: A metagenomic analysis in humanized gnotobiotic mice.Sci Transl Med1, 6ra14. doi: 10.1126/scitranslmed.3000322, 2009.

[15] Yildirim, S. et al. Characterization of the fecal microbiome

[15] from non-human wild primates reveals species specific microbial communities.PLoS One 5, e13963. .doi：10.1371/journal.pone.0013963, 2010.

[16] Wu, G. D. et al. Linking long-term dietary patterns with gut microbial enterotypes.Science 334, 105–108, 2011.

[17] Zoetendal, E. G., Akkermans, A. D. L., Vliet, W. M. A., Visser, J. A. G. M. & Vos, W. M.The host genotype affects the bacterial community in the human gastrointestinal tract. Microb Ecol Health Dis 13, 129–134, 2001.

[18] Palmer, C., Bik, E. M., DiGiulio, D. B., Relman, D. A. & Brown, P. O. Development of the human infant intestinal microbiota.PLoS Biol 5, e177, 2007.

[19] Turnbaugh, P. J. et al. A core gut microbiome in obese and lean twins.Nature 457, 480–484, 2009.

[20] Wood, B. Reconstructing human evolution：Achievements, challenges, and opportunities. PNAS S2, 8902–8909, 2010.

[21] Chen, L. et al. Construction, Characterization, and Chromosomal Mapping of a Fosmid Library of the White-Cheeked Gibbon (*Nomascus leucogenys*). Geno Prot Bioinfo5, 207–215, 2007.

[22] Carbone, L. et al.A Chromosomal Inversion Unique to the Northern White Cheeked Gibbon. PLoS one4, e4999. doi：10.1371/journal.pone.0004999, 2009.

[23] Mootnick, A. R. Gibbon (Hylobatidae) species identification recommended for rescue or breeding centers. Primate Conservation 21, 103–138, 2006.

[24] Carbone, L. et al. Evolutionary Breakpoints in the Gibbon Suggest Association between Cytosine Methylation and Karyotype Evolution. PLoS one 5, e1000538. doi：10.1371/journal.pgen.1000538, 2009.

[25] Wang, S. & Xie, Y. China Species Red List. Beijing：Higher Education Press., 2009.

[26] Meyer, T. J. et al. An *Alu*-Based Phylogeny of Gibbons (Hylobatidae). Mol Biol Evol29, 3441–3450, 2012.

[27] Brandon-Jones, D.et al. Asian primate classification. Int J Primatol25, 97–164, 2004.

[28] Clink, D. J. et al.Dietary diversity, feeding selectivity, and responses to fruit scarcity of two sympatric Bornean primates (*Hylobates albibarbis* and *Presbytis rubicunda rubida*). PLoS One 12, e0173369. doi：10.1371/journal.pone.0173369, 2017.

[29] Ruppell, J. C. Ecology of White-Cheeked Crested Gibbons in Laos. Dissertations and Theses. Portland State University, 2013.

[30] START. The study of climate change impact and vulnerability and adaptation of key systems and sectors to future climate variability and change. SysTem for Analysis Research and Training；Bangkok. http：//cc.start.or.th, 2011.

[31] Macfarlane, S.&Macfarlane, G.T. Regulation of short-chain fatty acid production.Proc Nutr Soc 62, 67–72, 2003.

[32] Samuel, B.S. et al. Effects of the gut microbiota on host adiposity are modulated by the short-chain fatty-acid binding G protein-coupled receptor, Gpr 41. PNAS 105, 16767–16772, 2008.

[33] Li, Y. et al. The evolution of the gut microbiota in the giant and the red pandas. Sci Rep 5, 10185. doi：10.1038/srep10185, 2015.

[34] Segata, N. et al.Metagenomic biomarker discovery and explanation. Genome biol 12, R60, 2011.

[35] Scott, K. P., Gratz, S. W., Sheridan, P. O., Flint, H. J. & Duncan, S. H. The influence of diet on the gut microbiota. Pharmacol Res 69, 52–60, 2013.

[36] Martínez, I. et al. The gut microbiota of rural Papua New Guineans：Composition, diversity patterns, and ecological processes.Cell Rep11, 527–538, 2015.

[37] Moeller, A. H. et al. Rapid changes in the gut microbiome during human evolution. PNAS111, 16431–16435, 2014.

[38] Clemente, J. C. et al. The microbiome of uncontacted Amerindians.Sci Adv1, e1500183, 2015.

[39] Dethlefsen, L., McFall-Ngai, M. &Relman, D. A. Anecological and evolutionary perspective on human microbe mutualism and disease.Nature449, 811–818, 2007.

[40] Sekirov, I. et al.Gut microbiota in health and disease.Physiol Rev 90, 859–904, 2010.

[41] Flint, H. J., Duncan, S. H. & Louis, P.Impact of intestinal microbial communities upon health. In：Rosenberg E, Gophna U (eds) Beneficial Microorganisms in Multicellular Life Forms. Springer：Berlin, pp 243–252, 2011.

[42] Hooper, L. V., Littman, D. R. & Macpherson, A. J. Interactions between the microbiota and the immune system. Science 336, 1268–1273, 2012.

[43] Bolnick, D. I. et al. Individual diet has sex-dependent effectson vertebrate gut microbiota. Nat Commun 5, 4500. doi：10.1038/ncomms 5500, 2014.

[44] David, L. A.et al.Diet rapidly and reproducibly alters the human gutmicrobiome.Nature 505, 559–563, 2014.

[45] Kajiura, T.et al.Change of intestinal microbiota with elemental diet and its impact on therapeutic effects in a murine model of chronic colitis. Dig Dis Sci 54, 1892–

1900, 2009.

[46] Atarashi, K.et al.Treg induction by a rationally selected mixture of *Clostridias* trains from the human microbiota. Nature 500, 232–236, 2013.

[47] Hopkins, M. J., Sharp, R. & Macfarlane, G. T.Age and disease related changes in intestinal bacterial populations assessed by cellculture, 16S rRNA abundance, and community cellular fattyacid profiles. Gut 48, 198-205, 2001.

[48] Bahrndorff, S., Alemu, T., Alemneh, T. &Nielsen, J. L. The Microbiome of Animals : Implications for Conservation Biology. Int J Genomics, doi : 10.1155/2016/5304028, 2016.

[49] Rosenfeld, J. S. 2002. Functional redundancy in ecology and conservation.Oikos 98, 156, 2002.

[50] Costello, E. K., Stagaman, K., Dethlefsen, L., Bohannan, B. J. &Relman, D. A. The application of ecological theory toward an understanding of the human microbiome.Science 336, 1255–1262, 2012.

[51] Macpherson, A. J., McCoy, K. D., Johansen, F. E. & Brandtzaeg, P. The immune geography of IgA induction and function.Mucosal Immunol1, 11–22, 2008.

[52] Neish, A. S. Microbes in gastrointestinal health and disease. Gastroenterol 136, 65–80, 2009.

[53] Messaoudi, M. et al.Assessment of psychotropic-like properties of a probiotic fomulation (*Lactobacillus helveticus* R0052 and *Bifidobacterium longum* R0175) in rats and human subjects.Br J Nutr105, 755–764, 2011.

[54] Kurokawa, K. et al. Comparative metagenomics revealed commonly enriched gene sets in human gut microbiomes. DNA Res 14, 169–181, 2007.

[55] Koenig, J. E. et al. Succession of microbial consortia in the developing infant gut microbiome. PNAS 108 (Suppl 1), 4578–4585, 2011.

[56] Mariat, D. et al. The Firmicutes/Bacteroidetes ratio of the human microbiota changes with age. BMC Microbiol9, 123, 2009.

[57] Lovat, L. B. Age related changes in gut physiology and nutritional status.Gut 38, 306–309, 1996.

[58] Ochman, H. et al. Evolutionary Relationships of Wild Hominids Recapitulated by Gut Microbial Communities. PLoS Biol 8, e1000546.

[59] Van Tongeren, S. P., Slaets, J. P. J., Harmsen, H. J. M. & Welling, G. W. Fecal microbiota composition and frailty. Appl Environ Microbiol 71, 6438–6442, 2005.

[60] Biagi, E., et al. Through ageing, and beyond : gut microbiota and inflammatory status in seniors and centenarians.PLoS One5, e10667. doi : 10.1371/journal. pone.0010667, 2010.

[61] Claesson, M. J. et al. Gut microbiota composition correlates with diet and health in the elderly.Nature 488, 178–184, 2012.

[62] Lozupone, C. A. et al. Meta-analyses of studies of the human microbiota.Genome Res 23, 1704–1714, 2013.

[63] Langille, M. G.et al. Microbial shifts in the aging mouse gut. Microbiome 2, 50, 2014.

[64] Dominianni, C. et al. Sex, Body Mass Index, and Dietary Fiber Intake Influence the Human Gut Microbiome. PLoS One 10, e0124599. doi : 10.1371/journal.pone.0124599, 2015.

[65] Salonen, A., de Vos, W. M. & Palva, A. Gastrointestinal microbiota in irritable bowel syndrome : present stateand perspectives. Microbiology 156 (Pt 11), 3205–3215, 2010.

[66] Morgan, X. C. et al. Dysfunction of the intestinal microbiome in inflammatory bowel disease and treatment. Genome boil13, R79. doi : 10.1186/gb-2012-13-9-r79, 2012.

[67] Macfarlane, G. T. &Cummings, J. H. Probiotics and prebiotics : Can we benefit health through regulation of the activities of intestinal bacteria ? BMJ 318, 999–1003, 1999.

[68] Sharp, R., Zeimer, C. J., Stern, M. D. & Stahl, D. A. Taxon-specific associations between protozoal and methanogen populations in the rumen and a model rumen system.FEMS Microbiol Ecol26, 71–78, 1998.

[69] Gibson, G. R., Beatty, E. H., Wang, X. &Cummings, J. H. Selective stimulation of bifidobacteria in the human colon by oligofructose andinulin.Gastroenterology 108, 975–982, 1995.

[70] Gibson, G. R. & Roberfroid, M. B. Dietary modulation of the human colonic microbiota : introducing the concept of prebiotics.J Nutr125, 1401–1412, 1995.

[71] Sommer, F. et al. The Gut Microbiota Modulates Energy Metabolism in the Hibernating Brown Bear *Ursus arctos*. Cell Rep14, 1655–1661, 2016.

[72] Sonnenburg, J.L. et al. Glycan foraging in vivo by an intestine adapted bacterial symbiont. Science 307, 1955–1959, 2005.

[73] Flores, R. et al. Fecal microbial determinants of fecal and systemic estrogens and estrogen metabolites : a cross-

[74] McKenna, P. et al. The macaque gut microbiome in health, lentiviral infection, and chronic enterocolitis. PLoS Pathog 4, e20, 2008.

[75] Kovacs, A. et al. Genotype is a stronger determinant than sex of the mouse gut microbiota. Microb Ecol 61, 423–428, 2011.

[76] Knights, D., Parfrey, L. W., Zaneveld, J., Lozupone, C. & Knight, R. Human-associated microbial signatures: examining their predictive value. Cell Host Microbe 10, 292–296, 2011.

[77] Costello, E. K. et al. Bacterial community variation in human body habitats across space and time. Science 326, 1694–1697, 2009.

[78] Edwards, S. M. et al. The Maternal Gut Microbiome During Pregnancy. MCN Am J Matern Child Nurs 42, 310–317, 2017.

[79] Shannon, C. E. & Weaver, W. The mathematical theory of communication. Urbana: University of Illinois Press, 1949.

[80] Kong, F. et al. Characterization of the Gut Microbiota in the Red Panda (*Ailurus fulgens*). PLoS one 9, e87885. doi: 10.1371/journal.pone.0087885, 2014.

[81] Kelly, B. J. et al. Power and sample-size estimation for microbiome studies using pair wise distances and PERMANOVA. Bioinformatics 31, 2461-2468, 2015.

[82] Langille, M. G. et al. Predictive functional profiling of microbial communities using 16S rRNA marker gene sequences. Nat Biotechnol 31, 814-821, 2013.

基于层次分析法的114种野生花卉资源评价[①]

北京市植物园，北京市花卉园艺工程技术研究中心，城乡生态环境北京实验室 / 刘东焕　张蒙蒙　李雯琪　赵世伟　王雪芹

摘　要：以2019北京世园会为契机，针对延庆的气候特征，为筛选适宜于世园会期间的春花、夏花和秋花植物，本研究筛选观赏性、抗冻性、耐热性、耐涝性等8个性状指标，采用层次分析法对114种野生花卉进行综合评价。从中优选出华北耧斗菜、紫花耧斗菜、山罂粟、金莲花、雾灵香花芥等79种优良野生花卉，可用于2019北京世园会布展中。在引种栽培的基础上筛选优良资源是野生花卉资源开发利用的有效途径；层次分析法是筛选优良野生花卉资源的有效方法。

关键词：野生花卉；层次分析法；综合评价；2019北京世园会

　　2019年中国北京世界园艺博览会（以下简称2019北京世园会）是全世界范围内最高级别的A1类世界园艺博览会，植物无疑将成为本次博览会上的主角。中国是世界园林之母，拥有31000多种高等植物。如何展示中国植物的特色及中国园艺的水平成为本次博览会重要的任务。野生花卉是指现在仍在原产地处于天然自生状态的观赏植物，是地方天然风景和植被的重要组成部分（陈俊愉，1996）。2019北京世园会将成为我国野生花卉资源开发和利用的重要契机，筛选出优良的野生花卉资源并应用于世园会中，将有助于展示中国植物特色和中国园艺水平，也为我国野生花卉资源的开发利用提供参考。

　　针对我国丰富的野生花卉资源，前人在三北地区（李云侠和昝少平，2002）、祁连山（杨逍虎 等，2017）、陕西（周家琪 等，1982；赵祥云 等，1990）、秦巴地区（袁力 等，1992）、西藏（徐凤翔和郑维列，1999）、新疆（王磊，2000）等几乎全国各地开展了大量的资源调查工作，发现了大量珍稀特有植物。面对如此众多的野生花卉资源，在开发和利用时要适地选种、有轻重缓急。如何筛选出适宜且优良的野生花卉资源非常重要。层次分析法是合理筛选野生花卉资源的优良方法。何丽娜等（2018）采用层次分析法对北京地区的野生花卉资源进行了综合评价，并筛选出9种开发利用价值很高的野生花卉。刘焕楚等（2019）采用层次分析法从200种野生花卉资源中筛选出20种在东北地区综合利用价值较高的野生草本花卉。王月清等（2013）采用层次分析法从秦巴地区21种野生草本花卉中筛选出1个观赏价值高的种类。这些研究均在野生花卉的原生境进行观测记录，并未进行引种栽培，实际利用价值有限。

　　本研究在对全国多个地区进行野生花卉资源调查和引种的基础上，初选出114个野生花卉资源在延庆地区进行中试试验，采用层次分析法进行综合评价，以期从中筛选出适宜2019北京世园会布展使用的野生花卉资源，并应用到实际布展中，充分展示我国植物的特色和

[①] 北京市科委课题（D161100001916001）。北京市公园管理中心2019年科技进步一等奖。

园艺水平。

1 材料与方法

1.1 试验材料

试验在2019北京世园会的举办地延庆进行。前期从北京周边地区、河北、新疆、内蒙古、陕西、甘肃、山西、青海、贵州、西藏、四川、上海、云南、浙江、江苏等35处开展了调查和引种工作。从引种成功的野生花卉资源中筛选出繁殖容易、苗期表现优良的114种野生花卉在延庆地区进行中试试验，并进行观测记录。

1.2 性状筛选与评分标准

为满足2019北京世园会多季用花的需求，结合延庆地区冬季和春季风大、气温低，夏秋季节凉爽、昼夜温差大，季节变化较北京城市及周边推迟2～3周的特点，以抗冻性强、夏季耐热和抗涝性强、观赏性状优良为主要筛选目标，选取株型、花色、花量、花期长短、抗倒伏性、抗冻性、耐热性和抗涝性等8个性状作为测试指标，在制定评分标准的基础上（表1），对上述指标进行观测和记录。

114种野生花卉评价指标的评分标准　　　表1

编号	性状名称	分值				
		15分	12分	9分	6分	3分
P1	株型	好	较好	中等	较差	差
P2	花色	蓝、绿	红、紫	黄	橙、粉	白
P3	花量	多	较多	中等	较少	少
P4	花期长短	90天以上	60～90天	30～60天	15～30天	少于15天
P5	抗倒伏性	强	较强	中等	较弱	弱
P6	抗冻性	强	较强	中等	较弱	弱
P7	耐热性	强	较强	中等	较弱	弱
P8	抗涝性	强	较强	中等	较弱	弱

1.3 层次分析法进行综合评价

1.3.1 构建分层结构模型

根据8个性状间的相互关系构建多层次分析模型（表2）。目标层A：抗性强、观赏效果优良的野生花卉资源；约束层C：制约野生花卉应用价值的2个主要因素：重要观赏性状性和抗性相关性状；指标层P：包括8个具体的性状指标。

野生花卉资源8个评价因子的分层结构模型　　表2

目标层A	约束层C	指标层P
抗性强、观赏效果优良的野生花卉资源	C1 重要观赏性状	P1 株型，P2 花色，P3 花量，P4 花期长短
	C2 抗性相关性状	P5 抗倒伏性，P6 抗冻性，P7 耐热性，P8 抗涝性

1.3.2 判断矩阵的构造及一致性检验

根据T.L.Saaty1-9比率标度法（表3），通过对同级相关因素的两两比较，构造出 $A-Ci$、$C1-Pi$ 和 $C2-Pi$ 3个矩阵（表4）。并通过一致性检验来保证结果的合理性。构建的判断矩阵随机一致性比率（$C.R.$）均小于0.10，表明所有矩阵都具有满意的一致性，层次总排序也具有满意的一致性。由判断矩阵计算出各因素的权重值。

Saaty1-9比率标度法　　　表3

标度	含义
1	表示两个指标具有同样的重要性
3	表示一个指标比另一个指标稍微重要
5	表示一个指标比另一个指标明显重要
7	表示一个指标比另一个指标强烈重要
9	表示一个指标比另一个指标极端重要
2, 4, 6, 8	各为上述两相邻判断的中值
标度的倒数	如果指标i与j比较得b_{ij}，则j与指标i比较得$1/b_{ij}$

判断矩阵及一致性检验　　　表4

$A-Ci$

A	C1	C2	权重W_i
C1	1	1/5	0.1667
C2	5	1	0.8333

$\lambda_{max}=2.00$, $C.I.=0.00$, $R.I.=0.00$, $C.R.=0.00<0.10$

C1-Pi

C1	P1	P2	P3	P4	权重W_i
P1	1	1/5	1/5	1/7	0.0479
P2	5	1	1/5	1/5	0.1166
P3	5	5	1	3	0.5132
P4	7	5	1/3	1	0.3223

λ_{max}=4.19, *C.I.*=0.06, *R.I.*=0.90, *C.R.*=0.07 < 0.10

C2-Pi

C2	P5	P6	P7	P8	权重W_i
P5	1	1/7	1/5	1/5	0.0459
P6	7	1	5	5	0.6074
P7	5	1/5	1	1/3	0.1269
P8	5	1/5	3	1	0.2198

λ_{max}=4.16, *C.I.*=0.05, *R.I.*=0.90, *C.R.*=0.06 < 0.10

2 结果与分析

2.1 各评价因子的权重排序

根据 *A-Ci* 和 *Ci-Pi* 所得的权重值，计算指标层 P 相对于目标层 A 的权重值，对权重值进行排序，结果见表 5。在 A-C 层的权重中，抗性相关性状的权重值要大于重要观赏性状的权重值。表明筛选的主要目标是抗性强，其次为观赏性状优良。抗性相关性状的各个具体评价因子的权重大小排序为：抗冻性、抗涝性、耐热性和抗倒伏性，表明抗冻性是筛选的主要的目标。在重要观赏性状评价因子中，花量的权重值最大，其次为花期长短、花色和株型。

指标层 P 对目标层 A 的权重值　　表 5

层次 C 对层次 A 的权重（A-Ci）		层次 P 对层次 C 的权重（C-Pi）		层次 P 对层次 A 的权重（C-Ai）	排序
C1	0.1667	P1	0.0479	0.0080	8
		P2	0.1166	0.0194	7
		P3	0.5132	0.0856	5
		P4	0.3223	0.0537	6
C2	0.8333	P5	0.0459	0.0987	4
		P6	0.6074	0.5061	1
		P7	0.1269	0.1057	3
		P8	0.2198	0.1832	2

2.2 114 个野生花卉资源的综合评价

按评分标准，对 114 个野生花卉资源逐项打分，然后用各项因子的权重值加权计算，即得到每个候选资源的综合评价分值，对综合得分由高到低进行排序，结果见表 6。综合评分越高，表明该种越优良，越适宜用于 2019 北京世园会的布展。

114 个野生花卉资源的综合评分结果　　表 6

序号	植物名称	株型	花期长短	花色	花量	抗冻性	耐热性	抗涝性	抗倒伏性	综合评分
1	千屈菜	0.096	0.2328	1.284	0.8055	1.4805	7.5915	1.5855	2.748	15.8238
2	并头黄芩	0.096	0.291	1.0272	0.6444	1.4805	7.5915	1.5855	2.748	15.4641
3	剪秋萝	0.096	0.2328	0.7704	0.8055	1.4805	7.5915	1.5855	2.748	15.3102
4	丹参	0.096	0.291	1.0272	0.4833	1.4805	7.5915	1.5855	2.748	15.303
5	山韭	0.096	0.2328	1.0272	0.4833	1.4805	7.5915	1.5855	2.748	15.2448
6	甘菊	0.072	0.2328	1.0272	0.4833	1.4805	7.5915	1.5855	2.748	15.2208
7	华北蓝盆花	0.096	0.2328	1.284	0.4833	1.4805	7.5915	1.2684	2.748	15.1845
8	益母草	0.072	0.1164	0.7704	0.8055	1.4805	7.5915	1.5855	2.748	15.1698
9	黄芩	0.096	0.291	1.0272	0.6444	1.1844	7.5915	1.5855	2.748	15.168
10	黄花铁线莲	0.072	0.1746	1.0272	0.4833	1.4805	7.5915	1.5855	2.748	15.1626
11	毛茛	0.072	0.1746	1.0272	0.4833	1.4805	7.5915	1.5855	2.748	15.1626
12	大花铁线莲	0.096	0.1746	1.284	0.4833	1.1844	7.5915	1.5855	2.748	15.1473
13	裂叶马兰	0.072	0.2328	1.0272	0.6444	1.1844	7.5915	1.5855	2.748	15.0858
14	华北楼斗菜	0.096	0.2328	1.0272	0.3222	1.4805	7.5915	1.5855	2.748	15.0837
15	东北铁线莲	0.096	0.0582	1.0272	0.4833	1.4805	7.5915	1.5855	2.748	15.0702
16	地榆	0.072	0.2328	1.0272	0.3222	1.4805	7.5915	1.5855	2.748	15.0597
17	菊芋	0.096	0.1746	1.284	0.6444	0.8883	7.5915	1.5855	2.748	15.0123
18	达乌里龙胆	0.096	0.291	1.0272	0.4833	1.1844	7.5915	1.5855	2.748	15.0069
19	苦马豆	0.096	0.2328	0.7704	0.4833	1.4805	7.5915	1.5855	2.748	14.988

续表

序号	植物名称	株型	花期长短	花色	花量	抗冻性	耐热性	抗涝性	抗倒伏性	综合评分
20	糖芥	0.096	0.1746	1.284	0.6444	1.4805	7.5915	0.9513	2.748	14.9703
21	耧斗菜	0.096	0.1164	1.0272	0.3222	1.4805	7.5915	1.5855	2.748	14.9673
22	大花桔梗	0.072	0.291	1.284	0.4833	0.8883	7.5915	1.5855	2.748	14.9436
23	大苞萱草	0.096	0.1746	0.7704	0.4833	1.4805	7.5915	1.5855	2.748	14.9298
24	大叶铁线莲	0.096	0.291	1.284	0.1611	1.4805	7.5915	1.2684	2.748	14.9205
25	长尾婆婆纳	0.096	0.291	0.7704	0.6444	1.1844	7.5915	1.5855	2.748	14.9112
26	二裂委陵菜	0.072	0.1746	0.7704	0.4833	1.4805	7.5915	1.5855	2.748	14.9058
27	黄花菜	0.072	0.1746	0.7704	0.4833	1.4805	7.5915	1.5855	2.748	14.9058
28	匍枝委陵菜	0.072	0.1746	0.7704	0.4833	1.4805	7.5915	1.5855	2.748	14.9058
29	小黄花菜	0.072	0.1746	0.7704	0.4833	1.4805	7.5915	1.5855	2.748	14.9058
30	重瓣萱草	0.072	0.1746	0.7704	0.4833	1.4805	7.5915	1.5855	2.748	14.9058
31	风毛菊	0.072	0.2328	1.284	0.4833	0.8883	7.5915	1.5855	2.748	14.8854
32	多裂叶荆芥	0.048	0.291	0.7704	0.3222	1.4805	7.5915	1.5855	2.748	14.8371
33	黄花乌头	0.072	0.1746	1.284	0.4833	1.4805	7.5915	0.9513	2.748	14.7852
34	莓叶委陵菜	0.096	0.1746	0.7704	0.3222	1.4805	7.5915	1.5855	2.748	14.7687
35	翻白委陵菜	0.072	0.1746	0.7704	0.3222	1.4805	7.5915	1.5855	2.748	14.7447
36	路边青	0.12	0.1746	0.5136	0.8055	1.4805	7.5915	1.2684	2.748	14.7021
37	毛蕊老鹳草	0.096	0.2328	0.7704	0.4833	1.1844	7.5915	1.5855	2.748	14.6919
38	龙牙草	0.12	0.1746	1.0272	0.8055	1.1844	7.5915	1.5855	2.1984	14.6871
39	大火草	0.096	0.1164	0.2568	0.8055	1.4805	7.5915	1.5855	2.748	14.6802
40	玉竹	0.12	0.0582	0.7704	0.3222	1.4805	7.5915	1.5855	2.748	14.6763
41	华北香薷	0.12	0.2328	0.2568	0.6444	1.4805	7.5915	1.5855	2.748	14.6595
42	串铃草	0.096	0.2328	1.0272	0.4833	0.8883	7.5915	1.5855	2.748	14.6526
43	紫斑风铃草	0.072	0.1746	1.284	0.3222	1.4805	7.5915	0.9513	2.748	14.6241
44	山柳菊	0.072	0.1746	0.7704	0.4833	1.1844	7.5915	1.5855	2.748	14.6097
45	金莲花	0.12	0.1746	1.0272	0.4833	1.4805	7.5915	0.9513	2.748	14.5764
46	紫花耧斗菜	0.096	0.2328	0.5136	0.3222	1.4805	7.5915	1.5855	2.748	14.5701
47	大花剪秋萝	0.096	0.1746	1.0272	0.1611	1.4805	7.5915	1.2684	2.748	14.5473
48	林荫千里光	0.072	0.1746	1.0272	0.4833	1.4805	7.5915	0.9513	2.748	14.5284
49	粗根老鹳草	0.096	0.2328	0.2568	0.8055	1.4805	7.5915	1.2684	2.748	14.4795
50	山鸢尾	0.072	0.291	0.7704	0.4833	1.4805	7.5915	1.5855	2.1984	14.4726
51	草地老鹳草	0.096	0.1164	0.5136	0.6444	1.4805	7.5915	1.2684	2.748	14.4588
52	藿香	0.072	0.2328	0.2568	0.4833	1.4805	7.5915	1.5855	2.748	14.4504
53	轮叶婆婆纳	0.096	0.291	0.7704	0.4833	1.1844	7.5915	1.2684	2.748	14.433
54	烟管头	0.096	0.1746	0.2568	0.4833	1.4805	7.5915	1.5855	2.748	14.4162
55	缬草	0.096	0.0582	1.284	0.6444	1.4805	7.5915	1.5855	1.6488	14.3889
56	石竹	0.096	0.1164	1.284	0.4833	1.4805	7.5915	1.5855	1.6488	14.286
57	薄叶驴蹄草	0.12	0.1746	1.0272	0.4833	1.4805	7.5915	0.6342	2.748	14.2593
58	展枝唐松草	0.096	0.1746	0.2568	0.3222	1.4805	7.5915	1.5855	2.748	14.2551
59	落新妇	0.096	0.1164	0.7704	0.4833	1.4805	7.5915	0.9513	2.748	14.2374
60	鹅绒委陵菜	0.096	0.1746	0.7704	0.6444	1.4805	7.5915	1.2684	2.1984	14.2242
61	霞红灯台报春	0.12	0.2328	0.7704	0.3222	1.4805	7.5915	0.9513	2.748	14.2167
62	铃兰	0.096	0.0582	0.7704	0.4833	1.4805	7.5915	0.9513	2.748	14.1792
63	牛扁	0.072	0.1746	0.5136	0.4833	0.8883	7.5915	1.5855	2.748	14.0568
64	狭苞橐吾	0.096	0.1746	0.7704	0.4833	1.1844	7.5915	0.9513	2.748	13.9995

续表

序号	植物名称	株型	花期长短	花色	花量	抗冻性	耐热性	抗涝性	抗倒伏性	综合评分
65	短尾铁线莲	0.072	0.0582	0.2568	0.4833	1.1844	7.5915	1.5855	2.748	13.9797
66	岩青兰	0.096	0.291	0.7704	0.4833	1.4805	7.5915	1.5855	1.6488	13.947
67	狭叶黄芩	0.096	0.291	1.0272	0.6444	1.4805	6.0732	1.5855	2.748	13.9458
68	祁州漏芦	0.072	0.2328	1.284	0.3222	1.1844	7.5915	1.5855	1.6488	13.9212
69	雾灵香花芥	0.12	0.1164	1.284	0.4833	1.4805	6.0732	1.5855	2.748	13.8909
70	兴安升麻	0.096	0.0582	0.7704	0.4833	1.1844	7.5915	0.9513	2.748	13.8831
71	蓝花棘豆	0.072	0.291	0.7704	0.4833	1.1844	7.5915	1.2684	2.1984	13.8594
72	多花麻花头	0.072	0.291	1.0272	0.4833	0.5922	7.5915	1.5855	2.1984	13.8411
73	烟管蓟	0.096	0.2328	1.0272	0.4833	0.5922	7.5915	1.5855	2.1984	13.8069
74	喜盐鸢尾	0.072	0.1746	0.7704	0.4833	1.4805	7.5915	1.5855	1.6488	13.8066
75	轮叶沙参	0.072	0.2328	0.7704	0.4833	0.2961	7.5915	1.5855	2.748	13.7796
76	溪荪	0.096	0.291	0.7704	0.4833	1.4805	7.5915	1.2684	1.6488	13.6299
77	蓝蝴蝶	0.096	0.291	1.0272	0.4833	1.4805	7.5915	0.9513	1.6488	13.5696
78	细叶鸢尾	0.096	0.291	1.0272	0.4833	1.4805	7.5915	0.9513	1.6488	13.5696
79	野罂粟	0.12	0.1746	1.0272	0.4833	1.4805	7.5915	1.5855	1.0992	13.5618
80	地蔷薇	0.024	0.2328	0.7704	0.1611	1.4805	7.5915	1.5855	1.6488	13.4946
81	秃疮花	0.072	0.1746	1.0272	0.4833	0.8883	7.5915	1.5855	1.6488	13.4712
82	翠雀	0.072	0.291	0.7704	0.6444	1.1844	7.5915	1.2684	1.6488	13.4709
83	报春花	0.096	0.1164	0.7704	0.8055	1.4805	7.5915	0.9513	1.6488	13.4604
84	瞿麦	0.096	0.1164	0.7704	0.4833	1.4805	7.5915	1.2684	1.6488	13.4553
85	块根糙苏	0.096	0.2328	0.7704	0.3222	1.1844	7.5915	1.5855	1.6488	13.4316
86	粉被灯台报春	0.096	0.2328	0.7704	0.6444	1.4805	7.5915	0.9513	1.6488	13.4157
87	薯草	0.072	0.1746	0.2568	0.6444	0.8883	7.5915	1.5855	2.1984	13.4115
88	叉分蓼	0.096	0.2328	1.284	0.4833	0.8883	6.0732	1.5855	2.748	13.3911
89	白蝴蝶花	0.096	0.0582	1.0272	0.4833	1.4805	7.5915	0.9513	1.6488	13.3368
90	香青兰	0.072	0.291	1.284	0.6444	1.4805	6.0732	1.2684	2.1984	13.3119
91	菊叶委陵菜	0.072	0.1746	0.2568	0.8055	1.4805	7.5915	1.2684	1.6488	13.2981
92	单花鸢尾	0.072	0.291	0.7704	0.4833	1.4805	7.5915	0.9513	1.6488	13.2888
93	球花报春	0.12	0.2328	0.7704	0.4833	1.4805	7.5915	0.9513	1.6488	13.2786
94	柳兰	0.072	0.2328	1.0272	0.4833	0.5922	7.5915	1.5855	1.6488	13.2333
95	二色补血草	0.096	0.1746	1.284	0.4833	0.8883	7.5915	1.5855	1.0992	13.2024
96	兴安石竹	0.096	0.2328	0	0.8055	1.1844	7.5915	1.5855	1.6488	13.1445
97	大齿黄芩	0.096	0.2328	0.7704	0.6444	1.4805	6.0732	1.5855	2.1984	13.0812
98	零零香青	0.096	0.1746	0.7704	0.4833	1.4805	7.5915	1.2684	1.0992	12.9639
99	瓣蕊唐松草	0.096	0.0582	1.284	0.4833	1.4805	6.0732	1.2684	2.1984	12.942
100	红旱莲	0.096	0.1746	0.7704	0.4833	1.4805	6.0732	1.5855	2.1984	12.8619
101	白鲜	0.096	0.1164	0.7704	0.1611	1.4805	7.5915	0.9513	1.6488	12.816
102	败酱	0.072	0.1746	1.284	0.6444	0.8883	6.0732	1.2684	2.1984	12.6033
103	草芍药	0.096	0.2328	0.5136	0.1611	1.4805	6.0732	1.2684	2.748	12.5736
104	粘毛黄芩	0.096	0.1746	0.7704	0.4833	1.4805	6.0732	1.2684	2.1984	12.5448
105	射干	0.072	0.2328	0.7704	0.3222	0.8883	7.5915	0.9513	1.6488	12.4773
106	白头翁	0.12	0.2328	1.0272	0.4833	1.4805	7.5915	0.9513	0.5496	12.4362
107	山荷叶	0.072	0.1746	0.5136	0.4833	1.1844	6.0732	0.9513	2.748	12.2004
108	尖齿糙苏	0.096	0.1164	0.7704	0.6444	1.1844	6.0732	1.5855	1.6488	12.1191
109	白花马蔺	0.096	0.0582	1.0272	0.6444	1.4805	6.0732	0.9513	1.6488	11.9796

续表

序号	植物名称	株型	花期长短	花色	花量	抗冻性	耐热性	抗涝性	抗倒伏性	综合评分
110	珠果黄堇	0.096	0.1746	1.284	0.4833	1.4805	7.5915	0.3171	0.5496	11.9766
111	渐光齿叶糙苏	0.096	0.1164	0.7704	0.3222	1.1844	6.0732	1.5855	1.6488	11.7969
112	草原糙苏	0.096	0.2328	0.7704	0.4833	0.8883	6.0732	1.5855	1.6488	11.7783
113	白玉簪	0.096	0.0582	0.7704	0.3222	1.4805	1.5183	0.3171	2.748	7.3107
114	荷青花	0.072	0.1746	0.7704	0.4833	1.1844	1.5183	0.3171	2.748	7.2681

2.3 优选优良野生花卉资源

根据综合评价结果（表6），将114个野生花卉资源划分等级（表7），筛选出符合主要目标的优良野生花卉资源。

第一等级包括79个野生花卉资源，其春季抗冻性强，夏季耐热、抗涝，花量大，花期长，可满足2019北京世园会花展布置的需求，其中26种花卉见下图（图1）。

114个野生花卉资源等级划分表　　　　表7

等级	分值	数量	植物名称
I	>13.5	79	千屈菜、并头黄芩、剪秋萝、丹参、山韭、甘菊、华北蓝盆花、益母草、黄芩、黄花铁线莲、毛茛、大花铁线莲、裂叶马兰、华北耧斗菜、东北铁线莲、地榆、菊芋、达乌里龙胆、苦马豆、糖芥、耧斗菜、大花桔梗、大苞萱草、大叶铁线莲、长尾婆婆纳、二裂委陵菜、黄花菜、匍枝委陵菜、小黄花菜、重瓣萱草、风毛菊、郁香忍冬、多裂叶荆芥、黄花乌头、莓叶委陵菜、翻白委陵菜、路边青、毛蕊老鹳草、龙牙草、大火草、玉竹、华北香薷、串铃草、紫斑风铃草、山柳菊、金莲花、紫花耧斗菜、大花剪秋萝、林荫千里光、粗根老鹳草、山鸢尾、草地老鹳草、藿香、轮叶婆婆纳、烟管头、缬草、石竹、薄叶马蹄草、展枝唐松草、落新妇、鹅绒委陵菜、霞红灯台报春、铃兰、牛扁、狭苞橐吾、短尾铁线莲、岩青兰、狭叶黄芩、祁州漏芦、雾灵香花芥、兴安升麻、蓝花棘豆、多花麻花头、烟管蓟、喜盐鸢尾、轮叶沙参、溪苏、蓝蝴蝶、细叶鸢尾、野罂粟
II	13.0～13.5	18	地蔷薇、秃疮花、翠雀、报春花、瞿麦、块根糙苏、粉背灯台报春、蓍草、叉分蓼、白蝴蝶花、香青兰、菊叶委陵菜、单花鸢尾、球花报春、柳兰、二色补血草、兴安石竹、大齿黄芩
III	<13.0	17	铃铃香青、瓣蕊唐松草、红旱莲、白鲜、败酱、草芍药、粘毛黄芩、射干、白头翁、山荷叶、尖齿糙苏、白花马蔺、珠果黄堇、渐光齿叶糙苏、草原糙苏、白玉簪、荷青花

图1　26种优良野生花卉资源展示

1—达乌里龙胆；2—大花桔梗；3—大叶铁线莲；4—小黄花菜；5—翻白草；6—路边青；7—龙牙草；8—毛蕊老鹳草；9—紫斑风铃草；10—玉竹；11—华北香薷；12—东北铁线莲；3—剪秋萝；14—林荫千里光；15—草地老鹳草；16—粗根老鹳草；17—霞红灯台报春；18—短尾铁线莲；19—细叶黄乌头；20—山鸢尾；21—鹅绒委陵菜；22—铃兰；23—轮叶沙参；24—蓝花棘豆；25—野罂粟；26—溪苏

第二等级包括18个野生花卉资源,其中多数种(品种)的春季抗冻性强,但部分抗性不强,或花量较小,或花期较短。

第三等级包括17个野生花卉资源,其春季抗冻性差,夏季抗热、抗涝及抗倒伏能力差,观赏性状差。

3 讨论

本研究在引种栽培的基础上,采用层次分析法从114种野生花卉资源中筛选出79种优良资源,适宜用于2019北京世园会布展。与前人研究相比,本研究在展览地进行引种栽培,筛选出的资源更能适应展览环境,应用效果更好。层次分析法是一种定性和定量相结合、系统化层次化的分析方法,将人的主观判断和定性分析用数量分析表述、转换和处理,可将复杂问题分解为多层次和多因素(Saaty,1990),便于权重的计算。基于层次分析法对114种野生花卉资源进行综合评价,有效地筛选出了符合目标的优良资源。

参考文献

[1] 周家琪,秦魁杰,吴涤新,等. 秦岭南坡火地塘等地区野生花卉和地被植物种质资源调查初报[J]. 北京林业大学学报,1982,(2):78–85.

[2] Saaty T L. How to Make a Decision:The Analytic Hierarchy Process[J]. European Journal of Operational Research, 1990, 48(1):9–26.

[3] 赵祥云,陈新露,王树栋. 太白山野生观赏植物资源研究初报[J]. 西北林学院学报,1990,5(4):38–41.

[4] 袁力,邢吉庆,庞长民,等. 秦巴山区野生观赏植物资源的调查开发和利用[J]. 园艺学报,1992,19(2):175–183.

[5] 陈俊愉. 中国农业百科全书. 观赏园艺卷[M]. 北京:农业出版社:1996:78–477.

[6] 徐凤翔,郑维列. 西藏野生花卉[M]. 北京:中国旅游出版社,1999.

[7] 何丽娜,邓建国,王琛,等. 基于AHP的北京地区野生花卉资源评价[J]. 贵州农业科学,2018,46(10):98–101.

[8] 王磊. 新疆野生花卉种质资源及其开发利用前景. 高俊平,姜伟贤. 中国花卉科技二十年. 北京:科学出版社:2000,66–87.

[9] 李云侠,昝少平. 三北野生花卉[M]. 东北林业大学出版社,2002.

[10] 王月清,张延龙,司国臣,等. 秦巴山区主要野生草本花卉资源调查及观赏性状评价[J]. 西北林学院学报,2013,28(5):66–70.

[11] 杨逍虎,颉芳芳,陈丽英,等. 祁连山野生花卉资源及开发利用[J]. 安徽农业科学,2017,45(3):190–192.

[12] 刘焕楚,何兴元,陈玮,等. 基于层次分析法的东北地区野生草本花卉综合评价[J]. 北方园艺,2019,(4):98–105.

单纯形法在圈养野生动物饲料配方优化设计中的应用[①]

北京动物园，圈养野生动物技术北京市重点实验室 / 刘 赫 王 冰

摘 要：为了优化设计饲料配方，探讨利用有限的原料合理优化圈养野生动物的饲料，实现野生动物饲料配方软件系统。采用线性规划中的单纯形法迭代运算求最优解的方法，通过编程实现单纯形法自动演算。单纯形法是线性规划和目标规划的主要数学模型，应用于优化饲料配方的设计。结果表明，通过单纯形法设计出基于MVC架构的饲料配方优化系统，用户可直接通过浏览器查询饲料，选择加入配方的原料，通过网络提交到服务器，服务器运算后返回给用户饲料配方结果，经过适当调整后自动保存至数据库。说明通过程序开发本研究实现了单纯形法在饲料配方优化系统中的应用，为核心算法升级改造预留了空间，同时为野生动物饲料管理提供了新的方法。

关键词：饲料配方优化；单纯形法；野生动物；线性规划

野生动物的食性纷繁复杂，营养需求也不尽相同。在圈养条件下，野生动物只能采用人类种植的植物和养殖的动物为饲料原料，而且这些饲料原料的种类和数量非常有限，受到地区和季节的影响很大[1-2]。饲料配方是营养的主要载体，也是饲养管理的核心。合理的饲料配方才能保证营养均衡，利于动物的健康发展。因此，如何利用有限的饲料原料配置合理的饲料配方是圈养野生动物饲养管理的关键。

野生动物的营养需求主要包括能量、粗蛋白质、粗纤维和粗脂肪等，每种动物根据食性不同，所需的饲养条件也相应不同。野生动物的饲料配方优化需要结合每种动物的营养需求以及当前可供的饲料原料，建立数学模型。在限定目标函数和多个营养成分指标的约束条件后，计算出适合规定营养成分的饲料配方，发现规定条件中的最优方案，节约饲料成本和消耗。因此，本研究旨在选择恰当的数学模型并将模型转化成应用程序，利用计算机将野生动物的饲料配方优化，在满足粗蛋白质、粗纤维等约束条件的情况下，实现单位配方饲料能量最大。

1 材料与方法

1.1 线性规划模型介绍

线性规划的数学模型有很多种形式，为了计算方便，需要将这些数学模型统一成标准型，如下：

[①] 北京市公园管理中心课题（ZX2017019）。北京市公园管理中心2019年科技进步一等奖。

目标函数：$\max z = \sum_{j=1}^{n} c_j x_j$

$$\sum_{j=1}^{n} a_{ij} x_j = b_i \quad i=1, 2\cdots m$$

$$x_j \geq 0, j=1, 2\cdots n$$

1.2 单纯形法求解

线性规划中的一个主要求解方法就是"单纯形法"（Simplex Method），是1947年美国Dantzig创立而来，也是目前饲料配方优化领域的一个重要方法[3]。使用单纯形法求解线性规划通常是建立单纯形表，在对单纯形表进行一系列的迭代运算求解，每迭代一步构造出一个新的单纯形表（表1）。

表1 单纯形表的应用

				$C_j \rightarrow$			$C_1 \cdots C_m$	$C_{m+1} \cdots C_n$		θ_i
C_B	X_B	b					$X_1 \cdots X_m$	$X_{m+1} \cdots X_n$		
C_1	X_1	b_1					$1 \cdots 0$	$a_{1,m+1} \cdots a_{1n}$		θ_1
C_2	X_2	b_2					$0 \cdots 0$	$a_{2,m+1} \cdots a_{2n}$		θ_i
.	.	.					.	.		.
.	.	.					.	.		.
C_m	X_m	b_m					$1 \cdots 0$	$a_{m,m+1} \cdots a_{mn}$		θ_m
$-Z$		$-\sum_{i=1}^{m} C_i b_i$					$0 \cdots 0$	$C_{m+1} - \sum_{i=1}^{m} C_i a_{i,m+1} \cdots C_n - \sum_{i=1}^{m} C_i a_{i,in}$		

X_B列中填入基变量，这里就是$x_1, x_2 \cdots x_m$。
C_B列中填入基变量的价值系数，这里是$c_1, c_2 \cdots c_m$；即：目标函数对应的系数。
B列中填入约束方程组右端的常数。
C_j行中填入基变量的价值系数$c_1, c_2 \cdots c_n$。既目标函数对应的系数。
θ_i列的数字是在确定换入变量后，按θ规则计算后填入。

1.3 系统架构设计

目前，流行的线性规划运算工具很多，例如：EXCEL、MATLAB等，其作为专用的数学工具功能虽然强大，但是系统集成度低，并非专门针对饲料管理设计。每次配制饲料都要在多种软件之间切换，使用非常不方便，而且数据直接地反复录入、复制也容易造成混乱。本文将线性规划引擎作为饲料管理信息系统的一个模块纳入信息系统中，使管理程序、数据库、算法引擎之间相互协作，提高系统的集成度，降低使用复杂度。

本饲料配方系统采用MVC架构，用户通过浏览器查询饲料原材料，选择出希望加入配方的原料后，通过网络提交到服务器，服务器运算后返回给用户饲料配方结果，经过适当调整后自动保存至数据库。操作始终在一个系统内完成，不需要其他软件辅助。应用系统运行环境为ASP.net 4.5，数据库采用SQLServer2012。如图1所示，MVC架构包括Model、View、Controller三部分组成，交互界面对应View，控制层对应Controller，业务层及线性规划计算引擎对应Model。MVC设计使每层之间都是松耦合的，界面的改变不会影响业务逻辑和算法引擎，而算法引擎的改变也不会影响界面的显示。

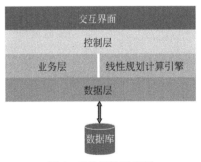

图1 系统架构示意图

1.4 核心算法设计

本系统中用单纯形法解决线性规划问题使用的是迭代运算求最优解，通过编程实现单纯形法自动演算。目前主要的计算方法有：大M法和两阶段法。其中两阶段法比较适合应用于计算机运算。第一阶段：不考虑原问题是否存在可行基；给原线性规划问题加入人工变量，并构造仅含人工变量的目标函数并要求实现最小化。然后用单纯形法求解。若值带入目标函数为0，说明有可行基，否则无可行解，停止运算。第二阶段：将第一阶段计算结果得到最终表，除去人工变量。将目标函数的系数换成原问题的目标函数系数，作为第二阶段的初始表，然后进行迭代运算。

核心算法采用面向对象编程，主要包含两个类，如图 2 所示。

（1）格式化类（FormatMatrix）：负责将用户录入的数据格式化成单纯形法迭代运算需要的数据格式。

（2）运算类（LinerProgramming）：负责对数据进行运算，最后返回结果。

面向对象的编程，封装了内部的运算逻辑，只暴露出用户必须使用的函数。这样的设计模式减少了程序代码之间的耦合，增强了代码的复用性。如果将来系统希望使用目标规划作为运行引擎，只要更改少量代码即可满足需求。

1.5 前端设计

前端设计采用 EasyUI 框架提供的组件，用户选择配方需要的饲料以及营养成分，然后点击"生成矩阵"，页面自动切换到矩阵编辑页面（图 3）。可以修改约束条件以及价值系数和目标函数系数，然后点击"计算"后将数据无刷新上传至服务，通过运算返回结果。首先根据需求添加所需计算的饲料；然后再添加所提供的营养成分条件，如蛋白质、脂肪、纤维素等，同时还需要添加保证尽可能多饲料的百分比条件。

2 结果

输入目标函数系数以及相应的约束条件参数后，输出结果满足约束条件以及目标函数最大化原则。以野生水禽的饲料配方设计为例，原料有鸡蛋、胡萝卜、油菜和颗粒料，要求能量最大，粗蛋白 10% 以上，粗脂肪 5% 以下，粗纤维 2% 以上。根据目标输入后，计算结果如表 2 所示：颗粒饲料占 61.4%，胡萝卜占 13.6%，鸡蛋占 10%，油菜占 5%。

再以圈养食草动物为例，原料有食草颗粒、干羊草、鲜苜蓿、胡萝卜，要求能量最大，粗蛋白 12% 以上，粗脂肪 3% 以下，粗纤维 30% 以上。根据目标输入后计算结果如表 3 所示。

3 讨论

目前饲料配方的优化和设计主要采用线性规划、目标

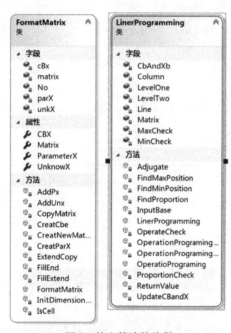

图 2　核心算法的编程

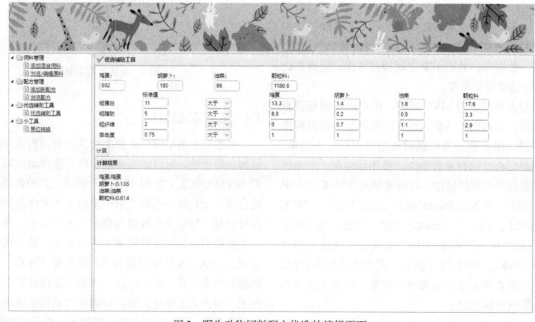

图 3　野生动物饲料配方优选的编辑页面

野生水禽饲料配方优化设计应用　　　　　　　　　　表2

组分	能量（kJ）	粗蛋白（%）	粗脂肪（%）	粗纤维（%）	优化结果（%）
优化营养目标	Max	11	5	2	100
鸡蛋	602	13.3	8.8	0	10
胡萝卜	180	1.4	0.2	0.7	13.6
油菜	96	1.8	0.5	1.1	5
水禽颗粒料	1180.8	17.6	3.3	2.9	61.4

野生食草动物饲料配方优化设计应用　　　　　　　　表3

组分	能量（kJ）	粗蛋白（%）	粗脂肪（%）	粗纤维（%）	优化结果（%）
优化营养目标	Max	12	2	20	100
食草颗粒料	1290.67	18.16	3.19	2.96	14.1
胡萝卜	180	1.4	0.2	0.7	5.5
干羊草	1670	12.67	2.99	33.7	15
青苜蓿	1640	14.3	2.1	29.8	65.4

规划和模糊线性规划三种方式，每种优化模型各有特点[4-8]。线性规划模型是最简单、最准确的方法，不会因为建模不当而导致不合理的配方[9]。目标规划是处理多个目标共存以及主目标与次目标共存时常用的数学模型。目标规划虽然貌似适合解决饲料配方这种多目标问题，但是目标规划中"权系数"选择的偏差会直接影响结果的有效性，而"权系数"选择没有标准的公式，需要经验积累，对于普通使用者来讲，这是有一定难度的。显然，目标规划并不适合作为饲料配方的最佳算法。根据需求，选择经典的线性规划数学模型是比较稳妥的方案。

通过线性规划中的单纯形法求解饲料配方，建模简便，适合计算机编程辅助运算，减少了人工盲目试算，提高了效率。然而，线性规划也有其自身的不足，线性规划只能有一个目标函数，而实际饲料配方中往往目标不止一个。饲料配方是一门经验性科学，有些配方是多年经验总结，无法完全通过模型进行配置，还需结合实际情况以及动物本身的状况综合考虑。而且，在数学建模中无法列出足够完备的约束方程，往往只要几种原材料就能满足约束条件，从而导致结果偏差，这显然违背了饲料配方多样性的原则。为了解决上述不足，可以在饲料配比中预留调整空间，进行人工干预，这个预留比例大约是15%，以便酌情添加其他原料。

4　结论

利用单纯形法解决线性规划问题是饲料配方优化应用中的主要方法，该方法建模简单、结果准确，是理想的应用模型。通过设定特殊的约束条件和目标函数，并利用经验积累可以模拟出目标规划的效果。由于本系统开发时考虑到数学模型需要不断优化和提升，在系统设计上尽量减少了程序间的耦合，这为今后饲料配方系统的升级打下了良好的基础也为饲料配方优化核心算法提供了依据。

参考文献

[1] SOEST P J V. Allometry and ecology of feeding behavior and digestive capacity in herbivores：A review[J]. Zoo Biology，1996，15（5）：455-479.

[2] 谢春雨. 圈养野生动物营养研究进展[J]. 野生动物学报，2011，32（6）：345-348.

[3] 林珂. 线性规划单纯形法优化饲粮配方运算法则的直观化解释[J]. 畜牧与兽医，2011（4）：5-8.

[4] 黄汉英，熊先安，魏明新. 模糊线性规划在优化饲料配方软件中的应用[J]. 农业工程学报，2000，16（3）：107-110.

[5] 张建平. 模糊线性规划及其在饲料配方上的应用[J]. 系统工程，1989（4）：64-72.

[6] 裴鑫德，熊易强. 饲料配方优化程序——修订单纯形法的应用[J]. 北京农业大学学报，1988，7（4）：452-456.

[7] 刘博，高艳霞，李建国，等. 奶牛饲料配方优化模型的研究[J]. 中国饲料，2009（21）：39-42.

[8] 刘婵娟，赵向辉，曹阳春，等. CPM-Dairy奶牛饲料配方软件简介及其应用[J]. 饲料工业，2014，35（17）．

[9] 熊易强. 饲料配方基础和关键点，兼议目标规划在饲料配方中的应用[J]. 饲料工业，2007，28（7）：1-6.

为害北京丁香的新害虫——丁香瘿蚊

北京市植物园 / 付怀军　周达康　李菁博　孟　昕　樊金龙

摘　要：在北京丁香叶片上发现了一种瘿蚊危害，为国内首次记录的丁香属（Syringa）植物新害虫。经鉴定为双翅目（Diptera）瘿蚊科（Cecidomyiidae）瘿蚊亚科（Cecidomyiinae）鳞翅瘿蚊超族（Lasiopteridi）的一新属新种[Pekinomyia syringae Jiao & Kolesik（gen. et sp.nov.）]，中文名称为丁香瘿蚊。2017年通过林间调查和室内观察，简单描述了丁香瘿蚊的形态特征，查明其为北京市植物园北京丁香的主要害虫，明确了各虫态发生盛期与北京丁香物候期的关系，3~4月和10月是丁香瘿蚊识别监测的重要时期。此外，调查鉴定了丁香瘿蚊的一种优势天敌，系青背姬小蜂属的寄生蜂。并提出综合治理建议。

关键词：北京丁香；丁香瘿蚊；发生与为害；寄生蜂

北京丁香（Syringa reticulata subsp. Pekinensis）是木樨科丁香属日本丁香（S. reticulata）的亚种，北京地区自然分布于门头沟、密云、怀柔、延庆等地的山区，多生于山坡杂木林或山沟谷中[1-2]。作为北京地区的乡土植物，因其开花繁盛，花香浓郁，抗逆性强，易于栽培管理，是常见的园林绿化树种之一。

北京市植物园于1953年在河北涿鹿县的西灵山采集北京丁香的种子，同年进行播种，将其中113株5年生苗于1958年定植在北京市植物园丁香园内[3]。2005年在这批北京丁香上发现一种为害叶片的瘿蚊，因其虫体微小且危害隐蔽，未引起重视。近年发现该虫危害日趋严重，受害叶片大量提前脱落，影响景观绿化效果。调查北京的中国科学院植物研究所北京植物园、香山公园、中国农业大学、北京林业大学等地，均发现该瘿蚊不同程度的为害。

关于丁香属植物害虫的研究较少，程红、吴红娟、祁润身、徐公天等报道了丁香天蛾（Psilogramma increta）、女贞尺蠖（Naxa seriaria）、女贞潜叶跳甲（Argopistes tsekooni）、黄环绢须野螟（Palpita annulata）、女贞饰棍蓟马（Dendrothrips ornatus）等昆虫为害丁香属植物[4-8]。目前尚未见瘿蚊为害丁香属植物的研究报道。2017年采集北京市植物园北京丁香上的瘿蚊，经天津农学院焦克龙博士等专家2年多的研究，鉴定为双翅目（Diptera）瘿蚊科（Cecidomyiidae）瘿蚊亚科（Cecidomyiinae）鳞翅瘿蚊超族（Lasiopteridi）的一新属新种，学名为 Pekinomyia syringae Jiao & Kolesik（gen. et sp.nov.），中文名称为丁香瘿蚊[9]。2017年通过室内观察和林间调查，对该瘿蚊的形态特征进

---

① 北京市植物园课题（BZ201701）。北京市公园管理中心2019年科技进步一等奖。

行观察描述，并调查其在北京市植物园丁香园北京丁香林内的为害情况，以便引起人们对北京丁香瘿蚊新害虫的重视，为该瘿蚊的识别监测和防治提供参考。

1 材料与方法

1.1 试验仪器及材料

超景深三维立体显微系统 KEYENCE Vhx-2000、体式显微镜 Olympus SZ61、雪花冰箱 BCD-206、40 目实验筛、解剖针、75% 酒精、5mL 指形管等。

1.2 试验样地及虫源

北京市植物园地处北京海淀区香山卧佛寺路，选择北京市植物园丁香园北京丁香林作为定期调查样地，采集样地内丁香瘿蚊成虫、卵、幼虫、茧、蛹和受害叶片作为虫源材料。

1.3 形态特征观察

采集林间瘿蚊各虫态和虫瘿叶片，通过室内显微观察，记录其形态特征，利用超景深三维立体显微系统进行拍照并测量大小。

1.4 发生为害调查

2017 年 3 月至 11 月每周 1～2 次调查北京丁香林地瘿蚊发生情况，并观察丁香瘿蚊的发生与北京丁香物候期的关系。

2017 年 10 月初采集北京丁香叶片，按林地东西南北中 5 个方位，每方位分上、中、下三层，每层随机采叶 10 片，将采集的 150 片叶放入冰箱冷藏保存后，陆续取出叶片，通过体式显微镜下剥叶检查并记录其中瘿蚊幼虫的数量。根据记录结果计算平均每叶片上瘿蚊幼虫的数量。丁香瘿蚊叶片受害程度分级标准：0 级，叶片无幼虫；1 级，叶片幼虫数 1～50 头；2 级，叶片幼虫数为 51～100 头；3 级，叶片幼虫数为 101～200 头；4 级，叶片幼虫数为 201 头以上。叶片受害指数计算公式：

$$叶片受害指数 = \frac{\sum(各级受害叶数 \times 相对级数值)}{调查总叶数 \times 最高分级数} \times 100\%^{[10-11]}$$

2017 年 10 月底树叶落光后收集林地落叶，调查落叶内的瘿蚊虫态及数量。11 月中旬采集林地土样，按东西南北中 5 个方位，每样方面积为 10cm×10cm，分三层收集土样（0～1cm、1～2cm、2～3cm），室内筛土调查越冬虫茧在各土层中的分布数量，明确其越冬场所；体式显微镜下剥茧调查越冬虫态。

2 结果与分析

2.1 形态特征

（1）成虫：体长 1～2mm，微小似蚊，体被稀疏黑褐色短毛。头扁圆，复眼发达，黑色，接眼式，下颚须 4 节，第一节短小。雌虫体长 1.3～2mm，触角 13 或 14 节，念珠状；雄虫体长 1.0～1.5mm，触角 15 或 16 节，哑铃状，明显长于雌虫触角；触角鞭节轮生感觉毛。胸部发达，黄褐色至黑褐色。前翅椭圆形，膜质透明，外缘和翅面有黑褐色细毛，有 3 条纵脉。后翅为平衡棒。足细长，跗节 5 节，第二跗节长于其他跗节，小爪黑褐色，爪垫略长于爪。腹部近纺锤形，腹节 9 节。雌虫腹部暗红色，末端 2 节淡黄色，产卵器管状短粗。雄虫腹部细长，淡黄褐色，第 9 腹节外生殖器为铗状抱握器，端节向内上弯曲（图 1）。

（2）卵：长卵形，表面光滑，长 110～155μm，初产时淡橘红色，后渐变为暗红色，尖端黑褐色。

（3）幼虫：无足型蛆状。末龄幼虫体乳白色，纺锤形，长 1.5～2mm，体 13 节，头部极小，前胸腹面有 1 个黄褐色 Y 形剑骨片，长 135～150μm（图 2、图 3）。

（4）茧：椭圆形，灰白色，长 0.9～2.5mm，宽 0.6～1.1mm（图 4）。

（5）蛹：椭圆形，裸蛹，长 0.9～2.3mm。头顶触角基部尖突。后蛹期头胸部为浅黄褐色，复眼、触角、翅芽和足黑色，腹部浅黄褐色或暗红色（图 5）。

2.2 发生为害情况

2.2.1 为害特点

丁香瘿蚊幼虫潜入叶肉后即固定吸食植物汁液，危害隐蔽。春夏季低龄幼虫期危害状不明显，秋季末龄幼虫刺激植物叶面组织，在受害处叶片正面逐渐形成直径 2～3mm 黄色圆形微肿起虫瘿，受害处叶背表皮浅黄绿色不增厚。虫量大时叶面黄色虫瘿连片，衰弱树叶面受害处仅变黄或变褐而无增厚肿起症状，严重影响植株光合作用，导致提前落叶，阻碍植物健康生长（图 6）。

2.2.2 受害程度

2017 年 10 月调查丁香园的 105 株北京丁香受害株率达 95%，林地抽样调查 150 片叶，叶片受害率为 99.4%，叶片受害指数为 59.5%（表 1）。其中 1～3 级受害叶片占 83.4%，以叶片幼虫数为 101～200 头的 3 级受害叶数量最多，占总调查叶片的 32%。林地内瘿蚊种群数量巨大，平均每叶有瘿蚊幼虫 118 头，单叶虫口密度最多达 460 头，严重时每平方厘米叶片幼虫数量可达 40 头，高密度的瘿蚊幼虫为害使叶片的上下表皮分离，虫室相通。10 月中下旬大量落叶，10 月底丁香园北京丁香林受害叶片基本落光，比正常北京丁香落叶期至少提前 7～10 天。调查结果表明，

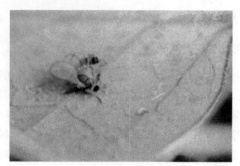

图 1　丁香瘿蚊成虫和卵

图 2　丁香瘿蚊老熟幼虫

图 3　丁香瘿蚊初脱落的老熟幼虫和蚂蚁

图 4　丁香瘿蚊茧及茧内的初蛹

图 5　丁香瘿蚊后蛹

图 6　丁香瘿蚊秋季叶面危害状

2017 年北京植物园丁香园北京丁香林瘿蚊危害情况　　　　表 1

受害程度等级	叶片数	占总调查叶数比率（%）	受害叶片数 × 相对级数
0	1	0.6	0
1	37	24.7	37
2	40	26.7	80
3	48	32	144
4	24	16	96
合计	150	100	357
叶片受害指数（%）	59.5		

丁香瘿蚊是北京市植物园北京丁香上的主要害虫。

2.2.3 越冬场所及越冬虫态

2017年10月底收集林地落叶，镜检发现叶背有大量老熟幼虫脱叶孔，孔口不规则形，叶内已无瘿蚊末龄幼虫。落叶内发现还有白色半透明的低龄幼虫，经室内培养次年化蛹并羽化出寄生蜂。结果表明，丁香瘿蚊老熟幼虫落地越冬而不在落叶组织内越冬，落叶中越冬的丁香瘿蚊低龄幼虫已经全部被寄生蜂寄生。

2017年11月中旬，调查丁香园丁香瘿蚊越冬茧在土层中的分布情况（表2），结果表明，在0～1cm的表土层越冬茧分布率达99.06%，1～2cm的土层越冬茧分布率为0.94%，而2～3cm的土层越冬虫茧为0；镜检剥开越冬茧确认丁香瘿蚊的越冬虫态为老熟幼虫。调查结果表明，丁香瘿蚊主要以老熟幼虫在树下0～1cm的表土层结茧越冬。

此外，调查发现丁香园北京丁香林内的丁香瘿蚊越冬幼虫虫茧密度为340头/100cm²，越冬虫口数量极大，应采取有效措施控制其为害。

2.2.4 丁香瘿蚊发生盛期与北京丁香物候期的关系

调查北京市植物园丁香瘿蚊1年发生1代，成虫产卵于嫩叶叶背，初孵幼虫从嫩叶叶背潜入组织中固定吸食汁液，可见丁香瘿蚊的一化性与北京丁香只在春季新梢新叶萌发一次的生长习性一致。

同期调查丁香瘿蚊各虫态发生盛期和北京丁香物候期（表3），表明二者一致性高，利于丁香瘿蚊发生为害。3月中旬北京丁香叶芽膨大期，瘿蚊越冬幼虫出现化蛹盛期。3月下旬，白天地面可见丁香瘿蚊成虫羽化活动，并有成虫飞至膨大的叶芽附近寻找合适的产卵位置。3月底至4月初北京丁香叶芽开放、初展叶时，与丁香瘿蚊成虫羽化、产卵盛期吻合，林间可见大量成虫飞行活动并在嫩叶上产卵。4月上中旬北京丁香的新梢和嫩叶快速伸长生长，此期也是丁香瘿蚊卵孵化盛期。4月下旬北京丁香花序散开花蕾初现，丁香瘿蚊初孵幼虫全部潜入叶肉内定居为害。4月至10月幼虫一直固定在叶片组织的虫室中生活，随着虫体的长大，9月叶面可见微小的黄色斑点，10月叶面黄色虫瘿显现。10月初老熟幼虫陆续咬破叶背表皮脱落入土结茧，10月中下旬北京丁香叶变色期前后，老熟幼虫脱叶结茧盛期。10月底老熟幼虫全部脱落结茧。11月上中旬北京丁香落叶期时，丁香瘿蚊老熟幼虫越冬。

2.2.5 青背姬小蜂属（*Chrysonotomyia* sp.）的寄生蜂

调查发现一种丁香瘿蚊低龄幼虫的内寄生蜂，经中国科学院动物研究所曹焕喜博士初步鉴定为膜翅目（Hymenoptera）姬小蜂科（Eulophidae）灿姬小蜂亚科（Entedontinae）青背姬小蜂属（*Chrysonotomyia*）的一种[12-13]，目前国内未见此蜂的研究报道。该寄生蜂成虫体长约1mm，体黄色，复眼红色，中胸背板金绿色具光泽，腹部有3条褐色横带（图7）。其幼虫发育在丁香瘿蚊低龄幼虫体内完成（图8），每只瘿蚊幼虫内寄生1头小蜂。小蜂在

2017年北京植物园丁香园丁香瘿蚊越冬茧在土层中的分布　　　　表2

方位	各土层中越冬虫茧数（头）		
	0～1cm	1～2cm	2～3cm
东	460	0	0
西	273	0	0
南	310	2	0
北	396	14	0
中	245	0	0
越冬茧数量（头）	1684	16	0
越冬茧分布率（%）	99.06	0.94	0

丁香瘿蚊各虫态发生盛期与北京丁香物候期的关系　　　　表3

时间	瘿蚊发育进度	北京丁香物候期
3月中旬	越冬幼虫化蛹盛期	叶芽膨大期
3月底至4月初	成虫羽化、产卵盛期	叶芽开放、展叶期
4月上中旬	卵孵化盛期	新梢、嫩叶伸展期
10月中下旬	老熟幼虫脱叶结茧盛期	叶变色期
11月上中旬	老熟幼虫越冬	落叶期

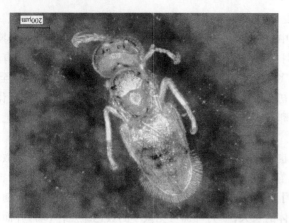

图7 青背姬小蜂（*Chrysonotomyia* sp.）成虫

图8 被寄生的越冬低龄幼虫

丁香瘿蚊低龄幼虫体内完成幼虫发育后，丁香瘿蚊幼虫即化为蜂蛹（图9），小蜂羽化后在叶背咬一直径0.2～0.3mm的圆孔爬出（图10）。该寄生蜂在秋季落叶中的瘿蚊低龄幼虫体内越冬，干枯的叶背可见直径0.6～0.8mm的圆形小凸起。初步调查可见秋季落叶中寄生蜂的种群数量很大，每叶几头至几十头数量不等，是丁香瘿蚊的优势天敌，在防治中应加以保护利用。

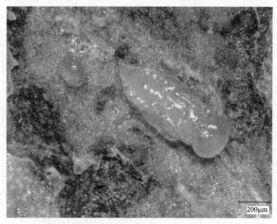

图9 青背姬小蜂（*Chrysonotomyia* sp.）蛹

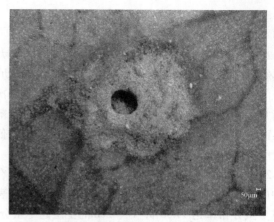

图10 青背姬小蜂（*Chrysonotomyia* sp.）羽化孔

3 小结与讨论

（1）2017年北京市植物园丁香园北京丁香林地受害株率达95%，丁香瘿蚊越冬幼虫密度为340头/100cm2，是北京丁香的主要害虫。丁香瘿蚊虫体微小，成虫期短，幼虫为害隐蔽。该瘿蚊林间发现和识别的关键时期有两个：一是3月下旬至4月上旬在地面检查成虫和树叶上检查成虫、卵；二是10月观察北京丁香叶面是否出现黄色微肿起虫瘿，查看林下地面是否有脱落的老熟幼虫。由调查结果可知，丁香瘿蚊庞大的种群数量会导致受害的北京丁香大量叶片提前脱落，影响景观绿化效果，特别是在城市种植北京丁香及其园艺品种'金园'北京丁香 *S. reticulata* subsp. *pekinensis* 'Jinyuan'[3] 的公园、庭院等绿地，应引起人们对丁香瘿蚊危害的认识，及早发现及时控制。

（2）根据丁香瘿蚊各虫态发育进度和北京丁香物候期之间关系的调查结果，明确3～4月是防治丁香瘿蚊的关键时期。建议治理丁香瘿蚊以"主治蛹期、成虫期、卵期，低龄幼虫期扫残，保护利用自然天敌"为防治策略。结合实际情况采取如下防治措施：①丁香瘿蚊化蛹盛期，林地进行浅翻覆土，破坏越冬虫茧的生存环境，抑制成虫羽化出土。②北京丁香叶芽开放和展叶初期，地面悬挂黄色粘虫板，监测诱杀丁香瘿蚊成虫。③成虫羽化产卵高峰期，采取地面和树上相结合，喷施15%阿维毒死蜱乳油2000倍液防治丁香瘿蚊的蛹、成虫和卵。④如果错过了前期的治理，可在丁香瘿蚊初孵幼虫期进行最后的喷药防治，即4月中旬树上喷施20%吡虫啉可溶液剂2000倍液防治初孵幼虫。⑤为了保护利用自然天敌青背姬小蜂 *Chrysonotomyia* sp.，5～10月丁香瘿蚊寄生蜂寄生时期不进行药剂防治处理；10月底收集部分受害落叶室内保存，保护其中的寄生蜂种群，次年5月将落叶再放回林地，补充林间的寄生蜂数量。通过林间防治，2019年调查北京植物园内危害严重的北京丁香林丁香瘿蚊虫口减退率达83.8%，实现有效控制。有关丁香瘿蚊防治药剂的筛选、优势寄生蜂（*Chrysonotomyia* sp.）的分类鉴定、丁香瘿蚊的生物学特性等还有待继续研究报道。

致谢

天津农学院植保系焦克龙博士对丁香瘿蚊进行分类鉴定，中国科学院动物研究所曹焕喜博士对丁香瘿蚊寄生蜂进行初步鉴定，丁香瘿蚊成虫的生态照片由北京林业大学博物馆王志良博士协助拍摄，在此一并深表谢意。

参考文献

[1] Editorial Committee of Flora Reipublicae Popularis Sinicae. *Flora of China* 15 [M]. Beijing：Science Press, St. Louis：Missouri Botanical Garden Press, 1996：280-286.

[2] 贺士元, 尹祖堂, 等. 北京植物志下册 [M]. 北京：北京出版社, 1984.

[3] 郭翎, 孙宜, 崔纪如. 北京丁香新品种'金园'[J]. 林业科学, 2008, 44（1）：28.

[4] 程红, 严善春. 危害丁香属植物的昆虫种类 [J]. 东北林业大学学报, 2011.3, 39（3）：113-116.

[5] 吴红娟, 牟灿, 李文娟, 等. 毛叶丁香上两种食叶害虫的区别与防控 [J]. 南方农业, 2018（22）：12-15.

[6] 祁润身, 陈合明. 丁香害虫——饰棍蓟马的初步研究 [J]. 植物保护, 1995, 21（3）：28-29.

[7] 吴志远, 吴刚毅. 女贞尺蠖的生物学和防治 [J]. 福建林学院学报, 1990（3）：297-304.

[8] 徐公天, 杨志华. 中国园林害虫 [M], 2007.

[9] KE-LONG JIAO, XIAO-YI ZHOU, HAO WANG, A new genus and species of gall midge (Diptera：Cecidomyiidae) inducing leaf galls on Peking lilac, Syringa reticulata subsp. pekinensis (Oleaceae), in China[J]. Zootaxa, 4742（1）. 2020（1）：194–200. https：//doi.org/10.11646/zootaxa.4742.1.13

[10] 罗启浩, 杨玉芳, 宗冬英, 等. 芒果阳茎戟瘿蚊的防治研究 [J]. 广东农业科学, 1999（2）：34-36.

[11] 曾驰, 李友良, 肖仁荣, 等. 吉布提芒果害虫壮铗普瘿蚊研究初报 [J]. 湖北大学学报（自然科学版）, 2014, 36（4）：303-306.

[12] Boucek Z. Taxonomic study of chalcidoid wasps (Hymenoptera) associated with gall midges (Diptera：Cecidomyiidae) on mango trees [J]. *Bulletin of Entomological Research*, 1986：76, 393-407.

[13] Gumovsky Alex V. The status of some genera allied to *Chrysonotomyia* and *Closterocerus* (Hymenoptera：Eulophidae, Entedoninae), with description of a new speciesfrom Dominican Amber [J]. *Phegea*. 2001, 29（4）：125-141.

绿地按需实时灌溉系统构建研究——以陶然亭公园为例

北京市园林科学研究院 / 戴子云　李新宇　许蕊　刘秀萍

摘　要：为了对园林绿地进行适时适量的灌溉，节约宝贵的水资源，提高养护效率，在植物的不同生长阶段设定了不同的最佳土壤湿度，同时通过天气环境参数来预测植物的蒸腾量，最后根据土壤湿度、植物蒸腾量以及生长阶段来模糊决策植物的灌水量，并以陶然亭公园绿地作为示范区进行应用。结果表明，根据多因素对陶然亭公园灌水量进行模糊智能决策，实现示范区域土壤湿度信息的精确采集，有效提高了水资源利用率，在全年主要灌溉期内可以节约用水26.1%。

关键词：灌溉；土壤水分；模糊决策；陶然亭公园

我国是一个严重缺水的国家，北京市以市政园林为主要用水途径的生态耗水占全年耗水量已经达到30%，而传统的沟灌、漫灌或人工淋水的灌溉方式对水的有效利用率只有45%，大部分的水在输送和灌溉过程中被白白浪费掉了[1]。近年来，喷灌、滴灌等节水灌溉技术得到迅速推广和应用，其中滴灌水的利用率更是达到了95%，同时还可以结合施肥，提高肥效1倍以上，节水增产效果明显，提高滴灌等节水灌溉方式的比重将是我国未来灌溉的发展方向[2]。因此，适用于滴灌等节水灌溉方式的灌溉控制系统应运而生。

在节水灌溉中，目前大多数仍是手动控制，即管理人员根据自己的经验对绿地进行灌溉。还有一些半自动灌溉控制系统，大多为时间型控制（或者称为时序控制），即管理人员凭借经验设定好电磁阀的开启和持续时间自动运行，这两种灌溉方式都比较粗糙，而且不能根据植物在不同的土壤质地、不同生长时期、不同的天气条件下灵活灌溉[3,4]。随着精准灌溉技术的推广与深化，转变传统的粗放型灌溉方式，实现用水的精细化管理，是可持续发展的必然选择。

国内外对植物需水量与灌水量以及优化灌溉技术都有过大量的研究，植物需水量一般用3种指标代表：灌水量、田间总供水量（灌水量＋有效降水量＋土壤储水量）、实际蒸发蒸腾量，由于前两种指标代表的水量不一定都能被植物所利用，因此目前常用的是植物实际蒸发蒸腾量[5-7]。植物灌水量是最终向田间施加的水量，也是灌溉决策者最终需要的决策量，由于植物的灌水量不仅与植物需水量有关，同时与天气环境、土壤水分状况和植物所处的生长阶段等因素有关。而如何来综合考虑这些因素，得到最终的灌水量一直是灌溉决策过程中所要解决的难题。土壤水分含量对植物的生长有着重要影响，合适的水分含量是植物良好生长的重要条件，因此以土壤湿度为被测参数的节水灌溉系统一直是研究热点[8]。

---

① 北京市科委课题（D161100005916002）。　北京市公园管理中心2019年科技进步一等奖。

本文即是在综合考虑作物生长状况、天气环境参数和土壤湿度的基础上,将已有国家发明专利"一种城市绿地植物——土壤水分传输分析的方法及装置"进行应用推广,利用模糊智能决策技术来得到最佳的灌水量和灌溉时间,通过形成方便易操作的软件系统,实现公园绿地按需灌溉管理模式,并选择陶然亭公园绿地作为示范区进行应用。

1 灌溉用水决策系统架构

灌溉用水决策系统包括三个模块,分别为基础信息数据库管理与维护模块,日常灌溉管理操作模块和基于GIS空间查询显示模块。其中基础信息数据库管理与维护模块包括绿地斑块、植物组成以及养护等级等的信息管理、绿地植物结构变化和绿地植物参数的管理。日常灌溉管理操作模块主要根据气象数据,模拟计算各绿地斑块的未来7日土壤水分与需水,并生成报表(对于自动灌溉管理系统,将灌溉指令发给自动控制系统,开启阀门执行灌溉)。空间查询显示模块显示当前公园绿地分布;点击查询显示斑块的信息:类型、土壤水分状况等。

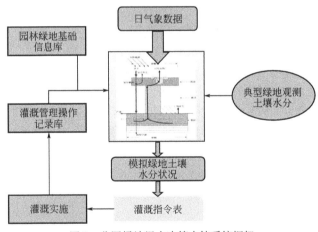

图1 公园绿地用水决策支持系统框架

2 灌溉用水决策系统动态模拟过程

土壤水分是由降水/灌溉表层入渗、深层下渗、表层土壤蒸发、植物蒸腾引起的根系吸水4个过程决定[9]。土体体积含水量 θ_s（cm³/cm³）可以表示为:

$$Zr \cdot \frac{d\theta_s}{dt} = IR(\theta_s, t) - E_s(\theta_s, t) - E_v(\theta_s, t) - L(\theta_s, t) \quad (公式1)$$

式中,$IR(\theta_s, t)$ 为 t 时刻土壤水分为 θ_s 的地表水入渗速率（mm/d）,$E_s(\theta_s, t)$ 为 t 时刻土壤含水量为 θ_s 时的土壤蒸发速率（mm/d）,$E_v(\theta_s, t)$ 为 t 时刻土壤含水量为 θ_s 时的植物蒸腾速率（mm/d）,$L(\theta_s, t)$ 为 t 时刻土壤水分为 θ_s 时的深层下渗速率（mm/d）。

冠层持水 W_c（mm/d）是由冠层截留 I_c（mm/d）与冠层蒸发过程 E_c（mm/d）两个过程决定:

$$\frac{dW_c}{dt} = I_c(W_c, t) - E_c(W_c, t) \quad (公式2)$$

2.1 降水/灌溉入渗

灌溉有多种方式,其中喷灌视同降雨,入渗之前存在冠层截留,模型假定其水量先全为冠层截持,直到达到冠层最大持水量 W_{cmax}（mm）时出现穿透水入渗 I_c,即有:

$$I_c = \begin{cases} R - (W_{cmax} - W_c) & R \geq W_{cmax} - W_c \\ 0 & R < W_{cmax} - W_c \end{cases} \quad (公式3)$$

$$W_c = \min(W_{cmax}, W_{c+R})$$

冠层最大持水量 W_{cmax}（mm）与植被的叶面积指数密切相关,通常认为存在线性关系:

$$W_{cmax} = K_c \cdot LAI \quad (公式4)$$

式中,k_c 为截留系数,缺省值为0.25。

2.2 蒸散计算

蒸散分为冠上层持水蒸发 Ec_{os}、冠上层蒸腾 Tr_{os}、冠下层持水蒸发 Ec_{us}、冠下层蒸腾 Tr_{us}、土壤蒸发 E_s 五个部分,各分项均采用 Penman-Monteith 公式计算[10]:

$$EI = \frac{1}{\lambda} \frac{\Delta R_{X\_ns} + \rho C_p(e_s - e)/r_{X\_a} \cdot 3600}{\Delta + \gamma(1 + r_{X\_sc}/r_{X\_a})} \quad (公式5)$$

式中,ET 为蒸发散量（mm/h）,R_{X_ns} 为x层接收的净辐射量（kJ/m²）,λ 为水的汽化潜热（kJ/kg）,Δ 为饱和水汽压斜率（kPa/℃）,C_p 为空气比热[kJ/(kg·℃)],ρ 为空气密度（kg/m³）,e_s 为饱和水汽压（kPa）,e 为水汽压（kPa）,γ 为干湿球常数（kPa/℃）,r_{X_a} 为x层边界层阻力（s/m）,r_{X_s} 为x层表面阻力（s/m）。假定当冠层持水水分蒸发完毕后冠层蒸腾才会发生,持水蒸发后剩下的辐射能量才用于蒸腾,当计算x层冠层持水蒸发时,$r_{X\_s}=0$,计算冠层蒸腾时,为x层冠层气孔阻力 r_{X_sc},计算土壤的蒸发时,为土壤蒸发阻力 r_{ss}。

边界层阻力（r_a, s/m）与风速和冠层高度有关,采用下式计算:

$$r_a = \frac{\ln^2((Z_u - d)/z_0)}{k^2 U} \quad (公式6)$$

式中,k 为卡曼（von Karman）常数,取值为0.41,U 为在高度 Z（1.8m）处测定的风速（m/s）,d 为零平面位移高度,z_0 为蒸散面粗糙长度,对于冠层高度 h（m）有:$d=0.63h$,$z_0=0.13h$。

土壤表面阻力 r_{ss} 与表层土壤含水量 θ_{s1} 以及枯枝落叶层厚度有关,仿照 Shuttleworth(1990) 的方法建立经验公式:

$$r_{ss} = r_{smax}(\theta_{ssat} - \theta_{s1})/(\theta_{ssat} - \theta_h) \quad (公式7)$$

式中,r_{smax} 为表层土壤最大表面阻力。

冠层气孔阻力通过叶片气孔导度与叶面积指数作尺度转换获得:

$$r_{sc}=\frac{1000}{g_s}\cdot\frac{1+5LAI}{LAI} \quad (公式8)$$

式中，LAI 为叶面积指数（m^2/m^2），表示单位地面上的叶面积，g_s 为叶片气孔导度（mm/s），根据植物气孔对环境因子光合有效辐射 [Par, mmol/($m^2 \cdot s$)]，水汽压亏缺（Dvp, kPa）以及根区土壤相对有效含水（Rew, %）的响应关系，构建 Jarvis 形式冠层气孔导度模型：

$$g_s = g_{smax}\cdot\frac{k_{par}par}{1+k_{par}par}\cdot\frac{1}{1+k_{Dvp}\cdot Dvp}\cdot\frac{1}{1+(R_{ew}/h_{Rew})^{k_{Rew}}} \quad (公式9)$$

式中，g_{smax} 为叶片最大气孔导度（mm/s），k_{Ip}、k_{Ds}、k_{Rew} 为与光合有效辐射、水汽压亏缺、根区土壤相对有效水分，h_{Rew} 为 1/2 叶片最大气孔导度时的土壤有效含水率。

2.3 土壤水分运动

土壤水分运动采用田间持水量模型，该模型假设土壤水分毛管上升作用可忽略，土壤水分主要为从上向下运移，且土壤水分只有达到田间持水量后，才能产生向下的土壤水流 L_{si}（mm/d）：

$$L_{si}=\begin{cases} K_{ssati}\cdot\dfrac{\exp(\beta_i(\theta_{si}-\theta_{fci}))-1}{\exp(\beta_i(1-\theta_{fci}))-1} & \theta_i \geq \theta_{fci} \\ 0 & \theta_i<\theta_{fci} \end{cases} \quad (公式10)$$

式中，θ_{si} 为 i 层土壤含水量（cm^3/cm^3），最低层的下渗量为深层下渗量，θ_{fci} 为田间体积持水量（cm^3/cm^3），K_{ssati} 为饱和导水率（mm/d），β_i 为一个取值范围 12～26 的系数，相当于砂土~黏土。土壤水分变化以天为单位，一日内表层土壤水分变化率为：

$$\Delta\theta_{s1}=\frac{IR-E_s-L_{si}-R_{ri}}{Z_i} \quad (公式11)$$

其他层为：

$$\Delta\theta_{si}=\frac{L_{si-1}-L_{si}-R_{ri}}{Z_i} \quad (公式12)$$

其中，Z_i 为 i 层土壤厚度（mm），R_r 为根吸收水量（mm/d）。在日或更大的时间单位里，非储水植物的蒸腾耗水量与根系吸水量相平衡，根系吸水是由植物蒸腾需水、根区土体可用水分、根系水分获取能力共同决定的，第 i 层土壤根系提水量 R_{ri} 为

$$R_{ri}=E_v\cdot\frac{f_{ri}\cdot R_{ewi}}{R_{ew}} \quad (公式13)$$

$$R_{ew}=\sum f_{ri}\cdot R_{ewi} \quad (公式14)$$

式中，f_{ri} 为 i 层土壤细根比例，R_{ewi} 为 i 层可利用土壤水分相对有效含水量，R_{ew} 为根区总可利用土壤水分，相对有效含水量由土壤田间持水量与萎蔫含水量决定：

$$R_{swi}=\begin{cases} 1 & \theta_{si} \geq \theta_{fc} \\ \dfrac{\theta_{si}-\theta_w}{\theta_{fc}-\theta_w} & \theta_{fc}>\theta_{si}>\theta_w \\ 0 & \theta_{si}<\theta_w \end{cases} \quad (公式15)$$

2.4 灌溉指令生成

灌溉指令生成需要 3 个步骤：灌溉触发、植物用水、次灌水量[11]。每种植物根据其类型、管护等级存在根区土壤水分胁迫接受下限 θ_{si0}，当土壤水分低于该值时触发灌溉，灌溉水强度为（IRR_w, mm）：

$$IRR_w=\max\left(\sum_t^n(k1\times\theta_{fci}-\theta_{si})\times Z_i\times 10,0\right) \quad (公式16)$$

式中，k_1 为养护等级水分保障系数，θ_{fci} 为 i 层土壤田间含水量（cm^3/cm^3），θ_{si} 为 i 层土壤含水量（cm^3/cm^3），n 为灌溉根深土层数，Z_i 为土层厚度（cm），地块需水量 Q_w（m^3）为：

$$Q_w=\frac{IRR_w\times A}{1000} \quad (公式17)$$

式中，A 为地块面积（m^2）。

灌溉使得土壤水分高于胁迫值即可，在不产生地表产流与深层下渗的前提下，灌溉设置存在频次与次灌水量的权衡，高频滴灌节水性能好，但耗费劳力大，低频高灌周期加长，节省劳力，但存在浪费水可能，另外部分林木怕水淹。

3 应用示范

3.1 研究区域概况

陶然亭公园位于北京市西城区的南部，护城河北岸，是中华人民共和国成立后首都最早兴建的一座现代园林，位于东经 116°38'，北纬 39°87'。选择陶然亭公园内南门东侧花街绿地、湖泊东侧茶馆绿地、东门南侧核桃绿地共 3 片绿地作为试验对象（具体情况见表 1），每个地块按面积均分设置实验样地与对照样地各一块。所有绿地均采用喷

陶然亭公园监测试验点植物群落配置表　　　表1

绿地结构类型	位置/编号	群落名称（优势种命名）	盖度（或郁闭度）	种植密度（m）	株高（m）	胸径（或地径）（cm）	斑块面积（m^2）
乔草型	东门实验地	西府海棠—高羊茅	85%	3×3	3	10～15	650
乔草型	东门对照点	西府海棠—高羊茅	85%	3×3	3	10～15	650
乔灌草型	花街试验地	西府海棠＋圆柏—紫薇—早熟禾	60%	2×2/0.6×0.6	3/4	15/5～20	1000
乔灌草型	花街对照点	西府海棠＋圆柏—紫薇—早熟禾	60%	2×2/0.6×0.6	3/4	15/5～20	800

灌方式进行灌溉，每个实验样地和对照样地均单独布设喷灌管网，通过控制阀门可单独设置喷灌时间，通过计量水表单独核算用水量。其中试验地执行灌溉决策辅助支持系统指令，系统生成浇灌要求表格，通过远程操作开合电磁阀门进行绿地内自动灌溉，而对照地按照以往经验采用人工方式对绿地进行灌溉，记录每次灌溉时间与水表数。同时进行土壤水分、环境因子、土壤理化性质、植物外形的长期观测实验。

南线花街试验点植物种类较多，为复层的植物配置，乔木以西府海棠为主、灌木由紫薇及绿篱等组成，地被包括宿根花卉和草坪；东门试验点植物配置类型为乔—草结构，小乔木以西府海棠为主，地被为冷季型草坪。

测定不同深度土壤水分特征的一些物理性状，包括容重、饱和含水量、田间持水量、总孔隙度。具体测定方法包括：利用环刀法分别测定 0 ～ 30cm、30 ～ 60cm、60 ～ 120cm 及 120cm 以下深度的土壤物理性状、土壤容重与田间持水量；利用浸水饱和法测定土壤饱和含水量；利用比重瓶法测定总孔隙度。

3.2 陶然亭公园绿地管理基础数据库建立

3.2.1 数据来源

陶然亭公园绿地管理基础数据库的数据来源为 CAD 格式的公园地图和陶然亭种植图。在 CAD 平台下，根据 CAD 图层属性，将绿地、水面、建筑铺装、道路分别进行了边线闭合和分层，形成面域，避免 CAD 导入 ArcGis 的过程中造成数据缺失。

将陶然亭公园绿地斑块、道路系统、水系、建筑铺装等面图层和植物种植点图层信息分别导入 ArcGis，并对其进行投影坐标系统校正，最终得到陶然亭公园基础信息图（图 2）。陶然亭公园基础信息图包括一个面图层和一个点图层，面图层分为建筑、水面、绿地和道路 4 种斑块类型，点图层为植物种植信息。

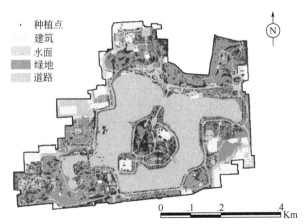

图 2 陶然亭公园基础信息图

3.2.2 数据库建立

在 ArcGis 平台下，建立属性表（图 3），对陶然亭公园基础数据进行编辑录入，包括斑块名称、编码、数量、面积等，便于陶然亭公园绿地的管理。在斑块命名上，以陶然亭公园游览示意图为参考，以各景点名称命名各个绿地斑块，并赋予独立编码，便于识别和管理。植物种植点图层与绿地斑块面图层相叠加，可以清楚地展现出各个绿地斑块范围内的树种分布情况，可以根据不同植物类型及数量的多少对该绿地斑块实施灌溉决策。

统计得到（表 2），陶然亭公园总面积为 55.30hm^2，斑块数量共计 326 个。其中绿地面积 23.95hm^2，占公园总面积的 43.31%；绿地斑块数量为 186 个，占公园斑块总数量的 57.06%；平均绿地斑块面积为 1287.63m^2/ 个。

FID	Shape	Layer	RefName	code
3749	Point ZM	植物	栾树	188
3750	Point ZM	植物	栾树	188
3751	Point ZM	植物	栾树	188
3752	Point ZM	植物	栾树	188
3753	Point ZM	植物	栾树	188
3754	Point ZM	植物	栾树	188
3755	Point ZM	植物	栾树	188
3756	Point ZM	植物	栾树	188
3757	Point ZM	植物	栾树	188
3758	Point ZM	植物	栾树	188
3759	Point ZM	植物	栾树	188
3760	Point ZM	植物	栾树	188
3761	Point ZM	植物	栾树	188
3778	Point ZM	植物	雪松	188
3780	Point ZM	植物	荔枝	188
3787	Point ZM	植物	荔枝	188
3788	Point ZM	植物	荔枝	188
5577	Point ZM	植物	栾树	188
5591	Point ZM	植物	荔枝	188
463	Point ZM	植物	福建茶	187
464	Point ZM	植物	福建茶	187
465	Point ZM	植物	福建茶	187
466	Point ZM	植物	福建茶	187
467	Point ZM	植物	福建茶	187
472	Point ZM	植物	福建茶	187
473	Point ZM	植物	福建茶	187
474	Point ZM	植物	大叶相思	187
475	Point ZM	植物	大叶相思	187
476	Point ZM	植物	碧桃	187
477	Point ZM	植物	碧桃	187
478	Point ZM	植物	非洲茉莉	187

(0 out of 5629 Selected)

FID	Shape *	Id	土地类型	土地类型1	area	名称	code
0	Polygon ZM	0	绿地	绿地	170	华夏名亭园绿地	049
1	Polygon ZM	0	绿地	绿地	510.97	华夏名亭园绿地	050
2	Polygon ZM	0	绿地	绿地	344.72	华夏名亭园绿地	051
3	Polygon ZM	0	绿地	绿地	416.68	华夏名亭园绿地	052
4	Polygon ZM	0	绿地	绿地	52.18	华夏名亭园绿地	053
5	Polygon ZM	0	绿地	绿地	782.05	南门绿地	106
6	Polygon ZM	0	绿地	绿地	199.95	华夏名亭园绿地	054
7	Polygon ZM	0	绿地	绿地	531.98	华夏名亭园绿地	055
8	Polygon ZM	0	绿地	绿地	250.09	华夏名亭园绿地	056
9	Polygon ZM	0	绿地	绿地	129.6	华夏名亭园绿地	057
10	Polygon ZM	0	绿地	绿地	263.8	华夏名亭园绿地	058
11	Polygon ZM	0	绿地	绿地	175.38	南门绿地	107
12	Polygon ZM	0	绿地	绿地	145.91	华夏名亭园绿地	059
13	Polygon ZM	0	绿地	绿地	45.78	华夏名亭园绿地	060
14	Polygon ZM	0	绿地	绿地	72.97	华夏名亭园绿地	061
15	Polygon ZM	0	绿地	绿地	293.1	华夏名亭园绿地	062
16	Polygon ZM	0	绿地	绿地	534.7	南屏晚眺亭绿地	110
17	Polygon ZM	0	绿地	绿地	904.32	华夏名亭园绿地	063
18	Polygon ZM	0	绿地	绿地	555.68	欧陆风情园绿地	119
19	Polygon ZM	0	绿地	绿地	282.97	南屏晚眺亭绿地	111
20	Polygon ZM	0	绿地	绿地	1552.9	华夏名亭园绿地	064
21	Polygon ZM	0	绿地	绿地	180.26	华夏名亭园绿地	065
22	Polygon ZM	0	绿地	绿地	66.11	华夏名亭园绿地	066

(0 out of 326 Selected)

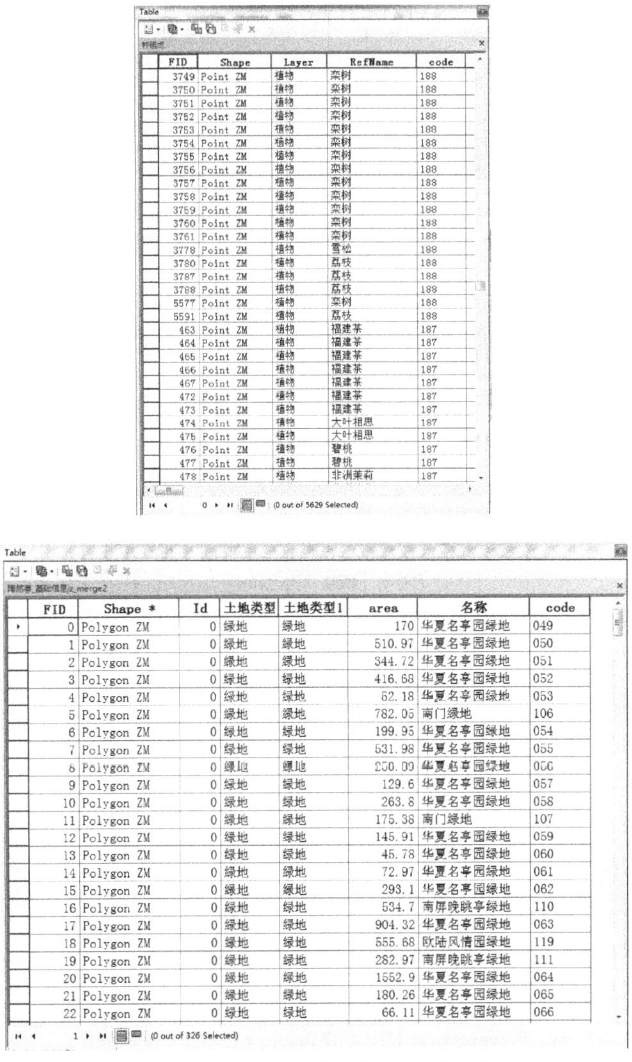

图 3 陶然亭公园基础数据库属性表

陶然亭公园用地类型统计（hm²、个） 表2

土地类型	绿地	道路	硬质铺装	建筑	水面	总计
面积	23.95	5.89	5.33	4.67	15.47	55.30
班块数量	186	50	18	65	7	326

3.3 灌溉示范执行

运行的基本操作步骤为：①园科院建立系统并完成参数设置等工作，根据往年气象数据生成灌溉计划表，交给陶然亭公园方面执行；②陶然亭公园负责小区布置与维护；每日下载气象数据，输入系统计算出新的灌溉计划表，并生成当日灌溉指令表，也即哪些绿地需要灌溉以及建议灌水量；③陶然亭公园安排人员根据灌溉指令表实施灌溉，并将结果返回至系统，以待第二日更新灌溉计划表。鉴于公园获取实时气象数据存在困难，现运行模式改为由园科院定时采集气象数据，生成灌溉计划表，陶然亭公园将灌溉计划表作为指令表实施灌溉，并将记录返回。

公园绿地灌溉计划（单位：min，m³） 表3

日期	示范1对照		示范2试验		核桃对照		核桃试验		南线绿地对照		南线绿地试验	
	时长	水量	时长	水量	时长	水量	时长	水量	时长	水量	时长	水量
7.14	275	27.93	385	46.55	135	13.96	135	13.96	185	37.24	185	37.24
7.21	245	24.77	340	41.29	120	12.39	120	12.39	165	33.03	165	33.03
7.25	260	26.12	360	43.53	30	13.06	130	13.06	170	34.82	170	34.82
7.31	260	26.32	365	43.87	130	13.16	130	13.16	175	35.10	175	35.10
8.23	255	25.53	350	42.56	125	12.77	125	12.77	170	34.04	170	34.04
8.27	250	25.15	345	41.91	125	12.57	125	12.57	165	33.53	165	33.53
9.3	260	26.37	365	43.95	130	13.18	130	13.18	175	35.16	175	35.16
9.12	275	27.76	385	46.26	135	13.88	135	13.88	185	37.01	185	37.01
9.21	260	26.39	365	43.98	130	13.19	130	13.19	175	35.18	175	35.18
9.28	255	25.55	350	42.59	125	12.78	125	12.78	170	34.07	170	34.07
10.9	270	27.30	375	45.51	135	13.65	135	13.65	180	36.41	180	36.41
10.19	250	25.34	350	42.23	125	12.67	125	12.67	165	33.78	165	33.78
11.3	245	24.77	340	41.29	120	12.39	120	12.39	165	33.03	165	33.03

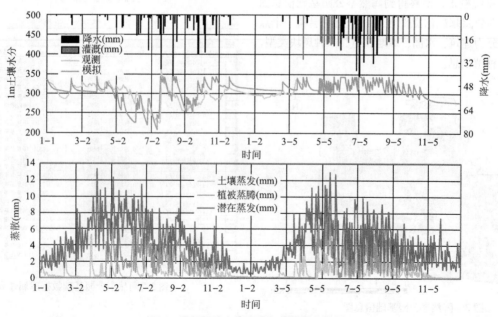

图4 公园绿地土壤水分与蒸散耗水模拟

3.4 节水效果评价

公园中工人按照实际经验操作产生的灌溉量与科学计算得到的真正需水量，如表4所示，3块示范区在实际灌溉中没有按照科学的需水量进行灌溉，而采用了少次多量的灌溉方式，7～10月的灌溉总量都超过绿地真正的需水量，如果按需灌溉，三块示范区分别可节约20%、44%、14%的灌水量。

公园绿地灌溉经验值与实际需水量对比（m³）　　　　表4

日期	实际1	示范1	实际2	示范2	实际3	示范3
7.14	80.00	27.93	120.00	13.96	148.00	37.24
7.21	0.00	24.77	0.00	12.39	0.00	33.03
7.25	0.00	26.12	0.00	13.06	0.00	34.82
7.31	0.00	26.32	0.00	13.16	0.00	35.10
8.23	0.00	25.53	0.00	12.77	0.00	34.04
8.27	0.00	25.15	0.00	12.57	0.00	33.53
9.3	0.00	26.37	0.00	13.18	0.00	35.16
9.12	120.00	27.76	56.00	13.88	130.00	37.01
9.21	110.00	26.39	60.00	13.19	131.00	35.18
9.28	82.00	25.55	46.00	12.78	80.00	34.07
10.9	0.00	27.30	0.00	13.65	0.00	36.41
10.19	0.00	25.34	0.00	12.67	0.00	33.78
灌溉总量	392.00	314.52	282.00	157.26	489.00	419.37
节水量		77.48		124.74		69.63
节水率		0.20		0.44		0.14

4 结论

（1）基于已有国家发明专利"一种城市绿地植物-土壤水分传输分析的方法及装置"（ZL201310210137.5）形成两套方便易操作的软件系统，"绿地植物生长-土壤水分动态模拟软件"与"公园绿地灌溉用水决策支持系统"。初步实现了公园绿地按需灌溉管理模式，并选择陶然亭公园绿地作为示范区进行应用。

（2）通过软件运行可实现根据每日下载的气象数据，计算出新的灌溉计划表，并生成当日灌溉指令表，确定绿地需要灌溉区以及灌水时间。但目前鉴于公园获取实时气象数据存在困难，现运行模式改为由园科院定时采集气象数据，生成灌溉计划表，陶然亭公园将灌溉计划表作为指令表实施灌溉，并将记录返回。

（3）该系统被应用在陶然亭公园绿地灌溉管理中，在全年主要灌溉期内，可以节约用水26.1%。

参考文献

[1] 赵文杰，丁凡琳. 我国节水灌溉技术推广现状与对策研究综述 [J]. 节水灌溉，2015（4）：95-98.

[2] 王旭，孙兆军，杨军，等. 几种节水灌溉新技术应用现状与研究进展 [J]. 节水灌溉，2016（10）：109-112.

[3] 黄玉祥，韩文霆，周龙，等. 农户节水灌溉技术认知及其影响因素分析 [J]. 农业工程学报，2012，28（18）：113-120.

[4] El-Abedin T K Z, Mattar M A, Alazba A A, et al. Comparative effects of two water-saving irrigation techniques on soil water status, yield, and water use efficiency in potato[J]. Scientia Horticultural, 2017（225）：525-532.

[5] 刘梅先，杨劲松，李晓明，等. 滴灌模式对棉花根系分布和水分利用效率的影响 [J]. 农业工程学报，2012 28（增刊1）：98-105.

[6] Rejesus R M, Palis F G, Rodriguez D G P, et al. Impact of the alternate wetting and drying (AWD) water-saving irrigation technique：Evidence from rice producers in the Philippines [J]. Food Policy, 2011, 36（2）：280-288.

[7] Feng L, Dai J, Tian L, et al. Review of the technology for high-yielding and efficient cotton cultivation in the northwest

inland cotton-growing region of China [J]. Field Crops Research, 2017, 208：18-26.

[8] 唐玉邦，何志刚，虞利俊，等. 土壤水分传感器（FDR）在作物精准灌溉中的标定与应用 [J]. 江苏农业科学，2014，42（4）：343-344.

[9] 李聪聪，高立艾，李云亮. 基于物联网技术和模糊控制的智能节水灌溉系统 [J]. 节水灌溉，2013（12）：83-86.

[10] 张增林，韩文霆. 自动化控制在节水灌溉系统中的应用 [J]. 节水灌溉，2012（10）：65-68.

[11] 赵斌，范学佳，衣淑娟，等. 旱田节水灌溉智能监控系统的研究 [J]. 中国农机化学报，2016，37（7）：174-178.

颐和园"虎皮石"园墙历史及工艺研究[①]

北京市颐和园管理处 / 秦 雷 荣 华 张 颖 朱 颐 孙 震

摘 要：颐和园的园墙，始建于清漪园时期，至今经历了数度修缮、改扩建，不仅见证了颐和园数百年沧桑变化的历史进程，是颐和园传统建筑的重要组成部分，也是颐和园景观构成的要素之一。本文通过对颐和园园墙相关历史文献资料的收集整理、分析研究及园墙砌筑材料成分检测分析，首次梳理其营建历史、研究其做法工艺、分析其材料成分，旨在最大限度地挖掘、收集、保留园墙所承载的历史文化与工艺做法信息，为同类遗产研究、保护、修缮及现代传承提供借鉴。

关键词：皇家园林；虎皮石墙；营建史；做法工艺；材料检测

颐和园园墙采用的是在"三山五园"地区普遍使用的虎皮石墙，即由不规则的泛黄色花岗岩石块堆砌而成，外抹青灰勾缝，整体纹路斑斓，酷似虎皮，俗称"虎皮墙"。它逶迤屹立，风采独具，长达8000余米，将颐和园绚丽的湖光山色、亭桥楼阁包围其中。它不仅与颐和园的历史紧密关联，见证了颐和园数百年沧桑变化的历史进程，也是颐和园建筑的重要组成部分，发挥着屏障、防卫等重要历史和现实功能，同时也是颐和园景观构成的要素之一，是园林中一道无处不在的独特风景线。

1 颐和园园墙历史沿革

1.1 清漪园时期的园墙

在清漪园营建之前，西湖瓮山一带是京城西北郊一处著名的风景名胜区，尤其西湖美妙天成的自然景象，被称作西湖景，成为京城百姓游玩赏景的胜地，同时也吸引着达官贵人和统治者徜徉其间。在西湖周围，稻田、寺庙、村庄星罗棋布，共同组成一幅宛如江南的优美画卷（图1）。

图 1 京杭道里图中的瓮山与瓮山泊

为了保持与周围景观的视觉廊道，乾隆皇帝在营造清漪园时，只在北面建造园墙，在以后清漪园的百年时间里，园墙时有坍塌和修缮，但基本维持原样。从仅存的道光年

① 北京市公园管理中心课题（ZX2018002）。北京市公园管理中心2019年科技进步一等奖。

间的《清漪园地盘全图》(国343-0666)(图2)分析，园墙虽只用单线画出，但仍可看出北面园墙的范围——在东、西两座城关之间，东起文昌阁城关，往北至霁清轩折而往西，绕过万寿山北麓的后湖北岸，至北如意门再折而往南，止于宿云檐城关。而东、西、南三面均通过水域作为分隔，自文昌阁城关向南的东面以大堤为界。另外从清宫档案中可见，官员认缴钱粮是园墙修缮资金的重要来源（图3）。

1.2 颐和园初建时期的园墙

清漪园被毁后，原旧园墙多有损毁，坍塌不齐，重新建园需要进行大规模的修缮。同时，重新建设的颐和园不再仅仅作为清王朝澄怀散志的行宫，增加了居住、办公、外交等一系列功能，成为与紫禁城并列的晚清政治中心，相应的安全级别也需要提升，因此主要采取了增加园墙长度和高度的办法，自光绪十六年（1890年）开始添修园墙工程，并沿墙修建大量堆拨。

1.2.1 工程实施过程

根据设计与实施过程可以分为三个阶段，一是环昆明湖、西湖修建园墙；二是环昆明湖、西湖、小西湖修建园墙；三是增高万寿山后山园墙。

（1）环昆明湖、西湖修建园墙

光绪十六年（1890年），开展环昆明湖、西湖修建园墙的工程。由样式雷图档《昆明湖添建大墙做法图》（国337-0149）（图4）可看出，拟建园墙范围从文昌阁沿东堤到南宫门（即今南如意门），向西绕过昆明湖，并将西湖圈入墙内，将治镜阁和水操学堂划出墙外，从水操学堂东侧穿过，与西宫门相接。

样式雷图档《昆明湖周围添建大墙图》（国339-0280）（图5）中，以门、涵洞、桥为节点将此次添建的园墙分为18段，并记录每段园墙的长度及总长，便于工程实施："昆

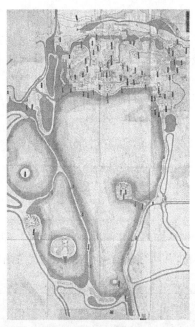

图2 清漪园地盘全图（国343-0666）

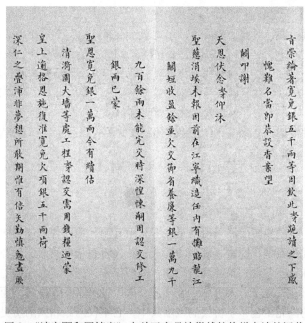

图3 《清宫颐和园档案》中关于官员认缴钱粮修缮大墙的记载

图4 昆明湖添建大墙做法图（国337-0149）

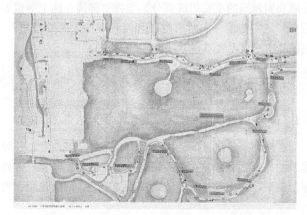

图5 昆明湖周围添建大墙图（国339-0280）

明湖周围大墙共凑长一千八百四十四丈五尺,俱至拔檐露明均高六尺五寸,外砌墙顶。"

(2)续展园墙工程(环昆明湖、西湖、小西湖修建园墙)

在上述环昆明湖、西湖修建园墙方案部分工程完工(至少东面园墙已完工)后不久,慈禧太后又懿旨:"将治镜阁圈入颐和园内"。据光绪十七年(1891年)七月初一到初五日颐和园《工程清单》中记载:"文昌阁迤南新垫便道筑打灰土,二孔闸外接修石平桥,錾打金刚墙过梁等石。"可知续展园墙工程于光绪十七年(1891年)上半年开工。在此工程竣工后,清廷又计划在颐和园与静明园之间修建园墙,北面园墙从静明园三孔闸北侧沿稻田至颐和园水操学堂和西门之间的园墙,南面园墙从静明园东南角到治镜阁西南处与颐和园园墙相接,将大面积的高水湖和稻田圈入其中,如《颐和园至静明园添修大墙图样》(国385-0048和国385-0078)(图6)。这一工程虽未实现,但从图中可以看出此时颐和园墙已将治镜阁划入墙内,水操学堂仍在墙外。

(3)新增园墙长度

在续展园墙工程中,《昆明湖续展大墙并添修堆拔桥座添建海军衙门值房及东面大墙外补垫道路等工丈尺作法细册》(国358-0015、国358-0019)记载,"昆明湖东西南三面原拟添修大墙凑长一千七百七十九丈九尺七寸,今拟往西南展宽将治镜阁圈在大墙以内,计添修大墙长一百九十二丈七尺,挪修大墙长三百八丈五尺,共凑五百一丈二尺。"即实际添修长度为一千九百七十二丈六尺七寸,约长6165m(清代一尺等于31.25cm,后同)。这也是最终方案中添修园墙的总长度。

1.2.2 园墙高度

《昆明湖续展大墙并添修堆拔桥座添建海军衙门值房及东面大墙外补垫道路等工丈尺作法细册》记载,"至拔檐下皮高六尺五寸(2m),外下衬脚埋深一尺五寸,厚二尺五寸"。《万寿山前添修大墙宫门角门并桥座涵洞驳岸等工丈尺钱粮册》记载:"东面墙外皮至拔檐下皮高一丈一尺五寸(3.6m),里皮露明高八尺,西南两面至拔檐下皮高八尺(2.5m)"。拔檐位于墙帽的下缘,意即园东虎皮墙体外侧高3.6m,内侧和园西南墙高2.5m,这也验证了由于地势高差的存在,东面外墙的高度明显比其他方位的墙高,比同侧里面也要高出约1.1m。

对于原来就有的北面园墙,主要是修缮和加高。光绪十七年十月十六日至十九日《颐和园工程清单》记载"颐和园北面大墙内外墙根平垫低洼已齐"(图7)。修缮方式为找补砌抹石灰梗,墙顶满抹见新。在高度上,北侧园墙原均高六尺四寸~八寸(即2~2.1m),增高一尺两寸(0.38m),达2.5m左右。半壁桥附近墙体稍矮,从船坞北闸军房到贝阙城关,从贝阙城关到半壁桥,再从半壁桥到北宫墙,均高四尺七寸五分(约1.48m),此次增高三尺二寸五分(约1m),总高约达2.5m。

1.2.3 1900年以后清晚期和民国时期的颐和园园墙

墙垣随着损坏程度在每年岁修时有所修复,但此时财政资金更为匮乏。

1905年(光绪三十一年),清朝政府派载泽、绍英、戴鸿慈、徐世昌、端方等满汉五大臣出洋考察。9月24日,

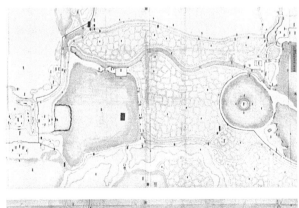

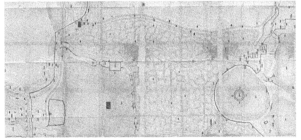

图6 颐和园至静明园添修大墙图样(国385-0048、国385-0078)

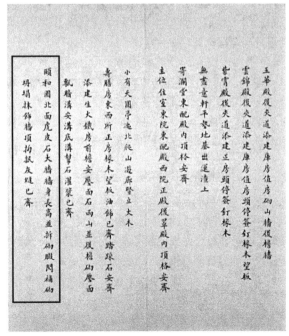

图7 光绪十七年(1891)关于颐和园北面大墙增高的档案记载

五大臣在正阳门（今前门）火车站上车时，革命志士吴樾引爆了随身携带的炸弹，五大臣中的载泽、绍英当场被炸伤，吴樾也当场牺牲。慈禧太后知道情况后，异常惊恐不安。她在颐和园内发布谕旨："著严切查拿，彻底根究，疏于防范官员均交部议处。"同时，为预防不测，慈禧太后命大臣选派工匠将颐和园四周长约10里的园墙加高了1米多，即成为现在的园墙高度，现在多处园墙上面增高的痕迹依然清晰可辨（图8）。

图8 园墙加高痕迹（左现今，中、右清末民初）

民国时期的园墙多次出现坍塌，由于内忧外患、经费有限均为补救性修缮。

1.3 中华人民共和国成立后的颐和园园墙

建国后颐和园园墙在保持清代历史格局的基础上，受周边城市建设的影响，如扩宽马路、京密引水工程等，园墙位置、长度有所变化和增减，但没有进行过整体修缮工作。

2012年，颐和园园墙抢险修缮工程正式启动，于2014～2017年逐步实施完成。这次修缮是清朝以后颐和园第一次对园墙进行全线整体修缮。修缮后园墙全长8449m。

2 颐和园园墙砌筑工艺

2.1 颐和园时期园墙砌筑工艺文献记录

自光绪十六年（1890年）开始添修园墙工程，样式雷图档可查园墙砌筑的相关信息。

《昆明湖大墙宫门桥座涵洞等工做法清册》（国358-0021-3）（以下简称《做法清册》）、《昆明湖续展大墙并添修堆拨桥座添建海军衙门值房及东面大墙外补垫道路等工丈尺做法细册》（国358-0015、图358-0019）（以下简称《做法细则》）等资料都记载了颐和园园墙的砌筑工艺。

2.2 民国时期修缮园墙砌筑工艺记录

民国35年（1946年），颐和园园墙修缮工程也留下文献资料——《颐和园园墙修缮工程做法说明书》（以下简称《做法说明书》）。详细记载了部分坍塌墙体拆除及清理、重新砌筑、勾缝抹灰及墙体散水的做法。

2.3 颐和园园墙砌筑工艺简述

由上述颐和园园墙建造及修缮的资料，结合《中国古建筑瓦石营法》《古建筑工程施工工艺标准（上）》，以及老工匠传承下来的做法工艺，虎皮石园墙成砌主要可以分为以下几部分：

2.3.1 地基与基础

砌筑之前要先检查基层（如台明、上衬石等）是否凹凸不平，如有偏差，应以麻刀灰抹平，叫做衬脚。"外下衬脚埋深高一尺五寸"（0.5m），"厚二尺五寸"（0.8m），"埋深满铺豆渣石一层"，两两豆渣石相连处开凹槽，"下铁银锭熟铁撅"，使其连结，形成稳固的基础，并进行灌缝。"豆渣石"是指一种花岗石。

另外根据《做法细则》和《做法清册》，墙体临水或土质较软时须打桩来增加地基稳固性（图9）。桩子如露出地面，露出部分应以碎石填平，叫作"山石掐当"，也可在填充碎石后再做灌浆处理（图10）。"散水地脚筑灰土二步"，其中灰土用于基础，分层夯筑，每一层叫"一步"，最后一步叫"顶步"（图11）。

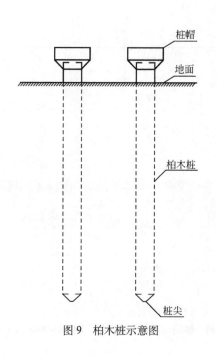

图9 柏木桩示意图

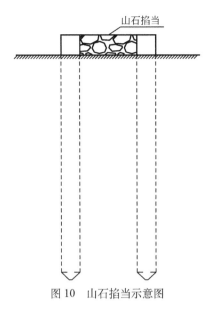

图10 山石掐当示意图

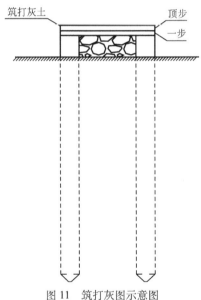

图11 筑打灰图示意图

2.3.2 墙身砌筑

颐和园园墙墙身用虎皮石即花岗石堆砌。

砌虎皮石不要求"上跟线、下跟棱",只要求大体跟线。其砌筑要领可以归纳为"平铺、插卧、倒填,疙瘩碰线",即:①在许多时候应尽量使石头大头朝下放置,即所谓的"有样没样尖朝上",这样砌可使每层的"槎口"增多,由于虎皮石(毛石)是多边形的且各不相同,因此槎口越多,下一层就越好砌;②砌每一块石头之前都要先挑选,尽量挑选出与砌成的槎口外形相近的石头,并将此相近的边朝下放置,这样砌出的灰缝宽窄才没有明显差异;③对于石料间个别较大的空隙,要用与之形状相近的碎小石块将空隙填平。每层或间隔几层后,要用灰浆加水稀释后对虎皮石墙灌浆,灌浆应分2~3次灌入,先稀后稠,第一次只灌约1/3,最后一次点"落窝",直到全部灌严为止。

2.3.3 墙身勾缝

虎皮石墙砌完后,将缝道清理干净,顺石料接缝处做出青灰色的缝,以便与黄褐色的花岗岩组合勾勒出虎皮的特征。颐和园园墙双面均为泥鳅背勾缝。按传统工艺采用传统大麻刀月白灰喂缝;小麻刀灰勾缝,顺原石缝自然走向呈泥鳅背状,然后再统一描缝。缝宽不得小于二厘米,各缝须圆滑整齐(图12)。

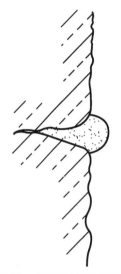

图12 泥鳅背勾缝示意图

3 石材及粘结材料成分检测

3.1 数据采集范围及检测方法

此次颐和园园墙送检材料取自东宫门至南如意门墙体。同时还检测了取自圆明园、承德避暑山庄、盘山静寄山庄及门头沟采石场等处的同类材料,进行了比对。

检测采用的仪器有扫描电镜和X射线衍射仪。扫描电镜(SEM)是介于透射电镜和光学显镜之间的一种微观形貌观察手段,可直接利用样品表面材料的物质性能进行微观成像。能谱仪利用不同元素具有自己的X射线特征波长这一特点来进行成分分析。通过待测物质与标准衍射谱对比,可以判断待测物质的成分。

3.2 检测情况

3.2.1 虎皮石块

颐和园园墙的虎皮石块外观呈现红褐色,其质地坚硬,内部存在较细的颗粒;由扫描电镜图可以看出该石块在微观上呈现出颗粒堆积形貌,凹凸起伏较大,颗粒团聚现象明显;X射线衍射谱表明该石料主要成分为石英,有部分杂质。由所取样的颐和园、圆明园、盘山静寄山庄及门头沟采石场的虎皮石块的外观、微观及成分检测可知,虎皮石外观一般呈黄色、黄褐色、红褐色等。几种颜色的虎皮石搭配青灰勾缝，产生黄底灰纹的如虎皮一般的效果，在皇家山地园林中更能突出其气象威严。由石块在不同分辨率的电镜扫描图可以判断虎皮石的内部构造有不同的形貌，主要有片层状、颗粒状、分块状，但各种结构均具有结合较为紧密的特点，在宏观上表现为质地坚硬，强度较高，这也是虎皮石被选为砌筑皇家园林园墙的常用石材的重要原因之一。另外虎皮石的主要成分为石英，还有的含有钙长石、白云石，普遍含有杂质（图13）。其他检测材料简述情况见表1。

3.2.2 砌筑灰

虎皮石墙砌筑灰，外观呈现出黄褐色，质软易碎，内部存在白色较粗颗粒及气孔；其在微观上呈现出颗粒堆积形成的凹凸形貌，颗粒呈不规则几何体，气孔孔径较大、数量较多；X射线衍射图中，主晶相为SiO_2、$CaCO_3$、$CaMg(CO_3)_2$，对应的晶型为石英、方解石和白云石（图14、图15）。其他检测材料情况见表2。

由以上虎皮石墙砌筑灰的检测结果可知，砌筑灰一般呈黄褐色，主要成分有二氧化硅和碳酸钙。颐和园园墙砌筑灰的成分中还有白云石，白云石可作为水泥原料，推测1970年代颐和园园墙东宫门到南如意段修缮时使用了水泥。圆明园如园遗址虎皮石墙砌筑灰中含有草本植物，即砌筑灰中掺杂了麻刀，增强其粘结性，防止开裂。砌筑灰在宏观及微观上都可观察到气泡，但气泡数量与大小差别也较大，这主要与砌筑灰在制作过程中掺杂空气量有关，与当时施工工艺有关。砌筑灰总体来说质软易碎，说明其强度较低，这也是虎皮石墙勾缝灰脱落后虎皮石块易松动的重要原因。

3.2.3 石材物理性能测试

物理性能测试主要是测试试样的密度、开口气孔率及抗压强度。

图13 虎皮石块外观图与电镜扫描图

虎皮石块对比　　　　　　　　　　　　表1

取样名称	颜色	微观结构	主要成分
颐和园园墙虎皮石块	红褐色	颗粒堆积，团聚	石英、杂质
圆明园如园遗址填墙石料	黄褐色	片状，搭接状，硬顶空隙	石英、杂质
圆明园紫碧山房遗址院墙虎皮石块	发黄	片状，结合紧密	石英、杂质
圆明园百姓捐助虎皮石块	黄褐色	分块状	石英、杂质
盘山静寄山庄虎皮石块	发黄	整体平滑，少量片层结合紧密	石英、钙长石、杂质
门头沟采石场虎皮石块	发黄	片状，结合紧密	石英、白云石、杂质

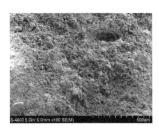

图 14 四期虎皮石墙砌筑灰外观图与电镜扫描图

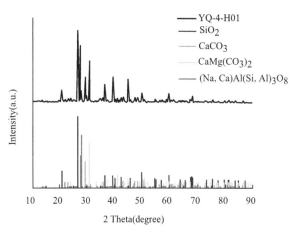

图 15 四期虎皮石墙砌筑灰的 XRD 分析

砌筑灰对比　　　　　　　　　　　　　　　　　　　　　　　　　　　　　表 2

取样名称	外观	微观	主晶相	对应的晶型
颐和园园墙虎皮石墙砌筑灰	黄褐色，质软易碎，有气孔	颗粒堆积，气孔孔径较大、数量较多	SiO_2、$CaCO_3$、$CaMg(CO_3)_2$	石英、方解石、白云石
圆明园如园遗址虎皮石墙砌筑灰	黄褐色，质软易碎，有气孔，有草本植物	紧密堆积，气孔较少	SiO_2 和 $CaCO_3$	石英和方解石
圆明园紫碧山房遗址虎皮石院墙砌筑灰	黄褐色，质软易碎，有气孔	颗粒堆积，气孔较少	SiO_2 和 $CaCO_3$	石英和方解石
承德避暑山庄虎皮石墙砌筑灰	黄褐色，质软易碎，有大量气孔	颗粒堆积，颗粒粒径较小，气孔较多	SiO_2 和 $CaCO_3$	石英和方解石

通过检测发现，送检的这些虎皮石密度有 2.3 ~ 2.5g/cm³ 不等，开口气孔率相差较大，与其成岩时的外界环境有关。抗压强度比较：盘山静寄山庄虎皮石块 300.4MPa，颐和园虎皮石块 185MPa，门头沟采石场虎皮石块 100.42MPa，圆明园百姓捐助虎皮石块 81MPa，圆明园如园遗址填墙石料 57.9MPa。花岗石抗压强度在 100 ~ 300MPa，所测虎皮石块基本符合。

4 结语

目前，国内对于清代园林内虎皮石园墙的专项研究鲜见于世。此次课题研究，依据文献档案详细梳理颐和园园墙营建史、修缮史，理清了颐和园园墙的嬗变历程，从文化视角梳理了中国独特的墙文化，开展了清代皇家园林园墙遗存调查及历史文化研究，在此基础上进一步明确了颐和园园墙的价值定位，提升和细化了对园墙的文物价值和工艺价值的认识和重视；通过现场勘察和历史档案研究，总结了清代虎皮石墙砌筑材料及施工工艺，并通过现代科技手段进行材料检测和软件模拟，为园墙修缮材料选取、工艺传承、园墙的病害发生机理及园墙日常保养等提供了科学依据，为同类遗产的保护和修缮提供支撑和借鉴。

参考文献

[1] 中国建筑业协会古建筑施工分会，中国风景园林学会园林工程分会. 古建园林工程施工技术 [M]. 北京：中国建筑工业出版社，2005.

[2] 略论清代京西皇家园林及相关建筑中的"虎皮墙". 颐和园微览，2017.

[3] 国家图书馆藏样式雷图档·颐和园卷（全十四函）. 国家图书馆出版社，2018.

[4] 北京市颐和园管理处. 颐和园志. 北京出版社，2004.

[5] 刘大可．古建筑工程施工工艺标准（上）．北京：中国建筑工业出版社，2009．
[6] 苏天钧．北京考古集成9．北京：北京出版社，2000．
[7] 李渔．闲情偶寄．北京：中华书局，2011．
[8] 陈从周．书带集．上海：生活·读书·新知三联书店，2002．
[9] 计成．园冶．重庆：重庆出版社，2009．
[10] 陈从周．园林谈丛．上海止海文化出版社，1980：66．
[11] 刘安撰，陈静译．淮南子．河南：中州古籍出版社出版，2010．
[12] 周维权．中国古典园林史．北京：清华大学出版社，2008．
[13] 第一历史档案馆．《宫中朱批奏折》工程．
[14] 齐康．中国土木建筑百科辞典：建筑．北京：中国建筑工业出版社，1999．
[15] 刘大可．中国古建筑瓦石营法．北京：中国建筑工业出版社，1993．
[16] （宋）李诫．营造法式（一）．北京：商务印书馆，1933．
[17] 张龙．颐和园样式雷建筑图档综合研究．天津：天津大学．

3个月季品种的花香测定与转录组分析[①]

北京市植物园，北京市花卉园艺工程技术中心，城乡生态环境北京实验室 / 崔娇鹏
北京市园林科学研究院 / 赵世伟

摘　要：本文通过RNA-seq技术对3个不同香型的月季花品种 Rosa × damascena、中国古老月季品种'彩晕香水'月季（Rosa × odorata 'Hume's Blush Tea'）和现代月季 Rosa 'Double Delight'（'红双喜'）不同花发育时期的转录组进行比较分析，获得大量差异表达的unigene序列。通过GO、KEGG富集对花发育过程中显著差异表达基因进行分析，将蔷薇中鉴定出来的TPS基因构建系统树并分析萜烯类花香合成途径部分关键基因在不同组织中的表达情况，研究结果在一定程度上为进一步解析月季花香形成和调控机制提供基础。

关键词：月季；转录组；花香；测序；基因功能

作为花中皇后的月季早在古希腊就以其芬芳的香味征服了人类，它被广泛地应用在人们的庭院中或者作为香水及化妆品生产的重要原料[1]。目前，人们已经从大量植物检测到的香味成分中，鉴定出1700余种化合物。其中，从月季花瓣中分离到的花香挥发物质超过500种，这些化合物主要是萜类化合物、苯环 / 苯丙烷化合物和脂肪酸衍生物。月季花香的主要成分是苯乙醇、单萜醇和芳香族化合物，比如3,5-二甲氧基甲苯（DMT）和1,3,5-三甲氧基苯（TMB）等[2]。转录组研究是一个发掘功能基因的重要途径，是基因功能及结构研究的基础，转录组测序（RNA-seq）已经成为大规模转录组研究的有效方法[3]。随着月季花香研究的深入[4-14]，越来越多关于月季花香物质合成和代谢途径的新成果让人们对于香味物质的分子机理有了更多了解。然而，很多物质的代谢通路并不清楚，为了进一步研究月季花香物质的合成机理，本文通过对3个月季花品种不同发育阶段花瓣的转录组测序和分析，以期为进一步解析月季花香物质合成的分子机理提供基础。

1　材料与方法

1.1　植物材料

试验品种：B 大马士革蔷薇 Rosa × damascena（房山玫瑰谷）；P 中国古老月季品种'彩晕香水'月季 Rosa × odorata 'Hume's Blush Tea'（北京植物园古老月季资源圃）；R 现代月季 Rosa 'Double Delight'，中文名：'红双喜'（北京植物园月季园）。

1.2　花香、转录组材料的采集

2015年5月中旬，在晴朗无风天气的上午9：00～11：00，利用QC-1S型大气采样仪（北京市劳动保护科学

[①] 北京市公园管理中心课题（ZX2016011）。北京市公园管理中心2018年科技进步二等奖。

研究所）对3个月季品种不同开花时期的花朵采用动态顶空套袋法进行挥发物质的收集。采集时期分别为花蕾期（D1花朵完全没有开放，花萼未展开）、盛花期（D4花朵盛开，花心微露）和末花期（D6花朵全部展开，花心外露，花瓣开始翻卷褪色）（图1~图3）同时，采集同期样本速冻于液氮用于转录组的测序。

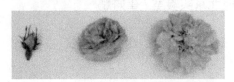

图1 B 大马士革蔷薇

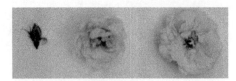

图2 P '彩晕香水'月季

图3 R '红双喜'

1.3 花香成分测定与分析

对收集花香挥发物的吸附柱进行热脱附，利用GC/MS联用仪进行挥发物的测定并用计算机计算NIST11谱图库兼色谱保留时间，结合手工检索对不同阶段的花香挥发物进行定性分析。

1.4 RNA提取、测序、组装与分析

三个品种不同时期花瓣的组织样本采集下来后立即于液氮内冷冻并-80℃保存。总RNA提取采用Qiagen RNA纯化试剂盒提取，纯化后的总RNA用Nanodrop 2000分光光度计检测浓度及纯度，RNA完整性评估采取琼脂糖凝胶电泳方法。

全部样本的测序、组装均在Illumina HiSeqTM2000平台完成。纯化后每个样本的测序数据量均大于6G，Q20均大于96%。

花香相关转录组序列的转录组分析，①定量基因的表达情况：计算每一个基因的RPKM值。基因RPKM值<0.1的认为不表达，表达量在0.1~3.57、3.57~15和>15的分别被界定为低表达、中等表达和高表达。②差异表达分析：鉴定花发育过程中显著差异表达基因，使用DEGseq R数据包对开花三个时期的转录组数据进行两两比较分析，对差异表达基因进行GO富集分析和KEGG富集分析，使用FDR校正后的p值（<0.05）对富集结果进行过滤。③参与花香化合物合成基因的鉴定：应用结构域搜索的方法对蔷薇基因组及其他物种基因组中参与萜烯途径的基因进行鉴定。首先，查找拟南芥各个途径各个基因的ID，再从拟南芥数据库中查找各个基因的PfamID，从Pfam数据库中下载各个PfamID的HMM模型，然后使用HMMsearch搜索蔷薇中含有对应结构域的蛋白。将蔷薇中鉴定出来的TPS基因与文献报道的其他物种的TPS基因一起构建NJ系统发育树，将TPS进行亚类的区分。④对上述鉴定出来的基因在花发育三个不同时期的表达进行PRKM值的计算，并分析合成途径部分关键基因在不同组织中的表达情况，萜烯类重点分析了TPS基因家族，不同组织中PRKM值全为0的基因被过滤，使用log2（PRKM+1）为数值进行热图绘制。

2 结果与分析

2.1 不同品种不同时期的花香成分测定

本次测定到不同品种花香物质成分共计161种，其中烷烃类57种，烯类22种，酯类21种，醇类15种，苯环类8种，醛类7种，萜类4种，酚类4种，其他化合物23种。其中，大马士革蔷薇82种，'彩晕香水'58种，'红双喜'74种。三个品种在不同阶段的萜烯类花香成分差异比较情况见表1，从表内的比较可以初步发现，大马士革蔷薇的萜烯类化合物成分种类较'彩晕香水'和'红双喜'两个品种多，并且类别完全不同于后两者，彩晕香水和红双喜有3种相同的成分，各自特有的成分分别为2种和3种。

2.2 花发育不同时期基因表达的定量分析

由表2可见，初花期的中高等表达基因数目大于盛花期和末花期，而不表达的基因数低于盛花期和末花期，表明在初花期具有更多基因发挥作用。

2.3 花发育不同时期差异表达基因的分析

（1）从3个文库中总共获得差异表达基因11848个，其中在三个时期均表现出显著性差异的是13个基因，分别与其他两个时期相比，初花期（D1）有5038个、盛花期（D4）有2个、末花期有（D6）10个具有显著差异表达的基因（图4）。D1vsD4和D1vsD6下调的差异表达数目比D4vsD6的多（图5），表明初花期比盛花期和末花期具有更复杂的生物学事件发生。其中'大马士革'三个时期差异表达基因数目最多，为4401个，'红双喜'2919个，'彩晕香水'2506个。

（2）比较不同种花差异基因变化数目，'大马士革'和'红双喜'在不同时期的差异表达基因总数为5345个，'大

不同品种在不同花发育阶段的萜烯类花香成分比较表　　　　　　表1

中文名	英文名	大马士革			'彩晕香水'			'红双喜'		
		初花	盛花	末花	初花	盛花	末花	初花	盛花	末花
β-荜澄茄油萜	β-Cubebene	✓								
(-)-α-松萜	(-)-α-Pinene			✓						
(-)-β-松萜	(-)-β-Pinene	✓	✓	✓						
(+)-α-松萜	(+)-α-Pinene	✓		✓						
异香芹萜	iso carvestrene	✓								
3-甲基-6-异亚丙基环己烯	menogene	✓								
Z-5 壬癸烯	Z-5 Nonadecene					✓			✓	✓
β-不旋松油精（萜品烯）	β-Terpinene		✓	✓						
α-草烯	α-Humulene	✓								
α-侧柏烯	α-Thujene			✓						
1-丁氧基-3-甲基丁烯	2-Butene, 1-butoxy-3-methyl-								✓	
2,6-二甲基-三烯	(4E,6Z)-2,6-Dimethyl-2,4,6-octatriene	✓								
二甲基-辛二烯	2,6-Dimethyl-1,7-octadien-3-ol	✓								
1-甲基-(1-甲基乙烯基)乙烯	(R)-1-methyl-5-(1-methyl vinyl) cyclo hexene	✓								
α-金合欢烯	α-Farnesene								✓	
3-蒈烯	3-carene	✓								
癸烯	1-Nona decene					✓				✓
三环-四烯	(1R,8S)-Tricyclo[6.2.1.02,7]undeca-2,4,6,9-tetraene					✓				
石竹烯	Caryophyllene					✓				
β-水芹烯	β-Phellandrene	✓	✓	✓						
3,7-二甲基-2,6-辛二烯[左]	2,6-Octadienal, 3,7-dimethyl-,[Z]-								✓	
3,7-二甲基-2,6-辛二烯	2,6-Octadien-1-ol, 3,7-dimethyl-					✓	✓			
α-愈创烯	α-Guaiene	✓								
δ-愈创烯	δ-Guaiene	✓								

花发育不同时期基因表达的定量分析　　　　　　表2

RPKM interval	Expression level	D1	D4	D6
0～0.1	no	11279 (30.47%)	12105 (32.71%)	12377 (33.44%)
0.1～3.57	low	10951 (29.59%)	11949 (32.28%)	11971 (32.34%)
3.57～15	medium	7296 (19.71%)	6316 (17.06%)	6184 (16.71%)
15～60	high	5296 (14.31%)	4461 (12.05%)	4300 (11.62%)
>60	very high	2191 (5.92%)	2182 (5.90%)	2181 (5.89%)

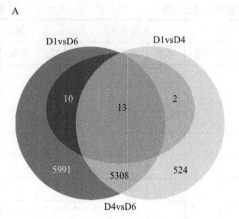

图 4 不同花发育时期的基因表达对比

'大马士革'和'彩晕香水'在不同时期的差异表达基因总数为5533个,'红双喜'和'彩晕香水'在不同时期的差异表达基因总数为3310个,可以得知'红双喜'和'彩晕香水'的花组织基因表达差异比较小,'大马士革'与它们的花组织基因表达差异大。

(3) 比较不同种花同一时期差异基因变化数目,'大马士革'与'彩晕香水'差异表达基因数目盛花期>末花期>初花期;'大马士革'与'彩晕香水'差异表达基因数目盛花期>末花期>初花期;'红双喜'和'彩晕香水'差异表达基因数目盛花期>末花期>初花期。可知盛花期是不同品种花基因差异表达最主要时期。

2.4 差异表达基因 GO、KEGG 富集分析

研究花发育不同时期差异表达基因主要参与的生物学过程,对11848个差异表达基因进行了 GO 富集分析,共有 3157 个基因显著富集（$FDR<0.05$）在次级代谢途径中,其中 D1vsD4 共 1710 个基因,上调和下调基因分别为 1124 和 586 个。而 D4vsD6 只有 15 个基因显著富集在次级代谢途径。

研究花发育不同时期的差异表达基因显著富集的次级代谢通路,对差异表达基因进行了 KEGG 富集分析,发现 44 个差异表达基因富集在萜烯代谢通路,属于前 5 个主要的次级代谢通路之一;D1vsD4 中有 12 个富集在萜烯代谢通路的差异表达基因下调表达。

研究同种花不同时期差异表达基因富集分析发现,差异表达基因主要富集在植物激素信号转导通路上,与花香合成相关的苯丙烷生物合成代谢通路也有差异表达基因的富集（图 6）,在不同品种同期差异表达基因的富集分析中发现,植物与病原相互作用通路及其与花香合成相关的苯丙烷生物合成代谢通路有差异表达基因的富集（图 7）。

2.5 参与花香萜烯化合物合成基因的鉴定及其表达情况分析

为了进一步明确蔷薇中萜烯合成途径,应用结构域搜索的方法鉴定蔷薇基因组中萜烯合成途径的基因,对它们的表达量进行分析。

参与 MEP 途径的限速酶基因分别是 DXS 和 DXR 基因,在初花、盛花和末花期,8 个 DXS 基因中有 1 个几乎不表达,其余的基因在三个时期没有明显的表达趋势。DXR 基因在初花期和盛花期的表达量高于末花期（图 8）。

MVA 途径主要在细胞质发生,其中关键的限速酶基因 HMGR 数目为 12 个,在花发育的三个不同时期,只有 2 个基因大量表达,没有明显的表达趋势（图 8）。

控制萜烯合成还有另外一个关键的限速酶基因——TPS 基因,蔷薇中 TPS 基因的数目为 35 个,TPS 基因可以分为不同的亚类,TPS-a 主要控制倍半萜烯的合成,TPS-b 和 TPS-g 主要控制单萜的合成,通过构建系统发育树,可以发现蔷薇中 TPS-a 数目为 19 个,TPS-b 10 个,TPS-g 2 个,TPS-c 2 个,TPS-e 1 个,TPS-f 1 个（图 9）。在花发育的不同时期,TPS-a 中只有 4 个基因表达量较高,盛花期和末花期表达量比初花期高（图 8）。而 TPS-b/g 只有 2 个基因表达量比较高,初花期和盛花期的表达量比末花期高（图 8）。

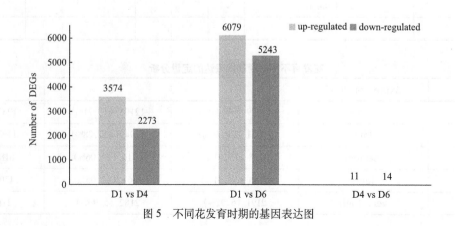

图 5 不同花发育时期的基因表达图

3个月季品种的花香测定与转录组分析

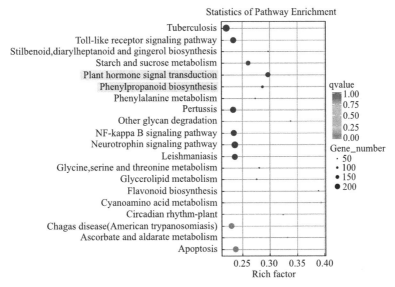

图6 同品种不同时期差异表达的富集分析

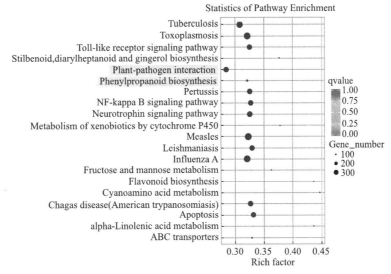

图7 不同品种相同时期差异表达的富集分析

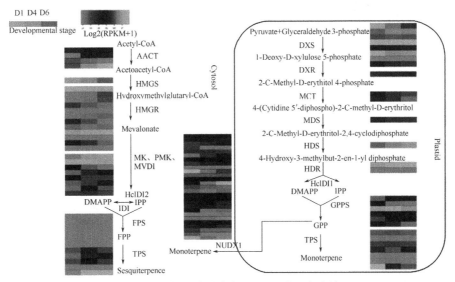

图8 萜烯类化合物合成途径关键基因表达谱

分析萜烯合成途径中这些关键基因在其他组织中的表达量（图10），有3个TPS-a基因和2个TPS-b基因在花组织中特异表达，但表达量都不高。除此之外并没有发现很明显的花特异表达基因。其中1个DXS基因（scaffold1617.51）、1个HMGR基因（scaffold387.82）在花组织中的表达量比果实、叶、根、种子、茎组织中的高。

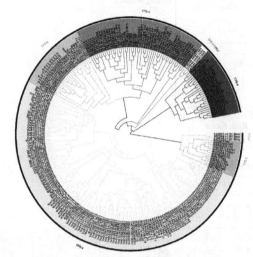

图9 蔷薇TPS基因系统发育树

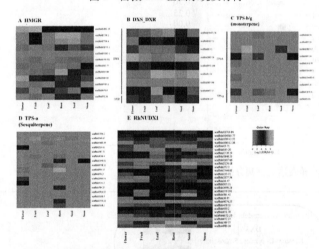

图10 萜烯类物质生物合成途径基因编码限速酶表达谱

3 结论

对三个不同香型的月季品种不同时期进行转录组测序，比较了其在不同时期花组织基因表达的差异变化，通过GO、KEGG富集分析发现了与花香代谢相关的一些有价值的基因信息。研究发现①'红双喜'和'彩晕香水'的花组织基因表达差异比较小，'大马士革'蔷薇玫瑰香型与其茶香型的花组织基因表达差异大。②大马士革蔷薇萜烯化合物合成下降，不饱和脂肪酸及花青素的合成增加。③'大马士革'蔷薇合成的单萜化合物比'彩晕香水'和'红双喜'两个品种多，但倍半萜化合物合成少。这些与萜烯合成相关的关键基因并没有呈现出明显的花特异表达现象，很可能是由于花的转录组数据并非测序物种的转录组数据造成，不同品种间花组织的基因表达可能存在差异。

参考文献

[1] Sylvie Baudino-Caissard.Fragrance, from the scientific point of view. Symposium of 17th World Rose Convention2015：153-161.

[2] 石少川，王芳，刘青林. 月季花发育及品质相关性状分子基础研究进展. 园艺学报，2015，42（9）：1732-1746.

[3] Chen, X.M., Kobayashi, H., Sakai, M.etc. Functional characterization of rose phenylacetaldehyde reductase (PAR), an enzyme involved in the biosynthesis of the scent compound 2-phenylethanol. Journal of Plant Physiology, 2011,168（2）：88-95.

[4] 周华，张新，刘腾云，等. 高通量转录组测序的数据分析与基因发掘. 江西科学 2012，30（5）：607-611.

[5] Hong G, Xue X, Mao Y, Wang L, Chen X.Arabidopsis MYC2 interacts with DELLA proteins in regulating sesquiterpene synthase gene expression. Plant Cell, 2012, 24（6）：2635-2648.

[6] Kaminaga Y, Schnepp J, Peel G, Kish CM, Ben-Nissan G, Weiss D, et al. Plant phenylacetaldehyde synthase is a bifunctional homotetrameric enzyme that catalyzes phenylalanine decarboxylation and oxidation. J Biol Chem (2006) 281：23357–66.

[7] Külheim, C., Padovan, A., Hefer, C., et al. (2015). The Eucalyptus terpene synthase gene family. BMC Genomics, 16 (1), 450.

[8] Li, W., Liu, W., Wei, H., He, Q., Chen, J., Zhang, B., & Zhu, S. (2014). Species-Specific Expansion and Molecular Evolution of the 3-hydroxy-3-methylglutaryl Coenzyme A Reductase (HMGR) Gene Family in Plants, 9 (4), 1-10.

[9] Magnard J L, Roccia A et al.Biosynthesis of monoterpene scent compounds in roses.Science.2015，349（6243）：81-83

[10] Riaño-pachón, D. M. (2009). PInTFDB：updated content and new features of the plant transcription factor database PlnTFDB：updated content and new features of the plant transcription factor database.

[11] Tholl, D., & Gershenzon, J. (2015). The flowering of a new scent pathway in rose. Science, 349 (6243), 28–29.

[12] Yue, Y., Yu, R., & Fan, Y. (2015). Transcriptome profiling provides new insights into the formation of floral

scent in Hedychium coronarium. BMC Genomics, 1-23.

[13] Huijun Yan, Hao Zhang, Min Chen etc. Transcriptome and gene expression analysis during flower blooming in Rosa chinensis 'Pallida'. Gene540 (2014): 96-103.

[14] Guo, S., Zhang, J., Sun, H.etc. The draft genome of watermelon (Citrullus lanatus) and resequencing of 20 diverse accessions. Nature Genetics, 2012, 45 (1), 51-58.

城市绿地生态系统定位监测指标体系构建——以北京市园林科学研究院城市绿地生态系统定位监测研究站为例

北京市园林科学研究院 / 戴子云　李新宇　许蕊

摘　要：本文论述了城市绿地生态系统定位监测指标体系现状和存在的问题，以及城市绿地生态系统定位监测指标体系构建的范畴、构建原则和总体设计。提出了从气象常规指标、大气环境指标、土壤理化指标、水文水质指标、康养环境指标、游憩景观指标和植物群落特征指标7个方面构建监测指标体系的总体方案，最后介绍了北京市园林科学研究院城市绿地生态系统定位监测研究站的建设和运行情况，对于指导我国城市绿地生态系统定位监测指标体系的研究和制定，加速城市绿地生态系统定位监测的标准化进程具有十分重要的理论和现实意义。

关键词：城市绿地；定位监测；指标体系；生态站

　　目前世界上超过50%的人口生活在城市中，城市生态环境质量的好坏将直接关系到社会经济可持续发展的能力。生态学越来越关心城市问题，已积极开展城市区域的人、生物和环境之间相互作用的研究，将城市作为一个生态系统，系统研究城市生态系统的结构、格局、过程和功能。长期监测是研究生态系统演变规律的基本方法。针对自然和半自然生态系统的长期监测工作已经比较完善，但以城市生态系统为监测对象的研究和监测工作国内外都还处于探索阶段。1997年美国自然基金会（National Science Foundation，NSF）在"长期生态学研究"计划（Long-Term Ecological Research，LTER）中资助建立了马里兰州的巴尔的摩和亚利桑那州的凤凰城2个城市生态系统研究站，国际上首次开展城市生态系统的长期监测和研究。通过20多年的长期监测，研究成果涵盖城市鸟类生物多样性、城市雨洪管理、城市季节性湿地保护、热岛效应、土地利用和气候变化等领域。从这些监测研究结果可以看出，城市生态系统长期监测工作意义重大，与城市人居环境密切相关[1, 2]。2008年年初，北京城市生态系统研究站加入中国生态系统研究网络（Chinese Ecological Research Network，CERN），这标志着城市生态系统长期研究在中国开始发芽，将为中国城市可持续发展提供重要科学支撑。

　　城市绿地是城市内人居环境的重要组成部分，城市绿地生态系统不但受原自然条件影响，更多地还受城市人为活动的影响。在自然因素和人为活动干扰的相互作用下，城市绿地生态系统具有复杂性和多变性。我国城市绿地生态系统定位监测的标准化工作起步较晚，标准化研究相对薄弱，缺乏城市绿地生态系统定位研究标准体系，标准化工作相对滞后，标准化研究薄弱，相关标准缺项，在一定程度上阻碍了城市绿地生态系统定位监测研究及其网络的发展。

---

① 北京市科委课题（Z161100005016023）。北京市公园管理中心2018年科技进步二等奖。

本研究旨在通过参考与借鉴国内外生态监测技术标准体系的特点，以及相关研究成果，结合我国城市生态系统定位监测的发展现状及未来的发展趋势，以北京市园林科学研究院城市绿地生态系统定位监测研究站为例，建立既符合我国国情又与国际生态监测网络接轨的城市绿地生态系统定位研究指标体系框架，以期实现城市绿地生态系统定位监测的标准化、规范化、网络化和信息化，全面提升城市绿地生态站的建设和监测研究水平，积累高质量的长期连续实测数据，为国家宏观决策提供科学依据。

1 国内外指标体系的分析

定位监测指标体系的建立是城市绿地生态系统定位研究的关键，指标体系建立的好坏直接关系到监测数据获取的全面性、科学性和合理性。城市绿地生态系统定位监测指标体系的构建是一项十分巨大的系统工程，涉及不同气候带，不同地区，范围广，研究领域多，加之城市本身就是一个十分复杂的生态系统。因此，在构建城市绿地生态系统定位监测指标体系时，需要广泛参考国内外相关标准和指标。为此，本研究在查阅国内外相关资料的基础上，对国内外陆地生态系统长期研究网络的相关标准和指标进行分析比较。

生态系统的生态监测和生物监测标准以及指标体系包括世界粮农组织（FAO）全球陆地监测系统（GTOS）中陆地生态系统监测系统（TEMS）的指标体系、英国环境变化网络（ECN）的监测指标体系、我国农业监测指标、中国生态系统研究网络指标体系和国家林业局森林生态系统定位研究网络的指标体系[3]。上述这些标准和指标的系列不同，有些比较全面，但重点不明显[如FAO全球陆地监测系统（GTOS）中TEMS的监测指标内容]。有的指标较少，但理论性和系统性较强，可以立即使用（如中国生态系统研究网络指标体系）；有些指标系列太宏观，如农业领域的监测指标体系，因为这些指标体系不针对任何具体的网络，更多是一种目标体系，比FAO的GTOS监测指标体系还要宏观，从指导获取定位监测资料的角度考虑，实际意义不大。而有些指标体系比较具体，如英国环境变化网络（ECN）制定的指标体系，对每项监测数据都有严格的误差限定，对采样的代表性和采样地也有明确的设计要求。国家林业和草原局制定的《森林生态系统定位研究网络的指标体系》，针对我国林业生态系统而设计；对城市绿地生态系统而言，指标的适用性较差，不能突出城市绿地属于非自然生态系统的特点。

世界粮农组织（FAO）全球陆地监测系统（GTOS）中陆地生态系统监测系统（TEMS）的指标体系、英国环境变化网络（ECN）的监测指标体系等的标准和指标，都是把城市作为一个复杂的生态系统来进行探讨，且都包含水文、土壤、气象、生物多样性、生产功能、保护功能等要素[4]。因此，作为研究城市绿地水文、土壤、气象、生物、环境等动态变化规律的定位监测，以上这些标准和指标，特别是英国环境变化网络（ECN）制定的指标体系，为城市绿地生态系统定位监测指标体系的构建提供了借鉴。

中国科学院制定的《中国生态系统研究网络指标体系》，针对我国各种生态系统而设计。对于城市生态系统的长期定位研究而言，体系中提出的空气湿度，空气温度，地表温度，地温；地表水质状况、地下水位变动及水质状况，生物要素调查，土壤要素动态（氮、磷、钾、钙、镁、硫、有机碳、土壤含水量），生物要素（植物、动物、微生物）等指标，对城市绿地生态系统定位监测指标体系的制定具有重要的参考价值[5]。

国家林业局的森林生态系统定位研究网络（CFERN）制定的指标体系专门针对森林生态系统而设计，指标比较全面[6]。在这些指标中，有的指标太细（如叶净同化率、干材生产的叶效率等），对于城市绿地系统不具有代表性。有的指标又太粗甚至缺项（如森林土壤监测指标、森林健康指标、森林气象指标等）无法满足系统监测的需要，不能系统地揭示城市绿地生态系统结构与功能及其动态变化规律。但这些指标为城市绿地生态系统定位监测指标体系的研制提供了一定的参考价值。

2 城市绿地生态系统定位监测指标体系的构建

2.1 指标体系的范畴

城市绿地生态系统定位研究的目的在于阐明城市绿地生态系统的结构与水热条件、物质循环和能量流动、生物量与生产力以及不同植物的种内和种间关系，为城市生态环境保护、合理养护管理、社会经济发展和城市绿地规划建设提供科学依据[7]。

城市绿地生态系统定位监测指标体系指围绕城市绿地生态系统定位研究目标，应用生态学原理，结合生物学和环境科学特点而研制的一系列可以测量或描述城市绿地生态系统结构与水热条件、物质循环和能量流动、生物量与生产力以及不同植物的种内和种间关系的定量或定性指标。

城市绿地生态系统是一个不断与外界（如相邻的建筑、道路、湿地生态系统的上下游和大气等）进行物质和能量交流的开放系统。城市绿地生态系统内部包含着众多生命有机体（植物、动物、微生物等），它们分布的范围上至树冠顶部，下至受生物过程影响的土壤底层。城市绿地生态系统的定义和划定的范围决定了研制城市绿地生态系统定位监测指标体系的范畴。

2.2 指标体系研制依据

（1）综合监测和重点监测相结合：由于城市绿地生态系统的复杂性和空间异质性，监测点和监测项目应该足够多，以充分反映城市绿地生态系统的结构-格局-过程-功能基本特征，但也要突出重点项目和指标，特别是影响城市绿地生态系统功能的重要指标和敏感指标，防止项目过多，使得重点指标监测的质量（包括精度和频率等）难以保证[8]。

（2）监测项目和监测指标的综合性和前瞻性：城市绿地生态系统是一个复杂的综合系统，无论其结构、格局，还是过程、功能都是多要素相互作用的综合结果。城市绿地生态系统的监测应该重视综合性的项目和指标。通过分析城市绿地生态系统的发展演变趋势，选择能够反映城市绿地生态系统结构和功能现状以及未来变化特征的项目和指标。

（3）考虑与城市相关部门监测的相融合：城市绿地生态系统是一个高度人工建造、干扰和管理的生态系统，许多部门都在进行城市某一方面的监测和统计工作，这些资料对于反映城市绿地生态系统的结构和功能特征具有重要意义，应该充分交流和利用，互通有无[9]。在城市绿地生态系统监测方案的制定中应该充分考虑现有城市相关部门的监测网络，避免重复，但同时要考虑合理对接利用。

（4）面向科学研究：城市绿地生态系统不但复杂而且异质性大，必须要有足够的监测网点才能够反映城市绿地生态系统的整体特征。应该以面向科学研究为目的，监测的目的是要揭示城市绿地生态系统变化规律及其驱动机制，而不是城市绿地普查[10]。因此，对于监测网点选择和监测方法的确定，都不同于普查工作，要能够揭示城市绿地生态系统结构、格局、过程和功能的演变规律及其调控原理。

（5）监测内容和方法的长期一致性：城市是一个人类活动集中和社会经济干扰大的系统，发展变化往往比较快，特别是在目前城市化速度比较快的时期。因此，在监测地点的选定和监测项目的确定上，要考虑相对稳定的地点，监测点附近的人类活动变化相对稳定。有些指标变化非常快，而有些变化非常缓慢，只有采用高精度的仪器和统一的技术手段，按照严格的监测规范和质量控制要求进行，才能够获得生态系统变化的可靠信息[11]。

2.3 指标体系的研建

在标准化原则的指导下，依据指标体系构建的思路和方法，结合指标体系的范畴，参考国内外已有的定位监测指标体系，本研究把城市绿地生态系统定位监测指标体系划分为气象监测指标、大气环境监测指标、土壤监测指标、水文与水质监测指标、植物群落监测指标、康养环境监测指标和游憩景观监测指标（表1）。

城市绿地生态系统定位监测指标体系　　表1

指标大类	指标	指标名称
气象监测指标	气压	气压
	日照	日照时数
	风	风向
		风速
	空气温度	温度
	空气湿度	相对湿度
	降水	降水量（降雨与降雪）
	辐射	总辐射
		反射辐射
		净辐射
大气环境监测指标	空气质量	TSP、$PM_{2.5}$、PM_{10}
		空气NO_X（N_2O、NO、NO_2）
		空气SO_2
		臭氧
	植源污染	花粉浓度
土壤监测指标	土壤温度	土壤温度
	土壤水	土壤含水量
	土壤结构	土壤容重
		土壤孔隙度（非毛管孔隙度）
		土壤入渗率
		土壤质地
	土壤微生物	土壤微生物量碳
		土壤微生物量氮
	土壤化学性质	pH值
		土壤有机质（SOM）
		全氮
		全磷
		全钾
		重金属元素（全镉、全铅、全铬、全汞、全铜、全锌）
		土壤苯并(a)芘
		土壤多环芳烃（PAH）
	地表有机覆盖物（枯枝落叶层或人工覆盖物）	覆盖厚度
		覆盖量

续表

指标大类	指标	指标名称
水文与水质监测指标	降水中的可沉降物	可沉降物
	降水的化学性质	pH 值
		总氮（以 N 计）
		总磷（以 P 计）
	河、湖、沼泽等湿地水的化学性质	pH 值
		总氮（以 N 计）
		总磷（以 P 计）
		全钾
		化学需氧量 COD
		生化需氧量 BOD
		溶解氧含量 DO
		重金属元素（全镉、全铅、全铬、汞）
		苯丙[a]芘
	河、湖、沼泽等湿地水的生物性质	大肠杆菌群
		细菌总数
植物群落监测指标	群落组成和结构	群落乔木密度
		树冠覆盖率
		叶面积指数
		乔木种类
		灌木种类
		草本种类
	植物生长	乔木胸径年生长量
		乔木高度年生长量
		灌木平均地径
		灌木盖度
		草本平均盖度
	凋落物	凋落物量
		凋落物化学 C/N/P 总量
	绿地健康	外来入侵物种数量
	古树名木	种类、数量
康养环境监测指标	康养因子	负氧离子
		芬多精
		紫外辐射（UVA/UVB）
		声强
游憩景观监测指标	动物景观	鸟种类
		小型哺乳类动物
	昆虫景观	蜂种类
		蝴蝶种类
		蜻蜓种类
	植物景观	观花期物种
		观果期物种
		彩叶期物种

3 园科院定位站概况

3.1 站情信息

城市绿地生态系统定位监测研究站项目启动于2015年1月，建成于2016年10月。项目包含一期（2015年1月～12月）测量仪器平台搭建和二期（2015年11月～2016年10月）植物群落建设，其中二期工程被列于北京市公园管理中心2016年重点工程任务折子第68项，成为政府督办的折子工程之一。

城市绿地生态系统定位监测研究站位于院区南部，南邻四环路，西侧为阜通东大街，东侧为花家地村。占地3.4hm²，包含实验站面积940m²，其中大树实验站（696m²）、覆土实验站（244m²）（图1）。

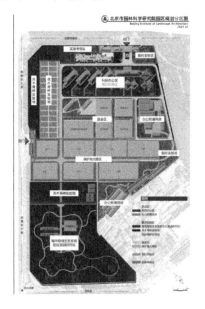

图 1 项目院区位置图

3.2 定位站建设改造情况

城市绿地生态系统定位监测研究站历时近两年完成项目建设，共在站区架设生态监测仪器20余套（台），移建北京市气象局分站测量塔1套，完成站区绿化改造3.4hm²。站内植被包括6种典型植物配置群落（疏林草地、纯针叶林、针阔混交林、围合型绿地、条带型绿地、雨水花园）（图2）。植物种类选用以北京市乡土植物、北京园林绿化常用乔灌木为主，不应用应时花卉为原则。根据北京市2009年绿化普查数据和2012～2014年野外调研资料，提炼出在北京市园林绿化中应用频率较高的60余种植物，其中包括34种乔木、27种灌木、2种藤本。

城市绿地生态系统定位监测研究站现已完成"两站九点"的布局，"两站"指原有特色科研设施大树实验站、覆土实验站，在此基础上，结合生态系统定位监测站实验及景观需求，通过合理进行功能分区、地形及道路设计与

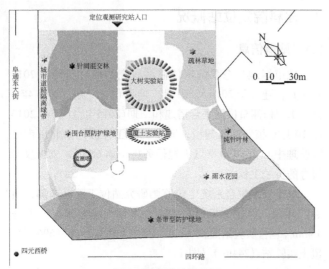

图2 研究站功能分区

绿化，新增加9个监测站点展开相应领域的生态监测内容（图2）。

在城市绿地生态系统定位监测研究站项目推进过程中，为保障生态站各监测仪器的长久平稳运行，考虑未来生态站在用电、用水和网络传输发展等方面的需求，对基础电力、水力管道和网络光纤进行了提升与改造（图3）。

3.3 监测内容

城市绿地生态系统定位监测研究站结合城市绿地特征，重点监测城市绿地环境空气质量监测、城市绿地及植物水分利用特征监测、城市绿地碳循环研究监测，并面向国家和地方需求，开展与绿地系统功能提升相关的示范研究，如覆土绿化实验站点和雨水花园（图4）。

图3 配套设施

图4 监测仪器安装点位

4 结论

本文在分析国内外生态系统长期监测标准指标的基础上,对各项监测指标进行了分析与筛选,充分借鉴并吸收其优良指标及相关研究成果中的指标,结合我国国情和城市绿地生态系统定位监测的特点,以北京市园林科学研究院城市绿地生态系统定位监测研究站为例,选取针对性、实用性和可操作性强的指标,从气象常规指标、大气环境指标、土壤理化指标、水文水质指标、康养环境指标、游憩景观指标和植物群落特征指标 7 个方面建立了城市绿地生态系统定位监测指标体系。该指标体系有利于各生态站监测研究人员更好地理解各项标准指标,有效地实施标准,对于生态站有效开展定位监测和提升城市绿地生态系统定位监测的数据质量具有积极意义。由于作者知识水平有限,对城市绿地生态系统定位监测指标体系的构建难免出现考虑不周或描述不详的地方;加之城市绿地生态系统的结构与功能复杂,定位监测涉及的范围广、领域多,在监测指标的筛选中难免会出现指标选择不周全的问题。在今后的长期定位监测过程中,将进一步根据监测结果对监测指标进行调整,促进城市绿地生态系统定位研究网络标准化、规范化的健康有序发展。

参考文献

[1] 王效科,欧阳志云,任玉芬,等. 城市生态系统长期研究展望 [J]. 地球科学进展,2009,24(8):928-935.

[2] Grimm N B, Redman C L, Boone C G, et al. Viewing the urban socio-ecological system through a sustainability lens: Lessons and prospects from the Central Arizona-Phoenix LTER program me [M]//Singh S, Haberl H, Chertow M, et al, eds. Long Term Socio-ecological Research: Studies in Society-Nature Interactions Across Spatial and Temporal Scales. Human-Environment Interaction Series, Volume 2. Netherlands: Springer, 2013: 217-246.

[3] 刘海江,孙聪,齐杨,等. 国内外生态环境观测研究台站网络发展概况 [J]. 中国环境监测,2014,30(5):125-131.

[4] 傅伯杰,刘宇. 国际生态系统观测研究计划及启示 [J]. 地理科学进展,2014,33(7):893-902.

[5] 中国生态系统网络综合研究中心. 中国科学院生态系统网络观测与模拟重点实验室 CERN 综合研究中心研究成果与发展 [J]. 自然资源学报,2010,25(9):1458-1467.

[6] 王兵,李少宁. 数字化森林生态站构建技术研究. 林业科学,2006,42(1):116-121.

[7] 王效科,欧阳志云,仁玉芬,等. 中美城市生态系统长期监测的内容和方法 [J]. 地球科学进展,2014,29(5):617-623.

[8] 齐杨,于洋,刘海江,等. 中国生态监测存在问题及发展趋势 [J]. 中国环境监测,2015,31(6):9-14.

[9] 罗泽娇,程胜高. 我国生态监测的研究进展 [J]. 环境保护,2003(3):41-44.

[10] 蔡晓明,蔡博峰. 生态系统的理论和实践 [M]. 北京:化学工业出版社,2012:44-45.

[11] 胡俊,沈强,陈明秀,等. 生态监测指标选择的探讨 [J]. 中国环境监测,2014,30(4):166-170.

苔草叶色突变株系快繁技术初探

北京园林科学研究院／梁　芳　崔荣峰　李子敬

摘　要：苔草属植物以其丰富的种质资源与遗传多样性、良好的抗逆性日渐为人们所重视。青绿苔草、涝峪苔草叶色突变株系因具有亲本的优良抗性和更高的观赏性，在北京增彩延绿的项目中重具有广阔的推广应用前景，是可以丰富北京地区林下景观、增添新奇优的绿化材料。本研究结合植物激素组合进行组培快繁促进分蘖的方法，尝试克服叶色突变苔草材料的稀少、常规分株繁殖速度慢的困境。初步研究结果表明：叶色突变苔草株系组培的最佳外植体是幼穗而不是茎尖，可以产生有效的、具有旺盛分生组织能力的愈伤组织，继而才可能诱导丛生芽的产生。以6-BA为主要组分的激素混合液可以明显促进苔草幼苗分蘖芽的产生，因此苔草组培快繁成熟体系的建立需要进一步的研究探索。

关键词：花叶苔草；组培快繁；植物激素；分蘖促进剂；生长

苔草一直作为牧草使用，随着草坪科学研究的不断深入，苔草属植物以其丰富的种质资源与遗传多样性、良好的抗逆性日渐为人们所重视，苔草作为北方地区优良的地被植物得到了大量的应用，效果良好。苔草属植物主要由地下的根茎、根系和地上枝条（包括生殖枝和营养枝）组成，植物的生殖主要靠根茎的营养繁殖形成新的无性系分株来完成，因此分株繁殖是其主要繁殖方式之一。近年来北京市园林科学研究院对苔草进行了制种及种子播种种苗规模化研究，建立了较为成熟的苔草工厂化种子繁殖体系。然而对于目前选育出的叶色突变苔草新品种来说，一方面存在种子结实率低的问题和播种后代稳定性差的问题，另一方面分株繁殖能保持叶色的稳定性，但因叶色突变单株数量少，分株繁殖系数低、速度慢，制约了苔草新品种的繁殖及应用进程，因此本研究拟结合植物激素组合进行组培快繁促进分蘖的方法，开发其组培快繁体系，提高新品种的繁殖速度，为其大规模生产提供性状稳定的种苗保证。

苔草属植物组织培养快速繁殖方面的研究，王华宇等（2013）以金叶苔草茎尖为外植体，进行不定芽诱导、增殖、壮苗、生根和移栽技术研究。结果表明：不定芽诱导和最佳增殖培养基为MS+6-BA 0.5 m/L+NAA 0.05mg/L；最佳壮苗培养基为MS+6-BA 0.05 mg/L+NAA 0.01mg/L；最佳生根培养基为1/2 MS+NAA 0.1 mg/L+IBA 0.1 mg/L，移栽成活率可达95%以上。李积胜等（2008）、亓杰等（2012）分别对青藏苔草种子、异鳞苔草种子进行了组培研究。

为此，本课题组进行了组培快繁结合植物激素组合促进分蘖的研究，并对苔草变异株系不同的花叶类型和产生

---

① 北京市公园管理中心课题（ZX2016026）。北京市公园管理中心2018年科技进步二等奖。

的可能原因以及不同繁殖体系中花叶性状的遗传稳定性进行了分析，为叶色突变苔草株系的组培快繁技术体系的研究奠定基础。

1 材料与方法

1.1 材料

以课题组选育出的不同类型的涝峪苔草和青绿苔草的叶色突变株系为主要研究材料。组培和细胞分析中的材料还涉及生长2年以上叶色突变株系苔草植株所产生的种子、幼胚和不同部位的外植体诱导产生的愈伤组织。

以常规栽培的生长2年以上的涝峪苔草、青绿苔草穴盘苗和少量优选出的叶色突变株系苔草株系为材料。激素组合处理选用的材料是常规栽培的生长1年之内的涝峪苔草和青绿苔草穴盘苗。

1.2 方法

1.2.1 苔草组织培养方法

组培所采用的外植体包括：完全剥离的茎尖和侧芽、幼叶、不同发育时期的幼穗和幼胚以及幼根等材料。

消毒方案：分别采用流水冲洗、预先水培养（含抗生素）、70% 乙醇、0.5% 次氯酸钠和 1‰ 的升汞消毒等方式以及组合方式继续消毒，并统计、比较消毒效果和试管苗成活情况。

抑菌培养方案：尝试将不同抗生素、不同浓度和不同处理时间喷洒或浸泡的外植体直接加入到培养基中。选用头孢菌素、四环素和利福平，分别尝试 25mg/L、25mg/L 和 6mg/L 的浓度。用含有不同浓度的羧苄青霉素、头孢霉素、土霉素和四环素等抑菌培养，比较抑菌效果。

芽分化的最佳培养基：基于几种常用的单子叶植物常用的芽分化培养基配比，摸索苔草芽分化的最佳培养基。

培养条件：温度 25℃；光强 2000lx；光照时间 12h/d；pH 值 5.8。

1.2.2 不同植物激素组合处理对苔草幼苗的处理

选用不同浓度范围内的植物激素组合：0.5～100mg/L 的 6-BA、0.5～20mg/L 的玉米素、谷氨酸 5%～30%、甘氨酸 4%～40% 和氮肥钾肥等混合液对常规栽培的生长1年之内的涝峪苔草、青绿苔草穴盘苗进行浇灌和叶面喷施处理，分析对苔草分蘖的影响。在此基础上采用生长促进剂的工业粗制品结合栽培管理摸索提高花叶苔草快速增殖的途径。

2 结果与分析

2.1 花叶苔草组培无菌性系的建立

青绿苔草和涝峪苔草组培快繁体系的前期工作主要是克服外植体的取材和消毒问题。考虑到苔草生境的特殊性和组培外植体容易污染的实际情况，苔草的茎干接近地面或者埋入地下，细菌、放线菌和真菌活跃，给取材和消毒带来很大困难。经过前期的组培实践和试验条件的摸索，青绿苔草和涝峪苔草外植体污染问题逐步得到解决（图1）。

前期的试验确定了苔草的不同消毒方案和不同消毒方式获取组培无菌系的比率（表1）。通过比较试验结果，发现采用单一消毒方式效果较好的是 0.5% 次氯酸钠和 1‰ 升

图 1 苔草组培抑菌培养外植体的选取

不同消毒方式获取组培无菌系的比率（%）　　　表1

不同消毒方式	青绿苔草无菌系			涝峪苔草无菌系		
	感染率	枯死率	成活率	感染率	枯死率	成活率
含抗生素冲洗	96.5	2.5	1.0	97.5	2.5	0
70% 乙醇	51.5	42.5	6.0	42.5	40.5	17.0
0.5% 次氯酸钠	33.5	37.5	29.0	24.5	34.5	41.0
1‰ 升汞	11.5	20.5	48.0	9.5	19.5	51.0
组合消毒	5.5	30.5	64.0	3.5	29.5	67.0

汞，70%乙醇对苔草外植体消毒的效果不明显，处理时间增加可以增强消毒效果，但多造成外植体的大量枯死，不利于后续试验。

综合结果和反复试验确定了针对青绿苔草和涝峪苔草的最佳组合消毒方案：采用流水冲洗、预先水培养（含抗生素）、70%乙醇消毒2分钟，1‰升汞消毒15分钟，最后无菌水冲洗3～5次，接种到培养基上。

通过摸索发现，采用抗生素抑菌培养，即用含有250 mg/L羧苄青霉素（或头孢霉素），结合50mg/L的土霉素培养基进行抑菌培养可以显著消除外植体的污染。抗生素消除植物组培污染的方法也是暂时的解决方案，如果长期使用抗生素消除污染，必然对组培苗的生长、分化和生根造成一定的影响。

选取并比较花叶苔草株系的不同外植体（茎尖、茎节和幼穗等）获取组培无菌系（无污染且易于获取愈伤组织）的比率，结果发现组培所采用的外植体初期以茎尖和侧芽为主，虽然可以比较容易地克服早期污染的问题，但获得愈伤组织和丛生芽比较困难和缓慢。后期取未完全抽出的幼穗材料，则可以兼顾克服外植体污染和获得有效愈伤组织的问题（图2、表2）。

通过试验比较不同几种单子叶植物常用的芽分化培养基配比，摸索苔草芽分化的最佳培养基为：苔草芽分化的培养基：MS+6-BA1.5mg/L +NAA 0.1mg/L 和 MS+6-BA3.5mg/L +IAA 0.2mg/L。最佳培养条件为：温度25℃；光强2000lx；光照时间12h/d；pH值5.8。

采用未完全抽出的幼穗材料和成熟胚材料，则可以兼顾克服外植体污染和获得有效愈伤组织的问题。通过与青岛能源所实验室开展合作，利用幼穗和成熟种子获得了表现良好的无菌组培系（图3）。

2.2 苔草不同叶色突变类型和变异产生的原因分析

叶色突变现象可以定义为不同颜色的、离散的标志存在于一个器官或有机体表面。叶色突变最常见的表现为条纹、条斑和斑点，或是叶子（或花瓣）的边缘与中间的颜色不同。叶色突变现象是观赏植物重要的经济性状，但对于苔草叶色突变的表型和控制机理目前认识还相当有限。严格的叶色突变现象分为花叶和嵌合体两种情况，但对于苔草来说，这两种情况兼而有之很难严格区分开（图4）。

对筛选出或无性保存的叶色突变苔草植株进行分株分离和纯化，能结实的收集种子进行播种并观察，分析并统计不同叶色突变苔草变异株系在无性繁殖和有性繁殖中叶色突变性状遗传稳定性差异分析的保持和变异情况。对于组织培养的不同部位进行取材诱导脱分化再培养，观察叶色突变性状变异保持程度和遗传稳定性。

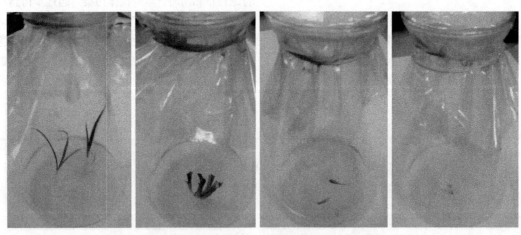

图2 不同外植体（茎尖、侧芽、幼穗和种子等）获取组培无菌系

不同外植体获取组培无菌系的比率（%）　　表2

不同外植体	青绿苔草无菌系			涝峪苔草无菌系		
	感染率	枯死率	成活率	感染率	枯死率	成活率
茎尖	24.5	51.5	24.0	17.5	34.5	48.0
侧芽	33.3	61.7	5.0	21.3	50.9	27.8
幼穗	20.4	57.6	22.0	4.80	44.3	50.9
成熟胚	12.6	22.4	75.0	11.3	19.6	70.1

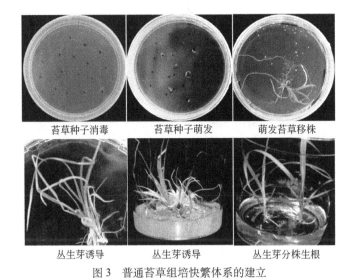

图 3 普通苔草组培快繁体系的建立

苔草变异株系不同的叶色突变类型和产生可能原因分析，初期先通过培养观察和遗传分析，后期可有针对性地采取细胞组织学等方法进行验证。苔草叶色突变表型的产生原因基于目前的经验积累和材料分析，有以下几种变异来源或肌理：

（1）基因的差异表达

花叶产生机理最普遍和最易误解的是基因的差异表达，必须符合仅在一个器官的特殊部位或特殊细胞层的基因表达才能产生花叶现象。目前我们获得的花叶苔草类型在稳性表现和选育过程中发现，符合这种类型的变异株系很稀少，这也是今后筛选的目标和叶色突变苔草育种目标株系（图 5）。通过大量叶色突变材料的收集和纯化选育鉴定才有可能获得表型稳定的变异株系，再通过转录组学分析等手段进行深入研究和证实。

图 4 常见的叶色突变苔草类型（金丝和银丝类型）

图 5 叶色突变苔草子代表型分离情况

(2) 病毒侵染导致

基于对多种植物的研究表明，病毒能通过产生不一致的黄化现象引起叶色突变现象，植物上特征不明显的花叶模式或许是病毒侵染的结果。并且这种病毒能通过播种或嫁接传递，例如太丽花花叶病、香石竹脉斑病、水仙黄条斑病等。前期我们筛选到的部分花叶苔草变异株所产生种子的子代部分依然可以保持花叶表型，并且混合种植的苔草群体可以不断出现花叶变异丛生芽等结果间接表明（图5），至少部分苔草的叶色突变表型可能是由于病毒感染导致，并且需要进一步的病毒源分子鉴定才能直接确认。

(3) 遗传嵌合现象

园艺上许多芽突变体都是遗传嵌合体并被无性繁殖作为新的栽培种。植物花叶表型很多最初以嵌合体的形式出现，产生嵌合体的原因是可转移的遗传因子的活动或在核或叶绿体的基因组上的自发或诱导突变导致。我们收集到的很多花叶苔草存在不同程度的遗传嵌合现象（图5），在后续的繁殖过程中很容易出现花叶表型消失，给变异材料的纯化带来很大的难度和不稳定性。

(4) 质体突变

导致花叶表型出现还有一种原因是质体突变导致正常的质体突变为败育的质体，以致不能全部形成叶绿素，表现出白色和绿色相间的花斑性状的植株。这种植物自花授粉或是作为母本与野生型父本杂交时，产生的后代分为没有特别比率的三类——白苗、绿苗和花叶苗，这与我们收集到的部分能结实的花叶苔草子代表型分离类似，也存在质体突变导致苔草花叶变异的可能性（图5）。

2.3 不同植物激素组合处理对苔草幼苗的处理

结合购买的萱草分蘖抑制剂，选用自制备的不同浓度的植物激素、氨基酸和氮肥、钾肥等混合液对常规栽培的生长1年之内的涝峪苔草、青绿苔草进行浇灌和喷施处理，分析对苔草分蘖的影响。

初步研究结果表明，购买的萱草分蘖抑制剂和自配的不同浓度的以6-BA为主的激素混合液对苔草穴盘苗分蘖芽的发育均有影响，能明显促进苔草分蘖芽的发育，加快繁殖速度（图6、表3）。初步结果显示浓度为40～100mg/L的6-BA对分蘖芽数量的促进效果最佳。脯氨酸、活性态钾素和微量元素对苔草的分蘖促进作用不明显。另一方面，不同的苔草品种可能需要不同的最佳浓度进行刺激才能获得最佳效果和经济效益。

通过前期选用不同浓度的植物激素、氨基酸和氮肥、钾肥等混合液处理涝峪苔草、青绿苔草穴盘苗的试验表明，激素类植物生长促进剂虽然可以增加苔草的分蘖和繁殖系数，但对于苔草花叶表型的保持不一定有利。至少对于部分花叶苔草变异株系来说，保持相对偏低的水肥供应可以更好地维持花叶表型，并且花叶的颜色往往更加鲜艳。

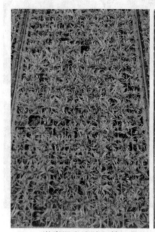

激素混合液处理前　　　　激素混合液处理后

图6　不同植物激素组合对苔草分蘖的影响

不同植物激素组合对苔草分蘖数的影响　　表3

处理方式	青绿苔草平均分蘖数		涝峪苔草平均分蘖数	
	处理前	处理后	处理前	处理后
萱草分蘖抑制剂	4.5	6.5	3.1	4.9
自配激素混合液	4.5	6.3	3.1	5.0
清水对照	4.5	5.2	3.1	4.3

3　结论与讨论

（1）苔草组培快繁的技术瓶颈由克服早期污染问题转向愈伤组织到丛生芽的诱导问题，抑菌组织培养可以一定程度上促进苔草的分蘖，但性价比不高，不宜于采用。最终获得大量廉价花叶苔草的组培快繁途径是获得愈伤组织诱导得到的丛生芽无菌株系，继而扩大繁殖量。

（2）与组培快繁相比，在传统分株繁殖基础上，通过施加一定量的分蘖促进剂也可以显著提高苔草的分蘖芽数量，也可以大大加快繁殖的数量。并且操作相对简单，可以在此基础上开发不同苔草的专用分蘖促进剂产品。

（3）花叶苔草材料既可以用于植物基础发育的研究，也成为观赏价值较高的一类植物，越来越被人们所喜爱，甚至被当作高端盆栽室内摆放。利用诱变及其他技术力求获得更多的花叶苔草新品种以供人们欣赏是目前我们苔草育种中的一个重要研究方向。

参考文献

[1] 萧运峰，孙发政，高洁. 野生草坪植物——青绿苔草的研究[J]. 四川草原，1995，(2)：29-32.

[2] 刘建宁，王运琦，白元生，等. 优良草坪植物——卵穗苔草[J]. 草业科学，2005，22(8)：87-89.

[3] 曹达, 刘玉兰. 野生异穗苔草的栽培[J]. 科技, 2007, (3): 39.

[4] 屈凤兰, 徐庆林, 徐雪茹, 等. 乡土草坪草生物学特性及繁殖技术研究报告[J]. 宁夏农林科技, 2002, (4): 1-4.

[5] 王华宇, 何贵整, 陈乃明, 等. 金叶苔草标准化繁育技术研究[J]. 上海农业学报, 2013, 29 (4): 64-67.

[6] 尉秋实, 马瑞君, 王继和, 等. 濒危植物沙冬青大田育苗试验[J]. 中国沙漠, 2004, 24 (6): 809-814.

[7] 林存杰, 赵玲. 常见草花育苗技术要点[J]. 吉林农业, 2004 (2): 18-19.

[8] 王军利, 崔延堂, 李方民, 等. 野生草坪植物——秦岭苔草的引种驯化初报[J]. 草业科学, 2006.

[9] 文乐元, 谢可军. 草坪植生带的利用研究现状[J]. 草业科学, 2004, 21 (10): 73-77.

[10] 董爱香, 王涛, 张华丽, 等. 国内外草花育苗基质性状比较[J]. 安徽农业科学, 2008, 36 (30): 13142-13143.

[11] 李青丰. 砾苔草生长发育及种子生产特性的研究[J]. 草业科学, 1996, 13 (3): 20-22.

[12] 黄小荣, 杨开太. 香水白掌的组织培养[J]. 广西林业科技, 2001, 30 (1): 39-40.

[13] 周俊辉, 杨妙贤, 李春霞, 等. 在培养基中加入抗生素防止万年青茎段培养污染研究[J]. 广西植物, 2005, 25(3): 233-235.

曹雪芹生活时代的香山

北京市植物园曹雪芹纪念馆 / 樊志斌

摘 要：本文依照清代文献，第一次对曹雪芹生活时代香山地区的行政设置和自然地理状况进行了比较系统的梳理，有利于对曹雪芹生活时代香山地区的深入了解，对理解曹雪芹的生活环境、见闻、生活节奏等问题，对加强纪念馆的展览布置、讲解内容、答疑解惑等方面都有所裨益。

关键词：曹雪芹；香山；行政；系统梳理；布展

曹雪芹曾在香山一带生活已经成为学界的共识，然而，他生活时代的香山到底是怎样一幅景象，限于资料的缺乏（八国联军的烧杀与民国后旗营的萧条导致各旗营档房存放资料的散佚）与分散（香山一带处于郊外，人文相对贫乏，文人记载多分散于各自诗文集中）。至今，人们对曹雪芹香山生活时期的情况仍然缺乏比较集中、明晰的认识。

本文根据《日下旧闻考》香山部分（文中引文不注者皆出自《日下旧闻考》）、曹雪芹纪念馆藏嘉庆九年（1804年）《重建玉皇庙碑记》、清末圆明园旗人祭祀仪轨等资料，对曹雪芹生活时代香山地区的情况进行梳理，以便于了解、走进曹雪芹的生活。

本文所指的香山地区东起青龙桥、清漪园西，南至蓝靛厂、杏石口一带，西至静宜园一带，基本涵盖曹雪芹在香山一带的足迹。

1 香山的自然条件与曹雪芹生活时代的历史人文概貌

香山地区位于明清京师的西北郊外。"天启元年春二月"袁志学书《新建玉皇阁碑记》称，此地"当都门乾亥之地，夫乾为天表，亥为天门，盖上帝端拱其间，主宰山河下土。"

除了哲学上的方位认同外，香山一带，山势连绵，植被茂盛，山间多有流泉，在玉泉山、麦庄桥一带大量喷涌，潴而成湖，最终汇成瓮山泊（今颐和园昆明湖），造就了香山一带与北京其他地域不同的风貌：河溪纵横，杨柳依依，稻田百顷，诸多村落、庙宇点缀在山间田中，宛若画里江南。

自唐代起，香山一带寺观、皇家园林陆续兴建，成为北京重要的人文荟萃之地。元明清三代，北京成为全国的政治、文化中心，帝王、文人的园林与行踪，大量寺庙的发展，更给香山的人文增添了浓郁的文化内涵。

曹雪芹生活的时代 [乾隆二十八年（1763年）前]，是清代国力最为强大的时期，也是香山历史大发展的时代，具体表现为园林与旗营的大发展上：

乾隆九年，成《圆明园四十景图》；
乾隆十年，建香山静宜园；
乾隆十三年，扩建香山碧云寺；

---

① 北京市公园管理中心课题（ZX2016012）。北京市公园管理中心2018年科技进步二等奖。

乾隆十四年，建香山健锐营、实胜寺；

乾隆十五年，建清漪园；

乾隆十五至十八年，扩建玉泉山静明园，成十六景；

乾隆十六年，建香山宝谛寺；

乾隆二十年，修建碧云寺、樱桃沟至玉泉山引水工程，进行沿线广润庙、妙云寺及玉泉山西部的扩建工程；

乾隆二十七年，建香山宝相寺……

除皇家寺庙外，随着经济的发展和人口的增加，带来了地方各种小规模寺庙的繁荣。

一般来说，旗营中家供祖宗，营中建关帝庙供关帝，村落则有关帝庙、观音庙、龙王庙、土地庙等，视村落规模不同。

2 曹雪芹生活时代的香山建筑与空间

2.1 青龙桥至玉泉山东侧一带的村落、旗营、寺庙及相关设施分布

青龙桥位于清漪园西北门西玉河（玉泉山北闸至青龙桥，元朝白浮堰的上游）上。

当时，因金山各岭延伸带的阻隔（《日下旧闻考》云："金山口路隘，才阔数十尺"），没有今香泉环岛通安河桥的道路，凡是从海淀到香山、石景山，须过青龙桥，至玉泉山东路，绕过玉泉山南路，至西麓，一路向西。

青龙桥东北为红石山，其麓为健锐营船营（水军）驻扎地，红石山有妙应寺、关帝庙，皆为明朝中叶所建。又，"妙应寺后山顶有新造碉房，全座碑亭一，碉房之下为山神庙。"

青龙桥侧还有建于万历间的慈恩寺。明人宋彦《山行杂记》载："青龙桥南里许为西方庵，东望据湖（即瓮山泊）……稍南为三元寺……度三元寺，即功德寺。"

青龙桥东为瓮山，乾隆十五年，建清漪园，更山名为"万寿"，山前之瓮山泊为昆明湖；青龙桥西一二里处为金山口，北为百望山；而青龙桥南就是清庭御稻厂（管理附近稻田种植收贮）。

过御稻厂，就是功德寺。功德寺原名大承天护圣寺，"创自元时……明宣德间修建，改名功德寺……本朝乾隆三十五年奉敕重修。"

功德寺西即玉泉山，康熙年间，名澄心园，后改名静明园，乾隆年间复大加修葺扩建。静明园东（功德寺北）有圆明园镶红旗护军营营房，东北为七圣庵，西北为净安寺（旧为西林禅寺）。

玉泉山北侧金山口有明景泰皇帝陵，"凡诸王公主夭殇者，并葬金山口，其与景皇陵相属，又诸妃亦多葬此。"

2.2 玉泉山南至蓝靛厂一带的村落、旗营、寺庙及相关设施分布

玉泉山南为北坞、后窑、中坞、闵庄、小屯、蓝靛厂，蓝靛厂以西顶碧霞元君祠著称。《日下旧闻考》载：

长河麦庄桥之西为长春桥，度桥为广仁宫，供碧霞元君，旧名护国洪慈宫，俗称西顶，康熙五十一年改今名。

碧霞元君祠西为圆明园镶蓝旗护军营房，东则有关圣庙。

2.3 香山健锐营右翼（玉泉山西至香山）一带的村落、旗营、寺庙及相关设施分布

玉泉山静明园西宫门外以北为妙喜寺，"妙喜寺西为香露寺，又西为普通寺，普通寺南为妙云寺，又西为广润庙，祀龙神。"

玉泉山、香山、寿安山樱桃沟间景观，除诸多村落，分布于四王府东北至静明园外垣的土山，妙喜、妙云诸寺外，还有乾隆二十年（1755年）修建的自碧云寺、樱桃沟至玉泉山的引水工程。《日下旧闻考》载：

凿石为槽以通水道，地势高则置槽于平地，覆以石瓦，地势下则于垣上置槽。兹二流逶迤曲赴至四王府之广润庙内，汇入石池，复由池内折而东行，于土峰上置槽，经普通、香露、妙喜诸寺夹垣之上，然后入静明园。

玉泉山、四王府间有一小山，名聚宝山（一名荷叶山，在玉泉山西南数里处）。

四王府位于健锐营正白旗、镶白旗间。四王府（今香泉环岛东北侧一带）南有三教寺，东北一里为普陀山，上有天仙庵，有普庵塔院（普安塔今存）。

健锐营建于乾隆十四年（1749年），前身为征战金川得胜的飞虎云梯兵，回京后，驻扎于香山左、右两翼，称健锐营，初有兵丁一千，携家属驻扎，后有数次增补。

各旗建造营房、碉楼（位于各旗位置高处，供训练登高使用）。各旗间或为村落，或为寺庙。《日下旧闻考》载：

静宜园东四旗健锐云梯营房之制：镶黄旗在佟峪村西，碉楼九座；正白旗在公车府西，碉楼九座；镶白旗在小府西，碉楼七座；正蓝旗在道公府西，碉楼七座。

自荷叶山度两石桥，循溪即至四王府后，达正白旗。正白旗外营是曹雪芹迁居香山后居住的地方。

正白旗东北二三里处为寿安山卧佛寺，寺建于唐初，雍正八年（1730年），皇帝将其赐给怡亲王允祥为家庙，十二年，赐名"十方普觉寺"，以超盛禅师为主持。

卧佛寺西为广慧庵、隆教寺，樱桃沟内则有退翁亭、五华寺、广泉废寺、退翁书屋、石上松、水源头诸景。樱桃沟内产黛石（出寿安山前樱桃沟、山后画眉山及京西斋堂村）。《红楼梦》第三回中，宝玉道："《古今人物通考》上说：'西方有石名黛，可代画眉之墨'"。

卧佛寺南里许（北京市植物园牡丹园一带）为广应寺，寺南为佟峪村。佟峪村西为健锐营镶黄旗（因地理分割，分南营、北营、西营），南营西为北辛村、煤厂村。

旗营间各村为旗营提供各种商业服务，成为香山地区的商业聚集地，而煤厂村、四王府、门头村因地理位置和规模则是香山地区的商业中心。

煤厂村有关帝庙，村西有两城关。"循城关而西，中有夹道以通人骑，又西缘山行为天宝山、过街塔盘道矣。夹道之南为静宜园，其北为碧云寺。"

碧云寺东北为万花山，有健锐营镶黄旗营西营、北上坡、公主坟、碧霞元君庙等——北上坡、公主坟是乾隆二十年后曹雪芹居住地方。

由碧云寺、万花山间小道上山，为木兰陀，上有玉皇庙；由碧云寺北侧盘道上山，为天宝山，有茶棚庵、山神庙、七圣庙，七圣庙右侧即连通香山、门头沟天台山的过街塔（左有关帝祠，右有药王祠）。

2.4 香山健锐营左翼（静宜园南侧至杏子口）一带村落、旗营、寺庙及相关设施分布

碧云寺南侧为静宜园，建于乾隆十一年（1746年）。

健锐营八旗每一旗都建有官兵营房、碉楼、档房、学校，但重要设施如八旗印房、团城演武厅、实胜寺、松堂等建于静宜园西左翼四旗。

八旗印房，位于静宜园东南（南楼门外），房二十二楹，四角各有碉楼一座，又名健锐营衙门，为健锐营最高管理机构。

印房东为健锐营左翼官学，东侧为杰王府、南辛村；印房西有白衣观音庵（建于乾隆十四年）。观音庵南为"狼儿涧"（今佟麟阁墓园位置）。

八旗印房向东，南北横亘的山头为红山头，它将健锐营正黄旗的营房分割成香山部分和万安山部分。

红山头东侧的镶黄旗营东为健锐营教场。除教场外，还设有"皇上阅兵演武厅一座，后有看城及东、西朝房、放马黄城"等设施。

演武厅西万安山麓是健锐营左翼营房和皇家寺庙集中地。《日下旧闻考》载左翼四旗与村落、寺庙格局云：

> 静宜园西四旗健锐云梯营房之制：正黄旗在永安村西，碉楼九座；正红旗在梵香寺东，碉楼七座；镶红旗在宝相寺南，碉楼七座；镶蓝旗在镶红旗南，碉楼七座。

实胜寺建于乾隆十四年（1736年），是第一次金川战役后用以纪功设施。实胜寺西南万安山上有番子营、法海寺、地藏庵、晏公祠。

番子营，位置在今香山炮司院内，安置从金川俘房的嘉绒藏人（名土番）。《红楼梦》第六十三回中写道：

> 芳官笑道："……咱家现有几家土番，你就说我是个小土番儿，况且人人说我打联垂好看，你想这话可妙？"

番子营上下两侧为法海寺、法华寺。《日下旧闻考》诸臣考云："前为法海寺……约半里许，为法华寺……一恭勒世祖御书'敬佛'二字。"则今法海寺，乾隆时名法华寺。

法海寺后西南为龙王堂，北侧则有晏公祠。晏公祠以儒家圣贤、经典入祀，在众多寺庙中独具特色。

实胜寺南为健锐营正红旗（分上、下营），正红旗南（演武厅西南）为梵香寺、松堂、长龄寺。

长龄寺西南半山上为宝谛寺，再南为宝相寺（内有旭华之阁，一名无梁殿），再南为健锐营镶红旗。

宝谛寺，乾隆十六年（1738年）建，仿五台山菩萨顶。宝谛寺西为宝相寺。乾隆二十六年，皇帝巡行五台山。回銮后，御写殊相寺文殊菩萨像，二十七年建，肖像其中（今旭华之阁处）。

宝相寺西有圆庙、方庙；宝相寺南一里有崇寿寺，又西一里许有雪峰寺；宝相寺东南为门头村。

镶红旗东南为厢蓝旗、礼王坟、门头村。

门头村为京西入京必经之地，商业繁华，建有朝阳庵、十方院、三义庙等十座寺庙（多为明朝中叶建造，清代重新修缮）。

礼王，即清初八大铁帽子王之首、正红旗主代善及其后裔袭爵诸人。门头村礼王坟葬着前五代礼王代善、满达海、常阿岱、杰书、椿泰。

门头村东为小屯村，有西禅寺。

2.5 香山一带的营汛与稻田

除健锐营、圆明园护军营中的镶红旗、镶蓝旗外，香山地区还驻有巡捕营。

曹雪芹生活时代的香山

巡捕营，职掌分汛防守，巡逻纠察外城及京郊地方的绿营军队，初设南、北二营，顺治十四年（1657年）增设中营，称"巡捕三营"，由兵部职方司汉主事管辖，康熙三十年（1691年）改由步军统领衙门兼管。

圆明园、畅春园、树村、静宜园、乐善园五汛由巡捕中营负责，辖堆拨（一名堆铺，满语"驻兵之所"，即维持街道治安、往来巡逻兵丁驻扎房子）二百五十八处、栅栏十二处。

> 南营参将分驻海甸……畅春园守备署在海甸庄，圆明园守备署在挂甲屯西胡同……静宜园守备署在香山买卖街，千总署在四王府，把总署在小屯村。

另外，"玉泉山官种稻田十五顷九十余亩"分布在各建筑空间余地上，成为香山一带田园风格的最后载体。

3 曹雪芹生活时代香山一带官有场所及其管理

曹雪芹生活时代，香山建设了大量官有场所，分别设官管理，成为香山地区治安秩序的维护力量。

3.1 静宜园的管理

清代制度规定，皇家园林事务由奉宸院管理，各园复各有职掌人员。《大清会典》载："清漪园兼管大臣，特简，无定员，员外郎一；静宜园员外郎一"。各园另有苑丞、苑副、笔帖式各十数。

除这些基本管理者之外，静宜园设置军队，负责安保。《光绪顺天府志》卷一载，乾隆十一年正月，静宜园增设"千总二，把总四，外委六，额外外委三，兵五百八十名"。

> 千总，清绿营兵编制，营下为汛，以千总、把总统领之，千总正六品，把总七品；外委千总正八品，外委把总正九品，额外外委从九品。

乾隆十五年（1750年），定健锐营"日以参领一人，前锋校、前锋十名守卫静宜园宫门。"

《清会典事例》卷四百二十八载，乾隆十八年，皇帝下令，健锐营"增设骁骑千名，盖造官、兵营房两千一百五十间。"二十三年，令"裁撤静宜园护军官兵，交健锐营官兵守卫。"二十八年，"由护军营移驻健锐营护军一千名。"

静宜园园户入园，需查验火印腰牌，各当值官员兵丁查核，由首领太监带进当差。

3.2 静宜园堆铺与管理

《日下旧闻考》载："静宜园设堆铺五十，日以营总二人、护军参领一人、副护军参领、署军参领十三人、护军校护军五百十人守卫。"皇帝"车驾行幸，官军沿途清跸，随时酌委。"

3.3 健锐营的管理

健锐营的管理包括官员设置、机构设置、营房及设施分配与管理、兵丁俸禄分配与官兵训练等各项。

乾隆十五年（1737年），议定奏准："健锐营八旗官兵住房，左翼在东，右翼在西，翼领、参领各给官房十三间，署参领八间，前锋校六间，前锋三间，委前锋两间。"《清会典事例》卷八七二《工部一一营房·京师营房》载其分配方式更为详细：

> 左翼翼领一人，右翼翼领一人，各给房十三间；每旗参领一人，给房十三间；副参领一人，给房十间；前锋校镶黄、正黄二旗各七人，余六旗各六人，均各给房六间；八旗前锋，每名给房三间。

同年，设健锐营水师营，驻青龙桥红石山。《清史稿》卷第一百十六《志九十一·职官三外官》载："置教习把总八人，内四人为委署千总，向天津、福建水师营调取。"每逢伏日，健锐营弁兵于昆明湖内按期水操。

乾隆十八年（1740年）、乾隆二十八年（1750年），健锐营兵丁再有扩充。此外，有养育兵（后备兵）833人。

健锐营官兵住房情况表　　表1

年份	乾隆十四年（1736年）	乾隆十五年（1737年）	乾隆十八年（1740年）	乾隆二十八年（1750年）	乾隆二十八年（1750年）
事件	前锋营拨来官兵1000名，房3522间	增设红石山水师营	增设骁骑1000名，营房2150间		护军营移驻健锐营护军1000名
翼领	左、右翼翼领各1人，各给房13间				
参领、副参领	每旗参领1人，给房13间；副参领1人，给房10间	委署前锋参领2人，各给房8间	镶黄等六旗每旗委署前锋参领2名，正红、正蓝二旗委署前锋参领各1名，各给房8间	前锋参领2名，副前锋参领8名	护军参领2名，副护军参领8名，委署护军参领8名

111

续表

年份	乾隆十四年（1736年）	乾隆十五年（1737年）	乾隆十八年（1740年）	乾隆二十八年（1750年）	乾隆二十八年（1750年）
校官	镶黄、正黄前锋校各7人，余六旗前锋校各6人，各给房6间	副前锋校8名，各给房3间		前锋校24名	护军校24名
兵丁	前锋每名给房3间	骁骑120人，各给房2间	每旗骁骑各110名，每名各给房2间		

3.4 稻田厂管理

玉泉山出产稻米位清宫廷特供稻米，并设专门机构加以管理。《日下旧闻考》载："稻田厂，康熙五十三年始建，仓署在玉泉山之东青龙桥，前后四重房六十有四楹。"《旧闻考》诸臣按语云：

> 稻田厂廨宇建于玉泉山之青龙桥南，向存贮米石，仓廒及官署碾房具备焉。又，官场二处，一在功德寺，西房四间，一在六郎庄，南房十六间……玉泉山官种稻田十五顷九十余亩。

管理稻田厂廨宇、官场的官员，有"员外郎一员、库掌一员、笔帖式三员、催长、领催等十名，种地、蚕蛮子十三名"。

所谓"蛮子"，是北方人对南方尤其是江浙人的蔑称，此处之"蛮子"盖指指导水稻种植、养护工作的南方人。

4 结语

曹雪芹生活时代的香山不仅有大量的健锐营驻军，还有维护地方治安的绿营部队，分驻各处，八旗军营与各村落、寺庙相隔而立，官设场所人员提供了极大的消费力；而周边村落则通过为旗人、汉人提供各种商业服务，而显得繁荣；各种寺庙则为旗人与汉人的信仰提供了各种不同的偶像与空间，各种神佛特殊日子的描绘则把人们的信仰、商业、娱乐结合起来。

清代南京随园复原研究

中国园林博物馆 / 赵丹苹　马欣蕣　夏　卫　李　明

摘　要：南京随园是清中叶文坛大家袁枚所造私园，后毁于太平天国战火之乱。本文通过文献资料的搜集整理与对比分析，特别是根据相关的园文、园图，完成随园盛期时期平面图的考据和复原，尽可能完整地重现这座历史名园。然后在此基础上对其布局构成、造园艺术等进行简析：其相地选址尽得清凉山与干河沿自然之利，依山傍水，景色优美且兼具谢公墩旧址文化底蕴；园林营建巧于因借，精在体宜，布局精巧，与周边金陵胜景融为一体。随园的独特之处还在于其虽为私家园林，却具有部分公共园林的性质，在当时可谓独树一帜。

关键词：风景园林；历史名园；随园；复原研究

1　研究背景

1.1　随园概况

随园位于南京市清凉山余脉——小仓山脚下，前身是已荒废的康熙年间江宁织造隋赫德的私园"隋园"，于乾隆十三年（1748年）被袁枚（1714～1797年）以白银三百两买下，易"隋"为"随"，改称随园，次年袁枚开始了长达约50年的园居生活。其间，在袁枚的精心营建之下，随园历经"一造三改"4次大规模的建设和不断的修补完善，逐渐从之前的废园跻身成为当时江南名园之一。然而在袁枚过世56年后，随园于咸丰三年（1853年）在太平天国攻陷南京时毁于战火，如今这一园林遗迹全无，彻底湮没在历史洪流之中。幸而随园相关文献资料留传较多，为其复原研究提供了可能。

1.2　随园复原意义

通过对历史名园的复原研究，我们可以追寻其发展脉络，发现其设计的精髓与艺术的真谛，尽可能多地保存园林文化的血脉，留住先贤们营造园林的智慧[1]。随园的复原研究有其重要意义。首先，随园本身具有较高的艺术价值，清末顾云于同治八年（1869年）所著《盋山志》中说，随园是"天下所称名园者也"[2]。随园诞生于中国古典园林成熟后期的清代，造园手法日臻成熟与完善，且位于造园艺术集大成的江南，身处优良的园林大环境，备受熏陶，具有值得复原与研究的艺术品质。其次，园主兼创作者袁枚的文人身份使随园的历史地位非同一般，文人的独特审美能力加上曾经从宦带来的财富积累，使袁枚对园林建设有较高的要求[3]，随园也因此成为研究清中期江南文人园

---

① 北京市财政项目。北京市公园管理中心2018年科技进步二等奖。

2 文献综述

近年来针对袁枚及其文学造诣的研究较为丰富，对于随园的研究虽然取得了一定的成果，但是却相对零散且鲜少涉及园子本身的复原及其空间营造的分析。其中，李晓光的《随园故址考辨》[4]通过诸多文献对随园故址进行研究；王英志的《袁枚初归随园考述》[5]《袁枚"一造三改"随园考述》[6]详细考证了袁枚归隐、改造随园的全过程；沈玲的《从随园看袁枚的园林美学思想》[3]《袁枚的生态美学思想研究》[7]《袁枚诗学思想述论》第四章[8]、陈国雄的《袁枚园林美学思想研究》[9]、毛正树的《袁枚的园林思想》[10]主要论述袁枚的园林美学思想；喻学才的《袁枚的造园思想和造园实践》[11]结合袁枚的园林文学作品分析其造园思想与实践；林洁的《随园老人袁枚的〈随园记〉及其造诣》[12]、车振华的《论袁枚散文》[13]、陈琳的《随园六记与〈园冶〉思想异同》[14]均通过袁枚的随园六记来研究随园的园林建设；陈琳的硕士论文《论袁枚的园林文学》[15]从袁枚与园林相关的文学作品入手，对随园的来历、营造及袁枚的园居生活、思想内涵等进行解析；王弘远的硕士论文《袁枚园林批评研究》[16]则是从艺术批评的角度对随园进行一定的评价。

另外有些学术论文并不是以随园为主要研究对象，而是将随园以案例的形式作为文章论点的支撑，对随园相关内容进行论述。例如周国莉的《嘉靖至咸丰时期金陵园墅研究》[17]、王哲生的《麟庆〈鸿雪因缘图记〉的景园研究》[18]、杨和平的《论江南园林中的梅景》[19]、夏文谦的《明清园记中的水境研究》[20]、许倩倩的《清代金陵私家园林与文学》[21]、张连才的《中国古代私家园林在成熟期的发展情况与同期社会经济发展的关系》[22]等。

迄今为止对随园研究较为系统的是童寯先生于20世纪80年代所作《随园考》[23]一文，文中基于文献史料对袁枚及随园的基本情况进行了概述，推测出随园的大体位置以及总平面布置图。但是其位置的确定缺乏详实理论根据，总平面布置图仅仅是依据袁枚族孙袁起所绘《随园图》，有所局限，且没有结合相关文献的描述，有许多地方值得商榷。总之，目前随园现有研究成果与其历史价值不相匹配，其面貌尚处于晦暗不明的状态，有待于进一步研究的开展。

本研究从随园相关原始资料入手，并对其进行甄别与分类。资料主要分为书籍类资料（袁枚本人及有关袁枚和随园的作品）、方志类资料、图像类资料等。并筛选出最为直接且可靠的一手资料作为复原的依据，主要包含园记、园诗、园图（即园林绘画）3种类型资料。园记主要为袁枚本人所写的6篇随园记[24]，袁枚族孙袁起的《随园图记》[25]，袁祖志的《随园琐记》[26]以及蒋敦复的《随园轶事》[27]；园诗主要为袁枚所作《随园二十四咏》[24]；园图则主要为袁起的《随园图》（南京博物院藏品）（图1）及麟庆《鸿雪姻缘图记》[28]中《随园访胜图》的插图（图2），具体内容如表1所示。其中"园记"长于描述，用以介绍园林的布局；"园诗"长于抒情，用以阐发园林的意蕴；"园图"长于再现，用以描绘园林的面貌，三者结合起来可以很好地展现园林的各个方面[29]。

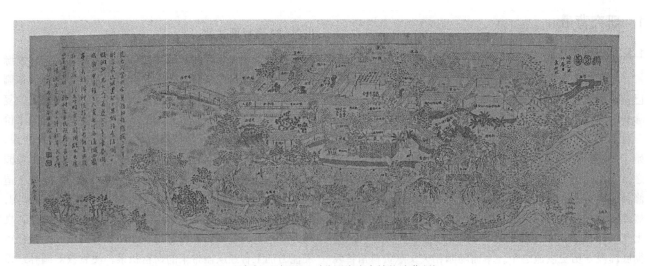

图1 袁起《随园图》（此图为南京博物院藏版）

图2 《随园访胜图》

随园复原依据内容　　表1

类别	名称	作者	内容	出版时间
园文	《随园六记》	袁枚	袁枚在造园、改园的过程中对园子的具体情况、修葺过程以及本人造园心得等的描述	1749～1770年
	《随园图记》	袁起	从3条游线入手，以游览的方式对随园景致进行细致叙述	1865年
	《随园琐记》	袁祖志	针对随园的各个方面如堂榭、楹联、图册、花木、四时、幽境等进行较为详尽的描述	1892年
	《随园轶事》	蒋敦复	内有涉及随园景致的描述	1864年
园诗	《随园二十四咏》	袁枚	分别描写随园内部二十四处景致	1749～1797年
园图	《随园图》	袁起	采用俯瞰视角以及近乎"白描"的手法对随园昔日的形胜美景进行了详细的描绘	1865年
	《随园访胜图》	麟庆	《鸿雪姻缘图记》中《随园访胜》插图，描绘随园荒废之后被毁之前的尚存景致	1823年

3　研究方法

平面图本身对于历史园林营造特点的理解有着重要的意义，在当代研究中，平面图是对于设计营造认识的基本途径，有着其他材料无法取代的地位[30]。随园复原研究也是以平面复原为主要内容。需要声明的是，随园前期在袁枚经营下历经"一造三改"4次比较大的建设，园景在不同时期有所差别，但暂时无具体史料佐证每一时期的园貌以进行分阶段复原。"一造三改"后随园进入稳定期，袁枚过世后，其子孙以维持随园景致为主，改动较小，且复原研究的主要参考依据为袁枚后人所作，因此我们复原研究的内容是随园稳定后的时期。

本研究采用归纳、演绎、推理的方法，图文互证，精分异同。相同部分可信度较高，是复原的稳定参考依据，不同部分根据出版时间及其文献本身的权威性进行优先选择性参考，相互补充，以期求得真实可靠的结果。鉴于图像资料的直观性及文字资料可能出现的语义不明问题，随园复原以相关园林绘画为主要参考依据。园林绘画重视对园中景致的忠实摹写，是研究古代园林的重要材料，对于已消失或改建过的早期园林的复原研究具有重要价值[31]。其中，袁起的《随园图》来源于南京博物院馆藏影印品，经过相关专家认证，可信度较高，其以园中实景为出发点，重在还原随园整体性布局，较为真实、完整，为本研究第一参考依据，文字及其他图像作为补充参考。

通过文献与图像的综合分析，先得出随园的空间结构关系，再深化推导得出复原平面图。在复原平面图的基础上，结合相关文献，对其园林营造等相关内容进行简析，以尽可能完整地呈现这一历史名园。

4 具体内容讨论

4.1 随园选址

随园位于小仓山脚下，《随园记》[24]说"金陵自北门桥西行二里，得小仓山，山自清凉胚胎分两岭而下，尽桥而止。蜿蜒狭长，中有清池水田，俗号干河沿。河未干时，清凉山为南唐避暑所，盛可想也。凡称金陵之胜者，南曰雨花台，西南曰莫愁湖，北曰钟山，东曰冶城，东北曰孝陵，曰鸡鸣寺。登小仓山，诸景隆然上浮。"小仓山分南北两支，中间低洼处即今天的广州路一带，即曾经的干河沿所在。北门桥的旧迹如今仍旧存在，其以西二里即大约1000m处为青岛路附近。《随园图记》[25]中"过红土桥，即为随园"，此为随园的东北边界，所指红土桥现已不存，具体位置不明。《随园考》[23]中针对随园的四周边界有比较详尽的描述："园东南角靠近五台山永庆寺。园北紧邻今东瓜寺合群新村一带，是随园当时居室、书斋、台、阁等建筑群所在（20世纪70年代兴建五台旅社）。园西北角伸至今宁海路南口，是随园小香雪海边缘。西南角为袁氏祖茔。南山今称百步坡，当年随园有山半亭、天风阁（坡下于20世纪50～70年代建造五台山体育建筑群。广州路是随园最低处，乃昔日荷池、闸、堤、桥、亭原址）。此外还有《金陵琐志九种》[32]、《金陵古迹图考》[33]、《金陵十记》[34]、《江苏省志·第三十九卷·风景园林志》[35]、《南京园林志》[36]等也对随园的位置有所描述。因此结合各文献资料记载的对比分析，我们推测出随园的大致位置在如图3所示范围中。

一般江南庭园及宅园多居城镇，园址条件通常缺乏可资借助的地形地势变化，大多数是平地起山水。随园选址却具有山水形胜的天然地理优势，小仓山与干河沿的自然之利为其园林的营建奠定了良好的基础。同时这里还具有浓厚的历史文化意蕴。袁枚曾"考志书知园基即谢公墩，李白悦谢家青山欲终焉而不果，即此处也"（此乃诗题，《小仓山房诗文集》[24]卷五）。谢公墩是东晋太傅谢安当年住所，

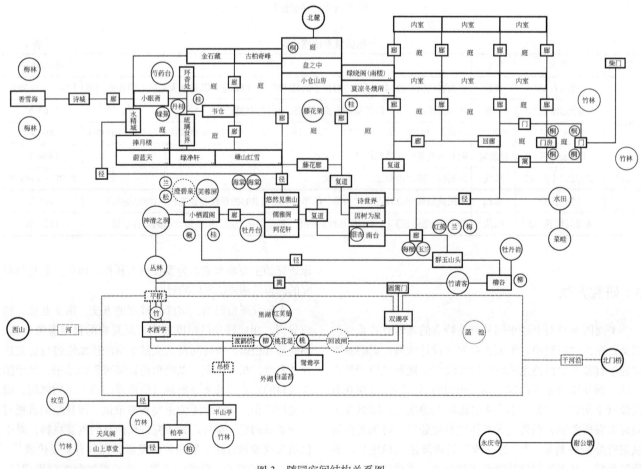

图3 随园空间结构关系图

也是后来李白向往之处,其《登金陵冶城西北谢公墩》诗有云:"冶城访古迹,犹有谢公墩"。袁枚居于此,精神上亦感满足,可见随园选址的高明之处。

4.2 随园布局

《随园图记》以游记方式对随园进行整体描述,先依据其建构出随园景点的初步结构关系,其大致分为北山、湖区以及南山三大部分。每一部分细分为若干个小组,每一个小组由数量不等但是关系密切的几个景象单元组成。通过文字资料与图像资料互证推敲出各小组内几个景象单元之间的空间关系,再与其他的小组合并、调整,得出这一部分的空间关系图,最终三大部分进行合并得出整体的空间结构图,结构图以反应位置关系及园林路径为主要目的,对于尺寸、细节等不作深究(图3)。

在空间结构图的基础上继续深化完善得出复原平面图,主要是建筑平面的具体确定、空间连接及竖向高差的处理,同时增补包括山石、水形、植物等细节。随园相关资料中对于建筑的形制和尺寸的描述较为粗略,首先根据现有资料对建筑进行归纳、分类,尽可能明确建筑的功能类型、层数、屋顶形式等相关信息。再在江南尤其是南京同时期的园林中寻找参考案例,结合大约同时期的清代《营造法原》[37]中的相关古建筑做法例例对每个建筑进行具体的推敲。由于随园地处山地,高差变化丰富,因此竖向关系的确定及建筑之间的衔接处理是一难点,在充分尊重文献资料的基础上,取水岸为正负零点,由低到高逐层推进,从而最终得出较为完善的平面图(图4)。

随园是家居与赏景相合宜的一座私家园林,且在其空间布局上有较为明确的划分,随园根据其功能布局可以划分为南、北两部分。

北侧部分在地理位置上为山地阳坡,背山面水,环境条件优良,主要为随园的居室区域,以满足日常的生活起居为主要的功能。园中建筑主要分布在此区域,且空间排布比较集中,依北侧小仓山自然山势而建,"奥如环如,一房毕,复一房生"[24],由北至南地势逐渐降低,大致可细分为三层台地。

北侧三层台地缓坡降低,紧密衔接,自成一体。在由北至南地势降低的过程中,其功能也有由居住向园林进行转化的趋势,以和南部园林区形成良好的衔接。北部位于后半部分的内室、夏凉冬燠、小仓山房、古柏奇峰、金石藏、环香处、小眠斋、书仓等建筑以满足居住、宴客、小憩、个人爱好等生活功能为主要目的而建。水精域、蔚蓝天、绿净轩、嵁山红雪,包括悠然见南山三层楼与诗世界二层楼开始出现向园林功能转化的趋势,本身兼具造景的考虑。而小栖霞、群玉山头与柳谷则园林功能更加明显,是双重功能的结合体,为南部园林区的展开做了良好的铺垫。

南部园林区依据复原平面可细分为湖区和南山两部分(图5)。湖区以水景为主,乃园主袁枚怀念祖籍浙江西湖风景,仿其意而建造。《随园五记》中说:"余离西湖三十年,不能无首丘之思。每治园,戏仿其意,为堤为井,为里外湖,为花港,为六桥,为南峰、北峰。"[24]湖区分为内湖和外湖两部分,两者一静一动,遍植荷花,内红外白,形成良好对比,其间以桃花堤相隔,堤的设立不仅为游湖提供路径,更是

图4 随园复原平面图

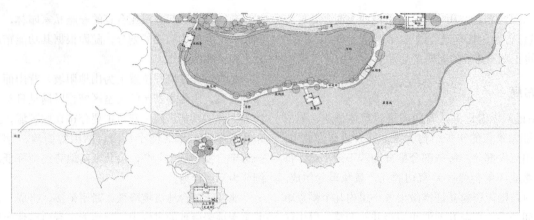

图 5　随园园林区部分分析

通过吊桥与南岸相接,贯通南北、东西,同时还为种植荷花划定了稳定的水面。整个中部视野开阔,颇得水景之妙。

南山部分人工景观相对较少,仅半山亭、柏亭及山上草堂、天风阁二层楼。袁枚在《随园三记》中曾说"弃其南,一椽不施,让烟云居,为吾养空游所"[24],稀少的建筑与北侧山地形成良好的疏密对比。随园西南部百步之外是袁氏祖茔,周边则是水田菜畦百亩,由于没有围墙的存在,整个随园与周边环境合二为一,尽得自然山水之胜。

《随园访胜》中这样描述随园:"因山为垣,临水结屋,亭藏深谷,桥压短堤,虽无奇伟之观,自得曲折之妙"[28]。可见随园以其独有的自然地理优势,巧借周围风景名胜,纳入园中,且整体建构依山就势,妙用水流,建筑疏密有致,植物花草丰富,四时景色各异,与整个环境融为一体,浑然天成。这是袁枚作为相地高手的必然结果,能够合理地将居住等使用功能和理景完美地结合在一起,各得宜彰。同时也充分发挥了场地的自然之宜:水之柔美在北山之麓,山之秀丽则在南山之巅。

4.3　随园景致营造特点简析

清代金陵私家园林营造兴盛,虽规模大小不一,但都多糅取文人的审美造诣,除了继承园林建造的传统之外,更因园林主人的兴趣、修养、爱好的不同形成园林的不同风貌。其多以人工造景为主题,重园林意境,重自然、淡雅的风格,具有精巧雅致的特点。[21]身处这样的园林建造大环境之中,随园的营建自然受其影响,但同时又具有自己的特色。袁枚在《随园记》[24]中说"随其高,为置江楼;随其下,为置溪亭;随其夹涧,为之桥;随其湍流,为之舟;随其地之隆中而欹侧也,为缀峰岫。随其蓊郁而旷也,为设宧窔。或扶而起之,或挤而止之,皆随其丰杀繁瘠,就势取景,而莫之夭阏者,故仍名曰'随园',同其音,异其义。"[24] "随"就是随园景致营造的精髓所在,即随顺自然、随顺现状、随顺物性。

对于随园的景致营造特点,结合复原平面与文献资料,大致有以下几方面的认识:

首先,随园处于绝佳的自然山水环境之中,兼具小仓山的"山林地"[38]与干河沿的"江湖地"[38]双重优势,但是仍旧有的放矢地进行山水营造。随园假山以神清之洞为主,其为可供游览穿行的隧涵,营造出幽深曲折的意境,引人入胜。神清之洞不仅起到划分空间和引领游览路线的作用,也作为造园景致之一拥有良好的景观效果。而随园中的置石则主要分布在夏凉冬燠、古柏奇峰、书仓、小眠斋等院落当中,作为点景之用。山水相映方能成趣,随园理水同样匠心独运。袁枚一方面为解首丘之思,另一方面则从园林整体布局考虑,仿照西湖形胜对原有狭窄的干河沿水系进行改造,就低洼处稍加疏浚,引水成湖,形成园中心明旷的水面,开阔了视野,同时也与小栖霞堂后怪石嶙峋围绕的幽深的澄碧泉形成对比,丰富了景观的层次。

其次,植物对于表现自然情趣的江南园林来说,是描写生态环境的主要方式,也是渲染景象季相特征的重要手段。随园的植物配置方式,主要是融汇于山水景象之中,但是同时也讲求以少胜多,配置得当,反映大自然的神韵及园主的造园思想。园中植物的品种选择大量运用具有品格含义的植物,借以抒发个人的志趣。如"重德长寿"的松柏,"高风亮节"的竹、"香韵清高"的梅等等。随园的植物与其山、水、建筑和谐融为一体,宛自天成,营造出舒适的生态环境。

再者,随园的建筑也可圈可点。《园冶》[38]云:"宜亭斯亭,宜榭斯榭。"袁枚虽然崇尚顺随自然,但并不反对人工对其进行适宜的改造及创造。随园的建筑营造与自然环境良好地融合为一体,建筑主要分布在北山,其建造真正做到了因山构室,依据山形地势分层排布,由山至水边逐层递落。南山则在对比之中求得和谐,营建有的放矢,有所留白,南山背阴,仅点缀几处建筑,供赏景之用,并不加以大规模建设,做到疏密有致。

总体来说，随园依山傍水，金陵大好风光尽收眼底，在园主袁枚的精心营建之下，景致优美，四时不同，引人入胜，成为袁枚避世修养的世外桃源。

4.4 随园游赏

随园虽然为袁枚的私园，但却带有一定公共园林的性质。袁枚的《随园诗话》[39]中说："随园四面无墙，以山势高低难加砖石故也。每至春秋佳日，士女如云。主人亦听其往来，全无遮阑。唯绿净轩环房二十三间，非相识者不能遽到。因摘晚唐人诗句，作对联云：放鹤去寻山岛客，任人来看四时花。"随园没有围墙，除了内室部分的23间房仅相识之人可以进入外，随园其他部分均对外开放，任人游览参观。这在当时的社会条件下实为一种创举，与袁枚本人豁达开朗、追求真我、不拘一格的性情有关。

4.5 与童寯随园平面图的比较

本研究还将随园复原平面图与童寯先生《随园考》的总平面布置图进行对比分析（图6），主要存在以下的不同点：

图6 童寯随园总平面布置图与随园复原平面图比较

（1）内室区域的范围及边界做了明确划分，根据常规做法定东西两侧为廊子连接。

（2）夏凉冬燠与小仓山房的位置关系进行了调整，且小仓山房根据《随园琐记》中"山房三楹"的描述定为三间。

（3）书仓、环香处、琉璃世界、水精域、蔚蓝天、绿净轩、嵌山红雪等房屋的形式及其与廊子的衔接均有所不同。

（4）诗世界与因树为屋成一座楼阁，且诗世界与内室、小仓山房的建筑在同一标高。同时明确了因树为屋二层楼与南台及复道的关系。

（5）悠然见南山为带回廊的三层楼，且明确了其与诗世界、南台的位置关系及连接方式。

（6）诗城由小眠斋西出至香雪海。

（7）南山部分半山亭、柏亭、山上草堂等的相对位置关系在平面图上有所区别。

造成以上差异存在的主要原因有两点：其一，童寯先生随园总平面布置图仅依据袁枚所绘《随园图》制成，图像在空间表达上的不完整性使之有所局限，而部分文字恰好弥补了这一缺陷；其二，本文根据江南同时期园林常规做法对随园图像上表达不清楚的部分进行了推敲，使之更加完善。当然，依据文字或图画还原历史名园的本来面貌，其中不乏想像的成分[1]。我们得出的复原平面图中亦包含许多推测及不确定的成分，仍需要进一步研究求证。

5 结论

随园复原研究在详实的资料搜集及系统、综合的对比、分析基础上，运用科学的方法进行推敲，结合适当的复原性设计，取得了一定的成果，使这座消失的江南历史名园以尽可能完整的姿态展现。同时在复原平面的基础上，结合相关文献资料，对其造园艺术相关内容展开简要分析，对于明清时期江南私家园林造园史的认识发展具有重要意义。当然，更加深入的研究还有待于进一步工作的推进。

参考文献

[1] 王向荣，王晞月. 历史名园复原研究 [J]. 风景园林，2017(2)：2-3.

[2] 顾云. 盋山志：八卷 [M]. 文海出版社，1975.

[3] 沈玲. 从随园看袁枚的园林美学思想 [J]. 三峡大学学报（人文社会科学版），2010，32（3）：76-80.

[4] 李晓光. 随园故址考辨 [J]. 东南文化，1999（5）：96-99.

[5] 王英志. 袁枚初归随园考述 [J]. 锦州师范学院学报：哲学社会科学版，2001，23（1）：64-67.

[6] 王英志. 袁枚"一造三改"随园考述 [J]. 中国典籍与文化，2001（4）：109-115.

[7] 沈玲. 袁枚的生态美学思想研究 [J]. 云南行政学院学报，2006，8（6）：163-166.

[8] 沈玲. 袁枚诗学思想述论 [D]. 扬州大学，2005.

[9] 陈国雄. 袁枚园林美学思想研究 [J]. 理论月刊，2007（7）：66-69.

[10] 毛正树. 袁枚的园林思想 [J]. 绿化与生活，1996（4）.

[11] 喻学才. 袁枚的造园思想和造园实践 [J]. 华中建筑，2008，26（8）：197-201.

[12] 林洁. 随园老人袁枚的《随园记》及其造诣 [J]. 兰台世界，2014（17）：150-151.

[13] 车振华. 论袁枚散文 [D]. 山东师范大学，2004.

[14] 陈琳. 随园六记与《园冶》思想的异同 [J]. 长江大学学报（社会科学版），2013，36（8）：177-178.

[15] 陈琳. 论袁枚的园林文学 [D]. 山东师范大学，2014.

[16] 王弘远. 袁枚园林批评研究 [D]. 山东大学，2016.

[17] 周国莉. 嘉靖至咸丰时期金陵园墅研究 [D]. 南京农业大学，2009.

[18] 王哲生. 麟庆《鸿雪因缘图记》的景园研究 [D]. 天津大学，2013.

[19] 杨和平. 论江南园林中的梅景 [D]. 华中农业大学，2010.

[20] 夏文谦. 明清园记中的水境研究 [D]. 清华大学，2015.

[21] 许倩倩. 清代金陵私家园林与文学 [D]. 安徽大学，2014.

[22] 张连才. 中国古代私家园林在成熟期的发展情况与同期社会经济发展的关系 [D]. 华南理工大学，2013.

[23] 童寯. 江南园林志 [M]. 中国建筑工业出版社，1984.

[24] 袁枚. 小仓山房诗文集 [M]. 上海古籍出版社，1988.

[25] 陈作霖. 金陵琐志九种：金陵园墅志 [M]. 南京出版社，2008.

[26] 王英志. 袁枚全集 [M]. 江苏古籍出版社，1993.

[27] 袁祖志. 随园三十六种 50，随园琐记 [M]. 上海图书集成印书局，光绪十八年.

[28] 麟庆，汪春泉. 鸿雪因缘图记 [M]. 北京古籍出版社，1984.

[29] 高居翰，黄晓，刘珊珊. 不朽的林泉：中国古代园林绘画 [M]. 北京：生活·读书·新知三联书店，2012：6.

[30] 顾凯. 明末清初太仓乐郊园示意平面复原探析 [J]. 风景园林，2017（2）：25-33.

[31] 黄晓，刘珊珊. 园林绘画对于复原研究的价值和应用探析——以明代《寄畅园五十景图》为例 [J]. 风景园林，2017（2）：14-24.

[32] 陈作霖. 金陵琐志九种 [M]. 南京出版社，2008.

[33] 朱偰. 金陵古迹图考 [M]. 中华书局，2015.

[34] 杨心佛. 金陵十记 [M]. 古吴轩出版社，2003.

[35] 江苏省地方志编纂委员会. 江苏省志.（第39卷）. 风景园林志 [M]. 江苏古籍出版社，2000.

[36] 廖庆和. 南京园林志 [M]. 方志出版社，1997.

[37] 张至刚增编. 营造法原 [M]. 中国建筑工业出版社，1986.

[38] 陈植. 园冶注释（第2版）[M]. 建筑工业出版社，2009.

[39] 袁枚. 随园诗话 [M]. 浙江古籍出版社，2010.

中华裸角天牛生物学特性及其对不同波长杀虫灯趋性的研究[①]

北京市颐和园管理处 / 李 洁

摘 要：中华裸角天牛（Aegosoma sinicum）已成为北京城区危害大龄柳树的首要钻蛀性害虫，具有明显的弱寄生性，常将树体蛀空，导致树木随风折断或倒伏，造成较大的安全隐患。笔者经过近三年监测，摸清了中华裸角天牛的生物学特性，并通过不同波长的灯诱试验，初步总结了诱捕中华裸角天牛的特定波长，同时本文探讨了该天牛对不同波长频振式杀虫灯的趋性，对频振式杀虫灯在诱杀锯天牛亚科薄翅天牛属害虫的进一步应用，提出了具体的看法和建议。

关键词：中华裸角天牛；形态特征；生物学特性；频振式杀虫灯；监测诱捕

柳树是我国的原生树种，更是园林绿化中应用最为广泛的树种之一，其以得天独厚的观赏特性及生态优势成为各地造园缀景的重要植物材料，深得人们的喜爱。但由于钻蛀类害虫的为害，常使树体千疮百孔，这种现象在树龄较长的柳树上发生更为普遍。所谓"十柳九蛀"，不仅影响树木生长，破坏绿化成果，影响城市美观，也给环境安全带来了较大隐患[1]。中华裸角天牛（别名薄翅锯天牛、中华薄翅天牛，异名 Megopis sinica）鞘翅目天牛科，作为一种弱寄生性害虫，已取代光肩星天牛，成为北京城区危害大龄柳树的首要钻蛀性害虫，常造成包括古树在内的大龄柳树出现不同程度的枝干枯死，树体被蛀空后，极易随风折断或倒伏，造成较大的安全隐患。颐和园每年风折树木约有 80% 为此虫直接或间接导致。目前国内外针对中华裸角天牛的研究仅局限于形态特征方面，对生物学特性描述不够完善，对靶标专一性强的防治措施更是无人报道。笔者经过近三年监测，摸清了中华裸角天牛的生物学特性，并对其对不同波长杀虫灯的趋性进行了研究。

1 中华裸角天牛

1.1 寄主

中华裸角天牛的寄主有柳、杨、桑、榆、枣、白蜡、梧桐、法桐、核桃、海棠等 30 余种植物[2,3]，在颐和园主要为害柳，偶有为害杨、桑。

1.2 形态特征

成虫体长 30~55mm，宽 8.5~14.5mm。体赤褐色或暗褐色，头、胸背面黑色，上生黄色绒毛。头部密布刻点，咀嚼式口器，复眼肾形黑色。前胸背板前端狭窄，基部宽阔，呈梯形，后缘中央两旁稍弯曲，两边仅基部有较

[①] 北京市公园管理中心课题（ZX2015001）。北京市公园管理中心 2018 年科技进步二等奖。

清楚边缘,表面密布颗粒刻点和灰黄短毛。鞘翅宽于前胸,有2～3条较清楚的细小纵脊[2,3]。雄成虫(图1)触角几与体长相等或略超过,第1～5节极粗糙,下面有刺状粒,柄节粗壮,第3节最长[4];末腹节无管状物。雌成虫(图2)触角较细短,约伸展至鞘翅后半部,基部五节粗糙程度较弱;末腹节有管状产卵器。卵(图3)椭圆形,初产呈乳白色,约10分钟后变黄,呈污白色。幼虫(图4)头近方形,较扁,肛门3裂。老熟幼虫(图5)体黄白色,长约70～80mm,前胸宽14～16mm,前胸背板浅黄色,中央有纵线1条,中线两侧有凹陷斜纹1对。每腹节侧面各有一对气孔,无足。蛹(图6)为裸蛹,乳黄色至黄褐色,体长35～55mm,活动以弯曲滚动进行[2,3]。此种注意与海南亚种(*A. sinicum hainanensis*)和隐脊亚种(*A. sinicum ornaticollis*)的区别:后二者在北京均没有分布,海南亚种成虫前胸两侧缺刺,隐脊亚种成虫前胸背板中区两侧具接近橙色的毛斑[5]。

1.3 生物学特性

北京地区2～3年完成1代,以3年1代者居多。以幼虫于蛀道内越冬(图7)。弱寄生性害虫,常发生在幼龄期、

图1 中华裸角天牛雄成虫

图2 中华裸角天牛雌成虫

图3 中华裸角天牛卵

图4 中华裸角天牛幼虫

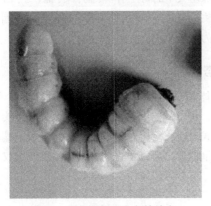

图5 中华裸角天牛老熟幼虫

图6 中华裸角天牛蛹(左雌右雄)

中龄期被光肩星天牛等钻蛀性害虫为害之后，或内有空洞、糟朽，树势已衰弱的大龄寄主之上，受害寄主胸径或干径多在50cm以上。为害程度随着树龄的增加、树体的衰弱而进一步加剧。寄主萌动时开始为害，5月幼虫老熟。6～8月可见成虫，羽化高峰期出现在7月上中旬。成虫寿命15天左右，有一定的趋光性和飞翔能力，或有取食树叶补充营养习性。羽化后随即交尾，成虫喜于衰弱、糟朽、中空、枯老树上的半腐态树疤或树缝处或病虫侵害之处产卵，亦有在枯朽的枝干上产卵者，也有将卵产于树干基部者，一次性散产，单雌可产几十粒至200粒卵。卵期20余天。8月幼虫孵化后上、下蛀食木质部，喜食糟朽心材，常几头、十几头共同为害木质部，大龄幼虫常将髓心部蛀成蜂窝状中空（图8），后继续向边材扩散为害。蛀道较宽不规则，内充满粪便与木屑，临近皮层时也有蛀孔将木屑排出现象（图9）。低龄幼虫有蛀食胸径在20～40cm的树干基部及木质化主根的习性，常导致树干基部被蛀成空洞，遇风极易倒伏。临近化蛹时多蛀到皮层，蛀椭圆形蛹室于内化蛹。羽化后成虫向外咬椭圆形羽化孔爬出（图10），羽化孔长约10mm。幼虫全年可见，前一年孵化的小幼虫，翌春3月体长为15mm左右，夏季可长到25～45mm，寄主落叶时休眠越冬。

图7　蛀道内的越冬幼虫

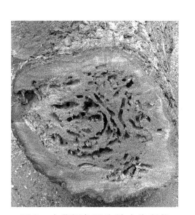

图8　中华裸角天牛幼虫为害状

图9　中华裸角天牛幼虫排粪孔

图10　中华裸角天牛成虫羽化孔

2　中华裸角天牛对不同波长频振式杀虫灯的趋性

2.1　试验原理

天牛类害虫如同昆虫纲其他虫体一样，可以通过侧单眼、单眼和复眼来感受光线。复眼是由许多重复的单元——小眼组成。在大多数被研究昆虫的小眼中，都有几类具有不同敏感光谱的视杆细胞。视杆细胞上有视觉色素存在，能够吸收某一特殊波长的光，然后引起光反应刺激视觉神经。通过神经系统指挥运动器官，从而引起翅和足的运动，趋向光源而来。而不同种类的昆虫视杆细胞上视觉色素的分子结构不同，对于不同波长的光线的敏感度也不同，因此导致不同昆虫之间敏感光谱的差异[6]。本试验即是利用中华裸角天牛对不同波长光源的选择性趋性实施的。

试验所用为佳多频振式杀虫灯，其作用原理是利用昆虫的趋光性，运用光、波、色、味4种诱杀方式，近距离用光，远距离用频振波，加以色和味引诱，灯外配以频振高压电网触杀，迫使害虫落入灯下箱内，达到杀灭成虫、降低虫口密度的目的[7]。

2.2 材料与方法

2.2.1 试验装置

选用佳多频振式杀虫灯（PS-15-Ⅱ型），由河南汤阴佳多科工贸有限责任公司生产。测试了由该公司生产的灯管编号为1～20号所对应的20种波长的诱捕效果。由于涉及专利，灯管与波长的对应关系由厂家提供。

2.2.2 试验方法

在2016年、2017年中华裸角天牛成虫羽化期内，于颐和园内园艺队队部、水村居、西门、畅观堂、东堤、船坞6处地点设置频振式杀虫灯（2017年因条件所限，撤去水村居诱捕点），灯管每两周更换一次。通过收集计数诱捕到的成虫数量，统计分析中华裸角天牛对各波长的趋向。

2.2.3 结果与分析

通过表1、表2可以总结出，针对中华裸角天牛的有效诱捕波长集中在灯管编号为10、13、14、15、16、18、19、20所对应的波长，其他灯管所对应的波长对其无效。各灯管诱捕数量所占比例详见表3。

2016年频振式杀虫灯诱捕中华裸角天牛调查表　表1

调查日期	安装位置	灯管编号	诱捕天牛（头）
7月4日	队部	15	4
	水村居	10	0
	西门	18	0
	畅观堂	5	0
	东堤	9	0
	船坞	7	0
7月13日	队部	13	2
	水村居	1	0
	西门	4	0
	畅观堂	20	3
	东堤	6	0
	船坞	19	0
7月24日	队部	8	0
	水村居	9	0
	西门	11	0
	畅观堂	12	0
	东堤	13	0
	船坞	14	0

续表

调查日期	安装位置	灯管编号	诱捕天牛（头）
8月15日	队部	16	1
	水村居	17	0
	西门	2	0
	畅观堂	15	0
	东堤	13	2
	船坞	18	1
共计			13

2017年频振式杀虫灯诱捕中华裸角天牛调查表　表2

调查日期	安装位置	灯管编号	诱捕天牛（头）
7月5日	队部	15	0
	西门	18	2
	畅观堂	15	5
	东堤	10	2
	船坞	7	0
7月20日	队部	3	0
	西门	4	0
	畅观堂	20	0
	东堤	6	0
	船坞	19	2
8月5日	队部	8	0
	西门	11	0
	畅观堂	12	0
	东堤	13	0
	船坞	14	1
8月20日	队部	16	0
	西门	1	0
	畅观堂	15	0
	东堤	9	0
	船坞	18	1
共计			13

2016～2017年不同波长诱捕中华裸角天牛数量统计　表3

灯管编号	诱虫量（头）	所占比例（%）
10	2	7.69
13	4	15.38
14	1	3.85
15	9	34.62
16	1	3.85
18	4	15.38
19	2	7.69
20	3	11.54
共计	26	100

由此可见，中华裸角天牛对灯管编号为 15 的波长趋向性最强，诱捕数量占总数量的 34.62%，有效诱捕波段集中在灯管编号为 13~20 所对应的波段，其诱捕数量占总数量 92.31%。其中 13、15、18、20 四个波段效果最好，诱捕量占到总量的约 75% 以上。

3 讨论

中华裸角天牛对北京城区老龄柳树危害极大，在颐和园内也是古树的主要虫害之一。关于中华裸角天牛防治措施的研究目前还处于比较空白的阶段。而频振式杀虫灯做为一种先进的绿色环保灭虫方法，在应用和推广上也亟须进一步研究。本研究采用河南汤阴佳多科工贸有限责任公司生产的佳多频振式杀虫灯，通过比较不同波长的杀虫灯在颐和园中不同地区的应用效果，发现对中华裸角天牛有特殊效果的几种波长分别为编号 13、15、18 和 20 四个波段。其他波段或者无效，或者效果不显著，故不适合应用。

在研究中发现，同样波段的杀虫灯在不同区域诱捕效果也不同，应该与害虫的分布有关。因此本研究也可以用来分析害虫的分布特性，结合不同区域树种分布的情况，可综合分析害虫分布差异的原因，有助于完善对害虫生物学特性的了解，以便进一步改进防治方法。

因条件所限，本研究仅限于在颐和园内进行。而中华裸角天牛在北京市，甚至华北地区，都是老龄柳树的主要虫害。因此若要深化推广此技术产品的应用，需进一步加大投入，完善试验条件，搜集更广泛的基层防治数据。若能够与其他公园或林保机构合作，在更广泛的区域内进行深入研究，应能够对该害虫的彻底防治起到更好的效果。同时，本方法也可作为一个研究模式，用于其他种类害虫的研究。在当前建设绿水青山的要求下，在环保工作成为重中之重的形势下，这种绿色无污染的防治措施，应是今后虫害防治技术的一个重要的研究方向。

参考文献

[1] 蒋三登. 柳树钻蛀性害虫概述 [J]. 园林科技, 2001 (002).

[2] 萧刚柔. 中国森林昆虫 [M]. 北京：中国林业出版社, 1992.

[3] 徐公天, 杨志华. 中国园林害虫 [M]. 北京：中国林业出版社, 2007.

[4] Cuong Do. Genus Aegosoma Audinet-Serville, 1832, with description of a new species from Vietnam (Coleoptera：Cerambycidae：Prioninae) [J]. Journal of Asia-Pacific Entomology, 2015 (18).

[5] 王直诚. 中国天牛图志 [M]. 北京：科学技术文献出版社, 2013.

[6] 薛贤清. 森林害虫预测预报 [M], 北京：中国林业出版社, 1992.

[7] 衡雪梅, 孙元峰, 赵学礼, 等. 佳多频振式杀虫灯诱杀害虫试验初报 [J]. 河南农业科学, 2008 (5).

颐和园湿地生态系统健康评价研究

北京市颐和园管理处／胡振园　丛一蓬　闫宝兴

摘　要：从水质环境、底泥环境、生态系统功能和生物群落结构4个方面选取26个指标构建了颐和园湿地生态系统健康评价体系，采用层次分析法对颐和园湿地健康状况进行评价。结果表明：45个调查样点中，仅有4个样点的健康状况为"健康"，其余41个为"亚健康"；颐和园湿地生态系统的健康综合指数为0.41，处于"亚健康"状态；健康分指数值低于0.2的因子包括水体总磷、水体五日生化需氧量、底泥有机质、底泥中Cd浓度、湿地植物生物量和底栖生物的多样性综合指数。建议颐和园湿地生态系统的保护与管理从改善入水水质、降低水体氮磷浓度、对各小水体开展净化清淤整治、优化湿地植物配置及提高水生生物多样性等方面入手。

关键词：城市湿地；健康评价；指标体系；颐和园

由于湿地在社会经济发展中发挥着重要的生态功能，关于湿地退化、修复及湿地生态系统环境演化的议题逐渐受到国内外的广泛关注，对湿地生态系统健康展开评价用于定性或定量表征湿地环境演化状态业已成为研究湿地过程及保护管理措施的重要手段（朱卫红等，2012；徐珊楠等，2016；张艳会等，2014；张志明等，2013）。以昆明湖为主体的颐和园湖泊湿地在调节区域小气候、维持生物多样性、提供休闲旅游等方面有着不可替代的作用（苗李莉等，2013）。20世纪80年代初，北京进入了城市化的快速发展期，城市建设向"郊区化"蔓延，给颐和园湿地生态系统带来威胁，地表固化改变了颐和园湿地生态系统内的水分循环（王喜全等，2008；张文茂等，2009）。其次，作为艺术文化价值极高的皇家园林，颐和园也面临由高负荷的旅游接待产生的一系列生态环境问题（陈萍，2010）。因此，为进一步提升颐和园管理水平、实现世界文化遗产地及其生态环境的科学化保护与管理，开展颐和园湿地生态系统监测和健康评价具有十分重要的意义，对于我国历史文化古迹所在地的生态保护起到重要的引领和示范作用，同时为颐和园世界文化遗产地的生态环境的保护和管理提供科学依据。

1　材料与方法

1.1　研究区概况

颐和园位于北京市海淀区，园内有大小水体十余个，主要的水体有昆明湖、藻鉴堂湖、耕织图水体、耕织图东北湖、团城湖及后溪河。根据2015年的生态调查数据，颐和园内有维管束植物305种，隶属于86科231属，其

---

① 北京市公园管理中心课题（ZX2016001）。北京市公园管理中心2018年科技进步二等奖。

中以禾本科、菊科植物最多；昆虫 119 种，隶属于 11 目 62 科；湿地植物 109 种，隶属于 49 科 94 属，其中水生植物 33 种，湿生植物 76 种。

1.2 样品采集与分析

2015 年 7 月对颐和园湿地生态系统展开调查，样点布设如图 1 所示。其中昆明湖 31 个样点，耕织图东北湖 5 个样点，耕织图水体及后溪河各 3 个样点，藻鉴堂湖、排云殿院内水池及扬仁风院内水池各 1 个样点，合计 45 个采样点。本次调查采集了样点的水样、底泥、湿地植物、浮游动植物和底栖动物样品，样品的采集、运输、保存和分析均参照《湿地生态系统观测方法》和《生物多样性观测技术导则淡水底栖大型无脊椎动物》等所规定的方法进行。

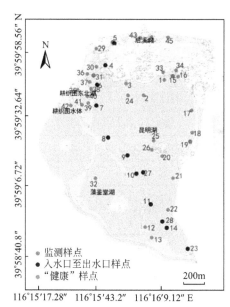

图 1　颐和园湿地生态系统调查监测样点示意图

其中生物多样性指数 D 的公式如下（陈清潮等，1994）：

$$D=H'\times J \quad H'=-\sum P_i\log_2 P_i \quad J=H'/\log_2 S$$

式中，H' 为 Shannon-Wiener 多样性指数，J 为均匀度，S 为种类总数，P_i 为第 i 种的个体数量（N_i）与总个体数（N）的比值。

1.3 层次分析法

1.3.1 评价指标体系的构建

参考已有的生态系统健康评价模型（徐珊楠等，2016；李春华等，2012；赵臻彦等，2005），结合颐和园湿地生态系统的特点，构建颐和园湿地生态系统健康评价体系。该体系由目标层、准则层和指标层组成，目标层为颐和园湿地生态系统健康状况，准则层分为水质环境、底泥环境、生态系统功能与生物群落结构 4 个层次，指标层包含 pH 值等 26 项指标（表 1）。

1.3.2 评价指标权重的确定

将前述颐和园湿地生态系统健康评价体系做成调查表，通过咨询有关专家，对选取的评价指标按照相对重要性进行评分，按照层次分析法构建判断矩阵后求解矩阵的特征值和特征向量，按照 $C.R.<0.1$ 的标准对矩阵进行一致性检验。将特征向量归一化处理后就可以得到权重值（表 1）。

1.4 生态系统健康状况的模糊综合评价

1.4.1 等级评分标准的建立

生态系统健康评价是建立在实测值与参照标准对比基础上的（李春华等，2012），本研究结合颐和园湿地生态系统的特征，参考有关学者的研究确定了颐和园湿地生态系统健康状态的分级标准，从重度病态到非常健康共分 5 级（朱红卫等，2012；徐珊楠等，2016）（表 2）。各指标的评价等级标准主要依据《地表水环境质量标准》GB 3838—2002、《土壤环境质量　农用地土壤污染风险管控标准（试行）》GB 15618—2018、《全国第二次土壤普查养分分级标准》等相关国家标准，没有标准文本的则参考已有的研究成果（贾晓平等，2003），最后得出颐和园湿地生态系统健康评价等级标准（表 2）。

1.4.2 生态系统健康综合指数的计算

选取评价指标体系的评价因子作为模糊综合评价的因素集 $C=\{c_1, c_2, c_3, \cdots, c_m\}$（表 1），确定相应的评价标准集合 $V=\{v_1, v_2, v_3, \cdots, v_n\}$，即 $V=\{$非常健康，健康，亚健康，病态，重度病态$\}$（表 2）。对因素集 C 中的 c_i（$i=1, 2, 3, \cdots, m$）逐一进行单因素评判，得出 c_i 对评价标准等级 v_j（$j=1, 2, \cdots, n$）的隶属度 r_{ij}，则 c_i 的单因素评判模糊子集为 $r_i=(r_{i1}, r_{i2}, \cdots, r_{in})$（$i=1, 2, \cdots, m$），将 m 个 r_i 组合后构造出最终的模糊评判矩阵 $\boldsymbol{R}$：

$$\boldsymbol{R}=\begin{bmatrix} r_{11} & \cdots & r_{1n} \\ \vdots & \ddots & \vdots \\ r_{m1} & \cdots & r_{mn} \end{bmatrix}$$

评价因素的权重集 $W=\{w_1, w_2, w_3, \cdots, w_m\}$（表 1），则颐和园湿地生态系统健康综合评价的模型：$A=W\times \boldsymbol{R}$。

2　结果与分析

2.1　颐和园湿地生态系统健康状况

根据 2015 年在颐和园湿地生态系统进行的野外调查得出的数据，按照前述方法计算得出颐和园湿地生态系统健康综合指数为 0.41，依据分级标准，颐和园湿地生态系

颐和园湿地生态系统健康评价指标体系及权重值　　　　　　　　　　　表1

目标层	准则层	权重值	指标层	权重值
颐和园湿地生态系统健康状况（A）	水质环境（B_1）	0.3072	pH（C_1）	0.0370
			总氮（C_2）	0.1324
			总磷（C_3）	0.1324
			溶解氧（C_4）	0.1324
			BOD_5（C_5）	0.0846
			COD_{Mn}（C_6）	0.0846
			As（C_7）	0.0661
			Hg（C_8）	0.0661
			Cd（C_9）	0.0661
			Cu（C_{10}）	0.0661
			Pb（C_{11}）	0.0661
			Zn（C_{12}）	0.0661
	底泥环境（B_2）	0.3072	pH（C_{13}）	0.0342
			有机质（C_{14}）	0.1964
			总氮（C_{15}）	0.1963
			总磷（C_{16}）	0.1963
			As（C_{17}）	0.0628
			Hg（C_{18}）	0.0628
			Cd（C_{19}）	0.0628
			Cu（C_{20}）	0.0628
			Pb（C_{21}）	0.0628
			Zn（C_{22}）	0.0628
	生态系统功能（B_3）	0.1172	湿地植物生物量（C_{23}）	1.0
	生物群落结构（B_4）	0.2684	浮游植物多样性指数（C_{24}）	0.5
			浮游动物多样性指数（C_{25}）	0.25
			底栖动物多样性指数（C_{26}）	0.25

颐和园湿地生态系统健康评价等级标准　　　　　　　　　　　表2

准则层	指标层	非常健康（0.8~1.0）	健康（0.6~0.8）	亚健康（0.4~0.6）	病态（0.2~0.4）	重度病态（0~0.2）
水质环境	pH值	6.000–9.000	—	—	—	>9.000；<6.000
	总氮（mg/L）	<0.200	0.500	1.000	1.500	2.000
	总磷（mg/L）	<0.010	0.025	0.050	0.100	0.200
	溶解氧（mg/L）	>7.500	6.000	5.000	3.000	2.000
	BOD_5（mg/L）	<3.000	3.000	4.000	6.000	10.000

续表

准则层	指标层	非常健康 (0.8~1.0)	健康 (0.6~0.8)	亚健康 (0.4~0.6)	病态 (0.2~0.4)	重度病态 (0~0.2)
水质环境	COD_{Mn} (mg/L)	<2.000	4.000	6.000	10.000	15.000
	As (mg/L)	<0.050	0.050	0.050	0.100	0.100
	Hg (mg/L)	<0.00005	0.00005	0.0001	0.001	0.001
	Cd (mg/L)	<0.001	0.005	0.005	0.005	0.01
	Cu (mg/L)	<0.010	1.000	1.000	1.000	1.000
	Pb (mg/L)	<0.010	0.010	0.050	0.050	0.100
	Zn (mg/L)	<0.050	1.000	1.000	2.000	2.000
底泥环境	pH 值	5.500–7.000	>7.500	>8.000	>8.500	>9.000；<5.500
	有机质 (g/kg)	<6.000	10.000	20.000	30.000	40.000
	总氮 (g/kg)	<0.500	0.750	1.000	1.500	2.000
	总磷 (g/kg)	<0.200	0.400	0.600	0.800	1.000
	As (mg/kg)	<15.000	25.000	25.000	25.000	30.000
	Hg (mg/kg)	<0.150	0.500	0.500	0.500	1.500
	Cd (mg/kg)	<0.200	0.600	0.600	0.600	1.000
	Cu (mg/kg)	<35.000	65.000	100.000	250.000	400.000
	Pb (mg/kg)	<35.000	165.000	300.000	400.000	500.000
	Zn (mg/kg)	<100.000	175.000	250.000	375.000	500.000
生态系统功能	湿地植物生物量 (g/m²)	>5000	3000	1000	200	<200
生物群落结构	浮游植物多样性指数	3.5	2.8	2.1	1.4	<0.7
	浮游动物多样性指数	3.5	2.8	2.1	1.4	<0.7
	底栖动物多样性指数	3.5	2.8	2.1	1.4	<0.7

统健康状况为"亚健康"。45 个调查样点中，仅有 4 个样点（图 1）的健康状况为"健康"，其余 41 个为"亚健康"。分析结果表明，颐和园内主要水体的健康综合指数排序为耕织图水体＞耕织图东北湖＞昆明湖＞后溪河＞藻鉴堂湖＞排云殿院内水池＞扬仁风院内水池，健康综合指数值均在 0.4~0.6，健康状况为"亚健康"。表明园内游客活动密集、客流量大、人为干扰程度相对较大，这是造成颐和园湿地生态系统健康综合指数偏低的重要原因。

水质环境评价表明颐和园的水体处于亚健康状态，需要进一步进行治理改进。其中总磷和五日生化需氧的平均值分别为 0.17 和 6.35 mg/L，达到《地表水环境质量标准》中景观用水的Ⅴ类标准，而其余指标均优于Ⅳ类水标准，这表明颐和园的水体具有富营养化的潜在风险，进而影响公园湿地生态系统平衡。颐和园湿地生态系统的底泥环境总体处于健康的水平，但是个别指标的含量存在一定的不合理性。底泥的有机质含量偏高，该结果与水体的五日生化需氧量数值偏高具有一定的关联性。虽然底泥重金属含量均符合《土壤环境质量 农用地土壤污染风险管控标准（试行）》中满足植物生长的三级标准，但 Cd 平均含量为 0.92mg/kg，而相关标准值为 1.00mg/kg，因此需要后期持续对底泥的 Cd 含量进行监测，避免该指标持续升高进而超标。

通过对颐和园湿地植物生物量实测值的分析，可以看出颐和园湿地生态系统功能健康状况很差，水体中湿地植物生物量为 151.09g/m²。除部分采样点生长有马尿花、菖蒲和睡莲外，多数采样点仅能采集到浮萍和藻类等湿地植物。产生这一现象主要由于颐和园游船项目的开展，需要定期对水体中湿地植物进行清理，这就导致水体中除以观赏为目的植物存外，不存在其他大型湿地植物。湿地植物种类和数量偏少在一定程度上导致了颐和园湿地生态系统的生物多样性指数偏低。其中生物多样性指数最低

2015年颐和园湿地生态系统内各指标检测结果及其健康状况　　表3

准则层	指标层	实测值	健康分指数
水质环境	pH值	8.28±10.93	1.00
	总氮（mg/L）	1.26±0.27	0.30
	总磷（mg/L）	0.17±0.08	0.06
	溶解氧（mg/L）	4.51±0.76	0.35
	BOD_5（mg/L）	6.35±1.41	0.18
	COD_{Mn}（mg/L）	4.92±0.58	0.51
	As（mg/L）	—	1.00
	Hg（mg/L）	—	1.00
	Cd（mg/L）	—	1.00
	Cu（mg/L）	0.0022±0.0006	0.956
	Pb（mg/L）	—	1.00
	Zn（mg/L）	0.0058±0.0015	0.9768
底泥环境	pH值	7.92±0.40	0.632
	有机质（g/kg）	49.06±6.21	0
	总氮（g/kg）	1.27±0.35	0.292
	总磷（g/kg）	0.56±0.17	0.752
	As（mg/kg）	6.49±1.16	0.9135
	Hg（mg/kg）	—	1.00
	Cd（mg/kg）	0.92±0.18	0.04
	Cu（mg/kg）	43.83±5.82	0.74
	Pb（mg/kg）	54.13±8.65	0.77
	Zn（mg/kg）	159.00±25.81	0.64
生态系统功能	湿地植物生物量（g/m²）	151.09±43.72	0.15
生物群落结构	浮游植物多样性指数	0.94±0.26	0.27
	浮游动物多样性指数	1.38±0.33	0.39
	底栖动物多样性指数	0.32±0.17	0.09

注：—表示未检出。

（0.32），浮游植物次之（0.55），浮游动物最高（1.38），但健康状况都表现为病态或者重度病态。这可能是由于水体中含有较多的氮、磷，导致浮游植物（藻类），尤其是蓝藻门中的伪鱼腥藻（*Pseudanabaena* sp.）、微囊藻（*Microcystis* sp.）生物量和密度过高，影响了其他种类的浮游植物、浮游动物和底栖生物的生长。

2.2　颐和园昆明湖入水口至出水口的水质环境

密云水库是昆明湖的水源地，京密引水渠将库区水体经怀柔水库引入北京市区并最终汇入昆明湖。因此，本研究选取昆明湖从入水口（颐和闸）到出水口（绣漪闸）的12个样点（图1）的水质环境进行分析，探讨沿入水口至出水口方向水质的变化趋势。从水质结果看（图2），入水口的水质环境略好于出水口，但入水口和出水口的水质环境都处在"亚健康"状态，说明供水水质环境较差是颐和园湿地生态系统健康综合指数较低的一个原因。其中出水口附近4个样点总磷含量超过Ⅴ类水标准0.2mg/L，反映出颐和园内人为活动的高频干扰对水质的负面影响。

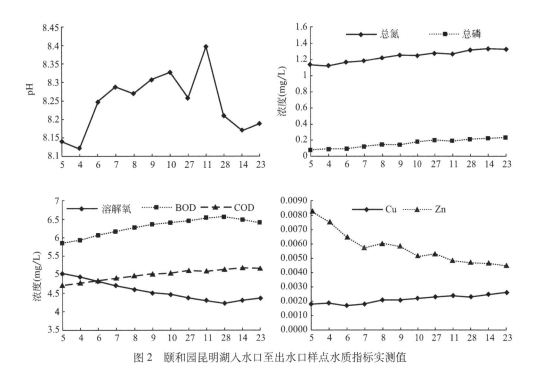

图2 颐和园昆明湖入水口至出水口样点水质指标实测值

3 讨论

针对颐和园湿地生态系统的亚健康状态必须采取相应措施，避免状态进一步恶化。例如增加昆明湖水体的流动性，此外，对于一些有机质含量和Cd含量明显偏高的采样点位的底泥需要进行清淤，避免对水体的持续污染。张娟等（2012）研究发现颐和园的土壤重金属污染严重，因此还需要做好园内水土保持工作，防止土壤重金属伴随地表径流进入水体。针对颐和园湿地生态系统初级生产力较低，湿地植物种类较少的现状，需要适当增加沉水植物的种类和数量，与公园现有的挺水和浮水植物构成具有相对复杂结构层次的湿地植物群落。刘慧兰（2005）对昆明湖3500年沉积物中孢粉测定的结果表明昆明湖历史上水生植物非常丰富，由此可见昆明湖的生态环境适合湿地植物的生长，也需要利用湿地植物来净化水体中的氮、磷等营养成分，降低水体富营养化的风险。因此，在不影响游船游览的水域，可以适当种植湿地植物，提高颐和园湿地生态系统的初级生产力，进而达到提升生态系统功能的目的。

荆红卫等（2008）和李海燕等（2007）的研究一致认为来水水质是影响昆明湖水体呈现富营养化趋势的主要原因之一。因此，在未来对昆明湖湿地生态系统进行整治提升过程中，外来水源的水质净化和减少人为因素对昆明湖水质的影响都需要采取相应措施同时进行。对于研究中发现的进水口到出水口重金属Cu浓度增加的现象，可能与颐和园林养护的喷药施肥有关。因此，对于公园园林养护农药和化肥的施用也需要进一步规范，减少对水体的污染风险。

目前，湿地生态系统健康状况的评价研究多是从宏观角度结合GIS技术开展的，与之相比，本研究基于全面的指标设计和样品采集分析，以颐和园为研究对象从微观尺度评价了其健康状况，因此结果更加客观、全面、准确。另一方面，由于相关评价指标缺乏针对湿地的专业标准，因此借鉴了其他专业领域的评价标准，而这些标准可能存在一定的局限性，对评价结果的准确性带来一定程度的影响，因此需要更进一步对相关指标及其标准进行持续研究改善。

4 结论

（1）构建了颐和园湿地生态系统健康评价指标体系，从水质环境、底泥环境、生态系统功能及生物群落结构4个方面选取26个指标对颐和园内45个湿地样点进行评价分析，颐和园湿地生态系统健康综合指数的平均值为0.41，处于"亚健康"状态。

（2）分析了颐和园昆明湖从入水口至出水口的水质环境状况，结果表明，入水口的水质略好于出水口，但二者均处于"亚健康"水平；颐和园入水水质状况和颐和园内高强度的人类干扰是造成昆明湖健康综合指数值较低的主要原因。入湖水质即决定了水体中高氮、磷负荷，而人类活动则加重了水质有机污染和富营养程度。

（3）建议颐和园湿地生态系统的保护与管理从改善入水水质，降低水体氮、磷浓度，对各小水体进行净化清淤整治，优化湿地植物配置及提高水生生物多样性等方面入手。

参考文献

[1] 陈萍. 世界遗产颐和园的保护与可持续发展研究 [J]. 科技资讯, 2010, 9 (6): 241-242.

[2] 陈清潮, 黄良民, 尹建强, 等. 南沙群岛海区浮游动物多样性研究 [M]// 中国科学院南沙综合科学考察队. 南沙群岛及其近邻海区海洋生物多样性研究 I. 北京: 海洋出版社, 1994: 42-50.

[3] 贾晓平, 杜飞雁, 林钦, 等. 海洋渔场生态环境质量状况综合评价方法探讨 [J]. 中国水产科学, 2003, 10 (2): 160-164.

[4] 荆红卫, 华蕾, 孙成华, 等. 北京城市湖泊富营养化评价与分析 [J]. 湖泊科学, 2008, 20 (3): 357-363.

[5] 李春华, 叶春, 赵晓峰, 等. 太湖湖滨带生态系统健康评价 [J]. 生态学报, 2012, 32 (12): 3806-3815.

[6] 李海燕, 黄延, 吴根. 昆明湖水质变化分析及污染控制对策 [J]. 水资源保护, 2007, 23 (5): 18-20.

[7] 刘慧兰. 颐和园昆明湖水生植物景观的研究 [J]. 中国园林, 2005, (9): 76-79.

[8] 苗李莉, 蒋卫国, 王世东, 等. 基于遥感和 GIS 的北京湿地生态系统服务功能评价与分区 [J]. 国土资源遥感, 2013, 25 (3): 102-108.

[9] 王喜全, 王自发, 齐彦斌, 等. 城市化进程对北京地区冬季降水分布的影响 [J]. 中国科学, 2008, 38 (11): 1438-1443.

[10] 徐珊楠, 陈作志, 林琳, 等. 大亚湾石化排污海域生态系统健康评价 [J]. 生态学报, 2016, 36 (5): 1421-1430.

[11] 张娟, 王艳春, 田宇. 北京市属公园重金属分布及其评价 [J]. 环境科学与技术, 2012, 35 (6): 161-164.

[12] 张文茂, 苏慧. 北京城市化进程与特点研究（下）[J]. 北京规划建设, 2009, (3): 71-75.

[13] 张艳会, 杨桂山, 万荣荣. 湖泊水生态系统健康评价指标研究 [J]. 资源科学, 2013, 36 (6): 1306-1315.

[14] 张志明, 高士武, 王小文, 等. 北京城市湿地的现状及保护对策 [J]. 湿地科学与管理, 2013, 9 (2): 40-42.

[15] 赵臻彦, 徐福留, 詹巍, 等. 湖泊生态系统健康评价定量评价方法 [J]. 生态学报, 2005, 25 (6): 1466-1474.

[16] 朱卫红, 郭艳丽, 孙鹏, 等. 图们江下游湿地生态系统健康评价 [J]. 生态学报, 2012, 32 (21): 6609-6618.

圈养条件下三种金丝猴的繁殖激素对比研究[①]

北京动物园 / 赵 娟 卢雁平 刘学锋 王 伟 普天春

摘　要：课题组于2015年11月至2017年11月共采集川金丝猴粪便196份、滇金丝猴粪便164份、黔金丝猴粪便227份，分别采用乙醇加热法、乙醇-蒸馏水法和乙醇-丙酮法对粪便样品进行激素抽提，再使用放射免疫分析法（RIA）和酶联免疫吸附测定法（ELISA）检测激素水平。经多次试验，筛选出乙醇加热法抽提联合ELISA检测作为金丝猴类固醇激素水平检测方法。首次对金丝猴繁殖激素与皮质醇（COR）含量的相关性进行研究，发现黔金丝猴睾酮和交配频次显示出显著性正相关（$N=17$，$P=0.003$）。本研究积累了大量金丝猴繁殖期激素检测数据，补充完善圈养条件下繁殖激素数据库，为科学研究和饲养管理提供有益参考。

关键词：金丝猴；激素；圈养；繁殖

引言

川金丝猴主要分布于四川、甘肃、陕西和湖北等地[1]。我国野外现有川金丝猴2万只。截至2015年，川金丝猴国际谱系报告结果显示，国内动物园圈养川金丝猴426只。黔金丝猴仅分布在贵州省铜仁市梵净山国家级自然保护区内，野外种群数量约为661～710只[2]。除梵净山国家级自然保护区外，北京动物园是黔金丝猴异地保护和面向公众展示的唯一单位。滇金丝猴目前野生种群数量约为2500只，栖息地破碎化和丧失比较严重[3]。圈养种群总数为29只，主要饲养于北京动物园、昆明动物园和昆明动物研究所。

作为一类特殊的食叶性的旧大陆猴，金丝猴对栖息生境要求苛刻，对生境变化极其敏感。中国是世界上灵长类动物种类最为丰富的国家之一，但由于战争、人口增加、农田开发等种种因素的巨大影响，金丝猴的分布受到严重的冲击，造成了金丝猴栖息地大量破坏和片段化，基本呈现孤立小种群状态，生存状态濒危程度较严重。而目前圈养种群很少，开展人工繁育研究具有重要意义。

对金丝猴的繁殖生物学进行的研究，主要集中于类固醇激素与行为的关系方面。但受限于野外工作条件，对该物种的繁殖行为与激素水平的研究较少[4-6]，目前尚无黔金丝猴繁殖行为与激素水平的研究。本研究旨在建立三种金丝猴（川金丝猴、滇金丝猴和黔金丝猴）性激素基础数据库，为饲养管理提供可靠的数据，间接指导野外种群的繁育工作，以有效保护这一珍稀濒危物种。

1　材料与方法

1.1　样品采集

试验对象：北京动物园内的黔金丝猴两只、川金丝猴

[①] 北京市公园管理中心课题（ZX2016015）。北京市公园管理中心2018年科技进步二等奖。

两只、滇金丝猴两只（表1），每种金丝猴观察生活在同一笼舍里的一雄一雌，笼舍由相通的兽舍和室外活动场组成。

三种金丝猴谱系信息 表1

种名	编号	呼名	性别	出生日期	年龄（岁）	描述
黔金丝猴	A	07-1	雄	2007年3月28日	9	B的配偶
	B	07-2	雌	2007年3月30日	9	A的配偶
川金丝猴	C	06-1	雄	2007年4月14日	9	D的配偶
	D	08-2	雌	2008年3月25日	8	C的配偶
滇金丝猴	E	99-1	雄	1999年1月	17	F的配偶
	F	01-2	雌	2001年2月	15	E的配偶

1.2 样品采集

实验人员站在笼舍周围，观察目标个体，一旦发现其排便后，将粪便除去杂物后立即装入自封袋，标记日期、时间和个体名称，保存于-20℃冰箱，待测。将收集的粪便样品放于-70℃冰箱冷冻过夜，记录粪便重量。-55℃真空冷冻干燥机中干燥约9h，记录冻干粪便重量。将粪便样品研磨成粉末状并筛除杂质。所有粪便样品放入同一离心管中，置于涡旋仪上振荡至混合均匀，以排除不同个体、不同采集时间等因素对检测结果造成的影响。

1.3 激素提取

根据王慧平等[7]对于川金丝猴粪便类固醇激素抽提方法的评估，并参考在其他非人灵长类动物粪便激素提取中常用抽提方法和改良途径，采取以下3种抽提方法进行激素提取。

（1）乙醇加热法（ethanol-heating method，EH）：参照 Wasser 等[8]的步骤，应用80%乙醇对0.1g混合粪样进行抽提，其中煮沸改为70℃水浴20min，离心条件由室温改为4℃，并合并2次上清液，将其置于60℃条件下氮气吹干后加入1mL 0.05mol/L的 PBS 溶解，离心后将上清液转移至2mL离心管待测。

（2）乙醇-蒸馏水法（ethanol-distilled-water method，EW）：参照高云芳等[9]的步骤，应用5mL80%乙醇对0.1g混合粪便样品进行抽提，其中超声波振荡改为涡旋振荡，并将37℃水浴干燥改为37℃氮气吹扫仪干燥。在加入1mL0.05 mol/L的PBS溶解后，37℃水浴振荡30min，离心后将上清液转移至2mL离心管待测。

（3）乙醇-丙酮法（ethanol-acetone method，EA）：参照 Heistermann 等[10]的步骤，应用4mL无水乙醇和1mL无水丙酮对0.1g混合粪便样品进行抽提，离心条件由室温改为4℃，60℃条件下氮气吹扫，之后加入0.05 mol/L的PBS溶液复溶，离心后将上清液转移至2mL离心管待测。

分别以上述3种方法对粪便样品中雌二醇、孕酮和睾酮进行抽提，各重复6次。同时对每种抽提方法各设置1个空白对照组，即不加入粪样品，完成全部抽提步骤并保存所得溶液，与上述样品进行同一批次的激素检测，以排除抽提步骤所用试剂对检测试剂盒中抗体与激素的反应可能造成的影响。

1.4 粪便激素检测

将上述激素抽提样品，每份各取500μL于2mL离心管中留作孕酮的RIA和ELA法检测。对于乙醇加热法和乙醇蒸馏水法，将样品分别稀释48倍和64倍留作雌二醇的ELA检测，均稀释80倍留作雌二醇RIA法检测；对于乙醇丙酮法，将样品稀释8倍留作雌二醇检测，确保其检测结果处于相应试剂盒允许检测范围之内，将稀释后样品存放于-20℃冰箱。激素检测委托北京北方生物研究所完成。每份样品平行测试3次，所用检测试剂盒分别为碘[125I]雌二醇和碘[125I]孕酮放射免疫分析试剂盒、雌二醇和孕酮定量测定酶联免疫试剂盒（北方生物研究所，北京）。有关试剂盒的详细参数详见说明书。

1.5 数据分析

1.5.1 筛选激素检测方法

采用K-S方法检验数据是否符合正态分布，然后以检测方法作为组间因子、抽提方法作为组内连续检测变量对数据进行重复测量的双因素方差分析（repeated measure two-way ANOVA）。随后，对具有显著差异的组合分别进行配对T检验，分析抽提方法与检测方法对检测结果的影响。

由于两种检测方法对同一类固醇性激素的灵敏程度和每种抽提方法对空白对照组的反应程度不同，不能直接对两种方法空白对照组的平均检测含量进行比较，所以使用相对误差描述空白对照组检测结果对抽提及检测方法组合检测结果的影响。其计算公示为：相对误差 = 空白对照组平均检测含量 / 实验组平均检测含量 ×100%。结合平均激素含量与相对误差，比较得出提取效率较高且受空白对照影响较小的抽提与检测方法组合。

根据公示 $CV\%=(SD/Mean)\times100\%$ 计算每种组合的变异系数，对比获得稳定性较高的抽提及检测方法组合。

所有统计检验通过SPSS20.0完成，借助Origin Pro8.0

绘图。显著水平为 0.05，$P < 0.01$ 为差异极显著。数据用 Mean±SD 表示。

1.5.2 激素检测数据分析

鉴于研究对象较少，我们逐一对每只金丝猴的数据进行分析。采用 spss 20.0 统计软件包对研究所得结果进行数据分析，用 Pearson correlation 来检验个体自身的各行为类型发生频次与它粪样中皮质醇含量、皮质醇与性激素含量、性激素含量与交配行为频次之间的相关性。

2 结果

2.1 激素检测方法筛选

2.1.1 不同抽提方法与检测方法对粪便中类固醇性激素检测结果影响的比较

以抽提方法为组内因子、以检测方法为组间因子对粪便中孕酮含量检测结果进行 two-way ANOVA 分析。结果表明，使用不同抽提方法与不同检测方法检测，结果均有极显著差异（P 均为 0.0001），且抽提方法与检测方法之间有交互作用。进一步多重比较分析结果表明，对于 RIA 与 ELISA 两种检测方法，乙醇加热法与乙醇 - 蒸馏水法之间均没有显著差异，而乙醇 - 丙酮法的检测结果显著低于另外两种抽提方法的检测结果（图 1）

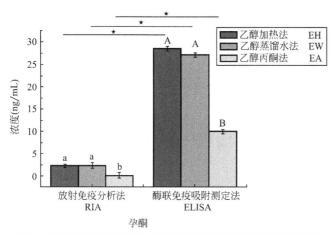

图 1 不同抽提方法与检测方法对应的粪便中孕酮的检测结果（柱图表示 Mean±SD）

注：本研究对数据使用 two-way ANOVA 进行分析，并对具有显著差异的组合进行了 paired-sample t T 检验，对有显著差异的数据使用不同上标或是横线连接后以星号标注。

以抽提方法为组内因子、以检测方法为组间因子对粪便中雌二醇含量检测结果进行 repeat measure twoway ANOVA 分析，结果表明，RIA 与 ELISA 两种检测方法对测定结果有极显著影响（$P=0.0001$）；乙醇加热法与乙醇蒸馏水法两种抽提方法的测定结果间无明显差异（$P=0.584$）；抽提方法与检测方法之间无交互作用（图 2）。对于乙醇加热法，RIA 结果显著低于 ELISA 的检测结果；而对乙醇 - 蒸馏水法，两种检测方法的结果无明显差异（图 2）。

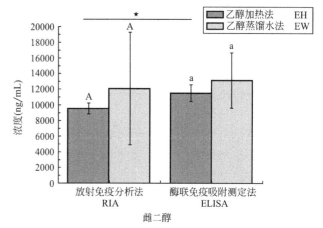

图 2 不同抽提方法与检测方法对应的粪便中雌二醇的检测结果（柱图表示 Mean±SD）

注：本研究对数据使用 two-way ANOVA 进行分析，并对具有显著差异的组合进行了 paired-sample T 检验，对有显著差异的数据使用不同上标或是横线连接后以星号标注。

2.1.2 比较不同抽提及检测方法的组合间粪便类固醇激素的平均含量、相对误差及变异系数的差异

对混合粪样中的孕酮而言，乙醇 - 丙酮法的激素含量测定结果明显偏低，乙醇加热法与乙醇 - 蒸馏水法无明显差异；对于混合粪样中的雌二醇而言，乙醇 - 蒸馏水法的激素含量测定结果较高，提取效率较高（表 2）。

相对误差的大小能够在一定程度上表明测定结果的准确度，相对误差小则检测方法的准确度高。对于孕酮而言检测准确度较高的组合有二：RIA 与乙醇加热法的组合以及 ELISA 与乙醇 - 丙酮法的组合；对于雌二醇而言检测准确度有明显优势的是 RIA，其中乙醇加热法的空白对照组未检测出激素含量（表 3）。

表 2 不同抽提与检测方法的混合粪样激素含量测定结果（Mean±SD）

激素	检测方法	乙醇加热法	乙醇 - 蒸馏水法	乙醇 - 丙酮法
孕酮	放射免疫分析	2.36±0.53	2.28±1.27	0.13±0.08
	酶联免疫分析	28.58±11.78	27.16±8.21	10.01±3.06
雌二醇	放射免疫分析	9570.53±645.19	12088.44±7157.17	
	酶联免疫分析	11516.16±1077.99	13145.74±3547.23	

不同抽提与检测方法的空白对照激素含量测定结果（Mean±SD）及混合粪样的相对误差　　表3

激素	检测方法	乙醇加热法		乙醇－蒸馏水法		乙醇－丙酮法	
		空白对照	相对误差	空白对照	相对误差	空白对照	相对误差
孕酮	放射免疫分析	0.01±0	0.42	0.04±0.01	1.61	0.04±0.01	32.26
	酶联免疫分析	0.47±0.02	1.63	0.64±0.10	2.37	0.01±0.02	0.10
雌二醇	放射免疫分析	0±0	0	3.11±0.74	0.03		
	酶联免疫分析	135.94±16.84	1.18	119.83±8.37	0.91		

注：相对误差＝空白对照组平均检测含量／实验组平均检测含量×100%。

变异系数的大小能够表征检测的稳定性，变异系数小则方法组合的稳定性高。孕酮检测结果变异系数较小的组合为 RIA 与乙醇加热法；对于雌二醇而言，乙醇加热法的变异系数明显小于乙醇－蒸馏水法，其中与 RIA 的组合变异系数最小（表4）。

不同抽提方法与检测方法组合检测结果的变异系数　　表4

激素	检测方法	乙醇加热法	乙醇－蒸馏水法	乙醇－丙酮法
孕酮	放射免疫分析	22.55	55.83	62.93
	酶联免疫分析	41.22	30.21	30.62
雌二醇	放射免疫分析	6.74	59.21	
	酶联免疫分析	9.36	26.98	

注：变异系数 $CV\%=(SD/Mean)\times100\%$。

2.2 三种金丝猴激素变化规律

2.2.1 川金丝猴激素浓度变化情况

检测 68 份雌性川金丝猴粪便样品发现，雌二醇分泌最低值为 162.35pg/g，最高值为 11745.54pg/g，在孕期和交配期间均处于较低水平且波动不明显，在交配期（未孕期间）出现分泌高峰；孕酮和皮质醇变化趋势类似，整个繁殖期间含量呈持续波动，分泌高峰均出现在交配期（有孕期间），最高值分别为 52.10ng/g、262.35ng/g（图3）。

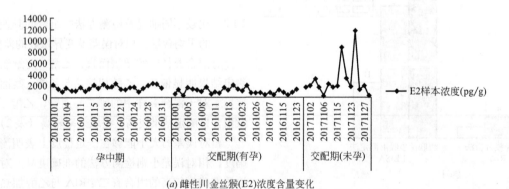

(a) 雌性川金丝猴(E2)浓度含量变化

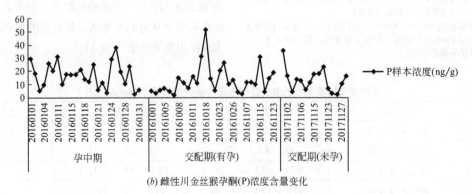

(b) 雌性川金丝猴孕酮(P)浓度含量变化

图3　雌性川金丝猴 E2、P、COR 浓度折线图

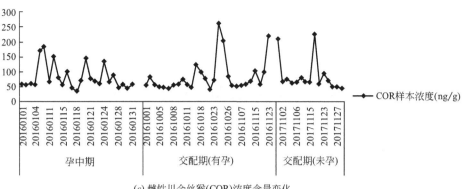

(c) 雌性川金丝猴(COR)浓度含量变化

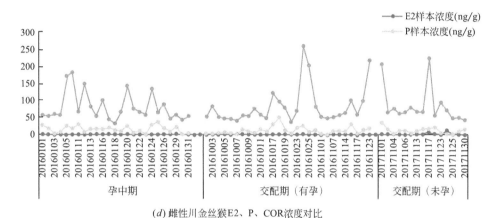

(d) 雌性川金丝猴E2、P、COR浓度对比

图3 雌性川金丝猴E2、P、COR浓度折线图（续）

检测59份雄性川金丝猴粪便样品发现，睾酮和皮质醇变化趋势相似，均不断波动，高峰分别出现在孕期（睾酮414.53 ng/g、皮质醇309.41）和交配期（未孕期间）（睾酮222.32 ng/g、皮质醇445.82 ng/g）（图4）。

2.2.2 黔金丝猴激素浓度变化情况

检测50份雌性黔金丝猴粪便样品发现，雌二醇无明显规律性，在孕期和交配期（未孕期间）波动显著，最高值为4088.19pg/g，出现在孕期，次高峰为3865.01pg/g，出现在交配期（未孕期间），而交配期（有孕期间）变化不明显；孕酮和皮质醇变化趋势相似，孕期变化明显，交配期无明显波动，最高值分别为53.40ng/g、357.17ng/g（图5）。

检测49份雄性黔金丝猴粪便样品发现，睾酮在孕中期波动不明显，一直处于较低水平，交配期（未孕）分泌含量升高且波动较大，峰值出现在交配期（有孕）（1415.6ng/g）；皮质醇在交配期（有孕）波动不明显，一直处于较低水平，交配期（未孕）激素含量升高且波动较大，峰值出现在孕中期（93.73ng/g）（图6）。

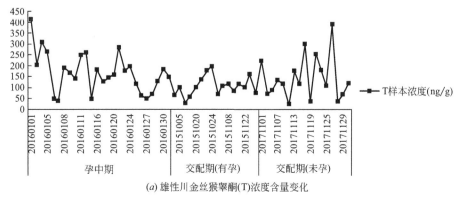

(a) 雄性川金丝猴睾酮(T)浓度含量变化

图4 雄性川金丝猴T、COR浓度折线图

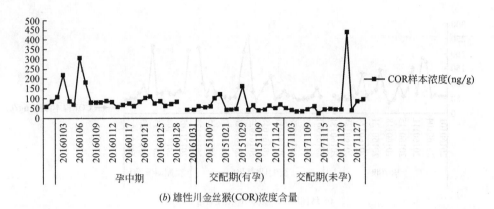

(b) 雄性川金丝猴(COR)浓度含量

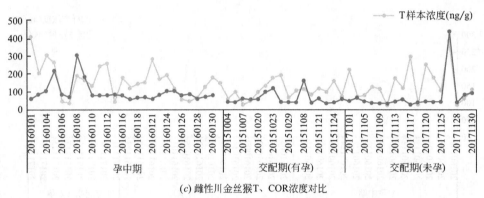

(c) 雌性川金丝猴T、COR浓度对比

图 4　雄性川金丝猴 T、COR 浓度折线图（续）

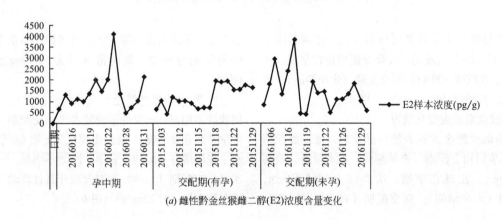

(a) 雌性黔金丝猴雌二醇(E2)浓度含量变化

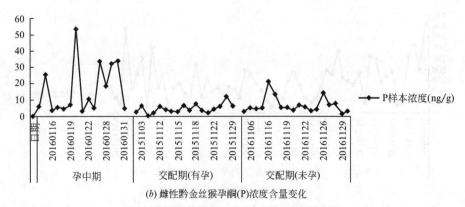

(b) 雌性黔金丝猴孕酮(P)浓度含量变化

图 5　雌性黔金丝猴 E2、P、COR 浓度折线图

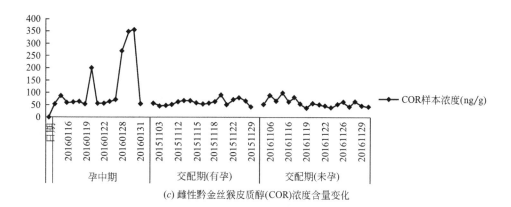

(c) 雌性黔金丝猴皮质醇(COR)浓度含量变化

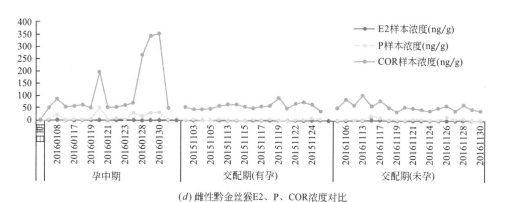

(d) 雌性黔金丝猴E2、P、COR浓度对比

图 5　雌性黔金丝猴 E2、P、COR 浓度折线图（续）

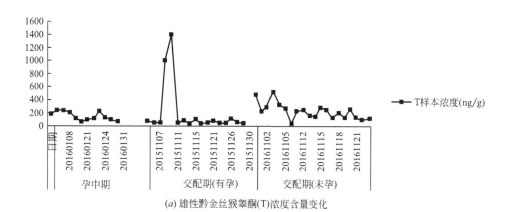

(a) 雄性黔金丝猴睾酮(T)浓度含量变化

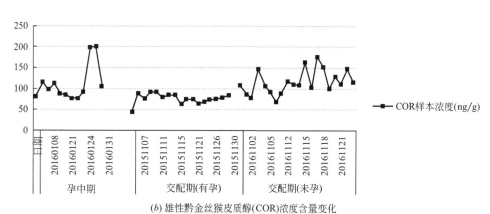

(b) 雄性黔金丝猴皮质醇(COR)浓度含量变化

图 6　雄性黔金丝猴 T、COR 浓度折线图

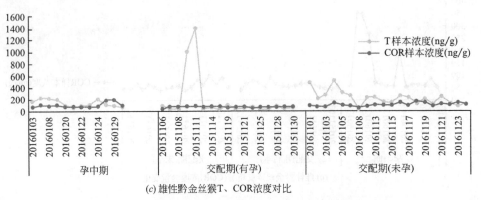

(c) 雄性黔金丝猴T、COR浓度对比

图 6　雄性黔金丝猴 T、COR 浓度折线图（续）

2.2.3　滇金丝猴激素浓度变化情况

检测 26 份雌性滇金丝猴粪便样品发现，雌二醇、孕酮和皮质醇分泌水平均波动较大无明显规律性（图 7）。

检测雄性滇金丝猴 25 份粪便样品发现，睾酮和皮质醇分泌水平均波动较大且无明显规律性（图 8）。

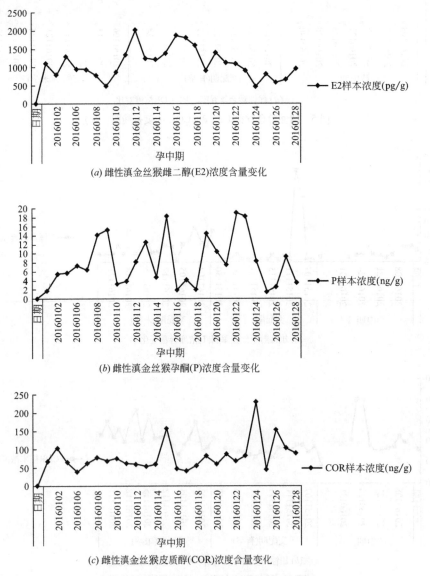

(a) 雌性滇金丝猴雌二醇(E2)浓度含量变化

(b) 雌性滇金丝猴孕酮(P)浓度含量变化

(c) 雌性滇金丝猴皮质醇(COR)浓度含量变化

图 7　雌性滇金丝猴 E2、P、COR 浓度折线图

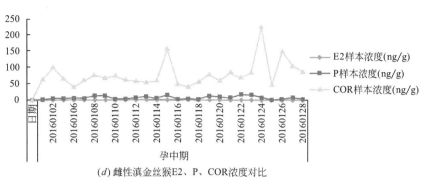

(d) 雌性滇金丝猴E2、P、COR浓度对比

图 7 雌性滇金丝猴 E2、P、COR 浓度折线图（续）

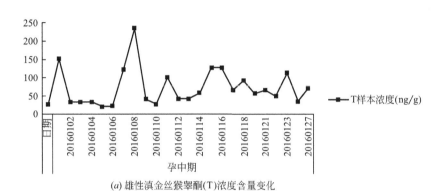

(a) 雄性滇金丝猴睾酮(T)浓度含量变化

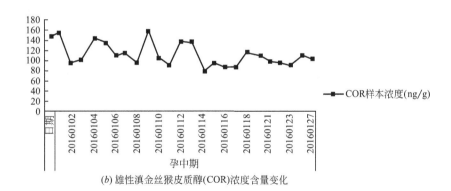

(b) 雄性滇金丝猴皮质醇(COR)浓度含量变化

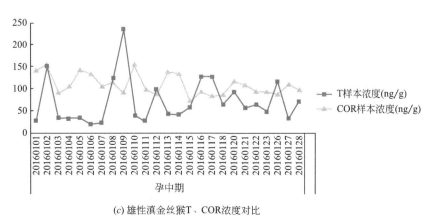

(c) 雄性滇金丝猴T、COR浓度对比

图 8 雄性滇金丝猴 T、COR 浓度折线图

3 讨论

3.1 筛选金丝猴类固醇激素检测方法

研究结果表明,不同的激素抽提和检测方法对滇金丝猴粪便中孕酮和雌二醇的检测结果都有显著影响。对于孕酮,乙醇-丙酮法提取效率明显偏低,乙醇加热法与乙醇-蒸馏水法在提取效率上无明显差异,但乙醇加热法与RIA法组合检测结果的准确性较高;同时乙醇加热法与RIA的组合变异系数明显较小,稳定性较高,因此可认为乙醇加热法与RIA的组合有较明显的优势。本研究中乙醇丙酮法提取效率偏低的结果,与以往针对黄狒狒(*Papio cynocephalus*)、绢毛猴(*Callithrix jacchus*)、鞍背狨(*Saguinus fuscicollis*)、棉顶狨(*Saguinus oedipus*)和川金丝猴雌性个体粪样中孕酮回收率较高(>80%)的结果[7, 10, 11]不同。这表明种属差异可能是影响不同抽提及检测方法组合的抽提率和稳定性的因素之一。对于雌二醇,乙醇-蒸馏水法提取效率较高,但乙醇-蒸馏水法稳定性明显偏低且步骤繁琐,不利于针对野外大批量的粪样处理操作。乙醇加热法中,RIA与ELISA两个检测方法的稳定性表现差异不大,但由于ELISA测定的雌二醇含量相对误差较大,综合考虑认为乙醇加热法与RIA的组合较有优势。

综上所述,建议以类固醇激素水平监测灵长类动物的繁殖行为时,最好综合本文提及的3种参数比较方法,首先对激素抽提法进行筛选,再进行后续检测。在试验条件允许的情况下,采取氮气吹干法改良的乙醇加热法提取激素,以RIA法检测滇金丝猴粪便中雌二醇与孕酮含量。而在临床应用上,可选择简单快捷、成本低的ELISA进行激素含量检测。

3.2 探讨三种笼养金丝猴繁殖激素变化规律

在三种笼养金丝猴中,川金丝猴、黔金丝猴睾酮明显与皮质醇相关,而滇金丝猴未表现出显著性相关,且其T含量与另外两只雄性差别不大,但它所含的COR明显比另外两只偏高,影响因素可能有年龄偏大(17岁)、物种不同或期间雌滇金丝猴生产幼仔等等。

黔金丝猴07-2和川金丝猴08-2的P处于正常范围内,但其体内E2含量相对较高,相当于繁殖季节水平,并且在它们身上也观察到了交配行为。E2含量较高的原因可能有:①处于排卵前期。排卵前期,雌二醇会迅速上升到最大值。②交配行为发生频次过多,促使体内E2分泌过多。观察时段内,观察到的交配行为黔金丝猴07-2共5次,川金丝猴08-2共15次。③其繁殖期相对延后,推迟到3月。

对滇金丝猴01-2而言,它于观察期间2016年3月14日产下一雌性幼仔,可其体内P和E2含量都相对偏低,流产的风险相当大。该金丝猴已15岁,并没有其之前产仔的确切资料,但按一般雌性金丝猴性成熟开始算,4岁开始性成熟,5岁开始产幼仔。据饲养员说,滇金丝猴01-2搬进金丝猴馆开始饲养起,大约每隔一年生产一个幼仔,而最近的上一胎幼仔在出生不久后死亡。这也印证了它的流产率比较高。

综上,睾酮含量与交配行为呈现显著正相关,同时也与皮质醇存在着显著的正相关。随着皮质醇含量的增加,睾酮的含量也增大,交配频次变多,从而有可能提高笼养金丝猴的繁殖力。未来将补充黔金丝猴发情期粪便样品,持续对三种金丝猴繁殖激素变化规律进行监测,为三种金丝猴发情期、交配期和妊娠期提供科学的判断依据。

参考文献

[1] 赵海涛,王晓卫,黎大勇,等.九寨沟自然保护区川金丝猴的分布及种群数量[J].生态学报,2016,36(7):1797-1802.

[2] 郭艳清,周俊,宋先华,等.贵州省梵净山自然保护区黔金丝猴的种群数量[J].兽类学报,2017,37(7):104-108.

[3] 任宝平,黎大勇,刘志瑾,等.滇金丝猴数量分布变迁、家域、食性研究进展及保护现状[J].动物学杂志,2016,51(1):148-150.

[4] 郭东.秦岭川金丝猴(*Rhinoyithecus roxellana*)性激素水平与繁殖行为关系研究[D].西北大学,2015.

[5] 吴大鹏.人工辅助投食雌性滇金丝猴(*Rhinopithecus bieti*)的交配行为及性激素水平研究[D].西华师范大学,2016.

[6] 杨晖宇,陈汉彬.黔金丝猴血清TEST与E2放射免疫测定[J].贵州科学,2002,20(3):56-58.

[7] 王慧平,高云芳,张新利,等.川金丝猴粪尿中类固醇性激素抽提方法比较[J].兽类学报,2005,25(3):297-301.

[8] Wasser S K, Monfort S L, Southers J, et al. Excretion rates and metabolites of oestradiol and progesterone in baboon (*Papio cynocephalus cynocephalus*) faeces[J]. Journal of reproduction and fertility, 1994, 101(1):213-220.

[9] 高云芳,王慧平,李保国.秦岭野生雌性川金丝猴粪便睾酮水平与邀配频次的季节性变化[J].动物学报,2007,53(5):783-790.

[10] Heistermann M, Tari S, Hodges J K. Measurement of faecal steroids for monitoring ovarian function in New World primates, Callitrichidae[J]. Journal of Reproduction and Fertility, 1993, 99(1):243-251.

[11] Wasser S K, Monfort S L, Wildt D E. Rapid extraction of faecal steroids for measuring reproductive cyclicity and early pregnancy in free-ranging yellow baboons (*Papio cynocephalus cynocephalus*)[J]. Journal of reproduction and fertility, 1991, 92(2):415-423.

京津冀地区的皇家园林

中国园林博物馆 / 陈进勇 吕 洁

摘 要：皇家园林是中国园林史上最重要的园林类型之一，分为大内御苑、离宫御苑和行宫御苑，本文对京津冀地区这三种类别的皇家园林进行了重点个案分析，尤其是西苑三海、三山五园和避暑山庄，梳理了其历史文化和园林特征，总结出京津冀地区的皇家园林也是京津冀区域文化协同发展的重要组成部分。

关键词：京津冀地区；皇家园林；御苑；行宫

皇家园林又称宫苑或御苑，是中国园林史上最重要的园林类型之一，根据其位置和使用方式，皇家园林分为大内御苑、离宫御苑和行宫御苑三种主要类别。大内御苑均建于都城皇宫内，或紧邻皇宫，与宫廷连为一体。离宫御苑一般位于城郊，相对独立，帝王长期在此居住并处理朝政，具有皇宫之外的第二生活中心和政治中心的职能。行宫御苑散布在都城附近以及帝王外出巡游的路线上，供其临时驻跸或游赏之用。

相对于私家园林而言，皇家园林的规模更大，建筑类型更为庞杂，山水形态更加接近真山真水，花木品种更多样，文化内涵更丰富，功能更复杂，可以满足帝王及皇室成员朝仪、理政、起居、游赏、观农、宴乐、狩猎、祭祀等多种需求。现存的皇家园林多为清朝时期所建，主要分布在京津冀地区。

1 大内御苑

北京紫禁城是明清两朝的大内皇宫，分为外朝和内廷两部分，外朝主要用于举行各种朝典仪式，内廷是皇帝与太后、后妃、皇子们的主要生活场所和理政场所。紫禁城格局端庄严整，殿宇尺度恢宏，以黄色琉璃瓦、红色墙面与绚丽的油漆彩画形成金碧辉煌的效果，象征着皇权的威严。除了庭院，内廷也设置了几座相对独立的园林。

1.1 御花园

御花园在明代称"宫后苑"，是建在宫廷内的园林，清朝雍正时改名为御花园。位于紫禁城中轴线的最北部，其主体格局早在明代永乐年间紫禁城始建时就已经奠定，后历经多次重修和改建，但没有大的变化，一直完好保存至今。御花园与紫禁城的威严空间气息保持一致，以钦安殿为轴线，万春亭与千秋亭、浮碧亭与澄瑞亭以及两个长条形水池的形式相同，体现出对称感，其余的楼台亭轩位置对应，造型有所变化。假山和花木的设置比较灵活，还布置若干造型独特的奇石，体现"正中求变"的特色。园中花树山石多姿秀雅，古柏参天，繁花茂树，配以玉砌雕栏、碧瓦红墙，彰显宫廷园林的气派（图1）。

---

① 北京市财政项目。北京市公园管理中心2018年科技进步二等奖。

图 1　故宫御花园

1.2　慈宁宫花园

慈宁宫花园位于紫禁城内廷西北部，始建于明代，是明清两朝皇太后、太妃们的居所，宫殿东侧的一组院落辟为花园。东西宽55m，南北长125m，呈中轴对称。南墙上开设园门——揽胜门，门内以叠石遮挡。一对方形的井亭分居东南、西南两角，其北为东西厢房，与北侧中轴线上的临溪亭构成第一进院落。临溪亭横跨在一个长方形的水池上，四面以黄绿两色的琉璃槛墙和雕刻精致的门窗加以围合。花园北部以五间歇山顶的咸若馆为正殿，东西两侧分别建宝相楼和吉云楼，其南的含清斋和延寿堂相当于东西配殿，与咸若馆共围合出第二进院落。最北端的慈荫楼则属于后罩楼的性质。慈宁宫花园中不设游廊和隔墙，空间疏朗，前后贯通，是重要的礼佛场所，其殿阁的名称均有佛教含义或祈求福寿的寓意。园中叠石和水池的尺度都很小，主要以参天的古树形成幽静的氛围，与紫禁城中其他花园相对拥塞紧密的风格不同。

1.3　宁寿宫花园

宁寿宫花园位于紫禁城内廷东部，修建于乾隆三十六年至四十一年（1771～1776年），是乾隆帝预备自己退位后养老居住的一组宫殿，分为三路，中路布置养性殿、乐寿堂、颐和轩、景祺阁等殿堂建筑，东路设大戏楼畅音阁及阅是楼、庆寿堂、景福宫等附属建筑，西路辟为独立的花园，又称乾隆花园。

宁寿宫花园东西宽37m，南北长160m，分为五进院落。

平面狭长而规整，每个院子都有中轴线，但彼此并不重合，行进道路曲折，具有明显的起伏变化，其间巧妙点缀花木和庭石，显得更为灵活。园中建筑高低错落，院落空间或宽敞，或幽闭，彼此形成鲜明的对比，假山巍峨嶙峋。

2　离宫御苑

北京是辽、金、元、明、清的首都，宫苑建设不断进行，现存的大多为明清时期修建的宫苑。与明代对北京城的建设相比，清代最显著的特点就是众多皇家园林的兴建。满族在关外是逐水草而居的游猎民族，清代帝王更偏爱园居的生活。清入关以后，顺治皇帝在南苑建立了大型皇家苑囿，成为清朝狩猎、阅武、军事训练的场所，顺治在南苑居住的时间占其在位时间的1/3。此后康熙、雍正、乾隆等皇帝陆续建园，避喧理政，尤以北京西郊的三山五园和河北承德避暑山庄为胜。

2.1　北京西苑三海

北京西苑三海是中国现存历史最久远的皇家园林，其源头可以上溯到金代的离宫大宁宫，之后元代在此建太液池御苑，明清辟为西苑，不断重修扩建，拓宽水面，清代乾隆年间进一步明确分为南海、中海和北海三个相对独立的区域。其中北海是西苑三海的精华所在，琼华岛是其核心景观，南侧和东侧以石拱桥分别与团城和东岸相连。中海以紫光阁、万善殿为中心，建筑疏朗。南海以三面临水的瀛台为中心，辅以自北向南的一组建筑，以奇幻取胜。

金代曾经在岛中央山顶位置建了一座广寒殿，中统三年（1262年）开始修复琼华岛殿宇，作为元世祖驻跸之所，并于至元元年（1264年）二月重建广寒殿，十月即已建成。清代顺治八年（1651年），兴建了一座白色的喇嘛塔，塔底部设汉白玉台基，塔身通体洁白，顶带宝刹，造型流畅，成为北海的标志性建筑（图2）。

北海镜心斋向来以清代皇家园林园中园精品而著称。建于乾隆二十三年（1758年），原名"镜清斋"，是当年皇子读书、操琴、品茗的地方，光绪年间改名为镜心斋。镜心斋北靠皇城的北宫墙，南临北海，主要景区是一个相对尺度比较大的、以假山和水池为主的庭院，它的南面和东南面还有4个相对独立的小庭院。

2.2　畅春园

康熙二十三年（1684年），康熙南巡归来，开始在明朝清华园废址上仿照江南园林修建畅春园，成为"京师第一名园"，这是清朝皇帝在北京西郊的第一处常年居住、避暑听政的离宫。利用清华园残存的水脉山石，将万泉河水引入园中，在其旧址上仿江南山水营建畅春园，有前湖、

图 2　北海白塔

后湖、挹海堂、清雅亭、听水音、花聚亭等山水建筑。"九经三事殿"为大臣上朝、皇帝听政的地方，东路的澹宁居是康熙日常理政与读书之所。

畅春园以园林景观为主，建筑朴素，山水花木也有淡雅清幽的特点。园墙为虎皮石砌筑，堆山则为土阜平冈。园内有明代遗留的古树、古藤，又种植了蜡梅、丁香、玉兰、牡丹、桃、杏等花木，林间散布白鹤、孔雀，景色清幽。这种追求自然朴素的造园风格影响了在其之后落成的避暑山庄等皇家宫苑。

如今，畅春园的景致都已不在，仅留下了恩佑寺、恩慕寺的两座山门。

2.3　圆明园

圆明园原本是康熙帝第四子胤禛的赐园，始建于康熙四十六年（1707年）。胤禛继位为雍正帝后，在原有基础上大加扩建，增建了正大光明殿、勤政殿等，避喧听政，构成了一座庞大的离宫御苑。乾隆帝即位后，两次对圆明园进行了大规模的添加和改建，先后在东侧和南侧开辟了长春园和绮春园。嘉庆年间对绮春园进行了扩建和改建，使圆明园达到鼎盛，形成了"万园之园"。咸丰十年（1860年）圆明三园惨遭英法联军焚掠。

圆明、长春、绮春三园以倒品字形彼此相连，总面积350hm^2，园内通过山丘、水系、游廊和围墙的分隔形成各有主题意趣的不同景区，是中国古代修建时间最长、花费人力、物力最多，景观最为宏伟壮丽的皇家园林。其中修造大小建筑群总计120余处，主要以厅堂楼榭等游赏性的景观建筑为主，同时拥有相当数量的宫殿、居所、佛寺、祠庙、戏楼、市肆、藏书楼、陈列馆、船坞等特殊性质的建筑，正大光明殿、勤政亲贤殿是皇帝处理内政外交的临朝听政之所。

圆明园的园林造景多以水为主题，因水成趣。福海之中的蓬莱瑶台，取材于神话中的蓬莱仙岛，用嶙峋巨石堆砌成大小三岛，象征传说中的蓬莱、瀛洲、方丈"三仙山"，岛上建有殿阁享台。福海水面开阔，约35hm^2，四岸建有十多处园林佳景。圆明园后湖景区，环绕后湖构筑9个小岛，是全国疆域《禹贡》"九州"之象征。

圆明园、绮春园以中式园林建筑为主，长春园南部景区主要为中式园林，最北部为欧式宫苑"西洋楼"。景区自西到东依次有谐奇趣、万花阵、养雀笼、方外观、海晏堂、远瀛观、大水法、观水法、线法山、方河等景致，是中西合璧的艺术杰作，是中国皇家园林中首次出现欧式建筑。

圆明园继承了中国三千多年的优秀造园传统，既有宫廷建筑的雍容华贵，又有江南园林的委婉多姿，同时又汲取了欧式园林的精华，把不同风格的园林融为一体，被法国作家雨果誉为"理想与艺术的典范"。圆明园现为遗址公园，具有爱国主义教育的重要意义（图3）。

图 3　圆明园鉴碧亭

2.4　玉泉山静明园

位于北京西北郊玉泉山之阳，金代时建有芙蓉殿。康熙十九年（1680年）修建玉泉山行宫，命名为"澄心园"，康熙三十一年（1692年）改名静明园。乾隆时期进行了大规模扩建，静明园南北长1350m，东西宽590m，面积约65hm^2。静明园也是清帝理政的场所之一，尽管在三山五园中属于皇帝理政时间最少的园子，但其中的廓然大公、含晖堂、清音斋、华滋馆等处，都是清帝"视事之所"。静明园作为离宫御苑，要满足皇帝临幸时的日常起居、游憩赏玩以及处理政事活动等要求，从功能上主要分为宫廷区和园林区。负责政事活动的建筑集中在静明园的南宫门附近，共两进院落。第一进正殿"廓然大公"七开间，东、西配殿各五开间。第二进为后殿"涵万象"，面北有月台临玉泉湖。湖中央的大岛上有"芙蓉晴照"一景，四合院的正厅名"乐景阁"，是皇帝读书和观赏湖景的地方。

静明园内共有大小景点30余处，其中约1/3与佛、道宗教题材有关，山上建置了4座不同形制的佛塔，同时采用清代皇家园林惯用的园中园，配合单体建筑点景的布局。乾隆御题静明园十六景，即：廓然大公、芙蓉晴照、玉泉趵突、圣因综绘、绣壁诗态、溪田课耕、清凉禅窟、采香云径、峡雪琴音、玉峰塔影、风篁清听、镜影函虚、裂帛湖光、云外钟声、碧云深处、翠云嘉荫。如果按玉泉山山脊的走向与沿山的河湖所构成的地貌，则全园大致可以分为3个景区：南山景区、东山景区和西山景区。5个小湖分别因借于山的坡势而成为不同形状的水体，结合建筑布局和花木配置又构成5个不同性格的水景园，不仅嵌山抱水，而且创造了以5个小型水景园环绕、烘托一处天然山景的别具一格的园林。可惜该园于咸丰十年（1860年）被英法联军焚毁，现存玉峰塔（图4）、妙高塔等建筑。

图5 香山勤政殿

致远斋，丽瞩楼在勤政殿之后，位于宫廷区中轴线上。横云馆是皇帝短期驻园期间居住的地方，位于丽瞩楼的南面，周围绕以墙垣，四面各设宫门。虚朗斋是中宫的主要建筑，斋前的小溪做成"曲水流觞"的形式，周围有广宇、回轩、曲廊、幽室以及花木山池的点缀。

宫廷区以外为园林区，供皇帝游憩赏玩，造园意匠更丰富，造园手法更为自由。除已有的寺观等名胜古迹外，各景点大都因地制宜，结合所在地方的地貌及风景特色进行建设，是典型的山地园林。可惜在咸丰和光绪年间，静宜园两度遭到外国侵略军焚掠破坏，现已对勤政殿、致远斋、香山寺等景点进行了复建。

图4 玉泉山玉峰塔

2.5 香山静宜园

皇家对于香山的营建始于金代，此前，辽代中丞阿勒吉舍宅兴建香山寺。金世宗对香山寺进行扩建，并赐名"大永安寺"，"大定二十六年（1186年）三月香山寺成"。金章宗多次到香山巡幸、打猎，建造会景楼，那时的香山已经具有皇家行宫的性质。元朝皇帝也在香山留下了足迹，元世祖曾临幸香山永安寺，元仁宗出资修永安寺。香山进行大规模的营建是在清代，康熙十六年（1677年）始建香山行宫，乾隆十年（1745年）扩建香山而成静宜园，建成50余处景点，其中28处为乾隆亲题，形成了"静宜园二十八景"，有勤政殿、丽瞩楼、绿云舫、虚朗斋、璎珞岩、翠微亭、驯鹿坡、蟾蜍峰、栖云楼、知乐濠、香山寺、听法松、来青轩、唳霜皋、玉乳泉、绚秋林、雨香馆、芙蓉坪、香雾窟、栖月崖、玉华岫、森玉笏、隔云钟等，大部分以山林地貌命名，也有以水为主题命名。

静宜园面积140hm²，周围的宫墙顺山势蜿蜒，全长约5km。静宜园要满足乾隆皇帝临幸时的日常起居、游憩赏玩以及处理政事活动等要求，从功能上主要分为宫廷区和园林区。乾隆十年（1745年），乾隆皇帝在香山静宜园东宫门内建造勤政殿（图5），是乾隆皇帝驻跸临时处理政务、接见王公大臣的地方。勤政殿坐西朝东，紧接于大宫门，二者构成一条东西中轴线。勤政殿前为月河，殿北为

2.6 万寿山清漪园（颐和园）

清漪园前身是金完颜亮迁都北京后建立的金山行宫，1664年，清廷定都北京后又将其改为瓮山行宫。清漪园始建于乾隆十五年（1750年），乾隆建成大报恩延寿寺，将瓮山改名为万寿山，原西湖改名为昆明湖（图6）。清漪园也是一个兼具宫、苑双重功能的大型皇家园林，到乾隆二十九年（1764年）建成，建有勤政殿、须弥灵境、治镜阁、藻鉴堂、凤凰墩、惠山园、十七孔桥等景点，形成了以万寿山、昆明湖为主体的大型天然山水园。不幸的是，1860年清漪园被英法联军焚毁。

图6 颐和园万寿山和昆明湖

光绪年间，慈禧太后挪用海军经费进行重建，并更名

为颐和园。在东宫门内增加了皇帝上朝听政和与宫廷生活有关的建筑，即宫殿区和生活居住区，便于接见臣僚，处理朝政。勤政殿改建为仁寿殿，供慈禧太后垂帘听政使用。乐寿堂、玉澜堂和宜芸馆，分别为慈禧、光绪和后妃们居住的地方。大报恩延寿寺改建为排云殿，是慈禧太后接受万寿庆典的地方。怡春堂改建为德和园大戏楼，是慈禧太后听戏的地方。

2.7 承德避暑山庄

避暑山庄位于河北承德，最初为热河行宫，始建于康熙四十二年（1703 年），康熙五十年（1711 年）更名为避暑山庄。到乾隆五十七年（1792 年）正式竣工，历时 89 年之久。占地达 7000 亩，是塞外最大的离宫，宫殿、亭、台、楼、阁等无不具备，山庄整体布局巧用地形，因山就势，分区明确，景色丰富，与其他园林相比，有其独特的风格。宫殿区布局严谨，建筑朴素，苑景区自然野趣，宫殿与天然景观和谐地融为一体，达到了回归自然的境界。山庄融南北建筑艺术精华，园内建筑规模不大，殿宇和围墙多采用青砖灰瓦、原木本色，淡雅庄重，简朴适度（图 7）。清朝康熙、乾隆皇帝时期，每年大约有半年时间要在承德度过，清前期重要的政治、军事、民族和外交等国家大事，都在这里处理。因此，承德避暑山庄也就成了北京以外第二个政治中心，被看作是离宫御苑。

图 7　承德避暑山庄水心榭

3　行宫御苑

行宫是指供帝王在京城之外居住的宫殿，也指帝王出京后临时寓居的官署或住宅。金代的金章宗在北京建有多处行宫，号称八大水院，分布于驻跸山、金山、阳台山一带。到了清代，康熙、乾隆两位皇帝既热衷于巡狩，又钟情于山水，为满足其避暑、谒陵、巡视及打猎等需求，凭借强盛的国力，将行宫发展到了极致。无论是数量、规模还是类型，都比以往任何一个朝代更显丰富而突出。

清帝把"巡狩习武"作为重要的政治活动，每年率王公大臣到木兰围场举行秋狝大典，自康熙二十年（1681 年）至嘉庆二十五年（1820 年），共举行木兰秋狝 105 次。为省驼载之劳，以息物力，并保证沿途休息，故"命发内府余储，建行宫数宇"。从京师到古北口之间的塞内行宫有 14 座，如汤山行宫、南石槽行宫、白龙潭行宫、怀柔行宫等，占地面积都不大，布局比较简单，建筑物少且体量较小。塞外行宫于康熙四十年（1701 年）至乾隆五十七年（1792 年）修建，前后经历了 90 多年，共建行宫 20 处，有两间房行宫、钓鱼台行宫、汤沐行宫等，从建筑规模上看，最大为热河行宫，即避暑山庄的前身。

由于"陪京（清代盛京）为王迹肇基之地，必当再三周历，勤思开创艰难"，盛京还埋葬着清朝祖辈。因此，清代皇帝借东巡之际，谒陵祭祖，联谊满蒙，"巡行塞北，经理军务""巡行边塞，亲加抚绥。"沿路修建了燕郊行宫、盘山行宫、汤泉行宫、独乐寺行宫等 12 座行宫。

清帝西巡主要是朝圣拜佛，据记载，康熙皇帝曾 5 次巡礼五台山，乾隆皇帝则 6 次驻跸清凉圣境。在巡幸路线上建造的行宫有龙王庙行宫、涿州药王庙行宫、众春园行宫等 13 座。

康熙、乾隆各六巡江南，从京师到杭州，往返行程水、陆共 5800 余里，分 40 余站，途中历年陆续兴建行宫 40 多处。京津冀地区（原直隶省）就有涿州行宫、紫泉行宫、赵北口行宫、太平庄行宫、红杏园行宫、绛河行宫、思贤村行宫 7 座。

此外康熙、乾隆均多次前往天津视察河工，为图便利，在海河沿岸建设皇船坞行宫及望海楼行宫。清帝还在京郊万寿寺、卧佛寺（图 8）、潭柘寺等处建了行宫，便于礼佛。清西陵也建有行宫，便于拜谒等等。清代营建的大批行宫别苑，虽规模都不很大，但各有其特色，配置整齐，厅堂廊亭的结构以及山池林石的布局，表现出自然情趣，这些具有明显园林性质的帝王行宫可称为行宫园林。大部分行宫园林由于失去了原有功能，随着沧桑岁月而消失，目前保留下来的主要为寺庙内的行宫园林，福荫紫竹院和团河行宫在近些年也进行了复建。

图 8　卧佛寺行宫院石桥及垂花门

4 结语

北京是六朝古都，古都文化非常独特，悠久的皇家园林正是古都文化的典型代表。市中心的皇家御苑故宫御花园、慈宁宫花园、宁寿宫花园，以及北海公园、景山公园、中山公园、天坛公园等共同构成了北京中轴线的神韵。西北郊的圆明园、颐和园、香山公园等则是"三山五园"的重要组成部分，对北京西山文化带的打造具有重要的意义。北京的皇家园林也辐射到了河北承德避暑山庄以及天津蓟县盘山（静寄山庄），他们共同组成了清帝木兰秋狝、拜谒先祖的路线，从中可以领略清朝的皇家文化。北京的潭柘寺、红螺寺、万寿寺、卧佛寺，天津的独乐寺，河北的莲池书院都建有行宫，供皇帝驻跸所用，共同组成了清代的行宫网络。可见京津冀地区的皇家园林也是京津冀区域文化协同发展的重要组成部分。

参考文献

[1] 周维权.中国古典园林史[M].北京：中国建筑工业出版社，1999.

[2] 李大平，倪斌.故宫宁寿宫花园营造史考论[J].吉林艺术学院学报 2007（6）：106-115.

[3] 香山公园管理处.香山公园志[M].北京：中国林业出版社，2001.

[4] 魏翔燕，卢妍桦，赛金波.回到清漪园——北京西郊盛期皇家园林案例分析[J].城市建设理论研究（电子版），2013（24）：1-4.

[5] 清华大学建筑学院主编.颐和园[M].北京：中国建筑工业出版社，2000.

[6] 祝丹，林振铭，杨旭东.有关清代皇家园林——避暑山庄与颐和园的比较研究[J].辽宁广播电视大学学报，2010（2）：89-91.

中山公园的纪念特征

中国园林博物馆 / 陈进勇

摘 要：为纪念孙中山先生，全国各地建设了不少中山公园。本文对各中山公园的具有代表性的孙中山塑像、孙中山纪念馆、纪念堂、纪念碑、纪念亭、石刻等纪念物进行了阐述，并对公园在不同时代建设的烈士纪念碑和塑像等纪念物进行了介绍，总结了中山公园作为承载历史记忆的纪念性空间的重要意义和价值。

关键词：中山公园；孙中山；纪念空间

孙中山先生是伟大的民族英雄、爱国主义者，中国民主革命的伟大先驱，一生以革命为己任，立志救国救民，为中华民族作出了彪炳史册的贡献。为缅怀他为民族独立、社会进步、人民幸福建立的不朽功勋，弘扬他的革命精神和崇高品德，各地建立了各种形式的纪念空间，有中山路、中山广场、中山公园等，其中中山公园与人们的生活非常密切，纪念意义也更强。

中山公园大多在其逝世后所建，而且随着时代的变迁，增加了富有时代特征的纪念性建筑。园内除了建有孙中山塑像、孙中山纪念馆、纪念堂、纪念碑等纪念物外，还有反映时代的烈士纪念碑、纪念亭等纪念物，成为承载历史记忆的纪念性空间。因此，中山公园无论是在历史上还是在今天，都承担了弘扬中华历史文化的纪念性功能。

1 孙中山的纪念符号

1.1 孙中山像

孙中山先生是中国伟大的革命家、政治家和理论家，是近代民主主义革命的先行者。为纪念孙中山先生，不少中山公园在入口、中心广场等显要位置建立孙中山塑像，突出公园的主题和纪念作用，成为公园的标志性要素。各个中山公园的孙中山塑像形态不同，有全身像、半身像、坐像等，质地也有所区别，有铜像、花岗岩等石质雕像，但都寄托了创作者的哀思，也让公众对孙中山先生产生敬仰之情。

1.1.1 北京中山公园孙中山像

该雕像位于"保卫和平"坊正北处，铜像高3.4m，重1.8t，基座高1.6m，为黑色大理石贴面，正面镌刻着邓小平同志书写的"伟大革命先行者孙中山先生永垂不朽"鎏金题字。纪念铜像是1983年3月由54位北京市政协委员提案，为纪念孙中山逝世六十周年而立。经北京市委批准，1985年初首都城市雕塑艺术委员会决定推荐市政协委员、中央美术学院教授曾竹韶主持设计，北京机电研究院铸造所铸造。基座由北京建筑艺术雕塑厂制作，铜像广场绿化由北京园林设计所设计，中山公园施工。1986年11月12日举行了落成揭幕式。铜像为孙中山身着中山装的站立姿势，神态

---

① 北京市公园管理中心课题（ZX2017009）。北京市公园管理中心2018年科技进步二等奖。

非凡，逼真地表现了孙中山先生作为伟大民主革命家的领袖风度（图1）。

图1　北京中山公园孙中山像

1.1.2　天津中山公园孙中山像

2006年11月8日，孙中山先生全身铜像在天津中山公园落成，铜像高2.2m，重2t，安装在2.3m高的基座上。铜像建于广场上，周围有黄杨篱围绕，显得伟岸庄重。这是孙中山先生的孙女、美籍华人孙穗芳博士提议并捐建的。

天津中山公园原名河北公园，孙中山先生曾先后两次到公园巡查和演讲。该铜像表现了1912年孙中山先生在原河北公园演讲时气宇轩昂的风采（图2），铜像背面篆刻了孙中山先生当年的演讲全文。

图2　天津中山公园孙中山像

1.1.3　沈阳中山公园孙中山像

沈阳中山公园始建于1924年，日本占领时称千代田公园，1946年更名为中山公园。孙中山铜像于1986年11月安放在东门广场上，由鲁迅美术学院创作。孙中山先生铜像立于黑色基石上，他手执文明拐杖，健步前行，基座上镌刻着他曾题写的"天下为公"鎏金大字，背景为苍松翠柏，显得庄重肃穆（图3）。

图3　沈阳中山公园孙中山像

1.1.4　厦门中山公园孙中山像

厦门中山公园始建于1927年，1931年基本建成，为纪念孙中山先生而命名。公园依山就势，四周以短墙围成，设东西南北4个各有特点的门楼。1985年，在南门广场竖立孙中山先生铜像，雕塑由广州美术学院潘鹤教授设计，连同底座高达7m，底座为方形花岗岩基石，正面镌刻着"伟大的民主革命先驱孙中山先生"。孙先生手执文明拐杖，凝望远方，慈祥端庄，背景为高大挺拔的大王椰子，衬托出伟人的气质（图4）。

图4　厦门中山公园孙中山铜像

1.1.5 漳州中山公园孙中山像

漳州中山公园始建于1918年，原名漳州第一公园，1926年改名为中山公园。2008年公园改造时增建了中山广场和孙中山雕像。孙中山铜像高3.8m，石质基座高3.3m，位于广场一端，后面有绿树围绕。孙中山先生身着长衫，手拿礼帽和文明拐杖，呈沉思状，底座镌刻着"天下为公"四个金色大字（图5）。

图5　漳州中山公园孙中山像

1.1.6 泉州中山公园孙中山像

泉州中山公园原址为清代督署内园，1929年辟为公园。2015年由香港孙中山文教福利基金会捐建孙中山铜像，高度2.56m，重1t，立于方形石质基座上。孙中山先生身着中山装，外披风衣，一手挂着文明仗，一手紧握书卷，双眼凝望远方，透露出政治家的眼光、革命家的气魄、思想家的深邃，显示出踌躇满志的风范（图6）。铜像位于广场轴线上，前面为花坛，两侧为凤凰木和羊蹄甲簇拥，成为公园的标志性景观。

1.1.7 深圳中山公园孙中山雕像

深圳中山公园始建于1925年，由曾任宝安县县长的胡钰先生筹建。1998年中山公园改建，至1999年开放，在南入口区建设了孙中山大型石雕头像，高10m，长27m，为目前全国最大的孙中山头像石雕。石雕由著名雕塑家钱绍武先生主持设计，孙中山先生凝神远望，目光坚毅，两旁为战士们肩抗弹药、手握刀枪进行浴血奋战的场

图6　泉州中山公园孙中山铜像

景，规模宏大（图7）。雕塑背面刻有孙中山的名句"吾志所向，一往无前，愈挫愈奋，再接再厉，用能鼓动风潮造成时势"。足见其坚韧不屈的革命精神。

图7　深圳中山公园孙中山雕像

全国建有孙中山雕塑的中山公园有40余座，如青岛中山公园、武汉中山公园等都有孙中山先生的雕塑，而且大多是20世纪80年代后在改造工程中增建的，成为公园的标识性景观，可见孙中山塑像在中山公园的纪念空间营造、主题体现和文化挖掘等方面的重要作用。

1.2 孙中山纪念堂（馆）

孙中山纪念堂为大型建筑，是举办活动和展览的场所。孙中山纪念堂是宣扬孙中山先生热爱祖国、心系民众、追求真理、坚韧不拔的精神的绝佳场所。

1.2.1 北京中山公园中山堂

北京中山公园中山堂原为社稷坛拜殿，建于明永乐十九年（1421年），黄色琉璃歇山屋面，朱漆门窗，白石

基台，面阔5间，进深3间，建筑面积950.4m²（图8）。1925年3月12日孙中山逝世，3月19日其灵柩由协和医院移至中央公园拜殿，3月24日起举行隆重的公祭活动。1928年，河北省和北平特别市政府决定将拜殿改建为中山纪念堂，同时将中央公园改名为中山公园。1929年3月中山堂动工，5月竣工落成。中山堂展出了孙中山先生的遗物、照片等资料，还有汉白玉坐像，成为人们纪念和缅怀孙中山先生的场所，每年孙中山先生诞辰日和忌日，人大和政协等社会各界会在中山堂举行相关纪念活动（图9）。

图8　北京中山公园中山堂

图9　中山堂内的展览

1.2.2　梧州中山公园中山纪念堂

广西梧州中山公园内中山纪念堂于1926年奠基，1928年动工，1930年10月建成，是全国较早建成的孙中山纪念堂。孙中山先生在1921年底至1922年初曾三次莅临梧州，指挥北伐。从中山公园山脚至中山纪念堂前，设有10个平台，323级台阶，象征着孙中山先生曾领导过10次武装起义，欲唤醒3.23亿同胞革命。

中山纪念堂位于北山之巅，前面广场上立有孙中山铜像，四周绿树环抱，庄严肃穆。建筑采用中西结合的样式，一层为3个拱形门，门顶题刻"中山纪念堂"，楼顶为塔式圆顶结构，整个建筑高23m，建筑面积1330.5m²。2006年列为全国重点文物保护单位。

1.2.3　三河中山公园中山纪念堂

广东三河中山公园中山纪念堂位于梅州市大埔县三河镇，始建于1929年春，为二层钢筋混凝土土木混合建筑，

图10　梧州中山公园中山纪念堂（林建载　摄）

建筑面积476m²，是全国最早建成的中山纪念堂。1918年孙中山先生曾莅临三河坝商议援闽讨伐北洋军阀吴佩孚事宜，为纪念此行的历史意义，由同盟会会员、中华革命党党员、新加坡同德书报社社长徐统雄先生倡议并筹集款项兴建中山纪念堂，纪念堂内孙中山先生挂像上书写的"博爱"二字为孙中山先生生前真迹。

中山纪念堂建筑外立面为古希腊式柱式外廊，正前方为孙中山全身铜像，两侧为石质华表，采用中西结合的园林布局（图11）。中山纪念堂右侧有荷池和碑亭，碑高约3.5m，翔实记载了中山纪念堂和中山公园兴建的始末。

图11　三河中山公园中山纪念堂（林建载　摄）

1.2.4　沈阳中山公园孙中山纪念馆

沈阳中山公园孙中山纪念馆位于公园中部，占地500m²，屋顶为仿古绿色琉璃瓦，外廊为红柱加彩画，墙面白色，显得古色古香。馆内有5个展厅，展览分早期经历、推翻封建帝制创立共和国、捍卫共和制度愈挫愈勇等部分，文字和图片丰富，展现了孙中山先生寻求和平救国的艰难历程，成为爱国主义教育的良好基地（图12、图13）。

1.2.5　诏安中山纪念堂

福建漳州市诏安中山公园内中山纪念堂建于1930年，由李庆标捐款建造。建筑坐北向南，面阔18m，进深24m，高约15m，上书"中山纪念堂"。为中西合璧的砖混结构，中间圆伞形塔顶，穹顶山花，有波浪纹和花卉装饰，具有巴洛克式风格，非常精美，但年久失修，亟待维护（图14）。

撼力(图15)。碑身四面分别镶刻"天地正气""大道之行""天下为公""古今完人"，并有1932年1月的建碑铭文，表彰王永朝捐资建造。

图12　沈阳中山公园孙中山纪念馆

图13　沈阳中山公园孙中山纪念馆内的展览

图15　厦门中山公园中山纪念碑

1.3.2　漳州中山公园博爱碑

1919年在原漳州第一公园内建闽南护法区纪念碑，为混凝土结构，四方形，通高6.88m，碑高3.9m，底座边长2.98m，分四级，最底层阔4.7m。碑文：东面楷书"博爱"二字由孙中山题；西面楷书"互助"由陈炯明书；南面隶书"平等"由汪精卫书；北面篆书"自由"由章太炎题（图16）。

1.3.3　诏安中山公园纪念碑

福建省诏安中山公园始建于1930年，中山公园纪念碑位于公园南入口处，为公园重建时修建，石质贴面，镌刻"中山公园"金色大字（图17）。

图14　诏安中山公园中山纪念堂

建有孙中山纪念堂或纪念馆的中山公园，全国大约有16座，如漳州中山公园等，但对外开放或举办常年展览的并不多，有的建设年代较早，需要进行维护、修整，以举办展览或活动，发挥场馆的科普教育功能。

1.3　纪念碑

纪念碑往往用于纪念历史性的事件或人物，具有极强的纪念意义。中山公园内的纪念碑应用不多，主要位于广场上。

1.3.1　厦门中山公园纪念碑

在厦门中山公园的东门广场上立有一座中山纪念碑，高20m，碑身耸立，线条笔直，棱角分明，具有强大的震

1.4　中山纪念亭

亭在园林中应用非常广泛，不仅可做点景之用，还可供游人休憩。中山纪念亭样式多种，在中山公园内应用较多。

1.4.1　漳州中山公园中山纪念亭

漳州中山公园中山纪念亭原为陈炯明1919年建的"漳州公园记"碑亭，1926年8月何应钦攻克漳州后改为中山纪念亭，于1927年元月在亭的四周镌刻孙中山《总理遗训》及何应钦撰写的《中山公园纪念亭记》。亭为石质，高2m

图 16　漳州中山公园内博爱碑

图 18　漳州中山公园内中山纪念亭

上书有"中山亭",顶部为钟状,上有一支利剑直指云端(图 19)。整座亭建于台地上,显得雄伟壮观。中山亭少了昔日中山公园(最早为 1923 年建造的下墩仔尾公园)的周边环境,只有高大的榕树与其相伴。

图 17　诏安中山公园纪念碑

图 19　龙海石码中山亭

有余,碑身为方形,外立 4 根圆柱,底座为不规则线形,顶罩圆形宝顶,造型精致,富于变化(图 18)。

1.4.2　龙海中山公园中山亭

福建省龙海市石码中山亭原为 1923 年北洋军阀师长张毅在公园北侧建造的益思亭,1925 年何应钦将其改名为中山亭。中山亭为巴洛克式建筑,有着较强的装饰风格,一层为 12 根石柱,立于汉白玉底座上,二层 4 根石柱,

1.4.3　泉州中山公园中山亭

泉州中山公园中山亭位于东侧广场,2013 年 12 月建成。中山亭为八角亭,红柱褐瓦金顶,匾额题"中山亭"。亭中设座靠,在周围树林掩映下,环境清幽,非常适合休憩(图 20)。

图 20　泉州中山公园中山亭

1.5 孙中山警句石刻

孙中山先生有不少名句，其中影响力较大的有"天下为公""博爱"等。他提倡的"天下为公"即国家为人民所共有、政治为人民所共管、利益为人民所共享，并一直为之奋斗。"天下为公"为大家所广泛认同，并被刻在大量中山公园内。

厦门中山公园南入口处有一水池，池中塑石上刻有"天下为公"四个大字，在榕树、桃榔和叶子花的映衬下，非常醒目（图21）。"天下为公"起到了中山公园点题的作用。

图 21　厦门中山公园"天下为公"塑石

1.6 孙文莲

在青岛中山公园"孙文莲"池，荷叶铺满池塘，一支支荷花亭亭玉立，晶莹纯洁，浸透着对孙中山先生的回忆。清末年间，孙中山先生在日本从事革命活动，曾得到日本友人田中隆的鼎力相助。1918年5月，孙中山先生访日期间，将4颗代表纯洁友谊的莲子送给田中隆，以感谢他对中国革命的支持和帮助。田中隆先生病逝后，他的后人将这四颗莲子交给植物学家进行栽培，结果一颗发出新芽，于是将其取名"孙文莲"。1995年5月3日，日本下关市与青岛市缔结友好城市15周年，下关中日友好协会会长田中满男特意将"孙文莲"亲手栽植在中山公园，留下一段中日友好的佳话。

2 时代的纪念烙印

中山公园内不仅有对孙中山先生的纪念符号，还有着不同时代的纪念物，如烈士纪念碑、解放纪念碑等，让人们去缅怀为中华民族独立、解放而奋斗的英雄和民众。

天津中山公园具有丰富的历史文化沉积，不仅孙中山先生曾先后两次到公园巡视和演讲，1910年12月，著名革命家李大钊以学生身份参加了在中山公园的立宪请愿。1915年6月，周恩来代表南开学生登台演讲，号召国民振兴国家经济，决不做亡国奴。公园内还存有"十七烈士纪念碑"（图22）"魏士毅女士纪念碑"，记述了革命先烈的英雄事迹。

图 22　天津中山公园十七烈士纪念碑

大革命时期，广东东莞市石龙镇曾作过东征军的大本营。从1923年5～11月，为讨伐盘踞在惠州的军阀陈炯明，孙中山曾14次亲临石龙前线指挥战斗。1925年10月18日，时任黄埔军校政治部主任周恩来总理在石龙召开工农兵学商联欢大会，发表演说，号召群众支援革命。东莞石龙中山公园内周恩来演讲台，矗立着周恩来总理塑像，记述着这段历史（图23）。公园内还有李文甫纪念亭、莫公璧纪念碑等纪念空间。

图 23　石龙中山公园内周恩来塑像

福建漳州中山公园内有闽南护法区纪念碑、漳州解放纪念亭。1956年8月，在公园南侧建了一座闽南革命烈士纪念碑，占地1122m²，碑身4.4m，底座3.5m，总高度11.4m。碑座与碑身呈圆筒形，碑顶部矗立有早期闽南工农红军战士的塑像，两手紧握钢枪，背着斗笠，双眼注视着前方，像是要奔赴前线杀敌，周围绿树环抱，是人们瞻仰和悼念革命烈士的纪念地（图24）。

图24　漳州中山公园内闽南革命烈士纪念碑

此外，湖北荆州中山公园、广东恩平中山公园、深圳中山公园（图25）、广西北海合浦中山公园、南宁宾阳中山公园等地都有革命烈士纪念碑，以纪念为国捐躯的先烈，成为中山公园内铭记历史、教育国人的纪念空间。

图25　深圳中山公园内革命烈士纪念碑

3　结语

中山公园在近代园林发展史上具有里程碑意义，在中国园林史上也具有重要地位，园内众多的历史遗迹成为爱国主义教育的良好素材，无论是作为纪念性公园还是历史名园，均具有重要价值。民国时期进行的大规模中山公园建设运动，运用修建中山公园的行为宣扬孙中山先生的民族精神，宣传三民主义的理想，成为表达民族主义的空间，激励着人们为中华民族解放而斗争。

中山公园作为一类特殊的公园，具有特殊的时代背景，随着社会经济和文化的快速发展以及人们对美好生活需求的不断增长，中山公园亟须得到保护、传承和发展。要注重体现中山公园的主题，增加科普牌示，增强文化设施，讲述中山公园的历史和文化，增进人们的理解，提升公园的文化品位，成为文化遗产传承展示的窗口。要加强管理，对不文明行为进行治理，还纪念性公园应有的宁静、庄严氛围。

如今，中山公园有的建园已经年逾百岁，要努力传承和继承好中山公园这一中华民族优秀历史文化的代表，将其打造成爱国主义教育基地和青少年科普教育基地，在新的历史时期发扬光大，实现中山公园应有的价值，激励海内外中华儿女为实现中华民族伟大复兴而团结奋斗。

参考文献

[1] 陈进勇. 中山公园的继承和发展[J]. 中国园林 2018,34（增刊）：39-43.

[2] 姜振鹏. 辉煌的历程——北京中山公园建园九十周年巡礼[J]. 北京园林，2004,20（4）：48-51.

[3] 林涛, 林建载. 故园寻踪—漫话中山公园[M]. 厦门：厦门大学出版社，2014.

[4] 孙吉龙, 林建载. 中山公园博览[M]. 厦门：厦门大学出版社，2011.

[5] 王冬青. 中山公园研究[J]. 中国园林，2009,25（8）：89-93.

[6] 王婧, 陈志宏. 厦门近代中山公园保护利用探析[J]. 华中建筑，2012,30（11）：130-134.

不同温度对 5 种锦鸡儿属植物种子萌发的影响[①]

北京市植物园，北京市花卉园艺工程技术研究中心，城乡生态环境北京实验室 / 桑 敏　刘东焕　吴超然
中国园林博物馆 / 陈进勇

摘　要：以5种锦鸡儿属植物种子为研究对象，研究了种子的性状和不同温度条件对其萌发率的影响，以期得到适合上述种子萌发的温度条件。结果表明，恒温条件15℃和20℃、变温条件25℃/15℃是适宜小叶锦鸡儿种子萌发的温度；恒温15℃和20℃，变温15℃/8℃和20℃/10℃均是中间锦鸡儿的适宜萌发温度；柠条锦鸡儿种子的适宜发芽温度为恒温15℃和20℃，变温20℃/10℃和25℃/15℃；在试验条件下，南口锦鸡儿种子未萌发，树锦鸡儿种子萌发率较低（＜10%）。不同温度对锦鸡儿属植物不同种萌发率的影响不同，本试验为锦鸡儿属植物的栽培提供了理论参考。

关键词：锦鸡儿属植物；种子萌发；温度

豆科锦鸡儿属（Caragana）植物为落叶灌木，分布于亚洲干旱半干旱区，是亚洲干旱区植物区系组成的一个代表属，在中国，该属植物主要集中分布在草原和荒漠区[1]，中国现已查明的锦鸡儿属植物有66种[2]。由于其根系发达、具根瘤、抗逆性强（抗旱、抗寒、耐沙埋、耐瘠薄）以及能够明显改善土壤肥力，因而成为我国华北、西北地区植被恢复、环境改善、防风固沙、水土保持的先锋树种和优质牧草资源[3]。锦鸡儿属植物中的柠条锦鸡儿、中间锦鸡儿和小叶锦鸡儿是固沙常用植物。

有关锦鸡儿属的中间锦鸡儿和柠条锦鸡儿种子萌发相关的研究已有报道[4-9]，而对其他锦鸡儿属植物种子的研究较少。本研究以5种锦鸡儿属植物——柠条锦鸡儿、小叶锦鸡儿、南口锦鸡儿、树锦鸡儿和中间锦鸡儿为研究对象，对其种子性状和不同温度条件下种子的萌发率进行研究，为锦鸡儿属植物栽培条件的研究以及分析种子的性状与萌发率的关系提供参考。

1　试验材料与方法

1.1　试验材料

供试植物种子均于2017年采自甘肃民勤沙生植物园。包括树锦鸡儿（Caragana arborescens）、柠条锦鸡儿（Caragana korshinskii）、南口锦鸡儿（Caragana zahlbruckneri）、中间锦鸡儿（Caragana intermedia）、小叶锦鸡儿（Caragana microphylla）。

1.2　试验方法

千粒重测定：随机选取100粒种子，用天平称重，重

[①]　北京市公园管理中心课题（ZX2016014）。北京市公园管理中心2018年科技进步二等奖。

复 3 次。

种子形状测定：选取成熟饱满锦鸡儿种子，随机抽取 50 粒种子，用精确度为 0.02mm 的游标卡尺测量其直径（长短轴各测一次），计算平均值。

种子硬实率测定：随机取净种子 50 粒于水中浸种 24h，统计未吸胀种子数，计算种子硬实率，3 次重复。

种子萌发率测定：试验前选取颗粒饱满、大小均一的成熟种子用 1% 次氯酸钠（NaClO）消毒 20min，蒸馏水充分冲洗，用滤纸吸干种子外附水分后，将种子置于直径为 90mm 培养皿中培养，以两层滤纸为基质，滴蒸馏水将滤纸湿润，每组 25 粒 3 个重复，分别置于光暗交替的 [12h 光照/12h 黑暗下，100 [μmol/ ($m^2 \cdot s$)]] 15℃、20℃、25℃、15℃/8℃、20℃/10℃、25℃/15℃、30℃/20℃（变温时间为 12/12h）条件下进行萌发培养，每隔 24h 统计种子萌发情况，以胚根突破种皮统计为萌发，萌发时间以连续 5d 种子不萌发为发芽结束的标志。

1.3 数据分析

用 SPSS 软件对不同温度条件下的种子萌发结果进行方差分析，用 One-Way ANOVA 进行分析，用 Excel 软件绘图。

2 结果与分析

2.1 5 种锦鸡儿属植物种子性状的分析

种子性状是树木一种较为稳定的性状，是树木分类及遗传研究的重要指标。种子大小在同一植物种内被认为是相对稳定的。对五种锦鸡儿属植物种子性状的测定结果表明：柠条锦鸡儿种子和小叶锦鸡儿种子的纵径、横径均接近，千粒重分别为 26.10g 和 22.88g；南口锦鸡儿的种子较小，纵径和横径分别为 5.10mm 和 3.29mm，千粒重为 16.40g；中间锦鸡儿种子最大，纵径为 8.07mm，横径为 4.36mm，千粒重为 30.82g；树锦鸡儿的种子最小，纵径和横径分别为 4.66mm 和 3.05mm，千粒重为 16.27g。

不同种锦鸡儿属植物的硬实率存在差异。种子硬实引起的休眠是种子萌发的一个限制因素。试验中发现，一般情况下，硬实种子不易萌发，因而种子萌发率低。硬实率最高的是南口锦鸡儿，硬实率达到 97%，种子萌发率为 0，表明硬实率与萌发率正相关；硬实率最低的是树锦鸡儿，仅为 3.3%，而其种子萌发率较低，可能与种子本身活力有关；柠条锦鸡儿、中间锦鸡儿和小叶锦鸡儿种子的硬实程度不高，其硬实率分别为 15%、9% 和 27%，对其种子萌发率的影响不大。

表 1　五种锦鸡儿属植物种子的性状

锦鸡儿属植物	纵径（mm）	横径（mm）	千粒重（g）	硬实率（%）
树锦鸡儿	4.66	3.05	16.27	3.30
柠条锦鸡儿	6.48	3.65	26.10	15.00
南口锦鸡儿	5.10	3.29	16.40	97.00
中间锦鸡儿	8.07	4.36	30.82	9.00
小叶锦鸡儿	6.34	3.47	22.88	27.00

2.2 不同温度条件对 5 种锦鸡儿属植物种子萌发率的影响

不同温度条件对小叶锦鸡儿种子萌发率的影响如图 1 所示。图中所示的萌发率均为该温度培养条件下种子的最大萌发率。小叶锦鸡儿在 15℃ 培养条件下种子萌发率最大，为 72.0%；其次为 20℃ 和 25℃/15℃ 条件下，种子萌发率分别为 70.7% 和 66.7%；在 15℃/8℃ 条件下的种子萌发率为最低，为 46.7%；在 25℃ 和 30℃/20℃ 条件下的种子萌发率相同，为 50.7%；而 20℃/10℃ 条件下的种子萌发率为 54.7%。方差分析结果显示，15℃ 条件下的种子萌发率与 25℃、15℃/8℃、20℃/10℃ 和 30℃/20℃ 条件下的萌发率具有极显著差异（$P < 0.01$），20℃ 条件下的种子萌发率分别与 25℃、15℃/8℃ 和 30℃/20℃ 条件下的萌发率具有极显著差异（$P < 0.01$）；25℃ 条件下的种子萌发率与 25℃/15℃ 条件下的萌发率具有极显著差异（$P < 0.01$）；15℃/8℃ 条件下的种子萌发率与 25℃/15℃ 条件下的萌发率具有极显著差异（$P < 0.01$），与 20℃/10℃ 条件下的萌发率具有显著差异（$P < 0.05$）；20℃/10℃ 条件下的种子萌发率与 25℃/15℃ 条件下的萌发率具有显著差异（$P < 0.05$）；25℃/15℃ 条件下的种子萌发率与 30℃/20℃ 条件下的萌发率具有极显著差异（$P < 0.01$）。

因此，小叶锦鸡儿种子的最适萌发温度是 15℃，种子的最大萌发率为 72%。

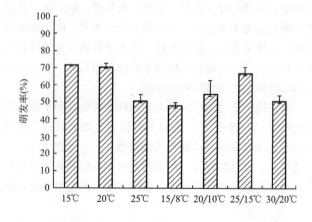

图 1　不同温度条件对小叶锦鸡儿种子萌发率的影响

不同温度条件对中间锦鸡儿种子萌发率的影响如图2所示。中间锦鸡儿在15℃/8℃条件下的种子萌发率最大，为49.3%；在25℃条件下的种子萌发率最低，为21.3%；15℃、20℃、20℃/10℃、25℃/15℃和30℃/20℃条件下的种子萌发率为33.3%～41.3%。方差分析结果显示，25℃条件下的种子萌发率与15℃、20℃、15℃/8℃、20℃/10℃和25℃/15℃条件下的萌发率具有极显著差异（$P<0.01$），与30℃/20℃条件下的种子萌发率具有显著差异（$P<0.05$）；15℃/8℃条件下的种子萌发率与30℃/20℃条件下的萌发率具有极显著差异（$P<0.01$），而与25℃/15℃条件下的萌发率具有显著差异（$P<0.05$）。

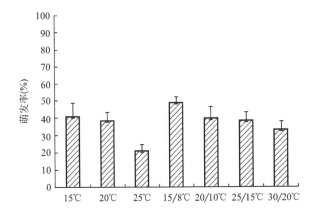

图2 不同温度条件对中间锦鸡儿种子萌发率的影响

因此，中间锦鸡儿种子的适宜萌发温度为15℃/8℃，种子的最大萌发率为49.3%。

不同温度条件对柠条锦鸡儿种子萌发率的影响如图3所示。柠条锦鸡儿在20℃条件下的种子萌发率最大，为34.7%；在30℃/20℃条件下的种子萌发率最低，为17.3%。方差分析结果显示，25℃条件下的柠条锦鸡儿种子萌发率与15℃、20℃、15℃/8℃、20℃/10℃、25℃/15℃条件的萌发率具有极显著差异（$P<0.01$），而与30℃/20℃条件下的种子萌发具有显著差异（$P<0.05$）；15℃/8℃条件下的种子萌发率与30℃/20℃条件下的萌发率具有极显著差异（$P<0.01$），与25℃/15℃条件下的种子萌发率具有显著差异（$P<0.05$）。

20℃条件下的柠条锦鸡儿种子萌发率与15℃、15℃/8℃、20℃/10℃、25℃/15℃和30℃/20℃条件下的萌发率没有显著差异。因此，以上温度都适宜柠条锦鸡儿种子萌发。

不同温度条件对树锦鸡儿种子萌发率的影响如图4所示。方差分析表明，显著性为0.183，即$P>0.05$，差异无统计学意义。

不同温度条件下，在整个观察周期（20d）内，南口锦鸡儿的种子均未萌发。试验结束时，该种子保持完整的状态。推测其不萌发可能与种子的硬实程度高有关。

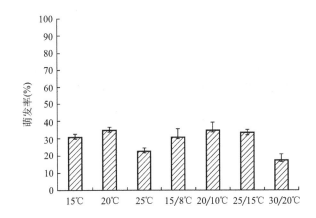

图3 不同温度条件对柠条锦鸡儿种子萌发率的影响

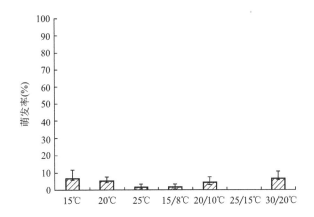

图4 不同温度条件对树锦鸡儿种子萌发率的影响

3 讨论与结论

种子萌发是植物生活史的一个关键环节，种子萌发对温度的响应反映了植物适应环境的生态对策[10-12]。研究种子萌发对温度的响应特征，对揭示植物适应特定环境的机制有着重要的科学意义[13]。此外，研究不同温度条件下锦鸡儿种子的萌发率，对于提高锦鸡儿属植物的引种成活率也具有一定的指导意义。

关于不同温度对柠条锦鸡儿种子萌发影响的研究发现[14]，25℃是柠条锦鸡儿最适宜的萌发温度，这与本研究的结果不一致。有研究表明，不同种源的柠条锦鸡儿在相同条件下的发芽率有较大差异[1]，由此推测可能与种子的来源地不同有关。据报道，中间锦鸡儿种子的最适萌发温度为15～30℃[6]，本研究中，中间锦鸡儿种子萌发的最适温度为15℃/8℃，与已有研究结果一致。本文研究了不同温度条件对5种锦鸡儿属植物种子萌发率的影响，结果表明：不同温度对锦鸡儿属植物不同种的影响不同：恒温条件15℃和20℃、变温条件25℃/15℃是适宜小叶锦鸡儿种子萌发的温度；恒温15℃和20℃，变温15℃/8℃和20℃/10℃均是中间锦鸡儿的适宜萌发温度；柠条锦鸡儿种子的适宜发芽温度为恒温15℃和20℃，变温20℃/10℃和25℃/15℃；南口锦鸡儿种子未萌发可能与其硬实率高（97%）有关。而树锦鸡儿，硬实率仅为3.3%，但是其种子萌发率较低（<10%），可能与种子的休眠或种子活力有关。

此外，锦鸡儿属植物种子存在种子硬实现象。硬实引起的休眠是防止种子在不适合幼苗存活的条件下延迟萌发的一种机制，以使种子在不同时间和不同地方分散萌发，从而增加有些种子在整个生活史阶段成功萌发的机会。种子保持长时间休眠的这一能力是植物适应不确定降水和不可预测环境的一种策略[5]。如何打破由硬实引起的种子休眠有待于进一步研究，这对于提高硬实种子的萌发率具有重要意义。

参考文献

[1] 周正立，王琳，于军，等．锦鸡儿属两种植物种子萌发生理研究 [J]．西北植物学报，2011，31（12）：2509-2515.

[2] 牛西午．1999．中国锦鸡儿属资源研究——分布及分种描述 [J]．西北植物学报，1999，19（5）：107-133.

[3] 牛西午，田如霞，李贵全，等．锦鸡儿属植物染色体制片与3个种的核型分析 [J]．西北植物学，2006，26（5）：1043-1047.

[4] 林涛，田有亮，王燕，等．基质含水量、温度条件对柠条等5种沙生植物种子萌发的影响 [J]．内蒙古农业大学学报，2008，29（4）：30-33.

[5] 周正立，王琳，于军，等．锦鸡儿属两种植物种子萌发生理研究 [J]．西北植物学报，2011，31（12）：2509-2515.

[6] 赵晓英，任继周，李延梅．三种锦鸡儿种子萌发对温度和水分的响应及其在植被恢复中的意义 [J]．西北植物学报，2005，25（2）：211-217.

[7] 赵丽娅，赵锦慧，李锋瑞．沙埋对几种沙生植物种子萌发和幼苗的影响 [J]．湖北大学学报（自然科学版），2006，28（2）：192-204.

[8] 何玉惠，赵哈林，刘新平，等．小叶锦鸡儿种子大小变异对萌发和幼苗生长的影响 [J]．种子，2008，27（8）：10-13.

[9] 赵晓英，任继周，李延梅．黄土高原3种锦鸡儿种子萌发对温度的响应 [J]．应用与环境生物学报，2004，10（3）：292-294.

[10] 武秀娟，奥小平，雍鹏，等．锦鸡儿属植物种子性状和幼苗生长特征比较研究 [J]．山西林业科技，2016，45（3）：31-34.

[11] 吴征镒．中国植被 [M]．北京：科学出版社，1995.

[12] Proberts RJ. The role of temperature in germination ecophysiology. In: Fenner M Ed. Seeds: The Ecology of Regeneration in Plant Communities. Wallingford: C.A.B. International, 2000: 285-325.

[13] Grime JP. Plant Strategies, Vegetation Processes, and Ecosystem Properties[M]. Chichester: John Willey&Sons, 2001.

[14] 林涛．环境因子对四种沙生植物种子萌发影响的研究 [D]．内蒙古农业大学，2009.

小线角木蠹蛾的生物学特性及发生规律研究[①]

北京市天坛公园管理处 / 李红云　朱庆玲　李　高

摘　要：小线角木蠹蛾是危害阔叶树的一种顽固的蛀干害虫，采用林间调查和室内饲养、虫道解刨等方法，在海淀区和天坛公园进行小线角木蠹蛾的危害研究，总结了北京地区小线角木蠹蛾的生物学习性及其发生规律，找准了成虫期、初孵幼虫期、越冬幼虫初活动期三个防治关键期。

关键词：小线角木蠹蛾；生物学特性；发生规律；防治关键期

小线角木蠹蛾（Streltzoviella insularis），又名小褐木蠹蛾，属鳞翅目木蠹蛾科蛀干害虫[1]，据文献统计，分布于北京、天津、河北、山东、江苏、安徽、江西、湖南、辽宁、吉林、黑龙江、内蒙古、陕西、宁夏等地。危害白蜡、柳树、国槐、龙爪槐、银杏、悬铃木、香椿、白玉兰、元宝枫、丁香、麻栎、苹果、海棠、山楂、榆叶梅等植物[2-4]。

小线角木蠹蛾对树木的危害主要发生在幼虫期，数头或数十头幼虫在树皮下向四周咬食树木的韧皮部和形成层，然后转移至木质部内钻蛀成不规则的坑道。危害后植株输导组织被切断，造成树势逐年衰弱，继而形成枝梢干枯、树干空洞、腐朽，发生风折甚至整株死亡。

自20世纪90年代起，杨怀文、胡亦民、李红光、张金桐、乔建国等人先后开展了对小线角木蠹蛾的发生和防治的研究[5-8]，小线角木蠹蛾的发生具有以下特点：①发生比较隐蔽，除成虫期外，其他虫态均在树体的韧皮部和木质部营隐蔽生活，发生初期不易被发现，一旦出现树体衰弱等明显被害状，常已错过最佳防治期；②幼虫营群体聚居生活，坑道纵横交错，虫口密度大，取食时间长，单一的化学防治往往不能根治，虫口密度降低后会出现复发，反复发生后，树体损伤严重不能治愈，进而树势衰弱；③该虫世代不齐现象明显，造成防治困难；④在自然界天敌较少。近年来，也常有媒体报道，小线角木蠹蛾在上海、天津、北京等地造成连年危害、屡治不绝[11]，成为一种顽固的蛀干害虫，严重威胁了树木健康、安全。

据此，课题组自2016年至2018年对小线角木蠹蛾的生物学特性和发生规律进行了详尽的调查、梳理，以期找出适宜的防治时期和防治途径，总结出科学有效的防控措施，从而减少害虫造成的损失。

---

① 北京市公园管理中心课题（ZX2016005）。北京市公园管理中心2018年科技进步二等奖。

1 材料与方法

1.1 野外调查

1.1.1 普查观测

在前期调研的基础上,分别在天坛公园、海淀北清路、林大北路三个前期有小线角木蠹蛾危害的地区设置调查区,每个调查区设2个地块,进行小线角木蠹蛾虫情发生、发展的调查。

调查采用普查法,普查该区域内所有树木受小线角木蠹蛾危害的情况。2016～2017年,每年5月各普查一次。

1.1.2 定干观测

(1) 定点定干调查:在天坛公园、海淀北清路、林大北路确定受害的白蜡、龙爪槐、银杏各10株进行定点定干调查,自2016年至2018年,每月1次,定期观察小线角木蠹蛾的危害,重点记录蛀孔或排粪孔的位置、数量、树屑情况、羽化孔和蛹壳数量;观察树木受危害后的状况,包括枯梢、腐朽、死亡等情况。

(2) 树干围网进行成虫期定株调查:5月上旬,在林大北路、天坛公园选择受害的白蜡、银杏植株各1株,用直径<2mm的硬质塑料网进行封闭隔离,为防止成虫羽化后飞出转移危害,进行成虫期定株观察,准确观察其发育历期,为测报提供准确参考。

1.1.3 成虫期调查

(1) 性引诱剂法

在林大北路和天坛公园设置监测标准地5个。5月中旬至9月上旬,在林间位于上风位置的树上悬挂小线角木蠹蛾性诱捕器,按30m×30m范围设置一个诱捕器,悬挂在约1.5m高处[7]。每日检查,将诱集的成虫取出并记录数量。

(2) 灯诱法

小线角木蠹蛾成虫具有较强的趋光性,5月中旬至9月上旬,在天坛公园银杏林设置佳多频振式杀虫灯诱集成虫,每天20:00～23:00开灯。每1小区设置1～2盏诱虫灯,记录当日诱虫数量,计算雌雄比例。

1.2 室内短期饲养观察

在室内进行幼虫、蛹、成虫的短期饲养观察,记录其形态特征和习性。

1.3 木段解刨调查

小线角木蠹蛾幼虫长期在韧皮部、木质部蛀食,生活隐蔽并且喜群聚为害,为进一步了解小线角木蠹蛾幼虫的发生、发展及危害情况,课题组定期截取受害植株的部分木段,把木段劈开,调查小线角木蠹蛾的虫道分布、幼虫形态、数量虫态以及幼虫数量。

2 结果与分析

2.1 小线角木蠹蛾的形态特征

成虫浅褐色。雌蛾体长16～28mm,翅展34～55m,雄蛾体长14～25mm,翅展30～46mm。雌雄蛾触角丝状,头顶和胸背部棕褐色,前胸后缘有深褐色毛丛线纹。前翅灰褐色,翅面密布黑色细碎横波纹,亚缘线顶端前缘附近呈明显的"Y"形纹,并向后延伸为一黑色横线纹,外横线至基角处色暗。后翅灰褐色,略深于前翅,有许多隐约可见褐色短纹[8](图1)。

卵椭圆形,黑褐色,卵表有网状纹。

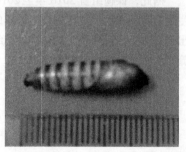

图1 小线角木蠹蛾的成虫、幼虫、蛹、卵

2.2 生活史

发生规律该虫2年发生1代,跨3个年度(表1)。

6～9月为成虫发生期,成虫有趋光性,昼伏夜出。成虫寿命,雌蛾2～10天,平均6.5天;雄蛾1～13天,平均7天。雌雄性比为1:0.6。雌虫将卵产在树皮裂缝、枝杈、各种伤疤处,卵呈块状,粒数不等,卵期为15天左右。

幼虫孵化后蛀食韧皮部,蛀食一段时间后蛀入木质部,危害直到11月(未见新粪排出),以幼虫在蛀道内越冬。第二年3月,幼虫随树液流动开始活动、危害,随着虫龄的增加,食量增大,逐渐由韧皮部向木质部蛀入,常由排粪孔排出大量虫粪。危害一直至11月树木落叶、树液停止流动时停止,以幼虫在蛀道内越冬。第三年3月幼虫复苏为害至5月,5月下旬至8月上旬为化蛹期,化蛹时间极不整齐。

从表1可以看出,6～8月,可见小线角木蠹蛾4种虫态,是观察生活史的有利时机。

2.3 生活习性

成虫昼伏夜出,雌雄成虫具有很强的趋光性,而且雌虫趋光性更强。成虫从树干飞出当天即可交配产卵。雌虫在受害木上产卵危害,常在主干、侧枝的树皮缝处集中产卵,卵粒多数粘成块状,少数散产。

幼虫始终在坑道内过隐蔽生活,在受害的树干表面钻蛀许多排粪孔,少则5～6个,多则10几个,孔口呈长椭圆形。幼虫排出粪屑的颜色常因寄主材质色泽而异,粪屑粘连成絮团状,悬挂在排粪孔周围(图2)。幼虫耐饥能力较强,初龄幼虫3～6天,中老龄幼虫可达34天。受饥饿的幼虫常有吐丝结网习性。幼虫在坑道内越冬,常吐丝粘结成团堵塞排粪孔以利于防寒。

小线角木蠹蛾的生活史(北京地区)　　　　　　　　　　　　表1

月 年度	1 上中下	2 上中下	3 上中下	4 上中下	5 上中下	6 上中下	7 上中下	8 上中下	9 上中下	10 上中下	11 上中下	12 上中下
第一年度							卵期		幼虫期		幼虫期(越冬)	
第二年度	幼虫期(越冬)					幼虫期					幼虫期(越冬)	
第三年度	幼虫期(越冬)			幼虫期		蛹期						
						成虫期						

图2 小线角木蠹蛾虫粪屑

初孵幼虫具群居性,聚集在植物的韧皮部附近危害,尤其枝杈处,三龄后蛀入木质部为害,虫道交错,隧道很不规则,常数头聚集在一隧道内危害,因此对树干的破坏性较大。

幼虫老熟后,在隧道孔口靠近皮层处,粘木丝、粪屑做椭圆形蛹室,长2～4.5cm,宽0.65～1.05cm。蛹历期17～26天。一般在5～8月间化蛹,时间较为分散,化蛹时蛹壳半露在羽化孔外(图3)。

图3 小线角木蠹蛾蛹壳

2.4 危害状及发生规律

2.4.1 危害情况普查结果统计

(1)白蜡受小线角木蠹蛾的危害统计

白蜡的调查样地在林大北路和林大东门,该白蜡为行道树,树龄30～40年,胸径10～25cm,自2013年起发现有小线角木蠹蛾危害。

2016年5月、2017年5月对林大北路东段(自静淑园路口至学清路，样地1）、林大东门静淑苑路（样地2）进行普查。从图4可以看出，两样地白蜡行道树受小线角木蠹蛾危害严重，树干上虫粪明显。2016年和2017年普查结果为：样方1有小线角木蠹蛾危害的树木占总量的24.4%、29.5%，其中严重危害占总量的14.1%、16.7%。样方2有小线角木蠹蛾危害的树木占总量的35.1%、40.4%，其中严重危害的占总量的12.3%、22.8%。

从年度对比上可以看出，2017年度，树木受小线角木蠹蛾危害有上升趋势。

(2) 北清路银杏受小线角木蠹蛾的危害统计

北清路友谊路至小牛坊桥段路南片林绿地内银杏片林树龄大约在20年，胸径10～15cm，该片林林木组成主要有海棠、榆叶梅、紫叶李、碧桃、油松，发现虫害有3～4年，采取的主要措施是用呋喃丹（铁灭克）灌根，效果不是很明显，对危害严重的树木每年都伐除。课题组以林分地段划分为三个样方，统计银杏树受小线角木蠹蛾危害程度如下（图4）：

2016年和2017年样方1银杏有小线角木蠹蛾危害

图4 树木受小线角木蠹蛾危害率调查结果

的树木占总量的27.6%、31.6%，其中严重危害占总量的15.8%、22.4%。样方2有小线角木蠹蛾危害的树木占总量的37.3%、43.1%，其中严重危害的占总量的19.6%、25.5%。样方3有银杏有小线角木蠹蛾危害的树木占总量的25.8%、27.4%，其中严重危害的占总量的9.7%、14.5%。

相比于2016年，2017年样地内小线角木蠹蛾的危害增速比较明显，样地2内有1株银杏因危害致死。

(3) 天坛公园银杏树受小线角木蠹蛾的危害统计

样地1位于西北外坛环路树班道口西侧，2014年初发现两株有虫害危害。样地2位于天坛公园东北外坛，2012年发现虫害。该银杏林建植于1996～1997年，树龄在30～40年，胸径30～45cm，林分组成主要有银杏和桧柏、侧柏、油松，树木呈行列式种植，株行距8m×8m。采取防治措施主要是树干虫孔注药。每年对危害严重的侧枝和主枝进行修剪。

2016年和2017年进行虫害普查，结果显示（图4）：样地1共调查银杏144株，2016年有虫株树占总量的8.33%。其中严重危害的3株，占总量的2.1%。2017年调查，有虫株树9株，严重危害比例略有增加至2.8%。样方2有银杏171株，2016年普查显示有植株受害率17.5%，严重受害植株占总量的3.5%。2017年，受害率增至19.1%，严重受害率为6.4%。

(4) 天坛公园龙爪槐、国槐受小线角木蠹蛾的危害统计

天坛公园百花园龙爪槐建植于1961年，胸径30～

45cm，位于百花园中部，呈南北双行分布于中轴主路两侧。于 2012 年最初发现两株植株有虫害，采取的主要措施为虫孔注药、成虫诱杀。

2016 年 5 月对片区进行逐株调查，共调查龙爪槐 34 株，其中有虫植株 9 株，占总量的 26.47%。其中严重危害的 3 株，占总量的 8.82%。2017 年，植株总受害率略有下降至 20.1%，严重危害比例降至 5.9%。

2016 年春季对天坛公园内坛 505 株国槐进行普查，未发现小线角木蠹蛾危害，植株受害率为 0（图 4）。

从上述样地的普查结果来看，小线角木蠹蛾发生后，扩散速度较快，对树木危害较严重，重者 2~3 年即造成树木的死亡，应引起足够重视。

2.4.2 发生规律

白蜡树最先被危害的部位是第一个树杈处，随后虫害遍布整个枝干，危害后树势逐渐衰弱直到死亡。银杏受害以主干、主枝发生较多，最先被危害的部位没有规律性，可以是整个枝干任意部位。危害主干的高度以 1.2~1.5m 和 2.5~3.5m 为多，在侧枝上危害多集中在下部侧枝，尤其在树木分枝点处比较常见。小线角木蠹蛾在龙爪槐上的危害，以危害侧枝比较普遍，主干上也偶有发生。

从林分空间分布来看，小线角木蠹蛾的危害有聚居状，受害后向周边近距离扩散。同时，道路和通风条件好的地方受害较重，林分深处受害较轻。

2.4.3 虫道特征

对小线角木蠹蛾的坑道进行解剖可以看出，小线角木蠹蛾早期侵入坑道后主要集中在木质部浅层（图 5），随着幼虫的逐渐增长，逐步蛀入髓芯。

几十至几百头幼虫群集在蛀道内为害，坑道曲折、纵横贯穿，有排粪孔直通树皮与外界相连（图 6）。幼虫在坑道内越冬，越冬时常用丝状粪球堵塞排粪孔。

老熟幼虫在隧道孔口靠近皮层处做蛹室化蛹。羽化后咬破皮层化蛹，羽化孔椭圆形。

图 5 树皮下的小线角木蠹蛾初孵幼虫

图 6 小线角木蠹蛾虫道解剖

3 结论与讨论

小线角木蠹蛾虽为鳞翅目害虫，其成虫体长中等、体色灰色、辨识度较低，且幼虫期很长，在树体内部蛀蚀达 20~25 个月，比较隐蔽，发生时不易被发现，因此给防治工作造成了较大的困难。

3.1 小线角木蠹蛾虫情的识别

小线角木蠹蛾幼虫聚居危害，受害严重的 2~3 年就能造成树木主干损伤或者整株死亡。因此，早期的虫情识别特别重要。

在室外识别时，应重点检查寄主的主枝、主干被害情况。树木受小线角木蠹蛾危害后，可见受害处有排粪孔，排粪孔不断排出木屑，初孵幼虫的木屑较细小，成细泥沙状堆积，随着幼虫的长大，木屑逐渐粗大，成堆附着在树皮上，木屑内有丝相连，干燥时更为明显。小线角木蠹蛾成虫羽化后蛹壳常一半外露在树干外，一半留在树体中。可观察树体上蛹壳来进一步确认。这两点可作为虫情鉴别的典型特征。

识别时，注意与天牛危害的区别。天牛危害是 1 蛀道 1 虫。小线角木蠹蛾危害时，几十头至几百头在蛀道内聚集，可进行虫道解剖来鉴别。

3.2 小线角木蠹蛾虫情的发生规律

小线角木蠹蛾作为一种顽固性蛀干害虫，成虫产卵有危害弱树的习性，常在上一年受危害的植株上继续产卵、集中危害，使弱树有危害加重趋势。

小线角木蠹蛾成虫期向周边近距离扩散，成虫受灯光、通风条件的影响较为明显，发生后林缘处受害较重，林分深处受害较轻。

3.3 综合防治，抓好防治关键期

由于小线角木蠹蛾具有世代重叠、寄主广泛、耐饥力强、危害隐蔽等特征，单纯依靠一种措施很难控制其危害，课题组梳理小线角木蠹蛾的生活史和生活习性，认为在小线角木蠹蛾的防治中应确立综合防治的措施，以成虫防治和幼虫防治并重，综合运用物理防治、化学防治、生物防治等综合手段，抓好成虫期、初孵幼虫期、越冬幼虫初活动期3个防治关键期。

（1）小线角木蠹蛾的成虫期为5～9月，成虫羽化后，交配产卵，应抓住成虫期，利用性诱剂、黑光灯等进行诱杀，把防治提前到危害前进行。

（2）从生活习性来看，小线角木蠹蛾成虫产卵后，新孵幼虫从树皮缝开始蛀食韧皮部为害，3龄后逐渐蛀入木质部危害。幼虫防治中应抓住从卵期至3龄幼虫前期作为防治关键期，结合成虫测报，使用触杀、内吸性药剂（可辅以渗透力较强的药剂）进行树干喷药与树体注射[9-12]，治早治小，达到防治的目的。

（3）小线角木蠹蛾的越冬幼虫在春季树木汁液流动后开始严重蛀食，从排粪孔排出大量粪便。此时症状比较明显，树木对药剂的吸收和传导较为迅速，应及时采取树干注射、虫孔施药等防治措施，降低虫口密度，减轻危害。

在北京地区，与此防治关键时期对应的防治适期为6月下旬～8月下旬、7月下旬～8月下旬、3月下旬～4月上旬。

鉴于小线角木蠹蛾危害的普遍性和广泛性，我们在园林绿化管理过程中，应加强以下几点：

（1）在植物配置设计时，综合考虑植物保护因素，树种选择应做到多样性。

（2）加强检疫，在苗木调运中减少小线角木蠹蛾的扩散和蔓延。

（3）科学养管，加强水肥管理，提高树木树势和抗病虫能力。

（4）进一步开展小线角木蠹蛾天敌的相关科研，提高生物防治力度，从根本上实现持续控制，达到生态调控的目的。

参考文献

[1] 徐公天. 园林植物病虫害防治原色图谱 [M]. 北京：中国林业出版社，2003.

[2] 北京林学院森林昆虫学 [M]. 北京：农业出版社，1980.

[3] 赵怀谦. 园林植物病虫害防治手册 [M]. 北京：农业出版社，1994.

[4] 魏东晨. 行道树国槐主要害虫及防治 [J]. 河北林业科技，2010，(5)：98-99.

[5] 杨怀文，张刚应，张善稿，等. 应用芫菁夜蛾线虫防治小木蠹蛾的研究 [J]. 植物保护学报，1992，19（1）：37-40.

[6] 胡亦民. 钻孔注药防治国槐木蠹蛾 [J]. 中国森林病虫，2001，(增刊)：48-49.

[7] 李红光. 毛白蜡小线角木蠹蛾的综合防治 [J]. 林业实用技术，2008，(8)：29-31.

[8] 张金桐，孟宪佐. 小木蠹蛾性诱剂的合成与林间诱蛾活性试验 [J]. 林业科学，2011，37（4）：71-74.

[9] 乔建国，田菲菲，白瑞霞，等. 灌注药膏防治蛀干害虫新技术 [J]. 林业实用技术，2011，(10)：34-36.

[10] 新农药推广中心. 新农药使用技术 [M]. 长春：吉林科学技术出版社，1997.

[11] 韩丽娟，张丽辉，等. 树干注射技术防治芳香木蠹蛾的试验 [J]. 长春师范学院学报，2003，(1)：22（1）：48-51.

[12] 王长青，吉志新，周志芳. 树干注射法防治梨树害虫的试验研究 [J]. 河北农业技术师范学院学报，1999，3（1）：59-62.

银杏疏果剂 BRN 应用技术的研究[①]

北京市国林科学研究院 / 李 广 王建红 周江鸿 车少臣 刘 倩

摘 要：银杏是我国常用的园林绿化树种，但是其大量结实导致树势衰弱以及落果污染等问题也越来越受到行业和社会的关注，北京市园林科学研究院研发的银杏疏果剂BRN可以有效疏除银杏果实，但是其配套应用技术还不完善，本研究通过设置不同浓度梯度、不同时间处理的研究方法初步明确了BRN银杏疏果剂的适用剂量和适用时间范围，并应用喷雾法和树干注射法两种方法比较了所筛选的花果疏除剂在成本、效率以及安全性等指标方面的异同，初步摸索了银杏花果疏除药剂的配套施药技术，研究结果表明：0.1～2g/L BRN对银杏果实疏除率都可达100%，但仅当浓度不超过0.1g/L时才不会产生明显药害；明确了BRN的最佳处理时间为从新叶基本展叶完全之后至第一次生理落果期之前，使用过早会产生药害，使用过晚幼果脱落率会显著下降；明确了树冠喷雾和树干注射法均可安全、高效地疏除银杏果实，在植被组成、环境条件比较复杂或是银杏植株比较高大的情况下，用注射法安全性更高、药效更好，在经济林、片林等植被条件和环境条件单一，银杏植株数量较大以及植株高度相对较低的情况下，采用树冠喷雾法进行施药处理，可大幅度提高施工效率。

关键词：银杏；疏果剂；应用技术

银杏 *Ginkgo biloba* 树形优美且高大挺拔，具有叉形脉序，扇形叶独特，秋叶满树金黄以及文化内涵使其成为一种优良和重要的观赏树种之一[1, 2]，在园林绿化中被广泛应用，然而，近年来银杏雌株大量结实导致了一系列负面问题的发生：如银杏大量结实导致银杏雌株逐渐衰弱的问题[3, 4]、银杏落果污染问题以及诱使个别人群不文明采摘的问题等。

为此，北京市园林科学研究院研发出对银杏幼果具有良好的疏除效果的药剂BRN，解决了目前行业内缺乏银杏疏果药剂的问题，但是关于BRN银杏疏果剂的配套应用技术尚不明确，BRN作为一种植物生长抑制剂，其作用效果、安全性与其使用浓度[5]和使用时间[6]都有密切的关系。因此本文研究了BRN疏果剂在银杏上施药时间、施药剂量、施药方法等相关配套施药技术。

1 材料与方法

1.1 植物材料

选择北京市园林科学院院内（E116°28′21″、N39°58′52″）树势良好且多年结实量中等至多的银杏雌株，或对具明显的大小年现象的银杏雌株选择上一年结果量少的雌株作为研究对象，试验树胸径20～25cm，株高8～12m。

1.2 试验仪器

手持式压力喷雾器（TORINO，3Lt），车载式汽油打

[①] 北京市公园管理中心课题（ZX2017024）。北京市公园管理中心2019年科技进步二等奖。

药机（100Lt），树干打孔机（KASITO BG328），高压注射器（康林牌 6HZ-1020 型）。

1.3 试验药剂

银杏疏果剂 BRN。

1.4 试验方法

1.4.1 BRN 最适浓度范围的试验

设 0.1g/L、0.2g/L、0.4g/L、0.6g/L、0.8g/L、1g/L、1.2g/L、1.4g/L、1.6g/L、1.8g/L 和 2g/L 共 11 种浓度梯度，于 4 月 15 日银杏胚珠吐水期进行处理，试验时在试验植株上先选取胚珠量大的枝条标记，然后应用手持式压力喷雾器叶面喷雾，喷雾至刚有药滴滴下为止，每处理重复 3 次。喷雾前统计处理枝条上的胚珠总数，处理后于 6 月中旬银杏种实膨大后调查其上果实数量，计算各处理的校正花果疏除率，进行方差分析。通过目测法观测各处理对试验枝条营养生长的影响情况。

$$花果疏除率 = \frac{处理前胚珠数 - 处理后坐果数}{处理前胚珠数} \times 100\%$$

$$校正花果疏除率 = \frac{(100\% - 对照花果疏除率) - (100\% - 处理花果疏除率)}{100\% - 对照花果疏除率} \times 100\%$$

1.4.2 BRN 最适处理时间范围的研究

从 4 月 1 日银杏雌株展叶后开始至 5 月 22 日银杏果实增长速度放缓时为止，设 BRN 为 0.4g/L 浓度水平，试验时在试验植株上先选取胚珠量大的枝条标记，然后应用手持式压力喷雾器叶面喷雾，喷雾至刚有药滴滴下为止，每处理重复 3 次。喷雾前统计处理枝条上的胚珠总数，处理后于 6 月中旬银杏种实膨大后调查其上果实数量，计算各处理的校正花果疏除率，进行方差分析。通过目测法观测各处理对试验枝条营养生长的影响情况，计算各处理的校正花果疏除率。

$$花果疏除率 = \frac{处理前胚珠数 - 处理后坐果数}{处理前胚珠数} \times 100\%$$

$$校正花果疏除率 = \frac{(100\% - 对照花果疏除率) - (100\% - 处理花果疏除率)}{100\% - 对照花果疏除率} \times 100\%$$

1.4.3 BRN 最适施药方法的研究

树冠喷雾法：BRN 设为 0.4g/L 浓度水平，分别于 4 月 8 日、4 月 15 日、4 月 23 日、4 月 30 日、5 月 7 日，每次选取 3 株结果量大的雌株作为试验对象，利用车载式高压汽油打药机对试验植株进行树冠喷雾，于处理后的落果高峰期，统计地面掉落的幼果数量，并与 6 月份种实膨大后，统计试验植株的坐果数量，计算处理植株的种实掉落率。

树干注射法：BRN 稀释为 5g/L 的稀释液，注射剂量为稀释液 10mL/cm DBH，分别于 4 月 8 日、4 月 15 日、4 月 23 日、4 月 30 日、5 月 7 日，每次选取 3 株结果量大的雌株作为试验对象，利用打孔器和高压注射枪对试验植株进行树干注射处理，于处理后的落果高峰期，统计地面上掉落的幼果数量，并与 6 月份种实膨大后，统计试验植株的坐果数量，计算处理植株的种实掉落率。

$$种实掉落率 = \frac{地面掉落幼果数}{地面掉落幼果数 + 树上坐果数} \times 100\%$$

2 结果与分析

2.1 BRN 最适浓度范围的研究

最适使用浓度试验结果见表 1。BRN 药剂在 0.1 ~ 2.0g/L 浓度水平范围内，对银杏均具显著疏果作用，疏除率均达 100%。但通过对试验处理枝条生长状态的观测表明，除 0.1g/L 浓度对银杏营养生长及长势未见显著影响，其他浓度均对银杏营养生长产生了不同程度的影响，其中 0.2 ~ 0.4g/L 浓度处理的银杏叶片比对照叶片的叶色相对较浅较黄（图 1），0.6 ~ 0.8g/L 浓度处理的银杏叶片不仅在叶色上发黄，而且部分叶片出现焦边症状（图 2），1.0 ~ 2.0g/L 浓度处理还出现个别叶片枯死症状（图 3），且在 1.0 ~ 2.0g/L 浓度处理下，银杏药害症状并未随药剂浓度的升高而增加，叶色、焦边程度以及枯叶数量在 1.0 ~ 2.0g/L 处理间未见显著差异。

BRN 不同浓度对银杏种实的疏除效果　　表 1

BRN (g/L)	花果疏除率	处理枝条长势
0.1	100%	叶片正常
0.2	100%	叶色轻微变淡，其他正常
0.4	100%	叶色发黄，其他正常
0.6	100%	叶色发黄，后期有叶片焦边
0.8	100%	叶色发黄，有焦边问题
1.0	100%	叶色发黄，有焦边和枯死叶片
1.2	100%	叶色发黄，有焦边和枯死叶片
1.4	100%	叶色发黄，有焦边和枯死叶片
1.6	100%	叶色发黄，有焦边和枯死叶片

续表

BRN (g/L)	花果疏除率	处理枝条长势
1.8	100%	叶色发黄,有焦边和枯死叶片
2.0	100%	叶色发黄,有焦边和枯死叶片

图1　BRN处理后导致叶色发黄

图2　BRN处理后导致叶片焦边

图3　BRN处理后导致叶片枯死

2.2　BRN最适处理时间范围的研究

最适处理时间试验结果见表2。4月25日前的BRN 0.4g/L浓度处理,银杏疏果率均达90%以上,4月28日的BRN 0.4g/L浓度处理,银杏果实疏除率开始显著下降,5月上旬~5月中旬BRN 0.4g/L浓度处理,银杏果实疏除率已降低至20%左右,至5月下旬后BRN 0.4g/L浓度处理已对银杏果实不具疏果作用。

同时,4月1日~4月15日的BRN 0.4g/L浓度处理,银杏叶片的生长发育受到显著抑制(图4、图5),主要表现为处理后叶片较正常叶片偏小,且叶色变淡及黄叶焦边。4月18日~4月25日BRN 0.4g/L浓度处理,银杏叶片的生长发育与对照未见显著差异。

对银杏雌株叶片及胚珠发育历期与BRN对银杏果实疏除率间关系的研究表明,银杏叶片宽度生长发育至5.44cm前进行处理,会使银杏叶片生长受到抑制,产生

BRN不同处理时间对银杏的疏果效果(Fisher's LSD, $\alpha=0.05$)　　表2

时间	叶宽(cm)	果径(cm)	疏除率(%)		处理枝条长势
4月1日	0.77±0.05	0.06±0.01	99.07±0.93	a	叶片生长受抑制
4月4日	1.32±0.06	0.09±0.00	93.59±6.41	a	叶片生长受抑制
4月8日	1.80±0.05	0.12±0.01	94.09±5.91	a	叶片生长受抑制
4月11日	3.05±0.07	0.12±0.01	94.85±3.23	a	叶片生长受抑制
4月15日	4.04±0.34	0.14±0.02	100.00±0.00	a	叶片生长受抑制
4月18日	5.44±0.27	0.17±0.01	99.29±0.71	a	正常
4月22日	6.23±0.25	0.31±0.02	100.00±0.00	a	正常
4月25日	6.82±0.18	0.48±0.01	98.69±0.65	a	正常
4月28日	7.03±0.07	0.60±0.01	75.30±7.00	b	正常
5月1日	7.48±0.15	0.77±0.01	16.12±1.13	c	正常
5月6日	7.54±0.15	1.00±0.03	13.49±4.83	c	正常
5月9日	7.74±0.14	1.19±0.02	23.75±1.39	c	正常
5月13日	7.65±0.08	1.24±0.02	20.06±10.04	c	正常
5月16日	7.48±0.03	1.28±0.01	13.60±3.28	c	正常
5月22日	7.56±0.10	1.31±0.02	0.00±0.00	d	正常

药害症状；叶片宽度生长至5.44cm后用药则银杏叶片生长未受显著影响。果径生长发育至0.6cm前使用药剂处理,可以获得良好的疏果效果；随后用药,幼果的脱落率会随时间的延后逐渐降低,但幼果生长仍然受到药剂的影响,果实个体显著小于对照组,并在8月底左右提前脱落(图6、图7)。

图4　BRN处理导致叶片偏小（左）

图5　BRN处理导致叶片焦边

图6　BRN处理后幼果停止发育（右）

图7　BRN处理8月底果实脱落

2.3 银杏叶片、果实生长期与用药时间

银杏果实个体体积和叶面积发育进度呈S形曲线(图8、图9),4月18日前银杏胚珠未受粉,体积增长缓慢,此时叶片处于旺盛增长期。此时用药虽疏果效果好但会对叶片造成药害；4月18日~5月1日,叶面积增速渐缓,幼果处于快速增长期。此时用药药剂对果实生长的抑制作用会远高于叶片,因而对银杏果实疏除效果理想且安全性较高。5月后因银杏幼果已较大,且生长速率放缓,此时

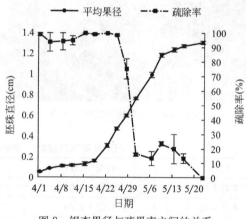

图8　银杏果径与疏果率之间的关系

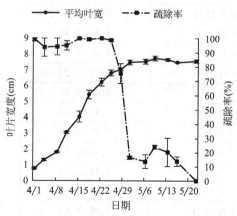

图9　银杏叶宽与疏果率之间的关系

用药对银杏果实的疏除率较低。

2.4 BRN最适施药方法的研究

2.4.1 施药方法对种实掉落率的影响

喷雾法和树干注射法处理后的银杏种实掉落率（Fisher's LSD, α=0.05） 表3

处理时间	银杏种实掉落率（%）	
	树冠喷雾法	树干注射法
4-8	63.33±8.24　c	97.93±1.25　a
4-15	68.66±11.32　bc	93.84±2.93　a
4-23	71.27±14.45　bc	88.80±2.77　ab
4-30	27.34±8.08　d	4.35±1.28　e
5-7	0.14±0.07　e	0.19±0.14　e

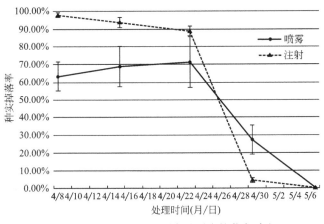

图10　两种方法处理后的银杏种实掉落率对比

BRN树干注射和树冠喷雾法的试验结果见表3。两种施药方法在4月底前应用均具良好疏果作用，且树干注射法处理的疏果率显著高于树冠喷雾法。4月底树干注射BRN银杏果实疏除率可达80%～90%，但4月底后无论何种方法，银杏果实疏除率均会显著下降（图10）。树冠喷雾法的银杏果实疏除率仅达70%左右，且残留未疏除的种实多处于树体上部。树冠喷雾法由于使用器械仅具8～9m喷药高度，而银杏树高普遍高于10 m，药剂未能喷施至树冠顶部导致树冠喷雾法的疏除率低于树干注药法。

2.4.2 两种施药方法其他指标对比

表4为两种施药方法在成本、施工效率、安全性等其他方面的综合比较。

在用药成本上：按银杏雌株胸径25cm、株高10m计算，树冠均匀喷雾约需要20kg水，按0.4g/L稀释浓度，喷雾法处理一棵树需要用药8g；树干注射法约需200mL药剂稀释液，按稀释液浓度5g/L计算，株用药1g。因此在用药成本上树干注射法要远低于树冠喷雾法。

在施工效率上：由于树干注射法需要先在树干上用打孔机打孔，再用高压注射枪进行注射；同时由于银杏树体材质比较致密，因此注射速度相对比较慢。从打孔到注射完毕计时约20min；树冠喷雾仅需要5min。因此在施工效率上树冠喷雾法要明显优于树干注射法。

在安全性上：由于树干注射法可以直接将药剂注入树干内，没有药滴漂移的风险，对于施工人员以及周边环境均安全性高，但树干注射在施药过程中需在银杏树干上进行打孔，会对树体造成伤害，打孔注药后伤口愈合情况以及是否会对银杏的正常生长造成影响，还需要长期的进行观测。树冠喷雾法虽不会对银杏树体造成伤害，但在施药过程中有大量药滴漂移，对于施工人员具较大安全隐患，同时BRN属植物生长抑制剂，对周边植物的正常生长会造成较大。因此整体上而言，树干注射法的安全性优于喷雾法。

两种施药方法之间的相关应用指标比较　表4

相关指标	树冠喷雾	树干注射
单株用药量（g）	8	1
单株施药时间（min）	5	20
施药器械	高压打药机	打孔机，注射枪
施药人员安全性	低	高
环境安全性	低	高
对银杏安全性	高	树干打孔造成伤口

3 讨论

3.1 BRN药剂的最适处理浓度

根据本研究的试验结果，可以看出BRN银杏疏果剂在0.1～2g/L浓度梯度的银杏果实疏除率均达100%，但是仅0.1g/L浓度水平的银杏叶片未见明显药害，其他浓度处理银杏叶片均不同程度出现药害症状，因此不大于0.1g/L浓度水平处理对于银杏相对比较安全，但是选择更低的剂量是否能够保证疏除效果，还需要进一步的试验来验证，而且对于银杏的安全性分析本研究仅从表观上进行了判断和估计，药剂处理对于银杏雌株的内含物质的影响也需要进一步的研究分析。

3.2 BRN药剂的最适处理时间

BRN银杏疏果剂在4月25日对银杏疏果率可达98.69%，但4月28日疏果率为75.30%，5月1日疏果率更是降至16.12%。虽5月施药后幼果的疏除率下降，但施药后幼果的生长受到明显抑制，其果实个体偏小并基本不再继续增长但不脱落，直到8月底时才大量从树上脱落，脱落时间较对照显著提前。

银杏具两次生理落果期，第一次生理落果期在4月下旬，第二次是在6月中旬[7]，第一次生理落果时脱落的果实带有果柄，与BRN药剂处理后落果形态一致。BRN药剂在第一次生理落果期前使用会促使银杏果实在第一生理落果期脱落，虽在第一次生理落果期后施用BRN，会促使银杏果实于8月底大量脱落，但此时果实仍会对路面环境造成污染，因此BRN的最晚处理时间应在银杏第一次生理落果期开始之前完成。

4月中旬前是银杏叶片快速生长物候期，4月20日后银杏叶片生长速度渐缓，此时施药对银杏叶片不会产生药害，因此BRN药剂对银杏的作用机制为抑制正在快速生长的植物组织。故为了防止药害产生，使用BRN药剂的最早时间应在银杏新叶生长较为完全之后进行。

3.3 BRN药剂的最适施药方法

园林植物用药不同于农作物用药，农田的作物种类、环境条件等都相对一致，但是园林植物所处的环境条件非常复杂，在不同的园林景观当中，植物种类繁多，配植方式多样，环境条件多变，导致在园林植物上进行药剂处理，需要考虑的因素就有很多。

银杏在园林应用当中，可作为行道树、景观林、孤赏树或庭院树，因此树冠施药方法基本不可行，否则会对周边植物产生安全隐患。常规打药机很难将药液均匀喷洒至植株顶部，同时银杏雌株往往在树冠中上部结果量大，导致采用喷雾法进行施药处理整株银杏时，疏除率会大幅度降低；BRN药剂属生长抑制剂类型，树冠喷雾会造成大量药滴漂移或滴落到银杏树下以及周边其他植物上，由于很多植物对该药剂较敏感，因此可能会有导致其他植物发生药害的风险；树冠喷雾法用药量显著高于树干注射方法，极大增加施药成本。

树干注射法对环境以及施药人员的安全性较高，而且药剂完全注入树体内部，用药量大幅降低。但该方法也存在一些问题。首先为操作骤相对繁琐，施工效率较喷雾法显著下降；其次为该方法需要预先在银杏树干上钻孔，对银杏树是否有危害还需要长期进行观测；第三，BRN药剂并不能溶于水，因此不利于进行树干注射，在树干注射时会遇到很大的阻力且对注射器械的损伤也较大，因此规模化推广BRA需开发其水溶性剂型。

综上所述，在植被组成、环境条件比较复杂或是银杏植株比较高大的情况下，用注射法安全性更高、药效更好，在经济林、片林等植被条件和环境条件单一，银杏植株数量较大以及植株高度相对较低的情况下，采用树冠喷雾法进行施药处理，可大幅度提高施工效率。

参考文献

[1] Rohr R. Maidenhair Tree（Ginkgo biloba L.）// In：*Bajaj YPS ed. Biotechnology in agriculture and forestry*，*Vol. 5 Trees II. Springer-Verlag Berlin Heidelberg*，1989.

[2] 原红滨，白新密，何小钎. 银杏的园林景观价值及构景艺术探讨. 现代农村科技，2018.

[3] 聂秋枫，王永格，王茂良，丛日晨. 银杏夏季生长表现与气象、立地环境的关系. 北京园林，2015，31（03）：39-52.

[4] 张明庆，杨国栋. 银杏树夏枯现象成因分析. 气象科技，2002，30（5）：318-320.

[5] 冯晓容，王兴文，俞晓艳，徐桂花，吴竹林，毛立谦. 植物生长抑制剂对菊花的影响研究. 宁夏农林科技，2014，55（12）：4-6.

[6] 谢建国，阎逎猷，张清明. 植物生长抑制剂对中华猕猴桃幼树生长结果调控的研究. 中国果树，1989（02）：16-18+25.

[7] 陈爱军，李丁凤. 银杏生理落果主要原因及保果措施. 广西柑桔，1999（01）：23-24.

不同光照水平对'冰酒'玉簪生长情况和观赏品质的影响

北京市植物园，北京市花卉园艺工程技术研究中心，城乡生态环境北京实验室 / 施文彬 刘东焕 樊金龙

摘 要： '冰酒'玉簪株型美观、叶色亮丽、花大有香味，耐阴抗旱，绿色期长，是非常有推广前景的地被植物。本论文通过研究3种不同光照水平下'冰酒'玉簪的形态指标（株高、叶面积、叶片数、叶色）、生理指标（光合速率、叶绿素含量、生物量）和观赏指标（花期、花量）的变化规律，探讨满足'冰酒'玉簪生长和观赏品质的适宜光强。结果表明：'冰酒'玉簪的光补偿点、光饱和点、最大净光合速率分别为1.92μmol/(m^2·s)、720.40 μmol/(m^2·s)和11.20μmol/(m^2·s)；株高、叶面积、叶片数、生物量随光强的降低呈现上升趋势，遮荫处理与全光照水平呈现显著性差异；光合速率、叶绿素含量、花量随光强的降低呈现先升高后降低的趋势，以50%光强下为最高。遮荫处理与全光照水平差异不显著。得出结论：'冰酒'玉簪属于耐阴抗强光植物，在园林应用中栽植于林下和露天均可，进一步扩大了其应用的范围。

关键词： '冰酒'玉簪；叶面积；光合速率；叶绿素含量；生物量

'冰酒'玉簪（H. 'Frozen Margarita'）属于百合科玉簪属宿根花卉，是玉簪的杂交园艺品种，是北京植物园于2012年从美国苗圃引进。其株型直立，叶中大型，绿叶白边，花大，花径7~8cm；花密集，花量大，每个花序的花量约为25~35朵；花期晚，花期长，群体花期8月上旬至9月下旬；有浓郁的香味[1-3]。'冰酒'玉簪是一种非常有潜在园林价值的彩叶香味玉簪品种。

但在栽培应用中发现，'冰酒'玉簪作为彩叶植物，强光下叶片出现失绿现象，强阴下叶色转绿，失去彩色效果，甚至是不开花，影响其生长和观赏效果。

光是影响植物生长的重要环境因子。研究表明：光强过高使植物容易产生光抑制；光强过低，植物生长不良[4-7]。玉簪是耐阴植物，对光强比较敏感。但不同的玉簪品种对光的需求不同[8-10]。对栽培在北京的玉簪品种进行光适应性的研究，发现蓝叶玉簪品种光适应性强，既耐阴又耐强光；黄叶玉簪品种对光比较敏感，耐阴性强；绿叶和彩叶玉簪品种耐半阴。但彩叶香味玉簪的研究还少有报道。

为了解'冰酒'玉簪对光的需求，保证其在栽培应用中最佳的生长状况和观赏品质，本论文就不同光照水平对'冰酒'玉簪生长状况和观赏品质的影响进行研究，通过测定不同光照水平下'冰酒'玉簪的形态指标、生理指标和观赏指标，探讨适合'冰酒'玉簪生长的最佳光照环境。

1 试验材料及培养

选取生长一致的3年生的盆栽苗'冰酒'玉簪。试验

---

① 北京市公园管理中心课题（ZX2016013）。北京市公园管理中心2019年科技进步二等奖。

在北京植物园苗圃进行。所用花盆直径25 cm、高22 cm，每盆一株。土壤特性：有机质40.3%，全氮1.75%，全磷1.87%，全钾1.96%，腐植酸17.8%，pH值=6.27。

2 试验方法

2.1 光照处理

试验于2017年5月至10月进行。选择不同透光率的黑色塑料遮荫网对玉簪进行遮光处理，分别设置50%的透光率、25%的透光率，并将全光照作为对照组，进行常规水分管理。每种处理8～10株，重复3次。在2个月左右之后进行相关指标的测定。

2.2 形态指标的测定

2.2.1 株高

在遮荫处理50d后对不同光水平下的玉簪进行株高的测定。选择生长健壮、长势一致的玉簪，用直尺进行测量并记录。每种处理测量5株。

2.2.2 叶面积

在遮荫处理50d后，选取不同光水平下的生长健壮、长势一致的玉簪，选择植株上的成熟叶片进行叶长、叶宽的测定，并计算叶面积。每种处理测量5片。

2.2.3 叶片数

在遮荫处理50d后，选取不同光水平下的生长健壮、长势一致的玉簪，目测叶片数并记录。每种处理测量5株。

2.3 叶片光合特性的测定

2.3.1 光强——光合速率曲线的测定

于2017年5月中旬，选择在晴朗无风天气的上午9点至11点，在透光率为25%的光条件下，选取玉簪植株的成熟叶片，利用美国生产的CIRAS-III型光合仪，进行光强——光合速率响应曲线的测定。设置光强由高到低进行测定，分别为1000、800、600、500、400、300、250、200、150、100、50、25、0μmol/（m²·s），测量之前将叶室温度设置为25℃、相对湿度为50%、二氧化碳浓度设置为大气二氧化碳。并用SPSS 19.0进行光响应曲线的拟合，并用Excel 2007作图，求出'冰酒'玉簪的光补偿点、光饱和点、表观量子效率以及最大净光合速率。

2.3.2 最大光合速率的测定

在遮荫50d以后，选择晴朗无风的天气，利用CIRAS-III型光合仪于上午9点至11点对不同光水平下选取的叶片进行光合测定。从'冰酒'玉簪的不同光水平下的每种处理中选取成熟功能叶8～10片，测定时利用人工光源，设定光强为饱和光强600μmol/（m²·s），测量之前将叶室温度设置为25℃、相对湿度为50%、二氧化碳浓度设置为

大气二氧化碳。在饱和光强下的光合速率即为植物的最大净光合速率Pn μmol/（m²·s）。

2.4 叶绿素含量的测定

在遮荫50d以后，选取不同光水平下的成熟的功能叶片8～10片，取回实验室。采用80%的丙酮浸提法对叶绿素进行提取。参考Arnon的方法对叶绿素进行测定。计算出叶绿素a、叶绿素b和类胡萝卜素的含量。

2.5 观赏指标的测定

2.5.1 花期测定

从初花期开始进行观测，一直到开花结束为止。在不同光水平条件下，选择生长一致的玉簪各5株，观察其开花情况并记录从初花期到末花期的天数。

2.5.2 花量测定

从初花期开始进行观测，一直到开花结束为止。选择生长一致的玉簪各5株，观察并记录不同光水平条件下每株的开花总数。

2.6 生物量的测定

于生长结束后，挖取全株，剪成地上和地下两部分，用去离子水冲洗干净，用吸水纸吸去多余的水分，分别将不同处理下的玉簪分地上地下两部分分别放入信封中，放于设置温度为105℃的电热鼓风干燥箱中杀青15min，之后将温度调至85℃烘干直至恒重。

3 结果与分析

3.1 '冰酒'玉簪的光强-光合速率曲线测定

通过测定'冰酒'玉簪叶片的光强-光合速率曲线，求出光补偿点、光饱和点、表观量子效率以及最大净光合速率。数据如图1所示。

通过图1可知，PAR在0～200μmol/（m²·s）的范围内，'冰酒'玉簪的Pn随着PAR呈现直线上升的趋势，经过光合作用与PAR在0～200μmol/（m²·s）进行线性回归，得到'冰酒'玉簪的表观量子效率的回归方程：$y=1.37x-2.636$。通过回归方程得到'冰酒'玉簪的光补偿点、表观量子效率分别是1.92μmol/（m²·s）和1.37。

'冰酒'玉簪Pn随着PAR的增大上升逐渐上升，Pn在PAR为500～800μmol/（m²·s）的范围内，Pn随着PAR的增大上升的速度逐渐缓慢，而当PAR超过800 μmol/（m²·s）时，Pn呈现出微弱的上下波动，处于光饱和状态。利用SPSS19.0通过光合作用与PAR（0～1000）μmol/（m²·s）进行二项式曲性回归分析，得回归方程为$y=-2.221E-5x^2+0.032x-0.328$，$R^2=0.977$，即

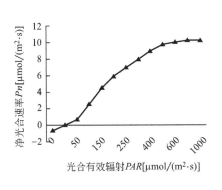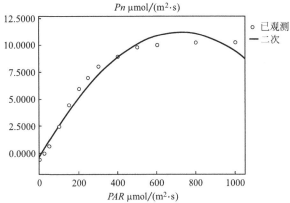

图1 光强——光合速率曲线

$y=-2.221×10-5x^2+0.032x-0.328$，通过计算得出'冰酒'玉簪的光饱和点为720.40μmol/（m²·s），达到光饱和状态时候的最大净光合速率为11.20μmol/（m²·s）。

由图计算：'冰酒'玉簪的光补偿点、光饱和点、表观量子效率、最大净光合速率分别为1.92μmol/（m²·s）、720.40μmol/（m²·s）、1.37和11.20μmol/（m²·s），说明'冰酒'具有较低的光补偿点和较高的光饱和点，具有较强的光适应性。

3.2 不同光照水平对'冰酒'玉簪光合生理特性的影响

3.2.1 不同光照水平对'冰酒'玉簪最大净光合速率的影响

不同光强水平下'冰酒'玉簪的最大净光合速率　表1

透光率（%）	最大净光合速率[μmol/（m²·s）]
ck	3.4±0.51a
50	5.4±0.53a
25	4.3±1.16a

注：不同小写字母代表 $p<0.05$ 内差异显著。

由表1可知，'冰酒'玉簪的最大净光合速率在遮荫的条件下均比在全光下的高，说明'冰酒'玉簪不喜强光。'冰酒'玉簪的最大净光合速率随着光强的减弱呈现先升高后降低的趋势。在透光率为50%的光强条件下，'冰酒'玉簪的净光合速率最大，但与对照组和25%透光率下的光合速率无显著差异，说明'冰酒'玉簪对不同光照水平的适应性较强。

3.2.2 不同光照水平对'冰酒'玉簪叶片叶绿素含量的影响

叶绿素是光合作用的必要条件，是植物光合作用生理状况的重要指标。叶绿素的主要功能是选择性地吸收太阳光，通过光合作用将光能转换为化学能。叶绿素主要包括叶绿素a和叶绿素b。不同光水平下的玉簪的叶绿素含量的数据见表2。

不同光强水平下'冰酒'玉簪的叶绿素含量　表2

透光率（%）	叶绿素a的含量（mg/g）	叶绿素b的含量（mg/g）	叶绿素a+b的含量（mg/g）
ck	0.80±0.02a	0.19±0.01a	1.02±0.02a
50	0.90±0.10a	0.22±0.01a	1.12±0.12a
25	0.81±0.04a	0.21±0.02a	1.03±0.04a

注：不同小写字母代表 $p<0.05$ 内差异显著。

由表2可知，'冰酒'玉簪在遮荫条件下的叶绿素（a+b）的含量都高于对照组，而且随遮荫程度的增加而升高。50%光照下的'冰酒'玉簪的增长幅度为9.80%；25%光照下的'冰酒'玉簪的增长幅度为0.98%。可以看出，随着光线的减弱'冰酒'玉簪的叶绿素（a+b）含量并无显著升高。

3.3 不同光照水平对'冰酒'玉簪生长特性的影响

3.3.1 不同光照水平对'冰酒'玉簪形态特性的影响

研究'冰酒'玉簪在不同光强水平下的叶势、株高、叶面积、叶数量，探讨不同光强水平对玉簪生长的影响，数据见表3。

不同光强水平下'冰酒'玉簪的形态指标　表3

透光率（%）	叶色	株高（cm）	叶面积（cm²）	叶数量（片）
ck	金黄色	18.00±1.03b	74.01±5.04a	8.11±0.61b
50	黄绿色	23.12±1.18a	78.01±5.04a	8.31±0.61b
25	黄绿色	24.42±1.32a	88.15±4.36a	10.67±0.27a

注：不同小写字母代表 $p<0.05$ 内差异显著。

不同光照水平下的形态指标表明：'冰酒'玉簪的叶片在全光下均出现发黄的现象，但随着光强的减弱，叶色逐渐转绿，'冰酒'玉簪的株高、叶面积及叶片数量呈现上升趋势，在25%的光照条件下，达到最大。'冰酒'玉簪的增加幅度分别为35.6%、19%、31.5%。

3.3.2 不同光照水平对'冰酒'玉簪生物量的影响

植物的生物量反映了植物生长状况以及光合作用的累积作用，通过不同光照水平对玉簪生物量的影响来探究光照对'冰酒'玉簪生长特性的影响，数据见表4。

不同光照水平下'冰酒'玉簪的生物量　　表4

透光率（%）	生物总量（g）
ck	42.22±2.83b
50	58.81±1.86a
25	63.29±4.97a

注：不同小写字母代表 $p<0.05$ 内差异显著。

由表4可以看出，'冰酒'玉簪在遮荫水平下的生物量均高于在全光条件下的，说明玉簪是不耐强光的，适当遮荫促进了其植株的生长。'冰酒'玉簪整株的生物量在透光率为25%时，达到最大，此时'冰酒'玉簪的生物总量为63.29 g，增加幅度为50%。说明在透光率25%的条件下，更有利于'冰酒'玉簪的生物量积累[10]。

3.3.3 不同光照水平对'冰酒'玉簪观赏特性的影响

通过研究不同光照水平下的花期、花量来探究不同光强水平对玉簪观赏特性的影响，数据见表5。

不同光照水平下'冰酒'玉簪的花期花量　　表5

透光率（%）	起始花期	花期（天）	花量（朵）
ck	8月3日	27.33±0.667a	20.33±0.333a
50	8月3日	33.00±1.155b	29.67±2.186a
25	7月27日	28.00±1.155b	25.33±3.844a

注：不同小写字母代表 $p<0.05$ 内差异显著。

'冰酒'玉簪在不同的光水平下的花量差异不显著，说明其对光的适应性较强，从强光到弱光对于'冰酒'玉簪的生殖生长影响不大。

4　结论

光强-光响应曲线表明：'冰酒'玉簪的光补偿点、光饱和点、表观量子效率、最大净光合速率分别为 1.92μmol/$(m^2 \cdot s)$、720.40μmol/$(m^2 \cdot s)$、1.37 和 11.20μmol/$(m^2 \cdot s)$，说明它具有较低的光补偿点和较高的光饱和点，光适应性强。株高、叶面积、叶片数、生物量随光强的降低呈现上升趋势，遮荫处理与全光照水平呈现显著性差异。光合速率、叶绿素含量、花量随光强的降低呈现先升高后降低的趋势，以50%光强下为最高。遮荫处理与全光照水平差异不显著。'冰酒'玉簪属于耐阴抗强光植物，在园林应用中栽植于林下和露天均可，这进一步扩大了其应用范围。

参考文献

[1] 中国科学院中国植物志编辑委员会. 中国植物志（第十四卷）[M]. 北京：科学出版社，1980.

[2] Grenfell D.The gardener's guide to growing Hosta[M]. Portland, Oregon.：Timber Press，1996.

[3] Schmid W G. The Genus Hosta：Giboshi Zoku [M].Portland, Oregon：Timber Press，1991.

[4] 许大全，张玉忠，张荣铣. 植物光合作用的光抑制 [J]. 植物生理学通讯，1992，28：237-243.

[5] 王雁，苏雪痕，彭镇华. 植物耐阴性研究进展 [J]. 林业科学研究，2002，15（3）：349-355.

[6] Boardman N K. Comparative photosynthesis of sun and shade plants[J]. Annual Review of Plant Physiology，1977，28：355-377.

[7] Li J C, Su S M. Preliminary study on the shade tolerance of Hemerocallis citrina plant[J]. Acta Ecologica Sinica，1994，14（4）：444-446.

[8] 张金政，施爱萍，孙国锋，等. 玉簪属植物研究进展 [J]. 园艺学报，2004，31（4）：549-554.

[9] 李志真，刘东焕，赵世伟，等. 环境强光诱导玉簪叶片光抑制的机制 [J]. 植物生态学报，2014，38（7）：720-728.

[10] Liu D H, Zhao S W. The impacts of light levels on growth and ornamental characteristics of Hosta. Acta Horticulture，2012 (977)：183-188.

An Estimation of the Current Population Size of the Green Peafowl (*pavo muticus imperator*) in China[①]

Beijing Key Laboratory of Captive Wildlife Technologies/LI Shuhong CUI Duoying HUA Rong ZHANG Jing LIU Jia PU Tianchun ZHANG Chenglin LI Xiaoguang
World Pheasant Association/CORDER John
Kunming Zoo/HUANG Song
Wildlife Conservation and Management Bureau of Lincang City/GUO Guang
Management Bureau of Yunnan Xishuangbanna National Nature Reserve/LUO Aidong
State Key Laboratory of Environmental Criteria and Risk Assessment/CHANG Jiang

Abstract: The endangered green peafowl (*pavo muticus imperator*) in China is now only found in Yunnan Province. With the aim of assessing the species' current status and providing a scientific basis for its protection, we conducted letter surveys and field investigations in the central, southern and western parts of Yunnan Province from 2015 to 2018. In field investigations, we used line transect analysis, sample point methods and interview surveys to record the population and distribution of green peafowl. There were about 235~280 green peafowl in China, which has significantly decreased from the 800~1100 individuals 20 years ago. The distribution range has been sharply reduced from 32 counties in 1995 to the current 13 counties of Yunnan Province. The birds prefer to live in subtropical evergreen broad-leaved forests and low-density Simao pine trees (*pinus kesiya*) along the river valleys in Yunnan Province. However, with the habitat destruction and fragmentation, they now live in small isolated family groups with very limited distribution. We hope that green peafowl can be rejuvenated by creating a captive population which might eventually be used to reinforce the dwindling wild population, and also by introducing biological research in the key distribution zones.

Introduction

Green Peafowl (*pavo muticus*) are the largest pheasants of the family Phasianidae and order Galliformes, and they are Grade I protected wildlife in China. They are listed from Vulnerable to Endangered in the IUCN Red List in 2009 (Bird Life International 2016). There are three subspecies all over the world, which are named respectively: Javan Green peafowl (*P. m. muticus*), distributed in Java and Malaysia; Burmese Green peafowl (*P. m. spicifer*), distributed in southeastern Assam and western Myanmar; and Indo-Chinese green peafowl (*P. m.imperator*), distributed in eastern

---

① 生态环境部生物多样性调查与评估项目（2019HB2096001006）。北京市公园管理中心2019年科技进步二等奖。

Myanmar, southwestern China, Thailand and the Indochina region. The Indo-Chinese green peafowl in SW China is now only found in Yunnan province.

A general survey of zoo captive wildlife of China in 2012 shows that the number of purebred green peafowl in domestic zoos and breeding institutions was almost zero (Duoying Cui, unpublished data). Due to the lack of knowledge about wildlife taxonomy and population ecology, green and blue peafowl have been cross-bred for many years in domestic zoos, which has caused genetic contamination. As the original wild purebred green peafowl aged and died, their offspring were hybridised with blue peafowl, so Chinese zoos have virtually lost the ability to manage ex-situ conservation for the endangered green peafowl. Thus, questions have been raised about whether, and how to rebuild the ex-situ conservation population and this will rely on the correlative and complementary relationship between in-situ and ex-situ conservationists. We hope that the wild population size of green peafowl in China can be rejuvenated by means of captive breeding technology through the implementation of a re-introduction project. However, there has not yet been a systematic and comprehensive report on a baseline survey through the literature in the past two decades. The most recent record is that there were 800 ~ 1100 green peafowl in Yunnan Province, SW China, at the end of the 20th century[3], and other sporadic reports on the discovery and distribution[4-9]. In order to clarify the distribution and resource status of this endangered species, Beijing Zoo is undertaking the "Field Rescue and Breeding of Rare and Endangered Species" project by the National Forestry and Grassland Administration of China, and carrying out letter and field investigations in the concerned county forestry bureaus and nature reserves in Yunnan Province.

1 Study area

According to the research of Wen Huanran et al. (1980), green peafowl were historically distributed in Hunan, Hubei, Sichuan, Guangdong, Guangxi, and Yunnan Provinces. By the beginning of the 20th century, the distribution of this species in China has sharply shrunk to the central, southern and western parts of Yunnan Province. Combined with the investigation records of Wen Xianji et al (1995) and Yang Xiaojun (1997), we conducted letter and field investigations around the cities of Yuxi, Chuxiong, Pu'er, Xishuangbanna, Linyi, Baoshan, Dehong, Nujiang, Diqing, Lijiang, and Dali in Yunnan Province.

2 Methods

Letter surveys were carried out with the relevant county forestry bureaus and nature reserves in September and October of 2015 in Yunnan province. Field investigations were conducted according to the aforementioned questionnaires of letter surveys. Line transect methods, sample point methods, and interview surveys were used in our field investigations from 2016 to 2018. We used telescopes, videos and cameras for observation records, and judged the number and locations of male individuals and/or families by calls during the breeding period. For the interviews, we collected relevant information from local villagers, and viewed data from county forestry bureaus and nature reserves by infrared camera, respectively.

3 Results

The population and distribution of green peafowl in Yunnan Province, SW China are shown in Fig. 1. The sites and estimated number of green peafowl from different counties in Yunnan Province in China are listed in Table 1. Green peafowl live mainly in subtropical evergreen broad-leaved forests and low-density Simao pine forests (*pinus kesiya*) along the river valleys (cover photo). However, with over-hunting and habitat destruction, the population of green peafowl declined sharply. Green peafowl changed to living in small family groups which are distibuted very thinly and usually isolated from each other. In this investigation, the species was mainly distributed in 13 counties, ranging around Longling County and Yongde County of the Nu river valley, Jinggu County in the Lancang river valley, as well as Shuangbai County and Xinping County along the branches of Yuan river. In summary, only 235 ~ 280 individuals were counted, which has significantly decreased from 800 ~ 1100 individuals 20 years ago[3].

Sites and Estimated Number of Green Peafowls in China   Table 1

City	District/County	Estimated number	Evidence/interview
Yuxi	Xinping	60	Three green peafowls, maybe sub-adult, were photographed by DSLR by Duoying Cui at the Shiyang river basin in Ailao Mountains (cover photo). In addition, pictures of green peafowl taken by infrared cameras were collected by Xinping administration bureau of Ailao Mountain Reserve in 2017. We estimated that there are 10 individuals around Laochang township and 50 individuals around Zhelong township
Chuxiong	Shuangbai	40 ~ 50	Pictures of green peafowl taken by infrared cameras were collected by Yichang Xie of Konglonghe state-protected area in 2016
Baoshan	Longling	20 ~ 30	The sound of breeding green peafowl by local villagers
Lincang	Yunxian	Unknown number	*Scientific Investigation and Research in Lancang River Nature Reserve in Yunnan, China*
Lincang	Fengqing	Unknown number	*Scientific Investigation and Research in Lancang River Nature Reserve in Yunnan, China*
Lincang	Yongde	30 ~ 40	Interview: five flying green peafowl were visually noted by Laozhao Zhang (forest ranger, Daxueshan national protected area) along the river of red stone and bamboo grove in the protection zone
Lincang	Zhenkang	25 ~ 30	*Scientific Investigation and Research in Nanpenghe Provincial Nature Reserve in Zhenkang County* (internal data, 2014) and interview
Lincang	Gengma	Unknown number	*Scientific Investigation and Research in Nangunhe National Nature Reserve, Yunnan, China* and interview
Lincang	Cangyuan	Unknown number	*Scientific Investigation and Research in Nangunhe National Nature Reserve, Yunnan, China* and interview
Lincang	Shuangjiang	Unknown number	*Scientific Investigation and Research in Lancang River Nature Reserve, Yunnan, China* and interview
Lincang	Linxiang	Unknown number	*Scientific Investigation and Research in Lancang River Nature Reserve in Yunnan, China*
Puer	Jinggu	30	Many pictures taken by infrared cameras were collected by Pu'er forestry bureau in 2014, 2016 and 2017
Dehong	Ruili	30 ~ 40	Interview and the sound of breeding green peafowl

4 Conclusion

The number of wild green peafowl in China appears to be between 235 and 280, significantly decreased compared with 20 years ago. The distribution range has been sharply reduced from 32 counties in 1995 to the current 13 counties in Yunnan Province. The main threats to green peafowl in China are: ① Poaching; ② Habitat destruction caused by deforestation, road and hydropower station construction, etc.; ③ Habitat fragmentation, population isolation and inbreeding; ④ pesticide seed-coating, rodenticides, poultry infectious diseases and intraspecific infection; ⑤ Genetic pollution by local captive blue peafowl.

Hence, to save the endangered green peafowl in China, we suggest that: ① Identify 3 to 5 key distribution areas based on the field distribution of green peafowl; ② Establish ambulances and a breeding center and rebuild the captive population in a key distribution zone, Kunming Zoo and Beijing Zoo, etc.; ③ Undertake biological research into reintroduction procedures after the captive population develops and grows; ④ Publicity and education should be intensified to encourage conservation of the wild population, and poaching should be punished. In addition, feeding of wild peafowl should be prohibited to limit opportunities for genetic pollution between wild and domestic species.

5 Acknowledgement

We appreciate Zhong Xie, the Vice President of the Chinese Association of Zoological Gardens, and chief engineer Nonglin Liu for their guidance and help with the project, as well as the vigorous promotion of previous baseline investigations for captive wild animals. We also thank the leaders of Beijing Municipal Administration Center of Parks and Beijing Zoo for their strong support on the in-situ conservation work of green peafowl.

References

[1] Howard R, Moore A. A complete checklist of the birds of the world[J]. London: Macmillan, 1984: 109.

[2] Zheng Zuoxin. A synopsis of the avifauna of China [M]. Beijing: Science Press, 1987: 170.

[3] Wen XJ, Yang XJ, Han LX, et al. Investigation on the current status of the distribution of green peafowl in China[J]. Chin Biodivers, 1995; 3: 46-51.

[4] Xu H. The distribution status and protection measure of Pavamuticus in Chuxiong District[J]. Forest Sci Yunnan. 1995; 3: 48-52 (in Chinese).

[5] Yang XJ, Wen XJ, Yang L. The range of green peafowl Pavo muticus imperator in Southeast and Northwest Yunnan Province, China[J]. Zool Res. 1997; 18 (12): 18.

[6] Luo AD, Dong YH. Investigation on the current status of distribution and population of the Green Peafowl in Xishuangbanna[J]. China J Ecol. 1998; 17 (5): 6-10 (in Chinese).

[7] Han LX, Liu YQ, Han B. The status and distribution of green peafowl *Pavo muticus* in Yunnan Province, China[J]. Int J Galliformes Conserv. 2009; 1: 29-31.

[8] Wen YY, Xie YC, Li XH. Monitoring of Green Peacock in Dinosaur River State Nature Reserve[J]. Forest Inventory and Planning, 2016, 41 (4): 69-71.

[9] Wen HR, He YH. Green peafowl in ancient China[J]. Fossils, 1980 (3): 8-9.

[10] Hua R, Cui DY, Liu J, et al. The status and distribution of green peafowl (*Pavo muticus imperator*) in China[J]. Chinese journal of wildlife, 2018, 39 (3): 681-684.

[11] Kong D, Wu F, Shan P, et al. Status and distribution changes of the endangered Green Peafowl (*Pavo muticus*) in China over the past three decades (1990s-2017) [J]. Avian Research, 2018, 9 (1): 18.

尘埃影响下的不同园林植物叶片光谱特征变化研究[①]

北京市园林科学研究院，园林绿地生态功能评价与调控技术北京市重点实验室 / 段敏杰　李新宇　赵松婷　许蕊　谢军飞

摘　要： 本研究利用光谱仪和电子分析天平对北京 6 种常见灌木植物叶片滞尘量以及叶片除尘前后的光谱反射特征进行了测定与分析，通过引入多组变量，研究了滞尘对不同灌木植物叶片光谱特征影响的规律性。结果表明：6 种灌木植物除尘前后光谱反射率存在明显差异，除尘后的光谱反射率值整体大于除尘前，其中在 730 ~ 1380m、1400 ~ 1850nm 波段差异显著。叶片除尘前后差异相对较大的为红边位置，三边幅值和三边面积受滞尘影响也相对较大，且均表现为除尘后大于除尘前，这些受滞尘影响显著的特征参数可以用于后期构建叶片滞尘量估测模型。

关键词： 滞尘；高光谱；园林植物；光谱特征参数；反射光谱

随着我国城市化与工业化的快速发展，煤、石油、天然气等能源的大量消耗，导致城市粉尘、烟雾等有害污染物日益增多。大气污染成为影响人类健康的主要危害因素之一，而大气颗粒物则是构成大气污染物的主要成分[1]。园林植物是城市、自然和景观复合生态系统中具有重要自净功能的组成部分，对大气中的粉尘、颗粒物有过滤、阻挡和吸附的作用，可以有效地降低大气悬浮颗粒物，从而在改善生态环境、净化空气、调节气候等方面都起着"除污吐新"的作用[2,3]。因此研究植物的滞尘能力对于改善大气污染具有重要意义。许多研究学者采用滞尘测定和叶表电镜扫描分析法和统计分析的方法研究了不同园林植物滞留大气颗粒物的能力[4-6]。

近年来，高光谱遥感技术为定量研究植被生化参数提供了便捷、高效、非破坏性的数据采集方法，通过对光谱反射率求导处理数据可以有效抑制非植被信息并减少背景地物的影响[7-8]。多项研究表明，叶面滞尘对植物叶片的高光谱特征以及反射率具有明显影响，且滞尘量与光谱数据之间相关性极高，可以考虑应用植物反射光谱来实现对滞尘量的反演[9-11]。本研究通过选取 6 种常见灌木植物叶片除尘前后的反射光谱，比较了除尘前后叶片光谱曲线中不同波段光谱反射率均值、一阶导数光谱及三边特征参数特征的差异，分析了叶片尺度上尘埃污染对园林植物光谱反射特征的影响，以期为后期构建叶片滞尘量估测模型、利用高光谱遥感的方法快速、无损、大面积地测定植物滞尘效果和监测植物受粉尘污染情况奠定实验基础。

1　材料与方法

1.1　试验地点与材料

本研究在对北京市公园及其周边环境全面踏查的基础上，选取具有代表性的玉渊潭公园和望和公园两个公园园内以及周边主干道路进行样本采集。研究以北京

[①] 北京市公园管理中心课题（ZX2017023）。北京市公园管理中心 2019 年科技进步二等奖。

市6种常见灌木植物为研究对象,具体包括常绿灌木3种[大叶黄杨(*Euonymus japonicus*)、小叶黄杨(*Buxus sinica*)、沙地柏(*Sabina vulgaris*)],落叶灌木3种[丁香(*Syringa oblata*)、连翘(*Forsythia suspensa*)、月季(*Rosa chinensis*)],随机选取不同植物的不同植株进行试验供试材料的采集。6种灌木植物均为北京常见园林树种,其整体对环境中有害物质的吸收效果较好。

1.2 样本采集

一般认为,15 mm的降雨量就可以冲掉植物叶片的降尘,然后重新滞尘[5]。所以根据北京市的降雨特点,采样时间选择在2017年7~8月份雨量大于15mm后的第7天进行。为了减少实验误差,叶片采集集中选择健康、成熟、无损害的叶片,且保证四周多点采样方式,每个样点每种树种采集30片叶,每种植物选择3株以上作为重复,均选择生长状况良好且具有代表性的植株。采集完成后,立即将叶片封存于干净保鲜盒内(以防挤压或叶毛被破坏),并带回室内进行分析。

1.3 滞尘量测定

参考柴一新等[4]的差重法测定园林植物叶片的滞尘量,将取回的叶片尽快依次进行光谱测量、称质量、除尘埃、称质量、光谱测量、叶面积测定等工作。利用十万分之一电子分析天平(精度为0.00001 g)对每个样本进行两次称重,即除尘前测得叶片重量W_1,之后用超纯净水仔细冲洗并用吸水纸反复擦拭放至干燥,避免叶片表面的水分遗留,再测得除尘后叶片重量W_2,$\Delta W = W_1 - W_2$即为叶片滞尘量。采用Li-3000c叶面积仪求算叶面积A,每片测量3次取平均值作为该叶片的叶面积。单位面积滞尘量(LW)=叶片滞尘量(ΔW)/叶面积(A)。

1.4 光谱测定

光谱测定使用美国ASD公司生产的Field Spec Pro野外光谱辐射仪,设备光纤前视场角25°,光谱范围为350~2500 nm,其中350~1000 nm光谱采样间隔为1.4 nm,分辨率为3 nm,1000~2500 nm光谱采样间隔为2 nm,分辨率为10 nm。在暗室条件下利用植物探头自带的卤素灯光源,分别测定6种灌木植物除尘前后叶片样本的光谱反射率信息。植物探头光斑直径为10 mm,在避开叶片中部叶脉的同时视场不超出叶片表面范围。测量时使用叶片夹,保证叶片完全展开,光源垂直照射。测量前均用白板进行标定,传感器探头垂直向下,距离叶片顶部高度约10 cm。每个叶片测量10条光谱曲线,取平均值作为该叶片样本的光谱测量值。

1.5 数据处理与分析

1.5.1 光谱导数变换

利用光谱处理软件进行光谱数据的前期处理,转换成Excel后,计算植物的光谱反射率的平均值。在分析原始光谱数据的基础上进行微分变换是分析高光谱遥感信息较为常用的光谱处理方法,目的是一方面有效消除光谱数据之间的系统误差、削弱大气辐射、散射和吸收等背景噪声对目标光谱的影响;另一方面可以增强光谱曲线在坡度上的细微变化,分辨重叠光谱,便于提取光谱特征吸收峰参数等[12-15]。

一阶微分变换计算公式如下:

$$R'(\lambda_i) = \frac{R(\lambda_{i+1}) - R(\lambda_{i-1})}{\lambda_{i+1} - \lambda_{i-1}}$$

式中,λ_i表示每个波段的波长;$R(\lambda_i)$表示波长λ_i处的原始光谱反射率;$R'(\lambda_i)$表示波长λ_i处的一阶导数光谱。

1.5.2 光谱特征参数提取

通过对植物原始光谱数据经导数变换之后提取出基于光谱位置和面积的特征参数(表1),其中提取的光谱吸收特征参数主要有绿峰位置λ_g、绿峰反射率R_g、红谷位置λ_0和红谷反射率R_0 4个,提取的基于光谱位置和面积的特征参数主要有"红边""蓝边"和"黄边"三边参数,其分别对应一定光谱区域范围内的一阶导数光谱最大值对应的波长位置,光谱区域范围内所有波段的一阶微分的和,即为三边所对应的面积[16-19]。

光谱特征参数　　　　表1

类型	变量	定义	描述
光谱吸收特征参数	λ_g	绿峰位置	波长510~560nm范围内最大反射率所对应的波长位置
	R_g	绿峰反射率	波长510~560nm范围内最大反射率
	λ_0	红谷位置	波长640~680nm范围内最小反射率所对应的波长位置
	R_0	红谷反射率	波长640~680nm范围内最小反射率
光谱三边特征参数	λ_r	红边位置	红光(680~760nm)范围内一阶导数最大值对应的波长
	D_r	红边幅值	红光(680~760nm)范围内一阶导数光谱最大值
	SD_r	红边面积	红边(680~760nm)内一阶微分的总和
	λ_y	黄边位置	黄光(560~640nm)范围内一阶导数最大值对应的波长
	D_y	黄边幅值	黄光(560~640nm)范围内一阶导数光谱最大值
	SD_y	黄边面积	黄边(560~640nm)内一阶微分的总和
	λ_b	蓝边位置	蓝光(490~530nm)范围内一阶导数最大值对应的波长
	D_b	蓝边幅值	蓝光(490~530nm)范围内一阶导数光谱最大值
	SD_b	蓝边面积	蓝边(490~530nm)内一阶微分的总和

2 结果与分析

2.1 滞尘对6种灌木植物叶片光谱反射曲线特征的影响

虽然叶片的光谱反射率受许多因素的影响,如叶绿素含量、含水量和植物健康程度,但是本研究对比同一个叶片在滞尘前后的光谱反射率,属于样本自身对比,因此可以消除其他因素的影响。本研究中除尘前后叶片滞尘为唯一变量,从定性角度足以代表是滞尘量对光谱反射曲线的影响。利用ASD光谱仪在暗室环境中测得6种灌木除尘前后的光谱反射曲线,并计算除尘前后植物叶片光谱曲线中不同波段反射率均值,结果如图1所示。由图1中可知,除尘前后6种灌木植物叶片光谱反射率曲线走向基本一致,均具备典型的绿色植被光谱曲线特征,即有两个反射峰和五个吸收谷,其中两个反射峰分别在可见光的550 nm波段附近和近红外波段的800~1300nm,在550nm附近的反射率为8%~15%的波峰为绿峰,这一特征是由于植物叶片叶绿素对绿光反射作用强。在400~500nm和600~700nm附近有两个明显吸收谷,为植被典型的光谱吸收带,其主要是由于植物叶片叶绿素对蓝光和红光吸收作用较强而引起的。而在680nm和780nm之间反射光谱出现了植被典型的"陡坡"特征,即该区域植被光谱曲线斜率骤变,反射率变化较大,习惯上称之为"红边效应",这时的反射率由5%左右突升到25%~50%。近红外的780~1100 nm波段处形成了相对稳定的反射平台,在这里大部分的能量被反射。在中红外波段(1300~2500 nm)由于受绿色植物含水量的影响,吸收率大增,反射率大大下降,特别是以1450 nm、1950 nm和2700 nm为中心的水的吸收带,形成3个低谷。

从图1中也可以看出,6种灌木植物除尘前后光谱反射曲线走势基本一致,但在某些特定波段范围反射率差异相对较大,其主要表现在450~650nm、730~1380nm、1400~1850nm和1900~2500nm波段。其中在450~650nm,1900~2500nm范围内,除尘后叶片光谱反射率略高于除尘前;在730~1380nm,1400~1850nm波段范围内,除尘后叶片的光谱反射率明显高于除尘前,这可能与光子通过尘埃而失去部分能量及尘埃对光的散射有关[9],反射曲线总体特征是除尘后叶片反射率值大于除尘前。

6种不同灌木植物之间的光谱反射率在除尘后均有明显差异,除尘后不同植物的最大光谱反射率平台表现为月季＞丁香＞连翘＞大叶黄杨＞沙地柏＞小叶黄杨(表2)。整体分析可知,最大光谱反射率值与植物叶片大小、叶形显著相关,由于阔叶植物的叶片表面积要明显大于针叶类植物,以至于阔叶植物的最大光谱反射率值明显高于针叶类植物,而由于小叶黄杨的叶面积相对较小,所以其最大光谱反射率值也相对较小。

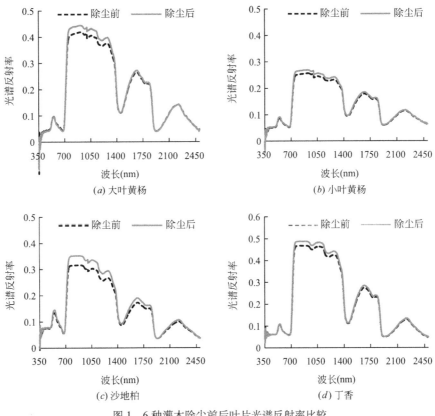

图1 6种灌木除尘前后叶片光谱反射率比较

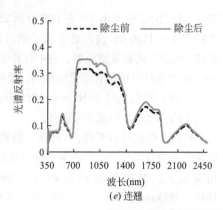
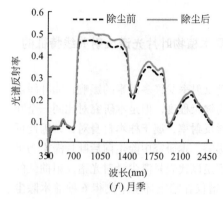

(e) 连翘　　　　　　　　　　　　　　(f) 月季

图1　6种灌木除尘前后叶片光谱反射率比较（续）

6种灌木除尘前后叶片最大光谱反射率值比较　　表2

树木种类	月季	丁香	连翘	大叶黄杨	沙地柏	小叶黄杨
最大光谱反射率值	0.50	0.49	0.46	0.44	0.35	0.27

2.2 滞尘对6种灌木植物叶片光谱一阶导数的影响

导数光谱技术是分析高光谱遥感信息较为常用的方法，一阶导数光谱可以消除部分线性和背景噪声的影响，可以减少大气对光的散射及吸收对高光谱遥感测定的影响，且有利于减少因光照条件而产生的影响[14]。光谱三边参数是通过计算反射光谱的一阶导数取得的光谱特征参量，其是反演植物生长状况的重要依据[20]。经过对6种灌木植物叶片除尘前后光谱反射率的一阶微分计算可知（图2），除尘前后叶片的一阶导数光谱曲线的整体变化趋势没有明显改变，只有数值上的大小差异，存在差异性的波段分别位于508～532nm、564～575nm、688～748nm、999～1002nm、1374～1416和1863～1904 nm，其中差异相对较大的为688～748 nm，也即红边位置，在此波段范围内除尘后的一阶导数值明显高于除尘前。6种不同灌木植物除尘前后在红边位置的差异不同，其中差异较大的有大叶黄杨、沙地柏和月季。

2.3 滞尘对6种灌木植物叶片光谱特征参数的影响

通过对6种灌木除尘前后叶片原始光谱反射率、微分光谱的计算，提取出的基于高光谱位置的光谱吸收特征参数和光谱三边特征参数如表3所示。从表3中可知，除尘前后6种灌木的绿峰位置几乎没有变化，除大叶黄杨绿峰位置除尘前后均在551 nm波段外，其他5种植物除尘前后均在550 nm波段。6种灌木的红谷位置集中在663～679 nm，其中整体表现出除尘后的红谷位置相比除尘前的红谷位置略微蓝移的现象，即向短波方向进行了移动。除尘前后6种灌木的绿峰反射率均表现出除尘后大于除尘前的趋势，其变化范围为2.5%～25.9%，其中大叶

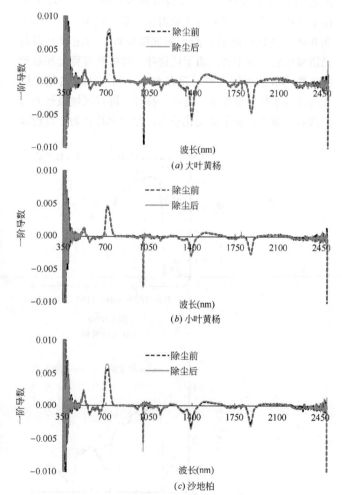

(a) 大叶黄杨

(b) 小叶黄杨

(c) 沙地柏

图2　6种灌木除尘前后叶片光谱一阶导数曲线

黄杨的变化范围最大，丁香变化范围最小。6种灌木的红谷反射率差异也不明显且变化规律不一致，表现出略微增

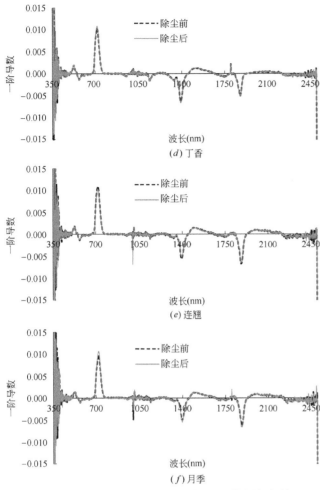

图 2 6 种灌木除尘前后叶片光谱一阶导数曲线（续）

高或不变的趋势。

从表 3 中还可以看出 6 种灌木叶片除尘前后的光谱三边特征参数变化规律，其中红边位置、黄边位置和蓝边位置均没有发生明显改变，而红边幅值、黄边幅值、蓝边幅值和红边面积、黄边面积、蓝边面积受滞尘影响相对较大，6 种灌木除尘后的三边幅值和三边面积均表现出增加的趋势，其中红边幅值、黄边幅值和蓝边幅值增加的范围分别为 1.1% ~ 14.5%、0.1% ~ 11.1% 和 0.1% ~ 13.6%，红边面积、黄边面积和蓝边面积增加的范围分别为 5.2% ~ 13.8%、5.4% ~ 13.1% 和 2.8% ~ 13.9%。

综合分析表明，叶片滞尘对所提取的光谱吸收特征参数中的绿峰反射率、红谷反射率以及光谱三边特征参数中的红边幅值、黄边幅值、蓝边幅值和红边面积、黄边面积、蓝边面积均有很大的影响，且具有一定的规律性，这些特征参数可以用于建立基于光谱特征参数的园林植物滞尘量反演模型。

3 结论与讨论

通过对 6 种北京常见灌木植物除尘前后叶片光谱反射曲线特征及光谱特征参数的研究，得出以下结论：

（1）6 种灌木植物除尘前后叶片光谱反射曲线整体走向基本一致，均具备典型的植被光谱曲线特征，但在某些波段范围反射率差异相对较大，其主要表现在 450 ~ 650nm、730 ~ 1380nm、1400 ~ 1850nm 和 1900 ~ 2500nm 波段。其中在 450 ~ 650nm、1900 ~ 2500nm 范围内，除尘后叶片的光谱反射率略高于除尘前叶片；在 730 ~ 1380nm、1400 ~ 1850 nm 波段范围内，除尘后叶片的光谱反射率明显高于除尘前叶片；反射曲线总体特征是除尘后叶片反射率值大于除尘前叶片。

（2）6 种灌木植物除尘前后叶片的一阶导数光谱曲线整体变化趋势没有明显改变，但存在数值上的差异，其中差异相对较大的为红边位置。

（3）光谱三边特征参数中，叶片除尘前后三边位置没有发生明显改变，而三边幅值和三边面积均表现出除尘后大于除尘前，叶片滞尘对三边幅值和三边面积影响差异相对较大。

总体来说，叶片滞尘对所提取的光谱吸收特征参数中的绿峰反射率、红谷反射率以及光谱三边特征参数中的红边幅值、黄边幅值、蓝边幅值和红边面积、黄边面积、蓝边面积均有很大的影响且具有一定的规律性，这些特征参数可以用于建立基于光谱特征参数的园林植物滞尘量反演模型。

通过研究 6 种北京常见灌木植物叶片滞尘对叶片光谱特征的影响，为基于地面高光谱数据的区域大气降尘定量监测和森林的滞尘生态服务功能度量提供了理论依据。

参考文献

[1] 胡凌飞, 张柯, 王洪宝, 等. 北京雾霾天大气颗粒物中微生物气溶胶的浓度及粒谱特征 [J]. 环境科学, 2015, 36（9）：3144-3149.

[2] 鲁敏, 李英杰. 园林植物对大气污染物吸收净化能力的研究 [J]. 山东建筑大学学报, 2002, 17（2）：45-49.

[3] 王翠香, 房义福, 吴晓星, 等. 21 种园林植物对环境污染物吸收净化能力的研究 [J]. 山东林业科技, 2006,（6）：11-13.

[4] 柴一新, 祝宁, 韩焕金. 城市绿化树种的滞尘效应——以哈尔滨市为例 [J]. 应用生态学报, 2002, 13（9）：1121-1126.

[5] 李新宇, 赵松婷, 郭佳, 等. 基于扫描电镜定量评价植物滞留大气颗粒物能力 [J]. 西北林学院学报, 2016, 31（1）：286-291.

表3 除尘前后6种灌木叶片光谱特征参数变化

类型	变量	大叶黄杨 除尘前	大叶黄杨 除尘后	小叶黄杨 除尘前	小叶黄杨 除尘后	沙地柏 除尘前	沙地柏 除尘后	丁香 除尘前	丁香 除尘后	连翘 除尘前	连翘 除尘后	月季 除尘前	月季 除尘后
光谱吸收特征参数	绿峰位置 λ_g	551	551	550	550	550	550	550	550	550	550	550	550
	绿峰反射率 R_g	0.0975	0.1228	0.0874	0.0916	0.1336	0.1454	0.1066	0.1093	0.0880	0.0927	0.0955	0.1055
	红谷位置 λ_0	671	671	671	671	672	671	668	668	679	678	668	663
	红谷反射率 R_0	0.0443	0.0400	0.0516	0.0529	0.0867	0.0954	0.0616	0.0608	0.0477	0.0489	0.0627	0.0701
	红边位置 λ_r	718	717	713	713	713	713	717	717	719	718	722	722
	红边幅值 D_r	0.0074	0.0081	0.0044	0.0047	0.0055	0.0063	0.0103	0.0109	0.0103	0.0109	0.0098	0.0099
	红边面积 SD_r	0.3612	0.3927	0.1985	0.2110	0.2600	0.2961	0.4072	0.4284	0.4120	0.4338	0.4023	0.4333
光谱三边特征参数	黄边位置 λ_y	568	568	568	568	568	568	568	568	568	568	568	568
	黄边幅值 D_y	0.0013	0.0014	0.0009	0.0010	0.0014	0.0016	0.0014	0.0014	0.0013	0.0014	0.0011	0.0011
	黄边面积 SD_y	0.0410	0.0438	0.0274	0.0296	0.0535	0.0605	0.0396	0.0424	0.0350	0.0369	0.0300	0.0321
	蓝边位置 λ_b	521	522	521	521	518	517	526	526	526	526	526	526
	蓝边幅值 D_b	0.0019	0.0019	0.0013	0.0014	0.0022	0.0025	0.0019	0.0020	0.0017	0.0018	0.0014	0.0014
	蓝边面积 SD_b	0.0419	0.0435	0.0304	0.0325	0.0532	0.0606	0.0351	0.0375	0.0311	0.0336	0.0281	0.0289

[6] 林星宇,李彦华,李海梅,等. 8种乔木的滞尘效果及对光合作用的影响[J]. 福建农业学报, 2019, 34 (3): 313-318.

[7] 陈凡涛,赵文吉,晏星. 尘埃影响下的植被指数修正研究[J]. 光谱学与光谱分析, 2015, 35 (10): 2830-2835.

[8] Yan X, Shi W Z, Zhao W J, et al. Estimation of atmospheric dust deposition on plant leaves based on spectral features[J]. Spectroscopy Letters: An International Journal for Rapid Communication, 2014, 47 (7): 536-542.

[9] 罗娜娜,赵文吉,晏星. 在滞尘影响下的植被叶片光谱变化特征研究[J]. 光谱学与光谱分析, 2013, 33 (10): 2715-2720.

[10] 吴春燕,王雪峰. 叶面滞尘量对大叶黄杨反射光谱的影响[J]. 林业科学, 2015, 51 (3): 49-56.

[11] 李伟涛,吴见,陈泰生,等. 基于高光谱的叶片滞尘量估测模型[J]. 农业工程学报, 2016, 32 (2): 180-185.

[12] Tsai F, Philpot W. Derivative analysis of hyperspectral data [J]. Remote Sensing of Environment, 1998, 66: 41-51.

[13] Sun L, Chen X, Wu J J, et al. Study on the biomass change derived from the hyper-spectral data of cotton leaves in canopy under moisture stress [J]. Chinese Science Bulletin, 2006, 51: 173-178.

[14] 谭昌伟,王纪华,黄文江,等. 高光谱遥感在植被理化信息提取中的应用动态[J]. 西北农林科技大学学报(自然科学版), 2005, 33 (5): 151-156.

[15] 于祥,张丰收,刘庆,等. 典型红树林反射光谱特征分析研究[J]. 光谱学与光谱分析, 2013, 33 (2): 454-458.

[16] Sims D A, Gamon J A. Estimation of vegetation water content and photosynthetic tissue area from spectral reflectance: a comparison of indices based on liquid water and chlorophyll absorption features [J]. Remote Sensing of Environment, 2003, 84 (4): 526-537.

[17] Yan X, Shi W Z, Zhao W J, et al. Estimation of atmospheric dust deposition on plant leaves based on spectral features[J]. Spectroscopy Letters: An International Journal for Rapid Communication, 2014, 47 (7): 536-542.

[18] 李莹. 城市植物叶面滞尘光谱特征及估算模型研究[D]. 上海师范大学, 2018.

[19] 孙腾腾,林文鹏,李莹,等. 不同滞尘量对城市植物冠层光谱的影响[J]. 光谱学与光谱分析, 2017, 37 (8): 2539-2545.

[20] Yan X, Shi W Z, Zhao W J, et al. Mapping dustfall distribution in urban areas using remote sensing and ground spectral data[J]. The Science of the total environment, 2015, 506-507: 604-12.

北京市公园绿地负离子浓度变化特征及生态保健效应分析[①]

北京市园林科学研究院 / 园林绿地生态功能评价与调控技术北京市重点实验室 / 王月容　段敏杰　李延明　郭　佳

河北农业大学园林与旅游学院 / 刘　晶

摘　要：研究选取北京市3所公园（北小河公园、紫竹院公园、天坛公园）内不同绿地结构类型及不同配置模式（乔-灌-草、乔-草、灌-草、草本4种主要结构，每种结构作3个不同配置模式）对比监测了四季负离子浓度变化及探讨了生态保健效应关系。结果表明：三所公园绿地空气负氧离子浓度日变化为春、夏两季负离子浓度日变化呈现早晚低、中午高的趋势，最高峰出现在14：00左右，最高值可达2483个/cm³；秋季早高晚低；冬季变化趋势不太明显，早晚起伏不大。四季负离子平均浓度大小排序为：夏季＞春季＞秋季＞冬季；不同的群落结构间具有明显差异，3种群落结构中的负离子浓度顺序为乔-灌-草（A）＞乔-草（B）＞灌-草（C）＞草（D）。

关键词：负离子；绿地结构；日变化；季节变化；北京市公园绿地

引言

在生态环境建设高度受重视的今天，人们除了对绿地的美学、生态效益作用的关注外，更加深了对其生态保健功能的关注，而其中起到重要作用的因子就是负离子。空气负离子除了对人体健康有促进作用之外，还能反映空气质量，是生态环境状况的重要正向指标[1-2]，也是生态保健功能的重要因子。国内外许多学者在多方面展开了对其的观测与研究，但由于观测的学者所采用的测试方法的不同以及关注点不同，所得到的结果也不尽相同[3-8]。到目前为止，我国对于城市绿地或城市森林公园中的空气负离子的研究，大多侧重于定性与间段性分析，对于季节和群落因素对城市生境中负离子浓度的定量分析则比较缺乏。本次研究重点监测了北京市3所典型公园绿地不同结构类型四季负离子浓度变化特征，并将重点进行不同绿地结构间、不同配置模式间的对比分析以及季节、群落因素对负离子浓度影响的定量分析，同时对其生态保健功能进行量化阐述，以期为城市居民绿色出行提供科学参考与指导。

1　研究对象及研究方法

1.1　研究对象及研究地概况

1.1.1　研究对象

根据北京市公园类型特点及公园绿地的主要结构类型特点，选取环境条件相似（避免大块水域）、游人多且利用率高、活动较多、群落结构类型丰富、群落发育比较成熟的地块，本试验中选取北京市3所具有不同性质的公园，皇家园林：天坛公园；综合性公园：紫竹院公园；社区公园：北小河公园。公园分布图见图1。

[①]　北京市公园管理中心课题（ZX2015023）。北京市公园管理中心2019年科技进步二等奖。

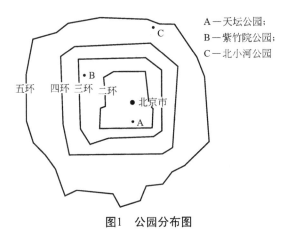

图1 公园分布图

1.1.2 研究地概况

北京的城市中心位于北纬 39°54′20″，东经 116°25′29″。全市南北跨 1.62 个纬度，东西跨 2.08 个经度。北京市面积 16807.8km²。整个城市的常住人口密度为 1341 人/km。北京位于华北平原北部，东部与天津市毗邻，其余均与河北省交界，地势西北高耸、东南低缓。北京属典型的暖温带半湿润大陆性季风气候区，四季分明、春秋短促、冬夏较长。3 所公园均属于北京城区。其中，北小河公园位于朝阳区东湖地区，占地面积 22.8hm²；天坛公园占地约 273 hm²，其中绿化面积约 160 hm²，占公园总面积的 80% 左右，是北京城区面积最大的绿地；紫竹院公园位于北京西北近郊，占地 47.35 hm²，其中水面约占 1/3。

1.2 研究方法

1.2.1 样地的设定

在以上 3 所公园绿地内，分别选取植物长势较好的 4 种绿地配置模式：A：乔－灌－草；B：乔－草；C：灌－草；D：草本。每种类型做 3 个不同配置模式。同时在研究区选取一个水泥铺装裸地作空白对照点（CK），每个样地面积约 20m×20m，共 39 个样地。

1.2.2 样地调查

调查时间为园林植物生长最为旺盛的夏季。每个样地植物的调查基本信息为：乔木层（高 5m 以上）和灌木层（高度介于 0.5～5m，包括乔木幼苗）进行每木检尺 [包括物种、数量、株高、胸径、冠幅（盖度）等信息]；对于难以计数的密植灌木层，先测出其面积，然后数出 1m² 灌木层所有的株数，再算其总株数。对于草本层（包括高度小于 0.5m 的木本地被植物和藤本植物）进行群落学调查，草本层记录每种植物的种名、盖度、高度等信息。3 所公园绿地群落调查统计结果如表 1～表 3 所示。

北小河公园样地概况　　　　　　　　　　　表1

样地	绿地结构	植物群落结构	郁闭度（盖度）
CK	硬质铺装	—	—
A1	乔－灌－草	圆柏（Sabina chinensis）+ 垂柳（Salix babylonica）+ 法桐（Platanus orientalis）+ 白蜡（Fraxinus chinensis）+ 金叶国槐（Sophora japonica 'Golden Stem'）—丁香（Syzygium aromaticum）+ 沙地柏（Sabina vulgaris）—麦冬（Ophiopogon japonicus）+ 八宝景天（Sedum spectable）	0.5/12%/70%
A2	乔－灌－草	垂柳 + 油松（Pinus tabulaeformis）—红瑞木（Swida alba Opiz）—麦冬	0.5/5%/60%
A3	乔－灌－草	白蜡 + 圆柏 + '钻石'海棠（Malus 'Sparkler'）—沙地柏 + 平枝栒子（Cotoneaster horizontalis）+ 金银木（Lonicera maackii）—麦冬 + 狼尾草（Pennisetum alopecuroides）+ 早熟禾（Poa annua）	0.6/16%/75%
B1	乔－草	钻石海棠—麦冬	0.6/80%
B2	乔－草	油松 + 旱柳（Salix matsudana）—玉簪（Hosta plantaginea）+ 苔草（Carex tristachya）	0.6/85%
B3	乔－草	毛白杨（Populus tomentosa）+ 旱柳—苔草	0.6/80%
C1	灌－草	碧桃（Amygdalus persica f. duplex）—苔草 + 狼尾草	92%/75%
C2	灌－草	碧桃 + 沙地柏—麦冬	85%/50%
C3	灌－草	圆柏球 + 沙地柏—大花萱草（Hemerocallis middendorffii）	65%/45%
D1	草本	早熟禾 + 大花萱草	95%
D2	草本	早熟禾 + 八宝景天 + 大花萱草	95%
D3	草本	大花萱草 + 满天星（Gypsophila paniculata）+ 鼠尾草（Salvia japonica）+ 早熟禾 + 芦竹（Arundo donax）+ 狼尾草	95%

天坛公园样地概况

表2

样地	绿地结构	植物群落结构	郁闭度（盖度）
CK	硬质铺装	—	—
A1	乔－灌－草	白皮松（Pinus bungeana）＋侧柏（Platycladus orientalis）—钻石海棠—小叶黄杨（Buxus sinica var. parvifolia）＋丁香—麦冬＋苔草	0.5/8%/80%
A2	乔－灌－草	侧柏＋圆柏—连翘（Forsythia suspensa）—麦冬＋苔草	0.6/12%/85%
A3	乔－灌－草	国槐（Sophora japonica）＋侧柏＋白皮松—小叶黄杨—麦冬＋苔草	0.45/17.9%/65%
B1	乔－草	侧柏—苔草	0.65/95%
B2	乔－草	油松—麦冬	0.6/85%
B3	乔－草	圆柏—早熟禾	0.6/80%
C1	灌－草	丁香—玉簪	70%/65%
C2	灌－草	月季（Rosa chinensis）—野生草	50%/10%
C3	灌－草	牡丹（Paeonia suffruticosa）—野生草	45%/8%
D1	草本	早熟禾	85%
D2	草本	苔草	92.5%
D3	草本	芍药（Paeonia lactiflora）	45%

紫竹院公园样地基本概况

表3

样地	绿地结构	植物群落结构	郁闭度（盖度）
CK	硬质铺装	—	—
A1	乔－灌－草	圆柏＋油松＋白皮松—善变箬竹（Indocalamus varius）＋沙地柏＋锦熟黄杨（Buxus sempervirens）—麦冬＋八宝景天	0.4/40%/60%
A2	乔－灌－草	圆柏＋元宝枫—金银木＋小叶黄杨＋天目琼花（Viburnum sargentii）＋榆叶梅（Amygdalus triloba）＋锦熟黄杨—苔草	0.45/40%/65%
A3	乔－灌－草	油松＋圆柏—紫叶李（Prunus cerasifera f.atropurpurea）＋锦熟黄杨＋丁香＋金银木—苔草	0.65/40%/85%
B1	乔－草	雪松（Cedrus deodara）＋白皮松＋银杏（Ginkgo biloba）＋圆柏＋丝棉木（Euonymus maackii）—早熟禾＋善变箬竹＋报春花（Primula malacoides）	0.4/40%
B2	乔－草	油松—紫萼（Hosta ventricosa）＋麦冬＋狗尾草（Setaria viridis）	0.4/60%
B3	乔－草	油松＋白玉兰（Magnolia denudata）＋圆柏—善变箬竹＋巴山木竹（Bashania fargesii）—野生草	0.5/60%
C1	灌－草	紫薇（Lagerstroemia indica）＋紫叶小檗（Berberis thunbergii var. atropurpurea）＋粗榧（Cephalotaxus sinensis）—早熟禾＋酢浆草（Oxalis corniculata）＋巴山木竹	30%/80%
C2	灌－草	紫薇＋贴梗海棠（Chaenomeles speciosa）＋石榴（Punica granatum）＋糯米条（Abelia chinensis）—野生草	35%/50%
C3	灌－草	早园竹（Phyllostachys propinqua）—野生草	80%/30%
D1	草本	早熟禾	95%
D2	草本	野生草（狗尾草＋牛筋草＋小飞莲＋艾草等）	80%
D3	草本	麦冬	70%

1.2.3 监测时间与指标

监测时间：监测时间设在 2015～2016 年，春季（3～5月）、夏季（6～8月）、秋季（9～11月）、冬季（12月、1～2月）4 个季度，每季度每个公园选择 3 天的晴天、微风（风力3级以下）、无或轻度污染天气，对每个样地进行同步监测。每天监测时段为早 8：00 至 18：00，每隔 2 小时整点记录。所有仪器于距离地面 1.5m 的高度测量数据。

负离子与气象因子监测：在样地中心点监测，待数据稳定后记录 3 组数据。仪器选用 DLY 5G AIR ION COUNTER，同步用 Kestrel-4500 袖珍式气候测量仪测量温度、湿度和风速。

1.2.4 指标评价方法

本研究根据世界卫生组织规定指标中的清新空气中负离子含量单项指标进行评定，按每立方厘米中负离子的个数来划分大气中负离子浓度和与健康的关系，如表4所示[7]。

不同负离子浓度对健康的影响 表4

级别	数量（个/cm³）	对健康的影响
1	≤ 600	不利
2	600 ~ 900	正常
3	900 ~ 1200	较有利
4	1200 ~ 1500	有利
5	1500 ~ 1800	相当有利
6	1800 ~ 2100	很有利
7	≥ 2100	极有利

2 结果与分析

2.1 北小河公园绿地负离子浓度变化特征及保健效应分析

从北小河公园的负离子四季的日变化趋势（图2）可以看出，在春、夏两季，北小河公园13个样地空气负离子浓度日变化均呈早晚低、中午高的单峰变化趋势，峰值一般出现在下午2点左右。负离子浓度变化范围在春季较大，为73 ~ 1206个/cm³；在夏季变化范围最大，为434 ~ 2266个/cm³。在秋、冬两季，各样地的空气负离子浓度日变化趋势有所不同，没有明显的规律。整体来看，秋季负离子浓度早上高于晚上，变化范围较小，为211 ~ 631个/cm³；冬季负离子浓度变化范围最小，为304 ~ 472个/cm³，这可能是因为冬季气象因子日变化较小。

根据北小河公园各样地的空气负离子浓度季节变化值（表5）可知：

在春季，对照样地CK的负离子浓度最低，平均为395个/cm³，最高的是C3，平均为655个/cm³，样地之间相差较大。各样地的负离子浓度大小为：C3>A3>A2>C1>D1>B1>A1>C2>B2>D3>B3>D2>CK。按照清新空气中负离子含量单项指标进行评定，C3属于2级，属于正常范围，其余样地均属于1级，不利于人体健康。

在夏季，CK的负离子浓度最低，为1210个/cm³，A3最高，为1493个/cm³，样地之间相差较大。各样地负离子浓度大小排序为：A3>A1>B2>D1>A2>B3>D3>B1>D2>C1>C2>C3>CK。所有样地均属4级，对健康有利。尤其是

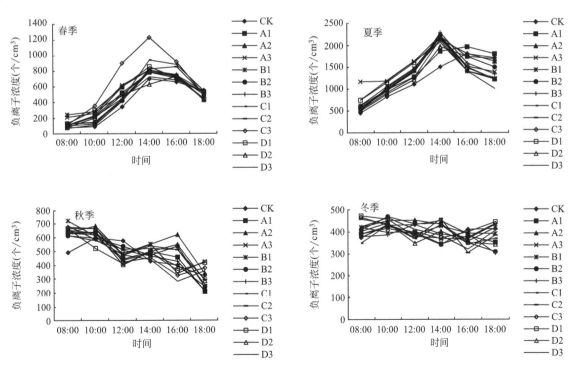

图2 北小河公园各样地负离子日变化

日变化中下午2点左右时段浓度极其有利于人体健康，这种结果与王非[6]等人研究相关性的结果是一致的。

在秋季，CK的负离子浓度最低，为455个/cm³，A2负离子浓度最高，为549个/cm³，各样地相差不大。各样地负离子浓度大小排序为：A2>C2>A3>D2>C1>B2>B1>C3>A1>D1>B3>D3>CK。所有样地均属1级，对健康不利。

在冬季，D2的负离子浓度最低，为380个/cm³，A2负离子浓度最高，为422个/cm³，各样地相差较小。各样地负离子浓度大小排序为：A2>C3>D1>C2>B2>D3>B1>A3>CK>B3>C1>A1>D2。所有样地均属1级，对健康不利。

北小河公园各种绿地四季负离子浓度大小排序为：夏季＞秋季＞春季＞冬季，春季与秋季相差甚少。出现这种结果的原因可能有两点：一是受气象因素影响，夏季温度高、紫外线辐射强度大，空气也相对洁净，因此负离子浓度较高；二是受植物因素影响，在夏季，植物生长最茂盛、代谢功能最强，提高负离子浓度的作用最大。冬季，大多数草木枯萎，植物发挥的作用很小，且冬季紫外线辐射较弱，空气污染又相对严重，风沙大、雾多，所以负离子浓度最低。从年平均值来看，所有样地负离子浓度大小排序为：A3>C3>A2>D1>B2>A1>B1>C1>B3>C2>D3>D2>CK，这是因为植物可以提高空气负离子浓度，但是植物的密度、种类、树龄、树高，群落的郁闭度、配置方式及地理位置等都会对空气负离子浓度产生影响，所以绿地负离子浓度均高于对照但也存在浓度差异。空气负离子浓度最高的4种结构类型样地分别为：乔灌草结构A3（白蜡＋圆柏＋海棠—平枝栒子＋沙地柏＋金银木—麦冬＋狗尾草＋早熟禾），乔草结构B2（柳树＋油松—玉簪＋苔草），灌草结构C3（圆柏球＋沙地柏—萱草），纯草结构D1（早熟禾＋萱草）。整体上，从绿地类型来看，空气负离子浓度的大小顺序是：乔-灌-草结构＞乔-草结构＞灌-草结构＞草地＞对照（硬质路面），这与陈雷的研究结果较为一致。

北小河公园负离子浓度季节变化值（个/cm³） 表5

样地	绿地结构	春季	夏季	秋季	冬季	年平均值
CK	硬质铺装	394.72	1210.00	455.28	392.99	613.25
A1	乔－灌－草	467.17	1386.90	479.26	380.76	678.52
A2	乔－灌－草	495.89	1356.85	548.52	421.67	705.73
A3	乔－灌－草	501.94	1492.59	513.33	397.50	726.34
B1	乔－草	485.83	1312.78	492.96	400.28	672.96
B2	乔－草	442.78	1373.33	497.78	401.18	678.77
B3	乔－草	439.72	1347.59	476.30	389.38	663.25
C1	灌－草	495.00	1293.89	498.15	382.01	667.26
C2	灌－草	452.50	1269.26	523.15	402.08	661.75
C3	灌－草	655.00	1265.00	485.56	420.63	706.55
D1	草坪	494.56	1372.41	476.48	420.07	690.88
D2	草坪	418.61	1308.52	498.89	380.28	651.57
D3	草坪	442.75	1322.06	469.63	400.63	658.77
平均值	—	475.88	1331.63	493.48	399.19	675.05

2.2 天坛公园空气负离子浓度变化特征及保健效应分析

从图3可知，在春、夏两季，天坛公园的13个样地的空气负离子浓度日变化均呈早晚低、中午高的单峰变化，春季峰值均出现在14：00，夏季峰值出现的时间有所不同。春季负离子浓度日变化较大，最高值为845个/cm³，最低值为223个/cm³；夏季负离子日变化最大，最高值可达2483个/cm³，最低值为808个/cm³。秋、冬两季各样地日变化趋势有所不同，且没有规律，日变化范围较小，分别为：292～548个/cm³、240～383个/cm³。

根据各样地的负离子浓度季节变化值（表6），在春季，对照样地CK的负离子浓度最低，为306个/cm³，最高的是B3，浓度值为526个/cm³，各样地之间相差较大。从均值来看各样地负离子浓度的大小顺序为：B3>D1>A2>A3>D3>C3>B2>C2>C1>B1>D2>A1>CK。按照清新空气中负离子含量单项指标进行评定，所有样地的负离子日平均浓度均属1级，未达到生态保健功能效应值。下午2点左右时段浓度有利于人体健康，适于出行活动。

在夏季，对照样地CK的负离子浓度最低，为1195个/cm³；绿地中负离子浓度最高的是B3，浓度值为1624个/cm³，最低为B1，浓度值为1336个/cm³，各样地之间相差较大。各样地负离子浓度的大小顺序为：B3>A3>B2>A2>D2>C1>C2>D3>C3>D1>A1>B1>CK。A3、A2、B2、B3、D2样地的负离子日平均浓度均属5级，对人体健康相当有利。A1、B1、C1、C2、C3、D1、D3属于4级，对人体健康有利。CK属于3级，对人体健康较有利。

在秋季，对照样地CK的负离子浓度为412个/cm³；绿地中负离子浓度最高的是A1，浓度值为420个/cm³，最低为D1，浓度值为367个/cm³，各样地之间相差不大，各样地负离子浓度的大小顺序为：A1>B2>A2>D2>CK>B1>B3>D3>C3>C2>C1>A3>D1。所有样地的负离子日平均浓

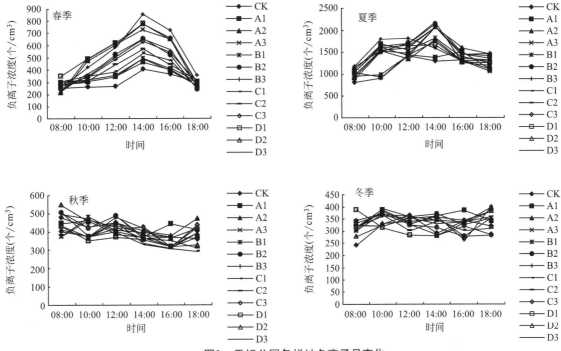

图3 天坛公园各样地负离子日变化

度均属1级，不利于人体健康。

在冬季，对照样地CK的负离子浓度最低，为312个/cm³；绿地中负离子浓度最高的是A1，浓度值为352个/cm³，各样地之间相差较小，各样地负离子浓度的大小顺序为：A1>B1>C2>A2>B3>D2>D3>C1>A3>D1>C3>B2>CK。所有样地的负离子日平均浓度均属1级，不利于人体健康。一天中下午2点左右时段浓度最有利于人体健康，适于出行活动。

天坛公园四季负离子浓度大小排序为：夏季>春季>秋季>冬季。春、秋两季相差不大。

天坛公园各样地负离子浓度季节变化值　　　　　表6

样地	绿地结构	负离子浓度（个/cm³）				
		春季	夏季	秋季	冬季	年平均值
CK	硬质铺装	305.61	1195.00	411.85	311.94	556.10
A1	乔－灌－草	340.56	1360.56	420.28	351.67	618.26
A2	乔－灌－草	498.06	1516.11	417.31	341.67	693.29
A3	乔－灌－草	489.44	1577.04	378.98	333.06	694.63
B1	乔－草	359.17	1335.93	407.31	343.89	611.57
B2	乔－草	417.50	1533.70	419.07	313.33	670.90
B3	乔－草	525.83	1624.44	403.33	340.00	723.40
C1	灌－草	377.78	1498.70	382.22	333.33	648.01
C2	灌－草	392.78	1479.07	382.73	343.06	649.41
C3	灌－草	422.78	1455.93	395.74	317.50	647.99
D1	草本	524.17	1419.07	367.13	327.22	659.40
D2	草本	342.78	1507.41	412.69	335.00	649.47
D3	草本	426.94	1476.48	396.31	334.44	658.55
平均值	—	417.18	1459.96	399.61	332.78	652.38

从试验结果来看，在春、夏、冬三季，绿地均能提高负离子浓度，且在春、夏两季发挥作用较大，冬季较小。四季各个样地的负离子浓度大小排序有所不同，这与样地季节不同而导致郁闭度不同以及植物本身的生长特性有关。从年平均值来看，所有样地负离子浓度大小排序为：B3>A3>A2>B2>D1>D3>D2>C2>C1>C3>A1>B1>CK。　空

气负离子浓度最高的 4 种结构类型样地分别为：乔-灌-草结构 A3（国槐+侧柏+白皮松—小叶黄杨—麦冬+苔草），乔-草结构 B3（圆柏—早熟禾），灌-草结构 C2（月季—野生草），草本结构 D1（早熟禾）。

整体上，不同植被结构空气负离子浓度的大小顺序是：乔-灌-草结构>乔-草结构>草地结构>灌-草结构>对照，乔-灌-草和乔-草相差甚微。这与北小河公园有所不同。天坛公园多为乔（松、柏）-草类型绿地，乔-灌-草类型较少，所选的乔-灌-草样地郁闭度不大，样地总覆盖率也低于乔-草，因此负离子浓度与乔-草类型相差甚微；灌-草类型（C2、C3）植株比较矮小，且裸露地面较多，覆盖率低于草地（D1、D2），因此负离子浓度低于草地。

2.3 紫竹院公园空气负离子浓度变化特征及保健效应分析

紫竹院公园各样地空气负离子浓度日变化如图 4 所示。从图 4 中可以看出，春季与夏季空气负离子浓度的日变化趋势基本一致，呈早晚低、中午高的单峰变化趋势。春夏季峰值基本出现在 14：00，但夏季由于中午高温持续时间较长，部分样地峰值出现在 16：00。春季负离子浓度日变化范围为 75～750 个/cm³，夏季为 123～1074 个/cm³。夏季负离子浓度值达到了最高水平。秋、冬两季各样地负离子浓度日变化幅度较小，分别为 324～527 个/cm³ 与 277～523 个/cm³，且变化规律不明显。

紫竹院公园四季负离子浓度大小排序为：夏季>春季>秋季>冬季（表 7）。这与天坛公园结果相同。

从试验结果来看，在春、夏、秋三季，绿地均能提高负离子浓度，且在春、夏两季发挥作用较大，秋季较小，四季各个样地的负离子浓度大小排序有所不同。从年平均值来看，所有样地负离子浓度大小排序为：B2>A2>C2>A1>C3>A3>D2>C1>B3>D3>B1>D1>CK。空气负离子浓度最高的 4 种结构类型样地分别为：乔-灌-草结构 A2（元宝枫+圆柏—金银木—小叶黄杨+天目琼花+榆叶梅+锦熟黄杨—苔草），乔-草类型：B2（油松—紫萼+麦冬+狗

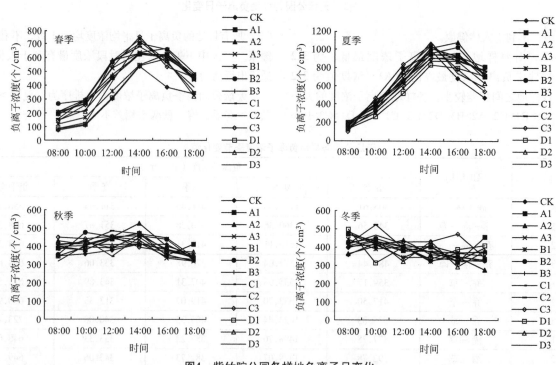

图4 紫竹院公园各样地负离子日变化

尾草），灌-草类型 C2（紫薇+贴梗海棠+石榴+糯米条—野生草），纯草类型 D2（野生草）。

整体来看，在夏季，乔-灌-草结构样地负离子浓度高于其他类型样地，而在春、秋两季，灌-草结构样地负离子浓度要高于其他类型样地，这可能是由于其他季节里植物的生长不如夏季旺盛，光合作用与蒸腾作用比夏季弱，因此植物发挥的作用比夏季小，样地的负离子浓度受气象因子（紫外线、阵风、温度）影响较大。在冬季，植物发挥的作用很小，有些绿地的负离子浓度低于对照。

从三所公园的结果来看，乔-灌-草结构类型负离子浓度最高，郁闭度高的乔-草结构以及密度较大的灌-草结构次之，纯草结构最低。

紫竹院公园负离子浓度季节变化值　　　　表7

样地	绿地结构	负离子浓度（个/cm³）				
		春季	夏季	秋季	冬季	年平均值
CK	硬质铺装	291.67	533.89	374.44	381.67	395.42
A1	乔－灌－草	437.50	650.56	408.15	410.83	476.76
A2	乔－灌－草	462.06	674.07	429.44	365.28	482.71
A3	乔－灌－草	446.72	648.52	390.93	393.61	469.94
B1	乔－草	378.33	588.15	401.30	383.33	437.78
B2	乔－草	477.17	661.67	417.96	379.50	484.07
B3	乔－草	439.44	632.41	397.04	359.72	457.15
C1	灌－草	435.00	620.19	381.30	401.39	459.47
C2	灌－草	438.17	643.15	430.19	398.06	477.39
C3	灌－草	445.56	626.11	410.37	409.72	472.94
D1	草本	351.94	538.15	378.15	391.11	414.84
D2	草本	435.83	644.26	406.67	378.89	466.41
D3	草本	384.58	609.44	376.67	399.72	442.60
平均值	—	417.23	620.81	400.20	388.68	456.73

3　结论与讨论

不同季节及不同绿地类型空气负离子浓度不同。在春、夏两季，绿地均能显著提高负离子浓度，在秋、冬两季，大部分绿地负离子浓度稍高于对照。3个公园表现较为一致，乔-灌-草结构类型负离子浓度最高，郁闭度高的乔-草结构以及密度较大的灌-草结构次之，草本结构最低。3个公园负离子浓度最高的样地分别为：北小河：A3（白蜡＋圆柏＋海棠—平枝栒子＋沙地柏＋金银木—麦冬＋狗尾草＋早熟禾）；天坛公园：B3（圆柏—早熟禾）；紫竹院公园 B2（油松—紫萼＋麦冬＋狗尾草）。

本研究的监测数据均选在各个季节的晴天、无风或微风（风力小于3级）、无或轻度污染天气条件下进行的，所以对其他天气并不具有代表性。此外，在时间尺度上只研究了与城市居民生产与生活密切相关的正常作息时间（8：00～18：00）的监测数据况，对于夜间的情况将在后期的研究中进一步补充完善。

负离子浓度在春、夏两季的日变化趋势与陈雷[9]和曾署才[2]的研究结果一致。秋、冬两季的日变化与前人的研究有所不同，这可能除了与研究的地点、当天的气象因子不同有关，还与研究区的小环境有关。虽然不同结构类型的绿地提高负离子浓度的作用因植物配置不同而异，也因季节而异，但整体上还是与前人研究结果较为一致，即乔-灌-草和乔-草结构最优，灌-草和草本结构较差。紫竹院公园的负离子浓度在夏季明显低于其他两个公园，可能与其湿度较大有关，本研究表明湿度与负离子浓度呈负相关。景观因素和气象因素对空气负离子的影响是相互的、综合性的过程，而这个过程仍然需要进一步的研究。

参考文献

[1] 卓凌，廖成章，黄桂林，马尚宇.北京西山空气负（氧）离子浓度日变化研究[J].林业资源管理，2016（02）：110-115.

[2] 曾曙才，苏志尧，陈北光.我国森林空气负离子研究进展[J].南京林业大学学报（自然科学版），2006（05）：107-111.

[3] 李高飞，李巧云，颜立红，廖菊阳.城市森林空气负氧离子浓度变化规律研究[J].湖南林业科技，2019，46（02）：52-56.

[4] 桂翰林，任桂林，张秀红.大气负氧离子及其在不同环境中的变化规律[J].黑龙江气象，2018，35（01）：18-19.

[5] 杨建松，杨绘，李绍飞，吴学强.不同植物群落空气负离子水平研究[J].贵州气象，2006（03）：23-27.

[6] 王非，李冰，周蕴薇.城市森林公园空气负离子浓度与气象因子的相关性[J].东北林业大学学报，2016，44（2）：18-20.

[7] 郭二果，王成，郄光发，蔡煜.城市森林生态保健功能

表征因子之间的关系[J].生态学杂志,2013,32(11):2893-2903.

[8] 胡喜生,柳冬香,洪伟,吴承祯,李林.福州市不同类型绿地空气负离子效应评价[J].农学学报,2012,2(10):42-45.

[9] 陈雷,孙冰,谭广文,等.广州城市绿地植物群落空气负离子特征研究[J].西北林学院学报,2015,30(1):227-232.

几种耐寒蔷薇在现代月季育种中的应用[①]

北京市植物园，北京市花卉园艺工程技术研究中心，城乡生态环境北京实验室 / 邓　莲　朱　莹　宋　华　西景营

摘　要：采用以蔷薇为父本、以蔷薇为母本两种杂交途径，利用单瓣黄刺玫、黄刺玫、美蔷薇等7个耐寒蔷薇种（变型）与现代月季进行远缘杂交试验，结果表明：以蔷薇为父本杂交时，大果蔷薇、美蔷薇、疏花蔷薇杂交亲和性好，筛选出3个适宜的母本材料（'粉后'、'金奖章'、'朱墨双辉'）以及7个亲和性高的杂交组合（'粉和平'×大果蔷薇、'粉后'×大果蔷薇、'粉后'×美蔷薇、'朱墨双辉'×美蔷薇、'粉后'×疏花蔷薇、'金奖章'×疏花、'朱墨双辉'×单瓣黄刺玫）；以蔷薇为母本杂交时，单瓣黄刺玫、疏花蔷薇均可以结实，筛选出3个亲和性高的组合（单瓣黄刺玫×'金秀娃'、单瓣黄刺玫×'金奖章'、单瓣黄刺玫×'朱墨双辉'）。结实率低的杂交组合通过重复授粉可以提高结实率。

关键字：月季；远缘杂交；亲和性；重复授粉

　　北京地区冬季寒冷干燥，耐寒性是月季园林绿化应用中亟须解决的问题之一。利用耐寒性强的蔷薇与现代月季进行远缘杂交，是目前培育抗寒月季的重要途径。我国已开展了相关研究并培育出一些优良品种，如现代月季与弯刺蔷薇的杂交后代'天香'、'天山桃园'[1]，现代月季与单瓣黄刺玫的杂交后代'雪山娇霞'、'一片冰心'等[2]，这些品种均是以蔷薇为父本杂交而成。也有利用蔷薇为母本育成的新品种，如利用疏花蔷薇与现代月季的杂交后代'天山祥云'[3]。以蔷薇为父本、以蔷薇为母本两种杂交途径选育出的月季新品种均具有优异的抗性及较高的观赏性。在月季远缘杂交育种中，由于月季品种复杂的遗传背景，不同杂交组合之间的亲和性差异较大[4, 5]，在大量杂交育种前应进行杂交组合的筛选。此外，杂交父本的花粉活力、授粉方法等均会影响杂交成功率。本研究利用我国北方地区分布的7个野生蔷薇种（变型）与现代月季品种进行远缘杂交育种，研究蔷薇花粉贮藏、授粉方法对杂交的影响，筛选杂交亲和性高的组合，以期为耐寒野生蔷薇在月季远缘杂交育种中的应用提供理论基础。

1　材料与方法

1.1　试验材料

　　育种试验于2017～2019年5～6月在北京市植物园月季育种基地进行。月季品种见表1，蔷薇见表2。

[①]　北京市公园管理中心课题（ZX2017014）。北京市公园管理中心2019年科技进步二等奖。

月季品种基本信息　　　　　　表1

名称	英文品种名	类型
'绯扇'	'Hiohgi'	杂交茶香月季
'粉和平'	'Pink Peace'	杂交茶香月季
'粉后'	'Queen Elizabeth'	壮花月季
'金奖章'	'Gold Medal'	壮花月季
'怜悯'	'Compassion'	藤本月季
'朱墨双辉'	'Crimson Glory'	杂交茶香月季
'紫色惊艳'	'Knock Out'	灌丛月季
'金秀娃'	'Golden Showers'	藤本月季

蔷薇基本信息　　　　　　表2

名称	种名	2n=	类型
黄刺玫	Rosa xanthina	2x=14	芹叶组
单瓣黄刺玫	R. xanthina f. normalis	2x=14	芹叶组
美蔷薇	Rosa bella	4x=28	桂味组
大果蔷薇	Rosa webbiana	4x=28	桂味组
山刺玫	Rosa davurica	2x=14	桂味组
疏花蔷薇	Rosa laxa	4x=28	桂味组
荷花蔷薇	Rosa multiflora f. carnea	2x=14	合柱组

1.2 蔷薇花粉采集、储存及活力测定

黄刺玫、单瓣黄刺玫、山刺玫、疏花蔷薇、荷花蔷薇、大果蔷薇、'粉和平'、'金秀娃'、'金奖章'、'绯扇'、'朱墨双辉'花粉取自北京市植物园。美蔷薇花粉取自北京市门头沟区灵山。于晴天上午选择即将开放的花蕾，采集花药置于硫酸纸上，常温条件下阴凉干燥处放置20h后将花粉装入5mL离心管内保存。

黄刺玫、单瓣黄刺玫花粉活力测定使用花粉离体培养法，黄刺玫、单瓣黄刺玫花粉萌发培养基为15%蔗糖+50mg/L H_3BO_3+ 50mg/L $CaCl_2$。花粉培养方法参考赵宏波等[6]的方法。

花粉萌发率=（视野内萌发的花粉数/视野内的花粉总数）×100%

1.3 杂交授粉

在晴天的上午选择将要开放的花蕾，用镊子将母本花药去除，然后用毛笔将父本花粉轻轻刷在母本柱头上，套袋。山刺玫、疏花蔷薇、荷花蔷薇、大果蔷薇花期与月季同期，花粉采集后直接用于授粉。美蔷薇初花期与月季同期，花粉采集后直接用于授粉。黄刺玫、单瓣黄刺玫花期早于月季，将装有花粉的离心管置于-20℃的冰箱冷冻保存30d取出，常温回温后用于杂交授粉。

'怜悯'×单瓣黄刺玫、'怜悯'×疏花蔷薇'常规授粉后，第二天重复授粉。

1.4 杂交结实率、单果种子数统计

杂交当年10月底采收果实，采收后将果实放置于常温干燥环境，及时剥出种子，记录种子数量。以水选法进行种子筛选，沉水的记为饱满种子。计算杂交结实率及单果种子数。

结实率=结实数/授粉花粉×100%。

单果种子数=种子总数/结实数×100%。

1.5 种子贮藏、播种及出苗率的统计

洗净的种子当天进行沙藏。湿沙体积为种子体积的3倍以上，充分混合后，装入自封袋，置于4℃冰箱冷藏，种子露白后将种子挑出，栽种于播种土。

萌发率=（萌发种子数/饱满种子数）×100%

2 结果与分析

2.1 黄刺玫、单瓣黄刺玫花粉活力

由表3可知，-20℃保存30d时，黄刺玫花粉活力为52.98%，与新鲜花粉相比活力下降了13.8%；单瓣黄刺玫花粉活力为83.65%，与新鲜花粉相比活力仅下降了不到5%。黄刺玫和单瓣黄刺玫花粉-20℃保存30d时仍有较高活力，可以用于杂交授粉。

不同贮藏时间黄刺玫及单瓣黄刺玫花粉活力（%）表3

	0d	30d
黄刺玫	61.44	52.98
单瓣黄刺玫	87.56	83.65

2.2 以蔷薇为父本杂交结实及出苗情况

本试验中以7种蔷薇为父本与月季进行杂交育种时，具有一定的远缘杂交障碍。一方面，可以杂交结实的组合比例低，34个杂交组合中有13个组合不能结实，可结实的杂交组合比例不及62%；另一方面，种子萌发率较低，只有5个组合种子萌发率超过50%，4个组合萌发率为40%~50%，其余组合种子萌发率低甚至不能萌发（表4）。

不同的杂交组合其杂交亲和性差异较大。由表4可知，'粉后'×大果蔷薇结实率最高，为71.43%；其次为'粉后'×疏花、'粉后'×美蔷薇、'金奖章'×疏花、'粉和平'×大果蔷薇，这些杂交组合结实率均超过50%。从单果种子数分析，'粉后'×单瓣黄刺玫杂交单果种子数最多，为46粒；其次为'朱墨双辉'×美蔷薇，为35粒；其他杂交组合单果种子数均低于20粒。种子饱满率最高的

蔷薇为父本杂交结实率、单果种子数及种子萌发率 表4

授粉编号	授粉年份	母本	父本	授粉数（朵）	结实率（%）	单果种子数（粒）	种子饱满率（%）	萌发率（%）
1	2017	'绯扇'	大果蔷薇	49	24.49	11.42	43.07	72.88
2	2017	'粉和平'	大果蔷薇	33	51.52	17.29	34.01	20.00
3	2017	'粉后'	大果蔷薇	21	71.43	14.00	53.81	64.60
4	2017	'金奖章'	大果蔷薇	19	42.11	6.50	34.62	33.33
5	2017	'怜悯'	大果蔷薇	36	27.78	8.60	63.95	52.73
6	2017	'朱墨双辉'	大果蔷薇	23	34.78	12.50	30.00	13.33
7	2018	'绯扇'	单瓣黄刺玫	52	0.00	—	—	—
8	2018	'粉和平'	单瓣黄刺玫	45	2.22	2.00	0.00	—
9	2018	'粉后'	单瓣黄刺玫	20	5.00	46.00	50.00	47.83
10	2018	'金奖章'	单瓣黄刺玫	65	12.31	3.63	17.24	40.00
11	2017	'怜悯'	单瓣黄刺玫	25	0.00	—	—	—
12	2017	'朱墨双辉'	单瓣黄刺玫	11	36.36	13.25	43.40	4.35
13	2017	'粉和平'	黄刺玫	17	0.00	—	—	—
14	2017	'粉后'	黄刺玫	3	0.00	—	—	—
15	2017	'怜悯'	黄刺玫	14	7.14	5.00	100.00	20.00
16	2017	'朱墨双辉'	黄刺玫	6	0.00	—	—	—
17	2017	'紫色惊艳'	黄刺玫	40	0.00	—	—	—
18	2017	'绯扇'	美蔷薇	4	0.00	—	—	—
19	2017	'粉和平'	美蔷薇	18	27.78	4.20	38.10	0.00
20	2018	'粉后'	美蔷薇	50	58.00	8.45	46.53	59.65
21	2018	'金奖章'	美蔷薇	86	37.21	1.38	52.27	0.00
22	2017	'怜悯'	美蔷薇	47	6.38	3.67	27.27	33.33
23	2018	'朱墨双辉'	美蔷薇	22	27.27	35.00	26.67	41.07
24	2017	'紫色惊艳'	美蔷薇	32	15.63	6.60	36.36	50.00
25	2018	'绯扇'	山刺玫	62	0.00	—	—	—
26	2018	'粉和平'	山刺玫	12	0.00	—	—	—
27	2018	'金奖章'	山刺玫	51	1.96	1.00	100.00	0.00
28	2018	'怜悯'	山刺玫	41	0.00	—	—	—
29	2018	'朱墨双辉'	山刺玫	5	0.00	—	—	—
30	2018	'粉后'	疏花蔷薇	29	58.62	9.29	58.86	49.46
31	2018	'金奖章'	疏花蔷薇	37	51.35	8.58	53.99	18.18
32	2017	'绯扇'	荷花蔷薇	45	0.00	—	—	—
33	2017	'粉和平'	荷花蔷薇	26	0.00	—	—	—
34	2017	'怜悯'	荷花蔷薇	26	3.85	17.00	47.60	12.50

组合为'怜悯'×黄刺玫、'金奖章'×山刺玫，所得种子没有瘪籽。种子萌发率超过50%的杂交组合有'绯扇'×大果蔷薇，'粉后'×大果蔷薇、'怜悯'×大果蔷薇、'粉后'×美蔷薇、'紫色惊艳'×美蔷薇。综合考虑，'粉和平'×大果蔷薇、'粉后'×大果蔷薇、'粉后'×美蔷薇、'朱墨双辉'×美蔷薇、'粉后'×疏花蔷薇、'金奖章'×疏花、'朱墨双辉'×单瓣黄刺玫7个杂交组合亲和性较强。

不同蔷薇为父本时杂交亲和性不同。由图1可知，疏花蔷薇为杂交父本时杂交组合平均结实率最高，为54.99%；大果蔷薇和美蔷薇为父本时，平均结实率较低，分别为42.02%和24.61%；黄刺玫、荷花蔷薇和山刺玫为父本时，平均结实率均低于1.5%。以荷花蔷薇、单瓣黄

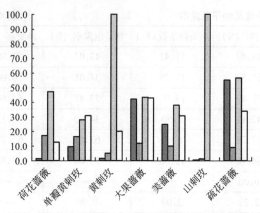

图1 7种蔷薇父本的杂交结实率、种子萌发率

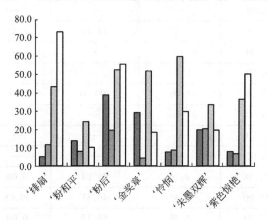

图2 7个月季母本的杂交结实率、种子萌发率

刺玫为父本时杂交单果种子数多，分别为17.0粒和16.2粒；二者为父本时杂交种子饱满率较低，不及50%。大果蔷薇、美蔷薇和疏花蔷薇为父本杂交单果种子数偏少，为8.9～11.7粒；大果蔷薇、美蔷薇为父本，杂交种子饱满率偏低，不及50%；疏花蔷薇为父本时杂交种子饱满率较高，为56.43%。以黄刺玫和山刺玫为父本杂交组合的单果种子数均不超过5粒，虽然结实率低、单果种子数少，但瘪籽率为0，所结种子均为饱满种子。以大果蔷薇、疏花蔷薇、单瓣黄刺玫、美蔷薇为父本时，杂交种子萌发率均超过30%，其中以大果蔷薇为父本时杂交种子萌发率最高为42.81%。以荷花蔷薇、黄刺玫为父本时杂交种子萌发率低，分别为20.00%和12.50%。综合考虑，大果蔷薇、美蔷薇、疏花蔷薇为父本时，结实率、单果种子数、种子萌发率均较高，三者为适宜的杂交父本。山刺玫为父本时，杂交亲和性表现最差。

不同月季品种为母本时杂交亲和性差异较大。由图2可知，'粉后'、'金奖章'为母本杂交结实率高，分别为38.61%、28.99%；'朱墨双辉'、'粉和平'为母本杂交结实率偏低，分别为19.68%和3.59%；'紫色惊艳'、'怜悯'、'绯扇'为母本杂交结实率不足8%。'朱墨双辉'、'粉后'为母本杂交单果种子数相似，均为20粒左右；但'朱墨双辉'为母本时杂交种子饱满率低；所以以'粉后'为母本杂交所得的健康种子数最多。'粉和平'、'紫色惊艳'、'金奖章'、'怜悯'为母本杂交单果种子数较少，均少于10粒。'粉和平'、'紫色惊艳'为母本时杂交种子饱满率低于40%。以'绯扇'为母本杂交种子萌发率最高，为72.88%。'粉后'、'紫色惊艳'次之，种子萌发率分别为55.39%、50.00%。'粉和平'为母本杂交种子萌发率最低，仅有10%的种子可以萌发。综合考虑，两个壮花月季品种'粉后'及'金奖章'综合表现较好，其中，'粉后'为母本杂交结实率高、单果种子数多、瘪籽率较低、种子萌发较好，为7个月季品种中表现最好的母本。3个杂交茶香月季中，只有'朱墨双辉'表现较好，虽然结实率、萌发率偏低，但单果种子数多。灌丛月季'紫色惊艳'为母本杂交结实率低、单果种子数少、瘪籽较多，即获得的杂交种子少，但是种子容易萌发。藤本月季'怜悯'为母本杂交，除种子饱满率较高外，其他指标均偏低。由此可知，'粉后'、'金奖章'及'朱墨双辉'是适宜的母本材料。

2.3 蔷薇为母本杂交结实情况

由表5可知，单瓣黄刺玫、疏花蔷薇作为杂交母本均可结实，但不同杂交组合杂交亲和性不同。以单瓣黄刺玫为母本时，除'绯扇'外，试验中其他3个父本'金奖章'、'金秀娃'和'朱墨双辉'均与单瓣黄刺玫杂交亲和，杂交结实率超过20%；单果种子数偏少，为4～6粒；种子饱满率较好，均超过68%；单瓣黄刺玫×'金秀娃'种子可以萌发，萌发率为15%。以疏花蔷薇为母本与'粉和平'杂交时，杂交可以结实，结实率较低，仅为4%。

蔷薇为母本杂交结实率、单果种子数及子萌发率　　表5

编号	授粉时间	母本	父本	授粉数（朵）	结实率（%）	单果种子数（粒）	饱满率（%）	萌发率（%）
1	2018	单瓣黄刺玫	'绯扇'	30	0	—	—	—
2	2019	单瓣黄刺玫	'金奖章'	43	25.6	5.8	68.8	0
3	2018	单瓣黄刺玫	'金秀娃'	30	20.0	4.7	71.4	15.0

续表

编号	授粉时间	母本	父本	授粉数（朵）	结实率（%）	单果种子数（粒）	饱满率（%）	萌发率（%）
4	2019	单瓣黄刺玫	'朱墨双辉'	24	25.0	4.8	69.0	0
5	2019	疏花蔷薇	'粉和平'	50	4.0	7.5	66.7	0
6	2018	疏花蔷薇	'朱墨双辉'	10	0	—	—	—

2.4 重复授粉对结实率的影响

重复授粉对不同杂交组合结实率的影响不同。'怜悯'×疏花蔷薇单次授粉结实率较低，为20%；重复授粉后结实率提高至53.8%，提高1.7倍；单果种子数及种子饱满率变化不大。'怜悯'×单瓣黄刺玫单次授粉或重复授粉结实率均为0（表6）。由此推测，不亲和的杂交组合，重复授粉不能提高结实率；结实率偏低的杂交组合通过重复授粉可以提高结实率。

不同授粉方式杂交结实率　　　　　　　　　　　　　　　　　　　　表6

授粉时间（年）	授粉方式	母本	父本	授粉数（朵）	结实数（个）	结实率（%）
2019	单次授粉	怜悯	疏花蔷薇	50	10	20.0
2019	重复授粉	怜悯	疏花蔷薇	65	35	53.8
2017	单次授粉	怜悯	单瓣黄刺玫	52	0	0
2017	重复授粉	怜悯	单瓣黄刺玫	30	0	0

2.5 远缘杂交后代观察

一般月季品种间的杂交后代在播种当年的夏季可以开花，而月季与蔷薇远缘杂交后代在播种当年一般不能开花，本试验中，少量月季与蔷薇的杂交后代在种子收获第三年可以开花(表7)，大部分远缘杂交后代三年内不能开花。'粉和平'与大果蔷薇的杂交后代中花色有变异，分为浅粉色（图3）和粉红色（图4）。尤其是杂交2号，其株型高大，继承了父本'大果蔷薇'的血统，花色比父、母本均鲜艳，花瓣数介于父、母本之间。无论远缘杂交后代能否够在播种三年内开花，其长势均非常强健，两年生苗株高可达1.5m以上（图5），利用远缘杂交可以有效将蔷薇亲本的优良抗性杂交到子代上。

远缘杂交后代观察　　　　　　　　　　　　　　　　　　　　表7

编号	授粉时间	母本	父本	杂交后代的性状
1	2017	'粉后'	大果蔷薇	杂交蔷薇，生长势强，花粉色，重瓣
2	2017	'粉和平'	大果蔷薇	杂交蔷薇，生长势强，花粉红色，重瓣
3	2017	'粉和平'	大果蔷薇	杂交蔷薇，生长势强，花浅粉色，半重瓣
4	2017	'粉后'	美蔷薇	杂交茶香月季，生长势强，花淡粉色，重瓣

图3　'粉和平'×大果蔷薇

图4　'粉和平'×大果蔷薇

图5 '粉后' × 疏花蔷薇

3 结论与讨论

一般认为，杂交亲本的染色体倍性相同时杂交易获得成功，所获得杂种苗也更容易成活。马燕等研究认为，现代月季品种多为四倍体，四倍体的蔷薇作为杂交亲本可以增加远缘杂交的亲和性，提高结实率，增大选择机会[7]。王泽翻等利用报春刺玫、单瓣黄刺玫、'月月粉'等二倍体材料与现代月季栽培品种杂交，结果显示倍性的差异增大了远缘杂交的难度[8]。但也有研究认为亲本的染色体倍性不是影响蔷薇属植物杂交亲和性的最关键因素[9]。本研究中，以蔷薇为父本时，杂交亲和性好的3个蔷薇父本材料（大果蔷薇、美蔷薇、疏花蔷薇）均为四倍体，与母本月季染色体倍性一致；但以蔷薇为母本时，二倍体的单瓣黄刺玫及四倍体的疏花蔷薇均可以结实，而且单瓣黄刺玫杂交亲和性更好。因此，在月季远缘杂交育种中，亲本倍性是否为影响杂交亲和的关键因素还有待进一步研究。

本研究中选用的母本月季，2个状花月季品种综合表现较好，但3个杂交茶香月季品种的杂交综合表现却不一致；在与'单瓣黄刺玫'杂交时，杂交茶香月季'朱墨双辉'为母本时杂交亲和性反而明显优于2个状花月季。可见，在月季杂交育种中，难以根据品种群进行规律性的总结，这可能与现代月季品种复杂的遗传背景有关。现代月季培育过程中，有10~15种蔷薇属植物参与了杂交育种[10]，这些蔷薇中既有二倍体也有四倍体，且包括芹叶组、月季组、合柱组、蔷薇组等多个分类组的植物种类。所以月季杂交育种过程中，应以个体为单位，具体考察[11]。实际操作时，为避免时间和精力的浪费，在进行大量的杂交育种前，预先进行杂交组合的筛选是十分必要的。

本研究中，大部分远缘杂交子代从播种到开花需要3年以上的时间，加上后期的性状观察、植株扩繁等，一个新品种的培育至少需要5年的时间。而月季品种间的杂交苗一般播种当年就可以开花，这意味着远缘杂交的新品种选育周期是月季种间杂交的2倍以上。在远缘杂交育种中，应及早通过分子标记、染色体分析鉴定等手段对杂种后代进行鉴定，以加快育种速度。

本研究中，杂交组合的种子饱满率普遍偏低，大部分低于60%。有研究指出，金樱子与月季品种进行远缘杂交时存在受精后障碍，大量胚胎败育可能是合子与胚乳细胞在分裂过程中不协调所致[12]。离体胚培养是克服远缘杂交胚败育的一个重要手段。目前蔷薇属植物远缘杂交组合的胚培养已经取得了一定进展[13]。本研究中所涉及的杂交败育问题，具体原因及挽救措施还有待进一步研究。

参考文献

[1] 杨树华, 李秋香, 贾瑞冬, 黄善武, 葛红. 月季新品种'天香'、'天山白雪'、'天山桃园'、'天山之光'与'天山之星'[J]. 园艺学报, 2016, 43（3）: 607-608.

[2] 孙宪芝. 北林月季杂交育种技术体系初探[D]. 北京林业大学, 2004.

[3] 郭润华, 隋云吉, 杨逢玉, 刘虹. 耐寒月季新品种'天山祥云'[J]. 园艺学报, 2011, 38（7）: 1417-1418.

[4] 李亚齐, 韩倩, 泽翻, 等. 野生蔷薇和月季的杂交亲和性评价[J]. 江苏农业科学, 2013, 41（6）: 155-160.

[5] 张非亚, 杜云鹏, 袁晓娜, 等. 月季远缘和品种间杂交亲本的选择[J]. 东北林业大学学报, 2015（43）: 24-30.

[6] 赵宏波, 陈发棣, 房伟民. 栽培小菊和几种菊属植物花粉离体萌发研究[J]. 南京农业大学学报, 2005, 28（2）: 22-27.

[7] 马燕, 陈俊愉. 培育刺玫月季新品种的初步研究（II）[J], 北京林业大学学报, 1991, 18（1）: 52-57.

[8] 王泽翻, 韩倩, 林毅雁, 崔娇鹏, 刘恒星, 赵世伟, 赵慧恩. 几种蔷薇和'月月粉'与现代月季杂交亲和性评价[J]. 浙江农业学报, 2012, 24（6）: 1026-1032.

[9] 赵红霞, 王晶, 丁晓六, 罗乐, 潘会堂, 张启翔. 蔷薇属植物与现代月季品种杂交亲和性研究[J], 西北植物学报, 2015, 35（4）: 0743-0753.

[10] De Vries D P, Dubois L A M. Rose breeding: past, present, prospects[J]. Acta Horticulturae, 1999, 495: 285-291.

[11] 马燕, 陈俊愉. 1990. 培育刺玫月季新品种的初步研究(I), 北京林业大学学报, 12（3）: 18-25.

[12] 宋杰, 王国良. 2011. 金樱子与2个现代月季品种杂交结实率差异的原因, 南京农业大学学报, 34（5）: 37-42.

[13] 金菁, 王国良, 刘冠楠. 2010. 蔷薇属植物远缘杂交组合的幼胚拯救, 林业科技开发, 24（4）: 2-76.

光肩星天牛成虫产卵以及卵孵化条件的研究[①]

北京市园林科学研究院 / 仲　丽　仇兰芬　邵金丽　车少臣　王建红

摘　要：目前蛀干害虫天敌花绒寄甲（*Dastarcus helophoroides*）的复壮技术主要依赖于光肩星天牛（*Anoplophora glabripennis*）幼虫，为了获得大量虫源，为天敌昆虫的复壮提供虫源保障，本文通过在室内条件下对光肩星天牛成虫补充营养、产卵以及卵孵化条件进行研究。光肩星天牛成虫取食复叶槭枝条补充营养后寿命最长、刻槽最多并且幼虫存活数最多；成虫喜选择在8cm和6cm直径的柳树木段上产卵。温湿度对光肩星天牛卵孵化率和孵化历期均具显著作用。高湿有利于卵孵化，低湿条件（55% RH）累计孵化率仅为7.84%。光肩星天牛卵在29℃发育历期最短，幼虫孵化最整齐。

关键词：光肩星天牛；补充营养；刻槽；温度；湿度；孵化率

　　光肩星天牛[1]隶属于昆虫纲（Insecta），鞘翅目（Coleoptera），天牛科（Cerambycidae），沟胫天牛亚科（Lamiinae），星天牛属（*Anoplophora*）。该虫是一种破坏性极大的园林害虫，它几乎遍布于我国华东、华北、东北、中南等20多个省市[2-5]。在目前天牛类害虫的生物防治的应用中，应用最多的是花绒寄甲[6-12]和肿腿蜂[13-17]。研究表明用天牛幼虫繁育出来的天敌，其活性更强，不易退化，防治效果更好[18-20]。但光肩星天牛幼虫生活场所隐蔽，很难在野外采集到大量生理标准整齐划一的虫体作为研究材料，因而考虑人工繁育来解决问题。这不仅可以搞清楚其生活场所隐蔽的生活史，而且可以为天敌昆虫种群的复壮以及规模化繁育提供充足的虫源。

　　昆虫成虫期补充营养对于雌性成虫完成生殖系统的发育、两性成虫的生命力、成虫寿命和产卵量以及卵孵化率均具重要影响，其补充营养的质量直接影响着昆虫的生长发育及种群数量。光肩星天牛成虫羽化后，必需经过补充营养，卵巢才能发育成熟[21]。而后在寄主树干上刻槽产卵，每槽内产卵一枚。为规模化繁育ALB，需首先了解补充营养所用植物对ALB成虫寿命、产卵量等的影响，以及ALB成虫对产卵植物、植物大小等的选择。

　　目前对光肩星天牛的研究主要集中在成虫的行为和生理生化[22,23]、产卵分泌物[24-26]、刻槽微生物环境[27-31]因素对光肩星天牛卵孵化的影响。Morewood[32]研究了光肩星天牛在树干上的产卵位置、成虫取食不同植物的取食面积等，表明取食营养以及木段直径的大小对光肩星天牛成虫的产卵量都有一定影响。本文研究了以元宝枫、复叶槭、白桦、柳树、红枫为ALB成虫补充营养植物，对ALB的寿命、刻槽数量和幼虫成活量的影响。同时研究了ALB成虫产卵时对产卵植物及植物直径的选择。温度和湿度是影响光肩星天牛卵孵化的关键因素，这个阶段能否有效地

[①] 北京市公园管理中心课题（ZX2017025）。北京市公园管理中心2019年科技进步二等奖。

处理好温度、湿度的关系，关系到光肩星天牛繁育过程中卵的孵化期长短、孵化整齐度以及孵化后光肩星天牛幼虫的优劣。

1 材料与方法

1.1 供试昆虫

从野外人工捕捉光肩星天牛成虫。

光肩星天牛卵的收集：将从室外采集的光肩星天牛成虫放入在室内养虫笼中饲养（养虫笼尺寸45cm×45cm×50cm），养虫笼中放入两年生柳树枝条补充营养，选用6～8cm直径柳树木段让其产卵，饲养室温度为28±1℃，相对湿度为70%±5%。采集当日所产卵用于试验。

1.2 供试植物材料

用于饲养光肩星天牛成虫的1～2年生枝条，采自北京市园林科学研究院内宝枫、复叶槭、白桦、柳树、红枫。

网室内种植元宝枫、复叶槭、白桦和红枫两年生苗木供取食，种植6cm胸径柳树产卵。

1.3 供试产卵木段

截取直径小于4cm、4cm、6cm和8cm，长40cm的柳树木段。

1.4 仪器设备与材料

RXE-500B人工气候箱（宁波江南仪器厂）、培养皿（12cm直径，上海申玻仪器公司）、6孔细胞培养板（上海晶安生物科技有限公司）、YSP-1200超净工作台（北京亚泰科隆仪器技术有限公司）。

1.5 测定方法

1.5.1 野外采集光肩星天牛成虫雌雄比例统计

统计2017年从野外采集的光肩星天牛成虫数量，并分别记录雌雄数量，统计雌雄成虫比例。

1.5.2 成虫寿命的测定

每个玻璃瓶中（瓶高35cm，直径18cm）接入3对活性相同、大小相似的健康光肩星天牛成虫，采用上述5种寄主分别饲养。每3对天牛作为1组，每组重复5次。饲养成虫的室内温度为（25±2）℃，湿度为40%～60%，光照周期为14L:10D。隔一日观察一次，更换一次枝条，检查光肩星天牛成虫的存活数量，隔一日统计木段上的刻槽数量，更换一次产卵木段。

1.5.3 单头光肩星天牛产卵量测定

每个玻璃瓶中（瓶高35cm，直径18cm）接入一对活性相同、大小相似的健康光肩星天牛成虫，用复叶槭饲喂，每对天牛作为一组，每组5个重复。饲养成虫的室内的温度为（25±2）℃，湿度为40%～60%，光照周期为14L:10D。隔一日观察一次，更换一次枝条，检查光肩星天牛成虫的存活数量，隔一日统计木段上的刻槽数量，更换一次产卵木段。

1.5.4 取食不同植物对光肩星天牛成虫产卵量测定

每个玻璃瓶中（瓶高35cm，直径18cm）接入3对活性相同、大小相似的健康光肩星天牛成虫，分别用上述5种寄主分别饲养。每3对天牛作为1组，每组重复5次。温湿度条件及调查方法同上。

1.5.5 光肩星天牛产卵对柳树品种的选择试验方法

每个网室中接入活性相同、大小相似的健康光肩星天牛成虫，每个网室中种植垂柳、旱柳和馒头柳各3棵，每个网室作为1组，共设5组重复。

1.5.6 光肩星天牛成虫雌雄配比对产卵量的影响

将光肩星天牛成虫按照表1的配比方式分别放入玻璃瓶（瓶高35cm，直径18cm）中饲养，每组重复5次。饲养成虫的室内的温度为（25±2）℃，湿度为40%～60%，光照周期为14L:10D。隔一日观察一次，更换一次枝条，检查光肩星天牛成虫的存活数量。隔一日统计木段上的刻槽数量，更换一次产卵木段。

光肩星天牛雌雄配比表　　表1

雌雄配比（头）									
雌虫♀	3	3	3	3	3	3	3	3	3
雄虫♂	1	2	3	4	5	6	7	8	9

1.5.7 不同直径木段刻槽数和幼虫数量对比实验方法

养虫笼中接入10对活性相同、大小相似的健康光肩星天牛成虫，每个养虫笼中分别放入直径小于4cm、4cm、6cm和8cm，长40cm的柳树木段。每个养虫笼作为1组，共设5组重复。饲养成虫的室内的温度为（25±2）℃，湿度为40%～60%，光照周期为14L:10D。隔一日观察一次，更换一次枝条，统计木段上刻槽数量，在刻槽约15～30d内幼虫孵化后，开始剥掉柳树木段的树皮，取出光肩星天牛幼虫，并统计数量。

1.5.8 光肩星天牛卵孵化条件试验方法

设置不同温湿度，对比研究不同温湿度对光肩星天牛卵孵化率的影响，温度、湿度的设置如表2所示，每组设5个重复，每个重复10只卵。

不同存放环境、不同温湿度实验　　表2

卵孵化的器皿	温度（℃）	湿度（%）
培养皿铺滤纸	29	70

续表

卵孵化的器皿	温度（℃）	湿度（%）
培养皿铺滤纸	29	55
培养皿铺滤纸	29	85
培养皿铺滤纸	23	85
培养皿铺滤纸	26	85
培养皿铺滤纸	32	85

1.6 数据处理

数据采用 GraphPad InStat 软件处理分析。所有重复数据计算平均值和标准差值，差异显著性均采用单因素方差分析。

2 结果与分析

2.1 野外采集光肩星天牛雌雄比例统计

野外捕捉光肩星天牛成虫雌雄统计结果见表3。其中仅7月3日捕捉的雌虫少于雄虫，比例为0.99∶1，其他几个时间段均为雌虫大于雄虫的数量，尤以8月11日雌雄比例2.13∶1最大，其次为6月21日和6月3日雌雄比例为1.33∶1和1.37∶1；全年采集总和雌雄比例为1.15∶1，雌虫略多于雄虫。

野外捕捉光肩星天牛成虫雌雄比例统计表　表3

序号	日期	雌虫数量（头）	雄虫数量（头）	总数（头）	雌虫∶雄虫
1	6.20	119	119	238	1∶1
2	6.21	8	6	14	1.33∶1
3	6.17	11	10	21	1.1∶1
4	6.26	228	224	452	1.02∶1
5	6.03	500	365	865	1.37∶1
6	7.03	311	315	626	0.99∶1
7	7.06	265	213	478	1.24∶1
8	7.20	401	386	787	1.04∶1
9	8.11	111	52	163	2.13∶1
10	8.14	22	21	43	1.05∶1
11	合计（头）	1976	1711	3687	1.15∶1

由图1可以看出光肩星天牛成虫在6月30日与7月20日分别有两个峰值，在6月和7月为光肩星天牛成虫的盛发期，到8月中旬成虫数量急剧减少。

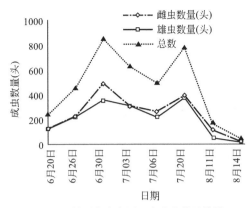

图1　野外采集光肩星天牛成虫数量统计

2.2 取食不同树种对光肩星天牛成虫寿命的影响

光肩星天牛成虫采用柳树、白桦、元宝枫、红枫、复叶槭和混合枝条补充营养，其在不同条件下寿命见图2。取食不同枝条的成虫寿命长短为：雌虫：复叶槭＞混合＞白桦＞红枫＞柳树＞元宝枫；雄虫：红枫＞复叶槭＞白桦＞柳树＞混合＞元宝枫。其中取食不同枝条的雌虫寿命没有显著差异，而取食红枫的雄虫其寿命显著长于取食元宝枫、复叶槭、混合的雄虫，取食复叶槭的雄虫寿命显著长于取食元宝枫的雄虫。

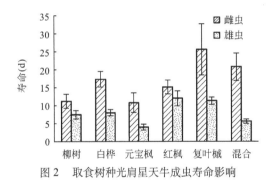

图2　取食树种光肩星天牛成虫寿命影响

2.3 取食不同树种对光肩星天牛成虫刻槽数量的影响

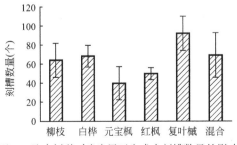

图3　取食树种对光肩星天牛成虫刻槽数量的影响

图3为光肩星天牛成虫取食不同品种枝条后，在柳树木段上刻槽数量的对比。取食不同品种枝条刻槽数量排序为：复叶槭＞白桦＞柳树＞混合＞红枫＞元宝枫，取食不同枝条组之间没有显著差异。

2.4 取食不同树种对光肩星天牛幼虫存活数量的影响

光肩星天牛成虫取食不同枝条，在柳树木段上产卵并孵化出幼虫，如图4所示，各组幼虫数量排序为：复叶槭＞混合＞白桦＞红枫＞柳树＞元宝枫。取食复叶槭枝条刻槽最多，其幼虫成活数量也相对最多，且取食复叶槭之后产卵孵化的幼虫与取食元宝枫组有显著差异。

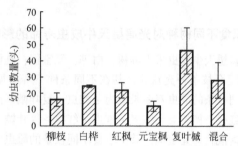

图4 取食树种光肩星天牛幼虫成活数量的影响

2.5 光肩星天牛成虫产卵对柳树品种的选择

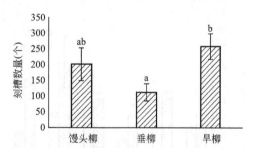

图5 光肩星天牛成虫在不同柳树品种上刻槽数量对比

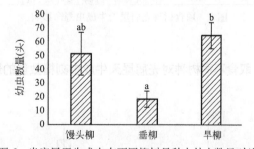

图6 光肩星天牛成虫在不同柳树品种上幼虫数量对比

如图5所示，光肩星天牛成虫在旱柳上刻槽数量最多，馒头柳次之，垂柳上刻槽最少，其中旱柳上刻槽数量显著多于垂柳。由图6可知，光肩星天牛成虫在旱柳上幼虫成活数量最高，显著高于垂柳上的光肩星天牛幼虫数量，其次是馒头柳上的幼虫数量。

2.6 光肩星天牛成虫产卵量测定

一对光肩星天牛成虫在玻璃罐中单独饲养，统计其刻槽数量和产生幼虫数量如图7所示，最多的一对刻槽186个，最少的刻槽81个，但并不是刻槽越多产卵量越高，孵化出的幼虫越多，孵化幼虫最多是97头，最少的是8头，平均每头光肩星天牛产卵孵化的幼虫数量为39头。

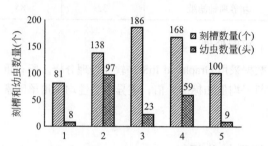

图7 单头光肩星天牛成虫刻槽和幼虫数量统计

2.7 不同雌雄配比光肩星天牛成虫生产能力对比

如图8所示雌虫：雄虫为3：2和3：7时木段剥出的幼虫数量多于其他几种比例时的幼虫数量，其中雌虫与雄虫比例为3：6和3：5时幼虫数量显著低于3：7和3：2，其他比例没有显著差异。

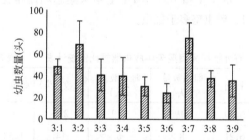

图8 光肩星天牛成虫雌雄不同配比对产卵量的影响

2.8 不同直径木段上刻槽数量对比

如图9所示，光肩星天牛在8cm木段上刻槽数量最多，依次递减，8cm木段与6cm木段刻槽数量差异不显著，8cm木段与4cm和小于4cm木段上的刻槽数量差异极显著；6cm木段与小于4cm木段上刻槽数量存在显著性差异。

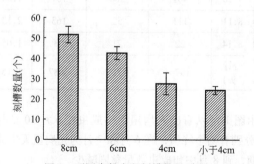

图9 不同直径木段刻槽数量对比

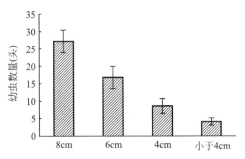

图10 不同直径木段幼虫数量对比

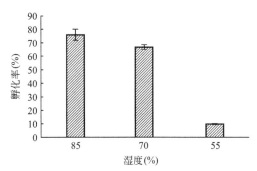

图13 湿度对光肩星天牛卵孵化率的影响

2.9 不同直径木段上幼虫数量对比

由图10可见，从不同直径8cm、6cm、4cm和小于4cm木段上获得的幼虫数量依次递减。其中8cm直径木段上获得的幼虫与6cm木段上幼虫差异显著，与4cm和小于4cm木段上获得的幼虫差异极显著；6cm直径木段上的幼虫数量与小于4cm木段上的幼虫数量差异显著。

2.10 不同直径木段上出虫率对比

通过不同直径上幼虫数量和刻槽数量的比值，我们计算木段上的出虫率。如图11所示，从8cm、6cm、4cm到小于4cm直径木段出虫率依次减少。其中8cm木段上的出虫率显著高于小于4cm木段上的出虫率，6cm直径木段上的出虫率显著高于小于4cm木段上的出虫率。

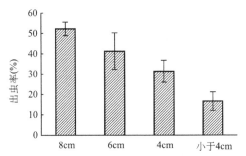

图11 不同直径木段刻槽出虫率对比

2.11 温度与光肩星天牛卵孵化率的关系

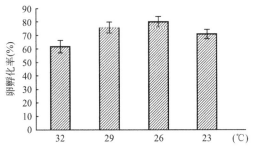

图12 温度对光肩星天牛卵孵化率影响

试验设置85%的湿度条件下4种温度（23℃、26℃、29℃和32℃）对光肩星天牛进行卵孵化试验。由图12可见，在85%RH、32℃条件下光肩星天牛的孵化率最低，为61.59%；在85%RH、26℃条件下光肩星天牛卵的孵化率最高，为80.00%；其孵化率大小顺序依次为26℃＞29℃＞23℃＞32℃。其中32℃孵化率与29℃、26℃条件下的孵化率有显著差异，其他温度之间没有显著差异。

2.12 湿度与光肩星天牛卵孵化率的关系

试验设置在固定温度29℃条件下，比较3种湿度（85%、70%和55%）对光肩星天牛卵孵化率的影响。从图13可以看出，在55%RH条件下光肩星天牛的孵化率最低，为9.77%；在85%RH条件下光肩星天牛卵的孵化率最高，为75.91%；其孵化率大小顺序依次为85%＞70%＞55%。3种湿度条件下的孵化率都有显著差异。

3 讨论

通过统计，野外采集光肩星天牛雌成虫数量略多于雄虫，本文仅统计了一年采集的数量，同时在捕捉天牛的过程中发现：①雌雄虫常成对存在，但雄虫易逃脱，雌虫易捕捉；②雄虫寿命短，往往很短的时间就死亡；③在捕捉返回途中，很多成虫触角被咬断，无法辨别雌雄，而雄虫触角长易被咬断，这一部分成虫未统计雌雄；④雄虫个体小，在捕捉的网笼中容易逃跑。故自然界中雌雄比例还有待于通过室外繁育光肩星天牛来进一步验证。

光肩星天牛是典型的多食性蛀干害虫，国内外有关寄主植物对光肩星天牛成虫的寿命、产卵和孵化率的影响报道较少，闫雄飞[33]等报道复叶槭取食的天牛成虫寿命最长，产卵量最大。Smith[34]等报道用红枫饲养的光肩星天牛单雌产卵量最高。本研究表明在复叶槭上取食的光肩星天牛成虫寿命最长、刻槽最多、存活的幼虫最多，但是各组间寿命、刻槽数量和幼虫存活数量差异不显著。单头光肩星天牛雌虫产卵孵化的幼虫数量最多的有97头，平均39头。雌雄配比3∶2和3∶7时木段剥出的幼虫数量多于其他比例。但综合两种试验分析其中原因：①样本量太少，每组3对光肩星天牛成虫，个体之间差异较大；②光肩星天牛成虫是从野外采集而来，每头成虫羽化时间不同，所以存活时间差异较大。

马晓乾[35]等报道光肩星天牛在糖槭上产卵部位的选择随着糖槭树皮厚度和树枝胸径的增加，雌成虫选择产卵呈增加趋势。本研究表明，采用8cm和6cm柳树木段用于光肩星天牛成虫产卵优于4cm和小于4cm直径的木段。分析具体原因：①由于8cm和6cm木段表皮粗糙，成虫有选择趋向；②直径越小的木段表皮薄，失水快，不利于卵的孵化，孵化率低。在8cm和6cm木段中，6cm木段更容易获得，所以在试验和生产过程中采用6cm木段既可以降低成本，也可以提高产卵量和幼虫成活率。

有研究表明[36]在相同温度下稻纵卷叶螟卵的历期随相对湿度的增大而缩短，孵化率随相对湿度的加大而提高。由本研究可知，在高湿度条件下光肩星天牛卵的孵化率比较高，在55%RH条件下光肩星天牛的累计孵化率仅为7.84%。有研究表明[37]，麻疯树柄细蛾卵在19~34℃的恒温范围内，发育历期随温度的升高而缩短。本文研究表明，温度也可以影响光肩星天牛孵化的时间，在相同的湿度条件下，29℃时孵化最早，且发育历期最短，发育最整齐。由此可知，温湿度不仅影响了光肩星天牛卵的孵化率，而且影响了光肩星天牛卵的孵化历期。

参考文献

[1] 骆有庆，李建光. 光肩星天牛的生物学特性及发生现状[J]. 植物检疫. 1999（01）：7-9.

[2] 茹桃勤，李向东，宋宏伟，等. 光肩星天牛危害程度与经营水平的关系及其发生期预测[J]. 林业科学. 1999（S1）：145-147.

[3] 刘昭阳. 中国光肩星天牛种群表型多样性及遗传变异研究[D]. 北京林业大学，2016.

[4] 王艳平. 中国西部地区光肩星天牛风险分析[D]. 北京林业大学，2006.

[5] 李友常，夏乃斌，屠泉洪，等. 杨树光肩星天牛种群空间格局的地统计学研究[J]. 生态学报. 1997（04）：59-67.

[6] 张彦龙，杨忠岐，张翌楠，等. 利用花绒寄甲防治越冬后松褐天牛试验[J]. 林业科学. 2014（03）：92-98.

[7] 王晓红，杨忠岐，王小艺，等. 利用3种寄生性天敌防治锈色粒肩天牛[J]. 林业科学. 2014（01）：103-108.

[8] 李晓娟，董广平，杨李，等. 花绒寄甲对松褐天牛寄生距离及人工繁殖成虫野外越冬情况[J]. 中国森林病虫. 2013（03）：40-43.

[9] 杨忠岐，王小艺，张翌楠，等. 释放花绒寄甲和设置诱木防治松褐天牛对松材线虫病的控制作用研究[J]. 中国生物防治学报. 2012（04）：490-495.

[10] 杨忠岐，李建庆，梅增霞，等. 释放花绒寄甲防治危害白蜡的云斑天牛[J]. 林业科学. 2011（12）：78-84.

[11] 杨忠岐，李建庆，梅增霞，等. 释放花绒寄甲防治危害白蜡的云斑天牛[J]. 林业科学. 2011（12）：78-84.

[12] 李孟楼，李有忠，雷琼，等. 释放花绒寄甲卵对光肩星天牛幼虫的防治效果[J]. 林业科学. 2009（04）：78-82.

[13] 王晓红，杨忠岐，王小艺，等. 利用3种寄生性天敌防治锈色粒肩天牛[J]. 林业科学. 2014（01）：103-108.

[14] 展茂魁，杨忠岐，王小艺，等. 肿腿蜂类寄生蜂室内控害效能评价——以松脊吉丁肿腿蜂为例[J]. 生态学报. 2014（09）：2411-2421.

[15] 陈晶晶，岳朝阳，张新平，等. 两种肿腿蜂对杨十斑吉丁幼虫寄生能力的研究[J]. 新疆农业科学. 2013（08）：1494-1500.

[16] 康文通，汤陈生，梁农，等. 应用管氏肿腿蜂林间防治松墨天牛[J]. 福建农林大学学报（自然科学版）. 2008，37（6）：575-579.

[17] 王功桂，周灵会，王长旭，等. 管氏肿腿蜂防治松墨天牛技术[J]. 中国森林病虫. 2004（03）：32-34.

[18] 胡霞，尹鹏，周祖基，等. 川硬皮肿腿蜂的复壮技术研究[J]. 环境昆虫学报. 2014（05）：763-767.

[19] 陈明华. 松褐天牛人工饲料及川硬皮肿腿蜂的复壮[D]. 四川农业大学，2008.

[20] 王亚红，来燕学，岑定浩，等. 用松褐天牛幼虫繁殖花绒寄甲产出成虫的数量和质量[J]. 中国生物防治学报. 2012（02）：176-180.

[21] 李德家，刘益宁. 光肩星天牛成虫性发育同日龄、补充营养以及交配之间的关系[J]. 西北林学院学报，1997（04）：21-25.

[22] 穆丹，刘正奎，陶袁，等. 光肩星天牛成虫对植物气味的选择反应[J]. 哈尔滨师范大学自然科学学报，2014（04）：94-97.

[23] 阎雄飞，万涛，刘永华. 4种寄主对光肩星天牛成虫解毒酶活性影响[J]. 中国农学通报，2016（14）：79-83.

[24] 马晓乾，赵红盈，周琦，等. 光肩星天牛产卵分泌物的化学成分分析[J]. 南京林业大学学报（自然科学版），2013（01）：83-86.

[25] 马晓乾，范海娟，赵红盈，等. 光肩星天牛产卵分泌物对刻槽微生境的影响[J]. 中南林业科技大学学报，2012（05）：63-66.

[26] 马晓乾，宋小双，范海娟，等. 光肩星天牛雌虫产卵分泌物与生殖器官内容物组分的比较研究[J] 中国农学通报，2012（23）：123-127.

[27] 邓彩萍，闫喜中，刘红霞，等. 光肩星天牛刻槽的微生境[J]. 林业科学，2013（01）：169-173.

[28] 邓彩萍. 光肩星天牛刻槽微生物及其对幼虫致病性的研

究[D]. 北京林业大学, 2009.

[29] 邓彩萍, 骆有庆, 刘红霞, 等. 光肩星天牛产卵刻槽含水量与pH值的分析[J]. 昆虫知识, 2006 (06): 853-855.

[30] 冀静. 光肩星天牛刻槽微生境的初步研究[D]. 北京林业大学, 2003.

[31] 冀静, 骆有庆, 刘红霞. 北京地区柳树上光肩星天牛刻槽中真菌的分离和鉴定[J]. 中国森林病虫, 2003 (02): 6-8.

[32] Morewood W. D., Neiner P. R., R. Mcneil. J. Oviposition Preference and Larval Performance of Anoplophora glabripennis (Coleoptera Cerambycidae) in Four Eastern North American Hardwood Tree Species[J]. population ecology, 2003, 5 (32): 1028-1034.

[33] 阎雄飞, 刘永华. 4种寄主对光肩星天牛成虫体重、寿命、产卵量和孵化率的影响研究[J]. 中国农学通报, 2012 (25): 52-56.

[34] Smith Thomas Dubois Ann E. Methods for Rearing the Asian Longhorned Beetle (Coleoptera: Cerambycidae) on Artificial Diet[J]. ANNALS OF THE ENTOMOLOGICAL SOCIETY OF AMERICA. 2002, 95 (2): 223-230.

[35] 马晓乾, 王茜, 邓勋, 等. 光肩星天牛在糖槭上产卵部位的选择及刻槽产卵习性研究[J]. 安徽农业科学, 2012 (07): 4078-4079.

[36] 方源松, 廖怀建, 钱秋, 等. 温湿度对稻纵卷叶螟卵的联合作用[J]. 昆虫学报, 2013 (07): 786-791.

[37] 蒋素容. 温度和湿度对麻风树柄细蛾实验种群生长发育及繁殖的影响[D]. 四川农业大学, 2011.

花绒寄甲成虫保存与复壮技术研究

北京市园林科学研究院 / 仇兰芬　仲　丽　邵金丽　车少臣

摘　要：成虫的保存和复壮对于生产及利用花绒寄甲生物防治天牛类蛀干害虫具有重要意义。通过研究保存温度、营养条件等对花绒寄甲长期保存寿命、生殖力的影响，发现12℃为最适保存温度，保存期间补充营养有利于花绒寄甲的存活，保存时间不宜超过4个月。此处还研究了低温越冬法、替代寄主繁育法等对花绒寄甲种虫的寿命及生殖力的影响，低温锻炼不能提高花绒寄甲的产卵量；光肩星天牛作为替代寄主有利于花绒寄甲的复壮。

关键词：花绒寄甲；保存；复壮；存活；产卵

花绒寄甲（Dastarcus helophoroides）为鞘翅目（Coleoptera）寄甲科（Bothrideridae）昆虫，在我国广泛分布，其寄主主要为天牛类昆虫。主要用于光肩星天牛（Anoplophora glabripennis）、星天牛（A. chinensis）、松褐天牛（Monochamus alternatus）、栗山天牛（Massicus raddei）、云斑白条天牛（Batocera horsfieldi）、锈色粒肩天牛（Apriona swainsoni）等多种天牛的生物防治，且在生产实践中防治效果良好，具有广阔的研究和应用前景[1-5]。相比化学防治，生物防治不仅可减少化学药剂的使用并降低环境污染，而且对多种天牛具可持续控制作用。

近十几年来，花绒寄甲的研究和生产受到国内外学者的广泛关注，并对其生物学、地理分布、生态学、分子学、人工繁育技术等均进行了研究，尤其是花绒寄甲的人工繁育及应用技术极大地推动了花绒寄甲在我国各地天牛类害虫防治中的应用，并在天牛类害虫的持续性控制中发挥着越来越重要的作用[6-10]。因此，花绒寄甲作为天牛类害虫的优势天敌也逐渐得到广大生产者和应用者的广泛认同。

然而，随着花绒寄甲的广泛应用，不可避免地存在种群退化现象，已直接影响到花绒寄甲对天牛的防治效果[11]。物种群退化主要是由于遗传因素和环境因素造成的。目前关于花绒寄甲资源评价、保存及复壮技术的研究极为缺乏。

因此，本课题拟对花绒寄甲资源的评价、保存技术、复壮技术进行研究，以明确不同来源花绒寄甲对天牛的寄生能力、花绒寄甲种质资源的保存技术和花绒寄甲复壮技术，为花绒寄甲生产提供高质量的种源、完善的花绒寄甲保存技术和科学复壮技术，对推动天牛类害虫生物防治具有重要意义。

1　材料与方法

1.1　试验材料

花绒寄甲成虫：为光肩星天牛型花绒寄甲，种虫来源

---

① 北京市公园管理中心课题（ZX2017026）。北京市公园管理中心2019年科技进步二等奖。

于中国林科院森环森保所森保研究所，经北京市园林科学研究院园林植保研究所室内繁育待用。

光肩星天牛幼虫：①北京市天通苑北七家镇光肩星天牛危害柳树片林及行道树；②室内人工饲料饲养的光肩星天牛幼虫。

麻天牛幼虫：野外收购被麻天牛危害的植物根部。

大麦虫蛹：从市场购买大麦虫幼虫室内饲养化蛹。

1.2 试验方法

1.2.1 保存温度对花绒寄甲存活率的影响

将新羽化的花绒寄甲成虫，分为补充营养5d、新羽化未饲喂两个处理。将以上处理的花绒寄甲分别置于16±1℃、12±1℃、8±1℃、4±1℃下，湿度RH=50%～60%条件下进行冷藏保存，保存期间不饲喂。每7d记录1次死亡数量。每个处理重复4次，每个重复100头花绒寄甲成虫。

1.2.2 不同保存时长对花绒寄甲生殖力及寿命的影响

将利用大麦虫作为替代寄主繁育的花绒寄甲（光肩星天牛型）成虫，放于10±1℃下冷藏30d（1个月）、60d（2个月）、90d（3个月）、120d（4个月）、150d（5个月）、240d（8个月）、360d（12个月）、420d（14个月）后拿至室温26±1℃、RH=60%±5%下进行试验。每7d观察记录一次花绒寄甲的死亡数量、产卵量等。每个处理设3个重复，每个重复70头成虫。

在花绒寄甲保存期间，每30d饲喂4d/次，之后再继续保存。所用饲料为课题组自制。

1.2.3 野外低温锻炼对花绒寄甲活力的影响

越冬方式：①活柳树树干凿孔越冬；②死柳树树干凿孔越冬；③柳树树干围瓦楞纸越冬。花绒寄甲处理方式：①花绒寄甲A：羽化后冷藏5个月（定期补充营养和水分）；②花绒寄甲B：11月份新羽化。

越冬冷藏时间为2017年11月14日～2018年3月20日，统计花绒寄甲在不同越冬处理下的死亡率，将存活的成虫移至室温条件下进行饲养，定期记录其产卵量、死亡率等，以未经过低温保存的花绒寄甲作为对照。

1.2.4 不同寄主饲养对花绒寄甲存活和产卵量的影响

将光肩星天牛幼虫、麻天牛幼虫、大麦虫蛹分别作为替代寄主，根据寄主大小接种一定比例的初孵花绒寄甲1龄幼虫，在25±1℃，RH=50%±5%的全暗人工气候箱内培养。待到花绒寄甲羽化后，收集成虫备用。

经低温处理后存活的花绒寄甲和不同寄主饲养的花绒寄甲成虫分别置于25±1℃，RH=50%±5%的全暗人工气候箱内培养，每7d检查1次产卵量，并进行饲喂，每个处理3个重复，每个重复80头成虫。

2 数据处理

采用SPSS软件进行双因素方差分析及LSD显著性检验，数据以均值±标准误作图。

3 结果与分析

3.1 保存温度对花绒寄甲成虫存活率的影响

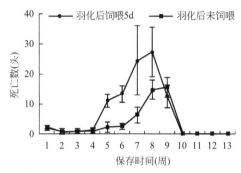

图1 花绒寄甲在保存期内的死亡率变化规律（16℃）

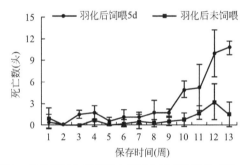

图2 花绒寄甲在保存期内的死亡率变化规律（12℃）

由图1可知，花绒寄甲成虫在16℃保存条件下，从第4周开始死亡，经过饲喂10d的成虫死亡数量高于未经饲喂的成虫，至第10周所有成虫均死亡。在12℃（图2）下保存的花绒寄甲成虫在第10周之前，死亡率一直维持在较低数量，饲喂的花绒寄甲从第10周开始，死亡数量开始明显升高，而未经饲喂的成虫死亡数量升高不明显。在8℃保存温度下死亡数量呈现的规律与12℃下类似。在4℃下，从4周开始花绒寄甲成虫开始死亡，两个处理的死亡数量都呈现上升趋势，二者差异不显著。

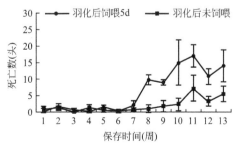

图3 花绒寄甲在保存期内的死亡率变化规律（8℃）

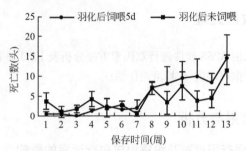

图4 花绒寄甲在保存期内的死亡率变化规律（4℃）

由图1～图4可知，在16℃、12℃、8℃、4℃下进行花绒寄甲成虫的长期保存，保存前补充营养的花绒寄甲死亡率均高于不补充营养的花绒寄甲，其死亡率为16℃＞8℃＞4℃＞12℃；保存不补充营养的花绒寄甲，其死亡率为4℃＞16℃＞8℃＞12℃；由此可判断，12℃下保存花绒寄甲成虫，其死亡率较低，更适于花绒寄甲成虫的长期保存。

3.2 保存时长对花绒寄甲成虫存活率的影响

花绒寄甲成虫冷藏期间，不同饲喂时间对其存活率影响很大。每1个月饲喂1次，冷藏6个月的存活率为

花绒寄甲不同处理12个月存活率多重比较　　　　　　　　　表1

处理	平均存活率（%）										
	1月	2月	3月	4月	5月	6月	7月	8月	9月	11月	12月
A	100.00a	99.00a	98.33a	98.33a	92.33a	89.00a	86.00a	84.67a	84.33a	82.67a	81.33a
B	100.00a	99.03a	94.73a	94.09a	91.85a	90.88a	83.33a	82.06a	79.91a	77.30a	69.45ab
C	100.00a	98.33a	96.00a	89.33a	88.33a	87.00a	79.00a	75.67a	73.00a	69.33a	64.33b
D	100.00a	99.67a	98.67a	54.00b	39.00b	37.00b	33.00b	31.33b	29.33b	22.00b	18.33c
E	100.00a	99.67a	97.33a	50.33b	17.67c	11.33c	10.33c	10.33c	10.00c	8.67bc	4.67cd
CK	100.00a	95.67b	83.33b	55.00b	51.67b	49.00b	43.33b	37.67b	20.33bc	1.33c	0.33d

85%，冷藏12个月的存活率为80%，冷藏18个月的存活率为78%；每2个月饲喂1次，冷藏6个月的存活率为92%，冷藏12个月的存活率为72%，冷藏18个月的存活率为55%；每3个月饲喂1次，冷藏6个月的存活率为87%，冷藏12个月的存活率为64%，冷藏17个月的存活率接近0；每4个月饲喂1次，冷藏6个月的存活率为37%，冷藏12个月的存活率为18%，冷藏16个月的存活率接近0；每5个月饲喂1次，冷藏6个月的存活率为11%，冷藏7个月的存活率为0；而对照CK冷藏6个月的存活率为50%，冷藏12个月的存活率为0。

3.3 不同保存时长对花绒寄甲累积产卵量的影响

由图5～图12可知，花绒寄甲的产卵量随着时间的变化呈现先升后降的规律，并且不同保存时间的花绒寄甲其产卵前期、产卵期、产卵量、产卵高峰等均不同。保存1个月的花绒寄甲卵期为第2周～第22周，第7周～第9周为其产卵高峰，最高产卵量约3000粒；保存2个月的花绒寄甲产卵期为第3周～第23周，第8周为其产卵高峰，最高产卵量约5000粒；保存3个月的花绒寄甲产卵期为第2周～第21周，第7周为其产卵高峰，最高产卵量约4800粒；保存4个月的花绒寄甲产卵期为第2～第19周，第8周为其产卵高峰，最高产卵量约4000粒；保存5个月的花绒寄甲产卵期为第3～第19周，第8周为其产卵高峰，最高产卵量约4000粒；保存8个月的花绒寄甲产卵期为第1周～第18周，第7周为其产卵高峰，最高产卵量约4000粒；保存12个月的花绒寄甲产卵期为第6周～第18周，第8周为其产卵高峰，最高产卵量约3000粒；保存14个月的花绒寄甲产卵期为第6周～第13周，第7周为其产卵高峰，最高产卵量约2000粒。

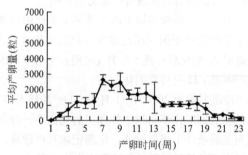

图5 保存1个月的花绒寄产卵量变化

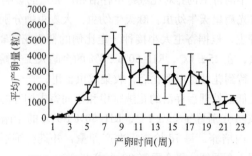

图6 保存2个月的花绒寄甲平均产卵量

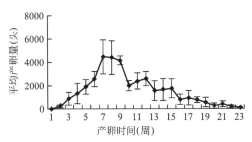

图 7　保存 3 个月的花绒寄产卵量变化

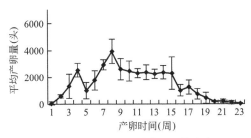

图 8　保存 4 个月的花绒寄甲平均产卵量

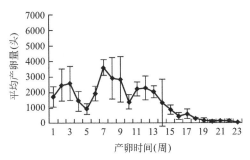

图 9　保存 5 个月的花绒寄产卵量变化

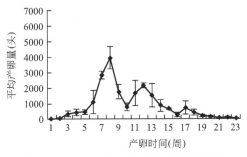

图 10　保存 8 个月的花绒寄甲平均产卵量

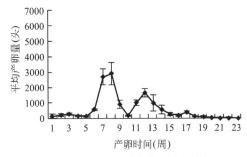

图 11　保存 12 个月的花绒寄产卵量变化

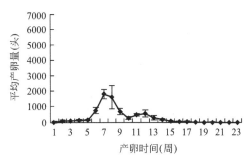

图 12　保存 14 个月的花绒寄甲平均产卵量

3.4　野外低温锻炼对花绒寄甲存活及产卵的影响

花绒寄甲在自然条件下 1 年 1 代，以成虫越冬。因此，在花绒寄甲长期的进化过程中，冬季低温对花绒寄甲成虫具有一定的选择压力，也提高了花绒寄甲对自然环境条件的适应能力。然而，人工繁育的花绒寄甲是在适宜的温湿度条件下完成其生活史，其是否能适应自然环境条件存活下来，并且其生殖力与未低温锻炼的花绒寄甲是否有差异？基于此，笔者通过 2017～2018 年两年的试验，得到如下结果，见表 2。可见花绒寄甲成虫在活柳树干内存活率高，树干内湿度过大或过干均不利于其越冬存活，5 月龄定期补充营养的花绒寄甲对于冬季的低温的适应性强于新羽化寄甲。

不同处理的花绒寄甲野外越冬存活率　表 2

越冬方式	寄甲成虫	数量	存活率（%）
瓦楞纸	5 月龄	300	0.30
	新羽化	300	11.3
活树干打孔	5 月龄 + 饲料	300	22.67
	5 月龄	300	39.00
	新羽化 + 饲料	300	11.00
	新羽化	300	23.50
死树干打孔	5 月龄 + 饲料	300	4.84
	5 月龄	300	0
	新羽化 + 饲料	300	0
	新羽化	300	0

将经室外低温锻炼的花绒寄甲 A 和花绒寄甲 B 分别在同一环境条件下进行饲养，试验结果如图 13 所示。花绒寄甲 A 的产卵期为第 1 周～第 22 周，产卵前期为 1 周，产卵高峰在第 11 周，平均产卵量最高约 4000 粒，累积产卵量约 30000 粒；花绒寄甲 B 的产卵期为第 7 周～第 22 周，产卵前期为 7 周，产卵高峰在第 14 周，平均产卵量最高约 3000 粒，累积产卵量约 20000 粒。通过对比花绒寄甲 A 和花绒寄甲 B，A 的产卵前期比 B 的产卵前期短 6 周，即 42d，产卵期长于寄甲 B，平均产卵量和累积产卵量均

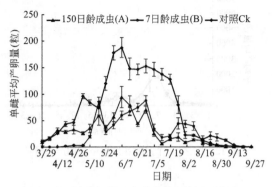

图 13　花绒寄甲经野外低温锻炼后的产卵量变化

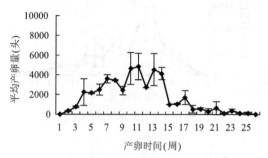

图 15　麻天牛繁育的花绒寄甲产卵规律

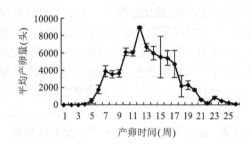

图 14　光肩星天牛繁育的花绒寄甲产卵规律

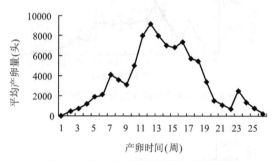

图 16　大麦虫繁育的花绒寄甲产卵规律

高于寄甲 B。由此可知，低温保存 5 个月的花绒寄甲 A 在野外越冬的能力强于新羽化的花绒寄甲 B。然而，与未经低温处理的花绒寄甲相比，野外低温降低了花绒寄甲的产卵能力。

3.5 不同种类替代寄主对花绒寄甲母代存活及产卵量的影响

利用 3 种不同种类的替代繁育花绒寄甲成虫，将繁育的花绒寄甲分别进行饲养，其产卵量变化规律如图 15～图 17 所示。由此可知，利用光肩星天牛幼虫繁育的花绒寄甲成虫在试验的 25 周内，其产卵前期为 4 周，产卵期为第 5 周～第 21 周，产卵期为 17 周，产卵高峰为第 12 周，平均产卵量最高约 9000 粒，累积产卵量约 80000 粒。利用麻天牛幼虫繁育的花绒寄甲成虫在试验期间内，产卵前期为 3 周，产卵期为第 4 周～第 18 周，产卵期为 15 周，产卵高峰为第 11 周，平均产卵量最高为 5000 粒，累积产卵量约 50000 粒。利用大麦虫蛹作为替代寄主繁育的花绒寄甲成虫，产卵前期为 2 周，产卵期为第 3 周～第 24 周，产卵期为 21 周，产卵高峰为第 11 周，平均产卵量最高为 9000 粒，累积产卵量约 50000 粒。利用光肩星天牛繁育的花绒寄甲平均产卵量最高、累积产卵量最高，与利用麻天牛和大麦虫繁育的花绒寄甲累积产卵量差异显著；而利用麻天牛和大麦虫繁育的花绒寄甲产卵量差异不显著（图 17）。

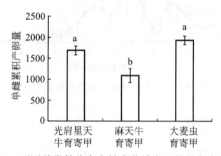

图 17　不同种类替代寄主繁育花绒寄甲的累积产卵量

4　结论与讨论

4.1 花绒寄甲成虫的保存

花绒寄甲的储存是保证生产应用的前提。目前对于花绒寄甲成虫长期存储及储存时长对其影响的研究很少。针对储存条件对花绒寄甲卵的发育的影响已有一些研究[12-16]。对花绒寄甲成虫的贮藏尚无文献记载，但对大多数天敌昆虫一般用低温冷藏方法，如异色瓢虫。仅见花绒寄甲成虫冬季越冬情况的报道，魏可等[17]调查了花绒寄甲成虫在室内和野外的耐寒能力，结果表明野外种群的耐寒性明显高于室内饲养种群，且成虫越冬时为躲避寒冷常栖息于熟悉的洞穴内，或寄主蛹室或虫道内。这些研究结果为室内花绒寄甲成虫的人工贮藏提供理论基础。然而，试验结果表明虽然野外低温锻炼有可能提高成虫的耐寒性，但不利于提高产卵量。因此，我们认为花绒寄甲的成虫冷藏保存不宜超过120d。

4.2 花绒寄甲的复壮

目前对于花绒寄甲复壮技术的研究很少。郭婉玲[11]通过对室内环境下花绒寄甲退化规律进行分析，将成虫体重、孵化率、羽化率、成活率作为指标检测，从改变其喂养方式、回接自然寄主和模拟野外自然条件等深入分析花绒寄甲复壮技术，认为花绒寄甲不同子代在产卵过程中存在显著差异。本课题组在近年花绒寄甲规模化生产过程中，也发现保存时间长的种虫产卵量下降、子代活力下降等问题，研究结果表明通过回接其自然寄主是当前花绒寄甲种虫复壮的可行措施。

参考文献

[1] 杨忠岐. 利用天敌昆虫控制我国重大林木害虫研究进展 [J]. 中国生物防治，2004，20（4）：221-227.

[2] 唐艳龙，杨忠岐，王小艺，唐桦，姜静等. 释放花绒寄甲成虫和卵防治栗山天牛 [J]. 林业科学，2012，48（7）：186-191.

[3] 董广平，李晓娟，郭婉琳. 利用无人机投放天敌昆虫花绒寄甲防治松褐天牛研究 [J]. 林业科技通讯，2018，8：40-42.

[4] 李孟楼，李有忠，雷琼，等. 释放花绒寄甲卵对光肩星天牛幼虫的防治效果 [J]. 林业科学，2009，45（4）：78-82.

[5] 罗立平，王小艺，杨忠岐，等. 光肩星天牛生物防治研究进展 [J]. 生物灾害科学，2018，41（4）247-255.

[6] 高尚坤，张彦龙，唐艳龙，等. 花绒寄甲松褐天牛生物型的越冬特性及耐寒性 [J]. 林业科学 2016，52（3）68-74.

[7] 雷琼，李孟楼，杨忠岐. 花绒坚甲的生物学特性研究 [J]. 西北农林科技大学学报（自然科学版），2003（02）：62-66.

[8] 路纪芳，蔡静芸，展茂魁，等. 花绒寄甲生物学特性及其应用研究进展 [J]. 贵州林业科技 2016，44（4）43-47.

[9] 曹亮明，魏可，崔建新，等. 温度对花绒寄甲飞行能力的影响 [J]. 环境昆虫学报，2019.

[10] 陈聪，宋墩福，温德华，等. 室内花绒寄甲寄生替代寄主的影响因素分析 [J]. 南方林业科学，2017，45（2）42-44.

[11] 郭婉琳. 花绒寄甲的退化规律及复壮技术研究 [D]. 安徽：安徽农业大学，2016.

[12] 陈元生，陈胜魁，于海萍，等. 低温处理对花斑花绒寄甲卵储藏及孵化率的影响 [J]. 河南农业科学，2018，47（1）：73-77.

[13] 李晓娟，董广平，张彦龙，等. 保存时间及模拟降雨对花绒寄甲卵野外孵化率的影响 [J]. 中国森林病虫，2012，31（2）：33-35.

[14] 路纪芳，展茂魁，赵斌，等. 储存条件对花绒寄甲孵化率和寄生率的影响 [J]. 环境昆虫学报 2019，41（4）：851-856.

[15] 罗立平，王小艺，唐艳龙，等. 外源海藻糖对花绒寄甲成虫存活和耐寒性的影响 [J]. 昆虫学报，2019，6（5）：586-593.

[16] 罗立平，党英侨，张彦龙，等. 不同寄主对花绒寄甲生长发育和耐寒性的影响 [J]. 中国生物防治学报，2019.

[17] 魏可，张益楠，杨忠岐，等. 花绒寄甲在甘肃地区越冬情况和耐寒能力调查 [J]. 林业科学研究，2015，28（4）：88-592.

杭州中山公园的园林意蕴

中国园林博物馆 / 陈进勇

摘　要：杭州中山公园位于西湖孤山，是1927年由原清代行宫遗址的一部分改建并更名而成，具有得天独厚的自然环境和人文历史底蕴。空间布局上，通过线性序列和非线性序列的有机结合以及规则式到自然式的空间变化，使场地氛围先抑后扬，有序变化。建筑数量和体量都较小，主要起点景和观景的作用，融入自然山林之中，形成"山就是园，园就是山"的整体效果。由于中山公园独特的地理位置、特殊的建设背景和复杂的文化意蕴，兼具纪念性园林、公共园林和山地园林的特色，具有环境自然、多种园林风格并存、文化功能综合的特点。景观历经数百年营建，积淀了深厚文化内涵。

关键词：杭州；中山公园；园林；历史文化

孙中山先生是中国伟大的革命家、政治家和理论家，是近代民主主义革命的先行者，为中国革命作出了杰出的贡献。1925年3月12日，孙中山先生在北京逝世，为缅怀孙中山先生的伟绩，弘扬其不屈不挠的革命精神，宣扬其天下为公和"三民主义"的革命思想，全国各地兴建了大量中山公园，最多时有二百余座。杭州中山公园是1927年由原清代行宫遗址的一部分改建并更名而成，成为杭州西湖边上独具纪念性的近代城市公园。

1　杭州中山公园的历史文化

杭州中山公园位于浙江省杭州市孤山后山路一号，基址是清代康熙、乾隆皇帝南巡时所建行宫，乾隆御题的"行宫八景"位于此处，整个公园基本沿袭了清行宫的格局，保留了大量遗迹，这是与其他中山公园相比的独特之处。

中山公园所在地孤山历史悠久，其建设历史可以追溯到陈文帝时（560～566年），初名永福寺。天嘉初，天竺僧筑阁支塔。唐代建孤山寺，白居易立竹阁于寺中。南宋时于绍兴十四年(1144年)建四圣延祥观。淳祐十二年(1252年)，理宗建西太乙宫，自孤山东侧玛瑙坡直至孤山西侧，还分别建造射圃、白莲堂、挹翠堂、蓬莱阁、香月亭、清新亭等亭榭，成为御园。明成化年间（1465～1487年），以太乙宫故址建西湖书院。

清康熙四十二年（1703年）始建孤山行宫，雍正五年（1727年）改行宫为圣因寺，并在圣因寺后面建御书云峰四照亭，雍正年间，圣因寺与灵隐、邵庆、静慈三寺合称西湖四大丛林。乾隆十六年（1751年），又在圣因寺西另建行宫，著有《西湖行宫八景》，即：四照亭、竹凉处、绿云径、瞰碧楼、贮月泉、鹫香亭、领要阁、玉兰馆，各诗一首，并有御制《驻跸圣因宫》诗。乾隆四十七年（1782

---
① 北京市财政项目。北京市公园管理中心2019年科技进步二等奖。

年），以行宫藏经堂（又称藏书堂）改建文澜阁，与扬州文汇阁、镇江文宗阁并称江南三阁，藏贮《四库全书》。咸丰十一年（1861年），毁于洪杨之役。但行宫遗址总体格局保存完整，地表可见御碑亭基础、汉白玉柱础、太湖石门档、湖山假石及各类石刻等，仍显皇家意韵。清末，辟圣因寺部分园地和西太乙宫苑，连成御花园。

1911年，浙军攻克南京，为祭祀阵亡将士，圣因寺部分建筑改作浙江忠烈祠，御花园改称为公园，拆去后墙与孤山相连。民国时期，孙中山先生曾多次到杭州，1912年11月8日、12月9日及1916年8月16日，三次到西湖凭吊秋瑾墓，缅怀革命先烈。1927年，为了纪念孙中山先生，宣传民主、革命的思想，在原清代行宫的基址上改建为中山公园，将西湖边上的牌坊"万福来朝"更名为"复旦光华"，增建中山纪念亭，呈文艺复兴时期西方建筑样式，此外还建有团结亭，弘扬革命精神。1929年，杭州市政府在孤山营造以落叶阔叶树为主的树林，命名为"中山纪念林"。1933年，建西式亭台建筑力菊亭。由此，昔日传统的皇家园林变成富有特色的公共纪念性园林。

2 中山公园的园林特征

2.1 环境营造

杭州中山公园位于杭州市西湖内孤山之南，背依孤山，面临西湖，面积20万 m²，环境优越，是西湖景点中的一个重要节点。西湖自古就以风景优美、文化底蕴深厚而著称，中山公园位于孤山，而孤山又是钱塘文化荟萃的西湖盛景之地，其西南部紧靠平湖秋月，东北部有纪念北宋诗人林逋而建的放鹤亭，东边是清代七大书阁之一的文澜阁，西边是被誉为"天下第一社"的西泠印社，与里、外西湖的波光倒影交相辉映，可谓是钱塘文化的沉积地。

孤山东连白堤，西接西泠桥，因孤处西湖中而得名，是总览西湖景色最好的地方。外、里西湖是它的天然借景，北山的栖霞岭、近处屏障式的宝石山，又与其相得益彰。孤山人文荟萃，文澜阁、西泠印社、秋瑾墓、白苏二公祠、放鹤亭等人文景点共存于此，文化积淀深厚。孤山得天独厚的自然环境和人文历史为中山公园的建设提供了良好的基础。

2.2 空间布局

中山公园在功能上实现了从皇家私园向民众公园的转变，在使用空间上也实现了由私有空间向城市公共空间的蜕变。公园整体范围为沿孤山山麓展开，东邻文澜阁，西倚西泠印社，南接西湖，北达放鹤亭的大致区域。

入口区为清行宫的头宫门以及对面西湖边的牌坊，经过垂花门遗址、奏事殿遗址、楠木寝宫遗址、鹫香庭遗址、玉兰馆遗址、贮月泉等比较规整的行宫遗址区，到达"孤山"石壁。该区域地势平坦，两边树木夹道，空间开阔，保留了清代遗构（图1），显示出历史的沧桑和厚重感。

图1 清行宫遗址

沿孤山南麓上行（图2），绿云径、四照亭、西湖天下景等"行宫八景"中的精华集中于此，倚自然山林，清幽雅致。绿云径以湖石叠成假山，密林笼翠，烟云滋润，假山奇峰如闲云飘然。乾隆皇帝曾御题"绿云径"，并赋诗题咏"径纡探绝胜，森秀入苍云。苔迹时留印，樵斤未许闻"。"西湖天下景"是一处开阔的独立小园林，通过下沉的地形，增加了空间的纵深，使整个空间富有立体感，绕亭曲水烘托了清幽的环境。四照亭位于孤山之巅，湖光山色，环绕辉映。清雍正曾题额"云峰四照"，乾隆御题"四照亭"。现石制须弥座台基仍为清代遗物，亭为1956年依原样重建。

孤山北麓主要有放鹤亭、中山纪念亭、中山纪念林等纪念性构筑物，面临北里湖。中山纪念亭为民国时期所建，具有中西合璧的独特风格，掩映在丛林中。中山纪念林为1929年所植，有近百年历史。放鹤亭的历史最早可追溯到元代，是为纪念北宋诗人林逋而建。

图2 "孤山"题刻

孤山上既有比较郁闭的林下空间，也有相对开阔的草坪空间，实现空间的变化给人豁然开朗的视觉感受。山上还建有万菊亭、团结亭等点景建筑，与自然环境相融合。

中山公园在孤山南麓平地上呈规则式开阔布局，保留了清行宫遗址。南麓坡地转为自然式布局，依山建亭，林下堆置假山，并有多级道路网，组成自然式的空间。北麓景点相对较少，面湖而建，自然而宁静。山上平缓地带则是开敞空间与郁闭空间并存，实现空间形态和内容的转换。通过线性序列和非线性序列的有机结合，规则式到自然式的空间变化，使场地氛围先抑后扬，有序变化。

2.3 建筑特色

杭州中山公园以清行宫遗址景观和自然景观为主，建筑数量和体量都较小，主要起点景和观景的作用，融入山林湖泊之中。

公园大门（图3）采用传统中式的门楼形式，为三开间硬山两坡顶木构建筑，台基高0.5m，门和柱均为朱红色，白墙灰瓦，对比感强。门楼上方悬"中山公园"匾额，门前为一对石狮，显示出中国古典皇家园林清代行宫的特点。

图3 杭州中山公园大门

大门正对面为"光华复旦"牌坊（图4），原为康熙年间行宫牌坊"万福来朝"，是中国传统的三间四柱三楼的木牌坊，2005年按照原来的样式进行修复。整座牌坊简约大气凝重，没有繁复的花纹装饰，反映了中山公园的清代遗风和革命气息，在西湖之滨作为公园入口的指示，既起引导作用，还增添了文化氛围，起到纪念作用，可谓是点睛之笔。

图4 "光华复旦"牌坊

中山纪念亭（图5）建于1927年，呈文艺复兴时期西方建筑样式，圆形重檐结构，有12根罗马式立柱，柱子顶部是繁复精致的涡纹状装饰，上托欧式圆形穹顶，穹顶的外观是中国屋顶的人字形结构，与下面柱子的分布呈交叉起伏状。上层有一座小亭，六根中式方柱，顶为西式叠层圆顶。纪念亭保留着中式建筑的元素，但吸收了西方建筑的样式，呈现中西合璧的特点。

图5 中山纪念亭

"西湖天下景"原是清行宫中御花园的一角，名字来源于苏轼"西湖天下景，游者无愚贤"的诗句。亭为四角单檐方亭，四个倚角处有坐栏，中间置一石桌、四张石凳。前临水池，背靠岩壁，东北是掩映在绿荫中的岩石磴道，南边一泓清泉，上架三曲小桥，藤萝环绕，典雅幽静。由此处欣赏西湖风景，无论是近观还是远瞻，均风景秀丽，秀色可餐。

2.4 植物意韵

杭州中山公园入口处列植高大的柿树（*Diospyros kaki*），间植雪松（*Cedrus deodara*）、广玉兰（*Magnolia grandiflora*）、桂花（*Osmanthus fragrans*）等植物，显得庄严肃穆。柿树枝叶开展，分枝点较高，不仅具有很好的遮荫效果，而且扩大了空间感。

公园种植了大量桂花，"行宫八景"之一的鹫香亭意指桂花的香气；还有玉兰（*Magnolia denudata*），乾隆皇帝诗曰："对峙白琳树，迎阶为我开"，描绘的正是玉兰馆的场景。这些中国传统园林植物，营造了清行宫的历史气息。

贮月泉池边种植无刺构骨（*Ilex cornuta* 'Fortunei'）、八角金盘（*Fatsia japonica*）、洒金桃叶珊瑚（*Aucuba japonica* 'Variegata'）、南天竹（*Nandina domestica*）等，疏密有致，使得水面更为幽静，更有几棵梅花（*Prunus mume*）探出水面，倒影摇曳，增加了景深，使空间有扩大感，叠石驳岸上爬满薜荔（*Ficus pumila*），使得轮廓柔美，月夜中更显大自然的宁静。

绿云径也是"行宫八景"之一，山石形态秀美，古意盎然，加上花木衬托，望之蔚然深秀，仿佛饱满的青云。山石上缠绕着络石（*Trachelospermum jasminoides*），既柔化了生硬线条，又赋予了绿色的生命力，周围茂密的香樟、无患子（*Sapindus mukorossi*），显得格外幽静。

放鹤亭位于孤山北麓，是为纪念"梅妻鹤子"的林逋而建。亭东有两株高可参天的香樟（*Cinnamomum camphora*），周边配以梅花、石楠（*Photinia serrulata*）。坐在放鹤亭中，周围古木参天，远望西湖和宝石山，得山林野趣。

2.5 文化内涵

中山公园位于孤山，历经多朝营建，积淀了深厚的文化内涵。北麓的放鹤亭是为纪念北宋诗人林逋，最早于元代所建。林逋隐居孤山，终生不仕不娶，唯喜植梅养鹤，自谓"以梅为妻，以鹤为子"，辑有《林和靖先生诗集》四卷，《山园小梅》中"疏影横斜水清浅，暗香浮动月黄昏"最为知名。

西湖天下景为一处精妙绝伦的小园林，将山、水、树、石、亭布置得疏密有致、参差有序，为观西湖景色佳处。1934年4月13日，《申报》上载《西子湖畔（上）》一文，对中山公园内的西湖天下景高度评价："山山水水处处明明秀秀；晴晴雨雨时时好好奇奇"，作者笔名澹心，将西湖山色空濛、晴雨明秀之景描绘得富有诗情画境，为描写西湖盛景的一幅名联。

公园内还有一处纪念民国时期名人张又莱先生的万菊亭，张又莱先生是一位民国海军中将，早年曾在日本留学，爱好养菊，退休之后，在湖墅购地为圃，种桃养菊，着力培养菊花，使菊花种植遍及杭州城。为此，杭州市政府在孤山建万菊亭，并在亭旁立碑记载这段史实。当初石碑已经损坏，2007年重新修建石碑。

1927年辟建中山公园时建造的中山纪念亭、团结亭，以及1929年营造的中山纪念林，都是纪念孙中山先生的载体，是中山公园的文化内涵所在。此外，2005年，公园内还建了范公亭，以纪念北宋时期在杭州任知州的著名政治家和文学家范仲淹，延续了历史文脉。

3 中山公园的特点

杭州中山公园由于其独特的地理位置、特殊的建设背景和复杂的文化意蕴，兼具纪念性园林、公共园林和山地园林的特色。

环境自然：中山公园地处西湖风景区孤山之上，四周湖水环绕，山林葱郁，自然条件优越，尤以山林特色为胜。借山势回环和道路曲折，错落有致地布置亭台、假山、泉池，地形起伏变化，空间开合变化，自然幽深，给人"犹抱琵琶半遮面"的含蓄美。山顶由于开阔大草坪的存在，突然变得豁然，给人以在山水丛林中释怀的感觉。这种有张有弛、有疏有密的空间布局，体现了中山公园的造园水平。为体现自然特性，公园不仅保留了原有的自然植被，同时应用多样的植物营造丰富的植物景观，将亭台幽径与天然的孤山景色融合为一体。

多种园林风格并存：中山公园建设在清行宫遗址的基础上，保留了中国古典皇家园林的亭台、楼阁、池塘、假山、花树的布局方式。但是民国时期正处于西风东渐的变革时期，西方园林风格和思想也影响着公园的建设，形成了中西合璧的风格。中山纪念亭具有浓郁的西方特色，体现了当时学习西方园林的新思潮。中山公园还实现了从皇家园林到现代公园的转型，皇家园林仅服务于皇家的特定群体，建园宗旨和服务的落脚点均在"私"字，受众量小，空间相对封闭。现代公共园林立足于"公"字，服务对象面向整个社会，游客量大，要求更多的开阔空间，因而出现了大草坪的设计。

文化功能综合：中山公园既是开放性公园，又是纪念性公园。从园林角度看，中山公园是近代西湖湖滨公园的重要组成部分，是供民众游赏、娱乐、休闲的公共开放空间，是集历史、文化、审美等于一体的园林景观。它也是国民政府通过中山公园宣传孙中山先生的革命精神，同时以"孙中山"作为官方意识形态的符号，向民众进行政治意识的灌输。实际上，中山公园的纪念性不仅是纪念孙中山先生，由于其历史的悠远，园内还有宋代的林逋、苏轼以及近现代人物的纪念物，甚至清代的行宫也反映了康熙、乾隆等皇帝的历史文化。因此从纪念角度来说，体现了多元的纪念性。

4 结语

杭州中山公园是为纪念孙中山先生而建设的公园，是杭州西湖环湖园林的一个组成部分，由于其前身是清代的皇家园林，保留了原有的很多景观基础，注重以中国传统园林布局手法营造诗情画意的山水格局。利用孤山的山地特点，由下而上布置了不同的空间格局，游线曲折有致，达到了起承转合的效果。形成"山就是园，园就是山"的整体效果。

中山公园利用天然山水和植物造景，建设了亭阁等小型构筑物，主要作为景观节点或休息所在，植物起到营造环境、呼应主题、渲染气氛的作用。中山公园还具有深厚的历史积淀，其丰富的园林形式和多样的景观并不是一蹴而就的，经历了数百年的发展和沉淀过程。

杭州中山公园由于地处山地，属于全开放公园，没有围墙或围栏，公园内缺乏明确的导游图，对于公园的范围轮廓没有明显的划分，界限模糊，让人对其整体性认识不足。公园北麓孤山是杭州赏梅的三大胜地之一，寒梅绽放之时，能吸引大批游人前来孤赏梅。西湖天下景、放鹤亭等景点也有一定名气，但景观的整体性不足。

杭州中山公园由于各个历史阶段的积累，形成了从古及今的多样的复合景观，反而显得主题不大明确，主线不大突出，有时甚至显得不协调或突兀，缺乏"西湖十景"和"新西湖十景"的类似鲜明主题。

参考文献

[1] 陈蕴茜. 空间重组与孙中山崇拜——以民国时期中山公园为中心的考察 [J]. 史林，2006（1）：1-18+123.

[2] 方加宇，邵锋. 杭州中山公园植物景观调查与分析 [J]. 浙江农业科学，2013（12）：1634-1639.

[3] 唐慧超，金荷仙，洪泉，陈进勇，王馨羽. 清西湖行宫园林历史沿革与造园特色研究 [J]. 中国园林，2019，35（4）：58-63.

[4] 王冬青. 中山公园研究 [J]. 中国园林，2009，25（8）：89-93.

[5] 岳庙管理处. 历史在这里交织与延续——发掘杭州中山公园的独有魅力 [J]. 杭州文博，2011（2）：97-102.

明清北京天坛外坛植物风貌及复原整治研究[①]

天坛公园 / 吴晶巍 高 飞 车建勇

摘 要：天坛作为遗产的核心问题就是其坛域被占用问题，依据1998年申遗承诺和城市规划要求，天坛外坛被占用地腾退后将以绿化为主，并符合天坛整体气氛。本研究以解决天坛外坛被占用地环境整治现实问题为根本出发点，从明清天坛外坛植物风貌研究、外坛历史重要遗址研究、外坛植物现状调研及环境整治需求分析、西南外坛环境整治概念性方案四方面展开研究与探讨，研究成果将对遗产突出普遍价值"真实性"和"完整性"恢复具有一定参考价值。

关键词：天坛外坛；植物风貌；复原整治

1 明清天坛外坛植物风貌研究

历史上，天坛植物采用"内仪外海"的种植形式，即内坛"仪树"成排成行，外坛"海树"纵横无序。通过对明清史料有关天坛植物记载部分进行梳理（表1、表2），可得明清天坛外坛树木主要有松、柏、槐、榆及柳树，榆、槐数量占到总数的一半。天坛外坛在明清时期为游赏胜地，端午游松林、射柳及秋天抝榆钱都为当时天坛比较有名的休闲活动，尤其在神乐署周边开有各种商铺，成为游玩及赏花之所。由于天坛坛域广袤，坛内生长有各种奇花异草，其中益母草、龙须草、沙参、伞儿草都十分有名，成为天坛特产药材。

明时期天坛植物风貌记载及推测年代 表1

植物	文献记载	推测年代
松	端午日，士人相约携酒果游赏天坛松林[1]	万历
	群入天坛……西耍高梁桥，东松林……[2]	崇祯
松柏	……天地坛外松柏树叶有甘露降……[3]	成化六年（1470年）
柳	京师惟天坛游人最盛，……则修射柳故事，其名曰"走骠骑"[4]	万历
	今京师午节尚有射柳之戏，俱在天坛，……[4]	
	……竞出西闉，水边林下……，至端午射柳南郊……[4]	
	……柳垂覆之，……南抵天坛，……[2]	崇祯
榆	天坛抝榆钱也，榆春钱，天坛榆之钱以秋[2]	
风貌	天坛临溪，溪当门，门瞻之，黄垣一周，树头屯屯，方殿猗猗，圜丘苍苍，瞻乎坛，而妇人孺子有扬步漫指，嗤笑错立族谈者，人或闵然，为作怖畏[2]	崇祯

[①] 北京市公园管理中心课题（ZX2017004）。北京市公园管理中心2019年科技进步二等奖。

清时期天坛植物风貌记载及推测年代　　　　表2

植物	文献记载	推测年代
松	霜华迎翠辇，烟火照寒松[5]	康熙、乾隆
	紫禁传清漏，青松覆御烟	康熙、乾隆
	闲听韶磬松风外，坐验周圭日影中[6]	乾隆
	静阒神穹紫翠遥……苍松万岁魓雕伏……[7]	乾隆
	惟古松尚存，樛枝黛色，夏可纳凉[7]	乾隆
松柏	松柏根下积余雪，泽在农田感谢中[6]	乾隆
柏	童童古柏有益苍然，新种成林逮比肩……[8]	乾隆四十六年（1781年）
	《方伯岂仲斐招游天坛观古柏作歌》云：绕坛一碧皆种柏，罗列骈生咸秩秩……倚天拔地之古柏，愿与游人重爱惜[9]	清末民初
	《咏天坛桧》云：坚贞不共山河改，迟暮凭教霜雪侵[9]	清末民初
	……从祈谷坛门起，沿着柏林……[13]	乾隆
柳	帝京午节……仍修射柳故事……[10]	雍正～乾隆
	天坛风沙淤壅之处于大路旁栽种柳树御风……[11]	康熙三十三年（1694年）
	碧柳阴中广陌宽，周垣环绕峙天坛	嘉庆十八年（1813年）
	森森天仗柳边分，晓旭曈昽映霁云	道光五年（1825年）
槐、柳	槐柳成行界道明，铜壶漏永午窗晴	乾隆七年（1742年）
槐、柏	种槐种柏渐森森，积雪培根各树阴	乾隆四十三年（1778年）
	冬雪春霖继优渥，新槐古柏互菁葱	乾隆五十六年（1791年）
槐	检点流光真迅速，补槐金井绿阴团	乾隆十五年（1750年）
榆	京师外城天坛坳榆钱，凡榆春钱，独天坛之榆以秋[12]	康熙
益母草等	天坛内有四种特产的药材，就是益母草、沙参、天门冬、伞儿草……[13]	
	在明朝的时候，天坛的龙须菜并不怎样珍贵……沦为平常菜蔬之一[13]	明～清
	三月采食天坛之龙须菜，味极清美[9]	雍正～乾隆
	天坛中隙地产益母草……春时又产龙须菜……[14]	乾隆
	……天坛生龙须菜，又益母……[5]	康熙、乾隆
	坛内树木森蔚，药草苾芬，所产益母草最良[15]	道光
	天坛产益母草……[15]	光绪
牡丹	春早时赏牡丹，惟天坛南北廊……[10]	雍正～乾隆
	《道院看牡丹》诗：青阳好序顿过三……[7]	乾隆
	乾隆七年，满御史某携伶看花，因游人杂沓，遂奏禁栽花，拆毁酒肆，至今不植花卉[7]	乾隆七年（1742年）
	神乐署中最能招人游观的是牡丹花……[13]	嘉庆朝前
风貌	更入坛内神乐所前……喧呼于夕阳芳树之下，竟日忘归[10]	雍正～乾隆
	蔡羽郊坛诗：辇道风清碧野平，圆丘芳草玉华清[6]	乾隆
	平沙雨湿草茸茸……石廊流水绕疏松[6]	乾隆
	……压槛秋花细……[7]	乾隆
	……森木缭垣幽。坛草萋以茁，时花春复秋。风蝉吟不尽，返影下林丘[10]	乾隆
	……古木千章，三伏无暑[16]	光绪
	若太庙、社坛中，松柏蔚然矣[16]	光绪
	阴森夺日色凄凉，惨淡生风寒凌栗[9]	清末民初

历史上对天坛植物有较明确统计主要有两次，分别为清末及民国初年，见图1、图2。根据两次统计结果，天坛外坛树木种植并不都呈现"海树"栽植，其中天坛西南外坛倾向于"仪树"栽植，沿御道列植槐树作为行道树，同时沿西石牌楼道路南侧列植5排桧柏，外坛各区域具体植物种植种类见表3。根据植物景观功能，将外坛共划分为3个区域，分别为祭祀前导空间、郊祀准备空间及郊祀营造空间，见图3。各空间植被、功能与气氛、主要服务对象分析见表4。

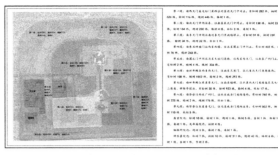

图2　民国初期天坛树株分区统计对应分布图

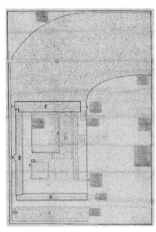

图1　1900年天坛西外坛种植图

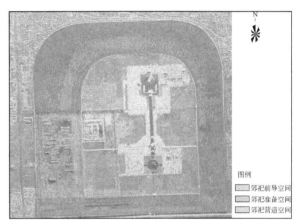

图3　天坛外坛空间类型分析图

明清时期天坛外坛植物种类统计表　　表3

分类	序号	植物名称	学名	寿命（年）	主要分布
常绿乔木	1	桧柏	*Sabina chinensis*	>300	三北、南
	2	侧柏	*Platycladus orientalis*	>300	三北、东南
	3	油松	*Pinus tabuliformis*	>300	神乐署周边、东外坛
落叶乔木及小乔木	1	国槐	*Sophora japonica*	>300	三北、西南、南
	2	榆	*Ulmus pumila*	100～300	三北、神乐署内
	3	榔榆	*Ulmus parvifolia*	100～300	三北、神乐署内
	4	柳	*Salix matsudana*	<100	三北外坛
	5	银杏	*Ginkgo biloba*	>300	神乐署内
	6	枣	*Ziziphus jujuba*	>300	神乐署内
	7	香椿	*Toona sinensis*	100～300	神乐署、牺牲所内
	8	桑	*Morus alba*	100～300	神乐署、牺牲所内
灌木	9	牡丹	*Paeonia suffruticosa*	多年生	神乐署内
草本	10	益母草	*Leonurus artemisia*	一年生或二年生	外坛
	11	龙须菜	*Asparagus schoberioides*	多年生	外坛
	12	沙参	*Adenophora stricta*	多年生	外坛
	13	伞儿草	*Syneilesis aconitifolia*	多年生	外坛

表4 天坛外坛空间植物景观功能分析表

空间分类	植被种植分析	功能与气氛	主要服务对象
郊祀前导空间	御道两侧列植（国槐）+神乐署内外片植、散植（榆、槐、银杏、柏等）+神乐署内外种植牡丹、奇花异草	礼+乐+郊 富有一定生活气息，礼乐文化并存	人+天
郊祀准备空间	御道两侧列植（槐）+南外垣内列植（柏）+地被自然生长	礼+郊 蕴含古礼文化，营造仪式性氛围	天
郊祀营造空间	三北的密植（桧柏、侧柏、榆、槐、柳）+东南的疏植（桧柏、侧柏、榆、槐）+地被自然生长空间	郊 加强郊祀环境营造，体现"野"的氛围	坛

2 外坛环境整治其他相关研究

2.1 外坛重要遗址研究

天坛外坛主要包含神乐署、牺牲所、崇雩坛、銮驾库、关帝庙、钟楼、御道历史遗址。其中神乐署、牺牲所是天坛五大建筑群之二，御道为明清皇帝天坛祭祀所乘之车行经之路。

依据校正后的天坛民国时期航拍图及历史档案记载[17]对清时期神乐署及牺牲所基址规模进行复原，复原结果显示，神乐署占地面积约为10.9hm²，牺牲所占地约为2.8hm²，如图4、图5所示。

对明清天坛历史坛路进行梳理，同时依据明清文献中关于祭祀路线的记载对天坛外坛御道位置进行复原[18-20]，见图6。依据现存古槐树点位，结合天坛现状地形图、1900年种植图分别确定西南外坛御道最大宽度及行道树株行距，见图7。通过计算，外西天门至西天门行道树株距为25尺，其他御道为30尺，南外垣内5排桧柏株行距均为15尺。对天坛内坛现存古柏株行距进行测量，发现现存柏树株行距多为15尺及20尺，多为5的倍数。因此推测植物作为天坛重要组成部分，其设计布局和天坛整体规划布局、建筑形制一样也遵循《周易》中的象数思维。

图4 神乐署基址规模推测图

图5 牺牲所基址规模推测图

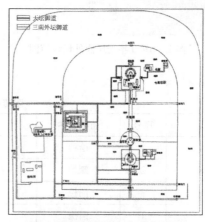

图6 明清时期天坛御道位置图

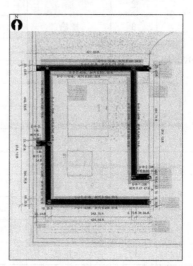

图7 天坛西南外坛御道最大宽度及行道树株行距分析图

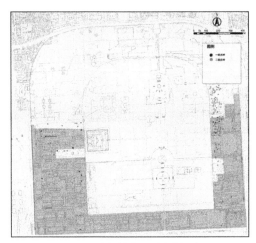

图8 天坛外坛被占用地古树分级图

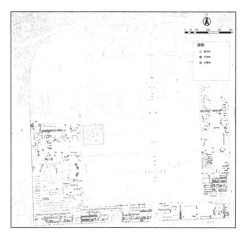

图10 天坛外坛被占用地植物分类图

3 天坛西南外坛环境整治概念性方案

天坛西南外坛紧邻北京中轴线沿线，为中轴线申遗保护近期重点整治区域，因此以此区域为重点探讨环境整治方案的制定。

3.1 整治原则

需遵循以下4方面原则：一是遗产"真实性"和"完整性"原则；二是遗产可持续利用原则；三是场地人性化原则；四是可操作性原则。

3.2 整治建议

一是恢复主要遗址及坛路历史格局，确定整体空间结构。二是协调区域植被，使其符合历史风貌并契合场所精神。三是对遗产进行展示和可持续利用，提升遗产文化、历史及自然资源价值。

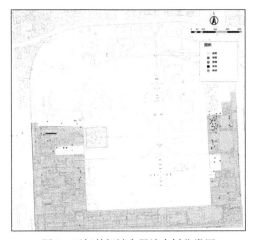

图9 天坛外坛被占用地古树分类图

3.3 整治方案

3.3.1 功能分区

总体分为两大功能分区：一是祭天文化展示区。以神乐署内院及牺牲所遗址区为主要空间载体，在复原遗址区格局的基础上，进行祭天文化的展示与阐释。具体包括遗址区格局复原暗示，借助地下空间进行祭天文化的展陈设计。二是历史植物风貌恢复区。基于前文的历史植物风貌研究成果，对现状植物进行调整与更换，如图11所示。

3.3.2 道路系统

西南外坛道路系统规划以恢复历史坛路格局为前提，参照历史研究的坛路位置，恢复历史坛路格局，并使其成为场地主要道路。结合功能分区，补充历史坛路结构，形成整体的主道路环线。增加南侧场地道路密度，为市民使用提供更多的场地。沿内坛墙增加一条支路，促进游客及市民对天坛内外坛空间格局的理解。参照历史研究恢复御

2.2 天坛外坛植物现状调研与环境整治需求分析

天坛外坛被占用地内古树共有69株。主要分布在西南及东南外坛区域。其中一级古树13株、二级古树56株。古树种类主要为侧柏、桧柏、国槐、银杏和榆树，其中侧柏35株、桧柏9株、国槐14株、银杏9株、榆树2株。古树保护状况及观赏价值与天坛现管辖区域相比较差，其中死亡8株、生长不良19株。其他植物以毛白杨、加杨、国槐、桧柏、白蜡、香椿、柿树、栾树、臭椿、龙爪槐为主，大部分位于单位或社区的附属绿地内，还有部分行道树（图8～图10）。

从上位规划要求及价值阐释两方面展开需求分析。根据上位规划要求[21,22]，天坛外坛被占用地环境整治应以植物景观环境整治为主，恢复区域历史植物景观，同时除却园林绿化外，还可植入与文物保护、展示、管理相关元素。天坛外坛被占用地作为天坛重要构成，鉴于遗产价值的复合性需求，区域应结合遗址及现状非遗展示植入更多文化展示和文化游览等功能，使其区域达到历史文化环境的整体展示。[23]

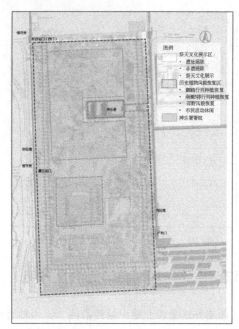

图 11　天坛西南外坛环境整治功能分区规划图

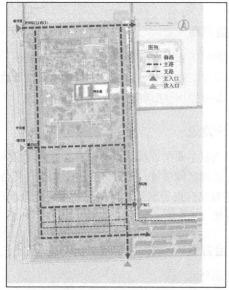

图 12　天坛西南外坛环境整治道路系统规划

道，完整祭祀路线，同时增设遗址区主环线和内坛墙外环线道路，如图 12 所示。

3.3.3 植物景观

天坛外坛植物总体规划意象为：通过植物形色和高差错觉创造天的境界，达到"超凡出世"的效果。此意象恰当地保持祭天于郊的礼制，契合了天坛祭天文化的内涵。

在植物选择方面，乔木采用桧柏、侧柏、油松为基调树种，以国槐、银杏、榆树为骨干树种，以香椿、桑树为主要树种。花木上选择牡丹、芍药、月季等奇花异草。地被应大面积以恢复二月兰、抱茎苦荬菜等自然地被为主，小面积可栽植麦冬、苔草等人工草，既黄土不裸露又季相更替、实现了春花绚丽、夏秋浓绿、秋季多彩、绿色期长的景观效果，如图 13 所示。

明清天坛植物风貌复原及环境整治规划效果如图 14 与图 15 所示。

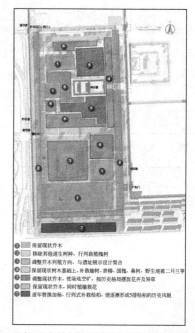

图 13　天坛西南外坛环境整治植物景观规划策略图

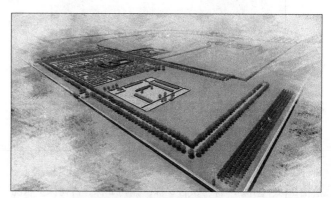

图 14　明清天坛西南外坛植物风貌复原效果图

图 15　天坛西南外坛环境整治规划效果图

4 结语

天坛外坛作为世界文化遗产价值本体,其环境整治意义重大。基于现实条件的局限性,在北京中轴线申遗前期综合整治行动下,天坛西南外坛获得先行环境整治的机会并进行西南外坛环境整治的研究。此研究以环境整治中植物景观环境整治为重点,在研究过程中,发现植物景观在整体环境整治中并不能单独作为一个体系进行研究,其整治方案的制定和区域遗址历史功能、遗址展示方式等都密切相关,因此将遗址等研究也作为一个重要的部分。

天坛外坛环境整治并不是一蹴而就的事,他需要从政府到研究及设计团队的共同参与,同时天坛外坛环境整治也不能脱离城市环境而单独存在,应结合城市周边构筑完整的保护与展示体系,使其文化景观及文化展示与中轴线沿线形成一个完整契合的整体,从而为整个城市文化景观及文化传播而服务。

参考文献

[1] (明) 沈榜. 宛署杂记 [M]. 北京:北京出版社,2018.
[2] (明) 刘侗,于奕正. 帝京景物略 [M]. 北京:故宫出版社,2013.
[3] 明宪宗实录 [M]. 中国台北:历史语言研究所校勘影印,1962.
[4] (明) 沈德符. 万历野获编 [M]. 北京:中华书局,1989.
[5] (清) 吴长元. 宸垣识略 [M]. 北京:北京出版社,2018.
[6] (清) 于敏中等编纂. 日下旧闻考 [M]. 北京:北京出版社,2018.
[7] (清) 戴璐. 藤阴杂记 [M]. 北京:北京古籍出版社,1982.
[8] 天坛公园管理处. 清代皇帝天坛祭祀御制诗文集 [M]. 北京:北京线装书局,2007.
[9] (清) 陈衍. 石遗室诗话 [M]. 北京:人民文学出版社,2004.
[10] (清) 潘荣陛. 帝京岁时纪胜 [M]. 北京:北京古籍出版社,1981.
[11] 清会典事例 [M]. 北京:中华书局,1991.
[12] (清) 查慎行. 人海记 [M].
[13] (清) 金梁. 天坛志略 [M].1953 年 1 月誊印待正.
[14] (清) 汪启淑. 水曹清暇录 [M]. 北京:北京古籍出版社,1998.
[15] (清) 清麟庆著. 汪春泉等绘图. 鸿雪因缘图记 [M]. 北京:北京图书馆出版社,2012.
[16] (清) 震钧. 天咫偶闻 [M]. 北京:北京古籍出版社,1982.
[17] (清) 丁敏中. 日下旧闻考,卷五十七 [M]. 北京:北京出版社,2018.
[18] (明) 申时行等. 大明会典 [M]. 北京:中华书局,1989.
[19] (日) 石桥丑雄. 天坛 [M].
[20] 明太祖实录,卷 120[M]. 中国台北:历史语言研究所校勘影印,1962.
[21] 北京市政府. 北京城市总体规划(2016 年—2035 年).2017.
[22] 北京市文物局等. 北京中轴线申遗综合整治规划实施计划(送审稿)[S],2018.
[23] 吕周. 天坛的世界遗产价值与保护管理规划 [C]. 世界遗产,2018(63).

高空间分辨率大区域续贯遥感制图系统的建立研究[①]

北京市园林科学研究院 / 谢军飞 许蕊 李薇

摘 要：本文建立了一种可运行在MATLAB平台的遥感植被类型和典型树种提取的续贯制图系统（Serial Mapping from High-resolution remote sensing Image，SMHI），即尝试采用多维度图像分割替代遥感影像分类，将大区域的高分辨率遥感影像分成百余个图像块，通过基础描述符互权复合、一键式采样图斑生长、自适应确定阈值等技术，对每个块逐一分类，提取目标物，最终结合交互式图斑修改技术，从而实现遥感影像的大区域的植被类型/树种的自动提取制图。

关键词：遥感影像分类；图斑分割；植被类型提取；树种提取

引言

遥感（RS）技术从1980年代起已经日益广泛地用于城市植被调查[1-5]、动物栖息地质量[6]、植物碳储存量[7]等的评估。野外光谱测试表明，光谱反射率和植被类型/树种之间存在统计相关性[8-9]。这种相关性常被用来指导遥感植被类型/树种分类[10-11]。与野外实地调查相比，遥感影像分类方法在节省人力物力、实现数据空间连续分布和改善数据同步性等方面具有显著的优势。随着遥感影像空间分辨率日益提高，有可能使城市绿化植被类型细节信息提取和制图成为一种常规技术[12-15]。

然而，基于MATLAB平台的园林绿化植被类型和树种提取仍然无法解决以下两个关键难点：①高空间分辨率与大区域制图的矛盾，实验数据表明，受到MATLAB平台的内存容量的限制，遥感影像分类试验通常使用边长尺寸不超过1500像素的单幅图像。如需覆盖宏观区域（比如某城市的整个建成区），则需使用空间分辨率较低的图像；而低分辨率图像不适合提取尺寸较小的目标（如单个树冠等）。本文所述的算法，专为在宏观区域提取尺寸较小的目标物而设计。②无法训练具有普适性的分类器，按照遥感影像分类方法，必须为每个图像块建立分类器（即确定分类数），但每个图像块覆盖的类别和数量通常会不同，使得由图像块甲的样本训练的分类器，可能不能用于对图像块乙的分类。但如果为每个图像块建立分类器，对于宏观区域遥感制图，数量众多的分类器不仅产生大量数据冗余、运算复杂度增大，也使系统智能化程度下降。

与遥感影像分类相比，图像分割有更长的发展历史，至今已提出了数百种分割算法。但由于分割阈值对环境变量过于敏感，稳定的阈值不适定等问题，图像分割的理论和算法至今仍在不断调整和发展中。从著名的自适应阈值

---

① 北京市公园管理中心课题（ZX2016023）。北京市公园管理中心2018年科技进步三等奖。

分割法（Otsu方法）[16]开始，针对具体应用的分割算法层出不穷[17-20]，但至今没有一种较通用的算法。与分类方法相比，分割具有运算开销小，更适合提取单一类别、一键式采样图斑生成、适合人机交互修改等优点，因此适用于城市植被类型/种续贯制图。本文的分割算法仍然遵循分割的基本原理，但按照植被类型/树种分割的需要，把使分割对象"纯净"、阈值自适应调节作为主要研究方向。前者是以复合描述符灰度矩阵分割替代原图像分割。其中，复合描述符通过多个基础描述符互权复合获得，以尽可能限制背景元素进入目标提取范围。后者是按照样本提示自适应调节分割阈值等变量，而形成具有自适应生长特点的分割新算法。

本研究，为解决上述难点，尝试建立了一种可运行在MATLAB平台的遥感植被类型和典型树种提取的续贯制图系统（Serial Mapping from High-resolution remote sensing Image，SMHI），即尝试采用多维度图像分割替代遥感影像分类，将大区域的高分辨率遥感影像分成百余个图像块，对每个块逐一分类，提取目标物，这种方法故被称为"续贯制图"，具体而言，SMHI先对整个区域逐图像块分割，并通过基础描述符互权复合、一键式采样图斑生长、自适应确定阈值等技术实现目标图斑分割和提取，最终结合交互式图斑修改技术，从而实现遥感影像的大区域的植被类型/树种的自动提取制图。

1 研究区域和实验数据

为了检查MSHI主要算法的精度和普适性，取北京市东北约100km²的建成区作为研究和测试区域。为了测试提取杨柳树、常绿、落叶植被类型和全体的效果，选择2016年2月5日、3月26日、8月6日三个时相的Quickbird影像作为实验数据，分别代表冬、春、夏季的植被信息，其空间分辨率均优于1m。

2 主要算法

2.1 概述

主要算法由4个部分组成：①描述符互权复合（MDCIW）。它通过将若干描述符互乘，使这些描述符互为约束，而构建一个复合描述符；每个复合描述符都可以用于提取"纯净"的植物群（即植被类型/树种）图斑。然后对3个这样的复合描述符分别分割，并通过对3个分割结果求"并"获取植被类型图斑（见2.2节）。②一键式采样图斑生长（OSPG）。OSPG是一种人机交互式算法，可以在获取用户点选位置的同时，生成与采样点特征相似的采样图斑，以利于在减少采样工作量的同时，方便用户即时评估样本质量（见2.3节）。③图斑自动提取（CPA）。使用之前的样本数据计算分割阈值，以这些阈值分割当前图像块的3个复合描述符，就可以获得初始目标图斑二值图（见2.4）。④人机交互图斑修改（MHCI）。MHCI由击中和点膨胀两个算法构成，分别用于删除过提取和添加欠提取图斑（见2.5节），如图1所示。

为了便于管理和使用系统数据库的数据，还开发了查询和修改两个模块，前者用于按照控制台事件显示用户选定的图像块（见2.6节）；后者在显示用户选定图像块的同时，提供图斑修改、存储功能（见2.7节）。

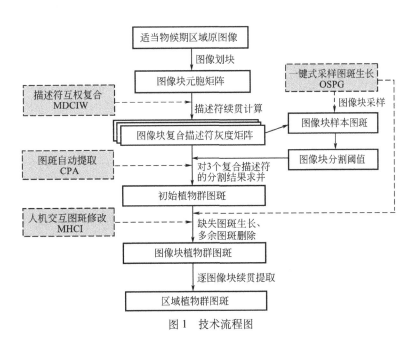

图1 技术流程图

2.2 描述符互权复合（MDCIW）

SMHI 采用多维度图像分割替代遥感影像分类，对整个区域逐图像块分割和制图。图像分割通常针对单幅图像/单个灰度矩阵。所谓描述符就是获取图像特征的表达式或符号化的算法，具体形式都是 2D 灰度矩阵。因为需要提取的植被类型/树种图斑通常具有多变的图像特征，比如树冠的向阳和背阴面亮度不同、不同树冠表面粗糙度不同。为了获得完整的植被类型/树种，需要使用多描述符，并要求这些描述符的组合尽可能齐全地包含所需要的植被类型/树种信息。可以在这些描述符构建的特征空间做常规分类，提取不同类别的植被类型/树种图斑。分类的实质是对多个描述符做联合分割，分割阈值由样本数据经分类器训练过程决定。

如果完全使用分割替代分类，则要对这些描述符的 2D 灰度矩阵分别做分割，并通过下述方法之一获得最后图斑。①多个描述符分割结果求交（逻辑与）；②多个描述符分割结果求并（逻辑或）。使用方法 1，每个描述符提取的目标类不必"纯净"，允许包含一些背景信息；但要求这些描述符的组合应当尽可能齐全地包含目标类信息，同时能干净滤除背景。使用方法 2，每个描述符提取的目标类必须"纯净"，不允许包含任何背景信息；但允许单个描述符提取的目标类有"缺损"，然后通过逻辑或运算，将每个描述符获得的目标类图斑合并。经试验比较，对于提取植被类型/树种，采用方法 2 有较高的精度。SMHI 采用方法 2 做多分割，并将这种方法称为描述符互权复合（MDCIW）分割法。

MDCIW 的核心技术是互权复合。这是一种将多个描述符组合为单个复合描述符的技术，目的主要是保证提取的目标图斑"纯净"；同时减少运算开销。获取复合描述符的两个主要运算（计算基础描述符和基础描述符互权复合），都可以通过续贯计算自动完成，因此可以在没有用户干预的情况下，完成整个城市的复合描述符计算。交互获取图斑的过程中，把对多个基础描述符的多分割改为对这个复合描述符的单分割，用户与系统交互的时间和工作量会大大节省。

单个复合描述符提取的目标图斑尽管"纯净"，却常常不够完整。为了解决这个问题，MDCIW 使用相同方法制作多个复合描述符，并在其中选择提取效果最好的 3 个分别做单分割，再通过逻辑或运算合并每个复合描述符的目标图斑。

目前在系统内使用的复合描述符为 9 个，分为三组，分别用于提取植物全体、常绿植物、杨柳植物。以下是互权复合的伪代码：

if V_t=4　%V_t 为植物群/种类型；V_t 等于 4 表示以春季图像提取杨柳植物

　　Ds_1= $VI_g.*D_m.*S$ ；% Ds_1 是复合描述符 1，S 为饱和度

　　Ds_2= $VI_g.*VI_{gp}.*D_m.*D_a$ ；% Ds_2 是复合描述符 2

　　Ds_3= $VI_g.*VI_{gp}.*D_m.*S$ ；% Ds_3 是复合描述符 3

else if V_t =2　%V_t 等于 2 表示以冬季图像提取常绿植物

　　Ds_1=$aS.*aV_m.*VI_{gb}.*D_m.*D_a$ ；%aS 为饱和度取反

　　Ds_2=$aV_m.*VI_{gb}.*D_m.*D_a$ ；% aV_m 为 R、G、B 的均值取反

　　Ds_3= $VI_{gp}.*aV_m.*D_a.*D_m$ ；

else　%V_t 等于其他值表示以夏季图像提取植物全体

　　Ds_1= $VI_{gp}.*aV_m.*D_a.*D_m$ ；

　　Ds_2=$aS.*aV_m.*D_m.*D_a$ ；

　　Ds_3= $aNV.*D_a.*D_m$ ；% aNV 为灰度离差取反

end

2.3 一键式采样图斑生长（OSPG）

样本数据用于在下面的目标图斑自动提取中，计算分割阈值。在全区域续贯提取植物群图斑时，必须在每个图像块对当前提取的植被类型/树种采样。为了减少采样工作量、提高工作效率，专门设计开发了一键式采样图斑生长（OSPG）算法。它是一种人机交互式算法，可以在获取用户点选位置的同时，生成与采样点特征相似的采样图斑。这样做一方面是为了快速生成大量样本，另一方面方便用户即时评估样本质量，决定采用或删除新生的样本图斑。

OSPG 工作步骤如下：

（1）获取初始样本。用户在植被类型/树种影像上每单击一次鼠标，系统便取鼠标点及其一定尺寸邻域内的像素，作为初始样本。比如当邻域尺寸为 5×5 时，以鼠标点为中心的 25 个像素成为初始样本。

（2）计算样本图斑分割阈值。此时用初始样本计算 3 个复合描述符的最大、最小值作为分割阈值。根据复合描述符的设计，值越大是目标的概率越大；即最大值段通常比较可靠，而接近最小值的像素中可能包含背景。因此通常会将最小值乘以一个小于 1 的系数，作为阈值低限。

（3）自动获取采样图斑。以上述分割阈值对 3 个复合描述符灰度矩阵分别做分割，并通过对 3 个分割结果求"并"获取目标图斑。在目标图斑中，取包含鼠标点的图斑作为样本图斑。

（4）删除不符合要求的样本图斑。一般要求样本图斑具有代表性，并尽可能纯净，即只包含目标类。如果发现新生成的样本图斑不符合这些要求，用户可以通过点击回退键，删除最后形成的样本图斑。也可以通过鼠标右击某

样本图斑，删除之前的任一样本图斑。

（5）确认采样。系统允许用户在采样的任何阶段评估样本图斑质量，决定采用或删除。当确认所有样本图斑复合要求后，可以通过点击左图廓外结束采样，此时系统将形成该图像块的样本二值图，并存入样本数据库（图2）。

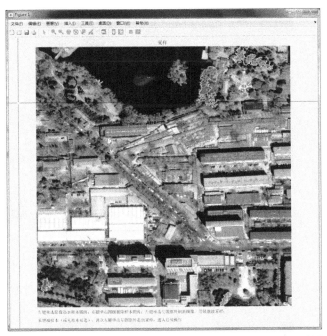

注：黄色线显示自动生长的采样图斑；箭头1所指的黑线图斑，是通过用户交互删除的采样图斑

图2　交互式采样界面

2.4　初始目标图斑自动提取（CPA）

使用之前的样本数据计算分割阈值，以这些阈值分割3个复合描述符，就可以获得当前图像块的初始目标图斑，其实施步骤如下。①读取样本。从样本数据库读取当前图像块的样本二值图，获取样本图像坐标。②重采样。以所有样本对3个复合描述符矩阵重采样，获取各样本的图像特征数据（3个复合描述符的值域）。③提取初始目标图斑。以这些图像特征值域数据作为分割阈值，对3个复合描述符分割和提取目标图斑，形成该图像块的初始目标图斑二值图，并存入初始图斑数据库。图3显示初始目标图斑形成，等待图斑交互修改的情景。

由图3可见，初始图斑仍然存在过提取（一些背景被误为植物）或欠提取（一些应当提取的植物图斑没有出现）的现象。初始植物群图斑提取的完整性与所采样本的代表性有关，系统只能提取那些与样本图像特征相似的图斑。此外还与复合描述符对目标物图像特征的表征能力有关。当某些目标像素在所有3个复合描述符矩阵中的取值均较

图3　自动生成初始植被类型图斑

低时，它们就会被分割运算"忽略"，引起欠提取。当某些背景像素在某个复合描述符中取值均较高时，它们就会被分割运算"俘获"，引起过提取。系统设计的人机交互图斑修改功能可以解决这些问题（见2.5节）。

2.5　人机交互图斑修改（MHCI）

上一步生成的初始植物群图斑，难免存在过提取和欠提取问题。为了改善算法/软件的应用功能，开发了整理输出结果的人机交互功能。它由击中（Hitting Algorithm，HA）和点膨胀（Point Expansion，PE）两个算法构成，分别用于删除过提取和添加欠提取图斑。

发现过提取图斑相对容易，因为它们包括在初始目标图斑二值图中。当以鼠标右击过提取图斑时，被鼠标"击中"的图斑将被添加删除标记，这种算法称为HA。

然而，勾绘欠提取图斑相对不易。因为这些图斑的特征值通常偏离了全局值域，比如在所有3个复合描述符矩阵中的取值均较低，否则它们就不会缺失。PE算法由一键式采样图斑生成和分割阈值自适应调节两部分组成，分述如下：①一键式采样图斑生成。其方法与2.3节介绍的OSPG完全相同，不再赘述。②分割阈值自适应调节。当以鼠标左击目标图斑缺失处，不能生成图斑时（完全不能提取，或提取的图斑面积过小），限于篇幅，相关代码与图片不在此列出。

2.6　查询模块

在系统命令行选择"查询"，将运行查询模块。"北京

市植物数据库"由全体植物、常绿植物、杨柳植物3个子库组成，落叶植物数据由全体植物与常绿植物之差获取。所以查询模块支持全体植物、常绿植物、落叶植物、杨柳植物等4个类的分布数据查询，可以在命令行选择需要查询的类型。

当用户选择对某类做查询时，系统将调出用于提取该类的相应季节的区域遥感影像，并按照用户设定的图像块尺寸在图像上绘出遥感图像块分隔线，形成索引图（图4）。

注：青色线勾绘植被类型图斑。如果发现图斑需要修改，可以通过修改模块实施

图5 图像块查询结果实例

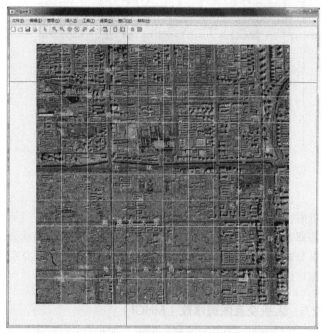

注：图6中的每个矩形框为一个图像块。查询步骤和算法叙述如下：①当用户点选某一图像块时，系统将根据鼠标点坐标，计算该图像块的序号。②按照图像块序号，从数据库调出该图像块的RGB原图像以及植被类型图斑二值图。③增强并显示原图像。增强采用拉伸图像饱和度的算法。它先将RGB原图像转换为HSV图像（色调-饱和度-明度图像），并以拉伸后的饱和度替换原饱和度，然后将图像重新转换为RGB图像。④以增强的RGB图像为底图，按照植被类型图斑二值图，逐个绘出植被类型图斑

图4 查询索引图

图5显示查询一个图像块的例子。

2.7 修改模块

在系统命令行选择"修改"，将运行修改模块。修改模块支持全体植物、常绿植物、落叶植物、杨柳植物等4个类的分布数据修改，可以在命令行选择需要修改的类型。图6显示修改功能界面。首先打开的也是查询索引图（方法见2.6节），单击任一图像块，可以显示该图像块的查询结果，等候修改。

修改操作与"2.5 人机交互图斑修改"中介绍的方法类似，可以通过左键单击树冠影像，自动生成新图斑，也可以通过右击一个存在的图斑，为该图斑添加删除标记，

注：当图像块打开等候修改时，现有图斑以青色线勾绘。修改时，可以通过左键单击树冠影像，自动生成新图斑（图中品红色线勾绘新图斑）。也可以通过右击一个存在的图斑，为该图斑添加删除标记；添加了删除标记的图斑，以黑色线覆盖原来的边界（箭头2所指的图斑），方法详见5.3.5节

图6 图斑修改实例

当点击左图廓外确认本轮修改时，有删除标记的图斑会从数据库中移除。确认后的图斑还可以继续修改，直到某一轮未作修改而点击左图廓外（系统连续两次收到点击左图

廊外事件），系统才最后确认该图像块修改完毕，将对最后确认的图斑制图，并提示如何进入后续制图环节。

3 讨论

该部分主要讨论 SMHI 主算法与现行相应算法的主要区别、对植被类型/树种制图的精度和普适性评价、相应软件推广的可行性分析等。

3.1 SMHI 主算法与现行相应算法的主要区别

3.1.1 分类与分割

SMHI 与常规遥感影像分类算法的主要区别是前者以"分割"（segmentation）而后者以"分类"（classification）作为提取目标信息的基本手段，但前者更适合 MATLAB 平台的制图。详细理由请见引言，不再重复介绍。

3.1.2 基础描述符与复合描述符

常规分类方法以若干基础描述符构建分类特征空间，对于维度较高（描述符数量较多）的特征空间，通常要求更多的训练样本；同时分类器（分类规则和算法）会因为过度训练，即同时满足过多的条件，而使普适性下降。场景、光照条件等的细微变化，都可能引起分类器失效。因此，降维（只保留最必要特征）成为分类算法的改进方向之一。对于 SMHI，如果采用 n 个描述符，在采样图斑生成、初始目标图斑生成、缺失图斑添加时，都要做 n 次分割，为了减少运算耗时，以互权复合方法，将多个基础描述符组成 3 个复合描述符（见 2.2 节），将分割次数降低为 3。不仅如此，互权复合相当于若干基础描述符互为约束，由此保证提取的目标图斑"纯净"，提高目标图斑的制图精度。

3.2 对植被类型/树种制图的精度和普适性评价

生成目标图斑的边界吻合度是评估制图精度的主要指标。通过目视判读检验，无论对于采样图斑生成、初始目标图斑自动生成、缺失图斑添加，系统自动生成图斑边界与树冠廓线都能较好吻合。经实地抽样检验，遥感影像植被类型与树种的识别准确率能分别达到 80% 与 60%。

分割方法的普适性（即可推广性）主要取决于图像和复合描述符的表征能力：①用于提取目标类的图像表征能力。需要提取的目标类在图像上具有鲜明的波谱特征，以目视判读能够发现它们与背景类的区别。②复合描述符的表征能力。设计的描述符能捕捉甚至扩大各种类别之间的区别。理想分割是这两种表征能力都较好以及两个条件相互匹配的结果。

在对植物全体、常绿植物、落叶植物、杨柳植物的提取实践中，课题组研究发现，随图像表征能力不同，分割提取目标图斑的精度存在较大差异。例如，当选择初春图像提取杨柳植物时，在该物候期的图像上，该植物与背景类具有显著差异。因此描述符的设计相对容易，目标图斑提取和制图的精度也相对较高。如果不能找到可以充分表征目标类与背景类的差异图像，则需要增加基础和复合描述符设计的难度。

3.3 改善 SMHI 系统普适性的设想

如前所述，设计和创建适当的复合描述符，是高空间分辨率大区域续贯遥感制图系统（SMHI）分割成功的关键。目前 SMHI 采用的 9 个复合描述符，是为使用 Quikbird 遥感影像，提取北京城区园林植被类型/树种专门设计的，每 3 个用于一个季节的图像。但以下原因的任何一个，都有可能引起这些复合描述符不适用：①使用物候特征不同（不同季节、不同时间获取，甚至意外降温、降水引起的反射率变化）的遥感影像；②使用类型不同（波段的波谱范围、空间分辨率、辐射分辨率不同）的遥感影像；③拍摄角度的变化等。如果出现植物图斑提取精度不高的情况，一般可以判定所用的复合描述符不适用于当前遥感影像。因此，调整复合描述符是 SMHI 软件推广中经常面临的问题。

下一步，有必要基于目前成熟的算法，构建基础描述符库，同时开发互权复合测试软件，并预设评估条件表达式和收敛到这些条件的方法。当有新遥感影像时，可以通过样本数据获得影像的一些新特征，在基础描述符库、互权复合测试软件、评估条件表达式和收敛方法的协同作用下，就有可能自动调整获得最适合的互权复合方案，从而改善 SMHI 系统的可推广性。

4 结论

我们的试验支持如下结论：①由于采用了描述符互权复合、一键式采样图斑生长、图斑自动提取、人机交互图斑修改 4 个关键算法，遥感续贯制图系统（SMHI）适用于城市建成区园林植被类型/树种的自动/半自动提取制图。② SMHI 的核心技术是描述符互权复合（MDCIW）。通过将多个描述符组合为单个复合描述符，可以保证提取的目标图斑"纯净"；将续贯计算用于基础描述符和互权复合计算，可以降低运算开销和减少人工干预。③样本数据用于计算分割阈值，当把一键式采样图斑生长（OSPG）算法用于图像块植被类型/树种采样时，可以在获取用户点选位置的同时，自动生成与采样点特征相似的采样图斑，该法可以比常规图像点采样减少工作量 80% 以上，同时方便用户即时评估样本质量，决定采用或删除新生的样本图斑。④由采样数据可以获得 3 个复合描述符的分割阈值，实现提取初始目标图斑（CPA 算法）自动化；通常情况下，这些初始目标图斑的平均提取精度优于80%，即需要通过人机交互修改的图斑面积平均不超过20%。⑤人机交互修改（MHCI）算法允许用户一键生成一个欠提取图斑，以及一键去除一个过提取图斑，具有提高图斑修改效率的特点；另外，用MHCI生成的图斑边界与树冠轮廓影像吻合，具有很高的修补精度。⑥当有适当含典型物候信息的图像可用，SMHI还可以高精度、高效地对常绿植物、落叶植物、树种等提取和制图。

在时间效率方面，完成一个图像块（1km²）的植物群/种制图，平均耗时情况是：杨树和柳树植物2分钟，常绿植物2分钟，植物全体7分钟；平均用时4分钟。通常用时越少的植被类型/树种，提取精度越高。

另外，通过构建基础描述符库、开发互权复合测试软件、设计评估条件表达式和收敛方法，有可能实现系统对基础描述符的自主搜索，并给出适合的互权复合方案，以此可进一步改善SMHI系统的普适性。与此同时，开发高空间分辨率大区域续贯遥感制图系统的流式代码，也有利于SMHI系统的推广应用。

参考文献

[1] 北京市园林科研所，北京农业大学气象系. 北京市绿地小气候效应的研究[J]. 风景园林汇刊，1985.

[2] 孙天纵，黄顺忠，周坚华. 上海市绿化遥感综合调查专题论文集[J]. 园林，1990.

[3] 周坚华，孙天纵. 三维绿色生物量的遥感模式研究与绿化环境效益估算[J]. 遥感学报，1995，10（3）：1-14.

[4] Ingram J C., Dawson1 T P., Whittaker R J.. Mapping tropical forest structure in southeastern Madagascar using remote sensing and artificial neural networks[J]. Remote Sensing of Environment, 2005, 94 (4): 491-507.

[5] Heinzel J., Koch B.. Investigating multiple data sources for tree species classification in temperate forest and use for single tree delineation[J]. International Journal of Applied Earth Observation and Geoinformation, 2012, 18: 101-110.

[6] Kukkala A S., Moilanen A.. Core concepts of spatial prioritisation in systematic conservation planning[J]. Biological Reviews, 2013, 88: 443-464.

[7] Graf Pannatier E., Dobbertin M., Heim A, et al.. Response of carbon fluxes to the 2003 heat wave and drought in three mature forests in Switzerland[J]. Biogeochemistry, 2010, 107: 295-317.

[8] Ferrier S.. Mapping spatial pattern in biodiversity for regional conservation planning: where to from here?[J]. Systematic Biology, 2002, 51 (2): 331-363.

[9] Milton E J., Schaepman M E., Anderson K, et al.. Progress in field spectroscopy[J]. Remote Sensing of Environment, 2009, 113: S92-S109.

[10] Pu R L.. Broadleaf species recognition with in situ hyperspectral data[J]. International Journal of Remote Sensing, 2009, 30 (11): 2759-2779.

[11] Prospere K., McLaren K., Wilson B.. Plant species discrimination in a tropical wetland using in situ hyperspectral data[J]. Remote Sensing, 2014, 6 (9): 8494-8523.

[12] 周坚华，周一凡，穆望舒. 城镇绿地树种识别的数学描述符[J]. 遥感学报，2011，15（3）：524-538.

[13] Zhou J H., Huang Y., Yu B L.. Mapping vegetation-covered urban surfaces using seeded region growing in visible-NIR air photos[J]. IEEE Journal of Selected Topics in Applied Earth Observations and Remote Sensing, 2015, 8 (5): 2212-2221.

[14] Zhou J H., Qin J., Gao K, et al.. Feature-location analyses for identification of urban tree species from very high resolution remote sensing data[J]. Ecological Informatics, 2015, 29: 16-24.

[15] Zhou J H., Qin J., Gao K, et al.. SVM-based soft classification of urban tree species using very high-spatial resolution remotesensing imagery[J]. International Journal of Remote Sensing, 2016, 37 (11): 2541-2559.

[16] Otsu N.. A threshold selection method from gray-level histogram[J]. IEEE Trans. on System, Man, and Cybernetics, 1979, 9: 652-655.

[17] Coleman G B., Andrews H C.. Image segmentation by clustering[J]. Proc IEEE, 1979, 67: 773-785.

[18] Pham D., Prince J L.. Adaptative Fuzzy Segmentation of Magnetic Resonance Images[J]. IEEE Transactions on Medical Imaging, 1999, 18 (9): 737-752.

[19] Cai W., Chen S C., Zhang D Q.. Fast and robust fuzzy c-means clustering algorithms incorporating local information for image segmentation[J]. Pattern Recognition, 2007, 40: 825-838.

[20] Baxter J S., Gibson E., Eagleson R, et al.. The Semiotics of Medical Image Segmentation[J]. Medical Image Analysis, 2018, 54-71.

锦葵科草本观赏植物引种栽培试验研究[①]

北京市园林科学研究院 / 宋利娜　蔺　艳　崔荣峰　张华丽　孙丽萍

摘　要：为筛选出适宜北京地区广泛应用的锦葵科草本园林绿化应用材料，本试验从我国的甘肃、内蒙古、四川及美国、日本等地收集到其种子、种苗等资源20余份，隶属9属10种16个品种，同时进行了连续3年多的引种栽培试验。通过对物候期、观赏特性及抗逆性的观测统计，最终筛选出了适宜在北京地区大力推广及广泛应用的资源4种，分别为蜀葵、锦葵、芙蓉葵及紫叶槿。野西瓜苗虽花量不大，但其极强的抗性可作为优良的矮生亲本资源应用。

关键词：锦葵科；园林绿化；引种栽培试验

锦葵科（Malvaceae），草本或木本植物，约有50属，分布于温带及热带。中国有16属，81种，36变种或变型[1]。本科植物资源丰富，全国各地均有栽培，其有著名的纤维作物，如棉花、苘麻、大麻槿及黄槿等[2]。从观赏角度来看，该科大多数植物均有花朵硕大、花色艳丽、花期长、抗性强等特点，具有较高的观赏及应用价值[3]。

园林应用中常见的有，木槿属（Hibiscus）的朱槿，又名扶桑，原产中国，观赏性佳，南方广泛应用，是南宁市花以及东南亚几个国家的国花[4]。木槿，木本植物，韩国国花，品种丰富，适应性强，北京地区可安全越冬，故园林中广泛应用[5]。芙蓉葵，又名大花秋葵，多年生草本，具很高观赏价值及经济价值，是城乡露地绿化的优良材料[6]。蜀葵属（Althaea）的蜀葵为我国重要的传统花卉，全国各地均有大量栽培，南北方均能安全越冬[7]。锦葵属（Malva）的锦葵，多年生草本，长势强健抗性强，绿期3～11月，是水土保持和栖息地环境保持的优良植物[8]，冬葵、野西瓜苗等是重要野生资源。

为丰富北京地区园林绿化植物材料，为使锦葵科优良观赏植物资源得以广泛应用，本试验共收集国内外草本观赏资源20余份，以期通过适应性栽培试验，筛选出观赏性及抗性俱佳的园林绿化资源。

1　材料与方法

1.1　材料的收集

从2013年6月开始进行资源的收集，通过从国内外种子公司购买、农家资源采集、网络购买、科研院所交换等方式共收集资源20余份，计16个品种（表1、图1）。

[①]　北京市公园管理中心课题（ZX2015020）。北京市公园管理中心2018年科技进步三等奖。

收集品种简介　　　　　　　　　　　　　　　表1

编号	种名	属名	品种名	产地
1	蜀葵 Althaea rosea	蜀葵属 Althaea	无名	中国甘肃
2	蜀葵 Althaea rosea	蜀葵属 Althaea	'春庆'	日本
3	锦葵 Malva sinensis	锦葵属 Malva	'繁星'	中国赤峰
4	锦葵 Malva sinensis	锦葵属 Malva	'亮丽'	中国赤峰
5	麝香锦葵 Malva moschata	锦葵属 Malva	无名	中国甘肃
6	芙蓉葵 Hibiscus moscheutos	木槿属 Hibiscus	'月神'	美国
7	芙蓉葵 Hibiscus moscheutos	木槿属 Hibiscus	无名	中国甘肃
8	紫叶槿 Hibiscus acetosella	木槿属 Hibiscus	'褐锦'	美国
9	南非葵 Anisodontea capensis	南非葵属 Anisodontea	无名	中国台湾
10	观赏苘麻 Abutilon hybridum	苘麻属 Abutilon	'风铃'	美国
11	红萼苘麻 Abutilon megapotamicum	苘麻属 Abutilon	无名	中国四川
12	花葵 Lavatera arborea	花葵属 Lavatera	'双胞胎'	美国
13	花葵 Lavatera arborea	花葵属 Lavatera	无名	中国内蒙古
14	黄葵 Abelmoschus moschatus	秋葵属 Abelmoschus	无名	中国北京
15	马络葵 Malope trifida	马络葵属 Malope	无名	中国甘肃
16	野西瓜苗 Hibiscus trionum	木槿属 Hibiscus	无名	中国北京

图1　开花期植株形态

1.2　试验方法

试验时间为2013年11月至2016年12月，其中播种育苗试验均在院内3号科研温室进行，于上一年的11月份开始播种，种子播于200穴的穴盘内，根系盘好后于第二年的1～2月份上盆，栽于15cm×15cm的营养钵内，用于地栽。3～4月份栽于室外，地栽观察试验均在位于北京市朝阳区的园林科学研究院宿根花卉苗圃内进行。

地栽试验内容为物候期、观赏性、抗逆性的调查统计。其中物候期指标包括播种期、地栽期、花期、枯萎期、返青期及绿期长度。观赏性指标包括株高、花量、花色、花型、花径。抗逆性指标包括抗热性、抗旱性、抗热性、抗病虫及抗涝性及越冬性等。

抗旱性的划分标准为夏季无人工浇水情况下，Ⅰ级：无受害症状；Ⅱ级：少部分叶片萎缩；Ⅲ级：大部分叶片萎缩；Ⅳ级：叶片卷缩严重，下部叶片开始变黄；Ⅴ级：茎叶明显萎缩，下部叶片变黄至变枯。抗热性的划分标准为，夏季最高温正常管理情况下，Ⅰ级：无受害症状；Ⅱ级：死亡植株在0～10%；Ⅲ级：死亡植株在10%～30%；Ⅳ级：死亡植株数量在30%～50%；Ⅴ级：死亡植株数量50%以上。抗涝性划分标准以能耐水浸天数区分Ⅰ级：能耐5d及以上；Ⅱ级：能耐4d；Ⅲ级：能耐3d；Ⅳ级：能耐2d；Ⅴ级：能耐1d。抗病虫性划分标准为无打药情况下，Ⅰ级：植株无明显病虫害；Ⅱ级：植株平均受害叶片在1～5片；Ⅲ级：植株平均受害叶片在5～10片；Ⅳ级：植株平均受害叶片大于10片；Ⅴ级：有致死植株出现。

2 结果与分析

2.1 物候期调查结果

从表2中可以看出，在北京地区可露地越冬的材料为蜀葵、锦葵及芙蓉葵。且3种绿期长度都达200d以上，其中锦葵绿期最长达270d，蜀葵次之为250d。从自然花期来看，锦葵、蜀葵的花期都达到150d之久，芙蓉葵为100d左右。在北京地区不能露地越冬，可作一年生栽培的有麝香锦葵、紫叶槿、南非葵、观赏苘麻、红萼苘麻、花葵、黄葵、马络葵及野西瓜苗，其中花期较长的为南非葵、观赏苘麻、黄葵及野西瓜苗，花期长度均达120d以上。紫叶槿在生长季不开花，但其全株均为紫红色，有很高的观叶价值。花葵、麝香锦葵及马络葵花期较短，在8月份即全株枯萎。从品种间的对比来看，两个国产锦葵品种间物候期指标基本一致。蜀葵的两个品种间有所差异，国产的品种较国外的品种绿期长10d左右。芙蓉葵的国产品种与国外品种物候期各项指标基本一致。

物候期调查表　　　　　　　　表2

编号	播种期	地栽期	花期	枯萎期	返青期	绿期长度(d)
1	12月上旬	3月下旬	5月下旬～11月上旬	12月中旬	3月中旬	263.7
2	12月上旬	3月下旬	6月上旬～11月中旬	12月下旬	3月中旬	253.0
3	12月上旬	3月下旬	5月下旬～11月上旬	12月中旬	3月中旬	272.7
4	12月上旬	3月下旬	6月上旬～11月中旬	12月中旬	3月中旬	272.0
5	12月上旬	3月中旬	6月下旬～7月下旬	8月上旬		243.0
6	11月下旬	3月上旬	6月下旬～9月下旬	10月下旬	4月上旬	202.7
7	11月下旬	3月上旬	6月下旬～9月下旬	10月下旬	4月上旬	201.7
8	11月下旬	4月上旬		11月上旬		191.3
9	11月上旬	4月上旬	6月中旬～10月中旬	11月中旬		228.7
10	12月中旬	4月下旬	6月上旬～10月下旬	11月中旬		219.7
11	11月下旬	4月上旬	6月上旬～10月中旬	11月上旬		197.0
12	12月下旬	4月中旬	5月中旬～7月上旬	7月下旬		121.0
13	12月下旬	4月中旬	5月下旬～7月上旬	8月上旬		139.7
14	11月下旬	4月上旬	6月上旬～10月上旬	11月上旬		201.7
15	12月下旬	4月上旬	6月上旬～8月上旬	8月上旬		116.0
16	11月下旬	3月下旬	6月中旬～10月上旬	11月中旬		209.7

2.2 观赏性调查结果

由表3可见，除花葵与野西瓜苗外，其他植株高度都在50cm以上，中国产蜀葵最高能达到220cm，进口蜀葵品种'春庆'株高相对较矮，为80～120cm。从盛花期花量来看，锦葵花量繁多，多达400朵以上，但其花径较小，为5～6cm。从花色的丰富程度来比较，蜀葵花色最为丰富，均为6种以上。芙蓉葵与观赏苘麻花色为4种；从花型来看，除蜀葵有重瓣品种外，其余均为单瓣。国外品种的蜀葵、芙蓉葵、花葵的株高均较国内品种低40%以上。

观赏性调查统计表　　　　　表3

编号	株高（cm）	花量（朵）	花色	花型	花径（cm）
1	160～220	32.3	白、粉、红、玫红、紫、黄、双色	单瓣、重瓣	9.4
2	80～120	51.3	白、粉、红、玫红、杏黄、淡黄、紫	单瓣、重瓣	8.0
3	90～130	402.0	玫红	单瓣	6.2
4	90～130	450.3	粉	单瓣	5.4
5	60～80	48.0	粉	单瓣	4.9
6	60～70	10.7	白、粉、玫红、红	单瓣	21.4
7	120～150	8.3	白、粉、玫红、红	单瓣	18.5
8	140～160	0			0
9	60～100	283.0	粉	单瓣	2.7
10	70～90	29.7	红、黄、粉、白	单瓣	6.0
11	40～60	78.7	黄	单瓣	3.6
12	25～40	59.0	白、粉	单瓣	6.2
13	50～70	61.0	白、粉	单瓣	6.6
14	150～170	21.3	黄	单瓣	14.3
15	40～50	48.0	白、粉、玫红	单瓣	5.4
16	20～35	13.7	黄	单瓣	7.5

注：花量为盛花期单株花朵数量。

2.3 抗逆性调查结果

从表4可见，除麝香锦葵、花葵及马络葵的抗旱性及抗热性都较差，均低于Ⅲ级。大部分都具有较强的抗性。其中蜀葵、锦葵、芙蓉葵的抗旱性、抗热性、抗病虫性及抗涝性均在Ⅱ级以上，且北京地区均能露地越冬。紫叶槿除抗涝性稍差以外，抗旱性、抗热性及抗病虫性均为Ⅱ级。麝香锦葵、花葵及马络葵的抗旱性及抗热性都较差，均低于Ⅲ级。观赏苘麻抗旱性、抗热性为Ⅲ级，抗病虫性及抗涝性为Ⅱ级。野西瓜苗除抗涝性为Ⅲ级以外其余均为Ⅱ以上。黄葵的抗旱性与抗热性均为Ⅱ级，抗病虫性及抗涝性Ⅲ级。同种不同品种间对比，国外品种抗性均不如国产品种。

抗逆性观测　　　　　表4

编号	抗旱性	抗热性	抗病虫性	抗涝性	越冬性
1	Ⅱ	Ⅰ	Ⅰ	Ⅰ	露地越冬
2	Ⅱ	Ⅱ	Ⅱ	Ⅰ	露地越冬
3	Ⅰ	Ⅰ	Ⅰ	Ⅱ	露地越冬
4	Ⅰ	Ⅰ	Ⅰ	Ⅱ	露地越冬
5	Ⅳ	Ⅴ	Ⅲ	Ⅳ	不能露地越冬
6	Ⅱ	Ⅱ	Ⅱ	Ⅱ	露地越冬
7	Ⅱ	Ⅰ	Ⅰ	Ⅱ	露地越冬

续表

编号	抗旱性	抗热性	抗病虫性	抗涝性	越冬性
8	Ⅲ	Ⅳ	Ⅱ	Ⅳ	不能露地越冬
9	Ⅳ	Ⅲ	Ⅳ	Ⅳ	不能露地越冬
10	Ⅲ	Ⅲ	Ⅱ	Ⅱ	不能露地越冬
11	Ⅲ	Ⅲ	Ⅲ	Ⅲ	不能露地越冬
12	Ⅳ	Ⅴ	Ⅲ	Ⅴ	不能露地越冬
13	Ⅳ	Ⅴ	Ⅲ	Ⅴ	不能露地越冬
14	Ⅲ	Ⅲ	Ⅲ	Ⅲ	不能露地越冬
15	Ⅳ	Ⅴ	Ⅳ	Ⅴ	不能露地越冬
16	Ⅰ	Ⅱ	Ⅱ	Ⅲ	不能露地越冬

3 结论与讨论

从连续近3年的观察统计结果来看，除花葵、马络葵及麝香锦葵外，大部分草本资源均具有锦葵科植物花色艳丽、抗逆性强的优点，且花期都能达100d以上，绿期较长，均能达到200d。

其中，蜀葵、锦葵及芙蓉葵北京地区均能露地越冬且抗逆性强，紫叶槿虽不能越冬，但其整个生长季植株均为紫红色且抗逆性强，均可应用于花境、路边、绿地改造及庭院等，适宜大力推广。花葵、马络葵及麝香锦葵耐热及耐旱性较差，但其花量繁多、花色艳丽、植株低矮，适宜应用于花坛，应用时要避开炎热夏季，可延长花期。南非葵花径小，花量繁多，分枝性好，但不能露地越冬，适于盆栽观赏，适时进行修剪可达到更好效果。观赏苘麻及红萼苘麻，开花时花瓣下垂，观赏性与其他种（品种）比较稍差，但其抗逆性很好，可继续选育花量紧凑品种，改进其观赏性状，为园林绿化所用。在所收集的资源中，野西瓜苗植株最矮，抗逆性强，可作亲本资源。

在本次引种栽培试验中，蜀葵、花葵及芙蓉葵都收集到了国外品种，与国产品种相比，国外品种植株低矮，花色无明显差别，但抗性明显低于国内品种，因此，探索品种间的杂交工作，得到植株低矮、观赏性不变、抗性强的新品种很有实际意义。

参考文献

[1] 李扬汉. 植物学[M]. 上海科学技术出版社，1998：319.

[2] 王柯，陈科力，刘震，等. 锦葵科植物DNA条形码通用序列的筛选[J]. 植物学报，2011，46（3）：276-284.

[3] 陈功，李骏捷，徐慧，等. 锦葵科观赏花卉资源及其园林应用[J]. 中国观赏园艺研究进展，2014，98-102.

[4] 林林，蔡键和，罗恩波，等. 南宁市朱槿曲叶病毒病病原分子奠定和寄主范围研究[J]. 植物保护，2011，37（4）：44-47.

[5] 张辛华，李秀芬，张德顺，等. 木槿花粉活力检测方法筛选[J]. 中国农学通报，2009，25（08）：227-229.

[6] 郭艳超，孙昌禹，王文成，等. NaCl胁迫对芙蓉葵种子萌发和种苗生长的影响[J]. 西北农业学报，2012，21（3）：158-163.

[7] 时丽冉，李会芬，高汝勇，等. 蜀葵染色体数目及核型分析[J]. 江苏农业科学，2009，5（2）：173-174.

[8] 贾风琴，张娜，杨瑞瑞，等. 伊犁四爪陆龟保护区荒漠绿洲交错带圆叶锦葵种群构件的生长分析[J]. 干旱区研究，2013，30（5）：822-826.

大熊猫行为与环境因子的关系[①]

北京动物园 / 刘 赫 张轶卓 何绍纯

摘 要：在异地保护过程中，野生动物不可避免地受到各种自然因素和人为因素的作用。本项目以北京动物园圈养大熊猫为对象，测定了大熊猫馆室内展厅和室外运动场的各种环境指标：光照度、温度、湿度、噪声、游客量和饲养员的接触，比较了展厅和运动场的环境因素，评估了各环境因子对大熊猫行为的影响，探讨环境对动物福利的关系。结果表明室内与室外笼舍的环境因子差异显著，室外运动场的温度和光照度显著高于室内展厅。各种环境因素显著影响了大熊猫的行为，不同的环境因子影响不同。圈养动物的刻板行为不仅代表动物福利不佳，可能也是动物对不佳环境的一种适应方式。

关键词：行为；温度；湿度；光照度；噪声；游客量

1 引言

自然栖息地赋予野生动物一个变化多端、不可预期的生存条件，在长期进化过程中已形成特定的行为模式，环境作为动物行为的一个要素，其生境元素的多样性是诱导动物行为发育的条件之一，包括积极寻找有利的生存空间和主动避开不利环境等[1]。自然选择使野生动物适应环境成为可能，动物只有经过长期的适应和行为调整才能在充满挑战的环境中繁衍生息[2]。动物园动物则不可能完全拥有一个真实的自然环境，对外来干扰的反应很有限，故很多适应性行为得不到发挥，不可避免地影响了动物园动物的繁殖[3]。笼舍空间大小、笼舍的复杂性、饲养管理的质量等环境因素均与动物的繁殖成功与否相关联[4, 5]。圈养环境不仅关系到动物的繁殖，同时也影响动物的行为，很多圈养动物都有心理或行为的问题，特别是环境噪声和笼舍空间都对大熊猫的行为产生影响[6, 7]，许多圈养大熊猫在年复一年的不变生活方式中逐渐表现出异常行为[8]。

动物园环境主要包括笼舍设施、气候因子、社群环境、饲养员和一些日常管理措施等因素[4]。北京动物园的环境与大熊猫自然栖息地的环境相差甚远，自1963年第一次圈养繁殖成功至今，已经适应了北方的气候和圈养的环境。然而，关于大熊猫究竟适合怎样的笼舍条件仍然没有定论，特别是湿度和光照度等设计笼舍必备的因素尚不清楚。在动物园有限的条件下，怎样的环境才是大熊猫最适宜的生存条件？冬暖夏凉的恒温是否适合大熊猫的生活？人类一厢情愿的环境构筑是否符合大熊猫的心愿？在相对不变的大熊猫馆环境中，有些自然因素（温度、湿度、光照度）每天都在发生着改变，这些变化对大熊猫的行为有哪些影响？本研究主要通过测定环境温度、环境湿度、光照度、游客数量、环境噪声水平、饲养员的接触等因素，比较节假日与工作日、运动场

[①] 北京动物园和孟菲斯合作科研项目。北京市公园管理中心2018年科技进步三等奖。

与室内展厅内大熊猫行为的变化,来探讨自然环境因子和人为因素对大熊猫行为的影响,评估圈养环境中各种因素的作用,为改善圈养动物福利,提高饲养管理水平提供理论依据,并以此提出更为科学的管理方式。

2 材料与方法

2.1 动物和饲养管理

本研究中7只成年大熊猫均在北京动物园饲养超过3年,其中有3只交换自卧龙大熊猫研究中心,详细情况见表1。所有大熊猫均单独饲养,白天展出时间里大熊猫每隔1～2天在室内展厅与室外运动场之间轮换场地。通常在每天的早上8:00～8:30大熊猫进入室外运动场,中午11:00～14:00大熊猫有一个规则的睡眠行为,下午16:00～17:00回到室内展厅,回到室内展厅的时间也根据天气条件有所调整。因此,我们的观察在上午9:00～11:00,下午14:00～16:00。北京动物园大熊猫馆共有三个室外运动场和三个室内展厅。竹子和水随时添加,通常在上午8:30～9:30和下午15:30～16:30饲喂其他一些食物,如苹果、胡萝卜、鸡蛋等。

大熊猫信息表　　　　　　表1

名称	谱系	性别	出生日期	来源
古古	496	雄	09/25/1999	生于卧龙
大地	394	雄	09/22/1992	生于卧龙
吉妮	403	雌	11/04/1993	生于北京
瑛华	566	雌	08/17/2003	生于卧龙
乐乐	320	雌	09/08/1986	生于北京
萌萌	652	雌	09/13/2006	生于卧龙
妞妞	421	雌	09/05/1999	生于北京

2.2 行为观察

于1月～5月采用聚焦取样持续记录所有观测行为,行为谱见表2。每个观测期间(上午9:00～11:00或下午14:00～16:00)观测一只大熊猫,观测者站在笼舍边缘0.5m处,统计计算一个小时内行为的频率和时间百分比。本研究中刻板行为频率和时间百分比是指所有踱步、甩头、摇头和扒门行为频率和时间百分比总和。

大熊猫行为谱　　　　　　表2

行为	缩写	描述
走动	LO	一阵短距离的运动,或以非刻板方式的持续运动
标记	AM	用会阴部摩擦物体

续表

行为		缩写	描述
修饰		GO	搔抓并舔舐体毛
休息		RS	躺着或坐着,清醒或睡眠
排遗		UR/DE	排尿或排便
取食		FE	取食竹子、蔬菜、水果等食物
刻板行为	踱步	PC	来来回回持续重复在一定边界内运动
	甩头	HT	动物迅速向上甩头或向一边摆动头
	摇头	HE	站在一个地方持续水平从一边向另一边转动头部
	扒门	DR	后腿站立前肢放在门上推门、敲门或安静地站立等待饲养员走近
其他		OT	低频率的行为均划分为其他

2.3 环境因子测定

环境温度采用 TES 1360A 数字温湿度测量仪取样,温度数据用国际单位摄氏度(℃),湿度用相对湿度表示(%RH)。光照度采用 TES 1335 数字光照度计测定,用国际单位勒克斯(lx)。环境噪声采用 TES-1351 声级器测量,选用低范围慢反应挡(35～90dB),数据用国际单位分贝(dB)表示。每间隔10分钟记录一次噪声,每个小时内的噪声是该时间段内记录噪声的平均值。游客量是每小时的游客总人数。饲养员的接触划分为积极接触、中性接触、被动接触。

2.4 统计方法

所有数据均用 one-sample Kolmogorov-Smirnov test 确定分布的正态性,非参量的数据通过平方根、三角函数或对数转换为参量数据,如果转换后仍然是非参量的数据则采用非参数分析。用 SPSS 10.0 计算出 Kendall tau-b correlation 相关系数,然后根据 Kendall's partial rank correlation 偏相关分析检验行为与环境因子的关系。Mann-Whitney U test 用于比较室内外环境因子的差异。用 Wilcoxon signed ranks test 比较室内外行为的差异。非参数的 Kruskal Wallis tests 用于测量组间的个体差异,即刻板行为在年龄和性别上没有显著差异($P>0.05$)。每个行为在一个小时内的持续时间和频率用于统计分析单位。数据均用 $X±SD$ 表示,显著水平设置为0.05,所有数据处理均在 SPSS10.0 和 Microsoft Excel 2003 软件上进行。

3 结果

3.1 室内外笼舍的差异

测定5个月内收集7只大熊猫累计522个小时的行为

数据，所有行为数据均用每小时内持续时间百分比和频率表示。室内与室外笼舍的环境因子差异显著，室外运动场的温度和光照度显著高于内舍（$P<0.001$，表3）。虽然内舍与游客之间有玻璃阻隔，但隔声效果很差，声音的传输没有受到影响。室外运动场的湿度、噪声和游客量显著低于内舍（$P<0.05$，表3）。

表3 大熊猫馆的环境变量

环境变量	室外运动场			内舍		
	n	Mean±SD	Range	n	Mean±SD	Range
温度（℃）	276	15.64±7.93	-2.38~29.20	241	16.47±2.94	7.48~22.80
湿度（%RH）	276	32.70±11.41	10.95~71.00	241	37.86±16.36	10.58~85.50
光照度（lx）	279	25363.00±13866.10	18.50~70016.67	243	68.63±50.37	11.20~267.45
声音强度（dB）	274	56.49±4.22	46.87~69.20	237	62.24±5.13	50.02~79.20
游客量	216	157.40±8.83	3~917	183	196.44±11.92	21~975

3.2 室内与室外行为比较

大熊猫观察期内32.21%用于取食行为，42.74%则是休息行为。内舍取食行为的持续时间和频率均显著高于室外运动场（$P\leqslant 0.001$，图1、图2）。室外运动场中休息行为的持续时间和频率显著高于内舍（$Z=-3.545$，$P<0.001$，图1）。取食的持续时间与环境温度呈负相关（$r=-0.098$，$P<0.05$），而取食的频率没有受到环境温度的影响（$r=-0.058$，$P>0.05$）。刻板行为、休息行为、修饰行为和走动行为均与环境温度无关（$P>0.05$）。取食持续时间与湿度显著正相关（$P<0.05$），走动、休息和修饰行为均与环境湿度无关（$P>0.05$）。摇头和扒门的时间百分比和频率与环境湿度呈显著正相关（$P<0.05$），而总刻板行为、踱步和甩头却与环境湿度无关（$P>0.05$）。

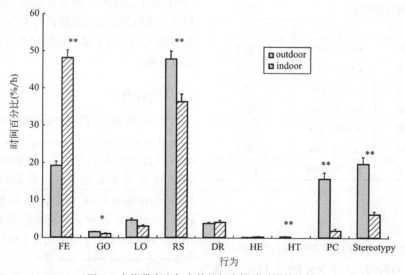

图1 大熊猫室内与室外的行为持续时间的比较

室外运动场中大熊猫修饰的时间（$Z=-2.753$，$P=0.006$，图1）和频率（$Z=-2.918$，$P=0.004$，图2）显著增加，室内与室外大熊猫走动行为持续的时间无显著差异（$Z=-0.708$，$P=0.479$，图1），但室外的走动频率更高一些（$Z=-3.276$，$P=0.001$，图2）。

在测定期间刻板行为是大熊猫的第三大主要行为，占所有行为的13.64%。在室外大熊猫的修饰、移动、休息、旋转、踱步以及总刻板行为的持续时间显著高于展厅，而进食行为却显著少于展厅，扒门和甩头行为的持续时间没有显著差异（图1）。在行为的发生频次上，修饰、休息、扒门、旋转、踱步以及总刻板行为在运动场时显著高于展厅，同样进食行为的频次也显著少于展厅，而移动和甩头行为的频次没有显著差异（图2）。大熊猫在室外运动场中的刻板行为总时间和频率显著高于内舍，尤其是甩头和踱步行为均显著高于内舍（$P<0.001$，图3）。室内和室外的扒门行为和摇头行为在总的时间上没有显著差异（$Z=-0.498$，$P=0.619$；$Z=-0.869$，$P=0.385$），但大熊猫在室外运动场的扒门频率更高一些（$Z=-3.557$，$P<0.001$）。

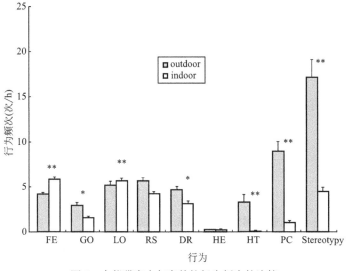

图2 大熊猫室内与室外的行为频次的比较

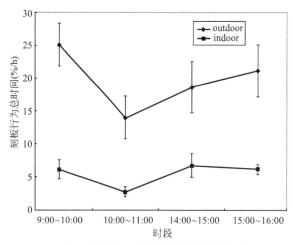

图3 大熊猫室内与室外刻板行为的比较

在室外运动场，工作日和节假日下大熊猫的进食、修饰、移动、休息、扒门、晃头、旋转、踱步以及总体刻板行为的差异不大，各行为持续时间比例和发生次数均无显著差异（图4）。在室内展厅，工作日和节假日下大熊猫的进食、修饰、移动、休息、扒门、晃头、旋转及总体刻板行为差异不大，各行为持续时间比例和发生次数均无显著差异（图4）。

3.3 温度对大熊猫行为的影响

所测的室内与室外环境温度从 −2.38℃ 到 29.20℃，平均 15.64℃。取食、修饰和移动的持续时间以及走动的频率与环境温度呈负相关（表4，$P<0.05$），即温度越高取食、修饰和移动的持续时间反而降低，但取食的频率没有受到环境温度的影响（$P>0.05$）。刻板行为中扒门的频率与温度成正相关，温度越高，扒门的频率越多；甩头的持续时间与温度呈负相关，温度越高，甩头的时间越短。休息、摇头、踱步和总刻板行为与环境温度无关（$P>0.05$）。

3.4 湿度对大熊猫行为的影响

所测环境湿度在 10.58%RH 与 85.50%RH 之间。取食持续时间与湿度显著正相关（$P<0.05$，表5），走动、休息和修饰行为等其他行为均与环境湿度无关（$P>0.05$，表5）。

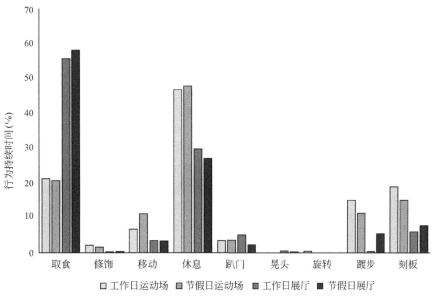

图4 大熊猫节假日与工作日行为持续时间的比较

环境温度与大熊猫行为持续时间和频率的 Kendall's 偏相关系数　表4

行为	n	持续时间	频率
FE	517	−0.703*	0.041
GO	517	−0.628*	−0.049
LO	517	−0.138*	−0.099*
RS	517	0.072	0.030
DR	517	0.063	0.090*
HE	517	−0.079	−0.071
HT	517	−0.578*	−0.065
PC	517	0.070	0.079
Stereotypy	517	0.049	0.051

注：*表示显著相关。

环境湿度与大熊猫行为持续时间和频率的 Kendall's 偏相关系数　表5

行为	n	持续时间	频率
FE	517	0.166*	0.078
GO	517	−0.027	−0.063
LO	517	−0.02	0.006
RS	517	−0.011	0.053
DR	517	0.051	0.041
HE	517	0.01	0.007
HT	517	0.002	−0.044
PC	517	0.029	0.036
Stereotypy	517	0.021	0.027

注：*表示显著相关。

3.5 光照度对大熊猫行为的影响

室外运动场的光照度在中午11点达到最高，70016.67 lx，平均为25636lx。内舍光照度记录的最低值是11.20lx，平均光照度68.63lx。踱步与光照度呈显著正相关，光照度越强，踱步行为越频繁、持续时间越长（$P<0.05$，表6）；相反，取食的持续时间却与光照度呈显著负相关，光照度越强，取食竹子的时间越短（$P<0.05$，表6）。修饰的持续时间、休息的持续时间和频率均与光照度显著正相关；光照度越大，刻板踱步和甩头发生的频率和持续时间就越高（$P<0.05$，表6）。光照度没有影响走动、扒门、和摇头等行为（$P>0.05$，表6）。

光照度与大熊猫行为持续时间和频率的 Kendall's 偏相关系数　表6

行为	n	持续时间	频率
FE	522	−0.212*	−0.095*
GO	522	0.215*	0.067
LO	522	0.013	−0.037
RS	522	0.133*	0.087*
DR	522	−0.03	0.07
HE	522	−0.043	−0.031
HT	522	0.268*	0.122*
PC	522	0.174*	0.179*
Stereotypy	522	0.071	0.096*

注：*表示显著相关。

3.6 噪声对大熊猫行为的影响

最大噪声是79.20dB，最小噪声为46.87 dB，平均的声音强度是59.28±5.60 dB，达到了我国的噪声标准。声音强度数据差异显著，休息日显著高于平时工作日。取食时间随着声音强度的增加呈现上升，而修饰和甩头的时间却随着噪声的增加而减少（$P<0.05$，表7），扒门的频率均与噪声呈显著正相关（$P<0.05$，表7），但走动、休息、摇头和踱步等行为却与噪声没有显著相关（$P>0.05$，表7）。

声音强度与大熊猫行为持续时间和频率的 Kendall's 偏相关系数　表7

行为	n	持续时间	频率
FE	522	0.155*	0.057
GO	522	−0.095*	−0.069
LO	522	−0.012	0.024
RS	522	−0.044	−0.050
DR	522	−0.039	0.090*
HE	522	−0.049	−0.040
HT	522	−0.087*	−0.076
PC	522	−0.040	−0.040
Stereotypy	522	−0.042	−0.061

注：*表示显著相关。

3.7 游客对大熊猫行为的影响

动物园的游客数量受工作日和节假日影响很大。工作日中游客数量相对较少，旅游团在其中占很大比例。而节假日的游客量则相对较大，尤其以法定假日为多。根据我们收集的数据，工作日的平均游客量为113±4人/10min，噪声平均值为57.51±0.30dB；节假日的平均游客量为280±15人/10min，噪声平均值为62.50±0.48dB，二者存在显著差异（$P<0.0001$）。取食、修饰、甩头的时间随着游客的增加而增加（$P<0.05$，表8）。然而，游客量没有影响走动、休息、扒门、踱步和摇头等行为（$P>0.05$，表8）。

游客量与大熊猫行为持续时间和频率的 Kendall's 偏相关系数　表 8

行为	n	持续时间	频率
FE	399	0.183*	−0.058
GO	399	0.188*	0.002
LO	399	0.054	0.044
RS	399	0.006	−0.021
DR	399	−0.019	−0.073
HE	399	0.048	0.051
HT	399	0.142*	−0.012
PC	399	−0.066	−0.067
Stereotypy	399	−0.057	−0.042

注：*表示显著相关。

3.8　饲养员对大熊猫行为的影响

大熊猫馆通常在上午 8～10 点内进行首次饲喂，我们测定了饲养员首次饲喂的时间与大熊猫各行为持续时间的斯皮尔曼等级相关系数，结果表明喂食时间早晚与大熊猫各行为无显著相关。饲养员与大熊猫的接触显著影响了大熊猫的行为，在积极接触、中性接触和被动接触的时候，大熊猫的取食、移动、扒门、刻板等行为显著增加（$P<0.05$），而休息时间却明显减少（图 5）。

4　讨论

本研究中，室内和室外环境因素的差异导致大熊猫行

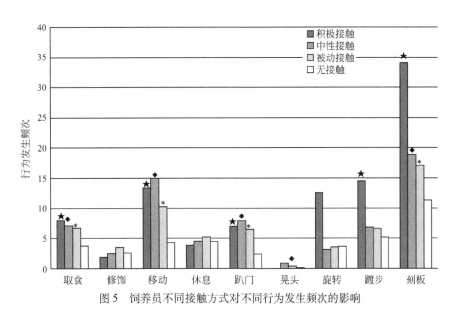

图 5　饲养员不同接触方式对不同行为发生频次的影响

为的变化，包括自然因素：温度、湿度、光照度，人为因素：噪声、游客量、饲养规程等。比较室内与室外的行为差异发现，室内取食时间较长，而室外大熊猫的休息更多一些。在自然条件较好、空间较大的室外运动场内大熊猫的踱步、甩头和扒门等刻板行为明显增加。因此，单凭就空间大小与自然与否不能判断对动物行为的影响，必须要全面评估各种因素。

4.1　自然环境因子的影响

温度的变化对大熊猫的行为没有影响，但是在温度较低的情况下，能量需求增加，大熊猫摄取的能量也随之增加，故我们测定的取食行为也显著增加。湿度对大熊猫的行为是有一定作用的，在环境湿度较大的情况下，大熊猫取食时间增加，可能湿度增加延长了竹叶新鲜的时间，增加了大熊猫进食的时间，且竹叶一旦萎蔫，大熊猫就不食

了。在光照度增加的时候，取食时间减少，休息时间增加，同时刻板踱步行为也随之显著增加，光照度影响的行为较多。可能大熊猫的自然栖息是深山密林下，究竟湿度和光照度多少才适宜仍然需要更深入的研究，但可以肯定目前光照度、温度、湿度都不同程度影响了大熊猫的行为。

4.2　人为因素的影响

大熊猫馆的噪声主要来自游客，室外运动场的噪声相对较小，而室内展厅已经达到我国适用于居住、商业、工业混杂区的 2 类噪声标准：昼间 60dB 以上。尽管噪声和游客量对大熊猫白天休息的总时长没有影响，但随着声音强度的增加，大熊猫休息的频率却增加了，表明大熊猫不时地被噪声干扰，不得不多次进入休息状态。同时，取食的时间也延长，可能是噪声形成的应激反应和心理压力导致体内能量消耗增加，大熊猫通过取食和休息来避免身体

的伤害。

Powell 等（2006）发现外界环境噪声对大熊猫形成一个潜在的压力，使得大熊猫更活跃，展示更多与应激反应、焦躁相关的行为，但他们所测定的施工噪声都是短暂的高频率声音，大熊猫表现出释放压力的各种行为来避免生理伤害，是对突发环境噪声的一种适应性反应[7]。在这种短暂高音量的噪声的刺激下大熊猫表现出走动和扒门行为的增加，而中等频率的人群噪声则对大熊猫的行为没有显著影响，对于这种长期的、持续的环境压力，动物往往表现出活动较少，休息时间增加[6, 7]。此外，北京动物园的大熊猫已经圈养繁殖很多代了，试验大熊猫饲养展出超过三年时间，已经习惯了高客流、高噪声的波动环境，对此的反应已经不敏感，没有影响大熊猫的走动和扒门行为，只是表现出刻板行为和修饰行为的降低，但作为适应性反应它们更多地休息并减少活动。然而，Owen 等（2004）发现雌性在发情和哺乳期对噪声更敏感，而在妊娠期和非繁殖期对噪声不敏感[6]。因此，噪声对于繁殖状态下的大熊猫危害更大，甚至影响到雌性大熊猫繁殖成功[9]。

4.3 对饲养管理的建议

大熊猫在野外主要分布在海拔 2600～3500m 的茂密竹林里，气温低于 20℃。在圈养环境中，如果没有躲避的小环境，大熊猫则通过机械运动来缓解当前的不利，并试图掌控当前的微环境。美国学者的研究也发现大熊猫经常避免强光的照射，这与野外浓密的林下竹栖息地有关。因此，在设计笼舍和饲养展示的时候应考虑光照和温度对大熊猫的影响。游客的噪声和游客量也显著影响大熊猫的行为，特别是游客噪声的增加与扒门的频次呈现显著相关。总之，温度和光照度对大熊猫的行为影响较多，而湿度、游客量和噪声的影响较弱。在今后的饲养管理中应避免上述因素的作用，提高动物福利。

野生大熊猫的日常生活涉及逃避天敌、寻找并捕获食物、穿越危险地带、竞争、社会活动、交配和各种变化不定的刺激。与自然环境条件相比，圈养大熊猫生活环境单一，活动空间相对狭小，长时间面对大量游客，各种刺激和环境偶然性少得多，容易产生刻板行为。刻板行为是一把双刃剑，一方面可以衡量动物对环境的适宜性，展示对环境不适合，另一方面刻板行为也释放压力，是动物适应环境的一种行为表现方式。刻板行为可以作为动物福利差的一个指示因子，但绝不是衡量动物福利的决定因子[10]，刻板行为展示的是对环境的妥协和适应，是圈养条件下自然选择的结果。这些来源于弹性重复行为的所谓不正常的刻板行为可以缓解枯燥、单调的圈养生活，补偿和填充在野外应有的能量消耗[11]。为了减少动物展览过程中的刻板行为，动物园应及时地进行环境丰容，改善圈养动物的刻板行为[8]，但丰容项目不能一劳永逸地改变动物福利，需要保持更新和创新，才能持续有效，给动物更多的选择。

参考文献

[1] 蒋志刚,李春旺,彭建军,等. 行为的结构、刚性和多样性[J]. 生物多样性，2001，9（3）：265-274.

[2] Poole, T.B. Behavioural problems in captivity in general and their management. In Proceedings of the 2nd International Conference on Environmental Enrichment, Copenhagen, 1995.

[3] Wyers, E.J. Comments on Behavioural Research in Naturalistic Settings. In：Gibbons EF editor. Naturalistic environments in captivity for animal behaviour research. Albany：State University of New York Press. 1994, 19-33.

[4] Carlstead KJ, Fraser J, Bennett C, Kleiman DG. Black rhinoceros (Diceros bicornis) in US zoos：II behaviour, breeding success and mortality in relation to housing facilities. Zoo Biol, 1999（a），18：35-52.

[5] Carlstead KJ, Mellen J, Kleiman DG. Black rhinoceros in US zoos：I individual behaviour profiles and their relationships to breeding success. Zoo Biol, 1999（b），18：17-34.

[6] Owen M.A., Ronald R. Swaisgood, Nancy M. Czekala et al. Monitoring Stress in Captive Giant Pandas (Ailuropoda melanoleuca)：Behavioral and Hormonal Responses to Ambient Noise, Zoo Biology, 2004, 23：147-164.

[7] Powell D.M., Carlstead K., Tarou L.R., Brown J.L. & Monfort S.L. Effects of Construction Noise on Behavior and Cortisol Levels in a Pair of Captive Giant Pandas (Ailuropoda melanoleuca). Zoo Biology, 2006, 25, 391-408.

[8] Swaisgood, R.R., Ellis, S., Forthman, D.L. & Shepherdson, D.J. Commentary：Improving Well-Being for Captive Giant Pandas：Theoretical and Practical Issues. Zoo Biol, 2003, 22, 347-354.

[9] Zhang G, Swaisgood RR, Zhang H. Evaluation of behavioral factors influencing reproductive success and failure in captive giant pandas. Zoo Biol, 2004, 23：15-31.

[10] Rees, P. A. . Activity budgets and the relationship between feeding and stereotypic behaviors in Asian elephants (Elephas maximus) in a zoo. Zoo Biology, 2009, 28, 79-97.

[11] Duncan, I. J. H., Rushden, J., & Lawrence, A. Conclusions and implications for animal welfare. In A. B. Lawrence & J. Rushden (Eds.), Stereotypic animal behaviour：fundamentals & applications Oxford, CAB International, 1993.

天坛公园科普传媒资源库的构建与实践①

北京市天坛公园管理处　刘育俭　姜天垚　金　衡　张皓楠

摘　要：对近40年来天坛科普工作溯源，科普工作经历了3个阶段的发展过程。课题组经过3年时间完成天坛公园生态科普基础资料的整理、补充、完善工作，制作完成9大类106种科普资料，其中科普图书图册4册、折页6款，室内外展览19套，视频8部；科普文章16篇，微信小程序1个，宣传品10种，教具7类，课件35个。天坛科普传媒资源库已初具规模，同时推动了科研与科普的结合，促进了科学传播的顺畅发展。

关键词：天坛公园；科普；溯源；传媒资源

科普资源和设施是承载科学技术普及的重要载体，是为公众提供服务的重要平台，有了一个好的平台，以何种形式表现平台内容，是每个科普工作者应思索的问题。天坛公园作为历史悠久的祭天场所，坛域广阔，植被丰富，有着丰富的生态科普资源，具备科普的功能与责任，自改革开放以来，天坛公园生态科普工作经历了较长的一段发展过程，经过科普工作者的努力，通过开展各种科普形式达到了宣传保护环境的目的，帮助大众接受环保知识，树立了环保意识。

1　天坛科普工作发展溯源

我们查阅相关资料，对近四十年来天坛公园的科普工作进行了梳理，对科普活动的开展时间、主题、活动内容进行了总结。回顾天坛公园科普发展的历程，每一次变化都与时代的发展有着必然的联系。我们根据不同时期的工作特点和发展特征将天坛科普发展历程划分为初步萌芽阶段、逐步重视阶段、快速突破3个阶段。

1.1　初步萌芽阶段（1979～2001年）

这一时期的科普从无到有，经历了一个比较漫长的过程。当时的天坛科普活动呈"四无"状态，即无科普意识、无科普机构、无科普场所、无科普人员。虽然一些活动具有科普的性质和作用，但因形式单一，活动次数很少，不能达到向广大民众传播科学知识的目的。

1.2　逐步重视阶段（2002～2011年）

这一时期的科普工作逐渐得到各级的重视。2002年6月29日，《中华人民共和国科学技术普及法》颁布施行。为了推动科普工作进一步向深度和广度发展，从2003年开始，中国科协每年都在全国范围内组织开展全国科普日活动，2006年国务院颁布实施《全民科学素质行动计划纲要（2006—2010）》，这些法规的颁布与实施对加强科学技术普及工作，提高公民的科学文化素质，推动经济发展和社

---

① 北京市公园管理中心课题（ZX2016003）。北京市公园管理中心2018年科技进步三等奖。

会进步意义重大，也极大促进了基层单位科普机构的建设和发展。其间天坛公园的生态科普活动逐渐开展起来。

2000年4月15日天坛公园首次举办生物多样性主题宣传月活动，发放资料2000余份。2000～2011年，天坛公园开展的规模较大的一次科普宣传活动是2002年4月20日，在天坛丹陛桥举办了"保护生物多样性·建设绿色天坛"为主题的科普活动。活动以展览和签名两种形式展开。其中动植物标本展览以天坛的常见鸟类及珍稀植物标本为主，通过展板以新的视角突出强化环保理念，注重生态建设，倡导生态旅游，诠释"绿色天坛"的内涵，签名活动围绕铺在丹陛桥上的一条长30m、宽1.2m白底绿字写有"保护生物多样性，建设绿色天坛"的条幅上进行，过往游客纷纷签名。

2000年以后天坛公园每年举办生物多样性保护宣传活动，已成为一年中必须完成的固定的科普任务。但形式上多以"摆台子、拉横幅、立展板、发折页、搞调查"为主。往往是一项科普活动要几个部门搭伙，计生办、管理科、团委等是经常合作的科室，半天的活动完成几项任务。展板折页更新少，两套展板用了10年。

1.3 快速突破阶段（2012～2018年）

这一时期的科普工作有了长足发展，主要表现在：

（1）科普队伍初具规模

随着北京市公园管理中心对科普工作的重视和要求，各公园都要求有一位科级干部主管科技科普工作。天坛公园配备了专职科普人员，同时联合大专院校、科研部门、公益环保组织等，形成了包括高、中级职称与大专学历以上人员组成的科普队伍。

（2）科普场地建设完成

2013年紫竹院科普小屋揭牌开放，这是为推动公园科普常态化，在公园管理中心11家公园中开设的首个科普小屋。公园管理中心以此为试点，努力把"公园科普小屋"打造成市属公园的品牌特色项目，其他公园也将陆续建立各具特色的科普小屋。

2014年天坛公园投资200余万元建成生态科普园，于当年10月正式运行，由室内的科普互动厅、科普实验室以及室外的生态体验区组成。2015年又丰富了室外植物种类，改善周围环境，硬件设施建设已基本完成。

（3）科普逐步走上常态化

2012年5月18日在天坛祈年殿西侧广场，开展了公园管理中心科技周活动启动仪式，自此项活动后，天坛公园积极参加生物多样性宣传月、科技活动周（2015年改称"科普游园会"）、暑期科普夏令营、全国科普日、园林科普津冀行等专项科普活动，认真策划组织公园内的常态化活动，以及生态科普知识进社区、进学校，"请进来，走出去"

等活动，天坛公园已经成为生态科普宣传的有效载体。基本形成了以天坛常态化生态科普活动为主、主题科普活动为辅，多形式科普宣传为基础的科普活动模式。先后被评为北京市科普基地、首都生态文明宣教基地和北京市园林绿化科普教育基地。

（4）生态科普主题更加突出和明确

天坛生态科普活动注重游客与市民科学素质提升，突出植物知识、生态保护、古树文化、特色植物等科普活动内容，倡导游客与市民热爱自然、保护环境的环保意识，促进人与自然和谐相处，为建设天蓝、地绿、水净的美好家园，实现生态文明建设和"美丽中国"目标作贡献。

2 科普工作的快速发展暴露出来的问题

2.1 活动内容缺乏变化

多年以保护生物多样性宣传的大主题为主，咨询场地固定，活动题目抽象，主题难于深入人心。

2.2 宣传材料缺少创新

因为缺少专人创作，截至2015年天坛共有生态科普宣传折页4种，展板2套，视频2部，十余年一贯制使用这几种宣传材料，科普传媒资源匮乏。

2.3 科普活动形式单调

活动主要以现场咨询、展板展示为主，活动形式单一，内容雷同。虽然从2014年开始还开展了鲜花进社区、进学校等活动，但因多种原因，参与人数有限，不能满足广大市民与游客对科普知识的需求。

2.4 科普科技二者脱节

人类的科学技术活动，包括两个方面，一是科学技术的研究和开发，二是科学技术的传播。因此科普工作要以科学研究为依托，特别是要与天坛公园近年来的科学研究为基础，将科研成果以多种途径进行宣传和普及。但现实情况是，科普工作的软件缺失。一方面科普缺米下锅，另一方面科研成果结题后闲置，大量的科研资料分散在档案室或因资料的形式不适合科普应用。为完成活动科普人员往往东拼西凑，临时编排，无法突出天坛科普的特色，难于在质量和深度上有所突破。我们如何有效利用科研成果与现有资料，进行组合、创新，服务于科普工作，就显得迫在眉睫了。

3 天坛生态科普的创新和实践

针对天坛科普工作中出现的问题，近年来天坛科普工作者把握时机，抓住重点，在完善科普传媒资源、丰富科普内容形式、提高科普人员素质等方面上做了大量工作。注重科研成果向科普资源的转化，将原来大量存放于档案室的科研论文转化为科普文章、书籍、视频，为天坛科普注入丰富的能源，推动了科研与科普的结合，促进了科学传播的顺畅发展。同时突出天坛特色完成了多种生态科普活动的策划和实践活动。

3.1 完成科普传媒资源库的建设

2016～2018年，经过3年时间通过课题立项完成整理、补充、完善天坛公园古树、植物、昆虫及鸟类的生态科普基础资料的工作，编写制作完成多种科普传媒资料，包括9大类106种，天坛科普传媒资源库已初具规模。为生态科普活动的开展打下了坚实的基础。

3.1.1 科普图书

课题组耗时3年完成的《天坛公园植物图鉴》一书，详尽地介绍了天坛公园的全部植物。共收录天坛公园内各类植物共计75科、212属、322种。每种植物拍摄了多张原色彩色照片，包括其生境、枝叶、花、果实等整体和局部特征，介绍了植物形态识别特征。对于每种植物在园内的分布情况和主要观赏期也进行了简单介绍。既是一本科普图书，也是一本天坛植物研究资料，图文并茂、内容全面，这在北京园林行业中尚属首次（图1）。另外还编写了《天坛春花导览手册》《天坛野鸟100种》《自然观察册》等科普小册子。

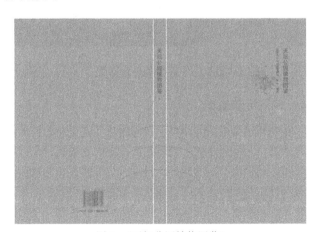

图 1　《天坛公园植物图鉴》

3.1.2 科普折页

科普折页是科普活动使用最多、制作成本最低的一种宣传品，通过色彩明亮、主题鲜明的版面设计，将文字与图片形成有机的统一，以图文并茂、通俗易懂的表现手法，将各类科学知识传播给社会大众。科普折页在公园开展的各项科普活动中，发挥着十分重要的作用。

2016～2017年，课题组将原有的天坛古树、天坛月季、天坛菊花、天坛常见野生鸟类4款折页重新进行了设计和制作。又设计了天坛公园生态导览图（图2）。导览图力求科普内容全面、知识介绍明确、图标清楚、风格清新、直观形象、图文结合，让游客一图在手，尽览天坛生态全貌。

图 2　天坛生态导览图

3.1.3 科普展览及视频

利用科研成果及相关书籍资料，重点围绕公园悠久的历史文化与丰富的自然生态资源，通过室内外展览及视频的形式进行全面的科普宣传，课题研究期间共设计制作了11个主题，共19套科普展板，收集制作不同主题的科普视频8部。

3.1.4 科普教具

制作拼图、纸魔方、大型积木、植物标本、昆虫标本、鸟类模型、年轮教具等增加科普活动的趣味性，寓教于乐，提高科普效果。

3.2 创建天坛品牌科普系列活动

突出天坛特色，创建品牌系列科普活动。以古树为核心，以四季为时间变化，精心设计了极具知识性、趣味性的科普活动。春季的活动有：以介绍古树等植物花开花落为主题的活动——别样的花朵；以学习昆虫专业知识，了解古树害虫防控技术的活动——昆虫记。夏季的活动"古树之网"通过介绍古树群落生态各元素作用，突出古树生态环境和谐统一；活动"亲近古树 伴我同行"可使参与者学习古树知识，用五官感受古树，同时家长与孩子共同完成体验内容，突出亲子特点。秋季活动有以收集树木等植物果实、枝条，制作植物标本感受自然之美的活动——大自然的礼物。冬季的科普活动"永恒的生命"是将古树文化知识讲座与手工制作石膏拓印相结合，制作植物工艺品（图3）。

3.3 注重科普与网络的有机结合

将科普与网络有机结合，通过建立天坛微信公众号、活动报名系统、制作微信科普小程序、建立科普活动微信群，充分发挥网络宣传的优势，实现了科普内容、表达方式、传播方式、组织动员、沟通模式等方面的创新。

图 3 制作植物工艺品

3.3.1 天坛公园微信公众号

微信公众平台构建成本低，它有信息发送针对性强、送达率高等特点，目前成为天坛公园对外宣传推广的有力助手。

天坛公园于 2015 年 9 月正式开通官方微信公众订阅号向游客提供科普宣传、活动资讯、在线报名等服务，截至 2018 年 10 月，关注人数由最初的 561 人达到了 13511 人，人数增加了 95%；期间推送天坛植物花卉科普文章 152 篇，累计阅读量达到 70000 余次。由于微信公众号推送的科普信息能够为游客迅速获知，具有很强的实效性，关注人数与阅读量还在持续增加。

3.3.2 微信科普小程序

完成"古树寻踪探索地图"天坛生态科普微信小程序制作，主要围绕天坛的古树名木进行活动内容的设计，适量加入历史文化、植物昆虫、生态环保等方面的科普知识。小程序包括科普问答与古树寻踪两个环节。以网络化自媒体平台为基础，不受时间的限制，游客可以根据自己的时间自主参与，满足了游客了解古树知识的需求（图4）。

图 4 微信科普小程序二维码

3.3.3 科普活动微信报名系统

天坛公园生态科普园自 2014 年底开放以来，不断地开展各类形式的科普活动，受到了大朋友、小朋友们的支持和好评，不少朋友对我们的活动充满了期待，常常因为报名时电话占线而耽误报名，经过策划和制作，天坛报名系统于 2018 年 5 月正式上线，活动参与者可以通过手机微信移动端进行报名。截至 2018 年 11 月，在线注册用户已达到 2000 余人。

3.3.4 网络直播

在传统的科普讲座、互动课堂之外，网络直播得益于其即时性、互动性，随着互联网带宽的增大、各种网络直播平台的增多，用网络直播上课变得简单易行。为了让无法亲临现场参加活动的小伙伴们不再遗憾，我们将"鸟类的迁徙"科普讲座活动中推出网络直播。百余人通过手机电脑收看，老师在现场对网友提出的各种问题给予一一解答，让不在现场的朋友们感受到与老师近距离接触的美妙体验，深受好评（图5）。

图 5 网络直播科普课程

3.4 规范活动教案

好的开始是成功的一半，我们的活动就是从我们的策划开始的。一份详尽的活动策划加良好的活动执行，方能使活动达到事半功倍的效果。科普人员根据天坛特点和受众需求确定科普活动主题，认真编写具体活动教案，包括活动目的、准备、活动实施。根据活动开展情况，对教案中的环节不断进行调整和修改。重视活动策划和实施的规范化，提高科普活动的开展效率，按时、按质、按量开展和完成各自工作，并重视是否具有彼此之间的分工协作和对突发问题的处理能力。几年来，我们开发生态、文化、手工等方面科普活动 30 余项，编写完成《天坛公园科普活动教案汇编》。

3.5 生态科普活动的开展

几年来通过利用天坛公园各种生态科普资源和形式开

展丰富多彩的生态科普活动，引导游客和市民学习生物科学知识，培养其科学兴趣，扩大其科学视野，提高了科技实践能力和创新能力，帮助青少年提高了动手能力和观察能力，同时始终坚持活动的公益性，吸引更多市民和游客参与，因此科普活动场场爆满，收获了大量参与者的好评。2016～2018年完成各类科普宣传活动150余次。直接参与科普宣传活动人数8000余人次。受益20万人次。丰富了科普资源、积累了科普经验、锻炼了科普人才，为天坛的科普事业作出了贡献。

参考文献

[1] 北京市天坛公园管理处.天坛公园志[M].北京：中国林业出版社，2002.

[2] 北京市天坛公园管理处.天坛古树[M].北京：中国农业出版社，2015.

[3] 北京市天坛公园管理处.天坛花卉[M].北京：中国建筑工业出版社，2015.

[4] 陈玉海.论科普的科学性与人文性[D].东北大学，2012.

[5] 左浪.微信公众平台在对外汉语综合课中的运用研究[D].扬州大学，2017.

[6] 代玉梅.自媒体的本质：信息共享的即时交互平台[J].云南社会科学，2011，(6).

黄栌根际土壤中大丽轮枝菌的荧光定量 PCR 检测[①]

北京市园林科学研究院 / 周江鸿　夏　菲　车少臣
北京市花木有限公司 / 周肖红
北京市香山公园管理处 / 葛雨萱

摘　要：黄栌根际土壤中大丽轮枝菌的大量累积是枯萎病发生的主要原因之一，为了定量分析黄栌根际土壤中大丽轮枝菌的绝对含量，本研究利用实时荧光定量PCR（Real-time PCR）技术对香山公园含有大丽轮枝菌的5份黄栌根际土壤样品进行了检测。结果显示，2016年采集的蛤蟆山表现正常黄栌根际土壤样品A1和A2中大丽轮枝菌的绝对含量分别为$1.05×10^7$拷贝/g土壤和$1.72×10^7$拷贝/g土壤，二者差异达极显著水平；2018年驯鹿坡发病黄栌根际土壤样品C2中的大丽轮枝菌绝对含量为$0.39×10^7$拷贝/g土壤，而2018年驯鹿坡正常黄栌根际土壤样品B1中的大丽轮枝菌绝对含量为$1.39×10^7$拷贝/g土壤，二者差异也达极显著水平；2018年阆凤亭侧柏下正常黄栌根际土壤样品E2中的大丽轮枝菌绝对含量为$1.69×10^7$拷贝/g土壤，高于同期驯鹿坡正常黄栌根际土壤样品B1。这表明香山公园同时期同区域不同黄栌植株根际土壤中大丽轮枝菌的绝对含量是不同的，不同植株对枯萎病的耐受性是不同的；枯萎病的严重程度与土壤中大丽轮枝菌的绝对含量不呈简单的线性相关。

关键词：黄栌；枯萎病；根际土壤；大丽轮枝菌；荧光定量PCR

　　黄栌（Cotinus coggygria）是漆树科（Anacardiaceae）黄栌属（Cotinus）植物，又称黄道栌、黄栌材、烟树等，为落叶灌木或小乔木，秋季经霜后叶色艳红，是北京香山公园的主要红叶树种[1]。从 20 世纪 80 年代开始，黄栌枯萎病在北京的香山、八达岭、八大处、十三陵以及一些庭院、苗圃和行道树上都有发生[2]，其病原菌为大丽轮枝菌（Verticillium dahliae）[3]。黄栌枯萎病作为典型的土传病害，是由生活在土壤中或者病株残体中的大丽轮枝菌，从黄栌根尖部位侵染而引起的系统性病害，从而造成植株的萎蔫、枯死等症状。大丽轮枝菌一般是通过土壤、粪肥、灌溉水或雨水等进行传播并侵染，其微菌核在土壤中存活时间长，不易清除，并且能随着寄主植物种植时间的延长而积累，其发病程度也主要取决于当年侵染的菌源量，菌源基数越高发病越重[4]，因此，对土壤中大丽轮枝菌含量进行定量检测是对黄栌生长环境进行评价的重要指标。传统检测方法是采用筛选法在 ESA（乙醇链霉素琼脂）培养基平板上分离单菌落，然后计数[5]，不仅耗时长，效率和灵敏度较低，而且经验性强。20 世纪 90 年代中期发展起来的实时荧光定量 PCR（Real-time PCR）技术可以对靶标 DNA 进行定量检测，是一种方便、快速、准确的非培养的微生物检测方法[6]。本研究利用荧光定量 PCR 技术对香山公园黄栌根际土壤中的大丽轮枝菌绝对含量进行检测，为黄栌枯萎病防治措施的制定提供参考。

[①] 北京市公园管理中心课题（ZX2016021）。北京市公园管理中心 2018 年科技进步三等奖。

1 材料与方法

1.1 土壤样品

2016年采集蛤蟆山正常黄栌根际土壤（A1和A2）；2018年采集驯鹿坡正常黄栌根际土壤（B1）、驯鹿坡发病黄栌根际土壤（C2）、阆风亭侧柏下正常黄栌根际土壤（E2）。前期研究表明，A1、A2、B1、C2和E2中大丽轮枝菌的相对含量分别为0.07%、0.1%、0.01%、0.01%和0.005%[7]。

1.2 主要试剂

土壤基因组DNA提取试剂盒[天根生化科技（北京）有限公司，DP336]、2×Taq MasterMix（康为世纪，Cw0716）、Puc-T TA cloning kit（康为世纪，Cw2591s）、感受态细胞DH5α（康为世纪，Cw0808s）、SYBR® Premix Ex Taq™ II (Tli RNaseH Plus)、ROXplus[TaKaRa(宝生物)，RR82LR]、DL2000 DNA Marker[TaKaRa（宝生物），3427Q]。

1.3 实验主要仪器

涡旋振荡仪（QL-902，海门市其林贝尔仪器制造有限公司）、离心机（Centrifuge 5415D，Eppendorf）、分光光度计（NANODROP 2000，Thermo scientific）、凝胶成像系统（Tanon 1600，上海天能科技有限公司）、荧光定量PCR仪（ABI7500，Applied Biosystems）。

1.4 土壤样品基因组DNA提取

DNA提取按照土壤基因组DNA提取试剂盒产品说明书进行操作，每份土壤样品取0.25g提取DNA，DNA溶液的最终体积为80μL，因此统计1g土壤中所含大丽轮枝菌DNA拷贝数时，其DNA溶液体积按320μL计算。

1.5 引物合成

Real Time PCR检测引物采用朱有勇等（1999）年设计的大丽轮枝菌特异引物P1（5′-CATCAGTCTCTCTGTTT ATACCAACG-3′）和P2（5′-CGATGCGAGCTGTAACTACT ACGCAA-3′）[8]，委托生工生物工程（上海）股份有限公司进行合成。

1.6 质粒克隆

1.6.1 PCR扩增

以土壤样品基因组DNA为模板，用大丽轮枝菌特异引物P1和P2进行普通PCR扩增。反应体系：上下游引物（10μM）各1μL，模板DNA 1μL，2×Taq MasterMix 25μL，ddH₂O补足50μL。反应程序：94℃预变性5 min，94℃ 30s、55℃ 30s、72℃ 30s共30个循环，最后1轮循环完成后再72℃延伸10min。反应完毕后，用1%琼脂糖凝胶电泳检查扩增结果，目的片段进行琼脂糖凝胶回收，按照康为世纪琼脂糖凝胶DNA回收试剂盒产品说明书进行操作。

1.6.2 TA克隆

回收的PCR产物进行TA连接，体系如下：回收后的目的片段4μL，T载体1μL，2×Solution buffer 5μL，总体积10μL。22℃连接约4h，转化感受态细胞DH5α，按照康为世纪DH5α感受态细胞产品说明书进行操作。

1.6.3 菌落PCR鉴定阳性克隆

挑取白色菌落，悬于10μL灭菌水中，取1μL作为模板进行菌落PCR，其余4℃保存，菌落PCR反应体系：上下游引物（10μM）各0.2μL，模板DNA 1μL，2×Taq MasterMix 5μL，ddH₂O补足10μL。反应程序：94℃预变性5min，94℃ 30s、55℃ 30s、72℃ 30s，共30个循环。最后1轮循环完成后再72℃延伸10 min。反应完毕后，用1%琼脂糖凝胶电泳检查扩增结果。

1.6.4 提取质粒

提取阳性克隆的质粒作为绝对定量的标准品。

1.7 Realtime PCR检测

1.7.1 配制Realtime PCR反应体系

上下游引物（10μM）各0.5μL，2×Taq MasterMix 10μL，ddH₂O补足18μL，轻弹管底将溶液混合，5000 rpm短暂离心。

1.7.2 加样

（1）将18μL混合液加到96-PCR板对应的每个孔中。
（2）再加入对应的2μL DNA。
（3）小心粘上Sealing Film封口膜，并短暂离心混合。
（4）在设置PCR程序前将准备好的PCR板放在冰上。

1.7.3 标准品配置

将质粒标准品从$10^1 \sim 10^4$进行10倍梯度稀释，每个梯度取2μL做模板建立标准曲线。

1.7.4 PCR扩增反应

将上述96-PCR板置于Realtime PCR仪上，按以下程序运行：95℃，30s；40个PCR循环[95℃，5s；60℃，40s（收集荧光）]。为了建立PCR产物的熔解曲线，扩增反应结束后，按（95℃，10s；60℃，60s；95℃，15s）；并从60℃缓慢加热到99℃（仪器自动进行-Ramp Rate为0.05℃/s）。

2 结果与分析

2.1 重组质粒荧光定量标准曲线的建立

根据大丽轮枝菌基因标准品实时扩增曲线（图1），调

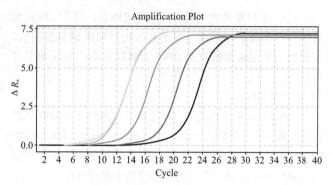

图1 大丽轮枝菌基因标准品实时扩增曲线

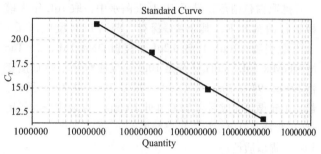

图2 大丽轮枝菌基因标准品扩增标准曲线

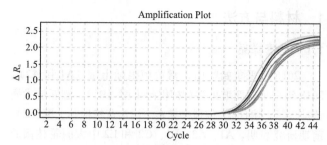

图3 大丽轮枝菌样品扩增曲线

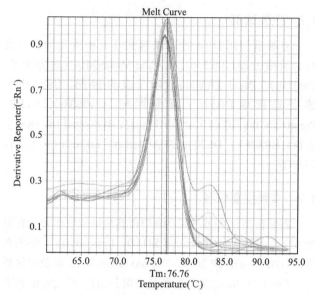

图4 大丽轮枝菌样品熔解曲线

整阈值和基线的配比,确定 C_T 值(荧光信号达到设定的阈值时所经历的循环数),经转换得出标准曲线图(图2),横坐标为大丽轮枝菌浓度(拷贝数)的 log 值,纵坐标为荧光定量测得的 C_T 值,即每个反应管内的荧光信号达到设定的域值时所经历的循环数。最终得出的标准曲线方程为 $Y=-3.323X+45.521$,$R^2=0.99$。

以梯度稀释的质粒标准品作为模板进行荧光定量 PCR 反应,重复之间 C_T 值的标准差(SD)均小于 0.1,变异系数(CV)均小于 0.7%,均在规定范围内(表1),表明标准曲线具有较好的精确度和良好的重复性。

不同质粒浓度荧光定量 PCR 检测的精密度　表1

质粒浓度	C_T 值	变异系数
1.14×10^9	11.881 ± 0.077	0.650
1.14×10^8	14.908 ± 0.013	0.090
1.14×10^7	18.694 ± 0.091	0.484
1.14×10^6	21.611 ± 0.069	0.319

2.2 引物特异性的验证

荧光定量 PCR 扩增结果显示,样本 DNA 模板的 S 形扩增曲线光滑平稳,且指数增长期、线性增长期及平台期明显,扩增效率较高(图3);溶解曲线单峰,T_m 值为 76.76℃;没有非特异性扩增的杂峰及引物二聚体的低矮小峰出现(图4),符合定量检测要求,表明该引物的特异性较强且反应条件得到优化。

2.3 黄栌根际土壤中大丽轮枝菌的绝对含量

由表2可以看出,只有样品 C2 的 C_T 值在 35℃ 左右,其他样本的 C_T 值都在 33℃ 左右;各样品 3 个重复之间 C_T 值的标准差(SD)均小于 0.12,变异系数(CV)均小于 0.36%,表明试验结果具有良好的重复性。2016 年蛤蟆山黄栌根际土壤样品 A2 和 A1 中的大丽轮枝菌绝对含量分别为 1.72×10^7 拷贝/g 土壤和 1.05×10^7 拷贝/g 土壤,二者差异极显著,表明香山公园同时期同一区域不同黄栌植株根际土壤中大丽轮枝菌的绝对含量是不同的。2018 年驯鹿坡发病黄栌根际土壤样品 C2 的大丽轮枝菌绝对含量为 0.39×10^7 拷贝/g 土壤,2018 年驯鹿坡正常黄栌根际土壤样品 B1 的大丽轮枝菌绝对含量为 1.39×10^7 拷贝/g 土壤,二者差异达极显著水平。2018 年阆风亭侧柏下正常黄栌根际土壤样品 E2 的大丽轮枝菌绝对含量为 1.69×10^7 拷贝/g 土壤。

3 结论与讨论

聚合酶链式反应(Polymerase Chain Reaction,PCR)技术自 1985 年问世以来,以其灵敏度高、特异性强等优点在植物病理学各研究领域得到广泛应用,如植物病原物的鉴定、病原菌分类、病原菌生理小种鉴定、病原菌群体遗传结构分析、抗病基因克隆等，但由于此技术只能对目标核酸进行定性检测，因此限制了其在植物病害流行学中的应用。20世纪90年代中期发展起来的实时荧光定量PCR（Real-time quantitative PCR）技术可以对靶标核酸进行定量检测，为植物病害流行学的定量研究提供了有效工具，目前主要在以下几个领域得到应用：①寄主组织内植物病原菌的定量研究；②空气中植物病原菌的定量研究；③土壤中植物病原菌的定量研究；④种子中植物病原菌的定量研究；⑤植物病原菌抗药性监测[9]。

本研究利用普通PCR技术在2016年蛤蟆山黄栌根际土壤样本A1和A2中都扩增出了大丽轮枝菌的特征片段，利用普通PCR和巢式PCR技术在2018年的三个样本B1、C2和E2中都没有扩增出大丽轮枝菌的特征片段（未发表资料）。但是利用荧光定量PCR技术在这五个样品中都检测到了大丽轮枝菌，这表明荧光定量PCR对大丽轮枝菌的检测灵敏度高于普通PCR和巢式PCR。

根据前期研究结果，样品A2、A1、B1、C2和E2的大丽轮枝菌相对含量分别为0.1%、0.07%、0.01%、0.01%和0.005%[7]，本研究测得其绝对含量分别为1.72×10^7拷贝/g土壤、1.05×10^7拷贝/g土壤、1.39×10^7拷贝/g土壤、0.39×10^7拷贝/g土壤和1.69×10^7拷贝/g土壤。其中样品B1与C2的大丽轮枝菌相对含量相同，但它们的绝对含量却差异极显著。样品A2的大丽轮枝菌相对含量最高，其绝对含量也是最高的；而样品E2的大丽轮枝菌相对含量最低，但其绝对含量却较高，与A2无显著差异，这表明土壤中大丽轮枝菌的相对含量与绝对含量有一定的相关性，但并不能完全反映绝对含量的变化规律。

2018年驯鹿坡发病黄栌根际土壤样品C2中的大丽轮枝菌绝对含量（0.39×10^7拷贝/g土壤）显著低于正常黄栌根际土壤样品B1（1.39×10^7拷贝/g土壤），这可能是由于发病黄栌根际土壤中的大丽轮枝菌大量萌发侵入了黄栌体内，导致土壤中的菌含量下降；正常黄栌根际土壤中的大丽轮枝菌没有成功侵染黄栌，从而在土壤中大量累积。但是由于本研究所检测样品的数量较少，还不能完全真实地反应二者之间的相关性，还需要继续采集大量的土壤样本进行检测，最终探明大丽轮枝菌在土壤中的种群演替规律，从而为黄栌枯萎病的防治决策提供科学依据。

黄栌根际土壤样本绝对定量拷贝数 表2

样品名称	C_T值	平均C_T值	变异系数CV（%）	原始拷贝数（拷贝/μLDNA）	平均拷贝数（拷贝/μLDNA）	平均拷贝数（拷贝/g土壤）
C2	35.195	35.264 ± 0.068	0.194	1280.479	1221.465	0.39×10^7 aA
C2	35.266			1219.008		
C2	35.332			1164.907		
A1	33.972	33.846 ± 0.113	0.335	2989.282	3268.486	1.05×10^7 bB
A1	33.814			3334.023		
A1	33.751			3482.153		
B1	33.478	33.437 ± 0.036	0.107	4208.740	4331.853	1.39×10^7 cC
B1	33.414			4400.302		
B1	33.418			4386.517		
E2	33.033	33.151 ± 0.108	0.325	5728.207	5288.623	1.69×10^7 dD
E2	33.175			5190.919		
E2	33.245			4946.743		
A2	33.246	33.127 ± 0.117	0.353	4942.048	5379.777	1.72×10^7 dD
A2	33.122			5385.261		
A2	33.012			5812.022		

参考文献

[1] 葛雨萱，周肖红，刘洋，等. 黄栌属种质资源、栽培繁殖、化学成分、叶色调控研究进展[J]. 园艺学报，2014，41（9）：1833-1845.

[2] 雷增普. 北京地区黄栌枯萎病研究初报[J]. 森林病虫通讯，1991，3：12.

[3] 雷增普. 北京地区黄栌黄萎病病原菌的研究[J]. 北京林业大学学报，1993，15（3）：88-93.

[4] 李建明，李宝聚，谢学文，等. 灌根与拌土防治蔬菜土传

病害的比较 [J]. 中国蔬菜, 2011, 11: 22-24.
[5] 方中达. 植病研究方法 [M]. 北京: 中国农业出版社, 1998: 136-137.
[6] 李瑞琴, 刘星, 邱慧珍, 等. 发生马铃薯立枯病土壤中立枯丝核菌的荧光定量 PCR 快速检测 [J]. 草业学报, 2013, 22 (5): 136-144.
[7] 周江鸿, 夏菲, 车少臣, 等. 基于高通量测序技术研究黄栌根际土壤微生物多样性 [J]. 园林科技, 2019, 3: 25-31.
[8] 朱有勇, 王云月, Bruce R. Lyon. 大丽轮枝菌核糖体基因 ITS 区段的特异扩增 [J]. 植物病理学报, 1999, 29 (3): 250-255.
[9] 郑亚明, 骆勇, 周益林, 等. 实时荧光定量 PCR 在植物病害流行学中的应用 [J]. 植物保护, 2011, 37 (4): 18-22.

基于景观梳理的大型乔木整形修剪在颐和园的应用[①]

北京市颐和园管理处 / 赵京城　杜劲松　李　健　张　京　李　杰

摘　要：大型乔木在城市绿地和园林中发挥着无法替代的作用，它们与周边环境一起，共同构成了形式各异的多彩景观。但目前在北京城市园林中，随处可见栽植于20世纪的众多速生树种已生长得过于高大茂密，使得原本应与树木相映成趣的环境景观几乎隐匿于密不透风的绿色之中，严重影响园林的景色展现和观赏性。本文以颐和园为例，介绍了大型乔木修剪的目的、意义和原则，分析了园内不同区域大型乔木的功能和生长现状，探讨了基于景观梳理的大型乔木整形修剪在园林中的应用。

关键词：景观梳理；大型乔木；整形修剪；颐和园

大型乔木在城市绿地和园林中发挥着无法替代的作用，它们与周边环境一起，共同构成了形式各异的多彩景观。颐和园内这些高达数十米的大型乔木为奇绝景色添加了浓墨重彩，更是世界文化遗产不可或缺的组成部分，然其现已过于高大茂密，影响园林的景色展现和观赏性，急需建立一套基于景观梳理的大型乔木整形修剪模式，保持建筑、山水及植物的恰当比例，构筑出园林景观中优美的林冠线。

1　大型乔木在颐和园的应用、功能和生长现状

1.1　大型乔木在颐和园的应用

颐和园作为清代皇家园林的巅峰之作，在植物的品种搭配、栽种位置上都独树一帜。园内"满山松柏成林，林下缀以繁花，堤岸间种桃柳，湖中一片荷香"，而在这植物搭配设计之中，犹以大型乔木最能够体现颐和园植被景观的别具匠心。园内现有乔木近3万株，其中包含1601株古树，这些树木是颐和园层峦叠翠的多彩骨架，与精美绝伦的建筑群落相映成趣。根据乾隆《御制诗》中的片段记载，配置原则是：按不同的山水环境而采用不同的植物素材来大片栽植，以突出各地段的景观特色，渲染各自的意境。同时，赋予乔木群落以深刻的文化内涵和道德喻意，是古典园林造园艺术中自然属性与文化属性完美统一的结晶。

1.2　园内不同区域大型乔木的功能

（1）万寿山前柏后松：前山以柏为主，辅以松间植，缀以少量落叶乔木。这是因为松、柏是北京西北郊植物生态群落的基调树种，四季常青，岁寒不凋，可作为"高风亮节""长寿永固的象征"。暗绿的松柏色调凝重，与古建筑的红垣金瓦形成了强烈的色彩对比，更能体现出前山景观恢宏、华丽的皇家气派。后山古松参天、曲径通幽，风格与前山迥然不同，配以元宝枫、槲树、栾树、国槐等乡土树种间植，更接近历史上松槲混交的林相，具有浓郁的自然气息。

[①]　北京市公园管理中心课题（ZX2016002）。北京市公园管理中心2018年科技进步三等奖。

(2) 后溪河两岸最高层林冠线由高大雄伟的古油松构成，其下为临水的柳、元宝枫、小叶朴、栾、榆等大型乔木，也有山桃、连翘等观花树种点缀其中，形成了春季花径璀璨，夏季浓荫避日，秋叶色彩斑斓，冬季劲不阿的景观。行舟漫游，最得"山重水复""柳暗花明"之趣，正是："两岸夹青山，一江流碧玉"。造园艺术的夹景手法和大型乔木起到的障隔、收放效果就显现于此。

(3) 沿昆明湖堤岸大量种植柳树，其婉约、流畅的线条勾勒出昆明湖秀丽的风光，与水波潋滟相映，风韵不让江南。西堤上柳树、桃树间植，将空间巧妙地进行了划分，拓展了昆明湖的边界。春来一线的桃红柳绿，掩映于烟波浩淼的昆明湖中，较之富丽的北岸，别有水乡清幽的情趣。

(4) 在建筑物附近和庭院内，根据各自的特点选用了不同的乔木和花灌木。例如，乐寿堂种植玉兰、海棠、牡丹，取玉堂富贵之意；宜芸馆前对植了两棵青桐，暗喻凤栖梧桐；耕织图的桑树是清代帝王重视农桑的真实体现。此外，东堤杨树、北大墙杨树，以及各院落周边的槐树、楸树、栾树、白皮松等树木，都是应屏障、遮挡等不同功能需求而栽种[1]。

1.3 颐和园内大型乔木生长现状

园内古树名木在精心的养护管理下，多数生长状况良好，平均高度在15~20m。栽植于近现代不同历史时期的大量树木现都已树身高挺、冠幅宽大、重心靠上，长期、复杂的环境条件导致枝干中空腐朽，且一定数量已被天牛等蛀干害虫危害，极易劈裂倒伏。如环湖路的柳树，或偏冠，或畸形，或缺失，给原本绿柳成荫的景观造成了相当程度的影响，并存在诸多安全隐患，急待整形修剪；在游客众多的万寿山区，栽植于20世纪90年代的树木现已生长得过于高大、茂密，使得原本若隐若现的多处古建几乎完全隐匿于密不透风的绿色之中，造成了"湖面不能观山景、山上不可眺湖色"的局面；庭院区内，古建周边的大型乔木经过多年生长，其枝杈的生长方向和角度不乏有与建筑物或其他树木发生冲突的情况。

2 大型乔木整形修剪

2.1 整形修剪的概念

所谓"整形修剪"，即包括"整形"又包括"修剪"。"整形"是指通过一定的修剪措施来形成特定的树体形态，表达自然生长所难以实现的不同功能；"修剪"需服从整形的要求，去除树体的部分枝、叶等器官，达到调节树势、更新造型的目的。

2.2 大型乔木整形修剪的目的、意义和原则

(1) 安全第一：大型乔木整形修剪都是高空作业，且树上、树下环境非常复杂。因此，一定要注意排除一切可能存在的安全隐患，确保树体、工作人员及游客、机械设备及环境的多方面、全方位安全。

(2) 满足景观配置要求：因地制宜，最大限度地满足整体及局部景观配置要求。若树木生长空间较小，应通过修剪控制树木的体量，以免有碍观赏和树木生长。

(3) 因树制宜，遵循树木生长习性：按照不同树种、不同树龄、不同树势的自身特点进行整形修剪，注意培养未来的古树。

2.3 园林中大型乔木整形修剪的作用

(1) 避免安全隐患，保证游客游览：园林绿化工作必须时时处处为游客的安全游览着想，尽力消除每个具体环节中的安全隐患。园内大型乔木中空、糟朽现象频现，遇到灾害性天气极易形成劈枝裂杈[2]。故需经常排查，及时整形修剪，随时处理问题枝干，避免或减轻折枝倒树对游客人身财产、环境景观以及公园管理造成的损害。

(2) 调整树木结构，促进健康生长：整形修剪可以使树木自身的营养供应得到充分的利用，避免无效的竞争，调节根冠比。通过控制枝条的密度和高度，还可以平衡树势，增加通透性，从而提高树体抗逆能力，减轻病虫害的发生。此外，适度修剪弱枝、老枝，可刺激枝干内的隐芽萌发，诱发形成健壮的新枝，达到恢复树势、更新复壮的目的。

(3) 协调周边环境，增强艺术美感：经过整形修剪的大型乔木不仅可以创新艺术造型，增强视觉效果，还可与周围山形地貌、植物群落和园林建筑协同造景，使诸多景观元素浑然天成，和谐一致又独具特色，突显出园林艺术的美感，满足人们不同的审美要求[3]。

3 基于景观梳理的大型乔木整形修剪模式

经过对颐和园万寿山区、湖岸区、庭院区大型乔木生长状况进行本底调查，按照不同景区的不同功能定位，协调处理大型乔木与周边环境的关系，逐步进行整形修剪。基于景观梳理的大型乔木修剪，旨在通过修剪技术来创造或凸显园林艺术的意境美，需要持续提升修剪技术中的美学含量，并不断充实大型乔木修剪的理论基础。

3.1 颐和园大型乔木整形修剪的方法

(1) 疏：指把枝条从基部去除，不希望锯口再发新枝，称为"疏"。疏枝能使树体通风透光。疏去弱枝，可集中养分，对局部有促进作用。疏去大枝要分年逐步进行，否则会因伤口过多，导致树势下降太快。

（2）短：将枝条去除一部分的修剪方法叫短截，简称"短"或"截"。短截能刺激锯口下的侧芽萌发。短截按轻重程度可分为三种：轻短截、中短截、重短截。在合理条件下，短截越重，发枝越少，所抽发的枝条生长越强。应掌握"强枝重截、弱枝轻剪"的原则。

（3）缩：将多年生枝短截到分枝处，称为回缩，简称"缩"。除去锯口上方密集的衰弱枝，锯口处仍保留有枝条。回缩修剪量较大、刺激较重，可降低顶端优势，多用于枝组或骨干枝更新以及控制树冠辅养枝等。

无论疏、短或缩，剪口或锯口一定要在枝干基部皮脊的外侧，留下保护颈，以利于刺激愈伤组织形成，逐渐包裹残桩。切不可齐根锯平，也不可留桩过长，二者都不利于锯口处树体的恢复。

（4）放：营养枝不剪称为"甩放"或"长放"。其原理是利用单枝生长势逐年递减的自然规律。长放的枝条留芽多，抽生的枝条也相对增多，致使生长前期养分分散，多形成中短枝；生长后期积累养分较多，能促进花芽分化。长放一般多应用于长势中等的枝条，这样促进形成花芽把握性较大，不会出现越放越旺的情况。[4]

3.2 颐和园常见大型乔木整形修剪方式及其作用

3.2.1 造型修剪

对于孤植树或重点区域内单株种植的树种，采取造型修剪的方式。依据树木本身的生长特点，妥善保留、去除多余和不当的分枝，使树体的各层主枝在主干上分布有序、错落有致、主从关系明确。通过不断且适度的修剪来控制与调整，形成合理的树冠结构和形体尺度，以体现树木本身的枝杈美，并通过改变树木的干形、枝形，创造出具有更高艺术价值和观赏效果的树木姿态，追求"古干肌曲，苍劲如画"的境界。鉴于造型修剪的目的，主要针对壮龄树采取疏的修剪方式。树木长到一定的高度时进行造型修剪，可以使树木形成优美的树形，不仅具有较好的透光性，还达到了美观的效果。

3.2.2 造景修剪

对于某一区域内大片种植的乔木，采取造景修剪的方式。园林树木以不同的配置形式栽植在特定的环境中，并与周围空间相互协调，构成园林景观。造景修剪前需要综合各类景观因素，进行周密系统的考虑，分区域、分树种制定不同的方案，采取不同措施，该缩则缩，该放就放。通过调控枝干方向及长度、高度等措施，使成行、成片种植的树木，在拥有优美的树姿的基础上，点景不挡景，与局部景观和整体景观相得益彰，为游客呈现最佳的视觉效果，创造天人合一的景致，全面提升颐和园的内在品质。

3.2.3 避让修剪

若大型乔木与所处景观及周边古树发生矛盾时，采取避让修剪。古树周边的乔木应为古树的生长预留出一定的空间。古建及道路两侧等处的配景植物，为了与环境协调，需控制植株高度或者冠幅大小。避让修剪既要养树，又要造景，更宜观景。适当降低万寿山前山树木的高度，使置身于万寿山顶的游客能够俯瞰福山寿海，尽享山光塔影；适当回缩大型乔木的枝干，使泛舟于昆明湖上的游客能够一览隐匿于绿荫之中的古建奇趣。这样才能让壮丽辉煌的前山区别于翁郁幽邃的后山。修剪效果力求达到远、中、近景观的协调统一，保持树体与周边环境的安全距离，避免因枝干伸展而损坏设施。

3.2.4 减负修剪

当大型乔木枝条过密、树冠负荷太重时，就应采取减负修剪。杨、柳、刺槐等速生树木在壮年时就已树形高大，给常规修剪带来了很大困难，加之其萌发能力强，如不及时疏剪，极易形成头重脚轻的状态。再遇到风雨等灾害性天气，极易倒伏或造成多年生大枝的劈裂。通过疏剪、适度回缩，减轻树冠负担，减小风压，防止倒伏。

此外，减负修剪还能扩大树木的受光面，降低病虫害的概率。树木养护中的重要一项就是预防病虫害的侵袭。通过减负修剪，可以调解树木水分、养分供应的均衡性，从而提高树木自身的抗性。

3.3 颐和园内不同区域基于景观梳理的大型乔木整形修剪模式

3.3.1 万寿山区

该区域修剪对象树种丰富，以柏树为代表，并混有其他落叶乔木。虽然常绿树绝大多数采用自然树形，每年只进行常规修剪即可，但基于景观梳理的要求，重点在景福阁、双亭、重翠亭、千峰彩翠城关、佛香阁东侧、湖山真意亭等多处观景点周边，主要通过避让修剪和减负修剪的方式，柏树以疏为主，落叶树综合采用疏、短、缩的方法，使得大型乔木与周边环境和谐共融、互为掩映。通过选取局部进行整形修剪，使得泛舟湖上的游客在尽览满屏青翠的同时，又欣赏到了藏而不挡视线、露而易显风采的各式古建，而且不破坏已被公众所接受的大部分建筑轮廓"溶化"于绿色之中、控制在山际林冠线以内的万寿山整体景观。在以景福阁为代表的5处修剪区域，达到了为登山游客打开视觉通道，满足湖远眺的漏景、夹景的需要；而千峰彩翠城关处的大型乔木整形修剪，则以高耸的城墙为背景，利用城关下或两侧山坡上的树木光影变化成为墙面的描绘者，给各个方向的观赏者带来生动多变又充满画意的愉悦感。

图 1　佛香阁东侧观景点修剪前

图 2　佛香阁东侧观景点修剪后

图 3　景福阁修剪前

图 4　景福阁修剪后

图 5　万寿山西侧观景点修剪前

图 6　万寿山西侧观景点修剪后

图 7　湖面远眺千峰彩翠修剪前

图 8　湖面远眺千峰彩翠修剪后

3.3.2 湖岸区

该区域以沿岸种植的绦柳为主要树种。修剪时注意主枝与大枝的分枝角度问题[5]，确定骨干枝、延长枝的角度和数量，控制好冠幅和重心。综合使用疏、短、缩的修剪方法，利用造型修剪、造景修剪，采取适当的避让修剪，在沿湖岸边进行大规模整形修剪工作。截至目前，已累计修剪1700棵。依各树体情况的不同进行程度不同的修剪：对于分枝点高（离地面2.5m以上）的植株在1~2级分枝处进行修剪；而对于分枝点较低（离地面1.5~2.5m）的植株在2~3级分枝处进行修剪，修剪枝干直径平均达21cm以上，修剪枝数每株平均在4.5枝，剪口离地面高度平均为5.79m，同时把所留下的主枝上的小侧枝、下垂枝剪除。通过修剪，使得原本头重脚轻、过于浓重的沿岸柳树，变得轻盈舒展。倚岸观湖，摇曳的柳条好似绿珍珠穿成的串串丝帘。从总体控制高度，降低树高1/5左右，增加树体通透度，减少细弱侧枝量，从而达到景观与安全、树姿与环境的和谐统一。

图9　湖岸区绦柳修剪前

图10　绦柳修剪后远处的借景和避免与水生植物交叉

图11　玉带桥桑树修剪前偏冠倾斜影响古建安全

图12　玉带桥桑树修剪后

图13　西区旱柳修剪前

图14　西区旱柳修剪后

3.3.3 庭院区

坐落于颐和园东侧的宫廷庭院区内，就应视古建为主角，绿化应起到点缀、衬托的作用，达到框景、夹景、漏景、点景、泄景、引景的需要。颐和园作为中国古典皇家园林造园艺术的典范，在各庭院中巧妙利用光与树木的契合，形成和谐的光影效果，透过树冠的光，产生变幻的光柱及斑驳的光影，而这斑驳生姿的阴影映入屋内，随着日照和季节的消逝辗转而变化。因此，在庭院区的大型乔木整形修剪以疏、短的造型修剪和避让修剪为主，以求合理展现建筑的体量，让乔木与古建在和谐统一中共生共存。[6] 同时，不能只于当年进行一次修剪，要在随后持续进行复剪，进行精细化管理，力求完美地烘托主景，增加空间层次感和景物透视的纵深感。

图 15　云会寺树木修剪前

图 16　云会寺树木修剪后

图 17　四大部洲国槐修剪前

图 18　四大部洲国槐修剪后

4　结论

大型乔木修剪对于园林绿化建设至关重要。颐和园通过对园内大型乔木修剪的研究探讨，有步骤、分层次、讲方法地进行了修剪工作，取得了良好的效果。有利于园内大型乔木的生长，增加了园林景观的美感，促进了大型乔木与园林风景的有机结合，丰富了游客的观景体验。定期结合景观进行梳理，做好大型乔木修剪工作，一定能够将园林树木养护水平推向新的高度。

参考文献

[1] 王其亨,狄雅静,张龙.颐和园植物历史景观的配置分析[J].天津大学学报（社会科学版），2009，11（6）.

[2] 高大伟,赵霞.古柳保护和修补技术[J].北京园林,2004(1).

[3] 刘韩.常见行道树的整形修剪技术[J].安徽农学通报,2011,17（21）.

[4] 张秀英.园林树木栽培养护学（第二版）[M].北京：高等教育出版社，2013.

[5] 陈有民.园林树木学（第二版）[M].北京:中国林业出版社,2011.

[6] 李丹.树·建筑[D].湖南大学,2008.

北京动物园野生鸟类多样性调查

北京动物园圈养野生动物技术北京市重点实验室 / 崔多英 刘 燕 张成林

摘 要：2012年1月至2017年12月，采用样线法和样点法对北京动物园的鸟类组成及多样性进行了调查，共记录到鸟类86种，占北京市有记录鸟类种数351种的24.50%。灰椋鸟（*Sturnus cineraceus*）、喜鹊（*Pica pica*）、灰喜鹊（*Cyanopica cyana*）、大嘴乌鸦（*Corvus macrorhynchos*）、（树）麻雀（*Passer montanus*）是优势种。留鸟、夏候鸟、冬候鸟和旅鸟分别占鸟类种数的25.58%、22.09%、10.47%和41.86%。逃逸鸟2种（红耳鹎 *Pycnonotus jocosus*，画眉 *Garrulax canorus*）。食虫鸟类53种，占鸟类种数的61.63%。国家Ⅱ级保护动物5种，为鸳鸯（*Aix galericulata*）及鹰形目（*Accipitriformes*）和隼形目（*Falconiformes*）鸟类。

关键词：北京动物园；野生鸟类；生境；鸟类多样性

公园是城市绿地生态系统的重要组成部分，具有独特的生物多样性和生态系统服务功能。公园为城市鸟类提供食物、隐蔽和水等基本生境要素，鸟类多样性则是评价城市生态环境质量的重要指标[1-2]。我国从20世纪60年代开始，陆续有城市鸟类群落生态学[3-5]和公园鸟类群落研究[6-10]相关报道，但发展缓慢，缺失长期持续监测结果的报道。城市动物园是一类特殊的公园，它不仅是野生动物迁地保护的重要基地，也为鸟类、小型兽类、昆虫、微生物等提供赖以生存的自然栖息地。深入了解鸟类多样性与公园植被景观的关系，对公园鸟类保护起促进作用，为建设生态型公园提供参考。2012年1月~2017年12月，我们对北京动物园野生鸟类多样性开展了持续的调查研究。

1 研究地区与方法

1.1 研究地点

北京动物园位于北京市人口稠密的城市中心区，地理坐标 N 39°56′22″，E 116°20′05″，海拔46 m。年接待游客约800万人次，是中国开放最早的动物园。园区占地面积86.2 hm^2，其中绿化面积约40.8 hm^2，占公园总面积的47.33%。园区内有乔木8000余棵，主要种类有油松（*Pinus tabulaefornis*）、白皮松（*Pinus bungean*a）、毛白杨（*Poulus tomentosa*）、垂柳（*Salix babylonica*）、榆树（*Ulmus pumila*）等。灌木7000余株，主要有迎春（*Jasmimum nudiflorum*）、卫矛（*Euonymus alatus*）、小叶黄杨（*Buxus sinica*）等。林下植被可分为天然地被植物和人工培育的地被植物两大类。天然地被植物主要由2年生和多年生

---

① 北京市公园管理中心课题。北京市公园管理中心2018年科技进步三等奖。

的草本植物构成,以细叶苔草(*Carex rigescens*)、蒲公英(*Taraxacum mongolicum*)、二月兰(*Orychophragmus vioaceus*)、紫花地丁(*Viola philippica*)为优势种,夏至草(*Lagopsis supina*)、苦荬(*Pstrinia villosa*)和野豌豆(*Vicia* sp.)为常见种。人工培育的地被植物为早熟禾(*Poa* sp.)、高羊茅(*Festuca arundinacea*)或涝峪苔草(*Carex giraldiana*)等冷季型草坪,以及细叶麦冬(*Ophiopogon japonicus*)、白车轴草(*Trifolium repens*)等人工草坪。园区内有河湖水面8.6 hm², 占公园总面积的9.98%,栽植芦苇(*Phragmites communis*)、菖蒲(*Acorus calamus*)、荷花(*Nelumbo nucifera*)等水生植物。

1.2 调查方法

调查于7:00～10:00进行,以1～2km/h的速度沿固定线路行进,样线设计与长度根据公园的地形地貌,长度不小于2km。用8倍手持双筒望远镜,观察记录样线两侧50m范围内遇到的鸟类种类和数量。在水禽湖、人工湿地等水鸟较为集中的区域,则采用样点法,在水域周围定点观察,计数鸟种和数量。每2周调查1次。如遇雨、雪、雾霾等恶劣天气时,则暂停1次。4、5、9、10月候鸟迁徙季节增加为每周调查1次。

鸟类分类依据《中国鸟类分类与分布名录》(第三版)[11],根据《北京野鸟图鉴》[12]、《东北鸟类图鉴》[13]、《中国鸟类野外手册》[14]等进行鸟种鉴定及对鸟类食性进行分类(表1)。

鸟类食性分类 表1

食性	食物组成
肉食性鸟(C)	主要食兔、鼠、鸟、鱼、蛙、蛇等动物性食物
食虫食肉鸟(C-I)	取食昆虫(>30%)和鼠、鸟、蛇、蛙等小型动物
食果鸟(F)	主要取食水果的鸟或文献记载食物中水果含量大于60%的鸟
食果食虫鸟(F-I)	取食水果和昆虫约各占一半
食谷鸟(G)	主要取食谷物、植物种子
食虫鸟(I)	取食昆虫的比例大于60%
食谷食虫鸟(G-I)	以昆虫、谷物和种子等为食,但每类食物的比例都不占优势,即低于50%
杂食性鸟(O)	取食植物、动物、昆虫等多种食物

注:C:食肉鸟(Carnivore);C-I:食虫食肉鸟(Insectivorous and Carnivore birds);F:食果鸟(Frugivore);F-I:食果食虫鸟(Frugivorous and insectivorous birds);G:食谷鸟(Granivore);I:食虫鸟(Insectivore);G-I:食谷食虫鸟(Granivorous and insectivorous birds);O:杂食性鸟(Omnivore)。

2 结果

2012年1月～2017年12月,共进行了182次调查,总计562.5 h。共记录到鸟类86种,隶属于12目29科(表2),占北京市有记录鸟类种数351种的24.50%[15]。灰椋鸟(*Sturnus cineraceus*)、喜鹊(*Pica pica*)、灰喜鹊(*Cyanopica cyana*)、大嘴乌鸦(*Corvus macrorhynchos*)、(树)麻雀(*Passer montanus*)是优势种。留鸟22种,占本次调查鸟类种数的25.58%;夏候鸟19种,占22.09%;冬候鸟9种,占10.47%;旅鸟36种,占41.86%。另外观察到红耳鹎(*Pycnonotus jocosus*)和画眉(*Garrulax canorus*),确定为2种逃逸鸟。食虫鸟类(C-I:食虫食肉鸟;F-I:食果食虫鸟;I:食虫鸟;G-I:食谷食虫鸟)53种,占本次调查鸟类种数的61.63%。国家Ⅱ级重点保护鸟类5种,为鸳鸯(*Aix galericulata*)、雀鹰(*Accipiter nisus*)、红隼(*Falco tinnunculus*)、红脚隼(*Falco vespertinus*)和燕隼(*Falco subbuteo*)。按地理分布型划分[16],古北型53种,占61.63%;东洋型10种,占11.63%;广布型23种,占26.74%,可以看出古北型占绝对优势,符合北京动物园所在古北界的地理位置。

北京动物园鸟类构成 表2

种名	数量级	生境	居留型	食性	保护级别	CITES公约	区系
一 鸊鷉目 PODICIPEDIFORMES							
(一) 鸊鷉科 Podicipedidae							
1. 小鸊鷉 *Tachybaptus ruficollis*	+	b	S	C			广
二 鹈形目 PELECANIFORMES							

续表

种名	数量级	生境	居留型	食性	保护级别	CITES公约	区系
（二）鹭科 Ardeidae							
2. 苍鹭 *Ardea cinerea*	+	b, c	S	C			广
3. 池鹭 *Ardeola bacchus*	+	b, c	S	C			广
4. 白鹭 *Egretta garzetta*	+	b, c	S	C			东
5. 夜鹭 *Nycticorax nycticorax*	++	b, c	R	C			广
三 雁形目 ANSERIFORMES							
（三）鸭科 Anatidae							
6. 绿头鸭 *Anas platyrhynchos*	++	a, b	W	O			古
7. 赤麻鸭 *Tadorna ferruginea*	+	a, b	P	O			古
8. 斑嘴鸭 *Anas poecilorhyncha*	+	a, b	P	O			东
9. 赤嘴潜鸭 *Netta rufina*	++	b	P	O			古
10. 鸳鸯 *Aix galericulata*	++	b, c	R	O		Ⅱ	古
四 鹰形目 ACCIPITRIFORMES							
（四）鹰科 Accipitridae							
11. 雀鹰 *Accipiter nisus*	+	b, c	R	C	Ⅱ	Ⅱ	广
五 隼形目 FALCONIFORMES							
（五）隼科 Falconidae							
12. 红隼 *Falco tinnunculus*	+	b, c	R	C-I	Ⅱ	Ⅱ	古
13. 红脚隼 *Falco vespertinus*	+	a, b, c	S	C-I	Ⅱ	Ⅱ	古
14. 燕隼 *Falco subbuteo*	+	a, c	S	C-I	Ⅱ	Ⅱ	古
六 鸻形目 CHARADRIIFORMES							
（六）鸥科 Laridae							
15. 黑尾鸥 *Larus crassirostris*	+	b	S	C			古
七 鸽形目 COLUMBIFORMES							
（七）鸠鸽科 Columbidae							
16. 灰斑鸠 *Streptopelia decaocto*	+	a, b, c, d	R	O			广
17. 珠颈斑鸠 *Streptopelia chinensis*	++	a, b, c, d	R	O			东
八 鹃形目 CUCULIFORMES							
（八）杜鹃科 Cuculidae							
18. 四声杜鹃 *Cuculus micropterus*	+	b, c	S	I			广
九 佛法僧目 CORACIIFORMES							
（九）翠鸟科 Alcedinidae							
19. 普通翠鸟 *Alcedo atthis*	+	b	S	C			广
十 犀鸟目 BUCEROTIFORMES							
（十）戴胜科 Upupidae							
20. 戴胜 *Upupa epops*	++	a, c, d	S	I			广
十一 啄木鸟目 PICIFORMES							
（十一）啄木鸟科 Picidae							
21. 蚁䴕 *Jynx torquilla*	+	c	P	I			古
22. 棕腹啄木鸟 *Dendrocopos hyperythrus*	+	c	P	I			东
23. 大斑啄木鸟 *Dendrocopos major*	++	c	R	I			古
24. 灰头绿啄木鸟 *Picus canus*	+	c	R	I			古
十二 雀形目 PASSERIFORMES							

续表

种名	数量级	生境	居留型	食性	保护级别	CITES公约	区系
（十二）燕科 Hirundinidae							
25. 家燕 *Hirundo rustica*	++	a, b, c, d	S	I			广
26. 金腰燕 *Cecropis daurica*	+	a, b, c, d	S	I			广
（十三）鹡鸰科 Motacillidae							
27. 灰鹡鸰 *Motacilla cinerea*	+	a, b, c	S	I			古
28. 白鹡鸰 *Motacilla alba*	+	a, b, c	P	I			广
29. 黄鹡鸰 *Motacilla tschutschensis*	+	b, c	P	I			古
30. 理氏鹨 *Anthus richardi*	+	a, b, c	P	I			古
31. 树鹨 *Anthus hodgsoni*	++	a, c	P	I			古
（十四）鹎科 Pycnonotidae							
32. 白头鹎 *Pycnonotus sinensis*	++	a, c	R	O			东
（十五）太平鸟科 Bombycillidae							
33. 太平鸟 *Bombycilla garrulus*	+	c	W	F–I			古
34. 小太平鸟 *Bombycilla japonica*	+	c	W	F–I			古
（十六）伯劳科 Laniidae							
35. 红尾伯劳 *Lanius cristatus*	+	c	P	C			古
（十七）鹪鹩科 Troglodytidae							
36. 鹪鹩 *Troglodytes troglodytes*	+	a, b, c	W	I			广
（十八）椋鸟科 Sturnidae							
37. 八哥 *Acridotheres cristatellus*	++	b, c	R	O			东
38. 丝光椋鸟 *Spodiopsar sericeus*	+	a, b, c	S	O			东
39. 灰椋鸟 *Spodiopsar cineraceus*	+++	a, b, c, d	R	O			古
（十九）鸦科 Corvidae							
40. 喜鹊 *Pica pica*	+++	a, b, c, d	R	G–I			广
41. 灰喜鹊 *Cyanopica cyana*	+++	a, b, c, d	R	F–I			古
42. 红嘴蓝鹊 *Urocissa erythroryncha*	+	a, b, c	R	O			东
43. 小嘴乌鸦 *Corvus corone*	++	a, b, c, d	R	O			古
44. 大嘴乌鸦 *Corvus macrorhynchos*	+++	a, b, c, d	R	O			东
（二十）岩鹨科 Prunellidea							
45. 棕眉山岩鹨 *Prunella montanella*	+	a, c	W	G–I			古
（二十一）鸫科 Turdidae							
46. 虎斑地鸫 *Zoothera dauma*	+	a, b, c	P	I			东
47. 灰背鸫 *Turdus hortulorum*	+	a, c	P	I			古
48. 乌鸫 *Turdus mandarinus*	+	a, b, c	R	F–I			广
49. 乌灰鸫 *Turdus cardis*	+	a, c	S	F–I			古
50. 白眉鸫 *Turdus obscurus*	+	a, c	P	I			古
51. 斑鸫 *Turdus eunomus*	++	a, c	P	I			古
52. 宝兴歌鸫 *Turdus mupinensis*	+	a, c	S	I			古
（二十二）鹟科 Muscicapidae							
53. 蓝歌鸲 *Larvivora cyane*	+	a, c	P	I			古
54. 红喉歌鸲 *Calliope calliope*	+	a, b	P	I			广
55. 红胁蓝尾鸲 *Tarsiger cyanurus*	+	a, c	P	I			古
56. 北红尾鸲 *Phoenicurus auroreus*	+	a, c	S	I			古

续表

种名	数量级	生境	居留型	食性	保护级别	CITES 公约	区系
57. 赭红尾鸲 *Phoenicurus ochruros*	+	a, c	P	I			广
58. 白喉矶鸫 *Monticola gularis*	+	a, c	P	I			古
59. 灰纹鹟 *Muscicapa griseisticta*	+	b, c	P	I			古
60. 乌鹟 *Muscicapa sibirica*	+	c	P	I			广
61. 北灰鹟 *Muscicapa dauurica*	+	b, c	P	I			古
62. 白眉姬鹟 *Ficedula zanthopygia*	+	c	S	I			古
63. 红喉姬鹟 *Ficedula albicilla*	+	a, c	P	I			古
（二十三）柳莺科 Phylloscopidae							
64. 褐柳莺 *Phylloscopus fuscatus*	+	a, b, c	S	I			古
65. 巨嘴柳莺 *Phylloscopus schwarzi*	+	a, c	P	I			古
66. 黄腰柳莺 *Phylloscopus proregulus*	+	a, c	P	I			古
67. 黄眉柳莺 *Phylloscopus inornatus*	+	a, c	P	I			古
68. 极北柳莺 *Phylloscopus borealis*	+	c	P	I			古
（二十四）戴菊科 Regulidae							
69. 戴菊 *Regulus regulus*	+	c	W	I			古
（二十五）山雀科 Paridae							
70. 沼泽山雀 *Poecile palustris*	+	b, c	R	I			古
71. 黄腹山雀 *Pardaliparus venustulus*	+	a, c	R	I			古
72. 大山雀 *Parus cinereus*	+	c	R	I			古
（二十六）绣眼鸟科 Zosteropidae							
73. 红胁绣眼鸟 *Zosterops erythropleurus*	+	a, c	P	F-I			古
74. 暗绿绣眼鸟 *Zosterops japonica*	+	a, c	P	G-I			古
（二十七）雀科 Passeridae							
75. [树]麻雀 *Passer montanus*	++++	a, b, c, d	R	O			广
（二十八）燕雀科 Fringillidae							
76. 燕雀 *Fringilla montifringilla*	++	a, c	W	G			广
77. 锡嘴雀 *Coccothraustes coccothraustes*	+	c	P	G			古
78. 黑尾蜡嘴雀 *Eophona migratoria*	++	c	P	O			古
79. 黑头蜡嘴雀 *Eophona personata*	+	c	P	G			古
80. 普通朱雀 *Carpodacus erythrinus*	+	a, c	P	O			古
81. 金翅雀 *Chloris sinica*	++	a, c	R	O			广
82. 黄雀 *Spinus spinus*	+	a, b, c	P	O			古
（二十九）鹀科 Emberizidae							
83. 小鹀 *Emberiza pusilla*	+	a, c	W	O			广
84. 黄眉鹀 *Emberiza chrysophrys*	+	a, c	P	O			古
85. 黄喉鹀 *Emberiza elegans*	+	a, c	W	G-I			古
86. 栗鹀 *Emberiza rutila*	+	a, c	P	G-I			广

注：数量级调查过程中通过每种鸟类总数量除以鸟总只数，求出每种鸟所占百分数。比例在10%及以上者为优势种（大于50%者为数量极多种），1%～10%为常见种，1%以下为稀有种，"＋＋＋"表示优势种（"＋＋＋＋"数量极多种），"＋＋"表示常见种，"＋"表示稀有种；生境："a"灌草丛，"b"水域，"c"乔木林，"d"建筑物及道路；居留型："R"留鸟，"S"夏候鸟，"W"冬候鸟，"P"旅鸟；保护类型："Ⅰ"国家Ⅰ级重点保护野生动物，"Ⅱ"国家Ⅱ级重点保护野生动物；CITES 公约（2017）："Ⅰ"附录Ⅰ，"Ⅱ"附录Ⅱ，"Ⅲ"附录Ⅲ；区系："广"广布种（cosmopolitan species），"古"古北种（species of palaearctic），"东"东洋种（species of oriental region）。

3 讨论

鸟类的种类和数量不仅可以反映自然环境的优劣，而且是生态环境质量的重要指示标志。北京动物园植被比较丰富，林木覆盖率高，为鸟类提供了良好的生活、觅食和繁殖场所。在北京动物园记录到鸟类86种，占北京市有记录鸟类种数的24.50%。迁徙鸟36种，占41.86%，构成鸟类群落的主体，这与北京天坛公园（50.77%）和紫竹院公园（73.68%）的调查结果一致[7, 10]，可见北京动物园与天坛、紫竹院等城市公园均是北京地区部分迁徙鸟类的重要停歇地点。广州的城市公园与北京有所不同，其鸟类群落主要以留鸟为主（64.1%），迁徙鸟类占比较小[9]，可能与这两个城市所处不同的地理位置有关。

城市公园远离鸟类自然栖息地，类似于岛屿与大陆隔离。公园面积越大，其鸟类的种类以及群落多样性越高，这符合岛屿生态学的原理[6]。北京天坛公园面积273.0hm²，拥有鸟类130种[7]；北京动物园面积86.2hm²，鸟类86种；北京紫竹院公园面积45.81hm²，鸟类52种[10]，可见城市公园的总面积会对鸟类物种多样性产生影响，面积大的公园有较丰富的鸟类种类，面积较小的公园鸟类种类也较少。

调查记录到北京动物园有食虫鸟类53种，占本次调查鸟类种数的61.63%。食虫鸟类所占比例如此之高，为城市园林防治林木虫害提供了新的思路和方法。由于历史上某些城市公园的园林植被配置过于单一，园林植物种类较少，甚至形成人工纯林的景观效果，单一的园林植被极易导致特定林木病虫害爆发，由于缺乏复杂生态系统自我调节的自愈功能，只能通过人为喷洒农药进行防治。农药灭虫的直接后果就是在消灭害虫的同时，一起消灭了食虫鸟类，而食虫鸟类的种群恢复则远落后于害虫种群恢复的速度。如此导致虫害爆发——喷洒农药——再爆发——再喷药的恶性循环，而在此过程中，本应属于生态系统中重要一环的食虫鸟类则被消灭殆尽。

调查显示北京动物园分布有国家Ⅱ级重点保护鸟类5种，为鸳鸯及鹰形目（Accipitriformes）和隼形目（Falconiformes）鸟类。可见北京动物园客观上为濒危物种提供了重要的栖息环境，公园具有保护野生鸟类的重要生态功能，而野生鸟类也为防治园林植物虫、鼠害起到关键作用。

北京动物园野生鸟类保护管理建议：

（1）在公园中营造大面积多树种阔叶林，增加环境异质性，提高鸟类群落多样性。高大乔木可吸引自然营巢的喜鹊、灰喜鹊以及鸳鸯、灰椋鸟等洞巢鸟类；同时，啄洞营巢的啄木鸟、寄生产卵的杜鹃、利用旧巢的红脚隼和其他洞巢鸟类，如大山雀、北红尾鸲等食虫鸟类都会随之增多。

（2）注重乔、灌、草合理配置和多种生境的镶嵌关系。增加植被在垂直结构上的层次和边缘效应是提高鸟类群落多样性的必要措施。增加林下灌丛和草被，可为众多的雀、鸦、鸫等提供繁殖、摄食和隐蔽的条件。水域周边的灌丛和浅水湿地中的芦苇、菖蒲等挺水植被，则有利于水禽和莺类的繁殖。河湖堤岸由垂直的混凝土结构改造成为土质缓坡，便于繁殖期水禽雏鸟上岸休息。

（3）园林植物病虫害防治以生物/生态防治为主，减少农药使用量。复杂的生态系统能够保持稳定、健康，生活于其中的鸟类和昆虫、蜘蛛等节肢动物会保持动态平衡，防止虫害爆发。合理的昆虫种群数量，也是招引食虫鸟类、维持城市公园生态系统平衡的基本前提。减少杀虫剂的使用量可以降低城市公园环境毒性，减轻对游园人群健康的损害。

致谢

感谢高级园艺师杨丽亚帮助鉴别园林植物种类，饲养队刘斌、张殿起、尚铭、王蕾蕾、周安阳、金霆、白春亭、穆春阳、毛宇、刘慧永、孟彤、马刚、邢海健、王琨、刘玉平等同事参与鸟类调查，重点实验室刘佳、滑荣参与调查数据整理分析；特别感谢李晓光园长和张颐春书记对野生动物研究与保护工作的积极倡导和大力支持。

参考文献

[1] Beissinger S R, Osborne D R. Effects of urbanization on avian community organization [J]. Conder, 1982, 84（1）：75-83.

[2] Cicero C. Avian community structure in a large urban park：controls of local richness and diversity [J]. Landscape and Urban Planning, 1989, 17（3）：221-240.

[3] 郑光美. 北京及其附近地区冬季鸟类的生态分布 [J]. 动物学报, 1962, 14（3）：321-366.

[4] 郑光美. 北京及其附近地区夏季鸟类的生态分布 [J]. 动物学研究, 1984, 5（1）：29-45.

[5] 陈水华, 丁平, 郑光美, 等. 城市鸟类群落生态学研究展望 [J]. 动物学研究, 2000, 21（2）：165-169.

[6] 赵欣如, 房继明, 宋杰, 等. 北京的公园鸟类群落结构研究 [J]. 动物学杂志, 1996, 31（3）：17-21.

[7] 杨萌, 史红全, 李强, 等. 北京天坛公园鸟类群落结构调查 [J]. 动物学杂志, 2007, 42（6）：136-146.

[8] 柴文菡, 白静文, 陈卫. 北京玉渊潭公园鸟类群落特征 [J]. 四川动物, 2007, 26（3）：557-560.

[9] 李慧, 洪永密, 邹发生, 等. 广州市中心城区公园鸟类多样性及季节动态 [J]. 动物学研究, 2008, 29（2）：203-211.

[10] 郭铁英, 杨均炜, 曲媛媛, 等. 北京紫竹院公园鸟类群落多样性分析 [J]. 四川动物, 2010, 29（6）：975-980.

[11] 郑光美. 中国鸟类分类与分布名录[M]. 3版. 北京：科学出版社，2017.
[12] 高武. 北京野鸟图鉴[M]. 北京：北京出版社，2001.
[13] 常家传，桂千惠子，刘伯文，等. 东北鸟类图鉴[M]. 哈尔滨：黑龙江科学技术出版社，1995.
[14] 约翰·马敬能，卡伦·菲利普斯，何芬奇. 中国鸟类野外手册[M]. 长沙：湖南教育出版社，2000.
[15] 张正旺，毕中霖，王宁，宋杰. 北京2种鸟类的新分布记录[J]. 北京师范大学学报（自然科学版），2003，39（4）：541-543.
[16] 郑作新. 中国动物志：鸟纲[M]. 北京：科学出版社，1997.

景山公园生态示范区建设对昆虫多样性的影响研究初探[①]

课题承担单位：景山公园 / 宋 恺 周明洁 刘仲赫 李 晶 邓 硕 王久龙 芮乃思 袁 昕

园林生态系统是人工创造的植物群落形成的，由于园林植物常年生活在人为环境中，逐渐降低了其抗病虫能力，其次园林植物种类多年不变，越冬害虫和病残体会成为来年病虫害的来源。另外，天敌群落的形成和发展容易受到化学防治的影响而变得脆弱，致使害虫逃脱天敌控制而且抗药性增强，加大了园林病虫害防控难度。如何实现不用药或少用药控制园林病虫害越来越成为人们关注的重点。使用生态学的手段控制害虫不但可以减少农药使用量，而且还可以对害虫发挥稳定持续的控制作用。优化生态系统来提高自然控害能力是生物防治的一个重要发展方向，目前在园林生态系统中如何调控害虫亟需相关研究。

城市的可持续发展离不开园林生态系统的可持续发展，园林绿地作为城市生态系统的重要组成部分，在维持城市生态系统的良性循环及可持续发展中起着不可替代的作用，已成为城市基础设施的重要内容之一。现有的城市园林生态系统的自我调控能力都较低，人为干扰严重，害虫发生频繁而且主要依赖化学农药，严重威胁着城市园林生态系统的可持续发展。课题旨在通过在公园建立天敌保育区，利用植物－害虫－天敌的食物链关系，以生态手段达到以虫治虫的目的；并且探索构建长期稳定的园林生态系统模式，大幅度减少化学药剂在公园的使用，不断提高公园绿色生态水平。为首都市民和中外游客打造一个自然、清新、健康的环境。

1 研究内容

（1）全园昆虫本底调查。

（2）选择了山体3个改造区域具体范围，进行改造区及对照区域植物种类及丰富度、昆虫种类及丰富度、农药使用调查统计。

（3）进行了改造区域的生态建设工作，增加可吸引天敌的植物种类、增加物理防治和生物防治手段。

（4）定期调查了改造后害虫、天敌种类、数量调查统计。

（5）通过对对照区域及改造前的目标区域植物、害虫、天敌种类数量的动态变化进行分析，农药使用量对比，总结生态控制区对昆虫多样性的影响以及控制虫害的效果。

2 材料与方法

2.1 景山公园概况

景山公园位于北京市西城区景山前街，坐落在明清北京城的中轴线上，西临北海，南与故宫神武门隔街相望，是元、明、清三代的御苑。占地234000m^2，山体相对高度45.7m，海拔94.2m，周长1015m，园内绿地面积124390m^2。景山公园所在地属温带季风气候，以夏季高温多雨，冬季寒冷干燥，四季分明为主要特征。年平均气温不低于0℃，年积温3200～4500℃。公园内古树参天，山峰独秀，殿宇巍峨，牡丹品种繁多，山上五亭横列，中锋万春亭坐落于北京城中轴线制高点，高43m。景山主要分为3个部分，前山、山体和后山。前山和后山大多平地

[①] 北京市公园管理中心课题（ZX2016009）。北京市公园管理中心2018年科技进步三等奖。

和缓坡，前山多散植松柏树、密植牡丹芍药，后山多冷季型草坪、密集松柏树、牡丹芍药。山体多为半自然地被、灌木和乔木，是典型的山地园林。

2.2 调查方法

2.2.1 植物调查方法

通过实地调查及查阅资料与植物养护管理资料，对全园公共绿地植物进行调查统计；对改造区改造前后的植被情况进行调查统计。对植物群落内乔、灌、草的情况进行统计整理。

2.2.2 昆虫本底调查方法

（1）调查范围

将全园绿地按照主要道路划分为5个区域，详见图1。

（2）调查方法

2016～2017年，每年4～11月，每15天调查一次。夜间调查主要为2017年进行，每月一次。2018年进行本底补充调查。

1）地下昆虫

地下陷阱法。选择地下埋置诱捕器的方式诱集。采用中科院动物所研制的陷阱，埋置地下。其内放置的生理溶液具有引诱兼保存虫体的作用，两个月收集一次。

2）地上昆虫

①扫网法

采集栖息于杂草或灌木丛间的昆虫，采用较结实的扫网。使用扫网时一边在草丛或灌木丛间上下左右摆动扫网，一边向前移动扫网，将昆虫集中到网底，拣除大的枝叶后连同碎枝叶一起倒入毒瓶，待昆虫死后再挑选出来分类存放至试管中。五个区域每区域10个点，每点30网，辅助以目测法，目测计数每点周围昆虫种类和数量。固定调查日期和时间。

②振布法

针对昆虫有假死的习性，对在灌木中栖息的昆虫采用振布法采集。采用1平方米的白布作载体。查虫时将布平铺地面，快速拍击植株中、下部，连拍三下。每次拍查计数后，将昆虫放入毒瓶，清空白布，再进行下次拍查。

③灯光诱法

采用200W白炽灯作标准光源，周围悬挂白色幕布。选择地势平坦的地方，距离林地和附近干扰光源100m以上。1个月进行一次灯诱，在天色暗的时候开灯，晚上10-11点关灯。不断收集幕布上的昆虫，灯诱结束后第二天整理标本。

2.2.3 生态改造区昆虫多样性调查

选择公园山体共3个区域（详见调查范围图2），进行生态建设，每个区域约1500m²。2016年开展调查，对昆虫多样性开展调查，每15天一次。

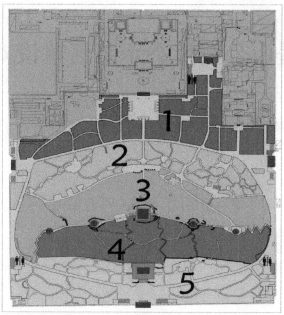

图1 昆虫本底调查划分区域图

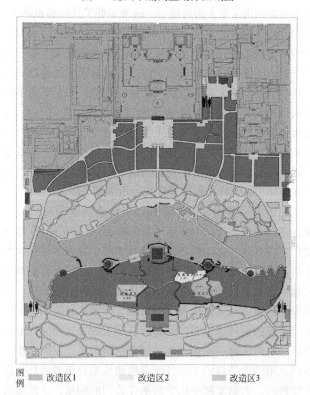

图2 改造区昆虫多样性调查区域图

2017年进行改造区生态建设，增加植被种类，3个区域每区以道路划分为2个处理区域，分别为处理1、处理2。每个处理区域增加不同的植被，共2个处理，3个重复。具体栽植情况如下：

处理1区：荆芥、硕葱、薄荷、八宝、蓍草、蛇莓、蛇鞭菊、甘野菊；处理2区：红廖、红花酢浆草、金鸡菊、日光菊、玉簪、旋复花、鸢尾、黑心菊。

2018年开始，对3个区域进行昆虫多样性调查，每15天一次。

2.3 昆虫调查记录

所有采集的昆虫做好记录，包括时间、区域、初始种类、数量、龄期、寄主植物等。

昆虫调查记录表 表1

年	月	日	地点	目	科	种类	数量	备注
2016	6	9	II	鳞翅目	蛱蝶科	黄钩蛱蝶	1	
2016	6	9	III	鳞翅目	凤蝶科	柑橘凤蝶	1	
2016	6	9	III	半翅目	蝽蟓科	锤胁蝽蟓	1	
2016	6	9	III	半翅目	丽木虱科	黄栌丽木虱	65	黄栌
2016	6	9	I	鳞翅目	粉蝶科	云粉蝶	1	
2016	6	9	I	半翅目	蜡蝉科	斑衣蜡蝉	3	
2016	6	8	I	半翅目	蚜科	紫薇长斑蚜	1	紫薇
2016	6	8	I	半翅目	蚜科	大戟长管蚜	14	紫薇
2016	6	8	V	鳞翅目	粉蝶科	云粉蝶	1	
2016	6	8	V	双翅目	蚜蝇科	长尾管蚜蝇	2	
2016	6	8	V	半翅目	蚜科	竹梢凸唇斑蚜	34	竹
2016	6	8	V	半翅目	蚜科	苹果瘤蚜	98	海棠
2016	6	8	II	鳞翅目	粉蝶科	菜粉蝶	2	
2016	6	8	III	鳞翅目	粉蝶科	菜粉蝶	1	
2016	6	9	III	鳞翅目	粉蝶科	菜粉蝶	2	
2016	6	9	III	半翅目	蚜科	棉蚜	23	石榴
2016	6	9	III	鞘翅目	瓢甲科	异色瓢虫	2	1头幼虫

3 结果与分析

3.1 景山公园植物多样性调查

获得详细植物名录。

3.1.1 植物种类及分布情况

景山公园内共记录到333种维管束植物。隶属于85科261属。蕨类植物6科6属6种，裸子植物3科7属8种；被子植物76科248属319种，详见表2。

北京景山植物分类群与北京城区、山区植物统计比较表 表2

类别	景山公园			北京山区			北京城区		
	科	属	种	科	属	种	科	属	种
蕨类植物	6	6	6	15	26	63	3	3	4
裸子植物	3	7	8	5	12	21	7	13	30
被子植物	76	248	319	91	399	961	78	236	424
合计	85	261	333	127	538	1283	99	307	536

3.1.2 景山整体植物结构分析

（1）乔灌种类配比分析

在所调查的木本植物中，景山共计其中乔木共有55种，6620棵（常绿乔木10种，落叶乔木45种）；灌木共有57种，29419株（常绿灌木2种，落叶灌木55种）。乔木与灌木物种的比例接近1∶0.96。从提高生态多样性的角度来说，景山植物群落灌木的种类偏少。从植物多样性来看，灌木因其种类丰富、适应性强、选择条件相对宽松，因而灌木层的多样性相对可以较高。但景山目前植物群落存在种类偏少、多样性丰富度不够等问题。

（2）物种多样性与植物生长型关系

从不同的群落角度来看乔木、灌木、草本的丰富度区别很明显，其中乔木与灌木的丰富度和三个多样性指数比较相近，区别不大，相较于草本来说，草本丰富度非常大，多样性指数相比乔灌木较高。

景山植物群落各生长型植物物种多样性 表3

层次	物种丰富度	Simpson 指数	Shannon-Wiener 指数	Pielou 均匀度指数
乔木层	55	0.81	2.97	0.67
灌木层	57	0.77	1.91	0.47
草本层	221	0.94	3.29	0.61

在三种不同类型的群落中，物种丰富度在乔木层为55；在灌木层为57；在草本层中为221。Simpson指数在乔木层为0.81；在灌木层中为0.77；在草本层中最高为0.94。Shannon-Wiener在乔木层中为2.97；在灌木层中为1.91；在草本层中为3.29。Pielou均匀度指数在乔木层中为0.67；在灌木层中为0.47；在草本层中为0.61。

（3）各林层优势种及重要值分析

北京景山植物群落不同林层优势种及重要值			表 4
种类	相对多度（盖度）	相对频度	重要值
乔木层			
圆柏	33.08	100	55.47
侧柏	20.54	100	49.26
丁香	13.24	100	46.45
紫薇	9.71	100	42.49
白皮松	6.96	100	39.30
油松	2.74	100	36.01
海棠	2.34	80.54	29.13
栾树	1.17	64.38	21.97
国槐	0.83	40.38	13.85
柿树	0.72	35.83	12.25
灌木层			
牡丹	31.75	100	65.08
荆条	12.24	100	37.41
大叶黄杨	7.34	100	35.78
小叶黄杨	5.96	100	35.32
黄刺玫	1.20	49.95	17.05
剑兰	0.07	45.76	15.28
卫矛	0.07	39.63	13.23
珍珠梅	0.06	33.88	11.31
沙地柏	0.05	25.47	8.51
迎春	0.04	20.10	6.71
草本层			
芍药	17.34	1.61	9.48
地毯草	11.24	1.81	6.53
沿阶草	6.24	2.20	4.37
山麦冬	7.14	1.26	4.20
狗牙根	4.93	0.83	2.88
紫花地丁	2.03	3.54	2.78
诸葛菜	3.29	1.30	2.30
积雪草	1.58	2.87	2.23
苔草	2.78	1.34	2.06
萝藦	0.89	2.75	1.82

景山公园植物群落的分层现象比较明显，可分为乔木层、灌木层和草本层，统计了各层优势种的重要值。

乔木层中重要值最高的是圆柏，重要值达到了 55.47，占据了整个景山公园，众多群落中都以圆柏为主，圆柏是十个优势树种中最高的。整个公园的十个优势树种包括了圆柏、侧柏、丁香、紫薇、白皮松、油松、海棠、栾树、国槐和柿树。

灌木层十种优势灌木中，牡丹、荆条和大叶黄杨的重要值相对较高，在各个群落中的相对多度和相对频度也相对较高。

草本层十种优势灌木中，芍药的重要值相对较高，为 9.48，其次地毯草与沿阶草重要值也颇为显著。整个公园的十个优势草本包括芍药、地毯草、沿阶草、山麦冬、狗牙根、紫花地丁、诸葛菜、积雪草、苔草、罗藦。

3.2 景山公园昆虫组成

3.2.1 景山公园昆虫组成情况

景山公园昆虫组成情况				表 5
目别	科数	百分比（%）	种数	百分比（%）
蜉蝣目	2	2.1	2	0.75
蜻蜓目	1	1.05	3	1.13
革翅目	1	1.05	1	0.38
直翅目	4	4.2	6	2.27
螳螂目	1	1.05	2	0.75
蜚蠊目	2	2.1	2	0.75
半翅目	25	26.32	54	20.38
脉翅目	2	2.1	6	2.27
鞘翅目	18	18.96	75	28.30
双翅目	10	10.53	24	9.06
毛翅目	1	1.05	1	0.38
鳞翅目	18	18.96	68	25.66
膜翅目	10	10.53	22	7.92
总计	95	100	266	100

通过调查，景山公园采集的昆虫经鉴定包括 13 个目，95 个科，266 种。如表 5 所示，景山公园 13 个昆虫目别中，科别数量依次为半翅目＞鞘翅目和鳞翅目＞双翅目和膜翅目＞直翅目＞蜚蠊目、脉翅目和蜉蝣目＞蜻蜓目、革翅目、螳螂目、毛翅目和等足目。种数方面为鞘翅目＞鳞翅目＞半翅目＞双翅目＞膜翅目＞直翅目和脉翅目＞蜻蜓目＞蜉蝣目、螳螂目和蜚蠊目＞革翅目、毛翅目。由此可知，在景山公园昆虫组成中，在科数、种数方面占据前三位的是半翅目、鞘翅目和鳞翅目。

3.2.2 景山公园昆虫群落结构

景山公园昆虫群落结构				表 6
昆虫种类	科数	百分比（%）	种数	百分比（%）
害虫	60	63.16	167	63.02
天敌	18	18.95	53	20.00
中性	17	17.89	46	16.98
总计	95	100	266	100

根据昆虫的生物学特性及对园林植物的影响，将其分为害虫、天敌、中性昆虫三大类。景山公园调查到的昆虫种类中，其中害虫占全部昆虫中的 60 个科，167 种，占全

部昆虫种数的63.02%；天敌昆虫展18个科，53种，占全部昆虫种数的20.00%,；中性昆虫有17个科，46种，占全部昆虫种数的16.98%。

表7 景山公园昆虫类群分布

目	天敌（种数）	百分比（%）	害虫（种数）	百分比（%）	中性（种数）	百分比（%）
蜉蝣目	0	0	0	0	2	4.45
蜻蜓目	3	5.66	0	0	0	0
革翅目	0	0	0	0	1	2.22
直翅目	0	0	6	3.6	0	0
螳螂目	2	3.78	0	0	0	0
蜚蠊目	0	0	2	1.2	0	0
半翅目	2	3.78	48	28.74	4	8.90
脉翅目	6	11.32	0	0	0	0
鞘翅目	17	32.06	43	25.75	16	33.33
双翅目	13	24.53	0	0	11	24.44
毛翅目	0	0	0	0	1	2.22
鳞翅目	0	0	67	40.11	1	2.22
膜翅目	10	18.87	1	0.6	10	22.22
总计	53	100	167	100	46	100

由表7可以看出，在调查的13个目别的昆虫中，天敌种类以鞘翅目和双翅目为最多，分别为17种和13种，天敌分布为鞘翅目＞双翅目＞脉翅目＞膜翅目＞蜻蜓目＞螳螂目和半翅目；害虫种类以鳞翅目、半翅目和鞘翅目最多，分别为67种、48种和43种，害虫分布为鳞翅目＞半翅目＞鞘翅目＞直翅目＞蜚蠊目＞膜翅目。

3.3 主要害虫和天敌发生规律

2016年共采集到昆虫575头，分属6目（半翅目、鳞翅目、脉翅目、膜翅目、鞘翅目、双翅目）的61科的73种，见图3。

其中半翅目的数量最多，占总数的65.91%，主要是蚜虫、木虱和盲蝽。鳞翅目占总数的16.52%，以草螟、卷蛾和夜蛾科的昆虫为主。上述两个目的昆虫是园林植物上主要害虫。双翅目占12.52%，以斑腹蝇科为主，多为中性昆虫。鞘翅目占比2.61%，种类以瓢虫为主，是天敌昆虫。脉翅目和膜翅目均占比1.22%，以草蛉和蜂类为主，多数是天敌和传粉昆虫。

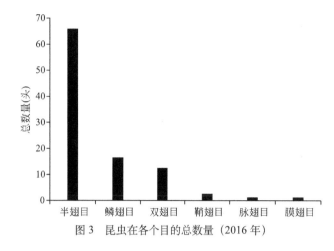

图3 昆虫在各个目的总数量（2016年）

2016年6月份共采集到443头昆虫，蚜虫占大多数。7月份采集到132头昆虫，鳞翅目害虫占大多数（图4）。

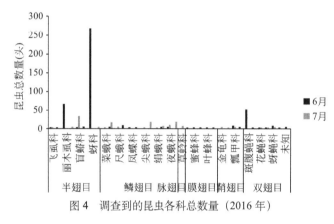

图4 调查到的昆虫各科总数量（2016年）

物种丰富度表示物种数量的多少，可以反映生物多样性情况。2016年6月份物种丰富度为58，略高于7月份的物种丰富度46。

Shannon多样性指数在6月份为2.372，低于7月份的3.255。两个月份均有较高的生物多样性指数。

2017年共采集到1193头昆虫，属于8个目75科224种。另外还有20头节肢动物，属于等足目和条马陆目(图5、图6)。

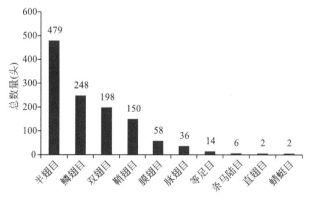

图5 各分类单元的节肢动物总数量（2017年）

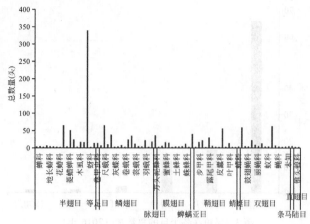

图6 调查到的节肢动物各科总数量（2017年）

半翅目、鳞翅目、双翅目、鞘翅目是数量占优势的四个目。半翅目以蚜科、丽木虱科和盲蝽科为主。蚜虫类害虫占半翅目总数量的60.54%，是主要的害虫。

从各月份数量变化情况来看，6月份是昆虫数量最多的月份（图7）。主要是因为蚜虫的数量集中在6月份，其他月份数量很低。鳞翅目主要在7~8月份发生（图8）。鞘翅目和膜翅目等从4~9月份发生数量波动不大。

2017年4~9月份物种丰富度分别为62、53、160、93、108、15（图9），6月份有最高的物种丰富度。Shannon多样性指数则是从4月份到8月份一直增长（图10），9月份下降到很低的数值。

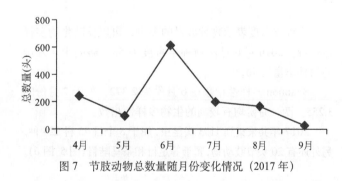

图7 节肢动物总数量随月份变化情况（2017年）

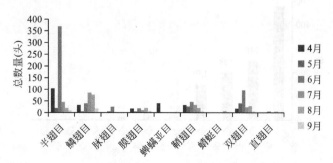

图8 各目总数量随月份变化情况（2017年）

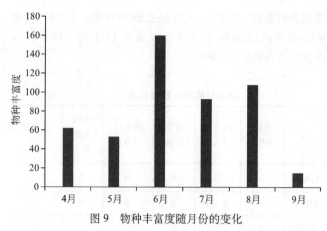

图9 物种丰富度随月份的变化

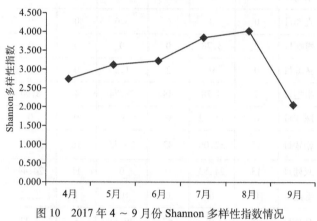

图10 2017年4~9月份Shannon多样性指数情况

3.4 生态控制区植被改造情况

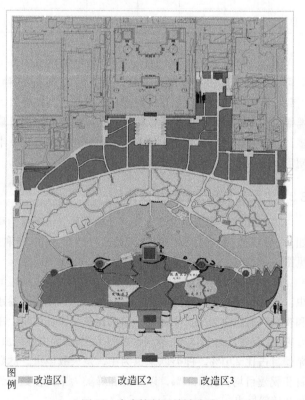

图11 生态控制区植被改造

3.4.1 生态控制区改造前植被分布及农药使用情况

改造前植被分布及农药使用情况　　　表8

区域	乔木种类	灌木种类	地被种类	农药年使用量
1-1	侧柏、白皮松、油松	荆条、小叶黄杨、迎春	崂峪苔草、紫花地丁、诸葛菜、野菊	农药 10.5kg，药水 4 吨
1-2	侧柏、桧柏、白皮松	荆条、大叶黄杨	崂峪苔草、诸葛菜、野菊	
2-1	侧柏、白皮松、元宝枫	荆条、枸杞、迎春	崂峪苔草、紫花地丁、诸葛菜	农药 44kg，药水 16 吨
2-2	侧柏、白皮松、油松	荆条、黄刺玫	崂峪苔草、紫花地丁、诸葛菜	
3-1	侧柏、白皮松、元宝枫、油松	荆条、黄刺玫	崂峪苔草、紫花地丁、二月兰	农药 10.5kg，药水 4 吨
3-2	侧柏、桧柏、白皮松、枣、山桃	荆条、小叶黄杨	崂峪苔草、紫花地丁、诸葛菜	

由表中可见，生态改造前，区域内乔木以常绿树侧柏、白皮松为主，灌木以荆条为主要树种，而地被种类也相对少。区域内整体植被种类较为单一。

3.4.2 生态建设情况

选择如图所示 3 个区域，进行生态建设。2017 年进行改造区生态建设，增加植被种类，2018 年春季 4～5 月份进行补栽。3 个区域每区以道路划分为 2 个处理区域，分别为处理 1、处理 2。处理 1 与处理 2 区各增加不同的地被组合，共 2 个处理，3 个重复。共计增加植被种类 16 种，栽植后区域内不采用化学防治手段。

处理 1 区增加植被：荆芥、硕葱、薄荷、八宝、蓍草、蛇莓、蛇鞭菊、甘野菊

处理 2 区增加植被：红蓼、红花酢浆草、金鸡菊、日光菊、玉簪、旋复花、鸢尾、黑心菊

图 12　生态区改造前

图 13　生态区改造中

图14 生态区改造后

图15 地被招引天敌

3.5 生态控制区昆虫多样性的评估

3.5.1 生态区昆虫物种丰富度

2018年总计调查到98种昆虫,从6月份到9月份,每月物种丰富度分别为45、48、32、29。6月到7月是昆虫物种最多的时期。处理1共计有74个物种,处理2共有66个物种。

处理1的优势种是盲蝽,占总数量的21.2%,其次是毛食虫虻11.8%。处理2的优势种也是盲蝽,占比为40.0%,其次是朴草跳甲7.9%。植食性昆虫物种占绝大多数。

与同期改造前物种组成对比有明显变化,改造前2016年共调查到152头昆虫,属于22个物种,其中竹梢凸唇斑蚜是优势种,占比53.9%。改造前2017年共调查到147头昆虫,属于54个物种,其中油菜花露尾甲为优势种,占比12.2%。之所以优势种出现变化可能与取样时间和取样单元差异有关。

3.5.2 生态区害虫与天敌发生动态

处理1调查到昆虫382头,处理2调查到的昆虫总数为455头。6~7月份是昆虫数量最多的时期,8~9月份昆虫数量比前两个月减少一半左右。

改造区天敌昆虫数量占调查总数的6.3%(处理1)和4.4%(处理2)。统计了14种天敌昆虫种类和数量,分别为东亚小花蝽、黑带食蚜蝇、黑襟毛瓢虫、红点唇瓢虫、姬蜂(4个形态种)、丽草蛉、日本通草蛉、深点食螨瓢虫、十二斑褐菌瓢虫、梯斑巧瓢虫、异色瓢虫。天敌数量在6月份最多,平均每个小区达到4~5个。

改造前的调查发现,主要天敌昆虫为异色瓢虫、食蚜蝇类、姬蜂类、十二斑褐菌瓢虫、食虫虻等。改造后的瓢虫类、姬蜂和草蛉的物种数均有所增加。

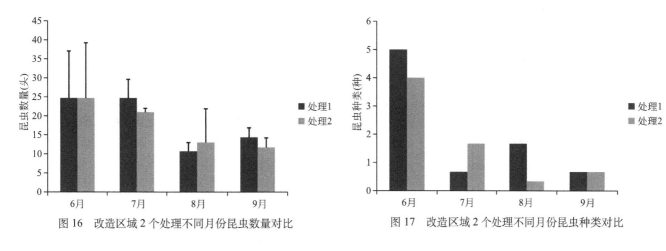

图 16 改造区域 2 个处理不同月份昆虫数量对比

图 17 改造区域 2 个处理不同月份昆虫种类对比

3.5.3 生态改造对昆虫多样性的作用

(1) 改造前后昆虫种类和数量变化

改造前后昆虫种类及数量变化　　表 9

区域	改造前				改造后			
	目	科	种	数量	目	科	种	数量
1-1	3	10	11	20	8	28	40	144
1-2	5	14	16	46	8	24	35	122
2-1	6	16	20	44	8	24	36	104
2-2	3	3	3	13	7	26	37	145
3-1	5	14	16	57	7	25	40	125
3-2	6	12	16	110	7	22	37	197
总计	6	36	61	280	10	49	98	837

物种丰富度（物种数）在改造后明显高于改造前，改造前后平均值分别为 13.7、37.5。

t 检验结果如下：$t=-9.2577$, $df=6.1948$, $P<0.001$。差异极显著。昆虫数量在改造后明显高于改造前，改造前后平均值分别为 46.6、139.5。

t 检验结果如下：$t=-4.6657$, $df=9.8196$, $P<0.001$，差异极显著。

(2) 改造区昆虫多样性分析

从多样性指数来看，处理 1 的多样性指数（辛普森指数、香农多样性指数）略高于处理 2，处理 1 的均匀度也高于处理 2。

3 个区域不同处理多样性指数　　表 10

调查区	辛普森多样性指数 D	香农多样性指数 He'	均匀度 Je
1-1	0.888792	2.856691	0.774406
1-2	0.837603	2.614535	0.747756
2-1	0.938685	3.06714	0.849407
2-2	0.878831	2.808656	0.777823
3-1	0.927613	3.054877	0.828131
3-2	0.762951	2.315287	0.646093

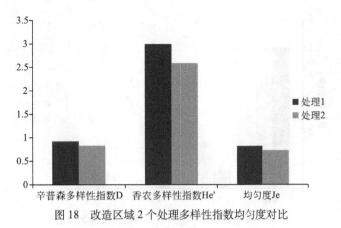

图 18 改造区域 2 个处理多样性指数均匀度对比

由于采取改造后增加了区域植物种类,同时区域不喷施化学农药因此,昆虫种类及数量在改造后都高于改造前。而两个不同处理区域由于栽植的地被种类不同,昆虫多样性也有所差异,分析可知,处理 1 区的植物栽植种类配置更有利于招引和增加区域内的昆虫种类和数量。

研究和实践证明,不同植物组成的昆虫物种多样性有一定的差异。植物种类越丰富,多样性越高。乔、灌、草和多种地被植物栽培种类配置的多样化和设计结构的复层化,使群落内的各个种的生物个体分布比较均匀,形成了一个相对平衡和稳定的状态。对于这样的群落,即使采取粗放的管理方式,少打药或不打药也不会造成虫灾的发生。而植被品种单一的区域,昆虫物种缺乏丰富度和均匀度的结合,使整个群落的物种多样性、稳定性降低,群落结构很脆弱,极易使某一害虫暴发,危害植物,造成灾害。有了害虫就要打药,频繁使用农药,消灭了害虫,也伤害了大量天敌昆虫,使群落更加脆弱、虫害发生频繁,势必加大药剂浓度,增加防治投入,造成恶性循环。只有构建平衡稳定的生态系统,利用植物—害虫—天敌的食物链关系,以生态手段达到以虫治虫的目的,构建长期稳定的园林生态系统模式,大幅度减少化学药剂在公园的使用,才能不断提高公园绿色生态水平。

4 讨论

(1) 景山公园共计有乔木共 55 种,6620 棵(常绿乔木 10 种,落叶乔木 45 种);灌木共有 57 种,29419 株(常绿灌木 2 种,落叶灌木 55 种)。乔木与灌木物种的比例接近 1∶0.96。从提高生态多样性的角度来说,景山植物群落灌木的种类偏少。从植物多样性来看,灌木因其种类丰富、适应性强、选择条件相对宽松,因而灌木层的多样性相对可以较高,在今后,公园可适当增加灌木的种类,从而使公园的乔灌比更加合理,植物多样性更加丰富。

(2) 对生态改造区的建设和昆虫多样性的变化开展的研究属于初探性质,对改造区减少农药使用以及地被种类增加是昆虫多样性增加的其中两个影响因子,由于存在很多不可控的环境变量,且调查时间较短,对昆虫多样性的影响在今后还需要进一步更加深入细致的进行研究,为今后公园生态建设提供更坚实的理论依据。

(3) 生态改造为园区有益昆虫提供栖息场所,在减少施药量、人工释放天敌的基础上,总体上增加了昆虫的多样性,特别是天敌昆虫的种类和数量。今后,需要进一步探索能够增加昆虫多样性特别是增加天敌种类和数量的地被、灌木等植物,通过更细致的筛选,选择出适合城市园林生长的地被、灌木组合,逐步增加其栽植数量,优化种类配置,为天敌昆虫提供更多的栖息场所。

(4) 景山公园处于城市中心,开展生态建设,进行园内生物多样性保护具有标志性意义,在园林生态系统中,地被植物对天敌资源的保护和利用起着重要作用,这些天敌常以地被植物为宿营地、越冬场所和食物,种类丰富的地被植物有利于天敌种类的多样性和对害虫的控制,达到人与自然和谐共处,创建和谐宜居城市。本课题尝试用生态改造促进生物防治,积极探索构建和谐稳定的生态系统,形成害虫—天敌相互制约的生态机制,减少化学农药使用,从而减少农药对天敌的伤害和对环境的污染,为公园创造更加清新健康的游览环境和优美的景观效果,不断提升公园绿色生态建设水平具有重要意义。

(5) 受鉴定水平所限,部分昆虫未鉴定到种,在今后还需要进一步加以整理。

参考文献

[1] 马克平,钱迎倩. 生物多样性保护及其研究进展综述 [J]. 应用与环境生物学报,1998(01).

[2] 李延梅,牛栋,等. 国际生物多样性研究科学计划与热点述评 [J]. 生态学报,2009(04).

[3] 张金屯. 论生物多样性保护与持续发展 [J]. 经济地理,1999,(02).

[4] 王建红 任桂芳,等. 城市园林有害生物可持续控制体系建设. 北京市建设"建设节约型园林绿化"论文集.

[5] 梁隐泉,高宝嘉. 害虫大发生的群落学机制研究进展. 河北农业大学学报,2002(05).

[6] 高照全. 程建军如何预防果树病虫害发生 [J]. 果农之友,2013(10).

[7] 于晓东,周红章,罗天宏. 鄂尔多斯高原地区昆虫物种多样性研究 [J]. 生物多样性,2001,9(4):329-325.

[8] 朱巽,黄向东. 南岳昆虫多样性研究 [J]. 中南林学院学报,2001,21(4):64-67.

[9] 李国强. 间作苜蓿棉田天敌群落结构与动态及对棉蚜控制效应研究 [D]. 甘肃农业大学,2006.

[10] 张少冰,赵冰,贺应科.南岳衡山不同海拔的昆虫多样性[J].经济林研究,2007,25(3):51-54.

[11] 张育平.太原市园林昆虫群落结构及多样性研究[D].太谷:山西农业大学,2003.

[12] 卜志国.城市市区与郊区园林绿地昆虫群落的比较研究[J].河北农业大学学报,2007,30(4):72-75.

[13] 刘育俭,牛建忠,等.天坛公园古柏林区及绿地昆虫群落物种多样性研究.2008北京奥运园林绿化的理论与实践,2009.

[14] 王燕,车少臣,邵金丽,等.北京园林绿地昆虫群落多样性研究[J].北京园林,2007,23:35-42.

[15] 王建红,邵金丽,等.北京园林绿地昆虫群落功能团的研究[J].北京园林,2007,24:18-25.

[16] 车少臣,仇兰芬,等.植物多样性在园林病虫害生态控制中的作用[J].林业科技,2008,33(6):33-35.

[17] 荣亮.上海市崇明岛昆虫多样性初步研究[D].上海:华东师范大学,2009.

[18] 王珊珊,欧克芳,等.武汉市湿地公园昆虫群落多样性及季节动态研究[J].环境昆虫学报,2012,34(3):265-276.

[19] 刘美佳.苏州古典园林拙政园昆虫多样性研究[D].苏州:苏州大学,2013.

[20] 王建红,邵金丽,等.北京园林绿地昆虫群落功能团的研究[J].北京园林,2007,24:18-25.

玉渊潭公园樱属观赏植物引种研究

玉渊潭公园 / 胡 娜 鲁 勇 张国新

摘 要：樱花是著名的木本观赏花卉，属蔷薇科（Rosaceae）李亚科（Prunusoidea）樱属（Cerasus）。玉渊潭公园自1973年种植樱花以来，至今已有40余年历史。为丰富公园樱花景观，为游客营造更为优良的赏樱环境，本课题从树型、花量、花色、花期等4个方面入手，优选出6个樱花品种、4个我国原生种、2个樱桃品种进行试验性种植。在进行2年田间观测的同时，对引入种（品种）的耐热性及耐寒性进行了实验室测试。

关键词：樱属；引种；耐热性；耐寒性

1 研究目的

樱花属蔷薇科（Rosaceae）李亚科（Prunusoidea）樱属（Cerasus），原产北半球温带环喜马拉雅山地区[1]。因花期早、花量大受到人们的喜爱。两千多年前的秦汉时期，樱花已在中国宫苑内栽培[2]。园艺栽培品种多源于日本，主要是由山樱、大山樱、江户彼岸、豆樱等杂交培育的栽培品种[3,4]。玉渊潭公园有着40余年的樱花栽植历史，为丰富公园的樱花种类，为游客呈现更好的景观效果，进行樱花引种研究。

2 材料与方法

2.1 引种材料

2.1.1 品种筛选原则及苗木来源

品种筛选基于公园实际需求，主要从以下5个方面考量：①树型高大的早樱品种；②可适当延长樱花节持续时间的品种，颜色艳丽者更佳；③树型独特的品种；④常见樱桃品种；⑤适合北京地区气候的我国原生种樱花。

引入品种相关信息见表1。

引入品种相关信息 表1

中文名称	拉丁文名	引种地	引种数量	苗木规格（cm）	引种时间	园区种植地点
大寒樱	*Cerasus×kanzakura* 'Oh-kanzakura'	江苏溧阳	5	2	2016年春	樱花园西北角
河津樱	*Cerasus×kanzakura* 'Kawazu-zakura'	浙江长兴	1	10	2016年秋	樱花园西北角
'阳春'	*Cerasus spachiana* 'Yoshun'	浙江长兴	1	11	2016年秋	樱花园西北角
'天之川'	*Cerasus serrulata* 'Erecta'	江苏溧阳	2	8	2016年春	樱花园西北角
'兰兰'	*Cerasus serrulata* 'Ranran'	浙江长兴	2	9	2016年秋	樱花园北部新区
'红华'	*Cerasus serrulata* 'Kouka'	山东胶南	2	2	2016年春	樱花园西北角

① 北京市公园管理中心课题（ZX2016019）。北京市公园管理中心2018年科技进步三等奖。

续表

中文名称	拉丁文名	引种地	引种数量	苗木规格（cm）	引种时间	园区种植地点
'红灯'	*Cerasus avium* 'Hongdeng'	北京通州	2	5	2016年春	樱花园西北角
'美早'	*Cerasus avium* 'Tieton'	北京通州	2	5	2016年春	樱花园西北角
钟花樱桃	*Cerasus companulata*	山东胶南	2	2	2016年春	樱花园西北角
迎春樱	*Cerasus discoieda*	江苏溧阳	30	5	2016年春	樱花园西北角
尾叶樱	*Cerasus dielsiana*	江苏溧阳	10	3	2016年春	樱花园西北角
华中樱	*Cerasus conradinae*	江苏溧阳	10	6	2016年春	樱花园西北角

2.1.2 试验地概况

种植地为北京市玉渊潭公园，地处北京市海淀区西三环内。东经116°18′，北纬39°55′，属温带季风性气候，平均海拔32m，年均日照2780h，年均气温14℃，近年来极端最低气温 −16℃，最高气温41℃，年均降水量600mm。公园占地面积120余公顷，水面面积60余公顷。

园区内种植地集中在两处，均为小环境相对温暖、背风向阳的区域。具体地点如图1中黄色星形标志所示。

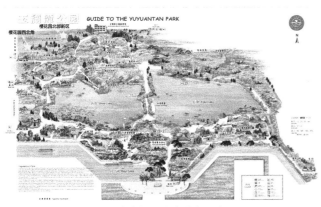

图1 试验苗木种植地点示意图

2.2 研究方法

2.2.1 田间观测法

对引种苗木进行持续观测，重点观测以下几个方面：物候、花期观测、抗病虫害能力、生长量、抗逆性能力观测、生长期整体表现评价、樱桃类品种结实情况。

2.2.2 实验室测试

耐热性试验采用叶片电导率法与叶片可溶性蛋白法（Folin-酚法），耐寒性试验采用根系TTC还原法与枝条组织褐变法。

3 结果与分析

3.1 生长表现

3.1.1 生长期观测记录

各引入种（品种）田间观测情况汇总见表2。其中初花日期为花开约10%的日期，盛花日期为花开约90%的日期，落花日期为花落约70%的日期。符号"*"表示引种地花期。由于引种在2016年春、秋季两季完成，因此部分秋季引入品种没有春、夏季相关数据，以"/"表示。

各种（品种）田间观测情况汇总表 表2

品种（种）	引种情况				观测年份	物候				花期观测			年度生长量（cm）	抗病虫害能力	抗逆性		结实情况	整体评价
	引种时间	引种地	苗木规格	苗木数量		萌动日期	初花日期	盛花日期	落花日期	花色	花径（cm）	着花量			耐热	耐寒		
大寒樱	2016春	江苏溧阳	2cm	5株	2016	2.10*	3.5	3.14	3.23	粉	2.0~2.5	较少	10	正常	正常	缠干正常越冬	少	正常
					2017	2.15	3.9	3.14	3.21	粉	2.5~3.0	较少	30	正常	正常	缠干正常越冬	少	正常
					2018	2.25	3.17	3.22	4.1	粉	2.5~3.0	较少	30	正常	正常	正常	少	正常
					引种地情况	2月上旬	2月下旬	3月上旬	3月中旬	粉	2.5~3.0	多	40左右	正常	正常	正常	少	正常
河津樱	2016秋	浙江长兴	10cm	1株	2016	/	/	/	/	/	/	/	/	/	/	风障正常越冬	/	/
					2017	2.20	3.12	3.17	3.29	粉	3.0~3.5	多	15	正常	正常	缠干正常越冬	多	正常
					2018	3.1	3.21	3.25	4.5	粉	3.0~3.5	多	15	正常	正常	正常	多	正常
					引种地情况	2月上旬	2月下旬	3月上旬	3月中旬	粉	3.0~3.5	多	20左右	正常	正常	正常	多	正常

续表

品种(种)	引种情况				观测年份	物候				花期观测			年度生长量(cm)	抗病虫害能力	抗逆性		结实情况	整体评价
	引种时间	引种地	苗木规格	苗木数量		萌动日期	初花日期	盛花日期	落花日期	花色	花径(cm)	着花量			耐热	耐寒		
'阳春'	2016秋	浙江长兴	11cm	1株	2016	/	/	/	/	/	/	/	/	/	/	缠干正常越冬	/	/
					2017	3.3	3.25	3.29	4.2	淡粉	3.0~3.5	较多	10	正常	正常	正常	少	正常
					2018	3.10	3.27	4.2	4.7	淡粉	3.0~3.5	多	20	正常	正常	正常	少	正常
					引种地情况	2月下旬	3月上旬	3月中旬	3月下旬	淡粉	3.0~3.5	多	20左右	正常	正常	正常	少	正常
'天之川'	2016春	江苏溧阳	8cm	2株	2016	3.20	4.10	4.15	4.19	淡粉	2.5~3.0	较多	10	正常	正常	缠干正常越冬	不结实	正常
					2017	3.16	4.8	4.13	4.17	淡粉	3.0~3.5	多	20	正常	正常	正常	不结实	正常
					2018	3.25	4.14	4.20	4.24	淡粉	3.0~3.5	多	20	正常	正常	正常	不结实	正常
					引种地情况	3月上旬	3月中旬	3月下旬	4月上旬	淡粉	3.0~3.5	多	20左右	正常	正常	正常	不结实	正常
'兰兰'	2016秋	浙江长兴	9cm	2株	2016	/	/	/	/	/	/	/	/	/	/	缠干正常越冬	不结实	/
					2017	3.1	4.1	4.4	4.10	淡粉	2.5~3.0	较少	5	正常	正常	正常	不结实	较弱
					2018	3.10	4.8	4.13	4.18	淡粉	2.5~3.0	较少	10	正常	正常	正常	不结实	较弱
					引种地情况	2月中旬	3月上旬	3月中旬	3月下旬	淡粉	3.0~3.5	多	30左右	正常	正常	正常	不结实	正常
'红华'	2016春	山东胶南	2cm	2株	2016	3.8	4.14	4.18	4.23	粉红	3.5~4.0	少	10	正常	正常	缠干正常越冬	不结实	正常
					2017	3.5	4.12	4.16	4.20	粉红	4.0~4.5	较少	20	正常	正常	正常	不结实	正常
					2018	3.10	4.19	4.23	4.28	粉红	4.0~4.5	较少	30	正常	正常	正常	不结实	正常
					引种地情况	3月中旬	4月中旬	4月下旬	5月上旬	粉红	4.5~5.0	多	30左右	正常	正常	正常	不结实	正常
'红灯'	2016春	北京通州	5cm	2株	2016	3.10	4.1	4.5	4.10	白	2.5~3.0	少	50	正常	正常	缠干正常越冬	较少	正常
					2017	3.5	3.30	4.2	4.7	白	2.5~3.0	少	50	正常	正常	正常	较少	正常
					2018	3.10	4.3	4.6	4.11	白	2.5~3.0	少	100	正常	正常	正常	较少	正常
					引种地情况	3月上旬	3月下旬	4月上旬	4月中旬	白	2.5~3.0	多	100左右	正常	正常	正常	多	正常
'美早'	2016春	北京通州	5cm	2株	2016	3.12	4.3	4.7	4.11	白	2.5~3.0	少	25	正常	正常	缠干正常越冬	较少	正常
					2017	3.8	4.1	4.5	4.10	白	2.5~3.0	少	50	正常	正常	正常	较少	正常
					2018	3.12	4.4	4.8	4.13	白	2.5~3.0	少	50	正常	正常	正常	较少	正常
					引种地情况	3月上旬	3月下旬	4月上旬	4月中旬	白	2.5~3.0	多	80左右	正常	正常	正常	多	正常
钟花樱桃	2016春	山东胶南	2cm	2株	2016	3.3	3.20	3.23	3.28	玫粉	1.5~2.0	少	10	正常	正常	缠干正常越冬	少	正常
					2017	3.1	3.20	3.23	3.28	玫粉	1.5~2.0	较少	35	正常	正常	正常	少	正常
					2018	3.6	3.29	4.2	4.7	玫粉	1.5~2.0	较多	50	正常	正常	正常	较少	正常
					引种地情况	3月上旬	3月中旬	3月下旬	4月上旬	玫粉	1.5~2.0	多	50	正常	正常	正常	多	正常

续表

品种（种）	引种情况				观测年份	物候				花期观测			年度生长量(cm)	抗病虫害能力	抗逆性		结实情况	整体评价
	引种时间	引种地	苗木规格	苗木数量		萌动日期	初花日期	盛花日期	落花日期	花色	花径(cm)	着花量			耐热	耐寒		
迎春樱	2016春	江苏溧阳	5cm	30株	2016	2.10*	3.4	3.10	3.16	淡粉	2.5~3.0	多	10	正常	搭遮阴网正常越夏	缠干正常越冬	多	正常
					2017	2.26	3.13	3.17	3.21	淡粉	2.5~3.0	多	35	正常	正常	正常	多	正常
					2018	3.1	3.22	3.24	3.27	淡粉	2.5~3.0	多	50	正常	正常	正常	多	正常
					引种地情况	2月上旬	2月下旬	3月上旬	3月中旬	淡粉	2.5~3.0	多	50左右	正常	正常	正常	多	正常
尾叶樱	2016春	江苏溧阳	3cm	10株	2016	2.20*	3.15	3.18	3.22	白	2.5~3.0	少	5	正常	正常	缠干正常越冬	少	正常
					2017	2.28	3.20	3.25	3.30	白	2.5~3.0	少	25	正常	正常	正常	少	正常
					2018	3.2	3.29	4.1	4.6	白	2.5~3.0	少	30	叶间失绿	正常	正常	少	较弱
					引种地情况	2月中旬	3月上旬	3月中旬	3月下旬	白	2.5~3.0	多	50左右	正常	正常	正常	多	正常
华中樱	2016春	江苏溧阳	6cm	10株	2016	2.29	3.20	3.24	3.30	白	2.0~2.5	多	15	正常	正常	缠干轻微冻害	多	正常
					2017	3.15	4.1	4.5	4.10	白	2.0~2.5	少	35	正常	正常	轻微冻害	少	较弱
					2018	3.16	3.27	3.30	4.5	白	2.0~2.5	较少	50	正常	正常	轻微冻害	少	较弱
					引种地情况	2月下旬	3月上旬	3月中旬	3月下旬	白	2.0~2.5	多	50左右	正常	正常	正常	多	正常

注：符号"*"表示引种地花期，符号"/"表示未观测到该项。

3.1.2 引入品种生长情况分析

（1）花期

12个种（品种）在2018年花期照片如图2所示。以2018年为例，引入的12个种（品种）的花期与公园15个主要品种花期的分布如图3所示。

大寒樱、河津樱的花期均早于目前在园区定植的花期最早的杭州早樱，且花期持续时间为杭州早樱的2倍，达到了引入早花、花色艳丽品种的预期目的。

另外3个我国原生种，迎春樱的花期与公园定植的杭州早樱基本一致，尾叶樱的花期也基本趋于正常，而华中樱花期受植株越冬困难的影响，花期延后，花期表现较差。

（2）适应性情况

'阳春'、'天之川'、'红华'、'红灯'、'美早'、迎春樱这6个种（品种）樱属观赏植物，在观测的2~3年，

大寒樱

河津樱

'阳春'

'天之川'

'兰兰'

'红华'

图2 栽植成功的12个种（品种）2018年花期照片（一）

图 2 栽植成功的 12 个种（品种）2018 年花期照片（二）

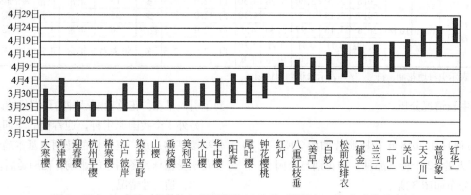

图 3 引入 12 个种（品种）与公园常见 15 个种（品种）2018 年花期分布图

花期表现基本正常，具有一定的抗病虫害能力，可正常越夏、越冬，不需要额外保护。

大寒樱、河津樱、钟花樱桃，因其含有钟花樱桃基因，其抗寒能力可能较为薄弱。通过越冬保护，这两个品种的樱花可以顺利越冬，没有发生冻害。

兰兰、尾叶樱、华中樱为适应性较差的品种。

3.2 抗逆性

3.2.1 实验室耐热性测试

（1）叶片相对电导率

各引入种（品种）2016 年叶片相对电导率测试情况汇总见表 3。

2016 年各引入种（品种）叶片相对电导率测试　　表 3

樱花品种	对照电导 C (us/cm)	$T_{30℃}$ (us/cm)	$T_{35℃}$ (us/cm)	$T_{40℃}$ (us/cm)	$T_{45℃}$ (us/cm)	$T_{100℃}$ (us/cm)	相对电导率			
							30℃	35℃	40℃	45℃
大寒樱	139	168	232	326	597	1519	2.10%	6.74%	13.55%	33.19%
'天之川'	226	306	413	478	651	1515	6.21%	14.51%	19.55%	32.97%
'红华'	256	281	302	312	473	1021	3.27%	6.01%	7.32%	28.37%
'红灯'	287	418	593	745	1328	1861	8.32%	19.44%	29.10%	66.14%
'美早'	151	197	261	302	573	1269	4.11%	9.84%	13.51%	37.75%
钟花樱桃	214	238	273	317	481	1211	2.41%	5.92%	10.33%	26.78%
迎春樱	170	253	681	846	1091	1425	6.61%	40.72%	53.86%	73.39%
尾叶樱	313	369	406	478	633	1290	5.73%	9.52%	16.89%	32.75%
华中樱	203	242	296	403	618	1336	3.44%	8.21%	17.65%	36.63%

各引入种（品种）2017年叶片相对电导率测试情况汇总见表4。

2017年各引入种（品种）叶片相对电导率测试　　　　　　表4

樱花品种	对照电导C (us/cm)	$T_{30℃}$ (us/cm)	$T_{35℃}$ (us/cm)	$T_{40℃}$ (us/cm)	$T_{45℃}$ (us/cm)	$T_{100℃}$ (us/cm)	相对电导率			
							30℃	35℃	40℃	45℃
大寒樱	105	159	180	188	426	915	6.67%	9.26%	10.25%	39.63%
河津樱	81	137	259	181	325	798	7.81%	24.83%	13.95%	34.03%
'阳春'	147	236	431	671	521	1269	7.93%	25.31%	46.70%	33.33%
'天之川'	168	419	318	488	506	1411	20.19%	12.07%	25.74%	27.19%
'兰兰'	72	295	436	449	592	1366	17.23%	28.13%	29.13%	40.19%
'红华'	112	374	373	294	510	1068	17.41%	17.30%	19.04%	41.63%
'红灯'	209	392	669	629	926	1362	15.87%	39.90%	36.43%	62.19%
'美早'	149	415	716	554	818	1556	18.91%	40.30%	28.78%	47.55%
钟花樱桃	144	340	349	566	680	1157	19.35%	20.24%	41.66%	52.91%
迎春樱	180	546	769	961	887	1498	27.77%	44.69%	59.26%	53.64%
尾叶樱	178	537	773	688	933	1440	28.45%	47.15%	40.41%	59.83%
华中樱	269	330	491	512	640	1184	6.67%	24.26%	26.56%	40.55%

植物耐热性的研究方法很多，且多集中在测定热胁迫下植物生理生化的变化方面。测定细胞膜透性的稳定性是一种灵敏并且快速地评估植物耐热性的方法[5]，即通过测定叶片离子在一定温度范围内的泄漏情况，确定耐热性。植物生理学上把排除植物材料自身电导后的相对电导率在50%时的高温点，称为"高温半致死温度"[6]。

相对电导率 = $(T_a - C) / (T_b - C) \times 100\%$

式中　T_a为不同水浴温度电导值；T_b为沸水浴后电导值；C为对照电导值。相对电导率的升高，表明细胞膜的结构和功能受到影响。

2017年引入种（品种）相对电导率折线图如图4所示。

通过图4可以看出，大寒樱、'红华'的耐热指标表现较好，在40℃时相对电导率仍然处在较低的水平。而迎春樱的耐热指标相对较差，在35～40℃即出现半致死温度。钟花樱桃、尾叶樱、'红华'在高于40℃时出现半致死温度。

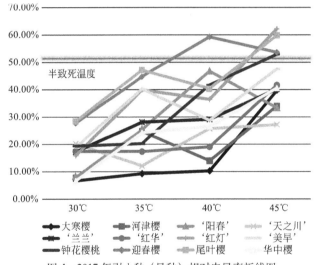

图4　2017年引入种（品种）相对电导率折线图

（2）叶片可溶性蛋白（Folin-酚法）

各引入种（品种）2016年叶片可溶性蛋白测试情况汇总见表5。

2016年各引入种（品种）叶片可溶性蛋白测试　　　　　　表5

品种	可溶性蛋白 (mg/g)					耐热系数			
	室温25℃	30℃	35℃	40℃	45℃	30℃	35℃	40℃	45℃
大寒樱	88.25	93.67	105.03	78.17	48.41	1.06	1.19	0.89	0.55
'天之川'	48.2	52.85	55.14	34.01	26.83	1.1	1.14	0.71	0.56
'红华'	76.34	83.29	90.68	70.15	43.75	1.09	1.19	0.92	0.57
'红灯'	30.74	37.43	26.24	21.21	14.86	1.22	0.85	0.69	0.48
'美早'	116.19	128.39	132.37	100.56	67.17	1.11	1.14	0.87	0.58
钟花樱桃	63.89	66.32	73.68	60.23	41.53	1.04	1.15	0.94	0.65
迎春樱	120.73	136.02	107.06	69.21	59.31	1.13	0.89	0.57	0.49
尾叶樱	126.96	130.77	133.84	110.65	69.47	1.03	1.05	0.87	0.55
华中樱	89.5	92.48	102.33	72.32	50.59	1.03	1.14	0.81	0.57

各引入种（品种）2017年叶片可溶性蛋白测试情况汇总见表6。

2017年各引入种（品种）叶片可溶性蛋白测试　　表6

品种	可溶性蛋白（mg/g）					耐热系数			
	室温25℃	30℃	35℃	40℃	45℃	30℃	35℃	40℃	45℃
大寒樱	92.12	68.55	108.59	78.17	97.85	0.74	1.18	0.85	1.06
河津樱	89.36	80.27	97.85	88.09	92.97	0.90	1.10	0.99	1.04
'阳春'	36.13	41.58	48.61	33.59	30.42	1.15	1.35	0.93	0.84
'天之川'	60.60	40.63	61.13	62.60	59.67	0.67	1.01	1.03	0.98
'兰兰'	79.29	70.90	87.50	76.27	74.32	0.89	1.10	0.96	0.94
'红华'	169.21	152.93	168.16	131.05	132.03	0.90	0.99	0.77	0.78
'红灯'	31.39	37.21	40.14	43.55	42.58	1.19	1.28	1.39	1.36
'美早'	22.32	25.98	39.65	39.16	36.72	1.16	1.78	1.75	1.65
钟花樱桃	100.57	97.85	72.46	65.63	63.67	0.97	0.72	0.65	0.63
迎春樱	128.63	105.87	106.81	69.69	65.36	0.83	0.82	0.54	0.51
尾叶樱	130.47	132.91	120.31	104.69	94.92	1.02	0.92	0.80	0.73
华中樱	88.49	75.39	60.74	58.79	58.70	0.85	0.69	0.66	0.66

高温影响植物体内蛋白质合成和降解的速率，使可溶性蛋白质的含量发生变化，耐热性与可溶性蛋白的含量呈正相关。大量试验证明，高温下可溶性蛋白降解加剧[7]。相较于耐热性较差的品种，耐热性强的品种，可溶性蛋白的变化程度较轻。

耐热系数=高温胁迫下的可溶性蛋白含量／室温下可溶性蛋白含量。耐热系数越高，表明植物的耐热能力越强。

各引入种（品种）2017年耐热系数条形图如图5。

通过比较两年的试验数据，大部分品种的耐热系数，在35℃后出现下降，夏日超过35℃的高温，对植物体的代谢将造成一定程度的伤害。其中迎春樱的可溶性蛋白随温度升高持续下降，其耐热指标较其他品种存在一定的差异，这与叶片相对电导率的测试结果趋于一致。

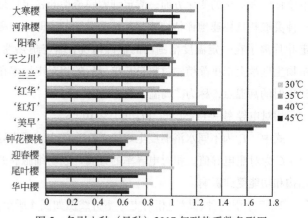

图5　各引入种（品种）2017年耐热系数条形图

3.2.2　实验室耐寒性测试

（1）根系TTC还原法

各引入种（品种）2016年根系TTC还原情况汇总见表7。

2016年各引入种（品种）根系TTC还原情况　　表7

品种	还原量（mg）					还原强度[mg/（g·h）]				
	空白	0℃	-5℃	-10℃	-20℃	空白	0℃	-5℃	-10℃	-20℃
大寒樱	0.35	3.148	2.112	0.666	0.246	1.75	15.74	10.56	3.33	1.23
'天之川'	0.9	1.004	0.794	1.512	0.206	4.5	5.02	3.97	7.56	1.03
'红华'	0.406	0.796	1.358	0.406	0.17	2.03	3.98	6.79	2.03	0.85
'红灯'	0.364	0.678	2.832	0.89	1.944	1.82	3.39	14.16	4.45	9.72
'美早'	0.516	0.944	0.394	0.232	0.502	2.58	4.72	1.97	1.16	2.51
钟花樱桃	0.55	3.236	2.126	0.64	测不出	2.75	16.18	10.63	3.2	测不出
迎春樱	0.7	1.204	1.132	0.792	0.228	3.5	6.02	5.66	3.96	1.14
尾叶樱	0.224	1.29	0.69	3.962	0.238	1.12	6.45	3.45	2.81	1.19
华中樱	1.696	0.482	0.224	2.632	1.02	8.48	12.41	1.12	3.16	5.1

各引入种（品种）2017年根系TTC还原情况汇总见表8。

2017年各引入种（品种）根系TTC还原情况　　表8

品种	还原量（mg）					还原强度[mg/（g·h）]				
	空白	0℃	-5℃	-10℃	-20℃	空白	0℃	-5℃	-10℃	-20℃
大寒樱	1.11	2.852	1.278	0.098	测不出	5.55	14.26	6.39	0.49	测不出
河津樱	1.052	1.722	2.738	1.97	测不出	5.26	8.61	13.69	9.85	测不出
'阳春'	0.372	3.452	1.112	0.408	测不出	1.86	17.26	5.56	2.04	测不出
'天之川'	0.816	1.62	0.884	1.262	0.184	4.08	8.10	4.42	6.31	0.92
'兰兰'	0.582	0.744	0.474	测不出	测不出	2.91	3.72	2.37	测不出	测不出
'红华'	0.396	0.418	1.19	0.234	0.118	1.98	2.09	5.95	1.17	0.59
'红灯'	0.23	0.97	2.738	0.76	0.252	1.15	4.85	13.69	3.80	1.26
'美早'	0.304	1.178	0.22	0.55	0.738	1.52	5.89	1.10	2.75	3.69
钟花樱桃	0.754	3.052	2.918	0.272	测不出	3.77	15.26	14.59	1.36	测不出
迎春樱	0.796	2.128	1.074	0.514	0.17	3.98	10.64	5.37	2.57	0.85
尾叶樱	0.522	1.764	1.286	1.156	0.206	2.61	8.82	6.43	5.78	1.03
华中樱	1.338	2.538	0.538	0.194	测不出	6.69	12.69	2.69	0.97	测不出

在低温的胁迫作用下，根系的生理活性逐渐丧失，其中一个表现即为根系脱氢酶的失活。测定不同温度下根脱氢酶的含量可以一定程度上反应该品种根系的耐寒能力[6]。

TTC还原强度[mg/（g·h）]=$m/(m_0 \cdot t)$

式中 m 为TTC还原量（mg）；m_0 为跟样品质量（g）；t 为反应时间（h）。还原强度越高，表明根系脱氢酶的活性越强。

2017年各引入种（品种）根系TTC还原强度柱状图如图6所示。

通过比较两年的试验数据，大部分品种在-10℃时根系仍然具有一定的活性，但品种樱花'兰兰'的根系活性在-10℃时测不到，其根系的耐寒能力相对比较薄弱，有文献认为其耐寒能力不佳[8]。大寒樱、钟花樱桃在-10℃时根系活性大幅下降，因此其耐寒能力在养护时值得重点关注。华中樱的根系活性，在-5℃时即呈现较低的水平，一定程度上反映了华中樱根系耐寒能力不足。

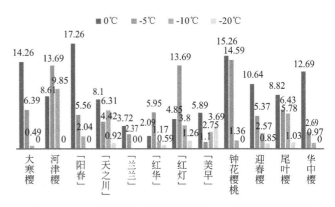

图6　2017年各引入种（品种）根系TTC还原强度柱状图

（2）枝条组织褐变法

各引入种（品种）2016年枝条组织褐变情况汇总见表9。

2016年各引入种（品种）枝条组织褐变情况　　表9

品种	不同温度下枝条褐变情况			
	0℃	-10℃	-20℃	-30℃
大寒樱	中度褐变	严重褐变	严重褐变	未测出
'天之川'	无明显现象	中度褐变	严重褐变	严重褐变
'红华'	中度褐变	中度褐变	严重褐变	严重褐变
'红灯'	中度褐变	中度褐变	严重褐变	严重褐变
'美早'	严重褐变	严重褐变	严重褐变	严重褐变
钟花樱桃	严重褐变	严重褐变	严重褐变	严重褐变
迎春樱	中度褐变	严重褐变	严重褐变	严重褐变
尾叶樱	轻微褐变	严重褐变	严重褐变	严重褐变
华中樱	无明显现象	中度褐变	严重褐变	严重褐变

各引入种（品种）2017年枝条组织褐变情况汇总见表10。

2017年各引入种（品种）枝条组织褐变情况 表10

品种	不同温度下枝条褐变情况			
	0℃	-10℃	-20℃	-30℃
大寒樱	中度褐变	严重褐变	严重褐变	严重褐变
河津樱	中度褐变	严重褐变	严重褐变	严重褐变
'阳春'	中度褐变	严重褐变	严重褐变	严重褐变
'天之川'	无明显现象	中度褐变	严重褐变	严重褐变
'兰兰'	中度褐变	严重褐变	严重褐变	严重褐变
'红华'	中度褐变	中度褐变	严重褐变	严重褐变
'红灯'	中度褐变	中度褐变	严重褐变	严重褐变
'美早'	中度褐变	严重褐变	严重褐变	严重褐变
钟花樱桃	严重褐变	严重褐变	严重褐变	严重褐变
迎春樱	中度褐变	中度褐变	严重褐变	严重褐变
尾叶樱	轻微褐变	轻微褐变	中度褐变	严重褐变
华中樱	中度褐变	严重褐变	严重褐变	严重褐变

通过比较两年的试验数据，'天之川'、'红华'、'红灯'的耐寒性较好，-10℃时未发生严重褐变。而钟花樱桃的耐寒性较差，0℃时即出现严重褐变。

3.3 生长表现与抗逆性试验结果对比

实验室抗逆性试验的结果，一定程度上反映了植物逆境条件下的生存能力。对于本课题引入的樱属观赏植物，综合叶片电导率法与叶片可溶性蛋白法，迎春樱的耐热能力较为薄弱。在实际的田间观测中，遇高温晴热天气，迎春樱叶片出现一定程度萎蔫，其他品种并无明显异常。

对于耐寒性测试，综合根系TTC还原法与枝条组织褐变法，华中樱、'兰兰'、大寒樱、钟花樱桃的耐寒能力相对较弱。在实际田间观测中，即使进行越冬保护，华中樱仍连续两年出现明显冻害。

4 讨论与结论

北京地区应用于园林栽植的樱花品种，相较我国南方地区还不够丰富，这与北京的气候特点有较大的关系。目前，北京地区樱花品种的引种试验相对开展得较少，本课题的开展，一定程度上弥补了北京地区部分品种樱花引种的空缺。

结合田间观测及实验室数据，'阳春'、'天之川'、'红华'、迎春樱、'红灯'、'美早'在公园表现基本正常；大寒樱、河津樱、钟花樱桃需要一定程度的越冬保护；引种的'兰兰'、尾叶樱、华中樱适应性较差。

参考文献

[1] 张琼. 樱属观赏品种资源调查及部分种与品种SSR分析[D]. 南京林业大学, 2013.

[2] 杨曦坤, 刘正先, 胡佐胜. 中国野生樱花史考[J]. 中国园艺文摘, 2013, 10: 134-135.

[3] 王贤荣. 中国樱花品种图志[M]. 北京: 科学出版社, 2014.

[4] 日本樱花图鉴[EB/OL].2015-04-05.http：//www7b.biglobe.ne.jp/~cerasus/index2.html.

[5] Wu MT, Wallner SJ. Heat stress responses incluctured plant cells: Development and comparison of viability tests[J]. Plant Physiology, 1993, 72: 817-820.

[6] 王学奎, 黄见良. 植物生理生化试验原理与技术[M]. 高等教育出版社, 2016.

[7] 胡伟娟, 张启翔, 潘会堂. 报春花属植物耐热性生理指标研究初探[J]. 中国农学通报.2010, 26 (5): 158-163.

[8] 马玉. 北京地区樱花抗寒情况的初探[J]. 中国园林.2001, 2: 74-76.

北京社稷坛（中山公园）整体保护策略的研究[①]

北京市中山公园管理处／盖建中　李　羽　刘　婕

摘　要：2008年，《中山公园（社稷坛）总体保护规划（2011~2025）》提出整体保护战略，对公园未来建设发展具有指导意义。课题研究遵循"整体保护"原则，基于文化遗产价值研究，尝试建立一个有明确优先级秩序的整体保护框架，以目标为导向分析并探索解决文物保护管理中系统性、整体性的文保策略及工作建议。

关键词：社稷坛；整体保护；策略；研究；思考

社稷坛是皇帝祭祀太社神、太稷神的场所，是皇权王土和国家收成的象征[1]。北京社稷坛（中山公园）位于天安门西侧，占地面积23.8hm²。明永乐十八年（1420年），按《周礼·考工记》"左祖右社"营国定制，建于阙右门之西（图1）。其规制悉如南京。清定鼎北京后，社稷坛坛制、祭祀均沿用明制。

1914年10月10日，社稷坛在北洋政府内务总长朱启钤主持下辟为公园，初称中央公园（图2），是当时北平第一座公共园林[2]。1928年，为纪念孙中山先生改名中山公园。作为由明清祭坛辟建的公园，除较好地保存了祭坛等遗迹外，先后兴建了唐花坞、蕙芳园等一批园林景观景点，移建了习礼亭、青云片等名亭、名石。1988年，经国务院批准，社稷坛被列为全国重点文物保护单位；2002年，中山公园被评为北京市第一批精品公园；2009年，经中华人民共和国住房和城乡建设部批准，被评为第三批国家重点

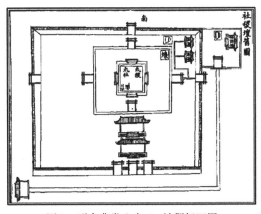

图1　明会典卷八十二·社稷坛旧图

图2　1914年，社稷坛改建为中央公园开放

---

① 北京市公园管理中心课题（ZX2017008）。北京市公园管理中心2018年科技进步三等奖。

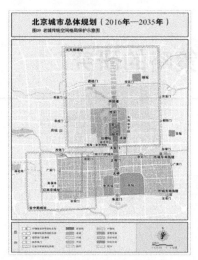

图3 老城传统空间格局保护示意图

公园；2011年被评为AAAA级景区。

《北京城市总体规划（2016年—2035年）》的公布，对北京城市定位、老城整体保护、中轴线申报世界文化遗产都提出了新要求（图3）。社稷坛（中山公园）是北京中轴线14个遗产节点之一，为进一步保护和传承社稷坛（中山公园）的价值，发挥公园的多重功能，应对新的机遇和挑战，2017年，在北京市公园管理中心领导下，组织了"北京社稷坛（中山公园）整体保护策略的研究"课题，尝试运用整体保护理念，系统梳理公园整体保护对象及保护现状，分析查找保护工作薄弱环节，尝试探索一条适合公园未来发展的文保之路。

1 整体保护概念的提出

整体性原则是文化遗产保护的重要原则之一，在注重文化遗产本体保护的同时，它强调本体内部各要素之间的联系，强调文化遗产的自然和人文两种背景环境的重要地位。从《威尼斯宪章》到《西安宣言》的近40年里，整体性保护原则不断得到加强，并成为文化遗产保护领域内的普遍共识。

作为衡量遗产价值的一个标尺，整体性（integrity）最早主要用于评价自然遗产，后被应用于文化遗产的保护中，并扩展为两层含义：一是指范围上的完整性（有形的），建筑、城镇、工程或者考古遗址等要尽可能地保护其组织成分与结构及其周围环境的完整；二是指文化概念上的完整性（无形的），要尽可能地保持遗产地理位置上互相连接的相关部分完整地体现其文化价值。整体性保护是指依循整体性原则对遗产进行的保护[3]。

《国际古迹遗址保护与修复宪章》（《威尼斯宪章》）提出：历史古迹保护的要领不仅包括单个建筑物，而且包括能从中找出一种独特的文明、一种有意义的发展或一个历史事件见证的城市或乡村环境。

2008年，中山公园委托清华大学建筑学院景观学系编制《中山公园（社稷坛）总体规划（2011-2025）》，提出整体保护战略。该战略包含两层含义：第一层含义强调对中山公园的文物建筑及其环境进行整体保护，协调二者的关系，充分展示历史的格局和面貌，达到文物保护真实性、完整性的要求，强调除了建筑实体以外还应注重环境的保护；第二层含义强调对"明清时期""民国时期"，以及"中华人民共和国时期"三个层面上的主体信息进行整体保护，协调三者之间的关系，做到主次分明、结构清晰（图4）。

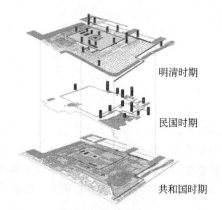

图4 文化遗产历史分期及空间分布分析图

整体性保护原则，尊重、理解各个历史时期的改变，但改变本身应不影响人们对文物本体本来面目的认知，且这样的改变是有价值的。

2 北京社稷坛（中山公园）文物保护现状分析

课题组收集园内驻园单位情况以及基础设施建设、文物古建保护等方面现状资料百余份；先后4次组织课题组成员在园内进行实地调研，拍摄照片600余幅；通过座谈结合走访的形式，实地调研天坛公园、地坛公园、日坛公园文物保护、绿化养护、综合管理等方面情况，拍摄照片近300幅，收集整理调研资料10余份（册）；收集法律法规类、文件类及文献类资料60余份。

经过查阅现存资料，多次调查社稷坛（中山公园）内文物建筑及历史遗存保存质量现状与实际使用情况，并依据《实施保护世界文化遗产与自然遗产公约的业务指南》《遗产公约指南》《北京文件》等文件内容，对其真实性、完整性进行评估，完成《北京社稷坛（中山公园）保护现状评估报告》。

城市公园是面向公众开放，为人们提供休闲娱乐、健全生态、美化环境、防灾减灾、传播文化等多功能为一体的绿化用地[4]。中山公园作为城市公园，这一职能主要服务对象是北京市民；同时，社稷坛作为国家级重点文物保护单位，也吸引了一部分外地游客。为摸清公园作用发挥方面存在的现状问题，找到问题形成的核心原因，2017年6~7月，组织专人对公园牌示、座椅等公共服务设施进行了现场调研；8~9月，先后5次在不同时段、园内不同地区随机选取不同年龄的游客，发放游客满意度调查问卷。共计发放问卷220份，收回有效问卷208份（图5）。经调查统计：

图5 发放游客调查问卷

在游客对公园景点印象的调查中，统计显示五色土祭坛占比38.4%，中山音乐堂占比34.7%，其他如保卫和平坊、怡乐厅等景点分别占比不足10%（图6）。

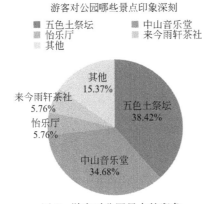

图6 游客对公园景点的印象

在游客对公园代表文化印象的调查中，认为中山公园以孙中山先生纪念文化最为闻名的占总调查人数的60%，认为以明清社稷祭祀文化最为闻名的仅占总调查人数的21.9%（图7）。在关于游客最喜爱的展览类型的调查中，则以绿植花卉类为主，占到总调查人数的73.3%，对于公园历史沿革类展览感兴趣的游客占比不足22%（图8）。从分析看，公园核心文化由于历史原因逐步淡化，历史风貌不够清晰，社稷文化展示特点不够鲜明。

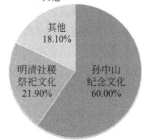

图7 游客对公园代表文化的印象

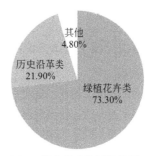

图8 游客喜爱的展览类型

中山公园因地处天安门地区，相当长一段时间是北京市民及外埠游客最方便参观的景点。但是随着城市交通越来越便利以及人民生活水平的提高，周末自驾游、短途游甚至"双城生活"的出现，加之公园周边公共交通情况变化（南门外有地铁及公交线路，西门外仅一条公交线路，东门外无公交线路，且三个门区均无停车场），且公园周边已无居民，使固定游客群减少。通过游客抽样调查发现，偶尔或首次来园参观的游客占比为85.7%，其中主要目的为游览故宫、天安门等，来园只是路过的游客占比为74.3%。从分析看，区位环境和地理位置的特殊性已经成为直接导致游客游览需求下降的重要因素，公园虽拥有丰富的文化资源，但其吸引力在逐步下降。

3 社稷坛（中山公园）实施整体保护策略的思考

3.1 社稷坛（中山公园）整体保护目标

3.1.1 保护要求

社稷坛（中山公园）作为北京市重要历史文化资源，其明清时期文化遗产价值是最高的。与之对应的，这一时期的文化遗产价值载体的保护要求最严格，需遵照世界文化遗产申报的要求实施保护管理的各项措施。

3.1.2 新时期对中山公园事业发展的要求

社稷坛（中山公园）位于长安街和北京中轴线，是首都政务、文化核心区中重要节点。首先，公园要为党和国家重大政治活动提供稳定安全的环境保障。其次，中山公园核心文化品牌是社稷文化，历史名园的特色主要应集中体现在明清社稷坛时期。再次，充分发挥公园绿地生态价值，改善微环境，为游客提供优美、优质的城市园林。

3.1.3 社稷坛（中山公园）保护工作目标

社稷坛（中山公园）拥有历史、文化、科学、艺术、生态、社会等多重价值，是具有资源保护、科学研究、公共教育、服务首都政治活动、纪念孙中山先生、游览游憩等多重功能的历史名园。其保护工作目标是：社稷坛（中山公园）文化遗产真实性、完整性逐步实现，尽可能恢复社稷坛历史格局，继续挖掘、呈现中山（中央）公园历史和文化价值，展现近现代北京城市发展脉络。

3.2 社稷坛（中山公园）整体保护策略

3.2.1 文物及其环境保护

按照评估结论，依据文物保护真实性、完整性原则对社稷坛（中山公园）所有遗产价值载体实施保护。尽可能减少对文物本体的干预，确保文物的真实性、完整性和延续性。建立文物预防性、周期性保护常态化机制。加强日常保养，预防灾害侵袭。提升馆藏、路陈文物保护管理水平。

3.2.2 景观环境整治

开展内坛景观综合整治。采取逐步将绿化重点外迁，精细化管理植物，降低植物高度，压缩密度，使得内坛尽可能靠近历史原貌。达到植物、建筑和谐，并使南、东、西坛门至祭坛三条视觉景观通廊建立良好的对视关系。外坛则延续民国时期的山水格局，运用园林植物色彩、形态、生态的搭配，结合夜景照明等多种手段，按照春夏秋冬不同季节的特色，合理选择观花、观叶植物，创造宜人的园林植物景观。

3.2.3 文化资源展示

充分挖掘、深入研究、有效展示北京社稷坛（中山公园）各个历史时期的文化、艺术、社会价值，充分展示其精神内涵和哲学思想。继续做好兰花等优秀花卉引种繁殖，丰富公园传统花卉品种和数量，加强交流与合作，提高现有展览品质，突出特色，提升品位。

4 社稷坛（中山公园）文保工作措施建议

遵循整体保护原则，基于保护策略研究结论，分别从文物及其环境保护、公园景观环境、文化价值展示3个方面，对社稷坛（中山公园）保护管理工作提出以下措施建议。

4.1 文物及其环境保护措施

社稷坛（中山公园）文物保护对象包括所有的价值载体，按照不同历史时期划分为3个重点：明清社稷坛为保护的第一重点，它包括了社稷坛礼制建筑群、社稷坛祭祀空间布局、附属纪念物及古树名木，要按照"北京中轴线"申遗提出的保护管理标准和要求执行；民国时期文物遗存为保护的第二个重点，范围与中山公园现状范围基本一致，文物遗存分布集中在内坛墙与外坛墙之间，包括建筑、园林和附属纪念物；中华人民共和国成立后的物质遗存为保护的第三个重点，包括1949年后建造的具有保护价值的园林建筑及其环境和附属纪念物。

4.2 景观环境整治措施

内坛景观应重点突出社稷坛礼制空间序列及轴线，以保护延续内坛历史景观为改造目标；保留中华人民共和国成立后新建的愉园、蕙芳园并进行适当调整，改造提升其景观环境，使之与内坛区域的整体氛围和谐统一（图9）。

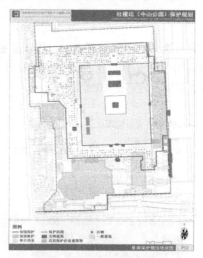

图9 景观保护整治措施图

外坛区域应延续"依坛造景"的营建原则，并提高景观观赏性。在整理、保存并展示1914年后作为公园营建的重要建筑及园林景观基础上，保养维护水榭、唐花坞、来今雨轩旧址、董事会旧址等民国建筑集中区域景观（图10）。改建景区，要注意与周围环境相协调，并注重设计细节，以人为本，统筹景区建筑、植被及服务设施。加大古树保护力度。

4.3 文化资源展示措施

通过有效手段真实并完整地展示中山公园三个历史时期的文物及文化资源和价值，阐释三个时期相互叠加的文化价值之间的关联，使游客能够全面了解中山公园各时期的资源和价值。

图 10　外坛景观改造提升规划图

5　结语

社稷坛（中山公园）承载着厚重的历史和文化价值，是反映中华民族农耕文明、展示北京古都历史文化脉络的一个截面。各个历史时期所形成的文化资源层层叠加，且每一个时期的文化资源都具有独特的价值，并共同构成了社稷坛（中山公园）的价值主体，其建设过程本身即是文化的延续与传承。如何在首都建设全国文化中心、中轴线申遗脚步加快的大背景下，理解把握社稷坛（中山公园）的文化价值、遗产价值，将一个完整的社稷坛交给下一个600年，对中山公园管理处提出了极高的要求。本课题成果提出的一些建议、策略是初步的、阶段性的，随着社稷坛（中山公园）保护工作的深入，将在实践的基础上逐步完善提升保护效果。

参考文献

[1] 亚白杨.北京社稷坛建筑研究[D].天津大学，2005.

[2] 刘媛，姜秉辰，杨宇辰.民国时期北京中山公园社会功能初探[J].北京档案，2015（4）：56-58.

[3] 赵艳喜.整体性保护区域性整体保护与文化生态保护区的建设[D].河南教育学院学报（哲学社会科学版），2012（4）.

[4] 谭少华，赵万民.城市公园绿地社会功能研究[D].重庆建筑大学学报，2007.

基于 I-Trees ECO 模型的北京公园绿地生态系统服务功能评估[①]

北京市园林科学研究院 / 王 茜

摘 要：城市绿地是城市生态系统服务功能的重要组成部分，如何量化城市绿地生态效益，客观地评价其生态服务功能是我国目前研究的热点话题。i-Trees ECO模型是i-Trees模型的重要组成部分，它能够帮助所有规模的社区加强它们的城市森林和树木管理。无论是单株树木还是大片森林，整个城市还是一个社区，一个随机样地或指定小样地，i-Trees ECO模型均可以提供基准数据，帮助论证价值和做出更有效的决策。本文主要以该模型为主，在调查了北京市10个公园绿地基本情况的基础上，对各个公园绿地的生态系统服务功能进行了评估，以期为该模型本土化应用以及在国内森林生态系统服务功能评估方面中的推广应用，提供数据依据。

关键词：i-Trees ECO模型；公园绿地；生态效益

随着城市的土地与人口的不断扩张和城市的发展，城市化的进程衍生出了诸多问题，主要是城市环境的日益恶化，特别是在大城市[1]。北京作为首善之都，是发展最为迅速、聚集人口最多的城市，是将城市化的优势与劣势表达最鲜明的地方。城市绿地是将森林与城市相融合，是对城市环境进行改善的重要手段[2]。城市绿地是城市生态系统的重要组成部分，为城市提供诸多环境、社会、文化和经济价值，在改善城市人居环境方面发挥了极其重要的作用[3-5]。为了更好地了解城市绿地的重要性，本文借鉴国内外有关城市绿地研究的成果与实践经验，依据森林生态学、风景园林学、城市森林与树木学的基本原理，采用遥感影像和建模图对北京市10个公园的树木，在实测数据的基础上，并利用 i-Trees 软件对研究区域内调查的树木进行了定量的城市森林效益评估，包括：固碳效益、碳储量、释氧效益、净化空气效益4个方面，并将这些效益值转化为相应的经济价值。旨在对 i-Trees 软件应用于国内城市绿地效益定量评估的方法和技术进行探索性研究，此外为成功构建观赏性与城市森林并存的具有生态效益的公园绿地提供理论基础。

1 样地的选择与数据处理

1.1 样地选择

本研究的公园主要为北京中小型公园共10个。分布区域遍布北京主要城区，分别为南湖公园、朝阳公园、紫竹院、团结湖公园、玉渊潭公园、北海公园、龙潭公园、陶然亭公园、奥林匹克森林公园和景山公园。分布在北京市的海淀区、朝阳区、西城区、东城区。

1.2 数据采集

1.2.1 样地数据采集

根据 i-Trees ECO 模型的需要在10个公园的标准样方

[①] 北京市公园管理中心课题（ZX2017029）。北京市公园管理中心2019年科技进步三等奖。

内对所有乔木层树木进行测量：包括树种的名称、胸径、树高、冠幅、枝下高、健康状况、缺失率、树木生活性、所测乔木距建筑物距离、树木透光率、立地条件等；对灌木层进行测量：包括物种的名称、数量（包括株数、面积）、地径、树高、冠幅、生长情况等；对草本层进行调查：包括草本覆盖度、高度、生长状况、是否为自然野生草本以及人工干扰状况等，并对植物群落拍摄照片[6]。

1.2.2 气象数据采集

根据国际用户的特殊需求，需要对北京市的气象数据进行采集：包括全年每小时空气污染数据、全年每小时空气温湿度数据、全年降水数据以及生物排放数据等。

1.2.3 经济数据采集

由样地数据可以得出城市绿地的生态价值，再结合北京市的经济数据利用软件即可以得出其生态效益。需要收集的当地信息和经济数据包括：市政预算、城市人口、城市总面积、种植成本、管理成本等。最后根据国际用户的特殊情况，结合北京市的环境和气候条件以及经济发展水平核算其经济价值[7]。

1.2.4 数据处理

软件经过格式化矫正后，再通过i-Trees Eco5.0软件对数据集进行处理分析，测算出城市绿地内包括固碳效益、碳储量、释氧效益、净化空气效益4个方面的经济效益。

2 结果与分析

2.1 固碳效益

2.1.1 各树种年固碳量

研究区域不同物种树木的总碳封存量中重要值排名前20位的树种中固碳量最高的是毛白杨，年固碳量7877t，占总固碳量的12.06%，价值818.73万元。其后依次为：国槐，年固碳7164t，占总数的10.02%，价值744万元；刺槐年固碳5945t，价值618万元；银杏年固碳5883t（8.50），价值610.56万元；法国梧桐，固碳量排第5，其年固碳5766（8.29%），价值599.47万元。

各树种固碳量及价值　　　　　　　　　　　　　　　　　表1

序号	树种名称	年固碳量(t/年)	总固碳量(%)	(万元/年)
1	毛白杨	7877.16	12.06	818.73
2	国槐	7164.77	10.02	744.68
3	刺槐	5945.63	8.61	618.25
4	银杏	5883.89	8.5	610.56
5	法国梧桐	5766.01	8.29	599.47
6	垂柳	3656	7.87	542.31
7	杜仲	3619.98	6.46	426.21
8	桃树	3126	6.02	401.32
9	紫叶李	1877	5.64	384.12
10	雪松	1544.16	4.53	372.13
11	圆柏	1209.32	4.24	312.25
12	油松	1065	3.47	216.45
13	加杨	978	3.34	198.56
14	紫叶桃	899	2.12	154.36
15	山桃稠李	825	1.97	123.54
16	海棠	798	1.75	110.67
17	榆树	786	1.55	93.57
18	云杉	725	0.85	88.35
19	侧柏	698	0.61	85.42
20	枣树	687	0.54	83.14
21	黑皮油松	652	0.48	76.12
22	龙柏	576	0.43	64.12
23	山樱	531	0.31	48.23
24	碧桃	472	0.21	34.12
25	樟子松	357	0.13	23.14
总计	—	57718.92	100.00	7229.82

净固碳量是总碳量减去树木死亡后因分解而产生的碳排放量的估计值。调研区 10 个公园绿地年总净固碳 55815.14t，CO_2 通量 199671.63 t。重要值排名前 20 位的树种中净固碳量最高的是毛白杨，年净固碳 7610.29t，CO_2 通量 27906.92t；其次为国槐（6983.11t/年）、刺槐（5774.53t/年）、银杏（5736.95t/年）、法国梧桐（5607.80 t/年）。

2.1.2 各公园年固碳量

各公园的年固碳量及价值从 2 环的公园向外依次升高，这主要与各公园的树木数量有关。固碳量最高是奥林匹克森林公园，该公园年固碳 40303t，价值 11120 万元，其次是朝阳公园（固碳 10703.05t/年，价值 4178 万元）、玉渊潭公园（固碳 9404 t/年，价值 3241 万元）。研究公园内单位面积年固碳总量为 16.25t/hm²，各公园单位面积固碳量沿城市发展梯度向外逐渐升高，奥林匹克公园最高，年单位面积固碳 3.65t/hm²，最低团结湖公园，年单位面积固碳量 0.32t/hm²。

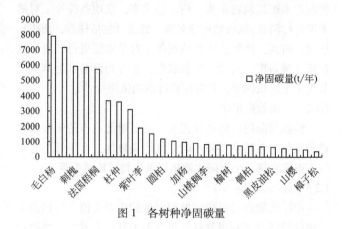

图 1　各树种净固碳量

各公园固碳量及价值　表 2

序号	公园名称	固碳量			CO_2 通量 (t)
		(t/年)	(万元/年)	[t/(hm²·年)]	
1	朝阳公园	10703.05	4178.75	2.79	39247.08
2	南湖公园	1144.49	113.47	0.45	4196.85
3	奥林匹克森林公园	40303.86	11120.55	3.65	147794.57
4	北海公园	7353.24	2118.96	2.04	23153.12
5	景山公园	1764.22	168.42	0.65	5674.23
6	紫竹院	1893.23	183.37	1.02	6469.39
7	玉渊潭公园	9404.00	3241.68	2.12	27715.36
8	团结湖公园	1024.32	98.35	0.32	3425.21
9	陶然亭公园	5124.21	1024.32	1.85	16524.33
10	龙潭公园	3245.21	1865.24	1.36	10657.24
总计		81959.83	24113.11	16.25	284857.38

各公园的净固碳量与总固碳量的变化规律一致，南湖公园最低，年净固碳 1012t，最高的是奥林匹克森林公园，达 40171t，其次是朝阳公园（10571t）、玉渊潭公园（9272t）。

调研的 10 个公园绿地平均单位面积净固碳量为 12.13t/hm²，奥林匹克森林公园单位面积净固碳量最高，该区域净固碳 3.15t/hm²；其次为玉渊潭公园 [1.62 t/(hm²·年)]、朝阳公园 [2.29 t/(hm²·年)]。

各公园净固碳量　表 3

序号	公园名称	固碳量			CO_2 通量 (t)
		(t/年)	(万元/年)	[t/(hm²·年)]	
1	朝阳公园	10571.05	4026.75	2.29	39093.08
2	南湖公园	1012.49	82.53	0.41	4042.85
3	奥林匹克森林公园	40171.86	10968.55	3.15	147640.57
4	北海公园	7221.24	1966.96	1.54	22999.12
5	景山公园	1632.22	16.42	0.15	5520.23
6	紫竹院	1761.23	31.37	0.52	6315.39
7	玉渊潭公园	9272	3089.68	1.62	27561.36
8	团结湖公园	892.32	742.65	0.24	3271.21

续表

序号	公园名称	固碳量			CO_2 通量（t）
		(t/年)	(万元/年)	[t/(hm²·年)]	
9	陶然亭公园	4992.21	872.32	1.35	16370.33
10	龙潭公园	3113.21	1713.24	0.86	10503.24
总计	—	80639.83	23510.47	13	283317.38

2.2 碳储量

碳储存是树木影响全球气候变化的另一种方式。随着树木的生长，它会将更多的碳储存在累积的组织中。随着树木的死亡和腐烂，它会将储存的大部分碳释放回大气中[8]。因此，碳储存表示如果树木死亡和分解可以释放的碳量。保持健康的树木会使碳储存在树木中，但树木的养护会导致碳排放。当一棵树死后，将这些木材用于长期的木材产品、建筑供暖或生产能源，将有助于减少木材分解、化石燃料或以木材为基础的发电厂的碳排放。

据估计，北京市公园的树木能储存 641179.60t 碳（66642.28 万元），CO_2 通量 2351205.5t，单位面积碳储量 39.82 t/hm²。

2.2.1 各树种碳储量

10 个公园绿地重要值排名前 25 的树种中，重要值排名首位的法国梧桐在固碳和碳储量方面表现不如毛白杨、国槐、刺槐，其碳储量为 66012.7t，占总数的 10.3%，价值 6861.17 万元。毛白杨不仅年固碳量最多，碳储量也排首位，该树种碳储量共计 105189.4t，占总数的 16.41%，价值 10933.07 万元。排在其后的国槐、刺槐碳储量分别为 78531.1t、77755.8t，二者共占总数 22.81%，价值 15204.59 万元。紫叶李是小乔木，属于中等树型，但因其数量多，碳储量高于榆树、云杉、侧柏等，碳储量 27342t，占总数的 8.55%，价值 1698.53 万元。

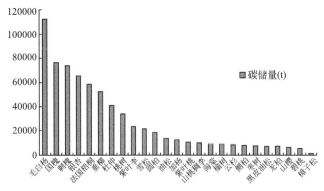

图 2 树种碳储量及价值

2.2.2 各公园碳储量

从调研的 10 个公园来看，碳储量与固碳量变化规律一致，即奥林匹克森林公园最高，团结湖公园最低，碳储量 10867 t，占总数的 4.18%，价值 214.35 万元，奥林匹克森林公园碳储量最多，共计 54213.12 t，占总数的 20.85%，价值 4283.54 万元。从结果分析来看，北京市新建公园绿地的碳储量贡献率远高于老旧公园，朝阳公园、奥森公园碳储量就占总量的 39.02%，单位面积碳储量 33.66 t/hm²，公园建设年代越久远单位面积值逐渐降低[9]。

各公园的碳储量及价值　　表 4

序号	公园名称	碳储量				CO_2 通量（t）
		(t)	(%)	(万元)	(t/hm²)	
1	朝阳公园	47246.23	18.17	3412.57	15.12	42135.08
2	南湖公园	17534.45	6.74	654.32	2.14	3412.58
3	奥林匹克森林公园	54213.12	20.85	4283.54	18.54	84124.57
4	北海公园	34771.24	13.37	2454.21	12.47	11241.36
5	景山公园	12401.24	4.77	412.03	0.84	4094.85
6	紫竹院	24142.67	9.28	954.12	7.54	4751.12
7	玉渊潭公园	24764.65	9.54	1072.12	9.45	8471.23
8	团结湖公园	10867.87	4.10	214.35	0.57	1124.32
9	陶然亭公园	12574.21	4.84	504.21	1.05	2415.34
10	龙潭公园	21475.12	8.34	841.01	5.12	6367.39
总计	—	259990.8	100	14802.48	72.84	168137.84

2.3 减少地表径流

调研的北京市 10 个公园的乔木和灌木每年估计帮助减少径流量 72614.19hm²，相关价值为 0.64 亿元，单位面积减少径流量约为 1480.25m³/hm²。这是基于来自用户指定气象站的当地天气的估算结果。

从重要值排名前 25 位的树种减少地表径流情况可以看出，数量多或叶面积大的树种，其减少径流量也更多。年减少地表径流量最多的是法国梧桐，该树种可以减少径流量 33214.03 m³/年，价值 151.87 万元/年，其次是国槐（21634.09 m³/年）、刺槐（13990.61 m³/年）、毛白杨（11608.50 m³/年）、银杏（9545.90 m³/年）。前 5 种树种减少地表径流的价值总计 576.78 万元。紫叶李与海棠都是植株数量较多的树种，但由于二者均属于小乔木，中等树型，相应叶面积较小，因此在减少径流方面并未因其数量优势而发挥更大的功能[10, 11]。

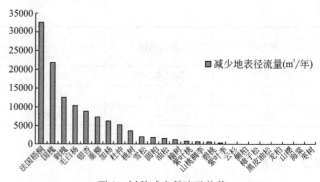

图 3　树种减少径流及价值

不同公园也因其研究区域树木数量与叶面积的大小而影响到其减少地表径流功能大小，由二环的公园向外减少径流功能逐渐增大，最大的是位于五环的奥森公园，该区域年减少径流量 20.85m³，价值 84124.57 万元，减少径流量最少的公园是龙潭公园（4.10m³），提供价值 1124.32 万元（表 5）。

各公园年减少径流量及价值 表 5

序号	公园名称	叶面积 (hm²)	减少地表径流 (m³/年)	[(m³/hm²·年)]	减少径流价值（万元/年）
1	朝阳公园	7078.34	18.17	3412.57	42135.08
2	南湖公园	1027.45	4.57	412.03	4094.85
3	奥林匹克森林公园	12942.23	20.85	4283.54	84124.57
4	北海公园	5763.45	9.28	954.12	4751.12
5	景山公园	2576.34	13.37	2454.21	11241.36
6	紫竹院	21475.12	8.64	841.01	6367.39
7	玉渊潭公园	6547.24	9.54	1072.12	8471.23
8	团结湖公园	5763.42	6.74	654.32	3412.58
9	陶然亭公园	6124.35	4.74	504.21	2415.34
10	龙潭公园	1563.78	4.10	214.35	1124.32
总计	—	72614.19	100	14802.48	168137.84

2.4 释氧效益

释氧是城市树木最常被引用的效益之一。一棵树每年净释氧量与树木吸收的碳量直接相关，而碳量与树木生物量的积累有关[12]。

据估算，调研的 10 个公园绿地树木每年总共产生 5.12 万吨 O_2，单位面积释氧 0.46 t/hm²。然而，由于大气中 O_2 量大且相对稳定，且水生系统大量生产，这种树木的释氧效益相对微不足道。大气中有很大的 O_2 储备，假设所有化石燃料储备、所有树木和土壤中的所有有机物都被燃烧，大气中的 O_2 也只会下降几个百分点。因此对于此项生态功能，仅估算了量，未折算价值。

2.4.1 各树种释氧量

i-Tree ECO 统计了释氧量排名前 15 位的树种，年释氧量最高的是毛白杨，该树种估计释氧量为 5475 t/年，其后依次为国槐（5102t/年）、刺槐（3214 t/年）、银杏（2874t/年）、法国梧桐（2574 t/年）。各树种的氧气释放量与其净固碳量成正比。

2.4.2 各公园释氧量

各公园生产 O_2 的总量与净固碳量的变化一致，均是南湖公园最低，该公园年释氧量 847.4t；总释氧量最高的公园是树木数量最多的奥林匹克森林公园，该公园每年释氧 25642t。单位面积释氧量南湖公园最低（0.84 t/hm²），从公园所处位置 2 环至 5 环依次升高，奥森公园达到最高，每年释氧 3.51 t/hm²。

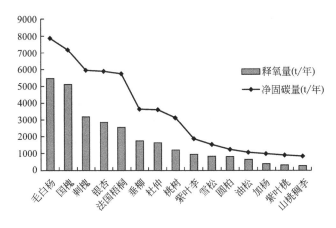

图 4 前 15 个释氧树种

2.5 降低空气污染

北京市公园绿地污染去除最大的是 $PM_{2.5}$。据估计，树木平均每年移除 10.04 万 t 空气污染，包括：CO55386.23kg，价值 3.98 万元；$NO_2$381316.99 kg，价值 481.66 万元；$O_3$392806.70 kg，价值 3080.67 万元；$PM_{2.5}$12017288.71 kg，价值 62925.23 万元；SO_2 236474.86 kg，价值 298.71 万元。总价值 0.52 亿元，单位面积移除污染物 0.41t/hm²。

2.5.1 每月去除污染量

据估算，北京市 10 个公园绿地树木对各类空气污染的清除在各月表现情况有差异。

CO 清除的平均最高值在 10 月，该月平均清除 CO 574kg，价值 0.21 万元；其次 6 月，清除 521kg，价值 0.14 万元。最少是 2 月，清除 57kg，价值 0.01 万元；其次是 12 月（清除 62 kg，价值 0.02 万元）。总体来说，春、秋两季清除 CO 高于夏季，更高于冬季。

NO_2 月平均清除量最高值在 9 月（清除 1244kg，价值 1.2 万元），该月最高清除 1341kg NO_2（价值 1.3 万元），这也是全年 NO_2 的最高清除量，其次是 5 月（清除 847 kg，价值 0.6 万元）与 6 月（清除 574kg，价值 0.3 万元），平均最低值在 1 月（清除 45 kg，价值 0.03 万元）。

O_3 月平均清除量最高值在 5 月（清除 1042kg，价值 2.4 万元），该月最高清除 $O_3$1854kg（价值 3.4 万元），最低 654 kg（价值 0.6 万元）。其次是 9 月（清除 1098kg，价值 2.1 万元）、7 月（清除 814kg，价值 1.2 万元），平均最低是 12 月（清除 84 kg，价值 0.02 万元）。

$PM_{2.5}$ 各月差异较大，平均月清除最高值是 4 月，该月清除 $PM_{2.5}$51476kg，价值 31.2 万元，远高于其他月份，其次是 9 月（清除 12471kg，价值 13.4 万元）、8 月（清除 10472kg，价值 11.3 万元），11 月、12 月均为负值，这两个月的清除量分别为 -3241kg（价值 -10.5 万元）、-657kg（价值 -0.56 万元）。当颗粒物质沉积在树叶表面时，树木可以去除 $PM_{2.5}$。这些沉积下来的 $PM_{2.5}$ 可以重新悬浮到大气中，或者在下雨的时候被移除、溶解或者转移到土壤中，不同的天气因素会影响 $PM_{2.5}$ 最终的去向，而去向不同将导致产生积极或消极的污染消除和价值[13]。

SO_2 月平均清除最高值是 5 月，该月平均清除 SO_2 3647kg（价值 3.24 万元），最高清除 6521 kg（价值 6.45 万元），最低 341kg（价值 0.02 万元）。其次是 6 月（清除 524kg，价值 0.05 万元）、7 月（清除 476 kg，价值 0.03 万元）。最低月平均清除是 1 月（清除 31kg，价值 574 元），其次是 12 月（清除 35 kg，价值 847 元）、2 月（清除 41kg，价值 1024 元）。

2.5.2 各树种去除污染量

调研的 10 个公园绿地重要值排名前 25 位的树种降低空气污染量最大的是白蜡，该树种年去除污染 1306.53 t，价值 734.47 万元。其次是国槐，年去除污染 1288.89 t，价值 600.77 万元；刺槐年清除污染 1124.53 t，价值 537.57 万元；毛白杨年清除污染 1001.30 t，价值 453.67 万元；银杏年清除污染 954.41 t，价值 443.72 万元。此外海棠年去除污染 98.39 t，价值 25.72 万元，高于重要值排名第 25 位的枣树。

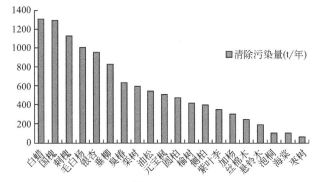

图 5 各树种去除污染量

2.5.3 各公园去除污染量

各公园去除污染量最高的是奥森公园，该公园年去除污染 9147.25 t，价值 696.79 万元。其次是朝阳公园，去除污染物 8475.56 t/年，价值 547.32 万元。最低是南湖公园，去除污染物 344.57t/年，价值 29.05 万元（表 6）。

各公园去除污染　　　　　　　　表 6

序号	公园名称	降低污染(t/年)	降低污染价值(10⁴¥/年)
1	朝阳公园	8475.56	547.32
2	南湖公园	344.57	29.05
3	奥林匹克森林公园	9147.25	696.79
4	北海公园	5421.12	236.32
5	景山公园	535.24	41.36
6	紫竹院	965.45	56.21
7	玉渊潭公园	7421.35	432.14

续表

序号	公园名称	降低污染 (t/年)	降低污染价值 (10⁴¥/年)
8	团结湖公园	423.35	31.24
9	陶然亭公园	2163.54	103.24
10	龙潭公园	1032.54	74.32
总计	—	4689	7243

2.5.4 挥发性有机物

i-Trees 利用光化学模型综合了树木对气温、污染物去除、VOC 排放和发电厂排放的影响，来确定树木对臭氧浓度的总体影响[14]。对 VOC 排放仅做了量化估计，并未评估其价值。他们认为不应该简单地以增加臭氧去除效果的正估价值和 VOC 排放效果的负估价值来确定树木对臭氧的影响，即应直接比较臭氧的影响，而非简单地以美元计算。此外，树木降低空气温度已被证明可显著降低臭氧浓度，但是在这个分析中没有考虑。VOCs 是臭氧形成的天体化学物质，根据物种特征（如某些属是高异戊二烯排放源）和叶片生物量的不同，物种间的排放也不同[14]。据统计，2013 年北京市公园绿地的树木大约排放了 531 种挥发性有机化合物（VOCs）。

城市森林中 52% 的 VOC 排放来自毛白杨和垂柳。毛白杨年排放 64128 kg，包括 Monoterpene1 258.2 kg、Isoprene63536.83 kg；垂柳年排放 29221.32kg，包括 Monoterpene2542.67 kg、Isoprene26678kg。重要值前 20 位的树种中，栾树没有 Monoterpene 排放，仅有 Isoprene，年排放 25825.66kg；臭椿、海棠、泡桐三者没有任何挥发性有机物排放。丝棉木(172.64kg/年)、榆树(117.07kg/年)、紫叶李（113kg/年）在排放排序中分别居于第 24、28、29 位。

重要值排名在 20 位后 VOC 排放较高的树种还有新疆杨，年排放 VOC 977.63kg，在全部树种中排第 14 位；第 16～20 位是华山松（733.21 kg/年）、雪松（722.67kg/年）、白皮松(704.43 kg/年)、核桃(620.10kg/年)、云杉(413.52kg/年)。

各公园 VOC 的排放呈现由 2 环边界向外依次升高的趋势，奥森公园最高，该区域年排放 358 55.63 kg，包括 Monoterpene 6965.1kg、Isoprene 28890.53kg，其次是朝阳公园（12136.64 kg/年）、北海公园（2005.49 kg/年）。景山公园总排放量、Isoprene 排放量均为最低（1206.95kg/年、669.05kg/年），团结湖公园 Monoterpene 排放量最低(283.43kg/年)。

3 结论

对 10 个公园绿地生态服务功能及价值的分析可以得出，各树种的年固碳量最高的是毛白杨，其后依次为国槐、刺槐、银杏、法国梧桐等；各公园的年固碳量及价值最高是奥林匹克森林公园，其次是朝阳公园、玉渊潭公园；年减少地表径流量最多的是白蜡，其次是国槐、刺槐、毛白杨、银杏，从各公园减少地表径流功能大小来看，最大的是奥森公园，最少的公园是南湖公园；年释氧最高的是毛白杨，其后依次为国槐、刺槐、银杏、法国梧桐，各公园生产 O_2 的总量是南湖公园最低，奥林匹克森林公园最高；降低空气污染量最大的是白蜡，其次是国槐、刺槐、毛白杨、银杏，各公园去除污染量最高的是奥森公园，其次是朝阳公园，最低是南湖公园；各公园 VOC 的排放奥森公园最高，其次是朝阳公园、北海公园，景山公园总 VOC 排放量排放量最低。

参考文献

[1] 祝宁，柴新，李敏. 论城市森林生态研究框架[J]. 中国城市林业，2003，1（3）：46-50.

[2] 朱俐娜，彭祚登. 基于 Voronoi 图的北京公园常见林分空间结构分析[J]. 西北林学院学报，2015，30（5）：176-180.

[3] 周月明,常顺利,张毓涛. 天山雪岭云杉（Piceaschrenkiana）林净化空气功能研究[J]. 干旱区研究，2011，28（4）：660-664.

[4] 郑中霖. 基于 CITYgreen 模型的城市森林生态效益评价研究[D]. 上海师范大学，2006.

[5] 赵娟娟，欧阳志云，郑华，等. 北京建成区外来植物的种类构成[J]. 生物多样性，2010，18（1）：19-28.

[6] 张庆费，徐绒娣. 城市森林建设的意义和途径探讨[J]. 大自然探索，1999，18（2）：82-86.

[7] 张进标. 广东河流生态系统服务价值评估[D]. 广州：华南师范大学，2007.

[8] 苑莉. 基于可持续理念下的土地生态系统价值评估——以四川省乐至县为例[J]. 经济体制改革，2009，5（4）：169-173.

[9] 余新晓，鲁绍伟，靳芳. 中国森林生态系统服务功能价值评估[J]. 生态学报，2005，25（8）：2096-2102.

[10] 杨凯，赵军. 城市河流生态系统服务的 CVM 估值及其偏差分析[J]. 生态学报，2005，25（6）：1391-1396.

[11] 薛皎亮，谢映平，刘贤谦，等. 国槐对城市街道空气中铅污染物吸收作用研究初报[J]. 山西林业科技，1995，8（4）：47-48.

[12] 徐嵩龄. 生物多样性价值的经济学处理：一些理论障碍及其克服[J]. 生物多样性，2001，9（3）10-318.

[13] 熊佑清，李春玲. 北京乡土植物[M]. 中国林业出版社，2015，5（9）：35-226.

[14] 谢高地，鲁春霞，成升魁. 全球生态系统服务价值评估研究进展[J]. 资源科学，2001，23（6）：5-9.

圈养环尾狐猴种群发展分析[①]

北京动物园，圈养野生动物技术北京市重点实验室 / 由玉岩　刘学锋　赵素芬
北京动物园 / 张轶卓　戴春阔

摘　要：环尾狐猴又名节尾狐猴，近年来野外数量不断下降。而圈养种群的遗传学管理是动物园保护受胁物种健康发展的重要手段，而谱系则是种群管理的必要前提。本研究通过对1996～2016年北京动物园圈养的环尾狐猴种群（n=139）的基础数据进行整理，应用种群管理软件Sparks v1.6和PMx v1.0进行统计学和遗传学分析。结果显示：北京动物园圈养环尾狐猴种群处于自我维持阶段，性比（雄性∶雌性）为1.10∶1，繁殖后代呈现稳定增长的趋势，属于增长型年龄结构；该种群中共有4个奠基者，且存在奠基者贡献值不均衡的现象从而不能有效降低遗传漂变，目前基因多样性较低，为74%。通过计算配对适宜度指数，明确了18种有益于种群发展的配对和22只遗传优势个体，这可为维持现有遗传学参数的恒定提供理论依据。

关键词：环尾狐猴；谱系管理；STR；微卫星；遗传多样性

引言

环尾狐猴（*Lemur catta*）又称节尾狐猴，属于灵长目、原猴亚目、狐猴科、狐猴属，分布于非洲南部的马达加斯加岛南部和西南部[1]。由于栖息地破坏、气候变化、非法捕猎、宠物贸易及人畜活动扩张等因素影响，环尾狐猴种群数量急剧下降，其野外数量不足2000只且仍在不断减少[2,3]。2012年环尾狐猴被IUCN红色名录列为近危物种，并收录于濒危野生动植物种国际贸易公约附录Ⅰ中，禁止在国际进行交易[4,5]。

圈养在保障濒危种群健康可持续发展中发挥着重要作用。在圈养条件下，通过进行饲养、繁殖、疾病防控、丰容等多方面管理，动物种群可得到良性发展，继而实现对种群的保护[6]。环尾狐猴，因其繁殖容易、适应好的特点，在圈养环境下得到了很好的繁殖，目前成为世界各地动物园圈养最多的灵长类动物，超过了野外数量。北京动物园自1996年开始饲养并展出环尾狐猴，截至2016年5月，圈养环尾狐猴种群数量达139只，是当前北京动物园哺乳动物中第一大种群保有者。可见，环尾狐猴在北京动物园得以繁衍，并形成了一个相对稳定的种群。在圈养条件下，虽饲养空间和种群数量有限，但近些年随人工饲养、繁育、医疗水平逐渐提高，种群的稳定发展容易造成"种群有效管理"的假象[7]。20世纪70年代末，美国动物园首先发现圈养动物近亲繁殖会制约种群的增殖和发展，同时进行大量圈养种群研究分析，提出进行遗传学管理，避免近亲繁殖，保持较高水平的基因多样性的必要性[8,9]。

圈养种群的遗传学管理是动物园保护物种健康发展的需要[10]，而物种谱系是种群管理的必要前提，建立真实的

[①]　北京市公园管理中心课题（ZX2017019）。北京市公园管理中心2019年科技进步三等奖。

谱系并且定期更新和维护谱系是保护圈养种群的一种有效方法[11]。北京动物园环尾狐猴种群数量较大，种群繁殖较快，有效的种群遗传学管理可为该环尾狐猴种群健康可持续发展奠定坚实的基础[12]，但目前该种群仍未进行谱系登录，大种群饲养，种群内繁殖个体之间亲缘关系模糊，遗传多样性水平缺少数据指标支持，近亲繁殖愈发突出，急需根据北京动物园现有圈养环尾狐猴的数据进行谱系登录，并对遗传状况进行分析，以获得对科学饲养、繁殖与管理提供科学的理论依据，制定种群管理方案，帮助圈养环尾狐猴实现健康可持续发展。

1 材料与方法

1.1 谱系调查

根据北京动物园圈养环尾狐猴种群的引进、饲养、繁殖记录，对1996年至2016年5月饲养繁育的环尾狐猴情况进行调查，统计历史圈养环尾狐猴的性别、出生时间、死亡时间、年龄、引入、输出、繁殖等详细信息。

1.2 试剂与仪器

试剂：无水乙醇、TBE缓冲液、琼脂糖、蛋白酶K、RNAase free水。

耗材：Axygen 1.5 mL进口离心管，Axygen 0.2 mL进口PCR管，Axygen 1000 μL进口吸头，Axygen 200 μL进口吸头，Axygen 10 μL进口吸头。

试剂盒：QIAamp DNA Mini Kit（货号：51306），PCR扩增试剂盒（品牌：东洋纺，货号：KOD401）。

仪器：千分位电子天平，Thermo FRESCO21台式冷冻离心机，水浴锅，Invitrogen Qubit 2.0核酸检测仪，电泳仪，凝胶成像仪，GILSON移液器，微量离心机，旋涡混合仪，ABI9700PCR扩增仪。

1.3 筛选环猴多态性微卫星位点

1.3.1 环猴基因组DNA提取

试验中DNA提取是微卫星位点获取的重要步骤，其提取质量直接影响到PCR扩增。本试验提取采用QIAGEN血液基因组DNA提取试剂盒（货号：51306），依据试剂盒说明书操作流程，获得了相对质量较高的DNA。操作步骤如下：

（1）取200uL环猴抗凝血加入到1.5mL离心管中，再加入200uL AL Buffer、20uL 蛋白酶K，混匀后56℃水浴锅孵育10min。

（2）取出离心管加入200mL 无水乙醇，充分混匀。

（3）转移混合后液体到离心吸附柱中，室温，8000rpm，离心1分钟。

（4）离心后，弃滤液，向收集柱中加入700uL AW1 Buffer，室温，8000rpm，离心1分钟。

（5）离心后，弃滤液，向收集柱中加入700uL AW2 Buffer，室温，8000rpm，离心1分钟。

（6）离心后，弃滤液。将收集柱放入新的收集管中，室温，12000rpm，离心1分钟。

（7）加入200μL无菌水，用琼脂糖凝胶电泳和Qubit2.0检测DNA质量，合格品用来PCR扩增。

1.3.2 筛选微卫星引物

本研究采用近缘物种交叉扩增获得微卫星引物，查找不同种属猴子的微卫星文献报道引物，根据序列设计合成并进行扩增试验。

1.3.3 PCR扩增及引物选择

采用东洋纺PCR扩增试剂盒，根据试剂盒说明书和引物退火温度配比扩增体系（表1）进行扩增。

PCR扩增试剂组成	表1
成分	数量
DNA	20μL
PCRprimer1	1μL
PCRprimer2	1μL
MLtrapurewater	3μL
2×PCRmix	25μL
总体积	50μL

通过文献检索，初步确定80对引物，经与扩增提出无法获赠或扩增情况不佳的引物，确定59对引物，通过二次试验、引物重设计以及扩增条件和荧光检测等试验过程的摸索，筛选得到20对引物进行后续进一步的检测。

2 数据分析

根据亲缘关系鉴定结果，我们完善了现有谱系，并通过对北京动物园圈养环尾狐猴的谱系登录和编辑使用国际物种信息系统ISIS（International Species Information System）开发的SPARKS（Single Population Analysis & Records Keeping System）v1.6软件完成。使用PMx v1.0软件进行种群的统计学和遗传学分析，对种群数量变化情况以及年龄和性别结构进行分析，明确当前种群发展趋势，计算基因多样性、潜在奠基者数量、奠基者基因等量值、平均亲缘关系系数、世代长度、有效种群数量，以及有效种群数量与种群数量的比值；对奠基者后代数量进行统计；计算MSI配对系数（分7个等级：1为非常有益；2为较为有益；3为稍微有益；4为稍微有害，少量基因丢失；5为较为有害；6为有害；7为非常有害），挑选合适的配对。

3 结果

3.1 DNA质量检测

根据家系选取2个家系的25个样本进行检测（图1、表2）。

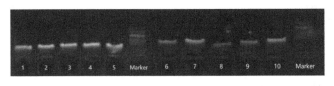

图1 PCR扩增检测结果

表2 DNA质量检测结果

Sample ID	ng/uL	A260	A280	260/280	260/230
1	26	1.933	1.02	1.9	1.64
2	52	1.766	0.843	2.09	2.04
3	79	1.917	1.034	1.85	1.97
4	26	2.837	1.574	1.8	2.14
5	28	1.953	1.02	1.91	1.64
6	20	1.866	0.843	2.21	2.04
7	67	1.9327	1.034	1.87	1.97
8	16	1.837	0.874	2.1	2.14
9	10	1.988	1.02	1.95	1.64
10	18	1.966	0.843	2.33	2.04
119	57	1.957	1.034	1.89	1.97
25	6.87	0.137	0.08	1.71	0.86
26	7.64	0.153	0.079	1.93	0.59
44	7.1	0.142	0.075	1.88	0.13
62	5.63	0.113	0.056	2.02	0.56
90	8.58	0.172	0.095	1.8	0.62

续表

Sample ID	ng/uL	A260	A280	260/280	260/230
J21	4.97	0.124	0.067	1.85	1.36
J23	5.82	0.146	0.068	2.14	0.9
J86	5.35	0.134	0.076	1.76	1.04
J89	3.96	0.099	0.057	1.74	1.16
J92	3.98	0.099	0.048	2.07	1.07
J97	2.81	0.07	0.055	1.27	0.76
J98	7.27	0.182	0.08	2.26	1.5
J100	1.86	0.047	0.042	1.1	97.99
J101	7.55	0.172	0.095	1.8	0.62

3.2 引物筛选

图2所示为对59对引物的扩增筛选结果。

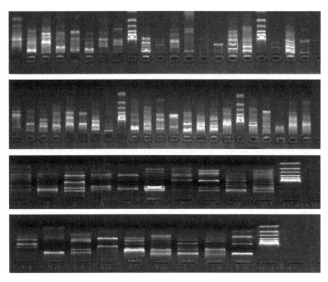

图2 59对引物的扩增筛选结果

3.3 荧光检测结果

荧光检测结果见图3。

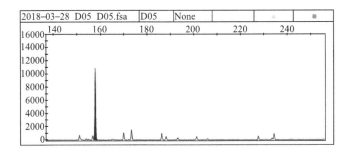
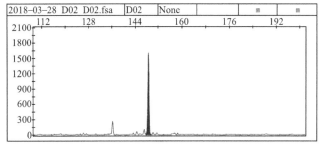

图3 20个位点单一个体荧光分型结果（D3S1766、D6S501、D6S1036、D7S820、D7S1804、D7S2204、D8S1049、D9S252、D9S905、D10S676、D10S1432、D10S2483、D12S375、D14S306、D18S1371、D19S582、D19S1034、D20S206、D21S2054、D5S1457）（一）

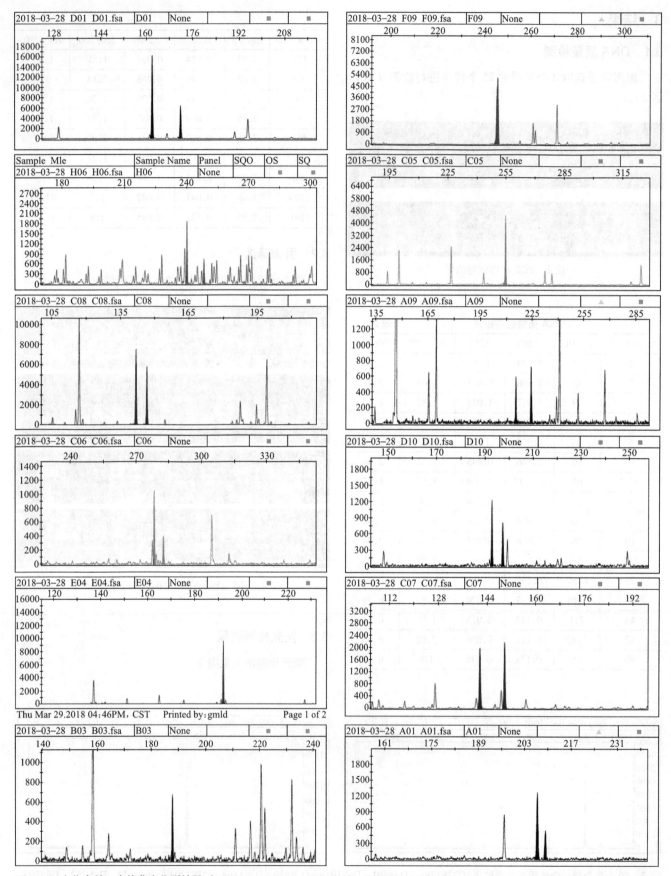

图3 20个位点单一个体荧光分型结果（D3S1766、D6S501、D6S1036、D7S820、D7S1804、D7S2204、D8S1049、D9S252、D9S905、D10S676、D10S1432、D10S2483、D12S375、D14S306、D18S1371、D19S582、D19S1034、D20S206、D21S2054、D5S1457）（二）

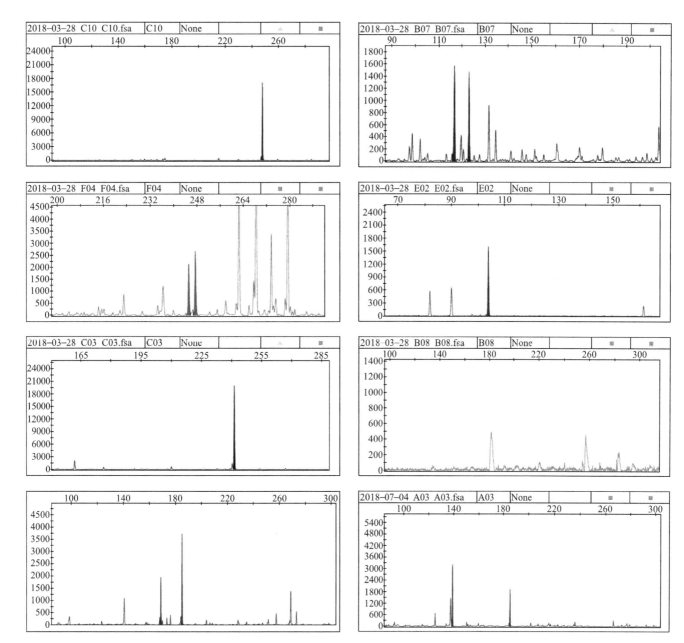

图 3　20 个位点单一个体荧光分型结果（D3S1766、D6S501、D6S1036、D7S820、D7S1804、D7S2204、D8S1049、D9S252、D9S905、D10S676、D10S1432、D10S2483、D12S375、D14S306、D18S1371、D19S582、D19S1034、D20S206、D21S2054、D5S1457）（三）

3.4 圈养种群现状

3.4.1 圈养种群数量概况

截至 2016 年，北京动物园圈养环尾狐猴种群数量累计 139 只，剔除死亡和去向不明的个体，最终用于种群谱系分析的个体共计 101 只，其中雄性 47 只，雌性 42 只，未知性别 12 只（幼猴出生后，会紧抱住母亲，经过一段时间才会离开母亲。为不干预母猴带仔行为，饲养员不会分离母子进行性别鉴定，所以采集数据当时存在未知性别个体），分别饲养于北京动物园东区、西区和十三陵繁育基地。

如图 4 所示，1996～2016 年北京动物园圈养环尾狐猴种群呈稳定上升趋势，尤其是 2008 年之后，总个体数、雄性及雌性个体数量增长迅速，平均增长率 λ=1.24（λ>1）。

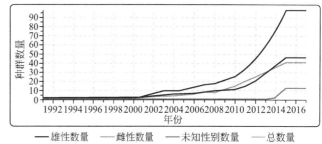

图 4　1996～2016 年北京动物园圈养环尾狐猴种群数量变化情况

3.4.2 种群的年龄结构与性比

环尾狐猴现存101只圈养种群的年龄结构如图5所示，种群中育龄个体数量较多，集中在2～5岁，种群的年龄为金字塔形结构的增长型，该种群将日趋扩大。由于种群中存在未知性别个体，如果将其按照雌、雄各半的比例进行计算，种群性比（雄性∶雌性）为1.10∶1，存在生殖性别偏倚现象。但由于种群中未知性别个体数量占种群总数的11.88%，因此该比例较为准确地反映出种群的性比情况。

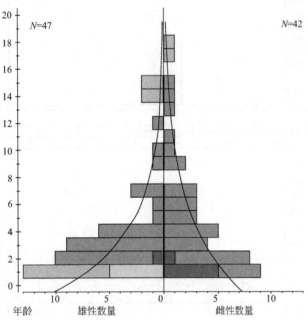

图5 北京动物园环尾狐猴圈养种群年龄和性别结构图
（注：N：种群数量。浅蓝为已知性别非繁殖年龄个体；深蓝为已知性别处于繁殖年龄个体；绿色为未知性别繁殖年龄个体；黄色为未知性别非繁殖年龄个体）

3.4.3 圈养种群的繁殖情况

经对101只环尾狐猴年龄情况分析结果显示，圈养环尾狐猴的生理寿命约为18岁。雄性环尾狐猴繁殖年龄通常为2～12岁，雌性为1～16岁。雄猴的繁殖高峰出现在3岁，雌猴在4岁。进一步统计1996～2016年圈养繁育环尾狐猴月出生情况（图6），结果显示1、2、3、4、5、6、8月均有环尾狐猴出生，但繁殖期主要集中于3～4月份，尤其以3月份出生个体数量最多。

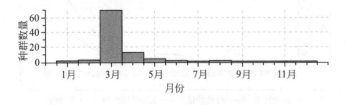

图6 1996～2016年北京动物园圈养环尾狐猴月出生情况

3.4.4 圈养种群遗传学分析

北京动物园环尾狐猴圈养种群主要来源于不同时期引进的4只奠基者（表3），且这4只奠基者均在种群内发挥着实际作用，种群内无潜在奠基者。该种群的奠基者基因等量值是1.98，即种群的遗传多样性水平与一个由2只互无关系的个体建立的种群一致。奠基者的遗传贡献值不均衡（图7），其中T1和T2的贡献值最大，后代数量最多。种群的平均亲缘关系值（MK）是0.25。目前种群只保留了奠基者74.79%的基因多样性。如果使T11和T41的基因更好地融入种群当中，该种群基因多样性水平可提升到87.5%。

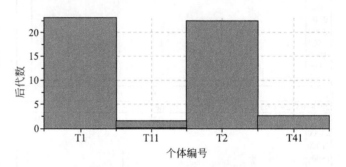

图7 北京动物园圈养环尾狐猴种群奠基者后代数量

北京动物园圈养环尾狐猴种群遗传学参数　表3

内容	参数
奠基者数量	4
潜在奠基者数量	0
存活的后代数量	101
基因多样性	0.7479
奠基者基因等量值	1.98
平均亲缘关系值	0.2521
世代长度	0.1456
有效种群数量	5.32
有效种群数量与种群数量的比值	0.3208
建群者基因存量	3.85
潜在基因多样性	0.8750

自2001年种群数量进入持续增长阶段，种群的基因多样性保存量在2001年快速上升到58%；此后基因多样性保存量随着种群数量的增长而升高，2005年达到70%，2014年后略有增长，达75%，2016年后，随着种群数量的增长，基因多样性并未发生显著变化（图8）。但根据种群规模与基因多样性变化分析，如果不进行种群管理，100年后，该种群的基因多样性将降至55%（图9）。

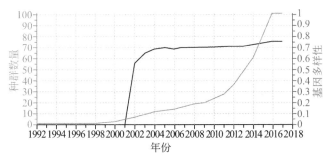

图8 北京动物园圈养环尾狐猴种群规模与基因多样性

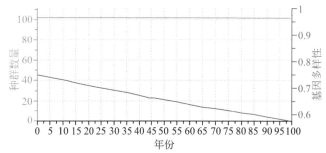

图9 100年后北京动物园圈养环尾狐猴种群规模与基因多样性变化情况

根据MSI评估结果，在101只个体中，有78.22%的个体是由对种群基因多样性非常有害的配对所繁殖；其中，有22只个体对该种群繁殖有正向积极作用，仅占总个体数的21.78%，22只适合配对的遗传优势个体有42种适宜繁殖的配对，中等有益于配对繁殖的1对，非常有益于配对繁殖的18对（表4）。

圈养环尾狐猴 MSI 配对表　　表4

雄性＼雌性	T2	T8	T9	T66	T36	T37	T70	T71	T76	T81	T83	T86	T87	T123	T125
T1	2	—	—	4	—	—	—	—	—	—	—	—	—	—	—
T11	1	1	1	—	1	—	4	1	4	1	4	4	4	1	1
T19	4	4	4	—	4	—	—	—	—	—	—	—	—	4	—
T21	4	4	4	—	4	—	—	—	—	—	—	—	—	4	—
T41	1	1	1	4	1	4	4	1	1	4	1	4	4	1	1
T80	4	—	—	—	—	—	—	—	—	—	—	—	—	—	—
T124	4	—	—	—	—	—	—	—	—	—	—	—	—	—	—

注：MSI（Mate Suitability Index）为配对适宜指数，本 MSI 配对表仅从全部配对中选取列出了对此种群繁殖有正向积极作用的适宜配对个体；"—"表示数值已经 >4，不适宜再配对。

4 讨论

截至2016年5月，北京动物园圈养环尾狐猴谱系已录入139只个体，存活个体数量为101只，年龄结构较为合理，处于自我维持阶段。在饲养环尾狐猴的这19年间，北京动物园已摸索出该物种健康生存和自繁后代的饲养管理模式，所繁殖后代也均由母亲直接带仔，因而随着种群内适龄个体的增多，繁殖后代也将呈现稳定增长的趋势。

虽然北京动物园环尾狐猴圈养种群不断发展，但基因多样性水平降低，存在近亲繁殖，其健康、可持续性发展问题愈发突出。统计结果显示，该圈养环尾狐猴种群中奠基者仅有4只，并且没有其他潜在奠基者，4只奠基者中还存在遗传奠基者贡献值不均衡的现象。理论上，要使遗传漂变降低到最低限度，那么种群内每一个奠基者都需要在每一个世代中贡献相同数量的基因[13, 14]。很显然，该圈养环尾狐猴种群中，T1和T2的贡献值明显高于T11和T41，致使T11和T41的基因未能很好地传递给后代。因该种群由1个较小的种群发展起来，在进行种群管理时，早期为达到扩繁的目的，只有让它们尽可能多地繁殖个体，才能让当时的种群数量得到扩大。

与此同时，因动物园饲养空间有限，随着种群规模的扩大，种群密度逐渐增加，育龄个体增多，互相之间的交配自由度较大。但在实际繁殖过程中，动物个体并不完全按照适宜度指数高的规律进行繁殖，随之而来的便是种群内近亲繁殖情况愈发突出，因而不可避免地加剧了遗传多样性的降低和稀有等位基因的丢失[15]。遗传分析数据中，随着种群规模的扩大，基因多样性水平持续下降就是对这一客观事实的最好证明。

遗传管理有效性指数是有效种群数量与种群数量的比值[16]。北京动物园圈养环尾狐猴种群中有效种群数量与种群数量的比值（Ne/N）为0.32，可见，北京动物园当前圈养环尾狐猴种群的有效种群很少。过少的有效种群以及某几个个体后代过多，直接导致了环尾狐猴种群遗传多样性的降低，近交繁殖出现，加剧了种群内近交衰退的现象。

为了能够实现圈养环尾狐猴种群的健康发展，仅靠增加种群数量是远远不够的,还应该提高圈养种群的基因多样性水平[17]。目前,北京动物园圈养环尾狐猴种群的基因多样性保存量为74.79%,随着不断的世代繁殖,基因多样性水平呈下降趋势,按照当前的趋势发展,100年后基因多样性保存量趋近于55%,并不能达到圈养种群遗传管理的目标——100年的时间内保持基因多样性在90%以上[18]。如果单从种群数量增长曲线来看,该种群是一个稳定发展的种群,年龄与结构比均呈现较为适宜种群发展的特征。但由于该种群奠基者数量少,繁殖中奠基者贡献值不均衡,且无其他潜在奠基者,该圈养种群已经出现了种群衰退的征兆,必须引起我们的高度重视。可见,清醒地认识到圈养种群发展过程中的不稳定因素,使我们充分认识到加强管理的紧迫性是种群管理的前提[19]。

基于前述结果,若要维持北京动物园圈养环尾狐猴种群健康可持续发展,采取相应措施势在必行。在种群的遗传管理中,通常使用配对适宜度指数(MSI)挑选合适的配对进行繁殖,该指数考虑了配对动物的平均亲缘关系值、雌雄动物平均亲缘关系值的差距、产生后代的近亲繁殖系数、配对动物祖先未知因素的总量等4种因素。依据MSI配对结果,现有种群中存在18种非常有益于繁殖的配对,若尽可能按该配对数据进行繁殖,限制后代过多的建群者繁殖,建群者中后代较少的个体获得较多繁殖机会,将会较好地维持现有种群基因多样性水平等遗传学参数的恒定[20]。若要真正达到野生动物种群有效管理的目标,当前的饲养与管理手段还有待改进,如与其他圈养机构进行基因交流,或者是每两年引入野外来源或无亲缘关系的个体,以此丰富种群内基因水平,维持现有种群遗传多样性。此外,还需要建立完善的种群发展计划,合理安排配对繁殖,扩大种群数量,尽可能减少遗传漂变。

鉴于此,对北京动物园圈养环尾狐猴种群的遗传管理建议如下:

(1)通过有效的种群遗传管理,维持圈养种群现有的遗传多样性,并降低其近交水平。

(2)种群管理者需采取措施以避免产生近交衰退效应,同时应加强不同种群之间的基因交流,如与其他动物园进行个体交换,或者引入野外来源或无亲缘关系的个体。

(3)结合遗传数据及圈养环尾狐猴谱系信息,制定更加科学的繁殖策略,以维持较高的遗传多样性并降低近交水平。

5 结语

本研究通过对1996~2016年北京动物园圈养的环尾狐猴种群(n=139)的基础数据进行整理,应用种群管理软件Sparks v1.6和PMx v1.0进行统计学和遗传学分析。结果显示:北京动物园圈养环尾狐猴种群处于自我维持阶段,性比(雄性:雌性)为1.10:1,繁殖后代呈现稳定增长的趋势,属于增长型年龄结构;该种群中共有4个奠基者,且存在奠基者贡献值不均衡的现象而不能有效降低遗传漂变,目前基因多样性较低,为74%,近亲繁殖现象较严重。进一步的配对适宜度指数(MSI)明确了18种有益于种群发展的配对和22只遗传优势个体,这为维持现有遗传学参数的恒定提供理论依据。

参考文献

[1] 单芬,李康信,徐春忠,等. 环尾狐猴源弓形虫的检测与鉴定[J]. 野生动物学报,2016,37(2):118-125.

[2] Schwitzer C, Mittermeier R, Davies N, et al. Lemurs of Madagascal: a strategy for their conservation 2013-2016[M]. Bristol, UK: IUCN SSC Primate Specialist Group, Bristol Conservation and Science Foundation, and Conservation International, 2013.

[3] Grogan K E, Sauther M L, Cuozzo F P, et al. Genetic wealth, population health: major histocompatibility complex variation in captive and wild ring-tailed lemurs (Lemur catta) [J]. Ecology and Evohtion, 2017, 7(19): 7638-7649.

[4] 张宪义. 环尾狐猴的饲养繁殖与人工育幼技术[J]. 畜牧与饲料科学,2011,32(4):54-55.

[5] 李勇军,王志永,王万华,等. 环尾狐猴的饲养繁殖和人工育幼[J]. 畜牧与饲料科学,2011,32(2):47-48.

[6] 周军英. 中国动物园白鹤圈养种群统计学与遗传学分析[J]. 四川动物,2013,32(4):492-497.

[7] Frankham R, Ballou J D, Briseoe D A. Introduction to conservation genetics[M]. England: Cambridge University Press, 2002.

[8] Kleiman D G, Allen M E, Thompson K V, et al. Wild manlmals in captivity: principles and techniques[M]. Chicago: University of Chicago Press, 1996.

[9] 于泽英. 川金丝猴圈养种群现状分析[J]. 动物学杂志,2004,39(4):45-49.

[10] 王鹏彦,黄炎,曹家林. 圈养大熊猫种群的动态及发展趋势[J]. 四川动物,2005,34(4):484-489.

[11] Haig S M, Ballou J D. Pedigree analyses in wild populations[M]. Beissinger S R, MeCullotlsh D R. Population viability analysis. Chicago: University of Chicago Press, 2002.

[12] 高喜凤. 中国黑叶猴圈养种群现状分析[J]. 野生动物学报,2014,35(3):267-270.

[13] 沈富军,张志和,李光汉,等. 圈养大熊猫的系谱分析[J]. 遗传学报,2002,29(4):307-313.

[14] Ballou J D. Calculation inbreeding coefficients from

pedigrees [M].Sehonewald-Cox C M, Chambers S M, MacBryde B, et al. Genetics and conservation. Calf：Benjamin Cummings, 1983.

[15] 李海洋,丁长青. 种群生存力分析在濒危动物保护与管理中的应用[J]. 四川动物, 2013, 32 (2)：313-319.

[16] 法兰克汉,巴卢,布里斯科. 保育遗传学导论[M]. 黄宏文,康明,译. 北京：科学出版社, 2005.

[17] 侯立冰,丁晶晶,丁玉华,等. 江苏大丰麋鹿种群及管理模式探讨[J]. 野生动物, 2012, 33 (5)：254-257, 270.

[18] 于泽英. 动物园圈养种群的遗传学管理[J]. 野生动物, 2004, 25 (4)：41-42.

[19] Vanstreels R E T, Pesutti C. Analysis and discussion of maned wolf Chrysocyon brachyurus population trends in Brazilian institutions：lessons from the Brazilian studbook, 1969-2006[J]. International Zoo Yearbook, 2010, **44** (1)：121-135.

[20] 马瑁. 东方白鹳国内圈养种群的统计分析[J]. 野生动物, 2011, 32 (5)：273-276.

静宜园历史道路、桥梁、水系、垣墙调查及保护规划研究

北京市香山公园管理处，北京海淀区 / 牛宏雷　林　毅　宋立洲　袁长平
北京建工建筑设计研究院 / 熊　炜

摘　要：静宜园位于北京市西郊香山，兴建于清乾隆十年（1745年），清咸丰十年（1860年）被英法联军焚毁。静宜园造园艺术、历史建筑研究起步较早，而大型皇家园林附属设施的相关研究却相对较少。近年来，香山公园管理处启动了对静宜园历史道路、桥梁、水系、垣墙保存现状的实地调查，完成了自1860年以后首次系统对道路、桥梁、水系、垣墙的位置、走向、形制、材料、做法、保存现状等的测绘、拍照、文字记录工作。本文根据调查结果，从历史空间、功能真实性和完整性角度初步分析了静宜园时期道路、桥梁、水系、垣墙的构成与变迁，道路、桥梁、垣墙设置建造与地形、水系、景观的关系等，研究成果使静宜园文化遗产保护对象更加完善，提升了真实性与完整性认知，为接下来的具体保护工作提供了可靠依据。

关键词：静宜园；香山；道路；桥梁；水系；垣墙；历史信息；保护规划

引　言

香山静宜园自然风景资源优越，历史文化遗产丰富，同时也是"西山—永定河文化带"和清代皇家"三山五园"的重要组成部分，作为北京唯一一处天然山地皇家园林，具有极高的文化历史、园林景观、宗教建筑、人文生态及社会价值。自1860年被英法联军焚毁后，原有建筑多仅存遗址或被改造，近年随着文物保护力度的加大，静宜园时期皇家园林主要建筑遗址在近年陆续得到保护或修复，而作为皇家园林完整性重要的组成部分——园内历史道路、桥梁、水系、垣墙等附属设施因为对其功能、价值的认知不足，却一直未得到系统、科学的保护和利用，与之相关的大环境、小生态等也遭到不同程度的破坏，已无法与历史园林景观匹配，严重影响静宜园整体文化内涵与历史价值的展示。因此，对清中期静宜园内道路、桥梁、水系、垣墙等历史遗迹开展系统的现状调查与梳理研究，并做出专项保护规划，就显得十分必要。

1　静宜园概况

静宜园位于北京西北郊香山，占地160hm²。香山自古泉水众多、植被丰富、景色宜人，辽、元时代就有皇家行宫。清乾隆十年（1745年）加以扩建[②]，历时9个月，翌年一座融天然、历史、人文景观于一体，具有山林特色[③]的皇

---

① 北京市公园管理中心课题（ZX2017010）。北京市公园管理中心2019年科技进步三等奖。
② 《钦定日下旧闻考》卷八十六，《御制静宜园记》，乾隆乙丑秋七月，始廓香山之郭，榛莽、剔瓦砾，即旧行宫之基，葺垣筑室。佛殿琳宫，参错相望。而峰头岭腹，凡可占山川之秀，供揽结之奇者，为亭，为轩，为庐，为广，为舫室，为蜗寮，自四柱以至数楹，添置若干区。越明年丙寅春三月而园成，非创也，盖因也。
③ 《清高宗御制诗文集》，"御园自是湖光好，山色还须让静宜"。

家园林落成，乾隆皇帝赐名"静宜园"，并御题二十八景。清咸丰十年（1860年），静宜园遭到英法联军焚毁，民国时期，马相伯、英敛之、熊希龄等先后在园内兴办静宜女校、香山慈幼院[①]，利用建筑遗址改建学校校舍、医院、别墅等建筑。1949年3月，中共中央进驻香山。1956年5月1日，静宜园辟为人民公园开放，并更名为"香山公园"，成为人民群众休闲避暑、观赏红叶的游览胜地。凭借丰富的历史遗迹与独特的人文景观，拥有全北京市1/4的古树，1984年静宜园（香山）被北京市人民政府公布为北京市文物保护单位，2012年香山入选世界名山。

静宜园选址香山东坡，以自然山谷分为内垣、外垣、别垣三区。内垣区为静宜园朝寝起居核心区，位于园西南部中低海拔区域，占地约40 hm²，集中了香山寺、洪光寺、来青轩、双清泉、玉乳泉等香山地区早期人文景观，乾隆御题二十八景中有二十景居于内垣；外垣区地处静宜园中部，占地98hm²，自山下一直延伸至山顶，山石林立、横峰侧岭，乾隆御题二十八景中另外八景散布其间；别垣区位于静宜园北部，占地22hm²，初期为鹿苑，乾隆中期建见心斋、宗镜大昭之庙。

图1 《静宜园全图》（沈焕、嵩贵合 绘）

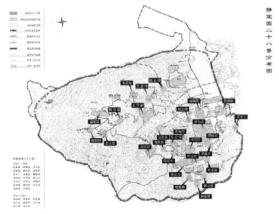

图2 清中期静宜园平面图（安一冉 绘）

2 静宜园时期道路、桥梁、水系、垣墙的研究意义

中国古典园林可分为人工山水园和天然山水园两大类型，人工山水园亦追求天然野趣，故天然山水园当为第一，其主要特点是依托天然山水，局部或片段建园[②]，静宜园即属此类。近年，香山公园为有效保护文化遗产、丰富游览景点、提升游览环境，陆续对静宜园二十八景进行修复，昔日盛世的园林建筑日益完整。但是这还不是皇家园林的全部，除了真山水、建筑、植物、路、桥、墙也是园林构成的重要要素。园内道路、桥梁、水系、垣墙多建成于清乾隆时期，作为基础功能性建筑或设施广泛分布于静宜园内。清代、民国、新中国3个历史时期的使用功能不断变化，清代作为山地皇家园林，分内、外、别垣三区，二十八景散布其间，各区之间以垣墙相隔，道路桥梁又将各景点一一串联，山下景区借双清、卓锡二泉，南北筑槽，形成诸多水景。民国时期，利用静宜园旧址开办香山慈幼院，山下区建筑遗址多被改建校舍、别墅等，为便于行车，将山下区主要道路、桥梁进行拓宽和更换材质，除原有主线水渠继续使用外，又兴建大量引水管线以满足生产、生活需要，清代垣墙逐渐荒废。中华人民共和国成立后，静宜园作为香山公园向市民开放，道路、桥梁、水系陆续改建、扩建，外垣墙作为公园围墙使用，优先得到修复。时至今日，虽历经百年的不断改造、更新，清乾隆初建时期的历史格局仍基本清晰，实物遗存丰富。如何认识静宜园文化遗产的真实性与完整性一直是静宜园文物保护研究的长期课题。

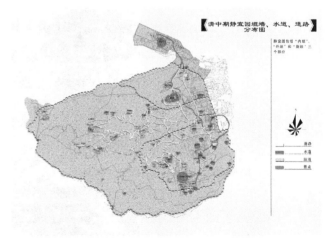

图3 清中期静宜园道路、桥梁、水道、垣墙分布图（安一冉 绘）

---

① 甘长青、朱如意，《北京香山慈幼院探研》。
② 周维权，《中国古典园林史》第二节。

3 历史资料调研

静宜园历经多个时期改扩建，现场遗存中的历史信息叠压较为复杂，资料、档案成为了解历史原貌唯一途径，可是由于历史原因，静宜园初建、改建档案留存极少。目前仅搜集到绘画、样房地盘图、民国地形图若干及少量清宫档案和民国资料，而其中我们重点锁定了国家图书馆藏《静宜园样式雷图档》《静宜园地势抄平略节》《香山至玉泉山洩水马槽石沟修理测》《1920年测静宜园全图》和日本东洋文化研究所藏《静宜园内外修理水沟等工销算丈尺做法清册》。

国家图书馆藏静宜园相关样式雷图档35张，其中总图4张，各景点地盘图31张。总图标注甚为详细，大小山沟、山道、水道、垣墙及主要石桥均有标注，虽然不如现代地图尺寸精准，但各景点相对关系基本准确，其中嘉靖五年（1526年）总图中标注有当时垣墙破损位置及数量。

《静宜园地势抄平略节》成图于清同治年间，标注卓锡泉入静宜园后经见心斋、昭庙一线明槽、暗沟调查情况。

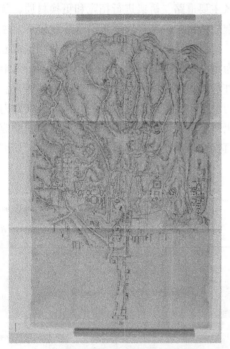

图4 香山地盘图（国家图书馆藏）

图5 静宜园地势抄平略节（国家图书馆藏）

1920年测绘图，第一次以现代测绘方法获得了1:2000地形图，包括当时香山慈幼院内各建筑、等高线表现的山脊沟壑、水系、道路、桥梁、垣墙等，并均有图例。

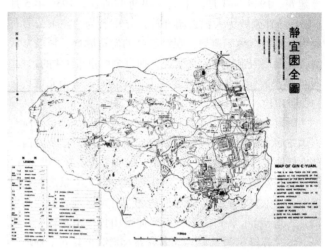

图6 静宜园全图（1920年，陈安澜测）

《静宜园内外修理水沟等工销算丈尺做法清册》未明确记录成册时间，文中记录昭庙月河维修情况，由此可知至少为乾隆四十五年（1780年）之后。清册中分别记录双清水系、卓锡水系及静宜园外水系，详细记录水道形制、所用材料及工程量。

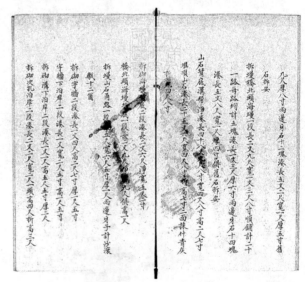

图7 《静宜园内外修理水沟等工销算丈尺做法清册》日本东洋文化研究所藏

4 历史道路

4.1 道路构成

清乾隆兴建静宜园之前，香山即为西山名胜之首，寺院、行宫等院落多达十余座，道路主要通往寺院，以满足僧众生活、香客游览为主。清中期，静宜园根据乾隆"盖因之"[①]的设计理念，保留了先前的路由，又根据新增景点延伸的道路。

其中主要登山道路四条，档案标注为"石路"：
——东宫门—中宫—璎珞岩—香山寺来青轩。
——东宫门—绿云坊—玉乳泉—雨香馆—栖月崖—森玉笏—静室。
——东宫门—致远斋—玉华寺—静室。
——玉华寺—重翠庵—梯云山馆—静室。

山下南北道路一条：
——东宫门—致远斋—昭庙—饮鹿池—四合门。

除主路外，还要大小纵横交织的支路数十条，档案标注为"山道"，根据现场勘查统计，乾隆时期静宜园内主次道路总长8657m。

4.2 道路保存现状

自清末，静宜园旧址被用作校舍开始，随着使用功能和需求的改变，道路形制、材料在不断发生变化。低海拔道路从最初的人行、马行变为机动车道路，石板、青砖、灰土路面也被水泥、碎石、沥青、透水砖等替代。另外由于路由新增或改变，部分历史道路被废弃或消失。截至目前，清代道路原貌保存仅占20%，集中于中海拔地区，通长1769m；改扩建道路占48%，集中于中低海拔地区，通长4123m；改铺现代材料占25%，集中于中低海拔地区，通长2128m；遗址和淹没道路占7%，通长637m，如致远斋至芙蓉坪、静室至栖月崖部分道路。

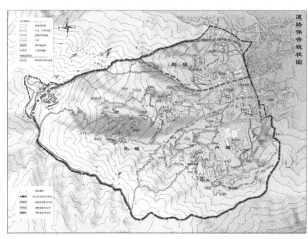

图8 历史道路现状评估图（安一冉 绘）

4.3 道路形制与做法

静宜园时期道路根据主次、位置和功能而采用不同的道路宽窄、铺装材料、构造做法（表1）。

道路形制与做法　　　　　　　　表1

道路类型	地盘图图例	功能	道路宽度与坡度	铺装材料	路面构造	典型实例
主路		连接各个景点，可行肩舆	宽一丈[a]左右，坡度一般在15°以下	本地产青砂石板，长度不等，宽一尺二寸～一尺四寸，厚三～四寸	灰土垫层一步，横铺石板	栖月崖—静室
支路		景点之间步行便道	宽度五尺左右，路面较陡，坡度可达30°左右	中铺方形青砂石板，宽一尺四寸，两侧碎石铺墁	灰土垫层一步，纵铺石板，道路两侧置石牙	中宫—霞标磴
小路		景点之间便道	宽度五尺左右，路面平缓	灰土或自然土之上无铺装材料	灰土或素土	洪光寺前

a. 十尺为一丈，每尺长320mm。

---

① 《钦定日下旧闻考》卷八十六，《御制静宜园记》，非创也，盖因也。

图 9 香雾窟主路

图 10 栖月崖石板路面构造

图 11 霞标蹬支路

4.4 道路保护建议

历史道路作为静宜园历史环境的重要组成部分，主次分明，材料做法与道路功能一一对应，既满足使用需求，又与山地园林景观相呼应。传统石板道路在潮湿雨季易湿滑，为满足行车、保证游客人身安全，在人流量集中的低海拔地区道路已更换为透水砖、混凝土等防滑材质路面，而山区部分道路仍保持乾隆时期历史原貌，相对于三山五园其他皇家园林，其真实性与完整性保持极为突出。

对历史道路保护的建议：

（1）低海拔地区已改变做法的主要道路路面以满足公园使用为主。

（2）对现存使用中的历史道路进行必要的维护、整修。

（3）对已废弃的历史道路按历史原貌予以修复，并将沿线植物环境、水环境加以整治，形成新的景观路线。

（4）对已改变做法或新增现代道路路面，逐步进行整治，参考历史风貌，通过形式、材料的更新，逐步使之与历史环境相协调。

5 历史桥梁

5.1 桥梁构成

静宜园地处山地，沟壑纵横，路网密集，桥梁自然不在少数。根据不完全统计，静宜园落成之时，园内外（不含碧云寺和各院落内）至少有桥 42 座，其中大型桥 6 座、中型桥 9 座、小型桥 27 座。除满足跨沟壑、跃池湖、连道路等基本功能外，还在建筑风水、营造景观等方面发挥着重要作用。虽后期部分拆除或改建，但大多数桥梁仍基本保持历史原貌。

5.2 桥梁保存现状

静宜园石桥现状调查表

表2

序号	位置	坐标	原貌	体量	保存现状
1	停车场	N39°59′32.8″ E116°11′50.1″	花岗岩平板桥	大型	桥下水沟已添平，桥面上铺沥青，为主要交通道路
2	东门外	N39°59′24.5″ E116°11′30.2″	青砂石单拱桥	中型	上铺沥青，为行车道路，桥体基本完好
3	东门外小桥	N39°59′24.5″ E116°11′30.2″	青砂石平板桥	小型	无存，改建停车场
4	勤政殿前	N39°59′23.1″ E116°11′24.5″	青砂石单拱桥	中型	近年修复
5	勤政殿后	N39°59′22.8″ E116°11′21.6″	青砂石单跨平板桥	小型	基本保持原貌，正常使用
6	致远斋前	N39°59′24.5″ E116°11′21.6″	砖、青白石单拱桥	小型	近年修复望柱
7	勤政殿南	N39°59′20.7″ E116°11′23.6″	青砂石三孔拱桥	大型	民国时期桥面改建混凝土，石券、桥基犹存，现南孔已堵，余两孔
8	中宫北宫门（香山饭店北门）	N39°59′20.3″ E116°11′17.9″	石质三孔拱桥	大型	现为单拱混凝土桥
9	绿云舫南（小白楼南）	N39°59′19.2″ E116°11′14.0″	青砂石单拱桥	中型	桥面改建
10	翠微亭	N39°59′12.2″ E116°11′23.2″	青砂石单跨平板桥	小型	基本保持原貌，正常使用，桥下积土较多
11	知乐濠	N39°59′10.3″ E116°11′19.5″	青砂石单拱桥	中型	两侧驳岸原为砖砌宇墙，后改为石拦板，式样各异，桥体基本稳固
12	香山寺通松坞云庄（双清）	N39°59′07.9″ E116°11′15.4″	青砂石单跨平板桥	小型	石拦板无存，桥下积土较多
13	洪光寺北	N39°59′15.0″ E116°11′05.7″	青砂石单跨平板桥	小型	桥体保存良好，桥下积土较多
14	绚秋林东	N39°59′13.0″ E116°11′04.8″	青砂石单跨平板桥	小型	桥体破坏严重，桥石板已脱离原位，积土已完全将山沟填平
15	致佳亭东	N39°59′18.8″ E116°11′10.5″	花岗岩单跨平板桥	小型	桥体保存良好，近年修复青白石栏板
16	玉乳泉东	N39°59′16.8″ E116°11′03.0″	青砂石单跨平板桥	小型	近年修复
17	玉乳泉西	N39°59′15.6″ E116°11′01.3″	青砂石两跨平板桥	小型	桥体保存良好，桥下积土较多
18	垂云	N39°59′16.7″ E116°10′54.7″	青砂石单跨平板桥	小型	仅存石板，积土已完全将山沟填平
19	栖月崖南	N39°59′17.3″ E116°10′52.3″	青砂石两跨平板桥	小型	因道路废弃，原桥仅剩石板两块
20	森玉笏北（云巢）	N39°59′18.2″ E116°10′43.0″	青砂石单跨平板桥	小型	因道路废弃，原桥仅剩石板，积土已完全将山沟填平

续表

序号	位置	坐标	原貌	体量	保存现状
21	延月亭	N39°59′17.9″ E116°10′36.5″	青砂石单跨平板桥	小型	近年修复
22	云阙门西	N39°59′21.8″ E116°10′50.5″	青砂石单跨平板桥	小型	保存良好，2007年修复拦板
23	云阙门东	N39°59′21.7″ E116°10′53.1″	青砂石单跨平板桥	小型	保存良好，2007年修复拦板
24	玉华寺西	N39°59′21.1″ E116°10′55.3″	青砂石单跨平板桥	小型	桥体受树木破坏严重，石板缺一，石拦板无存，近年新增水泥拦板
25	玉华寺南	N39°59′19.8″ E116°10′56.6″	青砂石单跨平板桥	小型	原桥已毁，道路向西平移5m
26	平台北	N39°59′23.4″ E116°10′41.9″	青砂石两跨平板桥	小型	水泥拦板，桥体保存良好，桥下积土较多
27	梯云山馆西	N39°59′25.4″ E116°10′46.2″	青砂石单跨平板桥	小型	水泥拦板，桥体保存良好，桥下积土较多
28	重翠崦西	N39°59′26.6″ E116°10′53.1″	无存	小型	无存，积土已完全将山沟填平
29	芙蓉坪南桥	N39°59′24.8″ E116°11′00.2″	花岗岩单跨平板桥	小型	桥体、拦板保存完整，桥面上铺水泥砖
30	观音阁	N39°59′28.0″ E116°11′00.4″	青砂石单跨平板桥	小型	原桥已无存，现石板为临时拼凑
31	钟亭子门北	N39°59′24.6″ E116°11′08.7″	青砂石单跨平板桥	小型	因道路改向而废弃，桥下积土较多
32	问松轩西	N39°59′25.4″ E116°11′08.3″	青砂石单跨平板桥	小型	改建为水泥桥板
33	昭庙南	N39°59′27.2″ E116°11′13.5″	青砂石三跨平板桥	大型	桥体保存良好
34	松林餐厅东(正直和平西)	N39°59′29.2″ E116°11′17.9″	青砂石三孔平板桥	大型	无存
35	松林餐厅南(正直和平北)	N39°59′29.2″ E116°11′17.9″	青砂石单跨平板桥	中型	无存
36	昭庙前	N39°59′31.8″ E116°11′13.1″	青白石单拱桥	中型	近年修复
37	昭庙西北	N39°59′32.1″ E116°11′06.6″	青砂石单拱桥	中型	桥体保存良好，石拦板改为混凝土
38	见心斋南	N39°59′33.7″ E116°11′10.0″	青砂石单拱桥	中型	桥体保存良好
39	见心斋北	N39°59′35.9″ E116°11′10.0″	青砂石单拱桥	中型	桥体保存良好，西侧部分改为砖砌
40	眼镜湖	N39°59′37.4″ E116°11′13.9″	石质，单拱桥	大型	桥体保存良好
41	蒙养园	N39°59′30.8″ E116°11′17.0″	无存	小型	无存
42	来秋亭前	N39°59′25.7″ E116°11′14.8″	无存	小型	无存

静宜园历史道路、桥梁、水系、垣墙调查及保护规划研究

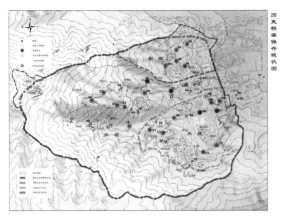

图 12　历史桥梁保存现状评估图（安一冉　绘）

5.3 桥梁形制与构造

现存 36 座桥梁为石质拱桥或平板桥。从体量上看，可分为大、中、小型桥。大、中型桥一般位于山下主要道路或重要建筑之前，河道较宽，桥体跨度、宽度较大，高度较高，由桥面、桥墩、雁翅和驳岸组成，用材主要以青砂、青白料石为主，通路以平桥为主，门前桥以拱桥为主，平桥多配罗汉栏板，拱桥则以栏板望柱居多。如中宫北门桥、昭庙南桥等。小型桥多用于跨度较小的道路，采用青砂料石纵向平铺，宽度随左右道路，如勤政殿后桥。还有一种更简单的山石桥，直接用一块或两块天然片石铺搭，下留排水口，常见于山石小路。

图 13　见心斋拱桥

图 14　昭庙南桥

图 15　勤政殿后桥

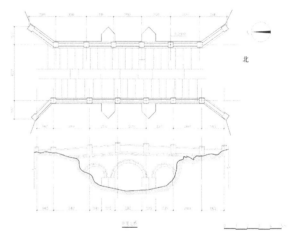

图 16　中宫北桥

5.4 桥梁保护建议

通过本次研究对静宜园历史时期桥梁的数量和做法进行了统计，各种材料做法基本明确，由此分析得出了桥梁与道路、水系、景观的关系，为后期修缮和保护工作提供了充分的历史研究依据和技术支持，这既是对静宜园二十八景园林景观的有效补充，又可带来极大的社会效益，改善广大游客对静宜园园林景观的整体印象，提升公园的文化及形象价值，并恢复历史原貌。建议尽快对有险情的桥体进行抢险修缮，对全部桥梁周边清淤，减少雨季洪水冲刷和存水冻胀的隐患。

6 历史水系

水既是构成园林的四大基本要素之一[①]，也是园林建筑遭受的主要危害来源。静宜园自 1860 年被毁以后，管

理松弛,山谷沟道日益淤积,雨季排水不畅直接导致道路、桥梁、垣墙被洪水冲毁或因为潮湿冻胀大规模坍塌。因此如何理水——把有限的水引来造景,又把多余的水疏解,预防水患就成为造园的重中之重。

6.1 水系构成

静宜园历史水系主要由水源、引水和排水三大部分组成。

(1) 水源:西山独特的地理位置和地质构造,形成众多泉眼,尤以香山最为集中、最为丰沛,双清泉、卓锡泉、玉乳泉、玉华泉、寿康泉至今仍源源不断。

(2) 引水:为更有效利用水资源,清中期以后通过明槽暗渠、水闸,将水量较大的卓锡泉、双清泉、玉乳泉水汇集,或曲水流觞,或蓄水成池,在山地园林中营造出动静相宜的山水景观,最终流向了静明园(现玉泉山)等处。

(3) 排水:静宜园排水主要发生在夏季强降雨之后,雨水汇集,顺天然沟壑形成地表径流,排入山下湖泊、水道或泄洪沟。静宜园共有主沟三条——香山寺大沟、玉华大沟和芙蓉坪大沟,档案称之为"河桶"或"水沟",由西向东,最后分别从东宫门南、东宫门北、眼镜湖南排至山下。

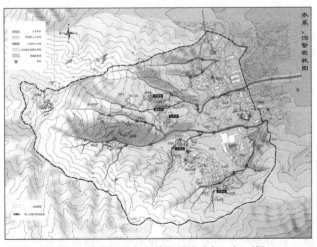

图 17　静宜园历史水系平面图(安一舟　绘)

6.2 水系保护现状

(1) 水源:各泉水源地保存良好,但水量明显减少。

(2) 引水:历史引水系统自民国后或废弃或破坏,卓锡泉大部分已换现代水管,双清泉原输水石槽虽留存,但多已淤积,失去功效,玉乳泉近年得到初步修复,整体渗漏严重,水闸遗址现存不足 5 处。

(3) 排水:山谷淤积最为严重,部分原有排水沟被填平,导致排水不畅,对周边垣墙、桥梁、建筑构成严重威胁。

6.3 水系相关设施形制与构造

引水石槽的材质多为花岗岩和青石凿制而成,宽厚不一,卓锡泉碧云寺段石槽较窄,宽约为 60cm,厚约 45cm。卓锡泉静宜园段石槽宽约为 70cm,厚约 50cm。双清泉和玉乳泉引水石槽宽约为 70cm,厚约 50cm。而园内大小湖、潭约 20 余个,其周边的人造湖泊驳岸建筑材料主要为花岗岩石材及驳岸石砌筑,大型湖泊和明渠多用花岗岩砌筑驳岸或混合砌筑。

图 18　引水明槽

图 19　香山寺附近引水暗渠

---

① 周维权,《中国古典园林·绪论》。

图 20　香山饭店前水道（河道）

6.4　水系保护建议

水资源对于以山为特色的静宜园来说弥足珍贵，由于永定河上游来水量减少，香山泉水流量已大不如前，因此如何保护好、利用好有限的水资源对香山公园生态、景观环境的提升和实现"山更青、水更绿、叶更红"的景观环境目标尤为重要。

对水系保护建议：

（1）清理排水河道山谷。

（2）恢复引水石槽其功能性及水池驳岸、湖底整修，减少渗漏。

（3）完善水循环系统，保证景观用水，改善区域小环境。

7　垣墙

7.1　垣墙构成

清乾隆初期之前，静宜园主要建筑包括寺院、行宫、坟墓等，除小范围围墙外，并无垣墙。乾隆十年（1745年），乾隆皇帝以香山为依托建立以真山水为特色的静宜园，并根据空间特点，以垣墙为界，将静宜园划分为内垣、外垣、别垣3个区。内垣区位于静宜园南部，因充沛的双清水源，植被丰富，聚集了自唐以来的诸多寺院、行宫、景点等人文景观；外垣区包括静宜园北部及高海拔区域，建筑相对稀疏，以登高望远、奇峰巨石等自然景观为主；别垣区位于静宜园北部，包括低海拔或中海拔区域，初建时为鹿苑，山下蓄水作饮鹿池，乾隆中后期，在区内兴建见心斋、昭庙。

静宜园历史垣墙主要包括墙体3段，其中外垣墙位于静宜园最外圈，自东宫门向南、北延伸至山脚，顺山脊蜿蜒而上，最后汇于香炉峰顶，总长5020m；内垣墙：位于静宜园最外圈，自东宫门向南、北延伸至山脚，顺山脊蜿蜒而上，最后汇于香炉峰顶，总长1915m；别垣墙：自香山公园管理处正门起，向西顺山脊而上，过昭庙南侧向北延伸，至索道中站撞与外垣墙，总长860m。沿墙体设置了14座垣门、若干堆拨（值房）和数十座跨沟壑的水门。

图 21　静宜园外垣墙（约1870年，瑞士Adolf Krayer　摄）

7.2　垣墙保存现状

目前全园保存较为完整的内垣、外垣及别垣墙（含修复）共有约5997m，其中外垣墙约5020m，内垣墙约210m，别垣墙约767m。随墙垣门3个，除云翾和东宫门外，其他均为后改建。

图 22　垣墙保存现状

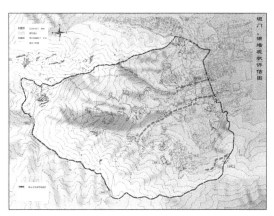

图 23　垣墙现状评估图

垣墙调查表示例 表3

内垣墙：1000～1100m

注：香山寺后墙，墙体加高，坡度较陡，真实性保存较好，局部坍塌。

7.3 垣墙形制与构造

垣墙无论内外,均采用同一形制,杂石糙砌虎皮墙,墙面勾青灰缝,上做抹青灰"宝盒顶"[①],高度随地形变化,一般不低于一丈。墙体沿山脊蜿蜒而上,遇沟设水门,遇路设垣门。

图24 《中国建筑彩绘笔记工具与样式》(18世纪)中描绘的垣墙

垣墙与垣墙对比　　　　表4

	垣墙	园墙
功能	区域划分,阻断交通及视线	院落空间限定,庭院景观小品之一
形式	杂石糙砌墙体勾缝,砖拔檐上为青灰"宝盒顶"顶,墙帽规整	青石下碱、白灰墙面上身,"宝盒顶"或花瓦墙帽。墙体随地形上下起伏
高度	3～5m不等	2.5m左右
厚度	0.7～1.2m	0.5～0.6m
材料	本地青石毛料	下碱本地青石,上身砖砌抹灰
墙面	青麻刀灰勾缝,内侧勾凸缝,外侧勾平缝	抹白麻刀灰,刷白灰浆

图25 东门北侧出水五孔涵洞地盘图与老照片(网络)

---

① 刘大可,《中国古建筑瓦石营法》。

图26 东门北侧出水五孔涵洞现状

图27 东门北侧出水五孔涵洞水门现状

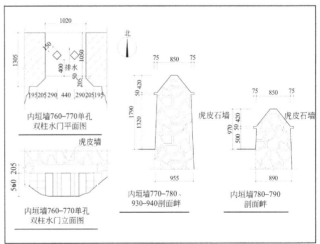

图28 典型内垣墙、门及水门尺寸图

7.4 垣墙保护建议

静宜园历史垣墙是静宜园历史建筑的主要组成部分,是划定历史空间、满足使用需求的重要功能性设施。通过调研,基本明确了垣门位置、垣墙做法,同时也发现了前期因研究不足而造成的修缮形制错误，如将墙帽"宝盒顶"修成"馒头顶"。垣墙无论内外，其建筑形式、构造、材料基本统一，但高度、厚度、基础因所处位置不同而采用多种做法，保持其多样性是保持历史真实性与完整性的重要体现。另外内垣墙与别垣墙虽已失去了原有功能，仍可作为香山公园防火分区界限，修复墙体、两侧设置防火隔离带，既赋予了新功能，又可以让其恢复了园林景观属性。

8 结语

静宜园整体格局基本保持清代历史原貌，而作为静宜园重要组成部分中的历史道路、桥梁、水系和垣墙，他们的功能性、景观性需求日渐凸显。本次调研以了解静宜园不可移动文物构成的真实性与完整性为出发点，通过实地勘察和周边皇家园林调研，已基本摸清了静宜园时期历史道路、桥梁、水系、垣墙的历史沿革、保护对象构成、功能、走向和建筑特点，对原形制、原结构、原材料、原工艺有较为深入的认知，明确了"保护什么"和"为什么保护"。未来几年香山公园将启动对园内历史道路、桥梁、水系、垣墙的专项保护工作，从总体规划到分区域、分段落详细规划，直到具体保护方案、保护工程，努力通过技术措施与管理手段让历史遗迹得到延续，让遗产融入生活。

参考文献

[1] （清）《静宜园内外修理水沟等工销算丈尺做法清册》，日本东洋文化研究所藏．

[2] （清）于敏中等，《钦定日下旧闻考》，北京古籍出版社，1987．

[3] 国家图书馆藏样式雷图档——香山玉泉山卷．国家图书馆出版社，2019．

[4] 周维权．中国古典园林史．清华大学出版社，1999．

[5] 熊希龄．熊希龄集．湖南人民出版社，2008．

[6] 王世襄．清代匠作则例．大象出版社，2009．

[7] 殷亮．宜静原同明静理，此山近接彼山青——清代皇家园林静宜园、静明园研究．天津大学硕士学位论文，2006．

[8] 刘大可．中国古建筑瓦石营法（第二版）．中国建筑工业出版社，2015．

[9] 香山公园管理处．香山公园志．中国林业出版社，2001．

[10] 香山公园管理处．乾隆皇帝驻跸香山静宜园实录．中国工人出版社，2008．

[11] 香山公园管理处．乾隆皇帝咏香山静宜园御制诗．中国工人出版社，2008．

[12] 禹金孝．静宜园与香山慈幼院．选自《文史资料选编 第二十九》．北京出版社，1986．

[13] 甘长青，朱如意．北京香山慈幼院探研．人民日报出版社，2015．

[14] 袁长平．山水清音——品读乾隆时期香山静宜园理水之美．

[15] 袁长平．香山静宜园．北京出版社，2018．

[16] 袁长平，王奕．香山古桥的意蕴，2019．

[17] 香山公园管理处，中建精诚工程咨询有限公司．香山公园古水系环境综合治理及修复工程可行性研究报告，2019．

[18] 北京建筑设计研究院．静宜园（香山）文物保护规划，2008．

[19] 刘绍辉．避暑山庄园桥的整修探讨，2004．

[20] 刘绍辉，李凯华．承德避暑山庄清代道路调查研究，2014．

黔金丝猴的行为谱及 PAE 编码系统[①]

北京动物园圈养野生动物技术北京市重点实验室 / 崔多英　刘　佳　滑　荣　李淑红　张媛媛　张成林
贵州梵净山国家级自然保护区管理局 / 石　磊　牛克锋　鲁文俊
LVDI International Inc./ Chia L Tan

摘　要：2009年10月至2019年10月，在贵州梵净山国家级自然保护区和北京动物园，采用焦点动物取样法和随意取样法，观察记录了野外和圈养黔金丝猴（*Rhinopithecus brelichi*）行为发生的过程及环境特征。按照以"姿势-动作-环境"（Posture-act-environment，PAE）为轴心，以行为的生态功能为依据的PAE编码系统，对黔金丝猴的行为进行分类和系统编码并构建PAE行为谱。分辨并记录了黔金丝猴的16种姿势，107种动作及163种行为，将记录到的行为分别划归于摄食、排遗、调温、交配、分娩、育幼、亲密、作威、冲突、通信、聚群、休息、运动和杂类等14个类别；区别了各种行为在雄性、雌性、亚成体、幼猴和婴猴之间的相对发生频次以及发生季节。与川金丝猴（*Rhinopithecus roxellana*）和滇金丝猴（*Rhinopithecus bieti*）相比，黔金丝猴在个体行为和社会行为方面均有所不同，这可能与三者生活环境的差异有关。

关键词：黔金丝猴；行为谱；PAE编码系统

行为指动物在一定环境条件下，为完成摄食排遗、体温调节、生存繁殖以及其他生理需求而以一定的姿势完成的一系列动作。行为是姿势和动作的组合，具有明显的环境适应机能（蒋志刚，2000）。依据对动物行为的辨识与分类而编制成的行为目录称为行为谱（Ethogram）或社会行为节目（Social Behavioral Repertoire），行为谱的编制与研究是深入开展动物行为生态学研究的基础（蒋志刚，2004）。

黔金丝猴（*Rhinopithecus brelichi*）又名灰金丝猴、白肩仰鼻猴、牛尾猴、线狨、猥然兽，为国家Ⅰ级重点保护野生动物，被IUCN濒危物种红色名录列为"EN"（濒危），CITES附录Ⅰ。黔金丝猴是中国特有濒危灵长类动物，仅分布在贵州梵净山国家级自然保护区，野外种群数量700余只（杨业勤等，2002）。已有的黔金丝猴相关报道主要集中在生态学（彭鸿绶等，1965；谢家骅等，1987；Bleisch *et al.*，1993；杨业勤等，2002；Xiang *et al.*，2009）、生物学（周正贤，1990；谢家骅等，2002）、解剖学（叶智彰等，1987）、分子遗传学（Pan *et al.*，2011；Yang *et al.*，2012）、生境及植被（Wu *et al.*，2004；Xiang *et al.*，2010；杨海龙等，2010；石磊等，2011）、食性（Yang *et al.*，2002；杨业勤等，2002；聂帅国等，2009；Xiang *et al.*，2012；牛克锋等，2014）、迁移及活动规律（Niu *et al.*，2010；Tan *et al.*，2013）等领域。在行为生态学方面，仅有黔金丝猴的采食行为、聚群行为和繁殖育幼等行为的初步研究（Bleisch *et al.*，1998；Yang *et al.*，2009），而有

[①] 北京市公园管理中心课题（ZX2017020）。北京市公园管理中心2019年科技进步三等奖。

关黔金丝猴行为谱的研究尚属空白。本文拟采用PAE行为分类编码系统（蒋志刚，2000，2004），对黔金丝猴的行为谱进行初步研究，构建以"姿势-动作-环境"为轴心、以生态功能为分类依据的黔金丝猴行为分类编码系统，即PAE行为谱，为深入开展黔金丝猴行为生态学研究奠定基础。

1 材料与方法

1.1 时间地点和观察对象

1987年10月至1993年4月，在梵净山国家级自然保护区连续6年开展黔金丝猴野外专项调查研究，重点调查了黔金丝猴的分布、数量、生境、食性、种群动态、社群结构及种间关系等内容，涉及黔金丝猴的活动节律、迁移规律、采食行为、繁殖行为、社会行为及天敌防御等行为学研究，累计观察到猴群的时间326 d（杨业勤等，2002）。观察到的野生猴群个体数量从单独活动的孤猴（老年雄性），2～5只个体的全雄群，10余只个体的家庭群，到30只左右的聚合群（小家族），以及100～400只的超级聚合群，最大规模猴群的2次观察记录分别是679只（1989年5月1日）和691只（1993年4月26日）。

1993～2007年，在梵净山国家级自然保护区试验场的野生动物救护中心（以下简称：梵净山试验场）开展对圈养黔金丝猴繁殖行为和社会行为的研究，累计观察时间840 d，约1000 h（Yang et al.，2009）。观察研究对象为分别饲养在4个笼舍内的4个繁殖群，每群都有1只雄性成年猴和2只雌性成年猴以及它们的子女。

1995年、1997年和1999年的每年3月下旬到6月下旬，2004年和2005年全年，在梵净山国家级自然保护区对野外的黔金丝猴群进行跟踪观察，累计观察时间397 d，1041 h（Yang et al.，2009）。主要观察内容是黔金丝猴群的结构、繁殖行为、母婴行为以及社会行为。

2008年6月至2009年7月，在梵净山国家级自然保护区野外观察到猴群88 d，240 h（Niu et al.，2010；石磊等，2011）。首次报道了黔金丝猴日活动节律中的垂直迁移现象，并提出获得食物和躲避天敌的权衡结果，导致该物种选择低海拔夜宿和到高海拔采食的日活动模式。

2011年3月22日至5月19日和6月17日至10月14日，在梵净山国家级自然保护区利用红外相机陷阱获得野外黔金丝猴影像，红外相机陷阱共有21 d被黔金丝猴触发，获得的影像记录了黔金丝猴在全天各时段的活动状态，根据影像共定义24个独立事件（Tan et al.，2013），首次报道了黔金丝猴在夜间活动的现象及其发生的行为适应机制。

2012年1～3月，在梵净山国家级自然保护区采用直接观察法研究野外黔金丝猴冬季采食行为，结合粪便显微分析法，首次报道了黔金丝猴在冬季采食地表灌木层嫩枝和落地果实的现象，分析了该物种冬季采食策略（牛克锋等，2014）。

2009年10月至2019年10月，在北京动物园观察到的一个黔金丝猴家庭由3只个体组成，成年雄性呼名：石头，2007年3月31日出生于梵净山试验场；成年雌性呼名：阿静，2007年3月28日出生于梵净山试验场。2只个体于2009年10月转移到北京动物园配对饲养，2013年4月18日产下1只雄性个体，呼名：奇奇。在梵净山试验场观察了一个家庭群（1只成年雄性和2只成年雌性）和1只野外救护的成年雄性个体。对圈养黔金丝猴的行为观察时间累计达到400 h。2009年以来，我们分别在北京动物园、梵净山试验场和梵净山国家级自然保护区开展圈养和野外黔金丝猴行为生态学比较研究，对野外黔金丝猴的行为进行了长达2000 h的观察。

1.2 研究方法

对圈养条件下的观察对象，首先是进行个体识别，并根据谱系记录了解个体之间的亲缘关系。运用焦点动物取样法和随意取样法（Altmann，1974）。焦点动物取样法是在特定的时间段内，如10 min内观察某一特定动物，记录它所有的姿势、动作和行为发生的环境。随意取样法是记录个体之间相互交往时出现的特定的行为，如理毛、拥抱或追赶等。在记录时，对社会行为要标明行为的发起者和接受者。最后，通过大量记录的数据来分析各种姿势、动作、脸部表情或声音所代表的行为功能。

野外观察猴群时，没有进行个体识别，也不可能了解个体之间的亲缘关系；根据杨业勤等（2002）对黔金丝猴发育阶段的描述，把所有观察到的对象归入5种按性别和年龄的组合：

婴猴（Infant）：当年生小猴，基本由雌猴搂抱，食物完全靠母乳，毛色黄白至灰色，此阶段为出生至3个月。

幼猴（Juvenile）：能脱离雌猴独立活动，但仍需雌猴保护，吸食母乳，亦可自由采食；体型较小，毛色浅灰至灰褐色，年龄3岁以内。

亚成体（Subadult）：脱离母体独立活动，不再吸食母乳；毛色明显比成年雄猴、雌猴淡，以浅灰至灰白为主，四肢内侧毛色灰白至浅黄，体型小于雌猴或接近雌猴。年龄段为4～6岁（雌猴）或4～8岁（雄猴）。

成年雌性（Adult female）：个体大小≤成年雄性的2/3，通体毛色灰褐色，乳头灰黑色，年龄6岁以上。

成年雄性（Adult male）：体型显著大于成年雌性，毛色深而艳丽，通体毛色黑褐色，额、上胸部、前肢上部内侧金黄色深浓，乳头白色，可长达20 mm，年龄8岁以上。

参考黔金丝猴已有行为谱的相关行为术语（彭鸿绶等，

1965；谢家骅等，1987；Bleisch et al.，1993；Bleisch et al.，1998；谢家骅等，2002；杨业勤等，2002；聂帅国等，2009；Xiang et al.，2009；Yang et al.，2009；Niu et al.，2010；杨海龙等，2010；Xiang et al.，2012；Xiang et al.，2013；Tan et al.，2013；牛克锋等，2014），通过辨识并分别编码动物行为的3个要素（姿势、动作和环境），分解动物行为的层次，然后依据行为的适应和社群机能进行归类，构建以"姿势-动作-环境"为轴心，以生态功能为分类依据的黔金丝猴行为编码系统，即PAE行为编码系统（蒋志刚，2000，2004）。

利用SPSS for Windows (Version 13.0)对数据进行统计分析。首先，分别统计行为在不同季节的发生情况；其次，计算各性别-年龄组所有行为频次的平均值，进而求出某个性别-年龄组中特定行为的发生频次占所有性别-年龄组中此种行为总频次的百分比（田军东等，2011）。行为发生频次由低到高表示为：+（0～5%），++（5%～10%），+++（>10%）。

2 结果

2.1 黔金丝猴的姿势编码

分辨和记录了16种黔金丝猴的姿势：站、立、坐、趴、躺、蜷缩、悬挂、走、跑、跳、臂摆荡、攀爬、爬跨、抱、携挂和哺（表1）。其中前14种姿势是雌猴与雄猴共有的姿势，"爬跨"在雄猴和雌猴中均有出现而以雄猴最为常见，"抱"在雄猴和雌猴中均有出现而多见于雌猴；"携挂"多出现在成年雌猴与未成年个体之间，"哺"是成年雌猴以母乳喂养婴幼猴时的姿势。前7种是静止姿势，"走""跑""跳""臂摆荡""攀爬"和"爬跨"是运动姿势。"抱""携挂"和"哺"多为成年雌猴对未成年猴的照料等姿势。参照蒋志刚（2000）、严康慧等（2006）、田军东等（2011）和李勇等（2013）报道的麋鹿（*Elaphurus davidianus*）、川金丝猴（*Rhinopithecus roxellana*）、太行山猕猴（*Macaca mulatta tcheliensis*）和滇金丝猴（*Rhinopithecus bieti*）行为谱，对黔金丝猴各种姿势定义如下：

站（Standing）：动物四肢直立承重。

立（Rearing）：两后肢直立承重，两前肢不支撑在任何物体上，但是手部可以扶握上部树枝等。

坐（Sitting）：两后肢向前伸展，或屈膝，臀部接触树枝、地面等支撑物，两前肢则离开支撑物。

趴（Groveling）：四肢和腹部接触树枝、地面等支撑物。

躺（Lying）：四肢伸展，身体一侧接触树枝、地面等支撑物。

蜷缩（Crouching）：屈服者采取坐姿，上身往前弓，缩颈，耸肩，低头，眉毛放松，目光向下，有时张嘴，下巴往里收，前臂放在大腿上，手放在膝盖上，腿蜷缩在身下，两腿并拢，尾巴自然下垂，这种姿势仅持2～3 s后放松。

悬挂（Hanging）：指猴子将四肢、前肢、前后肢或后肢固定于树枝等支撑物，身体下垂。

走（Walking）：前后肢或两后肢左右交错接触树枝、地面等支撑物，身体向前发生位移。

跑（Running）：前后肢或两后肢快速左右交错接触树枝、地面等支撑物，身体迅速向前发生位移。

跳（Leaping）：两前肢或两后肢同时撑地/树枝，同时着地/树枝，身体向前、向两侧发生位移。

臂摆荡（Brachiating）：两手交替握住上部树枝等支撑物，两脚悬空，肩臂带动身体摆动前行或翻上树枝。

攀爬（Climbing）：前后肢左右交错接触树干、树枝、岩壁等支撑物，身体向上发生位移。

爬跨（Mounting）：雄猴双脚踩在雌猴的双腿上，身体前倾，腹部与雌性背部贴近，双手抓扶雌猴背部，头向下，尾巴自然下垂，有时发出轻柔的声音。同时，雌猴配合臀部上翘，有时回头与雄猴目光相对。完整的性行为，必须要有插入，抽动，射精等过程。

抱（Cradling）：指某一个体利用单侧或双侧前肢将其他个体揽在怀中。

携挂（Carring）：指某一个体将婴幼猴自一位点转移至另一位点，在此过程中，婴幼猴多位于携带者腹部，并用手脚抓住携带者腹部两侧的皮毛，携带者常用前肢帮助被携带者。

哺（Nursing）：成年雌猴坐或站，婴幼猴嘴含乳头，并用手和脚抓着成年雌猴胸部及腹部皮毛。

黔金丝猴的姿势编码　　表1

姿势	编码
站 Standing	1
立 Rearing	2
坐 Sitting	3
趴 Groveling	4
躺 Lying	5
蜷缩 Crouching	6
悬挂 Hanging	7
走 Walking	8
跑 Running	9
跳 Jumping	10
臂摆荡 Brachiating	11
攀爬 Climbing	12
爬跨 Mounting	13
抱 Cradling	14
携挂 Carring	15
哺 Nursing	16

2.2 黔金丝猴的动作及编码

依动物的嘴部、眼部、鼻部、耳部、头颈、四肢、腰腹及尾部，分辨记录到107种黔金丝猴的动作，并对这些动作进行了编码（表2）。

黔金丝猴的动作及编码　　表2

动作	编码
头颈部 head and neck	
摇头 shaking	1
抬头 head up	2
前倾 extend forward	3
左转 turning left	4
右转 turning right	5
后转 turning	6
甩头 tossing	7
回头 turn back	8
低头 lower head	9
嘴部 mouth	
咬 bite	10
嚼 chew	11
啃 gnaw	12
扯 pull	13
衔 hold in mouth	14
吐 spit	15
舔 lick	16
亲 kiss	17
伸舌 tongue out	18
咂嘴 lip flipper	19
张嘴 open mouth	20
缩唇 lip shrink	21
露齿 showing teeth	22
闭嘴 close mouth	23
吞咽 swallow	24
吮吸 suck	25
喝 drink	26
哈欠 yawn	27
打嗝 burp	28
鸣 bleat	29
吼 roar	30
嚎 howl	31
咳 cough	32
喷嚏 sneeze	33
眼鼻耳部 ear, eye and nose	
闭眼 close eyes	34
眨眼 blink	35

续表

动作	编码
瞪眼 stare	36
注视 watch	37
瞥视 glance	38
眺望 overlook	39
皱眉 frown	40
呼气 expire	41
吸气 inspire	42
嗅 sniff	43
触 touch with muzzle	**44**
展耳 unfurl ears	45
耳后伏 ears laid back	46
四肢 limbs	
按 press	47
抓 grasp	48
握 hold	49
扶 lean	50
挠 scratch	51
理毛 groom	52
扒 strip	53
拉 haul	54
搓 rub	55
捋 stroke	56
揪 pull	57
摘 pluck	58
捏 pinch	59
掀 uncover	60
挖 dig	61
推 push	62
拍 slapping	63
摇 shake	64
抱 embrace	65
揽 pull into arms	66
踩 step on	67
蹬 kick	68
四肢站立 standing	69
三肢站立 three-legs standing	70
后肢站立 hindlegs standing	71
前行 step forward	72
后退 step backward	73
侧迈步 step diagonally	74
跑 running	75
跳 leaping	76
攀爬 climbing	77

续表

动作	编码
前肢击地 forelegs hit	78
前肢弯曲 forelegs bent	79
单前肢弯曲 a foreleg bends	80
前肢伸直 forelegs straighten	81
单前肢伸直 a foreleg straightens	82
后肢弯曲 hindlegs bent	83
单后肢弯曲 a hindleg bends	84
后肢伸直 hindlegs straight	85
单后肢伸直 a hindleg straightens	86
腰荐腹部 hindquarter	
抖 shiver	87
平腰 plane	88
伸腰 stretch	89
弯腰 bend	90
塌腰 cave	91
左转身 turn left	92
右转身 turn right	93
抬尾 tail raised	94
上卷尾 tail up-arched	95
摆尾 tail swayed	96
垂尾 tail down	97
排粪 defecate	98
排尿 urinate	99
爬跨 mount	100
勃起 erect	101
插入 insert	102
抽动 vellicate	103
射精 ejaculate	104
退下 withdraw	105
（腹部）收缩 contraction	106
产出胎儿 birth	107

2.3 黔金丝猴行为发生的环境及编码

分辨和记录到行为发生的环境28种，包括生物环境和非生物环境，并对这些环境编码（表3）。

环境编码　　表3

环境	生物环境 (E1)	非生物环境 (E2)	编码
乔木 Arbor	V		1
灌丛 Shrub	V		2
草丛 Grass	V		3

续表

环境	生物环境 (E1)	非生物环境 (E2)	编码
毛竹林 *Phyllostachys heterocycla* cv. pubescens	V		4
农田 Farmland	V		5
岩石 Stone		V	6
裸地 Bare ground		V	7
雪地 Snowfield		V	8
河沟 Brook		V	9
水溏 Pond		V	10
山脊 Ridge		V	11
山坡 Hillside		V	12
山谷 Valley		V	13
阳坡 Solar slope		V	14
阴坡 Lunar slope		V	15
半阳坡 Semi-solar slope		V	16
雄性 Male	V		17
雌性 Female	V		18
婴猴 Infant	V		19
幼猴 Juvenile	V		20
亚成体猴 Subadult	V		21
雌猴与婴幼猴 Female and infant	V		22
家庭群 One male unit	V		23
聚合群 Large semicohesive band	V		24
超级聚群 Very large aggregation	V		25
全雄群 All males unit	V		26
单一个体 Single	V		27
孤猴（老年雄性）Lonely old male	V		28

2.4 黔金丝猴行为的PAE编码系统

观察到163种黔金丝猴行为，依据行为的生态功能，划分为摄食、排遗、调温、交配、分娩、育幼、亲密、作威、冲突、通信、聚群、休息、运动和杂类等14大类行为（表4）。其中摄食、排遗和调温属于生存行为，交配、分娩和育幼属于繁殖行为，亲密、作威、冲突、通信和聚群属于社会行为，休息、运动视为个体行为。各类行为定义如下：

摄食行为(Ingestive behavior)：采食植物（叶、芽、花、果、嫩枝、树皮、根等）、鸟卵、昆虫等，以及饮水、摄取矿物质、婴幼猴吮吸母乳等行为。

排遗行为（Eliminate behavior）：指动物在食物消化后排出食物残渣、尿液及应对紧急情况时发生的排粪、排尿等行为。

调温行为（Thermo-regulatory behavior）：动物为维持机体恒温对外界环境温度做出的适应性行为，包括抱团取暖、树枝坐息、地面趴息等。

交配行为（Mating behavior）：为了繁殖而在成体之间发生的邀配、爬跨、交配、射精等一系列姿势和动作。

分娩行为（Parturition behavior）：胚胎成熟后，成年雌猴产出婴猴的行为。

育幼行为（Parental behavior）：成年雌猴在幼崽未能独立生活时表现出来的哺育行为。

亲密行为（Affiliative behavior）：个体之间发生的一系列表达亲和及和睦关系的行为。

作威行为（Displaying behavior）：某个体在群内显示自己的社会地位和强壮体魄的行为。用较大动作如狂跑、震跳、摇（蹬）树杈、摇笼等使身边物件发出巨大声响以示威风。在黔金丝猴野外群体中，作威行为还有协调群体一致行动的功能。在迁移前，数只青壮年雄猴在群中作威，以发动群体迁移。

冲突行为（Conflict behavior）：个体之间争夺食物、配偶、领地等资源发生的一系列威胁、攻击、屈服等姿势和动作。

通信行为（Communication behavior）：群内、外个体之间传递信息的行为。

聚群行为（Aggregation behavior）：黔金丝猴特有的按照季节变化出现的具有一定规模和社会结构的群的行为，如孤猴（老年雄猴）、家庭群（一雄多雌）、全雄群（青年雄猴）、聚合群（多雄多雌）、超级聚合群等。

休息行为（Resting behavior）：适宜环境里，动物机体呈现放松状态，较长时间保持一定姿势不改变。

运动行为（Locomotive behavior）：通过四肢的交错活动来完成身体位移的行为。

杂类行为（Miscellaneous behavior）：未能准确归入上述类别的行为，一般发生频次较低。

黔金丝猴行为的 PAE 编码系统　　　　　表4

行为	成年雄性	成年雌性	亚成体	幼猴	婴猴	季节	序码	PAE 编码		
								姿势（P）	动作（A）	环境（E）
摄食行为 Ingestive behavior										
觅食 Foraging	++	+++	++	+		Y	1	8, 10, 11, 12	2, 29, 48, 58, 72, 76	1, 2, 3, 4, 5, 8, 9
乞食 Begging food			+	+++	++	Y	2	1, 3	2, 19, 29, 37, 48	1, 2, 3, 17, 18
夺食 Snatching food	++		+	+		Y	3	1, 3, 8,	48, 54	1, 2, 3, 18, 19, 20
立式采食 Feeding while rearing forelegs	+	+	++	++	+	Y	4	2	10, 11, 13, 14, 15, 24, 48, 50, 58, 71, 96	1, 2
坐式采食 Feeding while sitting	+++	+++	+++	+++	+++	Y	5	3	10, 11, 12, 13, 15, 28, 58, 97	1, 2, 3
站式采食 Feeding while standing	+++	+++	+++	+++	+	Y	6	1	10, 11, 12, 13, 14, 15, 49, 60, 61, 69, 70	1, 2, 3, 4, 5, 8, 9
趴式采食 Feeding while groveling				+	+++	Y	7	4	10, 11, 12, 13, 14, 16, 25	1, 18
悬挂采食 Feeding while hanging				++	++	Y	8	7	10, 11, 13, 14, 15, 48, 49	1
行式采食 Feeding while walking	++	+++	++	++		Y	9	8	10, 11, 14, 15, 72	1, 2, 3

续表

行为	成年雄性	成年雌性	亚成体	幼猴	婴猴	季节	序码	PAE 编码 姿势（P）	动作（A）	环境（E）
食树叶 Eating leaves	＋＋＋	＋＋＋	＋＋＋	＋＋＋	＋	Y	10	1, 2, 3, 7, 8	10, 11, 13, 24, 58	1, 2
食嫩枝 Eating young twigs	＋＋	＋＋	＋＋	＋＋		Y	11	1, 2, 3, 7	10, 11, 13, 48	1, 2
食芽 Eating buds	＋＋	＋＋	＋＋	＋＋		sp, a, w	12	1, 2, 3, 7	10, 11, 13, 48	1, 2
食花苞 Eating flower buds	＋＋	＋＋	＋＋	＋＋		sp, s, w	13	1, 2, 3, 7	10, 11, 13, 48	1, 2
食花 Eating flowers	＋＋	＋＋	＋＋	＋＋		sp, s	14	1, 2, 3, 7	10, 11, 13, 58	1, 2
啃树皮 Gnawing barks	＋	＋	＋	＋		w	15	1, 2, 3, 7	10, 11, 12, 48	1, 2
食果实 Eating fruits	＋＋＋	＋＋＋	＋＋＋	＋＋＋		s, a, w	16	1, 2, 3, 7, 8	10, 11, 15, 24, 58	1, 2
食种子 Eating seeds	＋＋	＋＋	＋＋	＋＋		a, w	17	1, 3	10, 11, 53	2
食植物根 Eating roots	＋	＋	＋	＋		Y	18	1, 3	10, 11, 13, 61	1, 2, 3
食草 Eating grasses	＋	＋	＋	＋		Y	19	1, 3	10, 11, 56, 57	1, 2, 3, 4
食蜘蛛、昆虫 Eating spiders or insects	＋	＋	＋	＋		sp, s, a	20	1, 2, 8	10, 11, 48	1, 2, 3, 4, 5, 9
食蛙、鸟卵 Eating frogs or bird eggs	＋	＋	＋	＋		sp, s	21	1, 2, 8, 10	10, 11, 13, 24, 25	1, 2, 3, 5, 9
食菌类 Eating fungus	＋	＋	＋	＋		sp, s, a	22	1, 3	10, 11, 58	1, 2, 3, 9
咀嚼 Chewing	＋＋＋	＋＋＋	＋＋＋	＋＋＋	＋	Y	23	1, 2, 3, 4, 7, 8	11, 19	1, 2, 3, 4, 5, 8, 9
饮水 Drinking	＋＋＋	＋＋＋	＋＋＋	＋＋＋		Y	24	1, 4	9, 16, 18, 26, 79, 84	9, 10
吮乳 Sucking				＋＋	＋＋＋	Y	25	3, 4	25, 28, 48	1, 2, 22
品尝 Tasting			＋	＋＋		Y	26	1, 2, 3, 4	10, 19	1, 2, 3
食土 Eating soils	＋	＋	＋	＋		Y	27	1, 3	16, 24, 61	7
吃雪 Eating snow	＋	＋	＋			w	28	1, 3	19, 24	8
排遗行为 Eliminate behavior										
行式排粪 Defecating while walking	＋	＋	＋	＋＋	＋＋	Y	29	8	98	1, 2, 3, 4, E2
站式排粪 Defecating while standing	＋＋	＋＋	＋＋	＋＋	＋＋	Y	30	1	98	1, 2, 4, E2
坐式排粪 Defecating while sitting	＋＋＋	＋＋＋	＋＋＋	＋＋＋	＋＋＋	Y	31	3	98	1, 2, E2

行为	成年雄性	成年雌性	亚成体	幼猴	婴猴	季节	序码	PAE 编码 姿势（P）	动作（A）	环境（E）
趴式排粪 Defecating while groveling					+	Y	32	4	98	1
应急排粪 Defecating while stringency			+	+	+	Y	33	1, 2, 3, 4, 6, 9	98	1, 11, 12, 13, 14, 15, 16
站式排尿 Urinating while standing	++	++	++	++	+	Y	34	1	99	1, 2, 4, E2
坐式排尿 Urinating while sitting	+++	+++	+++	+++	+++	Y	35	3	99	1, 2, 4, E2
应急排尿 Urinating while stringency			+	+	+	Y	36	1, 2, 3. 4, 6, 9	99	1, 11, 12, 13, 14, 15, 16
调温行为 Thermo-regulatory behavior										
树枝静息 Resting on branch	+++	+++	+++	+++	+++	Y	37	1, 3, 4, 5	34, 35, 37	1
林地静息 Resting on the forestry ground	++	++	++	++	++	Y	38	1, 3, 4, 5	34, 35, 37	2, 3, 4
石上静息 Resting on stone	+	+	+	+		sp, s, a	39	1, 3, 4, 5	34, 35, 37	6
岩下静息 Resting under crag	+	+	+	+		s	40	1, 3, 4, 5	34, 35, 37	6, 7
聚坐 Huddling	+++	+++	++	++	+++	Y	41	3, 14	34, 35, 37	1, 2, 3, 4, 23
抖 Shivering	+	+	+	++	++	sp, a, w	42	1, 3	87	1, 2, 3, 4, 5, 6, 7, 8
交配行为 Mating behavior										
配对理毛 Pairing grooming	+++	+++	+++			Y	43	1, 3, 4, 5	52	1, 2, 23, 24, 25
嗅阴 Anus-genital sniffing	++	+	+			Y	44	1, 3, 4, 5, 8	43	1, 2, 3, 6, 18
邀配 Solicitation		++	++			Y	45	4, 8	8, 37, 79, 94	1, 2, 3, 6, 17
爬跨 Mounting	+++	+	++			Y	46	13	100, 101	1, 2, 3, 6, 18
交配 Copulation	+++	+++	++			Y	47	13	102, 103, 104, 105	1, 2, 3, 6, 18
交配鸣叫 Copulation call	+	+	+			Y	48	13	29	1, 2, 3, 6, 18
吻背 Kissing back	+++		++			Y	49	3, 14	17, 44, 65	1, 2, 3, 6, 18
性打扰 Disturbing		+	+	++		Y	50	1, 9, 10	3, 22, 30, 36, 46, 48, 75, 76, 78	1, 2, 3, 6
采食溢出精液 Eating overflow sperm	+	+				Y	51	1, 3	16, 24, 56	1, 2, 6

续表

行为	成年雄性	成年雌性	亚成体	幼猴	婴猴	季节	序码	姿势（P）	动作（A）	环境（E）
自慰 Masturbation	+		+			Y	52	3	49, 56	1, 2, 6
分娩行为 Parturition behavior										
娩前搜索 Panning		+++				sp	53	8, 9, 10, 12	9, 72	1, 2
腹部阵缩 Abdominal contraction		+++				sp	54	1, 3, 8	106	1
产出仔猴 Giving birth		+++				sp	55	1, 3	106, 107	1
食胎盘 Eating placenta		+++				sp	56	1, 3	10, 11	1
舔阴 Licking genital region		+++				sp	57	3	16	1
舔仔 Licking infant		+++				sp	58	1, 3	16	1
育幼行为 Parental behavior										
检查 Examination		+++	+			sp	59	1, 3	37, 48, 65	1, 2, 19
抓尾 Holding tail	+	++	+			Y	60	1, 3	48	1, 2, 19, 20
哺乳 Nursing		+++				Y	61	1, 3, 5, 8, 14, 15, 16	66	1, 2, 19, 20
吮吸 Sucking				++	+++	Y	62	3, 4, 7	25	1, 2, 18
噙乳 Nipple holding				+	+++	Y	63	3, 4, 7	10	1, 2, 18
抱婴 Embracing	++	+++	++	+		Y	64	14	65, 66	1, 2, 3, 19
携挂 Carriage	+	+++	++	+		Y	65	15	48, 65, 66	1, 2, 3, 19, 20
拒哺 Refusing to nurse		+				Y	66	1, 3, 5, 14	47, 62	1, 2, 3, 20
撒娇 Tantrum				+	++	Y	67	1, 2, 3, 8, 9, 10, 12	31, 36, 48	1, 2, 18
吻婴 Kissing	+	++	+	+		Y	68	1, 3, 14	16, 17, 18, 44, 65, 66	1, 2, 19, 20
主动放手锻炼婴猴 Let go		++				sp. s	69	1, 3, 8, 14	37	1, 19
看护 Looking after	+	+++	+			Y	70	1, 3, 8, 14	37, 38, 54	1, 2, 19, 20
抢婴 Kidnapping		+	++			sp	71	1, 3, 8, 14	48, 54, 65, 66	1, 2, 19, 20
阿姨行为 Allomother behavior		++	++			sp	72	1, 3, 14, 15	16, 17, 65, 66	1, 2, 19, 20
亲密行为 Affiliative behavior										
趋近 Approaching	++	++	+++	+++	+	Y	73	8, 10, 11, 12	72, 92, 93	17, 18, 19, 20, 21, 22, 23, 26

续表

行为	成年雄性	成年雌性	亚成体	幼猴	婴猴	季节	序码	PAE 编码 姿势（P）	动作（A）	环境（E）
跟随 Following	++	++	++	+++	+	Y	74	8, 10, 11, 12	72, 75, 76, 92, 93	17, 18, 19, 20, 21, 22, 23, 26
挨坐 Contact sitting	+++	+++	++	+	+	Y	75	3	74, 92, 93	17, 18, 19, 20, 21, 22, 23, 26
离开 Leaving	++	++	++	+	+	Y	76	8	74, 92, 93	17, 18, 19, 20, 21, 22, 23, 26
对坐 Opposite sitting	++	+++	+++	++	+	Y	77	3	74, 92, 93	17, 18, 19, 20, 21, 22, 23, 26
抱团 Huddling	++	+++	+++	++	+	Y	78	3	65	17, 18, 19, 20, 21, 22, 23, 26
拥抱 Embracing	++	++	+++	++	+	Y	79	2, 3	65	17, 18, 19, 20, 21, 22, 23, 26
靠背 Backrest	++	++	++	+++	+	Y	80	3	74, 92, 93	17, 18, 19, 20, 21, 22, 23, 26
抱腰 Holding lumbar			++	+		Y	81	2, 3	65	17, 18, 20, 21, 23, 26
轻拍 Light patting	++	+	++	++	+	Y	82	1, 2, 3, 5, 8	63	17, 18, 19, 20, 21, 22, 23, 26
抚摸 Caress			++			Y	83	1, 2, 3, 5, 8	47, 56	17, 18, 19, 20, 21, 22, 23, 26
支持 Supporting	+	++	+++	+		Y	84	1, 8, 9, 10, 11	10, 22, 30, 36, 48,	23, 26
目光交流 Eye contact	+	+	+++	++	+	Y	85	1, 3, 8	2, 8, 37	17, 18, 19, 20, 21, 22, 23, 26
相互理毛 Allo-grooming	++	+++	+++	++		Y	86	1, 2, 3, 4, 5	52	17, 18, 19, 20, 21, 22, 23, 26

续表

行为	成年雄性	成年雌性	亚成体	幼猴	婴猴	季节	序码	PAE 编码 姿势（P）	动作（A）	环境（E）
快理 Fast-grooming	++	+	+++	+		Y	87	1, 2, 3, 4, 5	52	17, 18, 19, 20, 21, 22, 23, 26
无性爬跨 Non-sexual mounting	++	+	++			Y	88	13	100	17, 18, 21, 23, 26
碟牙 Teeth chattering	+++					Y	89	1, 3, 8	20, 23	23, 26
玩耍 Playing			+	+++	++	Y	90	1, 2, 3, 4, 8, 9, 10, 11, 12	10, 16, 17, 29, 37, 48, 49, 50, 57, 59, 75, 76, 78	19, 20, 21, 23, 24, 25
等待 Waiting			+	+++	++	Y	91	1, 3, 4	37, 74, 78, 88, 90	19, 20, 21, 23, 24, 25
拉手 Holding hand			++	++		Y	92	1, 2, 3, 4, 8, 9	54	19, 20, 23, 24, 25
纠缠 Badgering			+	+++	++	Y	93	1, 2, 3, 4, 10, 11, 12, 14	48, 54, 57, 64, 67, 68, 75, 76	17, 18, 23
作威行为 Displaying behavior										
张嘴 Opening mouth	+++	++	++	++		Y	94	1, 2, 3, 8	3, 20, 21, 22	23, 24, 25, 26
震跳 Jouncing	+++	+	+++	+		Y	95	10	30, 76	23, 24, 25, 26
狂跑 Running about wildly	+++	+	+++	+		Y	96	9	30, 75	23, 24, 25, 26
摇树 Shaking the branch	+++	++	+++	+		Y	97	1, 2	30, 49, 64	23, 24, 25, 26
摇笼 Shaking the cage	+++	+	++	+		Y	98	1, 2	30, 49, 64	23, 24, 25, 26
替代 Supplementing	+++	+	++			Y	99	8, 10, 11, 12	9, 19, 20, 72	23, 26
回避 Avoiding		+	++	++		Y	100	6, 8	37, 38, 73, 74, 75, 76	23, 26
抢夺 Robbing food	+++	+	+	+		Y	101	1, 3, 8, 10, 11, 12	48, 72	23, 26
冲突行为 Conflict behavior										
瞪眼 Staring	+++	+	++	+		Y	102	1, 3, 8	1, 3, 36, 37, 46, 73	17, 18, 21, 23, 24, 25, 26, 27
瞪嘎 Staring and vocalizing wi-ga	+++		++			Y	103	1, 3, 8	1, 3, 20, 21, 22, 30, 36, 37, 46, 73	17, 21, 23, 24, 25, 26, 27

黔金丝猴的行为谱及 PAE 编码系统

续表

行为	成年雄性	成年雌性	亚成体	幼猴	婴猴	季节	序码	PAE 编码		
								姿势（P）	动作（A）	环境（E）
对瞪 Staring each other	++					Y	104	1	1, 3, 29, 30, 36, 37, 46, 73	17, 21, 23, 24, 25, 26, 27
正步走向 Striding toward	+++		++			Y	105	8	37, 72	17, 18, 21, 23
赶走 Driving away	+++	+	++	+		Y	106	8, 9, 10	20, 21, 22, 30, 36, 72	17, 21, 23, 24, 25, 26, 27, 28
冲向 Lunging	+++	+	++	+		Y	107	9, 10	20, 21, 22, 30, 36, 72, 75, 76	17, 21, 23, 24, 25, 26, 27
追赶 Chasing	+++	+	++	+		Y	108	9, 10	72, 75, 76	17, 21, 23, 24, 25, 26, 27
抓打 Grasping and hitting	+++		++			Y	109	1, 2, 8, 9, 10	20, 22, 30, 36, 46, 48, 57	17, 21, 23, 24, 25, 26, 27
摔跤 Wrestling	+++		+			Y	110	1, 2	20, 22, 30, 36, 46, 48, 54, 57	17, 21, 23, 24, 25, 26, 27
撕咬 Biting	+++		+			Y	111	1, 2, 10	1, 2, 3, 10, 30, 46	17, 21, 23, 24, 25, 26, 27
蜷缩 Crouching	+++	+	+	+		Y	112	6	23, 29, 38, 46, 79, 83, 90, 97	17, 18, 21, 23, 24, 25, 26, 27
退却 Retreating	+++	+	+	+		Y	113	8	2, 20, 22, 37, 38, 46, 73, 74	17, 18, 21, 23, 24, 25, 26
逃跑 Fleeing	+++	+	+			Y	114	9	8, 29, 37, 38, 46, 74, 75, 76	17, 18, 21, 23, 24, 25, 26
通信行为 Communication behavior										
鸣 Bleating	+	++	+++	++	++	Y	115	1, 2, 3, 8, 9, 11, 12	29	E1, E2
回鸣 Bleating reply							116	1, 2, 3, 8, 9, 11, 12	29	E1, E2
哭喊 Crying				+	++	Y	117	1, 2, 3, 6, 8, 9, 10, 12	31	18
寻仔鸣叫 Calling for infant		+++				Y	118	1, 2, 3, 8, 9, 11, 12	29	19, 20

续表

行为	成年雄性	成年雌性	亚成体	幼猴	婴猴	季节	序码	PAE 编码 姿势（P）	动作（A）	环境（E）
寻母鸣叫 Calling for mother				++	+++	Y	119	1, 2, 3, 4, 6, 8, 9, 10, 12	29	18
吼叫示警 Roaring with wi-ga for alert	+++	++	++	+		Y	120	1, 2, 3, 4, 8, 9	29, 30, 37	1, 2, 3, 4, 23, 24, 25, 26
摇树示警 Shaking branches for alert	++	++	+++	++		Y	121	1, 2, 10	37, 48, 64, 67, 68	1, 23, 24, 25, 26
咂嘴 Smacking	++	++	++	+		Y	122	1, 2, 3, 8	19	E1, E2
注意 Attention	+++	+++	+++	++	+	Y	123	1, 2, 3, 4, 8, 9	3, 36, 37, 45	E1, E2
聚群行为 Aggregation behavior										
母系群 Matrilineal grouping	++	+++	+++	+++	+++	Y	124	P	A	23, 24, 25, 26, 27, 28
家庭群 One male unit	+	+++	+++	+++	+++	Y	125	P	A	23
聚合群 Large semicohesive band	++	+++	+++	+++	++	Y	126	P	A	24
超级聚合群 Very large aggregation	+++	+++	+++	+++	+++	sp, a	127	P	A	25
仔猴聚集 Immature grouping				+++		Y	128	P	A	20, 21
全雄群 All male grouping	+		++			Y	129	P	A	26
母子 Mother and infant		+		+	+	Y	130	P	A	18, 19, 20
单一个体 Single	++	+	++			Y	131	P	A	27
孤猴 Lonely old male	+					Y	132	P	A	28
休息行为 Resting behavior										
站式塌腰休息 Standing and sinking waist	+	+				Y	133	1	69, 91, 97	1, 2, 3, 4, 11, 12, 13, 14, 15, 16
站式展腰休息 Standing and unfolding waist	+	+				Y	134	1	69, 88, 97	1, 2, 3, 4, 11, 12, 13, 14, 15, 16
坐式蜷缩休息 Sitting and crouching	+++	+++	+++	+++	+	Y	135	3, 6	83, 90, 97	1, 2, 3, 4, 11, 12, 13, 14, 15, 16
坐式展肢休息 Sitting and unfolding legs	++	++	++	++		Y	136	3	85, 86, 89, 97	1, 2, 3, 4, 11, 12, 13, 14, 15, 16

续表

行为	成年雄性	成年雌性	亚成体	幼猴	婴猴	季节	序码	PAE 编码 姿势（P）	动作（A）	环境（E）
趴式蜷缩休息 Groveling and crouching				+	+ + +	Y	137	4, 6	79, 83, 90, 97	1, 2, 3, 4, 11, 12, 13, 14, 15, 16
趴式展肢休息 Groveling and unfolding legs				+	+ +	Y	138	4	81, 85, 88, 97	1, 2, 3, 4, 11, 12, 13, 14, 15, 16
侧躺展肢休息 Lying and unfolding legs	+ +	+ +	+ +	+		Y	139	5	81, 82, 85, 86, 88, 97	1, 2, 3, 4, 11, 12, 13, 14, 15, 16
打盹 Napping	+	+	+	+	+	Y	140	3, 4, 5	34, 97	1, 2, 3, 4, 11, 12, 13, 14, 15, 16
哈欠 Yawning	+	+	+	+	+	Y	141	3, 4, 5	27	1, 2, 3, 4, 11, 12, 13, 14, 15, 16
运动行为 Locomotive behavior										
缓步 Walking	+ +	+ +	+ +	+	+	Y	142	8	69, 72	1, 2, 3, 4, 5, E2
三肢行走 Walking on three legs	+	+ +	+	+		Y	143	8	70, 72	1, 2, 3, 4, 5, E2
直立行走 Walking on hindlegs	+	+	+	+ +	+ +	Y	144	8	71, 72	1, 2, 3, 4, 5, E2
小跑 Trotting	+	+	+	+ +	+ +	Y	145	9	69, 75	1, 2, 3, 4, 5, E2
三肢小跑 Trotting on three legs		+ +				Y	146	9	70, 75	1, 2, 3, 4, 5, E2
直立小跑 Trotting on hindlegs				+ +	+ +	Y	147	9	71, 75	1, 2, 3, 4, 5, E2
半臂摆荡 Semibrachiating	+ + +	+ + +	+ + +	+ +		Y	148	11	72	1, 11, 12, 13, 14, 15, 16
奔跑 Gallooping	+	+	+	+ +	+	Y	149	9	69, 75	1, 2, 3, 4, 5, E2
跳跃 Leaping	+ + +	+ + +	+ + +	+ + +	+	Y	150	10	76	1, 11, 12, 13, 14, 15, 16
惊跳 Alert jumping	+	+		+ +	+	Y	151	10	74, 76	1, 2, 3, 4, 5, E2
前行 Walking forward	+ + +	+ + +	+ + +	+ + +	+ + +	Y	152	8	72	1, 2, 3, 4, 5, E2
侧行 Walking aside	+	+	+ +	+ +	+ +	Y	153	8	74	1, 2, 3, 4, 5, E2

续表

行为	成年雄性	成年雌性	亚成体	幼猴	婴猴	季节	序号	PAE 编码		
								姿势（P）	动作（A）	环境（E）
上树 Going up the tree	++	++	++	++	+	Y	154	10, 12	76, 77	1, 11, 12, 13, 14, 15, 16
下地 Down to ground	++	++	++	++	+	Y	155	10, 12	76, 77	1, 6, 11, 12, 13, 14, 15, 16
杂类行为 Miscellaneous behavior										
抬尾 Switching tail	+	+	+	+	+	Y	156	1, 8	94	1, 2, 3, 4, 5, E2
前卷尾 Up-arching tail	++	++	++	++	+	Y	157	8	95	1, 2, 3, 4, 5, E2
打嗝 Burping	++	++	++	++	+	Y	158	1, 3, 4, 5	28	1, 2, 3, 4, 5, E2
打喷嚏 Sneezes	+	+	+	+	+	Y	159	1, 3, 8	33	1, 2, 3, 4, 5, E2
咳嗽 Cough	+	+	+	+	+	Y	160	1, 3, 8	32	1, 2, 3, 4, 5, E2
吮手指 Sucking finger				+	++	Y	161	3, 4, 5	16, 25	19, 20
自我理毛 Self-grooming	++	+++	+++	++	+	Y	162	3	4, 5, 9, 52	E1, E2
自我清洁 Self-cleaning	++	+++	+++	++	+	Y	163	3, 4, 5	51	E1, E2

注：+ 表示行为可能发生，+ 越多，发生的频次越高；Y 全年发生，sp、s、a 或 w 分别代表春季、夏季、秋季或冬季发生。

3 讨论

PAE 行为分类编码系统首先见于蒋志刚（2000）分辨记录了麋鹿的 12 种姿势、92 种动作和 134 种行为，其后龙帅等（2008）分辨并记录了矮岩羊（*Pseudois schaeferi*）的 11 种姿势、83 种动作和 118 种行为，戚文华等（2010）分辨并记录了四川梅花鹿（*Cervus nippon sichuanicus*）的 11 种姿势、83 种动作和 136 种行为，田军东等（2011）分辨并记录了太行山猕猴的 14 种姿势、93 种动作和 121 种行为，李勇等（2013）分辨并记录了滇金丝猴的 14 种姿势、82 种动作和 143 种行为。在上述研究中，分别描述了各物种行为发生的相对频次与性别、年龄和季节的关系。比较黔金丝猴与上述 3 种偶蹄目动物和猕猴、滇金丝猴的 PAE 行为谱，发现不同物种在生存行为、繁殖行为、社会行为及个体行为上有基本相同的典型行为，但在行为分类的具体细节上则表现出很多各自特有的行为。构建不同物种的 PAE 行为分类编码系统，有利于动物行为研究的标准化、资源共享及物种间行为进化适应的比较分析。

本研究结果表明，黔金丝猴的行为与仰鼻猴属（*Rhinopithecus*）的川金丝猴（严康慧等，2006）和滇金丝猴（李勇等，2013）的行为有较多共同之处，而与田军东等（2011）研究的猕猴类行为区别较大。灵长类的运动方式主要有垂直攀爬型，如蜂猴（*Nycticebus coucang*）；四足行走型，如猕猴；臂摆荡型，如长臂猿科（Hylobatidae）动物。金丝猴介于四足型和臂摆荡灵长类之间，属于"半臂摆荡"（Semibrachiation）范畴；它们既能适应树栖生活，又能适应地面生活（叶智彰等，1987）。半臂摆荡是几种金丝猴运动方式的共同特征之一，这与 Bleisch 等（1993）观察到的结果一致。

黔金丝猴与川金丝猴、滇金丝猴具有较近的亲缘关系，因此在行为模式上存在很大的相似性，但由于长时间的地理隔离和栖息地环境的差异，它们在行为模式上也发生了一些变化。例如，"瞪咕"是川金丝猴的一种威胁行为（严康慧等，2006），瞪眼，闭嘴，发出 gu-gu 声；滇金丝猴的威胁行为则是"瞪哇"（李勇等，2013），张嘴，同时发出 wa-wa 的叫声；黔金丝猴的示警或威胁行为又不一样，其典型特征是"瞪嘎"，张嘴，露齿，同时发出 wi-ga 的叫声。

雄性替代的母系群是川、滇和黔 3 种金丝猴社群结构的共同特征（杨业勤等，2002；李勇等，2013）。每年 4～5 月和 9～10 月，有 2 次形成 100～400 只甚至更多个体的超级聚合群（Very large aggregation）的规律性现象则是黔金丝猴聚群行为的独有特征。其余时间，黔金丝猴更多地是以30多只（25～45只）个体形成的聚合群（小家族）形态存在，即"多雄多雌"的社群结构；也有较少情况下是10只左右个体的家庭群，即"一雄多雌"的社会单元(One male unit，OMU)。这个结果与杨业勤等（2002）的观察结果一致。黔金丝猴年度周期性地形成超级聚合群的生态适应机制则有待深入研究。

对圈养黔金丝猴的育幼行为观察中，发现雌猴有主动放手锻炼婴猴独立活动的行为。北京动物园成年雌猴"阿静"在婴猴出生14天开始，每天多次主动离开婴猴或把婴猴摆放在距离自己20～30 cm处，任由婴猴自由玩耍，阿静则在旁边看护，始终注视婴猴的活动，最初几次放手，婴猴表现出恐惧，大声呼叫，阿静会及时把婴猴抱回到怀里，亲吻安慰婴猴，适当的时间会再次尝试放手锻炼婴猴独立活动；独立活动时间由1～2 min逐渐延长，最长可达40 min。3个月后，小猴已经可以在运动场灵活地攀爬跑跳。这种行为在野外也能观察到，一般在4月下旬，在未惊动猴群的情况下，可以观察到育婴雌猴在一旁进食，而将婴猴放在一边玩耍，但随时都在注视婴猴；这种情况下，往往会有1～2只青年雌猴过来抱起婴猴亲密玩耍（阿姨行为），育婴雌猴有时候放任不管，但基本都是经过一段时间，育婴雌猴把婴猴抢回来继续放在树干上，变成几只雌猴都在看着婴猴独自玩耍。显然，育婴雌猴对婴猴的这种行为是有一定程度的故意。圈养及野外的川金丝猴和滇金丝猴育幼过程中，都是婴猴逐渐摆脱雌猴开始尝试独立活动，并未观察到雌猴主动放手让婴猴独立活动而自己仅在一旁看护。

本研究通过观察野外和圈养黔金丝猴，首次采用PAE行为分类编码系统编制了黔金丝猴的PAE行为谱，为深入开展黔金丝猴行为生态学、保护生物学研究奠定了基础，同时也为仰鼻猴属及其他非人灵长类动物的行为生态学比较研究提供了数据。

参考文献

[1] 蒋志刚. 麋鹿行为谱及PAE编码系统[J]. 兽类学报，2000，20（1）：1-12.

[2] 蒋志刚. 动物行为原理与物种保护方法[M]. 北京：科学出版社，2004.

[3] 李勇，任宝平，李艳红，等. 滇金丝猴的行为谱及PAE编码系统[J]. 四川动物，2013，32（5）：641-650.

[4] 龙帅，周财权，王伟奎，等. 矮岩羊（*Pseudois schaeferi*）行为谱及PAE编码系统[J]. 生态学报，2008，28（11）：5632-5640.

[5] 聂帅国，向左甫，李明. 黔金丝猴食性及社会结构的初步研究[J]. 兽类学报，2009，29（3）：326-331.

[6] 牛克锋，Tan CL，崔多英，等. 黔金丝猴（*Rhinopithecus brelichi*）雪季地表食物利用[J]. 野生动物学报，2014，35（1）：31-37.

[7] 彭鸿绶，李致祥，杨德华. 黔金丝猴的习性及其栖息环境的调查研究[A]// 中国动物学会. 中国动物学会三十周年学术讨论会论文摘要汇编[C]. 北京：科学技术出版社，1965：276.

[8] 戚文华，岳碧松，宁继海，等. 四川梅花鹿的行为谱及PAE编码系统[J]. 应用生态学报，2010，21（2）：442-451.

[9] 石磊，牛克锋，杨业勤，等. 黔金丝猴活动区苔藓植物多样性研究[J]. 广西植物，2011，31（6）：754-763.

[10] 田军东，王振龙，路纪琪，等. 基于PAE编码系统的太行山猕猴行为谱[J]. 兽类学报，2011，31（2）：125-140.

[11] 谢家骅，刘玉明，杨业勤. 黔金丝猴的生态[A]// 贵州梵净山科学考察委员会编. 贵州梵净山科学考察集[M]. 贵阳：贵州环境科学出版社，1987：205-211.

[12] 谢家骅，周江，王朝明. 黔金丝猴[A]// 全国强，谢家骅. 金丝猴研究[M]. 上海：上海科技教育出版社，2002：198-290.

[13] 严康慧，苏彦捷，任仁眉. 川金丝猴社会行为节目及其动作模式[J]. 兽类学报，2006，26（2）：129-135.

[14] 杨海龙，李迪强，朵海瑞，等. 梵净山国家级自然保护区植被类型和黔金丝猴生境选择[J]. 林业科学研究，2010，23（3）：293-298.

[15] 杨业勤，雷孝平，杨传东，等. 梵净山研究：黔金丝猴的野外生态[M]. 贵阳：贵州科技出版社，2002.

[16] 叶智彰，彭燕章，张跃平，等. 金丝猴解剖[M]. 昆明：云南科技出版社，1987.

[17] Bleisch WV, Cheng AS, Ren XD, *et al.* Preliminary results from a field study of wild Guizhou snub-nosed monkeys (*Rhinopithecus brelichi*)[J]. Folia Primatologica，1993，60：72-82.

[18] Bleisch W V, Xie J H. Ecology and behavior of the Guizhou snub-nosed langur (*Rhinopithecus* [*Rhinopithecus*] *brelichi*), with a discussion of the socioecology in the genus[A]//Jablonski N G. The Natural History of the Doucs and Snub-nosed Monkeys[M]. Singapore：World Scientific Publishing，1998：217-239.

[19] Niu KF, Tan CL, Yang YQ. Altitudinal movements of Guizhou snub-nosed monkeys (*Rhinopithecus brelichi*) in Fanjingshan national nature reserve, China：implications for conservation management of a flagship species[J]. Folia primatol (Basel)，2010，81：233-244.

[20] Pan HJ, Shi FL, Chang ZF, *et al.* Mitochondrial DNA variation analysis suggests extreme low genetic diversity in Guizhou snub-nosed monkeys (*Rhinopithecus brelichi*)[J].

[21] Tan CL, Yang YQ, Niu KF. Into the night: camera traps reveal nocturnal activity in a presumptive diurnal primate, *Rhinopithecus brelichi*[J]. Primates, 2013, 54 (1): 1-6.

[22] Wu G, Wang HC, Fu HW, *et al*. Habitat selection of Guizhou golden monkey (*Phinopithecus roxellanae brelichi*) in Fanjing Mountain Biosphere Reserve, China[J]. Journal of Forestry Research, 2004, 15 (3): 197-202.

[23] Xiang ZF, Liang WB, Nie SG, *et al*. Diet and feeding behavior of *Rhinopithecus brelichi* at Yangaoping, Guizhou[J]. American Journal of Primatology, 2012, 74(6): 551-560.

[24] Xiang ZF, Liang WB, Nie SG, *et al*. A short note on extractive foraging behavior in gray snub-nosed monkeys[J]. Integrative Zoology, 2013, 8: 389-394.

[25] Xiang ZF, Nie SG, Chang ZF, *et al*. Current status and conservation of the gray snub-nosed monkey *Rhinopithecus brelichi* (Colobinae) in Guizhou, China[J]. Biological Conservation, 2009, 142 (3): 469-476.

[26] Xiang ZF, Nie SG, Chang ZF, *et al*. Sleeping sites of *Rhinopithecus brelichi* at Yangaoping, Guizhou[J]. International Journal of Primatology, 2010, 31: 59-71.

[27] Yang L, Emily L. The particular foods resources and constituent characteristic of the vegetation in habitat of Guizhou Golden Monkey in the Fanjing mountain[J]. Journal of Guizhou Normal University (Natural Sciences), 2002, 20 (1): 18-24.

[28] Yang MY, Sun DY, Zinner D, *et al*. Reproductive parameters in Guizhou snub-nosed monkeys (*Rhinopithecus brelichi*)[J]. American Journal of Primatology, 2009, 71(3): 266-270.

[29] Yang MY, Yang YQ, Cui DY, *et al*. Population genetic structure of Guizhou snub-nosed monkeys (*Rhinopithecus brelichi*) as inferred from mitochondrial control region sequences, and comparison with *R. roxellana* and *R. bieti*[J]. American Journal of Physical Anthropology, 2012, 147(1): 1-10.

石菖蒲文化发展史

李 鹏 康晓静 王苗苗

摘 要：石菖蒲本草书籍中的上品，是中国传统花卉中是寓意长寿的植物之一，并以高洁、清雅的姿态备受历代文人尊崇。本文通过搜集石菖蒲涉及的本草著作、园艺专著、文人笔记、诗词等方面的文献200余条，以朝代为序系统地梳理石菖蒲的药用价值、观赏价值、人文价值的发展演进。其中药用价值是引发人文价值中植物崇拜的原因之一，观赏价值是引发人文价值中对石菖蒲蕴含的精神赞美的原因，这三个方面相互影响渗透，构成了丰富的石菖蒲文化体系。

关键词：石菖蒲；文化史

1 石菖蒲药用价值

中国医药学已有数千年的历史，记载药物的书籍称为"本草"。历代药学家给予石菖蒲极高的肯定，从本草古籍的记载中可以看出石菖蒲具有多方面功效，针对的病症种类亦十分广泛。其中记载的药效不免有夸大的成分，如"服久化仙""高志不老"，这也是产生石菖蒲植物崇拜的原因之一。

1.1 秦汉时期

石菖蒲的药用价值早在秦汉时期就得以承认，始载于东汉时期集结整理成书的《神农本草经》[1]，该书是现存最早的中药学著作。这部书中论述了石菖蒲的药效，"主风寒湿痹，咳逆，开心孔，补五脏，通九窍，明耳目，出音声。久服轻身，不忘，不迷惑，延年，益心智，高志不老。"将石菖蒲列为上品草类之冠。

1.2 魏晋南北朝时期

南朝梁陶弘景（456～536年）所著《本草经集注》，对《神农本草经》原有石菖蒲的性味、功能与主治有所补充，并增加了产地、采集时间和加工方法、针对的病症及使用方法等："生上洛池泽及蜀郡严道。一寸九节者良。露根不可用。五月、十二月采根，阴干……"。

1.3 宋朝

苏颂（1020～1101年）主持编写的《图经本草》，对人工栽植的石菖蒲药效和野生状态的石菖蒲药效进行了比较："生蛮谷中者尤佳。人家移种者亦堪用，但干后辛香坚实，不及蛮人持来者。此即医方所用石菖蒲也。"唐慎微（1056～1136年）编成《经史证类备急本草》，对石菖蒲的炮制方法和使用方法有了更详尽的记述："……采石上生者，根条嫩黄紧硬节稠，长一寸有九节者是真也。采

---

① 北京市公园管理中心课题（ZX2017013）。北京市公园管理中心2019年科技进步三等奖。

得后，用铜刀刮上黄黑硬节皮一重了，用嫩桑枝条相拌蒸，出曝干，去桑条，锉用……"

1.4 明朝

李时珍（1518～1593年）考古证今，辨疑订误，广采博收群书，在《证类本草》基础上编成了中国本草史上最伟大的集成之作《本草纲目》。其中对石菖蒲的功效及利用介绍得更为详细全面。

1.5 清朝

清朝的医药学家在前人总结的基础上对石菖蒲有了新的认识，如张志聪（1616～1674年）在《本草崇原》中给予石菖蒲很高的评价，"寒水之精，太阳之阳，标本相合，故不迷惑而延年。"陈士铎《本草新编》："石菖蒲……但必须石上生者良，否则无功。然止可为佐使，而不可为君药。"

2 石菖蒲观赏价值

石菖蒲的观赏价值最为中国文人所推崇，被古人誉为"草中松柏"，是传统花卉文化中极少数不以观花取胜的植物。宋黄公度（1109～1156年）在《方斛石菖蒲》中写道："勺水回环含浅清，寸茎苍翠冠峥嵘"，赞其清洁苍翠、风骨劲瘦。宋舒岳祥（1219～1298年）有诗句赞美石菖蒲，"瘦鞭走石蛟龙窟，细叶穿苔虎豹须。"将石菖蒲与山石、苔藓的配植描写得气韵生动。清·苏灵在《盆景偶录》中将石菖蒲和菊花、兰花、水仙并称"花草四雅"，将石菖蒲在传统花卉中的地位提高到一个很高的层次。

2.1 庭园栽植观赏

西晋嵇含（263～306）撰写的《南方草木状》于公元304年问世，是我国现存最早的植物志，也是开发利用植物的先导，主要记载了生长在我国广东、广西等地的植物，有关石菖蒲的记载为："番禺东有涧，生菖蒲，皆一寸九节。"石菖蒲最显著的辨识特征是根状茎横生，有节间，并且在原生环境是终年常绿状态，具有极高的观赏价值。

2.1.1 秦汉时期

从西汉起，石菖蒲就作为一种观赏植物，开始在皇家园林中栽培。南北朝时期的《三辅黄图·扶荔宫》记载，汉武帝元鼎六年攻破南越，南越的都城就是现在的广东番禺，当时从南越引种了荔枝、山姜、桂花、龙眼等亚热带花木，为了在长安栽植这些奇花异草，在上林苑内建造具备保护设施的扶荔宫，其中有菖蒲百本。元鼎六年为公元前111年，说明中国最迟已在2100年前开始了菖蒲属植物的观赏栽培[2]。

2.1.2 明朝

明朝，南方地区私家园林建设繁盛。文震亨（1585～1645年）是一位园林设计大家，其代表著作《长物志》，是营造个人艺术化生活的心得体会，代表了明朝文人对优雅生活的极致追求。文震亨在《长物志·花木篇》中记载，"不取盆栽菖蒲，愿栽以石子小庭，遍种其上，雨过青翠，自然生香"追求自然质朴的美感。

2.2 盆栽观赏

相对于庭院栽植，石菖蒲更适于作为盆栽植物摆放书案上观赏，其优点有：生长缓慢，寿命长，甚至可达百年；喜阴，耐水湿；栽植可不需土壤，尤其附石栽植，清洁雅致；耐修剪，形态苍翠高洁，富于人文气息；具有淡雅的香味。宋苏轼（1037～1101年）在《石菖蒲赞并叙》记述了书斋中摆饰盆养石菖蒲的情景："凡草生石上，必须微土以附其根。惟石菖蒲濯去泥土，渍以清水，置盆中，可数十年不枯。节叶坚瘦，根须连络，苍然于几案间，久更可喜。"清徐珂（1869～1928年）在《清稗类钞》中记载了淮南一座古庙中有30余盆石菖蒲，经过上百年的反复修剪，叶子细如发丝，经过几代人相传，盆和盆内栽种的石菖蒲均已成古物。

2.2.1 宋朝

由于宋朝采取文官政治，知识分子的足够的尊严和优厚的待遇，从而影响整个社会，形成了非常浓厚的文化氛围。北宋时期，尤其是在宋徽宗在位时期，欣赏奇树、异卉、怪石之风盛行于皇室与士大夫之间，盆养石菖蒲的栽植方式正是在这样的社会背景下发展起来[3]。宋徽宗赵佶（1082～1135年）所绘《盆石有鸟图》，描绘了椭圆形盆中放置一块有孔洞的奇石，山石底部栽植石菖蒲，石顶部停立一鸟，盆、石、蒲草的配合简洁而和谐。潘玘《移种菖蒲》中写道："余心具静观，而爱此正色。一朝移香根，古瓷手亲植。"也反映出诸多文人参与石菖蒲采集、种植、养护，体现出在当时对石菖蒲的审美到了一定高度。

2.2.2 元朝

宋朝之后，石菖蒲的栽植形式在元朝得以传承并有所发展。张福的《种艺必用及补遗》记载了盆养石菖蒲的日常管理以及洗根、越冬的方法；无名氏的《居家必用事类·养菖蒲》记述了盆养石菖蒲中奇石生苔法；刘诜（1268～1350年）作《石菖蒲》诗，对盆池中栽植的石菖蒲进行了咏颂；孔克齐《至正直记》，记述了昆山石可用于石菖蒲的栽种，以及与卷柏的配植。

2.2.3 明朝

明朝经济繁荣，人民生活丰富多彩。这个时期也是园艺发展的一个高峰，有关花卉的专著应运而生，盆养石菖蒲在民众中盛行，很多石菖蒲栽培经验的总结在花卉专著中得以体现，其发展体现在品种增多、培植技艺多样而精细化。如王象晋（1561～1653年）的《二如亭群芳谱》、高濂（1573～1620年）的《遵生八笺》、文震亨（1585～1645年）的《长物志》等，对石菖蒲的习性、品种分类、实用栽植养护方法、选盆配植等，有了系统的研究。

2.2.4 清朝

清朝盆景和园艺的兴盛，清朝继承了明朝石菖蒲类品种以及品种的名称，陈淏子（1612年～？）在《花镜》中也记载了菖蒲类的品种："品之佳者有六：金钱、牛顶、虎须、剑脊、香苗、台蒲。凡盆种作清供者，多用金钱、虎须、香苗三种。"谢堃（1784～1844年）的《花木小志》，记述了用定窑瓷器栽植石菖蒲的尝试；沈复（1763～1832年）的《浮生六记·闲情记叙》，记载了石菖蒲播种繁殖的简易方法，均是在前朝的基础上的尝试和创新。

3 石菖蒲人文价值

石菖蒲被赋予驻颜、益聪、延年等多种超自然能力，服食成仙的传说深入人心，自古成为人们崇拜的对象。另一方面，石菖蒲四季常绿，苍翠雅洁，符合中国传统文化中对于不染世俗、含蓄内敛的精神追求，深受历代文人推崇，因此石菖蒲也是一种凝结了深厚文化气韵的文人花卉。明张瀚（1510～1593年）《松窗梦语》："余家连岁见之，岂足为异。然而四时常青，其色不改，是亦草中之松柏，历岁寒而不凋者与？"由历代流传的诗词、文章可见，石菖蒲是中国文人最常咏颂的植物之一。

3.1 对石菖蒲的植物崇拜

植物崇拜是自然崇拜一个极为重要的方面，在万物有灵的观念支配下，一些植物被赋予了某种灵性与神力。石菖蒲四时常绿，而且具有清香，被古人视为高洁之物，服食可得道飞升、益寿延年、益智明目等。从战国到秦、汉的700年间，神仙思想盛行于中国。秦始皇曾派人去海中仙岛求取长生不死的仙药；汉朝社会充斥着信仰神仙追求长生的思潮，在这种历史背景下，石菖蒲的药用功效被夸大，人们对其产生了盲目崇拜，并结合了神话传说而被广为传播。这种对石菖蒲的迷信崇拜在晋朝以前达到高峰，影响直至后世[2]。

3.1.1 秦汉时期

《孝经援神契》出现于两汉之际，是上古谶纬思想学说的辑录，有关石菖蒲记载："菖蒲益聪。生石碛者，祁寒盛暑，凝之以层冰，暴之以烈日，众卉枯萃方且郁然丛茂，是益服之却老。"论述了石菖蒲的生长环境为溪涧的岩石上，不惧寒暑，所以具有抗衰老的功效。东汉应劭（约153～196年）所著《风俗通义》，是研究古代风俗和鬼神崇拜的重要文献，其中有"菖蒲放花，人得食之，长年"的记载。

3.1.2 魏晋南北朝时期

晋以前对石菖蒲迷信崇拜达到高峰，西晋嵇含（263～306年）的《南方草木状》记载："……涧生菖蒲，皆一寸九节。安期生采服，仙去，但留玉舄焉。"安期生是古代道教名人，人称"千岁翁"，最终得道成仙。晋葛洪（284～364年）的《神仙传》记载汉武帝于元封二年（公元前109年）游嵩山，遇九嶷山仙人点拨，服食菖蒲以期延年长生。葛洪的另一部著作《抱朴子》是道家典籍，总结了魏晋以来的神仙家的理论，确立了道教神仙理论体系，其中有韩终、商丘子服食石菖蒲的记载。

南北朝时期社会上存在着多元化的思想，各种迷信由来已久传播甚广。南朝宋江淹（444～505年）《采石上菖蒲诗》："冀采石上草，得以驻余颜。"北魏郦道元（472～527年）所著《水经注》是中国古代地理名著，在十五卷中有相关的记载："为药最妙，服久化仙"。

3.1.3 唐朝

唐朝是我国封建社会中期的兴盛时期，通过唐诗可知，石菖蒲能乌发美容、延年长生的传说延续后世。热衷于寻仙问道的李白（701～762年）在《送杨山人归嵩山》中写道："尔去掇仙草，菖蒲花紫茸。岁晚或相访，青天骑白龙。"诗风豪迈飘逸，将服食石菖蒲成仙后的画面幻想得浪漫神奇。张籍（约766～约830年）《寄菖蒲》中写道："石上生菖蒲，一寸十二节。仙人劝我食，令我头青面如雪。"可见石菖蒲在人们心中依然是仙草的象征。

3.1.4 宋朝

宋朝是中国历史上商品经济、文化教育、科学创新高度繁荣的时代，大量文人参与石菖蒲的种养，留下了多篇颂咏石菖蒲的诗文，这其中不乏视石菖蒲为仙草的崇敬之情，如陆游（1125～1210年）《菖蒲二首其二》："菖蒲古上药，结根已千年。闻之安期生，采服可以仙。"石菖蒲能延年益寿的观念依然被人们接受，但迷信的程度已大大减弱，更多的是对石菖蒲不染世俗尘埃的赞美。

3.1.5 明朝

相对于元朝没落的石菖蒲文化，在明朝石菖蒲文化得以复苏。或作为求道登仙的象征，张宇初（1359～1410年）《道藏经·菖蒲传》记述："菖蒲者，水草之精英，神仙之灵药也。"或是能增强目力的秘法，朱权（1378～1448年）《臞仙神隐书》记述："石菖蒲……或置星露之下，至旦取叶尖露水洗目，大能明视，久则白昼见星。"或作为高洁人格的象征，邵宝（1460～1527年）《春庭八绝句之一》记述："菖蒲本是仙灵物，却为冰霜穴底藏。过尽东风更梅雨，水中央看婉清扬。"

3.1.6 清朝

清朝文人注重对经典古籍深入钻研，尚古风气流行。石菖蒲令人成仙不老的传说演变成内在的精神力量，得到了传承。金农（1686～1763年）在《菖蒲》写道："遗我九节蒲，驻颜可扶老。"胡公寿（1823～1886年）题诗"常餐九节菖蒲叶，十五桃华美少年。"

3.2 石菖蒲开花的象征

石菖蒲的花为圆柱状的肉穗花序，幼时绿色，成熟时黄绿色。东汉应劭（约153～196年）在《风俗通义》中记载："菖蒲放花，人得食之长年。"南朝梁陶弘景的(456～536年)《本草经集注》中记载了石菖蒲的开花情况，"四月、五月亦作小厘花也。"但由于石菖蒲花小而且形状颜色不显著，不容易被人发现，甚至宋苏颂(1020～1101年)在《图经本草》中描述其："无花实"。至于盆养的石菖蒲，则因为古人常瘦养，以至少花。宋释文珦《采菖蒲》："雁荡高寒处，穿云采得来。岂能同野草，容易有花开。"这些表明历代以来形成了石菖蒲开花罕见珍贵的普遍认知。古人认为石菖蒲开花难得一见，一方面寓意着长寿、贵人降生等吉兆，另一方面则代表着因不能轻易见到花开而产生的怀念、思念、一去不返的惋惜之情等情感。

3.2.1 魏晋南北朝时期

石菖蒲的崇拜在晋代达到高峰，魏晋南北朝正是深受石菖蒲助人成仙迷信影响的时期，石菖蒲开花是非常罕见的常人不识，南朝宋鲍令晖《近代西曲歌·乌夜啼》："菖蒲花可怜，闻名不曾识"。一旦开花便被作为祥瑞降临的象征，南朝梁姚察（533～606年）、姚思廉（557～637年）在《梁书》中记载太祖张皇后取食石菖蒲生高祖。

3.2.2 唐朝

唐诗中，石菖蒲除了长生仙草的形象外，因其花不常见，所以被赋予了男女间的爱慕思念之意，象征着求之不得、劳燕分飞的苦恋。张籍（768～830年）在《相和歌辞·白头吟》中写道："君恩已去若再返，菖蒲花生车长满。"表达了失而复得的爱情如菖蒲花开一样难得。元稹（779～831年）与薛涛（约768～832年）相互赠诗中都有石菖蒲的形象，表达了难以相见的思念之情。

3.2.3 宋朝

宋朝，由于莳养石菖蒲在知识分子中非常流行，所以以石菖蒲开花为题材的诗作也有很多，如苏轼（1037～1101年）、苏辙（1037～1101年）两兄弟由石菖蒲开花而写诗唱和，将石菖蒲开花视为长寿的象征；晁补之（1053～1110年）在《答陈履常秀才谑赠》写道："菖蒲正是可怜花，我独闻名不曾识"，将石菖蒲开花比作无人赏识；袁去华在《相思引》中写道："春老菖蒲花未著，路长鱼雁信难传"，表达了时光逝去而相见不易的思念。

3.2.4 明朝

明朝，因石菖蒲开花而创作的文学作品不多，有张瀚（1510～1593年）的《松窗梦语》和李日华的（1565～1635年）《味水轩日记》，因看到自己养植的石菖蒲开花而联系到前期对石菖蒲无花的猜测，得到验证。

3.2.5 清朝

清朝，爱蒲成癖的金农（1686～1763年）在诗句中写到"莫讶菖蒲花罕见，不逢知己不开花"，将石菖蒲开花罕见升华为知己知遇之情的难得。

3.3 对石菖蒲精神的赞美

在中国传统文化中，花卉人格化和象征主义广泛流行。石菖蒲"忍寒苦、安淡泊、伍清泉、侣白石"，十分符合历代知识分子对高尚精神境界的追求。宋谢枋得（1226～1289年）的《菖蒲歌》写道："人间千花万草尽荣艳，未必敢与此草争高名"。石菖蒲的"嫩""瘦""劲""清"，既是通灵仙草的气质，也是文人风骨的写照。

3.3.1 宋朝

宋朝是当时世界上社会经济发达、民间生活富庶、文化艺术荟萃的国家，最高统治者对艺术的热爱以及对士人阶层的尊重，造就了宋朝温和儒雅的社会风尚和精致优雅的生活方式。文人雅士参与花事中，盆养石菖蒲成为庭园与书斋中重要的装饰物之一，何基（1188～1268年）在《和吴翼之石菖蒲》中写道："菖蒲绿茸茸，偏得高人怜。心清境自胜，何必幽涧边"。释文珦（1210年～？）的《采菖蒲》记述："雁荡高寒处，穿云采得来。岂能同野草，容易有花开"。这些都是文人在"观天地气象"的同时，进行自我心性的修养的写照。

3.3.2 明朝

明朝，知识分子对于石菖蒲所蕴含的人文精神非常认同，文人们将石菖蒲的生物特性投射为人的刚直不阿、耐受孤寂苦寒的品质。如戚龙渊的《赞石菖蒲》写道："一拳石上起根苗，堪与仙家伴寂寥。自根立身无寸土，受人滴水也难消。"

3.3.3 清朝

清朝，石菖蒲与兰、菊、水仙一起被喻为"花草四雅"，石菖蒲朴拙、雅致、清新、脱俗的形象成为文人喜爱的绘画题材，大批文人将石菖蒲的绘画和书法题诗结合在一起。郑燮（1693～1765年）为石菖蒲画题诗："玉碗金盆徒自贵，只栽蒲草不戴兰。"释慧明（1860～1930年）在《咏菖蒲》中写道："根下尘泥一点无，性便泉石爱清孤。"

3.4 栽种石菖蒲的精神享受

石菖蒲受到历代知识分子的推崇和爱戴，留下了很多历史名人亲自参与采菖蒲、求赠菖蒲、栽种菖蒲、理菖蒲的诗词、文章等。明文震亨（1585～1645年）将这种由亲自参莳养石菖蒲而获得的乐趣在《长物志·卷二花木·盆玩》中总结得十分完备，"亦可置茶书墨香旁，伴茶，如临春涧，伴读，如坐芳园，伴墨，如放春野，伴香，如留古刹。蒲之长年，其可药可食而外，更其种养娱心、形色娱目之故也。"

3.4.1 宋朝

参与石菖蒲采集、种植、养护是当时高雅生活方式的一部分，大批文化名人都曾写诗作赋，记录在种养石菖蒲中获得的愉悦，采得石菖蒲，或是从友人处获赠石菖蒲都如获至宝，在莳养石菖蒲的同时修养心性，获得了很多精神享受，如面对石菖蒲能忘却凡俗事务，李弥逊(1085～1153年)在《次韵瑀老空间》中写道："竟日不知园外事，耳明钟鼓唤斋盂"，在暑热中可顿生凉意。张九成(1092～1159年)在《菖蒲》中写道："石盆养寒翠，六月如三冬"。吴惟信的《菖蒲》记述："梦回一霎龙湫雨，五月轩窗也带秋"，两眼清凉精神振作。裘万顷（？～1219年）在《菖蒲》中写道："尘容为一洗，两目不复昏"。楼钥（1137～1213年）的《谢僧道全惠诗并菖蒲》记述："雁荡浑如梦边事，龙湫顿觉眼中明"，或可化解心中的不快。张九成(1092～1159年)《菖蒲》记述："终朝澹相对，浇我磊魂胸"等等。

3.4.2 元朝

由于当时的统治者将文学艺术斥为末流，文人地位急剧下降，石菖蒲文化随之没落，所留石菖蒲的诗作仅留刘诜（1268～1350年）的《石菖蒲》。

3.4.3 明朝

王象晋（1561～1653年）《二如亭群芳谱》中写道："乃若石菖蒲之为物不假日色，不资寸上，不计春秋，愈久则愈密，愈瘠则愈细，可以适情，可以养性，书斋左右一有此君，便觉清趣潇洒。"石菖蒲的种养代表着知识分子对高尚精神的追求，如唐寅（1470～1524年）《画盆石菖蒲》中写道："水养灵苗石养根，根苗都在小池盆。青青不老真仙卉，别有阳春雨露恩。"

3.4.4 清朝

清朝是封建社会的末期，石菖蒲文化逐渐消沉。谢堃（1784～1844年）在《花木小志》中写道："菖蒲，余尝以粉定瓯栽石菖蒲一丛，置几案，朝夕晤对，寒不改色，春不逞娇，真吾之友也"，描写出与石菖蒲志趣相投的欣喜之情。

参考文献

[1] 王汉章，范崔生，邬家林. 药草蒲的本草考证 [J]. 中药材，1993（9）.

[2] 李树华. 中国盆景文化史 [M]. 北京：中国林业出版社，2005.

[3] 李树华. 菖蒲类在中国的观赏应用史、种与品种的进化史及其传统盆养技术 [J]. 北京林业大学学报，1998，3.

北京城区花粉致敏植物种类、物候特征与传播特性研究[①]

北京植物园/虞雯 池淼 董知洋 汪葆珂

摘　要：针对花粉过敏症患病率逐年增高的趋势，本研究通过7天孢子容量测定收集器对北京植物园内春季气传花粉进行采集，观察花粉种类并进行浓度监测，同时结合近3年北京植物园内重点花粉致敏植物的物候观测，总结北京植物园春季花粉致敏植物花粉扩散规律，以期为游客及花粉过敏症患者的出行提供参考。结果显示：榆树开花可作为春季花粉期开始的指示植物；花粉浓度最高的时期主要集中在4月下旬至5月上旬；北京植物园春季主要致敏植物为：榆树、旱柳、毛白杨、圆柏、侧柏、樱花、白蜡、银杏、桑、泡桐、油松等。

关键词：花粉致敏；北京植物园；物候；花粉浓度

花粉致敏植物是指依靠风媒传粉的、花粉壁上的特殊蛋白会引起个体超敏反应的植物体[1]。花粉直径一般在30～50μm，在空气中飘散时，极易被人吸入呼吸道。花粉过敏症是指由花粉过敏而引起的呼吸道及眼部过敏表现，在一些国家已经成为季节性的流行病，具有相当高的发病率。资料显示，中国的花粉过敏症发病率为0.5%～1%，高发病区达5%，在北京地区，约有1/4～1/3呼吸道患者与花粉过敏有关[2]。近年来，花粉过敏症发病率和患病率呈逐年升高的趋势，不仅影响患者的生活质量，还加重了医疗负担，已成为全球的健康问题。

北京植物园位于北京西山脚下（东经116°28′，北纬40°），海拔61.6～584.6m。现开放面积约200km²，园内引种栽培植物10000余种（含品种）约150万株，在展示丰富的植物资源的同时，也包括多种花粉致敏植物。植物园近十年来一直在做重点植物物候观测工作，积累了大量数据资料及物候观测经验。2014年，北京植物园同北海公园通过观测的形式，对园区内的致敏性植物进行物候、花期时图、花期物候热力图数值的采集，开通了"花粉过敏客"微信公众号，通过对花粉浓度和致敏性植物物候预报，为广大市民依据自身情况制定适宜的健康出行方案提供了有效参考。特别是对于花粉过敏症患者，可做好针对自身过敏源的防护工作，受到了花粉过敏症患者的欢迎。因此，本研究结合气象数据，通过对花粉的收集及物候观测，总结花粉扩散规律，对于指导花粉过敏症患者进行自我防护、花粉预报及游览出行均有重大意义。

1　材料与方法

1.1　样品采集

本研究使用英国Burkard 7天孢子容量测定收集器进行样品采集，花粉收集器自2017年3月31日至2017年7月10日被置于北京植物园科普馆顶楼，距离地面高度约5m，周围较开阔，无高大建筑物及树木阻挡，采样器固定在水平位置，进气孔的位置高出屋顶围栏75cm以上，进

---

① 北京市公园管理中心课题（ZX2017017）。北京市公园管理中心2019年科技进步三等奖。

气孔与房顶上较高建筑夹角小于 20°。在研究期间，花粉收集器 24h 工作，采样周期设定为 7d。

1.2 气传花粉种类鉴定

每个采样周期结束后，将采样聚酯带取下平均剪成 7 份，每份为 1d 的采样样品，经过染色、制片，在光学显微镜（×400）下进行气传花粉的鉴定和计数。

1.3 植物物候观测

在生长期间，植物各器官随着气候变化，在形态上和生理上表现出显著的特征，即表现出不同的物候规律。因此物候期既反应了植物器官发生的动态，又反映了当时的气候条件与过去一段时间光热的积累情况。

物候期观测在北京植物园园区进行，观测对象北京植物园内常见乔灌木。具体方法为，每种（或品种）选择 1 株具有代表性的样树，编号挂牌，自 3 月上旬树液流动开始，逐日逐株观察芽萌动、展叶、秋色叶、落叶、新梢生长以及始花、盛花、末花、幼果出现、果实成熟等项因子的出现日期，同时做好记录。本研究将植物花芽物候观察作为重点，花期（始，盛，末）的划分标准分别为 5%、50%、95%。通过物候期观测，可为北京植物园植物基础研究及花粉致敏植物的研究奠定基础（附录 1）。本试验选取了园内 210 种植物进行物候观测，主要分布在湖区、树木区以及各不同专类园。选取物候观测对象既具有代表性，又具有普遍性。

植物的生命活动是随气候变化而变化的，通过对 2017~2019 年的物候观测，可发现入春的时间逐年提前，大部分植物萌芽、展叶、开花均提前 3~12 天，入夏后趋于一致。这与气象部门的记录相吻合，据记载 2017 年北京入春时间是 3 月 26 日，2018 年是 3 月 22 日，2019 年的入春时间最早，为 3 月 14 日，这可能与全球变暖现象有关。且 2019 年春季气温起伏不定，没有出现气温飙升的情况，且少有大风等极端天气，所以 2019 年春季开花植物，花期较长，较前两年延长 2~3 天。

2 结果与分析

2.1 北京植物园春季花粉浓度变化趋势

在北京地区从 3 月开始平均气温在 6~13℃ 时，植物开始萌动、发芽、开花，指标植物为榆树始花，预示着春季花期的来临。如图 1 所示，4 月初气传花粉浓度开始有显著变化，此时以乔木植物开花为主，包括杨柳科（Salicaceae）、松科（Pinaceae）、柏科（Cupressaceae）及桑科（Moraceae）等，从 4 月末到 5 月上旬属于气传花粉浓度最高峰。到了 5 月中旬，当日平均气温升高达 20~23℃ 时为初夏时令，指标植物为刺槐盛花。此时虽然花团锦簇，但多为艳丽的虫媒花开，为花粉淡季，因此 6 月、7 月花粉浓度逐渐降低。

根据气传花粉浓度监测结果显示，自 4 月 1 日至 7 月 9 日，北京植物园花粉浓度大于 300 粒/千平方毫米的天数有 31d，100~299 粒/千平方毫米的天数有 11d，10~99 粒/千平方毫米的天数为 69d，分别占监测时长的 21%、11% 和 68%。在 4 月 30 日北京植物园花粉浓度到达观测区最大峰值，日平均浓度最高达到 738 粒/千平方毫米，气传花粉类型以致敏性较弱的树木花粉为主，包括梣属（Fraxinus）、松属（Pinus）、圆柏属（Sabina）、杨属（Populus）和柳属（Salix）等。

2.2 北京植物园花粉致敏植物物候特征

通过协和医院提供的花粉致敏植物种类、程度等各项数据，并结合北京植物园的植物类群分布，对白皮松（Pinus bungeana）、油松（Pinus tabulaeformis）、圆柏（Sabina chinensis）、侧柏（Platycladus orientalis）、旱柳（Salix matsudana）、毛白杨（Populus tomentosa）、白蜡（Fraxinus chinensis）、银杏（Ginkgo biloba）、榆树（Ulmus pumila）、桑（Morus alba）、泡桐（Paulownia tomentosa）、火炬树（Rhus Typhina）、臭椿（Ailanthus altissima）、樱花（Cerasus×yedoensis 'Somei-yoshino'）、槐（Sophora japonica）、刺槐（Robinia pseudoacacia）、悬铃木（Platanus acerifolia）、栾树（Koelreuteria paniculata）及藜科（Chenopodiaceae）进行物候观测。

从图 2~图 4 中可看出，开花期可以反映当时的天气，以及过去一个时期内天气的积累，再加之植物本身的生长、发育也具有阶段性的特点，这使得各种植物物候现象的发生，不但每年都按照一定的先后顺序出现，而且在一定时段内，一些植物物候现象之间，前一种物候现象出现的早晚与后一种物候现象发生的早晚有着密切的关系。

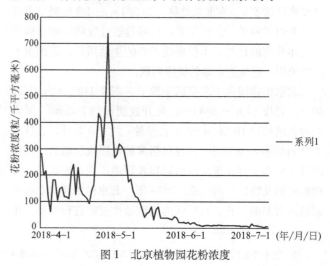

图 1 北京植物园花粉浓度

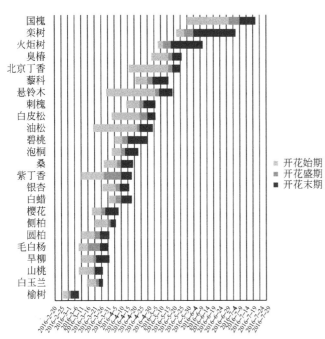

图 2　北京植物园 2016 年部分致敏植物花期物候观测

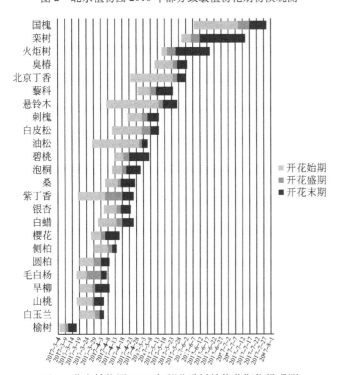

图 3　北京植物园 2017 年部分致敏植物花期物候观测

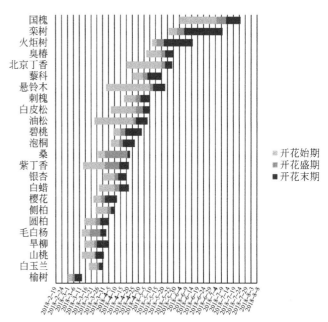

图 4　北京植物园 2018 年部分致敏植物花期物候观测

北京植物园每年有数十万来自世界各地的游客前来参观，近年来花粉过敏症发病率和患病率呈逐年升高的趋势，使得很多游客望"植物园"而兴叹。然而只要掌握了患者自身的过敏源，并了解北京植物园主要致敏植物的花期，可以充分丰富花粉过敏者的生活。

在进行气传花粉调查等方面，国内外学者做了大量的工作。1989 年，意大利的 D'Amato 调查了处于地中海那不勒斯地区的致敏花粉，主要是墙草属[3]。同年，Cralan 等调查了西班牙科尔多瓦城的气传花粉，确定了空气中藜科与苋科花粉浓度的年变化与日变化规律，发现这两个科的花粉在空气中全年均有飘散，最高含量在夏季[4]。

1997 年，Kosisky 等报道了美国华盛顿哥伦比亚区树木优势气传致敏花粉调查结果，其中橡树花粉计数 50% 以上[5]。2002 年，瑞典的 Ferreiro 等确定了 Coruna 城的主要致敏花粉种类，有禾本科、车前属、藜属和墙草科[6]。此外，日本的 Kishikawa 和 Narita 等在空气致敏花粉调查方面也做了大量的工作[7,8]。在国内，郑卓 1994 年采用 Cour 风标式花粉收集器对中山大学校园内大气中的气传花粉进行调查研究，确定了广州地区致敏花粉的主要类型[9]。1992～1994 年，黄赐璇、陈志清等和法国 Cour 共同合作，在北京市、山东省禹城市、湖南省桃源县采集花粉，进行花粉污染研究，总结了上述地区的主要致敏花粉类型[10]。1998 年，杨炯等调查得出武昌地区春季主要致敏花粉是悬铃木属的花粉，夏秋季主要致敏花粉是蒿属、豚草属、律草属的花粉[11]。此外，其他研究者针对不同地区气传花粉也开展了一些研究工作[12-16]。

鉴于花粉致敏植物与花粉过敏患者之间的关系，我们应利用科学的相关措施，以减少致敏植物对居民的健康危害，具体措施包括：控制致敏花粉植物在园林绿化中的配置，尽量选择既美观又无致敏性的植物；对于有致敏性但观赏或其他功能方面较佳的植物，在配置位置上可以将其栽植于下风口；对于行道树而言，如杨柳科植物，为其注射化学药品抑制其开花，可大大降低空中的致敏花粉浓度。

3 主要致敏植物的花粉传播影响因素

3.1 城市气候因子与空气花粉的关系

对各城市空气花粉的文献进行分析后,发现空气花粉的传播情况与很多气候因子存在着密不可分的关系。

(1)气温与空气中的空气花粉含量存在正相关关系[17],平均温度大于10 ℃时最适宜植物的生长。(2)降水量越大,花粉含量就越少。但是这些年来,越来越多的研究提出了一些独特看法。黄赐璇[18]在东北平原海伦市和山东禹城市进行花粉研究发现,适当的降水有利于植物的生长和花粉的传播,但是连续性的降水则会降低花粉的含量。(3)相对湿度低,空气较干燥有利于植物花粉的飘散。(4)风速越大,大气中的花粉含量就越高。而王凯萍在对南京市空气花粉进行分析后则认为大风天不利于花粉的传播。(5)不同采集高度等因素也会对花粉浓度产生影响。孢子在不同高度的分布取决于孢子的大小、形状和直径。

3.2 城市化与空气花粉的关系

城市化在一定程度上加剧了花粉症的发生。(1)交通工具排放的污染物[主要成分为一氧化碳(CO)、碳氢化合物(HC)、氮氧化合物(NO_x)和铅化合物及3,4-苯并芘等]有助于增强空气花粉的致敏性,从而增加花粉症发生的概率。(2)城市化所伴随的城市热岛效应对空气花粉飘散产生影响,主要表现为城市热岛效应会导致花粉数量增多、花粉致敏性增强和花粉季节延长等。(3)城市绿化对城市花粉致敏也产生极大的影响。很多城市对于行道树和城市绿地植被进行了不合理的配置,选育了大量的花粉致敏植被,使得城市内部致敏性空气花粉大量增加。(4)硬质地面会对花粉浓度产生一定的影响。一般而言,花粉浓度"日变化"应呈现"单峰型"变化,花粉浓度最大值出现在12:00到15:00[19]。但是都光发等人在研究中发现硬质地面近地空间花粉浓度呈现14:00和20:00两个高峰。

3.3 地理位置对花粉浓度的影响

以北京植物园为例,由于地处三山五园的核心地区,植被覆盖率高,花粉浓度必然高于市区,因此致敏花粉的比例也相应上升。

另外花粉的播散也有地区性的特征。虫媒花的花粉一般数量少,花粉粒大,并常带刺或带黏性液体;这类植物的花一般有鲜艳的颜色和香味,并含有较多的花蜜以吸引昆虫。种子植物中属于虫媒播粉的占90%以上。由于靠昆虫传播花粉,传播的范围有限,所以不易造成花粉症的流行。风媒花则不但花粉产量多,体积也小,可以借风力播散到较远的地区。带有气囊的松、杉等植物花粉可以长期在空气中漂浮,曾发现松科植物的花粉可以飘散到1700km之外。但是,即使是风媒花,其飘散范围也是围绕植物生长的区域范围,距离越远,花粉量越少。花粉产生植物的生长地区的限制和花粉飘散范围的限制,使花粉症的发生具有地区性规律。

4 结论与讨论

4.1 结论

自2017年至2019年,对北京植物园170余种植物进行了物候观测,发现入春时间逐年提前,大部分植物萌芽、展叶、开花均提前3~12天,入夏后趋于一致。且2019年春季气温起伏不定,没有出现气温飙升的情况,且少有大风等极端天气,所以2019年春季开花植物花期较长,较前两年延长2~3天。

通过试验,筛选出19种致敏植物:白皮松、油松、圆柏、侧柏、旱柳、毛白杨、白蜡、银杏、榆树、桑、泡桐、火炬树、臭椿、染井吉野樱、槐、刺槐、悬铃木、栾树及藜科。2018年4~7月,北京植物园内花粉浓度最高的时期主要集中在4月下旬至5月上旬,花粉浓度最高峰为4月30日。另外以榆树开花作为春花开始的标志,根据花粉浓度监测和物候观测,可将北京植物园春季主要致敏植物影响期分为:第一阶段(3月上旬至3月下旬):该时间段空气中花粉总浓度开始有所上升,但还不是很高,这可能与温度、风力等因素有关,主要致敏植物为榆树、旱柳、毛白杨、圆柏。第二阶段(4月上旬至5月上旬):该阶段属于气传花粉浓度最高的阶段,此时温度升高,风速加大,主要致敏植物为侧柏、樱花、白蜡、银杏、桑、泡桐、油松、白皮松、刺槐。第三阶段(5月中旬至7月下旬):此阶段属于夏花植物花粉较多期,但相对于4月花粉量明显下降。

花粉致敏植物具有明显的区域性和季节性,空气中花粉浓度与品种主要受土壤、生物、地形、地貌等生态性因素和温度、湿度、风、雨等气候性因素及人为因素的影响。其中生态性因素主要受植物本身的生物学特性决定。

影响植物散粉的气象因素较多,主要有气温、湿度、风、降水。一般来讲,气候温和适中有利于植物生长,使花粉量及品种增多。风力和风向对空气中花粉含量有明显影响,无风或微风天气花粉飘散受限制,有风时气流加速,有益于花粉飘散;但是风力过大或持续时间过久,容易把成熟花粉迅速吹至远方,甚至把花囊吹落,使局部地区花粉量骤然下降。降水与植物生长密切相关,雨量充沛,植物生长旺盛,花粉量也增多。如果植物在受粉期遇阴雨天气,空气湿度大,花粉在空气中飘散的同时作为凝结核,本身不断吸收空气中的水汽,自身的重量不断增加,花粉只能飘散在树木附近不远处。如果花粉受到雨水冲刷，尤其是大雨或者暴雨过后，空气中花粉量将迅速减少。另外城市化发展已日渐成为影响花粉数量、致敏性、花粉季的重要因素。

4.2 讨论

一种植物要引起花粉症的流行，必须具备如下条件：①产生的花粉数量足够多；②占空气中飘散花粉的比例比较大；③在一定时期内能成为空气中飘散的优势花粉；④花粉必须小而轻，能随风飘扬至远处；⑤产生此种花粉的植物必须有较强的适应能力，能在各种不良的环境中生存，生长范围广[20]。本研究使用英国 Burkard 7 天孢子容量测定收集器进行样品采集，主要研究对象为风媒植物，大多能符合以上条件，也是近年来检测到的致敏植物。但是一些虫媒植物仍然是强致敏植物，在近几年的观测中，主要发现樱花（*Prunus serrulata*）、山桃（*Prunus davidiana*）、碧桃（*Prunus persica*）、丁香（*Syringa oblate*）、北京丁香（*Syringa pekinensis*）、暴马丁香（*Syringa reticulata* var. *mandshurica*）、玉兰（*Magnolia denudata*）等对某些花粉过敏患者属于强致敏植物。例如菊科向日葵（*Helianthus annuus*），花粉较大，带刺且具有黏性，这些特点使其容易黏附于昆虫身上进行传播，因此与向日葵花粉密切接触的特应性患者也容易致敏。

4.3 展望

通过近几年研究发现，在花粉研究中，无论是重力法还是体积法，都存在一定的问题。同时，空气花粉飘散存在时空分布特征，甚至在同一个样地，在不同高度的楼层进行采样，花粉的数量变化也会有较大的变化。而在花粉的鉴定中，由于一些不同的种、属甚至是科的花粉存在着一定相似性，没有办法完全进行详细的分类。因此在以后的研究试验中应该采用"分类单元"这种形式，无论是科还是属都只是分类标准中的一个单元，这样就能够提高花粉种类描述的准确性。

对于空气花粉的传播机制的研究不应该仅仅只是调查性报告，而是要更进一步深入探讨，并与时俱进，与当下热点问题和快速发展的科学技术相适应。例如，雾霾对城市空气花粉与致敏病存在影响，主要体现在：①城市燃煤和汽车尾气排放的高浓度气溶胶导致雾霾天气增加，而且，气溶胶光学厚度变化会对气温和降水产生一定的影响；②空气污染会导致花粉变性，或增强空气致敏花粉的致敏性和抗药性，使得花粉症高发。这些问题都不只是简单的调查报告能够解决的，而是要求我们更深入，更紧扣生活实际和现实问题进行分析和研究。

参考文献

[1] 欧阳志云, 辛嘉楠, 等. 北京城区花粉致敏植物种类、分布及物候特征[J]. 应用生态学报, 2007, 18 (9): 1953 - 1958.

[2] 中国气传致敏花粉调查领导小组. 中国气传致敏花粉调查[M]. 北京：北京出版社, 1991.

[3] D'Amato G, Lobefalo G. Allergenic pollens in the Southern Mediterranean area[J]. Journal of Allergy and Clinical Immunology, 1989, 83 (1): 116 - 122.

[4] Galon C, Infante F, Ruiz de Clavijo E, et al. Al-lergy to pollen grains from Amaranthaceae and Chenopodiaceae in Cordota, Spain[J]. Annals of Allergy, 1989, 63 (5): 435 - 438.

[5] Kosisky S E, Carpenter G B. Predominant tree aernallergens of the Washingtons. DC area: a six year survey[J]. Journal of Allergy, Asthma and Immunology, 1997, 78 (4): 381 - 392.

[6] Ferreiro M, Dopazo A, Aira M J. Incidence of pollinosis in the city of A Cornna: correlation with aerobiological data[J]. Joumal of Investi-gational Allergology and Clinical Immunology, 2002, 12 (2): 124 - 129.

[7] Kishikawa R. Pollinosis and airborne pollen in Fukuoka City [J]. Arerugi, 1990, 39 (8): 684- 695.

[8] Narita S, Shimsaki H, Yamaya H, et al. The pol-len survey and dynamic statistics of patients with allergic rhinitis in Hakodate[J]. Arerugi, 2001, 50 (5): 473 - 480.

[9] Zheng Z. A phmary study on airborne pollen grains oo the campus of Zhongshan University, Guangzhou[J]. Ecologic Science, 1994, (2): 11 - 17.

[10] Huang C X, Cour P. A tentetive study of pollen rain in eastern China [J]. Geographical Re search, 2001, 20 (1): 24 - 30.

[11] Yang J, Hu S P, Zhong L H, et al. An investiga-tion into the major allergic pollens in Wuchang district[J]. Journal of Hubei Medical Universi-ty, 1998, 19 (1): 38 - 39.

[12] Liu G H, Huang X Z, Li H, Wang R F, et al. A survey of main allergic pollen in pollinosis in district of Wuhan[J]. Journal of Clinical Oto-rhinolaryngology, 1998, 12 (5): 226 - 227.

[13] Huang C X, Chen Z Q, Ma R. Quantative study of airbome allergic pollen[J]. Progress in Ge-ography, 1999, 18 (3): 263- 266.

[14] Su A L, Du Z C. Research on the air-carried pollens in southern Shandong province and their pathogenic characteristics[J]. Joumal of Linyi Medical College, 2002, 24 (1): 17 - 19.

[15] Xiong H Z, Gao G S, Pi Y J, et al. An investigation of airborne pollen grains in Ezhou city, Hubei province, China[J]. Central China Medical Journal, 2006, 30 (4): 283-285.

[16] Ouyang Z Y, Xin J N, Zheng H, et al. Species composition, distribution and phenological characters of pollenallergenic plants in Beijing urban area[J]. Chinese Journal of Applied E-cology, 2007, 18 (9): 1953-1958.

[17] 王玉珍,黄夏,张金谈. 天津市气传致敏花粉探讨[J]. Journal of Integrative Plant Biology, 1989, 3: 9.

[18] 黄赐璇,陈志清,马瑞. 空气中致敏花粉的定量研究[J]. 地理科学进展, 1999, 18 (3): 263-266.

[19] 雷超,李荔,刘志刚,等. 不同高度楼层致敏气传真菌的调查[J]. 中国医疗前沿, 2008, 3 (13): 4-5.

[20] 丁一汇,李巧萍,柳艳菊,等. 空气污染与气候变化[J]. 气象, 2009, 35 (3): 3-16.

古人敬天文化中神厨、宰牲亭的作用与功能研究[①]

北京市天坛公园管理处 / 范佳明　李　高　刘　星　王　蕾　孙　健　吕玉欣

摘　要：北京天坛的南北宰牲亭作为古人敬天文化中不可或缺的功能性附属建筑，存在至今已有近600年之久，但鲜有人多加关注，相关文献记载也屈指可数。本文从历史沿革、建筑结构、作用功能及现状调研等几个方面介绍了其中部分历史文化信息，并结合北京部分坛庙中的同类建筑加以分析研究。通过分析研究对北京祈谷坛宰牲亭中的一些目前尚无记载的细节进行逻辑推理，尝试完善和还原，并提出进一步深入挖掘研究的工作设想。同时也希望以此来引起相关人士的关注和后续研究力量的投入，从而更好地保护、保存整个祭祀文化的完整性。

关键词：天坛；神厨；宰牲亭；祭祀；建筑

1　明代天坛神厨与宰牲亭概况

1.1　历史沿革

1.1.1　天坛北神厨与宰牲亭的由来

明永乐十八年（1420年），天地坛大祀殿建成，天坛北神厨与宰牲亭随即按明旧制一同建成，而此时现今的圜丘坛及南神厨与宰牲亭还未出现。据《明史·礼志》中记载："明初，建圜丘于正阳门外……宰牲房三楹，天池一"。明永乐年间的北京天地坛宰牲亭与南京天地坛宰牲亭的规制除体量增大外基本一致，同样是祭坛祭祀过程中制作祭品的功能性场所[1]。

1.1.2　天坛南神厨与宰牲亭的由来

嘉靖九年（1530年），皇帝欲恢复天地分祀制度，《明史·礼志》载：嘉靖帝乃毅然复太祖旧制，露祭于坛，分南北郊，命礼、工二部建圜丘于大祀殿前。《拟礼志》记有："嘉靖九年（1530年）上锐意太平，考正礼乐，给事中夏

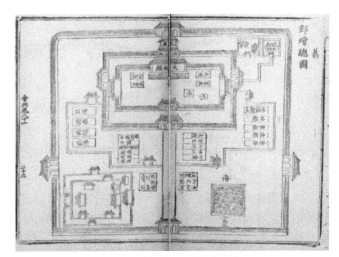

图1　《明会典》永乐郊坛总图

言以分祀请，下廷臣议……遂作圜丘于旧天地坛，建于正

[①]　北京市公园管理中心课题（ZX2017005）。北京市公园管理中心2019年科技进步三等奖。

阳门外五里许……东门外建神库、神厨、祭器库、宰牲亭。"可见今日天坛南神厨与宰牲亭即是在嘉靖九年（1530年）恢复分祀制度时，作为为圜丘坛祭祀所制作祭品的附属建筑一同建立的。

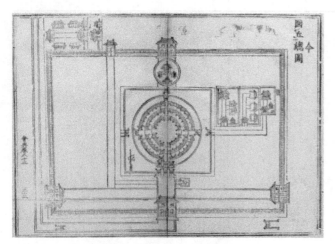

图2 《明会典》嘉靖圜丘总图

1.1.3 大享殿与北神厨与宰牲亭

明嘉靖二十一年（1542年），皇帝敕谕礼部"'季秋大享明堂，成周礼典，与郊祀并行。'乃定岁以秋季大享上帝，奉皇考睿宗配享。"[①] 大祀殿被改建为大享殿，天坛的北神厨与宰牲亭由此成为大享殿的附属建筑。

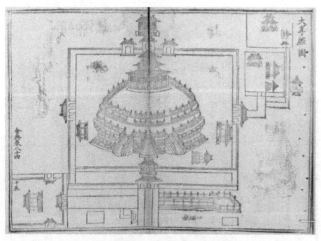

图3 《明会典》嘉靖大享殿图

大享殿的改建本是为举行盛大的大享礼而准备，但遗憾的是自大享殿改建完成，明世宗仍一直在宫廷内举办明堂秋享，大享殿及其附属建筑宰牲亭一直没有被使用。《明史·礼志》中也有相关记载："及殿成，而大享仍于玄极宝殿，遣官行礼以为常。"甚至在嘉靖皇帝病故后，即位的穆宗将大享礼直接罢黜。至此，大享殿及其附属建筑神厨

---

① 出自《明史·礼》。

与宰牲亭已经完全失去其功能与作用。

1.2 祭品的准备与制作

天坛的神厨与宰牲亭是祭祀过程中祭品制作的重要场所，据《太常续考》中记载，明崇祯八年十一月十四日冬至大典时，发生在天坛神厨与宰牲亭内的祭品制作种类为：

"红枣十斤四两栗子十六斤榛仁十斤八两菱米十一斤四两芡实九斤鳙鱼九尾醢鱼九斤蜜三两砂糖一斤八两盐五斤盐砖一斤八两栀子二两花椒茴香各四两大笋七两香油六斤莳萝二两造黑白饼木炭十五斤米六升造粉餈粳米三升造糗饵糯米三升黍稷粱米各六升白面荞麦面各十二斤葱十二两韭菜一斤四两芹菜二斤十两菁菜五斤四两酱六两酒十九瓶……驿犊九只北羊三只猪三口鹿一只兔六只"。

由此可见，除宰杀祭祀牲只以及对其进行的初加工在宰牲亭内进行外，其余的祭品制作过程均在神厨中完成。神厨中的祭品制作主要采用腌制、蒸煮的方法，制作后盛入器皿，制作好的祭品大多可以长时间保存，凉菜、糕点居多。这与古人"郊之祭也，大报本反始也"的意思吻合。神厨与宰牲亭内制作的祭品还会根据祭祀活动的季节不同以及祭祀对象数量的多少来调整食材用量及种类，也并不是一成不变。

1.3 明代视笾豆礼与视牲礼

明代神厨与宰牲亭除祭品的准备与制作作用外，还承载着重要的礼仪用途。视牲、视笾豆，作为整个祭祀仪程中的重要环节分别在神厨与神库中举行。此二者关系紧密，具有很强的联系性，均是皇帝在祭祀前对祭祀所用祭品进行视察的一种仪程，确保天神的祭品达到相应要求，以表恭敬之心。

《太常续考》中明崇祯八年（1635年）冬至郊祀仪注中比较详细地记录了此次祭祀前的视笾豆礼和视牲礼的过程：祭祀前一日，皇帝亲自填写祝版御名后，舆诣南郊。在昭亨门外，太常寺卿引导皇帝进入昭亨左门，到圜丘坛内壝墙左门内，太常寺卿引导皇帝走上午陛，午陛即南阶，是皇帝登坛的专用阶道，太常寺卿引导皇帝登坛，北向立，太常寺卿向皇帝奏明皇天上帝坛位情况，皇帝转东向立，太常寺卿向皇帝奏明配祀的前代帝王坛位情况，之后引导皇帝从东侧台阶下坛，尚书等官员一同随皇帝来到神库，太常寺卿引导皇帝进入神库殿，北向立，太常寺卿向皇帝奏明正位坛笾豆，皇帝转东向立，太常寺卿奏明配位坛笾豆，皇帝稍转西向，太常寺卿奏明从祀四坛笾豆，皇帝离开神库。视笾豆仪程完毕。

从神库殿出来后，太常寺卿引导皇帝进入神厨殿，来

到香案前，太常寺卿奏明燔牛，皇帝进步，太常寺卿奏明正配位二坛牺牲，皇帝稍转北向立，太常寺卿奏明从四坛牺牲。太常寺卿在禀奏时候均为半跪。之后引导皇帝离开神厨殿，视牲仪完毕。

根据目前掌握的《明会典》中的圜丘祭祀图内容可知，圜丘坛举行祭祀大典时，正位为皇天上帝位，南向；配位为明太祖朱元璋位，西向；从祀四坛为东侧大明之神，次东木火土金水星、二十八宿之神、周天星辰，西侧夜明之神，次西云师之神、雨师之神、风伯之神、雷师之神。由此可大致推测神库、神厨中举行视笾豆与视牲礼时的陈设。

神库坐北朝南，殿中坐北朝南摆放着正位的笾豆，坐东向西摆放着配位坛笾豆，坐西向东摆放着从祀四坛笾豆。

图 4　神库笾豆案摆放示意图

神厨坐东向西，香案应在东侧且坐东向西摆放，燔牛、正配位二坛牺牲位于香案东侧，北侧为从祀坛牺牲。

图 5　神厨笾豆案摆放示意图

1.4　厨役设置

明代太常寺主要负责掌管天地宗庙社稷山川神祇等祭祀。吴元年①时曾"设斋郎百余人供郊庙之祀，后更为厨役"②。厨役人员主要来自山西、河南等地，选取标准是以曾经学习过厨艺，并且身体健康没有疾病的人充任。人员的数量随着时间更替不断增加，到弘治年间曾达到1500人之多，后又裁减，崇祯时期约1300人。根据祭祀活动的不同使用不同人数的厨役，还有一些厨役是分散在各处供职。厨役的设置按"牌"为单位划分，每牌人数 9～12 人不等。

明朝期间天坛每逢有祭祀大典举办时，太常寺负责选派各类厨役至天坛神厨与宰牲亭内参与制作相关祭典的祭品和宰杀牺牲，据《太常续考》记载，明崇祯八年（1635年）冬至祭天时使用了 57 名厨役，这其中应包括神厨中制作祭品的厨役、宰牲亭中宰杀牲畜的厨役以及铺排等其他厨役。

2　清代天坛神厨与宰牲亭概况

2.1　历史沿革

清顺治二年（1645年）清世祖将大享殿建筑群改为祈谷坛，诏命举行祈谷大典，此时的天坛南北神厨与宰牲亭在建筑形制上基本沿袭旧制，未有明显改变，仅在参与的祭祀典仪和制作的祭品种类上有所变化，北神厨与宰牲亭因祈谷大典的举办也又一次开始发挥它的功能与作用，成为清朝举行祈谷大典的祭品制作场所。

清朝期间，天坛南北神厨与宰牲亭历经修缮保存完好，不仅一直发挥着它的功能与作用，而且由于清朝皇帝对祭祀活动的重视以及乾隆时期对天坛进行的大规模修缮工作，无论是从礼法或是建筑本身来说都在不断地被细化分工和高度使用，从建筑的利用与使用方面更是达到了自明朝初建以来的鼎盛时期。

2.2　祭品的制作和陈设

清代的天坛南北神厨与宰牲亭不仅在建筑形制上沿袭了明代，在祭品制作方面明清两代同样也是沿袭关系，直至清末几乎没有发生过大的变化。

据《钦定清太常寺则例》中记载："供备祭品大祀每尊用酒八瓶，中祀每尊用酒六瓶，群祀每尊用酒四瓶，群祠之祭每尊用酒两瓶。笾豆各十二者，用头号形盐每个重十两，笾豆各十者，用二号形盐每个重八两，笾豆各八各四者，用三号形盐每个重六两，馔盐均每个重二两，白盐以位案之多寡为例，香油夏秋之祭按例取用，春冬之祭无庸支领，米面、菜蔬笾豆各十二者用黍、稷、稻、粱各一升，糗饵、粉糍稻米各二升五合，饎食、糁食稻米各一升，白面、荞面各二斤，青菜三斤，芹菜一斤八两，韭菜一斤，笾豆各十者用黍、稷、稻、粱各七合，白面、荞面各一斤十两，青菜二斤，芹菜一斤四两，韭菜十四两，笾豆各八者用黍、稷、稻、粱各七合，青菜二斤，芹菜一斤四两，韭菜十四两，笾豆各四者用黍、稷、稻、粱各四

---

① 公元1367年，朱元璋以吴纪元，本年为吴元年。
② 《太常续考》卷七。

合,青菜二斤,芹菜一斤四两,果品如榛仁、菱米、芡实、核桃、荔枝、龙圆、蓁鱼、醢鱼、笋等项按定例应用外,惟中祀内有笾豆之祭,红枣每案不过一斤十二两,栗子每案不过二斤二两,群祀无笾豆之祭,红枣每盘不过五斤,栗子每盘不过六斤。"

清代天坛神厨与宰牲亭内制作的祭品种类和方式与明代基本一致,同样以采用腌制、蒸煮的方法为主,凉菜、糕点居多。不同之处则在于盛放祭品的祭器样式,乾隆以前清朝皇帝沿用明朝旧例,使用碗盘为祭器。乾隆十三年(1735年),乾隆皇帝提出"唯笾、豆、簋、簠等器皿有祭器之形,才可以有事神明,而用其余形制的器皿难免有充数之嫌"。因此,乾隆皇帝统一改革祭祀制度,恢复笾、豆、簋、簠等祭器之用。

2.3 清代视笾豆礼与省牲礼

在礼仪方面,清代的天坛神厨与宰牲亭同样沿袭明代制度,在祭祀的前一日,派遣太常寺博士监视厨役制造各种祭品,并盛于笾、豆、登、铏等祭器中,摆放于笾豆案上,于神库内陈设,等候视笾豆礼和省牲礼的举办。在清代祭祀中视笾豆及省牲礼是整个祭祀过程中必不可少的重要环节之一,以体现皇帝对于神厨与宰牲亭内牲牢及祭品制作的重视。《钦定清太常寺则例》中记载:

"乾隆七年,礼臣议准,冬至前一日,分献官分至神库视笾豆、神厨视牲牢。

"清乾隆十四年(1749)议定,两郊大祀,皇帝亲阅笾豆,礼部尚书、侍郎皆陪从侍仪;宗庙、社稷等,祭日视牲、陈簠簋笾豆,均以礼部堂官一人敬率太常寺卿等将事,以昭严格。

"乾隆三十七年奏定,原谴视牲之亲王恭代阅视坛位,分献官内派出一大臣至神库、神厨视笾豆牲只。"

由此可见,清代天坛神厨与宰牲亭的祭品制作过程倍受皇帝重视,除遣官代办之外,有时皇帝甚至会亲自来到天坛神厨检阅笾豆牲牢等制作完成的祭品。

2.4 福胙及相关器物

天坛神厨与宰牲亭内除制作用于祭祀用的所有祭品外,还需单独制作出一只胙牛,制作胙牛这一流程与其他祭品的制作分开完成,自成体系。

祭祀前一日子时,宰牲亭内厨役宰杀祭祀所用牲只,其中包括胙牛一只。胙牛被宰杀修涤后,由司福胙官带领厨役至宰牲亭领取,后送至神库内选割胙肉盛于白瓷龙盘内。白瓷龙盘均陈放在神库设好的桌案上。运送福胙需要的白瓷龙盘、壶、爵、龙盒和需要的仪仗都会事先从珍馐署署库中领取,由司福胙官及16名厨役引导,由东华门经过各门中门一直到达神库后,并清洗洁净包以黄色的绘龙袱。选割余下的胙牛被放入木桶,盖上木盖与缎幅。全部完成后,太常寺官员封神库。祀日夜分,太常寺官员开启神库,司爵胙官至神库内恭奉福胙,陈设于祭坛的福胙桌上,并将余下的胙牛由光禄寺役送至内务府掌仪司。礼成后,福胙再按照原来的方式包裹,由司爵胙官和厨役导引,一路由正阳门等各门中门一直到达御茶膳房。

根据乾隆朝《太常寺则例》及《光禄寺则例》所记,祭天的胙品在礼成之后由太常寺分发,其中光禄寺领取一部分用于分发给各衙门。参照分到胙品的部门和官员,我们可以看到,祭天在古代并不只是祭坛上行礼这么简单,而是一项规模宏大、极其耗费人力物力财力、牵动几乎每一个政府部门的活动。因此,天坛的神厨与宰牲亭在此过程中也发挥着自己的重要作用,绝非简单的屠宰和制作。

3 天坛神厨与宰牲亭的特点研究

3.1 整体规制特点

在调研的众多坛庙神厨与宰牲亭建筑中,虽均为小式建筑,但从建筑的规制来看,天坛两坛的神厨等级也明显高于其他坛庙的附属建筑。在体量上,天坛北宰牲亭是众多宰牲亭中体量最大的建筑,面阔五间,其余均为三间[①],与圜丘坛、地坛、社稷坛等同为举行大祀的坛庙宰牲亭相比,虽祭祀等级相同,但在随之应对的建筑等级上却存在较大差异,明显高于其他建筑,而神厨方面天坛北神厨同样是众多神厨中体量最大的建筑,其他方面则差异较小。而在彩画、油饰、瓦件等方面,由于后世改动的不确定因素较多、文献资料几乎没有记载等原因,现已很难做出具有参考意义的对比。

3.2 布局特点

通过实地调研我们发现了一些神厨与宰牲亭的布局规律,他们的位置总是在皇帝进入坛庙祭祀路线、具服殿、斋宫、宫城的相对远端,且与祭坛位置远离。例如在日坛中,初建的具服殿[②]在坛西南,神厨与宰牲亭则在东北远离具服殿和祭坛;在月坛中,具服殿在东北,神厨与宰牲亭则在西南远离具服殿和祭坛;天坛内斋宫在西南,南北宰牲亭则均在西北远离斋宫和祭坛;地坛由于要优先满足斋宫位置,且东南坛域空间有限等因素,因此神厨与宰牲

---

① 除先农坛宰牲亭外。
② 日坛的具服殿原在坛西南,乾隆帝认为"临祭时必经过神路始至殿所,似与诚敬之意未协",将之迁到坛的西北方向。

亭在坛的西南方，但仍然是最大限度地远离斋宫和祭坛；太庙和社稷坛则分别在相对远离宫城和祭坛的东南和西南位置。其中天坛北神厨与宰牲亭院落的布局更是严格按照二百步距离的要求设计，其中线与祈年殿院落的中线恰好二百步远，是所有祭坛中最为严谨的一处。

3.3 建筑细节特点

3.3.1 砖望板

和大部分古建不同，天坛南北神厨及宰牲亭所用望板为薄砖制，非木质。与常用的木制望板相比，祈谷坛宰牲亭所用砖望板虽在施工中不及木望板便捷，但具有防火、防潮、防腐的优势，是一种因地制宜的选择。因为殿内设置的锅灶在使用过程中存在火灾隐患风险，且会产生大量水汽，极易导致木制望板受潮湿环境影响进而腐朽和损坏，减少使用寿命，因此采用砖望板则在一定程度上避免了上述问题。

3.3.2 灶台遗址

在天坛北宰牲亭内，至今保留有十分珍贵的灶台遗址，也是目前北京市范围内唯一一处还留有殿内遗迹的宰牲亭。按照宰牲亭的建筑功能考量，殿内所设置的锅灶是给送来的牲牢退毛时烧制热水所用。依据现有考古发现，在殿内东侧次间设置有6口锅灶，西次间设置有2口锅灶，共计8口。锅灶的操作区域（灶眼）均由地面向下深挖，使灶眼低于殿内地面，既使得处于殿内地面上的使用位置下降，减少了对重物操作的难度，又有一定的防火作用。

3.3.3 毛血池

天坛的南北宰牲亭中均在殿内正中有一座砖砌长方形坑道，在殿内地面以下，坑道东侧内壁底部有一长方形孔洞，孔洞上方左右对称开有两处方形道口。坑道名为潦牲池，又叫毛血池。据现有记载潦牲池的作用是在宰杀祭品环节中对被宰杀的祭品进行放血、退毛的地方①。关于此两处潦牲池的直接历史记述现已无从可考，仅在清嘉庆九年（1805年）十二月二十二日题名为"房库嘉庆九年奉先殿膳房院内瘗毛血坑成砌料估清册"的内务府呈稿中有间接性的记载。记载中奉先殿内的瘗毛血坑与宰牲亭内潦牲池在形制和作用上极其相似，且与潦牲池的别名毛血池在名称上出现高度吻合，只是前面加了一个瘗字。瘗有掩埋、埋葬和埋物祭地的意思，因此瘗毛血坑的作用应与收纳、掩埋宰杀祭品的毛血有关，宰牲亭潦牲池的作用也应是如此。

3.3.4 水道遗址

天坛北宰牲亭的毛血池东侧内壁上方开有的两处不足10cm见方的方形孔道口，是目前发现的殿内两处地下水道的西侧端口。殿内水道的位置在毛血池与灶台之间，地面以下，下呈凹字形，上盖有方砖形方形孔道，东西向笔直，横跨明间和次间，南北排列，水道东端头位置在东次间灶台的西边缘附近。水道的作用与相连的毛血池和锅灶密切相关，史料中对于此处设施的记载同样已无可考证，但根据现场考古、水道的走向及遗留下来的锥形铜锅等信息判断，水道的存在应起到将锅灶（底部）内残余的水顺水道引至毛血池内的作用，因此我们不能排除在水道东端头上方设有与水道相连的石槽的可能性，这个石槽的存在不仅可以是锅灶内残余水的下水口，同时也可以是利用锅灶内残余的水进行相关冲洗工序的合理设施。

3.3.5 券门遗址

在天坛北宰牲亭西稍间的后檐墙，还可见一处拱券门遗痕，正好可一人通行，且与殿内西侧两口锅灶的操作区域相连，券门的作用及当时的准确结构今已无可考证。但通过对圜丘坛、地坛宰牲亭调研，发现两处宰牲亭后檐墙外均建有单坡房，其中地坛宰牲亭后侧的单坡房被称为灶房[2]。在调研月坛宰牲亭时，发现了与祈谷坛宰牲亭同样形制的拱券门，但为两个左右并排相连，对称于后檐墙中线。在清东陵宰牲亭同样也发现了后檐墙外存在单坡房，且与殿内有所连通，殿内锅灶的操作空间由殿内延伸至单坡房内。上述几处宰牲亭开间的数量及体量均较小，后檐墙开门或接建单坡房，主要是为了拓展在牲牢初加工过程中的可操作空间，考虑到祈谷坛祭祀典礼等级较高、牲牢加工的数量较多等因素，我们认宰牲亭的部分加工工序很有可能也会因殿内空间不足而被拓展至后檐墙与院墙之间的区域进行。至于祈谷坛宰牲亭后檐墙外是否曾经也存在单坡房，目前尚无确凿证据可以证明，但鉴于清东陵慈禧陵尚存的宰牲亭及后檐墙单坡房结构与祈谷坛宰牲亭极为相似，因此也不能否定祈谷坛后檐墙外的单坡房不存在。

4 结语

祈谷坛的宰牲亭作为祈谷大典祭祀活动中不可或缺的功能性附属建筑，存在至今已有近600年历史，但鲜有人多加关注，相关文献记载也屈指可数，其历史信息的溯源工作极其难。本次研究秉承客观真实的基本原则，在对祈谷坛宰牲亭的现有研究成果和相关历史文献资料加以收集整理和展示的基础上，尝试对除此以外的历史文化信息进行初探，通过逻辑推理和间接佐证等方式，尝试还原其中部分历史信息，希望能够对日后相关研究工作有所启发，

---

① 因祭祀对祭品要求保留外皮而不可直接剥皮，所以祭品制作环节产生了退毛工序。

但其中也一定存在着一些还需完善的内容。与此同时，本次研究的另一个重要目的是希望引起更多的研究人员对祭祀文化中祭品制作及其背后蕴含的一系列文化的关注，并得到重视，从而投入更多的研究力量，保护、保存和传承一个完整的祭祀文化。

参考文献

[1] 曹鹏. 明代都城坛庙建筑研究 [D]. 天津大学，2011.

[2] 李莹. 先农坛宰牲亭与北京坛庙宰牲亭比较研究初探. 北京古代建筑博物馆文丛，2017.

[3] 亚白杨. 北京社稷坛建筑研究 [D]. 天津大学，2005.

[4] 姚安. 清代北京祭坛建筑与祭祀研究 [D]. 中央民族大学，2005.

[5] 吴晓；李雁. 世界文化遗产明显陵原真性与完整性的保护与阐释 [J]. 中国文化遗产，2016 年 03 期.

[6] 单世元. 明代建筑大事年表 [M]. 紫禁城出版社.

《一座中国木建筑》传统建筑营造绘本[1]

北京市北海公园管理处 / 高苏岚　钱　勃

中华民族可以说是一个"爱"木也"善"木的民族，创造了与西方截然不同的木建筑体系，虽然历史上曾多次在思想和生活上受外族的影响，可是中国木建筑仍一路坚持固有的观念、结构及材料体系，始终没有失掉它的原始面目。

了解中国木建筑最好的方法是能够亲身参与到工程实践中去，不过现今鲜有这种学习和体验的机会，而关于中国木建筑的书籍大多过于浅显，流于表面；要么理论性太强，难以理解。《一座中国木建筑》以科普的目的出发，以中国古代木建筑现存实例为原型，图文并茂地虚拟展现整个营造过程，并安插小的知识点，力图使读者有兴趣尽快入门。

1　为什么是快雪堂

在众多的中国古代传统木建筑遗产中，北海快雪堂确实谈不上有什么特殊地位，既没有久远的历史，宏大的规模，复杂的结构，但也是因为没有过多的修饰，快雪堂作为中国木建筑发展晚期的精品，回归了木建筑的本质，克制装饰，注重以材料的质感、精致的工艺去表达和再现传统文化对于建筑的期许。而快雪堂这种木建筑质朴和纯粹也更有利于了解中国木建筑。

2　快雪堂的历史和文化

1746 年，乾隆皇帝在西苑北海兴建阐福寺的同时，在寺东一起兴建了阐福寺东所，也就是澂观堂院落，它是两进院落，其主殿就是澂观堂，后殿是浴兰轩。1779 年，闽浙总督杨景素将《快雪堂石刻》献于清高宗弘历，为陈列石刻，乾隆皇帝在阐福寺东所添建了第三进院落——快雪堂。

3　快雪堂做法说明

乾隆四十四年十月二十六日奏案：浴兰轩殿后添建楠木殿一座，计五间，明间面宽一丈三尺，次间各面宽一丈二尺，两稍间各面宽一丈一尺。进深一丈八尺，前后廊各四尺，檐柱高一丈一尺五寸，径一尺。卷棚歇山做法，露明处俱用楠木，不露明处添用松木，其抱头梁、两山檐枋、山花板用楠木包镶成做，装修前金楠木隔扇一槽，支窗四槽，内里护墙板九槽，松木顶格。安青白石柱顶、阶条、压面。台帮露明新样城砖，不露明背砌城砖，山檐墙里皮旧城砖糙砌，外皮露明下肩细做新样城砖，上身停泥砖，头停瓦头号布同瓦。地面铺墁细尺四方砖，背底沙滚砖一层。地基筑打大夯土四步，填厢灰土一步，黄土二步，上下架外檐露明之大木装修满擦漆一道。

在古代的营建活动中，几百个字就能把一座建筑的形制、材料、工艺做法说的清楚明白，快雪堂亦如此。将上面的奏案文字交给项目主持人，已然可以指挥施工了。当然再简单点也可以完成："快雪堂，面阔五间前后廊八檩单檐灰筒瓦卷棚歇山"。

4　匠作

建快雪堂离不开各门类手艺，清代的建筑业对此有了

---

[1] 北京市公园管理中心课题（ZX2017007）。北京市公园管理中心 2019 年科技进步三等奖。

明确的分工。根据《工部工程做法则例》记载，有大木作、装修作（门窗、槅扇、小木作）、石作、瓦作、土作、搭材作（架子工、扎彩、棚匠）、铜铁作、油作（油漆作）、画作（彩画作）及裱糊作等专业。其中大木作为诸作之首，在房屋营建中占据主导地位。本书从各匠作入手从放线开始，至封顶完成木建筑的营建过程展示。

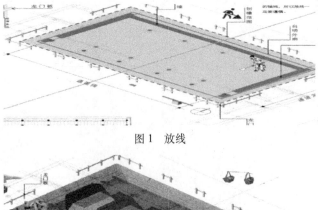

图 1　放线

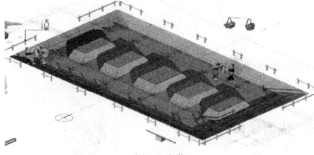

图 2　土作

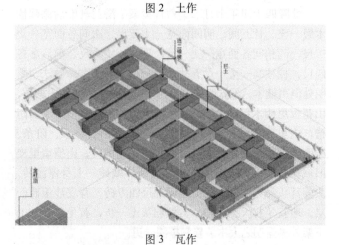

图 3　瓦作

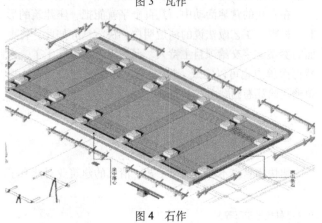

图 4　石作

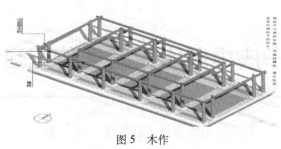

图 5　木作

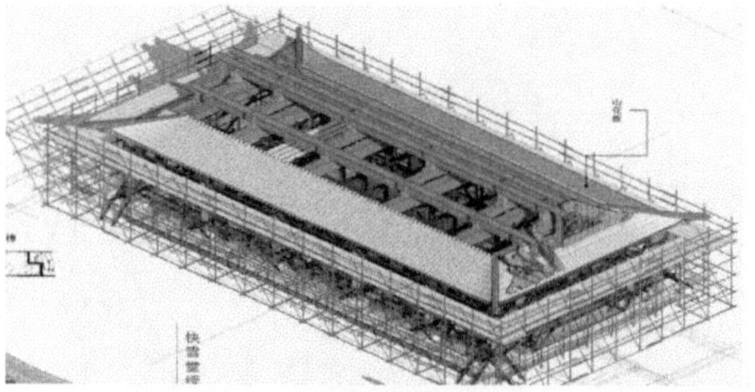

图 6　瓦作

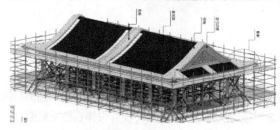

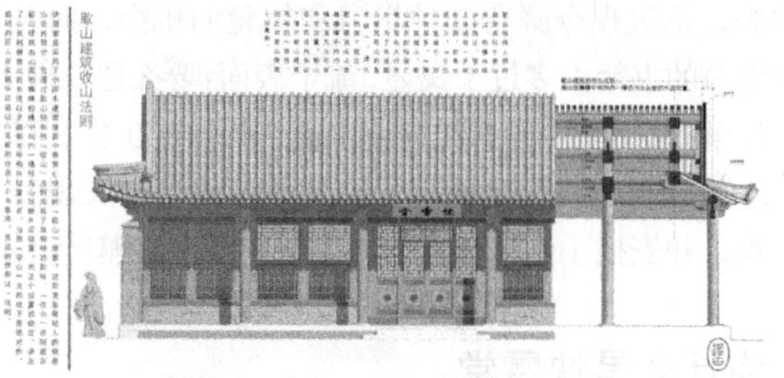

图 7

5　后记

快雪堂的建筑部分已基本完成，各作完成了收尾工作，油作的师傅开始认真的打磨木构架，为下一步烫蜡做准备。

中国木建筑通常以松木为主要木材，这种木材本身没有什么特点，暴露在自然环境中容易开裂和老化，为了解决木材的延年问题，需要对木建筑进行一层镀膜来保护，也就是通过油饰、彩画来达到保护木材和结构稳定的目的。但快雪堂是金丝楠木制作，木材纹理优美，质地均匀，有良好的防腐防虫的性能，因此面层处理选择传统的烫蜡工艺做保护。

烫蜡的使用始于明代中期，本用于家具的表面处理，通过"烫"的方法将川蜡和蜂蜡的混合物渗透到木材的纹理中，从而能够更好的展现木材自身的纹理质感，在木材表面形成保护膜，起到良好的装饰和保护作用。